朱子學文獻大系　歷代朱子學著述叢刊

# 近思録專輯

嚴佐之　戴揚本　劉永翔　主編

第五册　續近思録　廣近思録

華東師範大學出版社

圖書在版編目（CIP）數據

續近思録　廣近思録 /［清］張伯行輯；張文校點．—上海：華東師範大學出版社，2014

朱子學文獻大系・歷代朱子學著述叢刊・近思録專輯/嚴佐之　戴揚本　劉永翔主編

ISBN 978-7-5675-2019-6

Ⅰ.①續…②廣…　Ⅱ.①張…②張…　Ⅲ.①理學-中國-南宋②《近思録》-注釋　Ⅳ.B244.72

中國版本圖書館CIP數據核字(2014)第078733號

續近思録　廣近思録
（朱子學文獻大系・歷代朱子學著述叢刊・近思録專輯　第五册）

著　　者　張伯行
校 點 者　張　文
項目編輯　吕振宇
審讀編輯　但　誠
裝幀設計　高　山

出版發行　華東師範大學出版社
社　　址　上海市中山北路3663號　郵編　200062
電　　話　021-60821666　行政傳真　021-62572105　客服電話　021-62865537
網　　址　www.ecnupress.com.cn
門市地址　上海市中山北路3663號華東師範大學校内先鋒路口　郵編　200062
門市（郵購）電話　021-62869887
網　　店　http://hdsdcbs.tmall.com/

印 刷 者　上海中華商務聯合印刷有限公司
開　　本　890×1240　32開
印　　張　18
字　　數　342千字
版　　次　2015年1月第1版
印　　次　2016年5月第2次
書　　號　ISBN 978-7-5675-2019-6/B・851
定　　價　55.00元

出 版 人　王　焰

本書爲
二〇一一年度國家社科基金重大項目
二〇一三年度國家古籍整理出版資助項目

# 朱子學文獻大系編輯委員會

**學術顧問**

安平秋　陳　來　束景南　田　浩（美國）

林慶彰（中國臺灣）　吾妻重二（日本）

**總策劃**

朱傑人　嚴佐之　劉永翔

**總編纂**

嚴佐之　劉永翔　戴揚本　顧宏義

# 朱子學文獻大系總序

從一九九三年起，至二〇〇七年止，我們先後策畫，相繼完成了朱子全書、朱子全書外編的編纂和出版，把朱子本人的撰述、編著與注釋之作，及其指導或授意門人弟子的撰著、纂述，作了一次元元本本的文獻清理和集成。而除此之外，這整整十五年來的收穫，還有我們對朱子學説及其歷史意義認識的不斷更新和逐步深刻。

朱子是繼孔子之後，儒家思想文化史上成就最卓越的學者和思想家。近半個世紀前，錢穆先生在朱子學提綱中提出：「在中國歷史上，前古有孔子，近古有朱子，此兩人，皆在中國學術思想史及中國文化史上發出莫大聲光，留下莫大影響。曠觀全史，恐無第三人堪與倫比。」朱子建構的理學思想體系，博大精深，不僅在儒學發展史上具有劃時代意義，而且對其身後長達七百餘年的中國，乃至日本、朝鮮等東亞諸國的思想、學術、社會、政治，都產生了深刻、巨大、恒久的影響。而此影響在思想學術史上留下的顯著印跡，就是後世學者鮮能繞開朱子説事，要麼尊朱、宗朱，要麼反朱、批朱，「與時俱進」的朱子思想研究，成爲貫穿數百年學術史無時不在的主題和主軸。於是，有學者甚至認爲，「在朱熹以後，理學就成了『朱子學』」，朱子就是「理學傳統中的孔子」。這樣的評價，雖然未必「真是」，卻亦庶幾「真事」。推而論之，則所謂「朱子學」，固然是指朱子本人的思想學術，卻又不止是其本人的思想學術。按照陳來先生的説法，朱子留下的豐厚著述與精緻學説，以及七百餘年來，他的同道學友、門人弟子與後世尊朱、宗朱學者，對朱子著述、學説的闡發與研究，即「整體地構成了現如今我們所研究的『朱子學』」。作爲整體、通貫的朱子學，其學術範疇不僅涵蓋易、詩、禮、四書等傳統經學領域，更涉及哲學、史學、文學、政治學、教育學、社會學、文獻學等諸多學科，既是一座内容廣闊、内涵精深的傳統思想寶庫，一份極富開掘意義和傳承價值的文化遺産，也是一門具有多學科交叉特色的名副其實的綜合性專學。

自上世紀八十年代以來，海内外學術界對朱子學研究表現出前所未有的興趣和關切，發展迄今三十餘載，已獲長足進步。但綜觀現狀，反思自省，我們的研究及取得的學術成果，與朱子學本身所應該享有的研究規模和研究程度，還很不相稱，若衡之以「整體、通貫」的要求，則該研究領域中的很大一部分，甚至還未曾涉及過。近年來，關於推進整體、通貫的朱子學研究的想法，逐漸成爲學界的一個共識。如以朱子學爲主題的國際學術研討會在大陸、臺灣、韓國等地數度舉辦，如朱子學通論等朱子學研究專著相繼問世。而「中華朱子學會」、「朱子學學會」等全國性學術團體的成立，則意味著一個「學術共同圈」的初步形成，以及作爲一門獨立學科的朱子學研究已進入一個新的歷史階段。學者們指出，新時期朱子學研究的任務，就是要規劃對宋、元、明、清各個朝代的朱子學，以及每位朱子學家的重要的見解進行分析，把他們流傳下來的書籍、文獻進行整理、研究。而後者，即對歷代朱子學文獻的整理與研究，無疑是前者的先行和基奠。

認識漸趨深刻，遂生自覺擔當。在完成朱子本人撰述的文獻集成之後，我們有意再接再厲，把歷代朱子學文獻整理研究工作繼續下去。先是在朱子全書外編書稿殺青之際，我們就曾醞釀用傳統的「學案體」來編纂歷代朱子學者的相關學術文獻。後來朱傑人教授主編影印朱子著述宋刻集成，又提出編纂出版「朱子學文獻大系」的構想。不過那幾年忙於編纂整理顧炎武全集，既分身無術，也分心不得，只能把研究計劃暫擱心頭。故而，當顧炎武全集一旦脱稿，此事也就順理成章地提上了議事日程。二〇一〇年末，我們開始循著「朱子學文獻大系」的思路策劃課題；翌年初春，確定以華東師大古籍研究所爲主體，組建科研團隊，以「朱子學文獻整理與研究」爲課題，擬訂科研規劃。是年初夏，課題被納入當年國家社科基金重大項目第二批招標目録；秋十月，經過競標面試，以嚴佐之教授爲首席專家的「朱子學文獻整理與研究」課題正式獲批立項；冬十二月，課題論證會在華東師大召開，經專家組評議審定，規劃通過論證，項目正式啓動。按照課題規劃，「朱子學文獻整理與研究」課題，凸顯文獻整理與研究並重的特色，旨在從理論和實踐二個方面，構建一個符合整體、通貫的「朱子學」學科内涵和特點的「朱子學文獻」分類體系，並從浩若煙海的歷代典籍文獻中，梳理出屬於「朱子學」學科範疇的基本文獻資料，打造一個集「朱子學文獻」大成的信息大平臺。爲此，課題設計了「歷代朱子學研究著述集萃校點」、「歷代朱子學研究文類輯録校點」、「歷代朱子著述珍本集成影印」、「朱子學專科目録編撰」和「朱子學文獻專題研究撰著」等項子課題。各項研究的最終成果，則將結集爲一部開放性的大型叢書朱子學文獻大系。

朱子學文獻大系下轄歷代朱子學著述叢刊、歷代朱子學研究文類叢編、歷代朱子著述珍本叢刊、朱子學文獻研究學術文庫四部不同類型的叢書，故稱之「大系」。其中歷代朱子學著述叢刊，擬按學科、著述或學術議題分編專輯，如「朱子經學專輯」、「朱子四書學專輯」、「朱子近思録專輯」、「朱陸異同專輯」等，以集中提供經過精選精校的歷代朱子學重要研究著述的閱讀文本。歷代朱子學研究文類叢編，擬按專題分類輯集散見於各種典籍的朱子學研究篇章，如序跋、劄記、語録、書信等，以集中提供經過遴選類編的歷代朱子學研究文獻散篇的閱讀文本。歷代朱子著述珍本叢刊，擬按時代分編朱子著述宋刻集成、元明刻本朱子著述集成等，以集中提供高仿真影印的朱子著述歷代各色珍稀版本。朱子學文獻研究學術文庫，擬收入具有文獻學研究屬性的各種撰述、編著，如朱子學古籍總目、朱子學史籍考、朱子與弟子友朋往來書信編年等。朱子學文獻大系下轄各叢書都已制訂基本收書書目，但不預設收書總數上限，倘日後發現宜收之書，則可隨時補編增入，故謂之「開放性」大型叢書。各叢書均自有編例，我們但在其下屬專輯或所收撰著前撰寫序言，以交代編纂宗旨與體例，如歷代朱子學著述叢刊之近思録專輯序，歷代朱子著述珍本叢刊之朱子著述宋刻集成序言，朱子學文獻研究學術文庫之朱子與弟子友朋往來書信編年序等，各叢書前則不再撰寫總序。至於歷代朱子學著述叢刊各書的校點體例，如底本、校本的遴選標準，專名號、書名號的使用規範，異體字、版别字的處理方法，舛誤衍闕的改字原則，以及校勘記的書寫格式等，皆一併延循朱子全書編纂陳例，在此不再贅述，若遇特殊需作變通，則在各書校點説明中予以交代。

朱子學文獻大系是我們按自己對整體、通貫的朱子學的認識，而爲之「量身定制」的一個朱子學文獻庫，囿於識見，必欠周詳而不能盡如人意。好在大系是「開放」的，可以隨時吸納同道高明之見，不斷補充，漸臻完善。朱子學文獻大系的規模、體量和難度，都超出朱子全書與外編許多，這樣的設計或許有些「自不量力」。編纂朱子全書、外編用了整整十五年，況且那時我們纔年過「不惑」，而今則已年届「耳順」、「從心」之間，十年再磨一劍，能否一如既往，勝任始終，尚難卜知。好在整理與研究朱子學文獻並非心血來潮之念，更非趨時應景之計，而是建設與發展整體、通貫的朱子學的真切需要，是必須要做的學術事業，也好在我們有一個同心同德的學術團隊相依託，還有華東師大出版社的精誠合作。所以，朱子學文獻大系成果的不斷推出和最終成功，是必然可以期待的。

二〇一四年五月　嚴佐之

# 歷代朱子學著述叢刊・近思録專輯序

## 一　近思録的「被經典」與近思録後續著述

編纂於公元一一七四年的近思録，在經過七八百年傳播的層層累積之後，最終成爲最能代表中國古代主流學術思想的經典之一。這樣一個結果，應該是主編朱子及其合作者呂祖謙始料未及的。因爲朱子當時邀約呂祖謙在武夷山寒泉精舍「留止旬日」編纂此書的初衷，不過是想替那些僻居窮鄉而不能遍觀周、張、二程諸先生之書的讀書人，提供一部能比較準確、全面、系統概括四子思想，且又切近日用、便宜遵行的理學入門讀本。雖説書稿初成之後，他倆仍不斷書信往返，商榷編例，其取去不可謂之不審，互議不可謂之不勤，但近思録畢竟是「十日談」出來的「速成品」。雖説朱子也自以爲近思録詳於「義理精微」，堪稱「四子之階梯」，但畢竟還算不上他用力最勤最深的撰著，至少不能與其臨終仍念念不忘的四書章句集注相提並論。然而，就是這麼一部原初設定的學術思想普及讀本，卻在朱、吕身後，被後世學者一步步發掘出潛藏的巨大學術價值，一步步提升到顯要的理學經典地位。這樣的結果確實很有意思，而更有意思的還有那個漫漫長長的累積過程。

回溯歷史，早在朱子生前，就已有他的講友劉清之，取程門諸公之説，爲之續録。及其身後，近思録注解、續補之作更是紛至競出，弟子輩中有陳埴雜問、李季札續録、蔡模續録、別録和楊伯嵒衍註，再傳弟子有葉采集解、熊剛大集解、何基發揮、饒魯注、黄績義類，以及三傳弟子程若庸注等。而由建安書塾刊行的無名氏文場資用分門近思録，則表明近思録已進入當時科舉讀物的榜單，讀者受衆勢必益多。是以近思録在南宋後期，就已被學者視爲「我宋之一經，將與四子並列，詔後學而垂無窮者」。繼之元世，又有趙順孫爲之精義，戴亨爲之補注，柳貫爲之廣輯，黄溍爲之廣輯，學者們注解、續補的熱情有增無減，皆並尊「近思録乃近世一經」。明初，永樂詔修性理大全，「其録諸儒之語，皆因近思録而廣之」，是知此書已對國家意識形態産生不小影響。只是明人注近思録者鮮少，明世盛行的讀本，大多是周公恕據葉采集解擅改的分類經進近思録集解。不過這樣的情勢，也多少能反映出王學時代朱子近思録的「社會生態環境」。明季清初，學風蜕變。於是，先有高攀龍朱子節要、江起鵬近思録補、錢士升五子近思録等陸續問世，其性質多屬續補仿編一類。易代之後，則有王夫之著近思録釋、張習孔作近思録傳、丘鍾仁撰近思録微旨等，内容更多反思和發揮。洎此以降，終清一代，近思録愈發大行於世，研讀成果更是層出不窮。據學者調查統計，清代近思録研究著述多達四十餘種。其中屬注解詮釋一類的，有張伯行集解、李文炤集解、茅星來集註、江永集註、陳沆補注、劉之珩增注、車鼎賁注析微、郭嵩燾注、張紹價解義等；屬續補仿編一類的，有朱顯祖朱子近思録、張伯行續録、廣録、汪佑五子近思録、施璜五子近思録發明、劉源渌續録、鄭光羲續録、嚴鴻逵朱子文語纂編、黄叔璥集朱、黄奭集説、管贊程集説、姚璉輯義、吕永輝國朝近思録等；屬隨筆札記一類的，則有汪紱讀近思録、李元綱隨筆、秦士顯案注、徐學熙小箋、陳階劄記、厲時中按語等。與此相應，是清人對近思録評價的一路抬升，稱此書「直亞於論、孟、學、庸」，以爲「救正之道必從朱子求，朱子之學必於近思録始」。如上所述，林林總總，蔚然大觀，爲便宜敘述起見，且以「近思録後續著述」概稱之。

據學者調查，歷代近思録後續著述總數多達百種以上。然竊以爲仍有佚著尚未計入，總量還有提升的可能。不僅如此，近思録還流布域外，在古代東亞的朝鮮、日本也得到廣泛傳播，非但屢屢重刻傳抄，爲之注釋者亦絡繹不絶。一部古代學術典籍，竟然獲得後世如此恒久的關注和衆多密集的研究！這樣的故事，自然只有儒、釋、道學的「核心」經典才會發生。無怪乎梁啓超、錢穆先生，皆奉近思録爲宋代理學經典之首選，以爲「後人治宋代理學，無不首讀近思録」。既爲古代學術思想之經典，近思録固然有其可以古今轉换、歷久彌新的思想意義和學術價值。然而，有意義、有價值的還遠不止於近思録本身，七八百年來廣泛流布於中土、東亞的衆多近思録後續著述，同樣是一大筆值得後世珍視的思想學術史寶貴資源。

## 二　近思「續録」彌補了近思録無朱子思想資料的缺憾

近思録是朱子的編著而非撰著，它與朱子學術思想的關係，主要在其爲近思録篇章分卷的結構設計，及其對四子語録的遴選審訂，體現了朱子對理學早期思想體系的宏大思考和縝密建構。至於近思録的内容，並不能真正、完全反映朱子本人的思想，因爲書中並無朱子思想資料的記録。陳來先生説「錢穆先生推薦的國學書目，近思録下面就接著王陽明的傳習録，跳過了朱子，這是我不以爲然的」，因爲「近思録所載的是理學奠基和建立時期的四先生思想資料，其中並没有理學集大成人物朱子的思想資料」。其實，錢穆先生並非不知此情，在復興中華文化人人必讀的幾部書一文中，他是這樣説的：「這書把北宋理學家周濂溪、程明道、程伊川、張横渠四位的話分類編集，到清朝江永，把朱子講的話逐條注在近思録之下，於是近思録就等於是五個人講話的一個選本。這樣一來，宋朝理學大體也就在這裏了」。雖然，但陳先生指出近思録無朱子思想資料的意思没錯，而僅靠江永集註，也未能完全解決近思録無朱子思想資料的問題。

近思録無朱子思想資料的缺憾，其實是朱子後學早就深切關注的問題。清初朱顯祖就曾爲此大發感慨：「因思自孔、孟以後，歷漢、唐來千有餘載，始得有宋周、張、二程諸大儒，直追堯、舜相傳之意，其間精微廣大，賴先生近思一録爲之階梯，俾後學得以入門，而先生在宋儒中更稱集大成者，乃其生平格言實行，反未載於録内，豈非讀近思録者之大憾也乎！」可以説，在朱子近思録構建的理學框架中添置朱子語録，接續朱子思想資源，一直是近思録後續著述的「重頭戲」。我們看清張伯行續近思録序説：「自朱子與吕成公采摭周、程、張四子書十四卷，名近思録，嗣是而考亭門人蔡氏有近思續録，勿軒熊氏有文公要語，瓊山丘氏有朱子學的，梁溪高氏有朱子節要，江都朱氏有朱子近思録，星溪汪氏又有五子近思録，雖分輯合編，條語微各不同，要皆仿朱子纂集四子之意，用以匯訂朱子之書者。」幾乎就是對近思録「集朱續録」的「學術史回顧」了。只是嚴格來説，其中元熊禾文公要語、明丘濬朱子學的，並非「仍近思録篇目，分次其言」者，而名實相符的「集朱續録」，還另有元趙順孫近思録精義、明劉維深續近思録、錢士升五子近思録、清劉源淥近思續録、張伯行續近思録、孫嘉淦五子近思録輯要、黄叔璥近思録集朱等多種。不僅如此，近思録的注解也多以「集朱」爲旨。如宋楊伯嵒衍註、葉采集解，清李文炤集解、陳沆補注等，都大量采集朱子文獻爲四子注解，而江永集註更是「取朱子之語以注朱子之書」的典型。

對於後世朱子學者在「集朱續録」這個學術議題上的執著追求，四庫館臣似乎有些不以爲然。他們認爲張伯行續近思録「因近思録門目，采朱子之語分隸之，而各爲之注」，實不足爲重，説「自宋以來，如近思續録、文公要語、朱子學的、朱子節要、朱子近思録之書，指不勝屈，幾於人著一編，核其所載，實無大同異也」。職是之故，像劉源淥近思續録、張伯行續近思録等，只能被打入存目。按説後世纂輯朱子思想資料，無非是從傳世的文集、語類、或問等著述中遴選摘取，各家續録内容有所重複，似亦在所難免，若就此而言，四庫館臣的訾議也不無道理。但若謂之「指不勝屈，幾於人著一編」，則似屬誇大之詞；而謂之「核其所載，實無大同異」，更有以偏概全之嫌。

其實，「集朱續録」在輯録條目總數、選録文獻内容、徵引文獻書目和輯録編纂體例等方面，是很有些差異的。例如最早編纂於南宋寶慶三年的蔡模近思續録，共選輯朱子語録四百三十八條。到清初汪佑編五子近思録，據明高攀龍朱子節要采録朱子語録五百四十八條，較蔡録多一百十條。至清康熙二十三年朱顯祖纂朱子近思録，又增至七百八十五條，多出蔡録三百四十七條、汪録二百三十七條。繼而康熙四十年劉源淥纂輯續近思録，更多至八百五十三條，庶幾最初蔡録之翻倍。可見「集朱續録」的規模體量，直是一路「水漲船高」。再如專論「性理」、「道氣」等形上議題的卷一道體篇，蔡録凡二十三條、汪録五十一條、朱録一百十四條、劉録三十五條、張録七十四條。專談「治具」、「治功」等形下議題的卷九治法篇，蔡録凡五十五條、汪録十六條、朱録一百十條、劉録一百條、張録二十四條。可見「集朱續録」的選項各有側重。張伯行尤喜高談性理學説，對治政實務反倒興趣不大。劉源淥恰好相反，論性理不及汪録之多，談實務卻是汪録六倍。朱顯祖則性理、治政二者並重，均采輯百條之多。究其原因，自當與續録者的治學趨向和學術水平相關。再説徵引文獻範圍之異。蔡録所用朱子文獻，有文集、語録、易本義、書傳、大學或問、論語或問、太極圖、四書章句集注、西銘解、易學啓蒙、經説、手帖、詩傳等。而朱録所取，既有「專刻」之朱子文集、朱子奏議與經濟文衡、年譜、語録諸書，還有「匯刻」之性理大全、儒宗理要、聖學宗傳與世憲編、證心録等書。再如編纂體例之異。如蔡録、汪録、朱録都是單純的「集朱」，而張録則「采朱子之語分隸之而各爲之注」。蔡録、朱録、張録等都是單一的「集朱」，汪録卻是朱子與四子的合一。一隅之證，雖不足窺其全，但已可知四庫館臣「核其所載，實無大同異」的訾議，有失武斷，不足爲訓。

近思録「集朱續録」之所以會不斷「再生産」，或有以下幾個原因可以考慮。首先，固然是朱子思想在理學傳承中不可或缺的重要性，使人不約而同地想到且做到一塊去。其次，是否還應考慮到當時圖書流通、信息傳播的局限問題。如高攀龍、錢士升、朱顯祖、汪佑、劉源渌等，他們在編纂續録時都没有提到蔡模近思續録，説明此書在明末清初並未通行。又如籍貫山東青州府安丘縣的劉源渌，「瀝盡心血二十餘年」編纂續録，卻不知十多年前江都朱顯祖就已編成朱子近思録行世。這都説明那個時代的學術信息不够靈通，以致造成研究課題的撞車。再者就是對既有「集朱續録」不稱意，自以爲需要重起爐灶。如清乾隆間孫嘉淦重纂五子近思録輯要，就是因其不滿汪佑五子近思録有「抑揚近似」之嫌。他説：「汪録雖使『濂洛關閩之微言燦然備矣，然而張子之言間有出入，二程之語多出於門人所記，朱子之學與年俱進，其早年所著，有晚而更之者矣。後之學者，目不睹五子大全，又恐泥其抑揚近似之辭，或有毫釐千里之謬。蓋非前人之書尚有未善，而吾所以憂後學之心至無已也。書有以多爲富，亦有以簡爲明，有語之而欲詳，有擇焉而欲精。因不揣固陋，即舊編而更審擇之。』」可見孫氏之所以重整輯要，就是要表達自己對朱子思想的不同理解。

總而言之，「集朱續録」之所以長盛不衰、層出不窮，主要還在於傳世的朱子文獻承載著廣大精微的朱子學説，其數量和範圍，都遠遠超出朱、吕編纂近思録時所面對的北宋四子文獻，而後世「續録」者更無一能如朱子這般「一錘定音」者，於是就給後人騰出了盡己之見而去取編纂的發揮空間。這也恰好證明，歷代朱子學者接連不斷編纂出面目各異的近思録「集朱續録」，正是他們對朱子理學思想的認知差異和詮釋演化的一個絶佳縮影。而這樣的「縮影」效應，還存在於其他非純粹「集朱」的近思録後續著述中。

## 三　近思「補録」構築起宋元明清程朱理學史基本框架

近思録後續著述的另一類型，是在朱子近思録構建的理學框架中添置歷代程朱學者的思想資料。因其書名多用「别録」、「後録」、「補録」、「廣録」等，爲了與純粹「集朱」的「續録」相區别，且用「補録」概稱之。

最早編纂「補録」的是朱子講友劉清之。據朱子語類記載：「劉子澄編續近思録，取程門諸公之説。某看來其間好處固多，但終不及程子，難於附入。」「程門諸先生親從二程子，何故看他不透。子澄編近思續録，某勸他不必作，蓋接續二程意思不得。」是知劉清之續近思録是一部專「取程門諸公之説」的「補録」。不過劉清之的編纂熱情被朱子澆了一頭冷水，因爲朱子一向認爲程門弟子未能盡得乃師真傳，用「程門諸公之説」解釋近思録，很有可能與程子原意發生偏差，故「勸他不必作」。至於劉清之是否聽從朱子之勸而中輟編纂，確實是個問題，因爲宋史本傳所載劉清之著述，並無名「續近思録」或「近思續録」者，歷代公私藏目、史志補志也一無著録。不過巧合的是，在傳世的近思「補録」中，倒是有一部南宋末佚名編近思後録，專取「吕侍講」、「范内翰」、「吕正字」、「謝上蔡」、「游察院」、「楊龜山」、「尹和靖」、「侯仲良」、「朱給事」、「胡文定」等「程門諸公之説」。這部宋建安刻本近思後録未題編撰者姓名，但從其引録文獻的範圍和内容來看，似乎還是存在著與劉清之續近思録相關聯的想像空間。此外，編纂過近思續録的蔡模還編纂了一部近思别録。與佚名近思後録專「取程門諸公之説」不同，别録只取朱子道友張栻、吕祖謙二先生之語。這或許是因爲蔡模身受朱子親炙，比較領會乃師對程門後學的態度，也或許是因爲他知曉已有專「取程門諸公之説」的劉氏「補録」，故不事重複。但不管怎樣，别録的編纂，切實爲近思録補上了南宋理學思想資料的重要環節。

明萬曆間，江起鵬纂近思録補，首次汲取明四大朱子學者薛瑄、胡居仁、蔡清、羅欽順的言論，使近思「補録」的歷史延伸到了明代。江起鵬字羽健，萬曆二十三年進士，生於朱子闕里婺源，也是一位理學思想的信奉者。他自述「年十齡，先大夫授以近思録、薛文清公讀書録」，「年十三，授以程明道先生語略、王陽明先生則言」，「既而得胡敬齋先生居業録，益用嚮往」，復「亟求羅整菴先生困知記、蔡虚齋先生密箴二書讀之，實有啓發」。而這樣的知識背景，確實也在他的補録裏有所反映。江氏近思録補共涉及二程、朱子、張栻、吕祖謙、黄榦、李方子、真德秀、薛瑄、蔡清、胡居仁、羅欽順十二家之言，較之蔡氏別録、佚名後録，更構築起了自宋及明的近思録閱讀、詮釋史框架。

清人近思「補録」，有施璜五子近思録發明、張伯行近思廣録、吕永輝國朝近思録等數家。施璜是汪佑五子近思録的「合編參較」者，所謂「發明」，就是在汪氏五子録的基础上再添補薛敬軒、胡敬齋、羅整庵、高景軒四位明代最重要朱子學者的思想資源。施璜認爲明四子乃宋五子之「羽翼」，「匯萃其精要者，以附於各卷之末」，就是「以四先生之言，發明五先生之旨」。張伯行廣録精萃張栻、吕祖謙、黄榦、許衡、薛瑄、胡居仁、羅欽順等宋元明七位大儒的語録，他説：「余於近思録所爲，既詮釋之，而又續之，而又廣之，冀有以章明義藴，引進後人，而且儒書於不墮也。」可知寓朱子「詮釋」於近思「補録」，乃其有意識的「預謀」。此後，又有無錫鄭光羲編集續近思録，據四庫提要介紹：「是編前集十四卷，采薛瑄、胡居仁、陳獻章、高攀龍四人之説。後集十四卷，采王守仁、顧憲成、錢一本、吴桂森、華貞元及其父儀曾六人之説。」顯然，那是一部專收明儒語録，並輯録最多的近思「補録」，而其將陳白沙、王陽明這二位心學先進，以及東林諸儒也補録於中，更是「別具一格」，而大可深究。可惜鄭録今已難覓蹤跡。清光緒二十六年，吕祖謙裔孫吕永輝，精選清初陸桴亭、張楊園、陸稼書、張敬庵四位朱子學者的語録，編成國朝近思録一書，彌補了近思「補録」不及清人的缺檔，雖然收録有限，但畢竟在時間跨度上完成了近思録詮釋史清代部分的接續。在自序中，吕永輝説了這麽一番話：「竊思一代則必有一代之聖賢，以綿道統於不墜。上古之世，堯、舜、禹、湯，爲開天明道之聖人。中古之世，孔、顔、曾、孟，爲繼世立極之聖人。宋之世，有周、程、張、朱五子，爲繼往開來之聖人。其後接其傳者，元有趙江漢、劉靜修、許魯齋，明有薛敬軒、胡敬齋、羅整庵、先司寇。當末世絶續之交、天地閉塞之時，則有陸桴亭、張楊園，養晦深山，獨延道統于一綫。逮我國朝，則陸清獻公、張清恪公出焉，恪守程朱，以開文明之運。嗚呼，尚矣！是近世之儒近思而有得之者，推二陸、二張四先生爲最純，悉具内聖外王之學，誠正齊治之略，得周、程、張、朱之的派，爲千古道統之正傳。因取四先生之書，讀而校之，擇其尤切近者若干條輯之，庶天下國家身心誠正之隆軌在是焉。學者近思而力行之，則入聖階梯不遠矣。」可見，對於近思録「續録」「補録」的思想學術史意義，清代學者已具有相當深切的認識。

## 四　近思録注解、札記及其思想學術史文獻價值

近思録後續著述的再一大宗，就是歷代學人對近思録的注解詮釋和閲讀札記。鑒於「續録」「補録」的思想資源多非直接應對近思録而言的文獻，相比之下，歷代注解、札記應該是與近思録關係更爲密切的學術文獻，理應更能體現近思録傳播、閲讀、接受史的意義。

近思録歷代注釋，今存宋楊伯嵒、葉采，清張習孔、李文炤、張伯行、茅星來、江永、陳沆、郭嵩燾、張紹價等十餘家。亡佚未見者，則有元何基發揮，明程時登贅述、程若庸注，清王夫之釋、劉之珩增注、車鼎賁注析微、秦士顯案注、陳大鈞集解等。近思録歷代札記，現有宋陳埴雜問，清汪紱讀近思録、李元湘隨筆、令狐亦岱摘讀、黑葛次佩氏復隅、陳階札記、厲時中按語、張楚鍾理話等。亡佚未見者，則有清丘鍾仁微旨、徐學熙小箋等。不難看出，近思録注釋者和札記撰者的學術地位和影響力，與「續録」「補録」收録的人物，總體上存在較大「級差」。就是説，被「續録」「補録」收入的人物，幾乎全是歷代程朱學派的領袖、主將，或宗朱一派學者的代表人物。從二程先生及其高弟吕希哲、范祖禹、吕大臨、謝良佐、游酢、楊時、尹焞、侯仲良、朱光庭、胡安國，到朱子及其道友張栻、吕祖謙，門人黄榦、

李方子，從元、明朱子學「大佬」許衡、薛瑄、蔡清、胡居仁、羅欽順、高攀龍，到清初名臣陸世儀、張履祥、陸隴其、張伯行等，無一不是在中國儒學史、理學史上數得著的重要人物。就此而言，由歷代「續録」「補録」貫串起來的，或可看做一部展現朱子學者「精英」學術思想的近思録詮釋史。這固然很有意義，但近思録本質上是一部普及性的理學初級讀本，它在一般讀者中如何傳播，又曾激起怎樣的思想反響，諸如此類的問題，其實也很有探究的意義，而這卻不是「續録」「補録」所能提供的。反觀歷代近思録注解、札記的作者，似乎僅有朱子高弟陳埴、清初名儒張伯行、乾嘉學者汪紱，堪稱朱子學名家。當然王夫之、江永、魏源、郭嵩燾等也聲名卓著，但王船山繼承的主要是張横渠一脈，江慎齋擅名經史考據而非義理發揮，魏默深、郭伯琛二人的思想影響力也不在其宗朱一面。至於宋葉采、楊伯嵒，清張習孔、茅星來、李文炤、陳沆、李元湘、陳階、徐學熙等，似乎都算不上伊、洛、閩學源流脈絡中的頂尖學者、代表人物。然而，恰是這些非一流學者的詮釋意見和閱讀心得，使我們能瞭解近思録在一般宗朱學者中的閱讀狀況和思想反饋，從而與「續録」「補録」互爲補充，體現出面向更爲寬闊的近思録思想學術史意義。

爲近思録作注釋、寫札記最多的，無疑是清代朱子學者。鑒於「續録」「補録」中清代思想資源的相對欠缺，存世的諸多清人近思録注釋、札記，無疑是研究清代近思録詮釋史的寶貴文獻。這裏且舉三個比較有意思的例證：汪紱讀近思録、陳沆近思録補注和郭嵩燾近思録注。

汪紱字燦人，號雙池，徽州婺源人，著有理學逢源等。傳稱汪紱治學，「研經則參考衆説，而一衷于朱子」，「述作博及兩漢、六代諸儒疏義，元元本本，而一以宋五子之學爲歸」。在新編中國儒學史中，汪紱與謝濟世、尹會一、陳宏謀、雷鋐、朱珪等，一道被列爲乾嘉時期宗程朱之學的理學代表人物。有意思的是，六人中的四位，尹會一、陳宏謀、朱珪、汪紱，都曾注釋或刊刻過近思録。汪紱讀近思録約撰於乾隆十九年，在此之前，他的同鄉江永已推出新注本近思録集註。汪紱與江永同爲宗朱一派，但兩人「只有書牘往來，而未嘗相見」，關係並不密切。從書信來看，汪紱對江永治學頗多異議，江永則覺得汪紱的意見「與鄙衷殊不相入」。江、汪都對近思録抱有濃厚興趣，只是江永集註多「采朱子之言爲注釋」，而汪紱讀近思録則盡是自己的解讀。倆人在問學路徑上的不同，及其學術觀點的碰撞，在汪紱讀近思録中多有展現。如近思録卷九收入程子論「井田制」二則，江永集註引用朱子之語，明確表示井田今不可行，汪紱讀近思録則針鋒相對，以爲「井田亦可因而行」。衆所周知，「井田」、「封建」、「郡縣」等問題，是清初顧炎武、黄宗羲、陸隴其等十分關心、經常討論的一個涉及當下土地制度乃至政治制度的議題。今從汪紱讀近思録可知，這個議題直至乾嘉時期還在繼續爭議之中。

陳沆字太初，號秋舫，湖北蘄水人，嘉慶朝狀元，「以詩文雄海内」，世稱「一代文宗」。陳沆補注的一個重要看點，就是其中收入了好友魏源的注釋，並在全書編例、材料取捨上，都很大程度地聽取、采納了魏源的意見。如修訂稿卷首原抄録孫承澤一段話：「孫北海曰：學有原委，原云端正則委自分明，如大學之『明德』，中庸之『天命』，論語之『務本』，孟子之『仁義』，皆自原頭説起，使學者有所從入。不然，原本不識，用力雖勤，而誤墮旁蹊者不少矣。故近思録首卷宜細爲體認，朱子『識個頭腦』四字，良非易事。」但這段孫北海語録，被魏源審稿時一筆勾删，並在欄上眉間批字曰：「孫氏姓名有玷此書，且其語亦支離之甚。今學者第從第二、三卷『存養』、『致知之方』作工夫，有誤落旁蹊者耶？且空識名目，亦未必遂能通道不惑也。」孫承澤是明末清初由王學轉向朱學的代表人物，他仿近思録例，輯周、程、張、朱之言爲學約一書，復以明薛瑄、胡居仁、羅欽順、高攀龍四家之語編撰學約續編，還撰寫考正晚年定論，逐條批駁陽明朱子晚年定論，這些都是朱子學史上有代表性的文獻。然其一味尊朱，乃至「字字阿附」，處處回護，幾乎到了「佞朱」的地步。以致後來遭四庫館臣詬病，譏評他「末年講學，惟假借朱子以爲重」。物極必反，「佞朱」實則「誤朱」，這就引起宗朱陣營反思，「痛聖人之道不晦于畔朱之人，而即毁于從朱之人」。所以，孫北海條目的收入和删去，都反映了清代朱子學者在如何傳承朱子學説問題上所持的不同態度。魏源注近思録在陳沆補注中雖僅十一條，卻是其傳世詩文著述之外的佚文。而讀者也可由此知曉，這位近代「睜眼看世界」的先行者，在接受西方新事物、新思想的同時，依然保持對程朱理學的傳統情懷。

無獨有偶，郭嵩燾這位清廷首任駐英、法使節、近代「洋務運動」幹將，在寫下使西紀程的同時，還留下一部他多年閲讀近思録的學術札記。根據郭嵩燾題識，知道他於近思録曾「瀏覽所及四十餘年」，更在同治七年至光緒十年的十多年裏，「前後四次加注」。就是説，在郭嵩燾罷官歸隱、出使英法、海外召回、二度貶黜的那段跌宕起伏的仕宦歲月裏，其案頭書架，一直都有近思録的存在。這就不免讓人想到一個問題，一般總説理學家守舊，是政治改良、社會革命的思想阻礙。按此推論，思想「與時俱進」、政治理念「開放」的郭嵩燾，如此熱衷近思録這部理學入門讀物，似乎有悖常理，那些唾他唾沫的守舊儒臣，才該是近思録的「粉絲」。其實，讀不讀近思録與一個人的政治理念没有太多關係。清初，無論是「明遺」王夫之、張履祥、吕留良，還是「儒臣」孫承澤、張習孔、張伯行，都曾注釋、仿編或刊刻過近思録，但「明遺」與「儒臣」對滿清新政權的政治態度是截然不同的。郭嵩燾爲什麽要長年閲讀、「四次加注」近思録？據其自述：「深味近思録所以分章之義，盡看得大，所録四子之言，亦多是從大處説，而於一言一動之微，依然條理完密，無稍寬假。是以流行七八百年，奉此書爲入德之門，而體例之博大，記録之精審，尚亦非淺學者所能窺見也。」由此看來，他是把近思録作爲自我修養的經典來反復奉讀的，而郭注正是他多年來研讀近思録的心得手札。郭注重在義理思辨，尤多獨特見解，對周、程、張四子思想，既有發明，亦有持疑；對朱子及張栻、黄榦、葉采、江永等人的詮釋，則頗多異議辨正。且其闡發議論，多聯繫世事，切近日常，時而感慨時政之患，時而抨擊世風之弊，讀來耳目一新。故此，郭注的發現和整理，無論對近思録在清代的傳播研究，還是對清代思想家郭嵩燾的研究，都有相當重要的參考價值。

總之，與近思録這部理學入門讀物「被經典」的歷史進程同步，産生了一大批續補仿編、注釋集解、閲讀札記等近思録後續著述；這批理學文獻的編者撰者，無不遵循朱子爲近思録架構的理學體系，針對近思録提出的理學話語、議題和思想，「與時俱進」地闡發各自的理解和見解，從而映畫出一幅七百年理學思想史的學術長卷。

## 五　近思録專輯的收書與版本

對近思録後續著述及其思想學術史意義的認識，是在執行「朱子學文獻整理與研究」

課題的過程中不斷深化的。從規劃初選七種近思録後續著述整理校點，到最終擴充爲二十一種，并獨立成歷代朱子學著述叢刊的一個專輯，就是爲了充分傳達我們的這一認識，並使之成爲有益於學者展閲、研讀這幅思想學術史長卷的基本參考文獻。

近思録專輯收入近思録後續著述凡二十一種，依次爲：宋楊伯嵒泳齋近思録衍註、宋葉采近思録集解、宋陳埴近思雜問、宋蔡模近思續録、宋蔡模近思别録、宋佚名近思後録、明江起鵬近思録補、清張習孔近思録傳、清李文炤近思録集解、清張伯行近思録集解、清張伯行續近思録、清張伯行廣近思録、清黄叔璥近思録集朱、清茅星來近思録集註、清施璜五子近思録發明、清江永近思録集註、清汪紱讀近思録、清劉源渌近思續録、清陳沆近思録補注、清郭嵩燾近思録注、清吕永輝國朝近思録。其中宋人著述六種、明人著述一種、清人著述十四種；若按著述類型計，則有註釋集解九種、研讀札記二種、續編補編十種。專輯的收書理念，是兼顧文獻的發展階段性和學術典型性，儘可能把握主脈，真切反映近思録後續著述及其學術演變的歷史面貌。譬如，出自宋元著述遺逸多、流存少的考慮，專輯把僅存的宋人二種注解、三種續補和一種札記「一網打盡」，悉數收輯。明人著述也不多，傳世更少，但專輯只收江起鵬近思録補一種，那是考慮到周公恕分類經進近思録集解，不過是改編葉采集解而成，錢士升五子近思録，不過是合刻高攀龍朱子節要與近思録而已，都缺乏獨自的思想學術價值，故寧缺而毋濫。清代著述最多，遴選最費思量，大致是循清學之變，分前、中、後三個時期，擇優取精。前期跨康、雍二朝，斯時朱子學最盛，共收書八種。其中四家注釋，張習孔是今存最早的近思録注家，李文炤是湖湘學派的領軍人物，張伯行是向康熙力推程朱學説的理學名臣，茅星來集註「於名物訓詁考證尤詳」，各具典型意義。「續録」「補録」四種，收施璜五子近思録發明，而不收汪佑五子近思録，是因爲前者可以兼容後者；收劉源渌續録而不收朱顯祖朱子近思録、嚴鴻逵朱子文語纂編，是因爲朱録、嚴編不如劉録精要而有影響；收張伯行續録、廣録，是因爲能與其集解合觀，完整反映他的近思録詮釋思想。乾嘉之世，理學式微，考據風行，相傳書坊中已難見程朱之書，但今觀其時近思録著述仍不絶如縷。專輯收江永集註、黄叔璥集朱、汪紱讀近思録三種，注釋、續録、札記各占其一，數量雖少，庶幾尚能對清中期之概貌，獲一管窺。至於前述孫嘉淦五子近思録輯要，雖亦不無存留意義，但畢竟囿於汪氏五子録的格局，學術價值稍遜，故而割捨不取。晚清同、光時期的近思録著述之多，出乎意外。作爲後期典型，專輯選取陳沆補注、郭嵩燾注、吕永輝國朝近思録三種，其文獻價值、學術意義已在前文交代，兹不贅述。至於未收的黄奭近思録集説、李元綱五子近思録隨筆、黑葛次佩氏近思録復隅、張楚鍾小學近思理話、管贊程近思録集説等，則因其學術性稍差，或尚欠細究而不敢卒定。

近思録專輯收書在版本遴選上也力求精善，且有重大收穫。所收二十一種書籍，有四庫全書、四庫存目叢書、四庫禁燬書叢刊、續修四庫全書影印本的十一種。而其他十種中，屬海内孤本的就占六種，分别是北京大學圖書館藏日本寬文年間刻本宋蔡模近思别録、臺北「中央圖書館」藏南宋末建安曾氏刻本宋佚名近思後録、無錫市圖書館藏明萬曆三十二年自刻本江起鵬近思録補、上海圖書館藏清康熙十七年飲醇閣刻本清張習孔近思録傳、國家圖書館藏稿本清黄叔璥近思録集朱、遼寧圖書館藏清抄本清郭嵩燾近思録注。需要指出的是，宋刊近思後録曾收入臺灣四庫善本叢書初編影印出版，但此叢書本今已難以尋覓。國圖藏黄叔璥近思録集朱稿本，在校點告竣後獲知又被新編子海（珍本編）收入影印，但那是一部修訂待定稿本，書葉行間塗抹勾畫，粘有許多浮簽，整理本根據原稿提示，對浮簽及其覆蓋的文字，都一一加以校理，是未作技術處理的影印本無法取代的。至於宋刊近思别録、明刊近思録補、清刊近思録傳和清抄本近思録注，都是别無他見的唯一遺存。此外，像清光緒刻本吕永輝國朝近思録，也僅有國家圖書館、新鄉市圖書館二處收藏，但二館藏本各有破損，整理本合而校之，始臻完善。至於有四庫系列叢書收入影印的十一種典籍，雖然較爲通行易見，但專輯整理本通過精校，也多有勝出之處。如四庫存目叢書本清李文炤近思録集解，是根據華東師範大學圖書館藏殘本影印，僅存三卷，整理本别據湖南省圖書館藏殘本校補，遂成全帙。又如續修四庫全書影印本清陳沆近思録補注，係出湖北省圖書館藏清陳氏白石山館稿本，但那也是一部修訂稿，增補删改，塗抹勾畫，閲讀極爲不便，整理本另取清華大學圖書館藏清道光間刻本爲底本，以稿本校之，更稱精善。再如收入四庫禁燬書叢刊的清張伯行近思録集解，是據乾隆元年尹會一揚州安定書院刻本影印，然而經過版本調研，發現該本與今存極少的康熙間正誼堂原刻本，竟有多處重要文字異同，爲後人重刻時故意删改，整理本遂以原刻爲底本，以重刻本對校，既保存原始真意，又可在先後改易之間，探其隱情。再如宋葉采近思録集解、清江永近思録集註，是二種最常用的近思録注本，但無論是四庫全書影印本，還是新版校點本，所用底本都不盡如人意，比如現存最早的元刻明修本葉解、清嘉慶婺源李氏刻本江註，就不及清康熙邵仁泓刻本、清同治江蘇書局刻本後出轉精。凡此，整理時都秉持精益求精的理念，實事求是地作了底本更换。

遵循歷代朱子學著述叢刊規定，近思録專輯各書大體遵照中華書局擬訂的校點體例，從嚴從難執行，個别處如專名號的使用等，則根據近思録後續著述的特點，稍作更趨細化的改動。作爲歷代朱子學著述叢刊這部開放性學術史叢書的第一種子叢書，近思録專輯的編纂整理具有一定的試驗性。雖然明知「盡善盡美」是爲不能，但我與我的同仁，仍願持守「爲所不能爲」的精神，勉力而爲。我們期盼對近思録後續著述的思想學術史意義的認識能得到學界同道的認同，也期待近思録專輯的整理出版能對推進朱子學史研究有切實的助益，更渴求賜讀此專輯的高明之士能糾其不逮，不吝賜教。

二〇一四年三月　嚴佐之

[清]張伯行 集解 張 文 校點

# 續近思録

# 目録

# 校點説明

續近思録十四卷、廣近思録十四卷，清張伯行輯。張伯行（一六五二——一七二五），字孝先，先號恕齋，晚號敬庵，河南儀封（今蘭考）人，學者稱儀封先生。康熙二十四年進士，歷官江蘇按察使、福建巡撫、江蘇巡撫，後入直南書房，由户部侍郎擢禮部尚書。雍正三年卒於官，賜謚清恪，光緒初從祀文廟。張伯行學宗程朱，篤信謹守，躬行實踐，居官清廉剛直，清聖祖稱譽爲「天下清官第一」，世宗曾欽賜「禮樂名臣」四字以褒之。張伯行爲理學名臣，闡揚程朱之學不遺餘力，尤以刊布先儒文集及理學著作知名於世。生平事蹟詳見其子師栻、師載所撰張清恪公年譜，碑傳集收録其傳記資料多種，清史列傳卷十二、清史稿列傳五十二有傳，清儒學案卷十二有敬庵學案。

自近思録編訂行世以來，由於其作爲理學經典文本，具有進學之階和入聖之基的性質地位，備受後世儒者的推崇和重視，歷代注解詮釋之作層出不窮，而依仿續編之作亦蔚爲大觀，張伯行所輯續近思録、廣近思録即爲其中較爲重要的兩種。張氏於近思録極爲服膺，以爲其書「體用兼該，義理條貫」，學者由此問途，方可望見先聖門牆，進而深入堂奥，故對其詳加詮釋疏解，撰成近思録集解，後又相繼纂輯續近思録、廣近思録。續近思録十四卷，凡六百三十九條（目録原題如此，後卷一增多兩條，爲六百四十一條），皆採輯朱子之語，並爲之疏解。廣近思録十四卷，凡一千二百十七條，每卷依次採擇宋張栻、吕祖謙、黄榦、元許衡、明薛瑄、胡居仁、羅欽順七家之言。二書分卷門目皆仿近思録之例，所採録條目皆依據「關於大體，切於日用」之標準。據張氏自言：「余於近思録所爲既詮釋之而又續之，既續之而又廣之，冀有以章明義藴，引進後人，而且以輔翼儒書於不墮也」，「學者誠由近思録而并及夫續與廣二録，尋繹玩味，沉潛反覆，萬殊一理，悠然會心，夫然後六經四子之書不爲口耳，當必有身體而心驗之者，入聖之階梯無踰斯矣。」是爲其所以纂集此二書之意也。從近思録集解到續近思録、廣近思録，構成一箇脉絡相承的經典體系，體現了張伯行對程朱理學淵源統緒和論學要旨的認識、提煉和闡揚，對近思録的流傳和理學的發展皆有積極意義。

續近思録成書於康熙四十九年，廣近思録成書於康熙五十年，旋即刊於姑蘇正誼堂，是爲此二書最早之刊本。今此二書康熙年間刊本存世極少，國内如北京大學圖書館、復旦大學圖書館藏有續近思録（這兩個本子完全相同，以下簡稱復旦大學圖書館藏本），其扉頁牌記題「康熙四十九年鐫」、「正誼堂藏板」等字樣，版式爲九行十七字，小字雙行同，白口，單魚尾，左右雙邊；東北師範大學圖書館、温州市圖書館藏有廣近思録，扉頁牌記亦有「康熙五十年鐫」、「正誼堂藏板」等字樣，版式亦九行十七字，白口，單魚尾，左右雙邊。又日本內閣文庫藏有續近思録、廣近思録，其牌記版式皆與上述國内藏本相同，然文字内容却存在差異。其中廣近思録差異較小，如温州市圖書館藏本卷首題「儀封張伯行輯」、「閩中受業柳琫、陳紹濂仝校」，而日本內閣文庫藏本則爲「儀封張伯行孝先甫輯」、「閩中受業柳琫荆石、陳紹濂尚友仝校」。日本內閣文庫藏本扉頁還鈐有多方朱文印記，如圓形印記「性學真傳」、方形印記「正誼堂藏板」，以及長方形印記：「本衙纂輯儒書，前後付梓，爰公同好。近聞坊間翻版射利，殊屬可恨，一經察出，必不姑貸。」而温州市圖書馆藏本則無有這些印記。至於續近思録則差異較大，如復旦大學圖書館藏本卷一共計七十六條，與目録所標七十四條之數不合，而日本內閣文庫藏本則爲七十四條，與目録所標條目之數相合。卷一第一至九條、第五十八至六十條，兩種版本完全不同，而復旦大學圖書館藏本多出第六十一、六十二兩條。又卷八第二十四條，兩種版本也完全不同。續近思録此兩種版本雖存在較大差異，然而就其版式印記、版面特徵和文字内容加以考察，可以確定它們實出於同一刻本，日本內閣文庫藏本刷印在先，而復旦大學圖書館藏本則爲後出，其相異之條目和文字之差别，當是後來有所抽换和挖改修補所致。又復旦大學圖書館藏本亦鈐多方朱文印記，與前所言日本内閣文庫所藏廣近思録封面印記完全相同，則這些抽换和修補當由张氏正誼堂所爲。就其相異條目之義理内藴而言，復旦大學圖書館藏本較之日本内閣文庫藏本似爲貼切精要，而凡文字語句差異之處，復旦大學圖書館藏本大都優於日本内閣文庫藏本，堪謂「後出轉精」之本，應該視作此書的定本。

同治年間，左宗棠主持福州正誼書院重刊正誼堂全書，此二書亦皆收入，其中廣近思録刊於同治五年，續近思録刊於同治九年，是爲同治重刊正誼堂全書本（簡稱同治重刊本）。同治重刊本之續近思録，其條目内容與復旦大學圖書館藏本一致，可知其所據底本乃後出之本。同治重刊本之廣近思録，今所見諸本序文自「唤醒聾聵」以上皆殘闕，大概是其重刊之時所據底本殘闕所致。就文字校勘而言，同治重刊本對原本訛誤有所校正，然因其讎校不甚精審，反致出現新訛，且頗有文句脱漏之處，遠不及康熙間刻本精良。廣近思録又有光緒二十年河南學署刻本，此本乃據張伯行原本，「擇其尤切要者」，刊附於江永近思録集註之後，實際相當於原書删節之本（參見：程水龍近思録版本與傳播研究，上海古籍出版社，二〇〇八年版）。今各藏書單位所藏之續近思録、廣近思録，大多係同治重刊本。商務印書館叢書集成初編收録續近思録、廣近思録，即據同治重刊本排印。四庫全書存目叢書收録續近思録、廣近思録，皆據中國科學院圖書館所藏同治重刊本影印。

此次校點整理續近思録、廣近思録，我們經過詳細比勘，並基於所能獲取之文獻資料，最終選擇以復旦大學圖書館所藏之續近思録、日本內閣文庫所藏之廣近思録作爲底本，而以同治重刊本作爲校本。對於續近思録兩種康熙間刻本存在的差異，我們將日本內閣文庫藏本相異之條目收入附録，且在每條之末標註其在原本中之次第，以幫助讀者詳細了解其異同所在。結合這兩部書的内容特點，遇到文義有疑之處，還適當參校其所引據諸家之書，並視需要出校説明。鑒於同治重刊本流傳甚廣，而康熙間刻本較爲稀見，故在校勘記中還擇要註明康熙間刻本和同治重刊本的文字差異。又續近思録原本目録中標註各卷條目之數，今將之移置於各卷之首，且依其例統計出廣近思録各卷條目之數，亦揭諸每卷之首。

承蒙程水龍先生提供相關版本書影資料，於此謹致由衷謝忱。希望此整理本能給讀者提供方便，但限於自己的學識水平，肯定存在一些疏失和不足，敬祈讀者指正爲感。

二〇一四年十月　張文

# 續近思録序

自朱子与吕成公採摭周程張四子書十四卷，名近思録，嗣是而考亭門人蔡氏有近思續録，勿軒熊氏有文公要語，瓊山丘氏有朱子學的，梁溪高氏有朱子節要，江都朱氏有朱子近思録，星溪汪氏又有五子近思録，雖分輯合編，條語微各不同，要皆倣朱子纂集四子之意，用以彙訂朱子之書者。余於四子近思録服膺有年，業爲集解一書，因又念朱子會通群儒之大成，卷帙繁多，諸先正前後搜輯，不遺餘力，其惓惓爲道之心，可謂至矣。夫斯道期於不孤，故承先啓後，吾黨之責。朱子慮窮鄉晚進之有志於學者，或無明師良友以先後之，而輯近思爲入德之門。蔡氏、熊氏以至汪氏六先生，又恐朱子之書遽難卒讀，爰擇其精粹明顯、關於身心、切於行習者，各出己意而纂集之，務使全體大用靡不具備，固亦猶是朱子之意也。獨怪世之躬列儒林者，不爲俗學之卑陋，則爲曲學之支離，冥然悍然，如失舵之舟，日飄泊於顛風巨浪中，與時浮沉，茫然莫知所止。噫！是不惟獲戾四子，而實重負朱子，其亦不思而已矣。竊嘗念學聖之道，莫要近思。子夏曰：「博學而篤志，切問而則知近思。」程子謂近思者以類而推，而真西山又以爲不馳心高遠，就其切近者而思之。則知義類精微，未有不由於真切平實之地，玩索尋繹，而凡行遠自邇，升高自卑，殊非躐等淩節空虛無據者所得與也。信乎！聖學之階梯，日用躬行之科級，非四子近思録無從入，非朱子續近思録，不尤爲學者一大憾事哉？第余往歲輯濂洛關閩書集解，其於朱子文集、語類諸書略勤摭拾，不無散見於諸先正各集中者。兹録雅不愛其重出，故於諸先正集中，或删或補，未能强同，要其關於身心，切於行習，備乎全體大用，條分類别，精實而詳明，當亦無殊旨也。爰不揣固陋，謬爲詮釋，冀有發明於前人未盡之意，且期無負乎朱子誨誘後進之深心。夫然後正學光昌，聖人之門庭昭然在目，而登堂入室，庶不患其難幾及焉。吾深願天下學者，自周程張四子而外，亟與恬吟密咏乎斯編。康熙四十九年庚寅仲秋穀旦，儀封後學張伯行題於姑蘇之正誼堂。

# 續近思録卷一

凡七十四條

## 道體

此卷論道體。黄勉齋所謂「無物不在，無時不然，流行發用，無少間斷」者是也。學者溯本原而窮其究竟，則學問之綱領在是矣。

朱子曰：這道體浩浩無窮。浩浩，廣大流行之意。易曰：「形而上者謂之道。」是道非有形體之可見也。然有與道爲體者，如天地之所以高厚，日月之所以運行，山川之所以流峙，人物之所以變蕃，莫非自然之理爲之主宰乎其中。程子所謂「活潑潑地」者，乃道體之本然，無一毫虧欠，無一息間斷，固浩浩然廣大流行而無窮盡者也。學者即形下之器，以求形上之道，切而驗之身心性情之地，實而體諸倫常日用之間，存養省察，致知力行，以馴致乎位育參贊之效，庶道體之浩浩無窮者即在吾身，而不至虚存於宇宙矣。此朱子親切示人之旨，與夫子川流之歎、子思鳶魚之察同。薛敬軒謂「孟子『左右逢其原』，可見道體之無窮盡」，正此意也。

朱子曰：道體渾然，無所不具。而渾然無不具之中，精粗本末，賓主内外，有不可以毫髮差者。故雖文理密察，縷析毫分，而初不害其本體之渾然也。道體渾然者，就其全體而言之，所謂「理之一」也。其不可以毫髮差者，就其各具而言之，所謂「分之殊」也。世之學者略觀大意，厭格物致知之功爲支離，其於道也，但識其渾然之大體，以爲其中無所不具而已。豈知渾然無不具之中，由精及粗，自本至末，辨賓主之異位，審内外之殊途，如權之於輕重，如度之於長短，毫髮之間，有不容以差失者。故君子之求道也，昭之以文章，别之以條理，密以致其詳細，察以致其明辨，雖一縷之微在所必析，雖一毫之細各有攸分。豈好爲支離哉？蓋必析之有以極其精而不亂，然後合之有以盡其大而無遺，分殊而理未嘗不一也，又何害其本體之渾然者哉？此「尊德性而道問學，致廣大而盡精微」，所以相須並進而不可偏廢者也。

朱子曰：天人一物，内外一理，流通貫徹，初無間隔。若不見得，則雖生於天地間，而不知所以爲天地之理，雖有人之形貌，而亦不知所以爲人之理矣。天以陰陽五行化生萬物，萬物皆生於天地之間，惟人得其秀而最靈。故人之氣即天地之氣，人之理即天地之理。貌言視聽之形於外者，氣之爲也；肅乂哲謀之藴於内者，理之爲也。人性本於天命，則天人豈有二物乎？形色即具天性，則内外豈有二理乎？此道體之流通貫徹而無間隔者也。君子知之，所以事天以誠其身，踐形以復其性，通天人，合内外，而無不盡其道焉。此人之所以與天地參也。衆人蚩蚩，不能見得，則雖生於天地之間，具生人之形貌，冥然不知所以爲天地之理而求以肖其德，又安知所以爲人之理而求以盡其道哉？是則雖曰「得其秀而靈」者，要亦與萬物無異矣，可不惜哉？

朱子曰：天命之性，處處皆是。但只尋時，先從自己身上尋起。所以説「性者，道之形體」。天下無性外之物，凡有一物各具一理，是天所賦之命，而物受之以爲性者。流通遍滿，處處皆是。大而天地之高深，細而鳶魚之飛躍，莫非性之昭著而不可掩者。但泛而求之萬物，不若近而驗之吾身，須先從自己身上尋起。如惻隱之發可以尋吾身之有仁，羞惡之發可以尋吾身之有義，推之辭讓、是非皆然。則天命之性賦與於我無少欠闕者，豈不昭然可見？所以邵子説「性者，道之形體」。蓋道無形體，觀性之具於人者，仁義禮智真切不混，則道之形模體段於此呈露，而不爲懸空影響之談也。

朱子曰：仁只是箇渾然温和的，其氣則天地陽春之氣，其理則天地生物之心。元亨利貞，天之四德，而元者善之長也，人得之而爲仁，渾然温和，程子所謂「滿腔子是惻隱之心」是也。以氣言之，則爲天地陽春之氣。蓋四時之中，春主温和，發生萬類，而一歲之運，皆此生氣之周流。春之爲氣，貫乎四時，猶仁之爲理，包乎四德也。以理言之，則爲天地生物之心。蓋天地無心，以生物爲心，萬物生生不已，莫非二氣絪緼之所爲也。仁之爲德，主於生物，自親親、仁民、愛物，雖分有不同，而莫非一念慈愛之所推也。與乾元資始、坤元資生，不誠同流而無間也乎？故君子之體仁長人也，雖剛柔不同用，威惠有異施，然無時而非陽春之氣，無念而非生物之心。此其所以與天地合德者與？

由道也。朱子曰：夫道若大路然，豈難知哉？人病不由爾。此即孟子之語而申言之，警醒人之不由道也。世之視道爲遠而不由者，疑道之爲物窈冥昏默而不可知也。不知道之在人，蕩蕩平平，舉凡日用行事之間皆是也。即子臣弟友而道存焉，即視聽言動而道存焉。其平如砥，其直如矢，四達交通，真若大路之共由而不可離也，豈有高遠而難知者哉？特人之所病者，在乎蔽於物欲，安於偷惰，甘心自棄，不肯由大路而行耳。夫舍大路而不由，則必入乎岐途，履乎曲徑，勢且墜坑落塹，陷其身於險巇荆棘之中而不能出也，豈不亦大可哀哉？

朱子曰：聖人之道，如饑食渴飲。此言道之切於人而不可須臾離也。夫人非食無以充饑，非飲無以解渴。聖人之道，存乎人倫日用之間者，循之則得，違之則失。豈不如饑者之資夫食，渴者之資夫飲哉？然饑渴之於飲食，非徒甚切而不可離，抑且至近而無所難也。聖人教人體道，不外乎夫婦知能之理。如經傳所垂，只是孝弟忠信、禮義廉耻，取之至近，如飲食然，人皆可以充饑而解渴也。是以君子之於道也，皇皇焉，汲汲焉，不啻饑渴之切身，必求得夫飲食然後快也。無如世之學者，自外於道而不明不行，是猶任其饑渴而不知飲食也，雖聖人其奈之何哉？

朱子曰：聖人之道，有高遠處，有平實處。聖人之道，精粗本末雖無二致，然有高遠處，如中庸所言位育參贊、配地配天之類是也；有平實處，如中庸所言子臣弟友、庸德庸言之類是也。朱子之意，蓋欲學者知道之有高遠，則不以淺近而自域；知道之有平實，則不以空虚而自誣。中庸言進德之序曰：「行遠必自邇，登高必自卑。」所謂邇也、卑也，即平實之道也。如爲子盡孝，爲臣盡忠，爲弟盡悌，爲友盡信，其事至平而無奇，其理至實而無妄。由是而上達焉，即高矣；由是而推暨焉，即遠矣。道之高遠者，即在平實之中，不可舍平實而求高遠也。程子曰：「聖人之言，其高如天，若不可階而升也，其近如地，則亦可以履而行也。」正與此章同意。

朱子曰：天理固渾然，然謂之理，便是有箇條理的。故其中仁義禮智，合下便各有一理，不相混雜。以其未發莫見端緒，不可以一理名，是以謂之渾然。非是裏面都無分別，而仁義禮智後來旋次生出也。天理只是仁義禮智之總名，仁義禮智便是天理之件數。渾然者，無分別之貌。然既謂之理，則其中各有條理，非無分别而相混雜者也。故天理渾然之中，而仁義禮智森然畢具。以其得天之元而爲仁，以其得天之亨而爲禮，以其得天之利而爲義，以其得天之貞而爲智，各有一理，不相混雜。如五行之各一其性，四時之各殊其氣。自其發而觀之，則惻隱，仁之端也；羞惡，義之端也；辭讓，禮之端也；是非，智之端也。所謂「各有一理，不相混雜」者，昭然可見矣。若當其未發，則莫見端緒，欲明其何者爲仁，何者爲義，何者爲禮爲智，而不可得也，但見其渾然若無分別而已。使其裏面果無分別，是仁義禮智非天命之本然、所性之固有，而爲後來添設之物矣，又何以隨感而應，各有條理乎？故言天理，已包仁義禮智之四德而總名之，言仁義禮智，則是分天理之件數而條舉之。可見天賦人以形，即賦人以理，而仁義禮智「各有一理，不相混雜」者，合下完具，如太極之包陰陽五行於其中也。

文蔚曰：先生易說中謂「伏羲作易，驗陰陽消息兩端而已」，此語最盡。朱子曰：「陰陽」雖是兩箇字，然却只是一氣之消息。一進一退，一消一長，進處便是陽，退處便是陰，長處便是陽，消處便是陰。只是這一氣之消長，做出古今天地間無限事來。所以陰陽做一箇說亦得，做兩箇說亦得。文蔚，姓陳，字才卿。陰陽消息，雖曰兩端，只是一氣。所謂進退消長者，「進處便是陽，退處便是陰」，非一進一退有二氣也。「長處便是陽，消處便是陰」，非一長一消有二氣也。故只此一氣之消息，貫徹古今，綿亘天地，無限事業皆從此出。然則陰陽固一而兩，兩而一者也。他日又曰：「陰陽只是一氣。陽消處便是陰，不是陽退了又別有箇陰。」與此蓋互相發。

朱子曰：在天地則爲陰陽，在人則爲善惡。「有不善未嘗不知，知之未嘗復行」，不善處便是陰，善處便屬陽。上五陰下一陽，是當沉迷蔽錮之時，忽然一夕省覺，便是陽動處。陰陽者，天地之復也。善惡者，人心之復也。卦明天運，爻本人事。故「有不善未嘗不知」，至明以察其幾也；「知之未嘗復行」，至健以致其決也。陰爲不善，陽爲善。復卦上五陰下一陽，是初正當沉迷蔽錮之時，其端甚小，其力甚艱，獨能慎獨審幾，隨起隨覺，隨覺隨復，其悟也忽然，其興也勃焉，此便爲法天自强處，即便是天地陽動處。張南軒曰：「於此而能復焉，則去无妄不遠矣。及其守之固，居之安，并纖毫不萌，則无妄也，即誠也，即天道也。」此正推出所以元吉處。然觀聖人以此贊顔子，知顔子之所爲獨稱「好學」者，功厥在於「不貳過」矣。

朱子曰：始者氣之始，生者形之始。乾元何以資始？蓋萬物受氣於天，始者氣之始也。坤元何以資生？蓋萬物受形於地，生者形之始也。然則氣以成形，雖同出一原，而天施地生，則微有先後也。

朱子曰：天命之性，若無氣質，却無安頓處。且如一勺水，非有物盛之，則水無歸著。程子云「論性不論氣不備，論氣不論性不明，二之則不是」，所以發明千古聖賢未盡之意，甚爲有功。大抵此理有未分曉處，秦漢以來傳記所載，只是説夢，韓退之略近似。千有餘年，得程先生兄弟出來，此理益明。天命之初，性與氣俱者，蓋惟成形而理乃賦焉者也。若無氣質，則將何處安頓乎？即如一勺水，非有物盛之，便無歸著。性附於氣，猶水載於物也。特偏言之，則皆不是耳。惟程子云「論性不論氣不備，論氣不論性不明，二之皆非」者，誠以有氣則不能無清濁厚薄之不齊，有性則亦可知仁義禮智之各足也。觀夫子言「性相近」，孟子之「道性善」，聖賢皆有未盡之意，而程子此言發明深切，甚爲有功矣。大抵此理難於分曉，秦漢以來諸所記載，多於此中夢夢。唐韓退之作原性，雖略近似，而終不甚明。至二程子出，乃始闡發無餘藴，而此理得以大著焉。他日朱子又曰：「論性不論氣，則無以見生質之異；論氣不論性，則無以見理義之同。」皆此意也。

道夫問：氣質之説始於何人？朱子曰：此起於張程。某以爲極有功於聖門，有補於後學，讀之使人深有感於張程。前此未曾有人説到此，如韓退之原性中説三品，説得也是，但不曾分明説是氣質之性耳。性那裏有三品來？孟子説「性善」，但説得本原處，下面却不曾説得氣質之性〔一〕，所以亦費分疏。諸子説「性惡」與「善惡混」，使張程之説早出，則這許多説話自不用紛争。故張程之説立，則諸子之説泯矣。道夫，姓楊，字仲思。氣質之説起於張程。張子曰：「形而後有氣質之性，善反之則天地之性存焉。」程子曰：「論性不論氣不備，論氣不論性不明。」此皆闡發明白，令人觀感，極有功於聖門，有補於後學，而前此無人説到者也。即如韓退之原性中説三品，其曰：「性之品有上中下三：上焉者，善焉而已矣；中焉者，可導而上下也；下焉者，惡焉而已矣。」雖説得近是，但不曾分明説出氣質之性，則此三品實從何處得來？夫孟子之説「性善」，只就本原處論，亦未説得氣質之性，所以尚費後人分疏也。至於荀子之言性曰「人之性惡」，揚子之言性曰「人之性善惡混」，惜未覩張程之説耳。若張程之説早出，自不消許多紛紛聚訟。今而後諸子之説可盡泯而此理益明者，張程之功於斯爲大也。

朱子曰：性是未動，情是已動，心包得已動未動。蓋心之未動則爲性，已動則爲情，所謂「心統性情」也。欲是情發出來底。心如水，性猶水之静，情則水之流，欲則水之波瀾。但波瀾有好底，有不好底。欲之好底，如「我欲仁」之類；不好底，則一向奔馳出去，若波濤翻浪。大段不好底欲，則滅却天理，如水之壅決，無所不害。孟子謂「情可以爲善」，是説那情之正，從性中流出來者，元無不好也。因問：「可欲之謂善」之欲，如何？曰：此不是「情欲」之欲，乃是可愛之意。心貫動静，統性情，故未動爲性，已動爲情，要皆管攝於一心。惟心有是情，則發而爲欲。欲者，七情之一也。由心性情欲四者類觀之，心猶水然，性其静乎，情其流乎，欲其波瀾乎。但既曰欲，則離道心而爲人心矣。此處危微緊關，出乎此便入乎彼，故不能無好不好之分。所謂好者，如「我欲仁」之類是也。所謂不好者，私意横流，天理潰決，波翻瀾湧，駭目驚心，雖欲隄防，不可得已。此則何嘗是本然之情緣性而發者哉？故孟子曰「乃若其情可以爲善」，則是情之本正，從性中流溢者，原無不好。而今日之壅決至此，固非情與性之罪，亦非心之罪，而實繼起之欲所釀而成也。至孟子所謂「可欲之謂善」，則「可欲」者，猶曰「可愛」云耳，豈情欲之説哉？信乎，「窒慾如防水」，學者不可不深長思也。

朱子曰：性如日光，人物所受之不同，如隙竅之受光有大小也。人物被形質局定了，也是難得開廣。如螻蟻如此小，便只知得君臣之分而已。此合人物以論性也。性之至精至粹不可磨滅者，如日光然。故人物所受之不同，亦如隙竅之有大有小，而受光因之有大小也。若能本體廓然，無可限量，則凡彌綸布濩之處，何在不受其光？只爲人物都局於形質，終是難得開廣耳。惟其不得開廣，所以在我僅有受光之隙，則在日亦秖爲容光之照。即如螻蟻至小，便只知得君臣，彼其分義凛然若不可犯者，何嘗不到精粹地位，特此外則皆不知也。然則性體之全，原自蟠天際地，人與物自局之耳。故惟盡性之聖人，有以極參贊位育之能哉。

朱子曰：人物之生，其賦形偏正，固自合下不同。然隨其偏正之中，又自有清濁昏明之異。此專就氣質言也。人物之生，各與一无妄，理固自足。然其賦形於天者，人得其正，物得其偏，便已合下不同。而隨其所賦偏正之中，物得其偏者，或清明或昏濁，靈蠢各殊；人得其正者，或清明或昏濁，敏鈍亦微判。此生人生物之大較然也。顧人物同生於天地，而得命爲人，則又當不爲氣質所囿，而愚者可明，柔者可强。況實明且强者，而容或負哉？

朱子曰：一草一木，皆天地和平之氣。造化流行，發育萬物，凡一草一木，無不條暢敷榮，此皆天地和平之氣所薰蒸洋溢而出之者也。程子曰「觀天地生物氣象」，又曰「觀物於靜中，皆有春意」，周子之窗草不除，邵子之滿懷是春，皆能善體天地者矣。

朱子曰：須知未動爲性，已動爲情，心則貫乎動靜而無不在焉。知言曰「性立天下之有，情效天下之動，心妙性情之德」，此言甚精密。胡氏，名宏，字仁仲，號五峰。所著書有知言，共六卷。未動爲仁義禮智之性，已動爲喜怒哀樂之情。心則統攝性情，貫乎動靜，而無不在焉。故胡氏知言有曰「性立天下之有」，言「寂然不動」者，能衆理并包，以爲心之體也；「情效天下之動」，言「感而遂通」者，能時措各得，以爲心之用也；「心妙性情之德」，言渾涵動靜，而體用具足於中也。此言至精而至密，古之聖賢所爲治性制情以存養此心也。

朱子曰：論性要須先識得性是箇甚麽樣物事。性即理也，仁義禮智而已矣。然四者有何形狀？只有此理，便做得許多事出來，所以能惻隱、羞惡、辭讓、是非。譬如論藥性寒熱，亦無討形狀處，只服了後却做得寒、做得熱，便是性。今人往往指有知覺者爲性，只説得箇心。此言性只是理，欲見性者，仍於情之發處驗之也。論性而不識性，則何以盡性？然欲識得性，而必鉤深索隱以求之，又烏知性是甚麽物事乎？蓋性即是理，理者何？仁義禮智而已矣。特是仁義禮智四者，亦無形狀可見，只有此理，便做得無窮事業。其所以發而爲情，能惻隱、羞惡、辭讓、是非者可驗也。即如藥性有寒熱，亦無形狀見得，只是服去則寒熱立驗，便是藥性矣。故知性只有此理，順其理之當然，則陽舒陰慘，皆足調劑太和；反其理之自然，則剛燥柔濡，皆能銷鑠元氣。識性者，識此而已。今人不察，而指有知覺者爲性，只説得箇心，而實非性也，盍返而自驗之哉？

朱子曰：「命」之一字，如「天命謂性」之命，是言所稟之理也。「性也有命焉」之命，是言所以稟之分有多寡厚薄之不同也。「命」字有兩義，「天命謂性」之命，則是繼善成性，全賦於我，初無限量者，指所稟之理而言，理蓋無不各足也。「性也有命」之命，則是時數遭逢，隨其所值，實有限制者，指所稟之分而言，分故有多寡厚薄之不同也。惟知其爲所稟之理，則「窮理盡性以至命」者，至此而已。知其爲所以稟之分，則樂天安土以立命者，立此而已。

朱子曰：性不是卓然一物可見者，只是窮理格物，性自在其中不須求，故聖人罕言性。

此見人當窮理以識性也。子思子曰：「天命之謂性。」張子曰：「合虛與氣有性之名。」又曰：「人受於天則爲性。」凡此皆不過指點出名目以示人耳。其實神明默成，存乎其人，豈是卓然一物可見者乎？惟有窮盡吾心之理，舉凡天下之事物，無不有以格之，則性即理也，亦可作一物觀也，自在其中而不須他求矣。是故聖人罕言性，蓋聖人之言無非天理，無非仁義禮智，性原自在其中也。學者誠欲性之卓於吾前，亦只於此心此理驗之而已。

朱子曰：性，譬之水，本皆清也，以淨器盛之則清，以污器盛之則濁。本然之清未嘗不在，但既污濁，猝難得便清。故「雖愚必明，雖柔必强」，也煞用氣力。以水喻性，水本清，性亦本善也。然水有清濁之分，因盛水之器有淨污之別，則性有昏明强弱之異，亦因氣稟之有偏全，習俗之有善惡之殊也。究之水，本然之清未嘗不在；性，本然之善何嘗不存？但既經污濁之後，便猝難得清，必須澄之乃清耳。故擇善固執以復性者，亦必由博學、審問、慎思、明辨而篤行之，煞用氣力，千百倍其功，然後愚者可明，柔者可强，而無不可變之氣質，無不可革之俗染也。

朱子曰：性者心之理，情者心之動，才便是那情之會恁地者。情與才絶相近，但情是遇物而發，路陌曲折恁地去底，才是那會如此底。要之，千頭萬緒，皆是從心上來。人之稟於生初者，有性、有情、有才焉。性者，仁義禮智，心所具足之理也。情者，惻隱、羞惡、辭讓、是非，心之感物而動也。至於才，則心動於惻隱而能行其仁，心動於羞惡而能行其義，心動於辭讓、是非而能行其禮與智，故便是「情之會恁地者」。惟情所欲赴，才能達之，情與才絶相近也。特是情遇物而發，任路陌之曲折，皆懸空臆想而可通，乃涉於虚。才則曲曲折折，都要隨路陌而遍履其地，爲麗於實耳。性、情、才三者之説如此。要之，性情統於心，才運於心，千頭萬緒，皆從心做起，而心之爲用大矣。

問：前夜説體用無定所，是隨處説如此，若合萬事爲一大體用，則如何？朱子曰：體用也定，見在底便是體，後來生底便是用。此身是體，動作處便是用。天是體，萬物資始處便是用。地是體，萬物資生處便是用。就陽言，則陽是體，陰是用；就陰言，則陰是體，陽是用。體用雖無定所，然而亦有定者。蓋天下無無用之體，亦無無體之用。所以見在底便是立其體，後來生底便是致其用也。即如人不有此身，何以能動作？然而此身便是體矣。若不能動作，又何以成此身？然而動作處便是用矣。推之覆幬者天也，現在高明底是體，萬物資始流形各正處便是用；持載者地也，現在博厚底是體，萬物資生品彙亨嘉處便是用。即就陽言之，必先施而後生，則陽是體，陰是用。又就陰言之，必由静而及動，則陰是體，陽是用。然則體用之無定而有定者，反覆類推之而皆然矣。

朱子曰：「性同氣異」，秪此四字，包涵無限道理。性即理也，理安有不同？特氣則不能無清濁厚薄之異耳。知其爲性同，便人人可以盡性。知其爲氣異，便人人當克去其偏，以復其本然之性。故秪此四字，有無限道理包涵蘊蓄於其中也，學者亦詳味而自得之耳。

朱子曰：知主别識，意主營爲。知近性近體，意近情近用。此明知與意之辨也。知者，心之神明，能察衆理，故主别識。意者，心之所發，能理事幾，故主營爲。知近性近體者，人心之靈莫不有知，性所固然，體自有覺也。意近情近用者，萬事之投皆從此出，情所必達，用自不窮也。若夫所知益擴，則在格物以致之；立意較然，則在致知以誠之而已。

朱子曰：惟心無對。天地間無獨必有對，惟心無對。蓋心之體至宏，心之用至廣，可以囊括古今，可以彌綸天地，可以聯萬物爲同體，可以合萬化於一原。「寂然不動，感而遂通」，人人有之，人人皆得而盡之。雖事業冠百王，道德師萬世，要只完全此心而已矣。夫孰得而對之哉？

朱子曰：天只有箇春夏秋冬，人只有箇仁義禮智，此四者便是那四者。心是箇運用的，只有此四者之理，更無别物。此見天人一理，而人不可不法天也。天以生物爲心，只有箇春夏秋冬底四時，循環迭運，歷萬古而不易。蓋春者生物之始，夏者生物之通，秋者生物之遂，冬者生物之成也。人體天之心爲心，只有箇仁義禮智底四德，具足於己，應萬事而不窮。蓋仁者惻隱之心，義者羞惡之心，禮者辭讓之心，智者是非之心也。然此四者，於人爲仁，而爲衆善之長，於天即爲春爲元；於人爲禮，而爲衆美之會，於天即爲夏爲亨；於人爲義，而得其分之和，於天即爲秋爲利；於人爲智，而爲衆事之幹，於天即爲冬爲貞，所以便是那四者。惟人之心至虚至靈，亦是箇運用流轉的，只有此四者之理循環不息，故亦如天之只有春夏秋冬，此外更無别物可言也。人奈何不法天以自强哉？

朱子曰：仁義禮智，便是元亨利貞。若春間不曾發生，得到夏無緣得長，秋冬亦無可收藏。此見仁爲四端之首，所係尤重也。仁義禮智，便如四時之春生夏長秋收冬藏者，必春間發生起來，然後苗而秀，秀而實，所由成始而成終耳。若人而不仁，便失其本心，百事皆妄。猶之春間不曾發生，到夏無緣得長，而秋冬尚可望其收藏乎？此仁所以爲衆善之長。君子務在體仁長人，以爲禮義智所從出也。

朱子曰：人只是此仁義禮智四種心，如春夏秋冬，千頭萬緒，只是此四種心發出來。人只是這四德，配天四時，如在人爲仁，於時爲春；在人爲禮，於時爲夏；在人爲義，於時爲秋；在人爲智，於時爲冬是也。既有此四種心蘊蓄精粹於内，故任他千頭萬緒參差不齊〔一二〕，皆可以錯綜盡變發用出來。如遇惻隱則仁心生，遇羞惡則義心生，遇辭讓則禮心生，遇是非則智心生，無一不措之裕如也。然則人生百年，無窮事業，孰有外於此四者哉？

朱子曰：天之賦於人物者謂之命，人與物受之者謂之性，主於一身者謂之心，有得於天而光明正大者謂之明德。命，猶令也。性，即理也。心者，人之神明。明德者，虚靈不昧之本體也。自天之所賦言之，則謂命。自人物之所受言之，則謂性。自主乎身而具衆理、應萬事者言之，則謂心。自得乎天而極其光明正大者言之，則謂明德。其名雖各不同，而其實則一而已，無二道也。

朱子曰：知覺運動者，形氣之所爲。仁義禮智者，天命之所賦。有生之初，各具有知覺運動者，乃氣以成形之所爲，物所同也。成性以後，各稟有仁義禮智者，乃天命之賦予於我，人所獨也。若徒具知覺運動於身，而不能全仁義禮智於心，則將何以自異於禽獸乎？

朱子曰：元亨，誠之通，動也。利貞，誠之復，靜也。元者，動之端也，本乎靜。貞者，靜之質也，著乎動。一動一靜，循環無窮。而貞也者，萬物之所以成終而成始者也。故人雖不能不動，而立人極者必主乎靜，則其著乎動也無不中節，而不失其本然之靜矣。此見靜所以立動之體而善動之用也。元始亨通時節，造化流行，乃誠之發用者，誠之通，陽之動也。利遂貞正時節，功用成就，乃誠之收斂凝聚者，誠之復，陰之靜也。然靜極而動之理實起於元。當隆冬沍寒之時，陽氣既盡，乃於元肇其端，是動之端倪也，而葆真有自，則本乎靜之體矣。動極而靜之理實要於貞。當霜雪隕落之候，陰氣既凝，乃於貞還其本，是靜之本質也，而蓄極而通，則著乎動之用矣。至於動靜互根，循環不窮，則四者之中，惟貞之用爲尤大。蓋貞也者，於時爲冬，惟其蓄精儲神，斂藏凝固，所以到得春來發生有力，是固萬物之所以成終，而即其所以成始者也。觀於天道，而人道可知矣。故人自形生神發而後，雖不能不動，而「聖人定之以中正仁義」，立人極者必主乎靜，正以平居能湛然虛靜，一理渾然，無所偏倚，如秋冬之斂藏不露，則自然動皆中節，應事不差，而不失其本靜之體。直如春夏之發生滋長，仍然利遂貞固矣。若靜時先已紛擾，則動時豈能中節哉？然則動靜雖互根，而靜尤其切要者矣。

問：先生答湖湘學者書，以「愛」字言仁，如何？朱子曰：緣上蔡説得「覺」字太重，相似説禪。龜山言「萬物與我爲一」，説亦太寛。上蔡，姓謝，名良佐，字顯道。龜山，姓楊，名時，字中立。程子謂「仁，性也；愛，情也」，又謂「仁，性也；孝弟，用也」，此可見仁特愛之未發者。緣上蔡説得「覺」字太重，未免蹈空，有似禪機。況以覺言仁，是以智之端言仁矣。又龜山言「萬物與我爲一」，此説亦太寛，故不如以愛言仁之較實而緊切也。問：此是仁之體否？曰：此不是仁之體，是仁之量。仁者固覺，謂覺爲仁不可。仁者固與物爲一，謂萬物爲一爲仁亦不可。體與量不同，體便是仁底本體，量則所包者大。故覺亦仁者分量所及，但以覺爲仁則不可，與物爲一亦仁者分量所及，但以萬物爲一謂仁又不可。蓋仁主於愛，愛之理即其體。二者之説，皆涉於迂遠也。又問：知覺亦有生意？曰：固是。但只將知覺説來却冷了。知覺固有生動底意思，但若論仁之生意，則「親親而仁民，仁民而愛物」，是何等鬧熱作用。今只將知覺説來却冰冷矣，而何以爲哉？

朱子曰：孟子説「仁，人心」，此語最親切。心自是仁底物事，存得此心，不患他不仁。人有此身，便具此生理，心者身之所主也，故孟子曰「仁，人心也」，此語極親切有味。心自是仁底物事，特患存之之難耳。人能持敬以涵養此心，不至自戕其生理，則心之既存，自然慈祥愷悌，純是太和元氣發生出來，尚何患其不仁乎？故又曰「學問之道，在求放心」。

問：仁禮屬陽屬健，義智屬陰屬順。義則截然有定分，有收斂底意思，自是屬陰順。

不知智如何解？朱子曰：智更是截然，更是收斂。如知得是，知得非，知得便了，更無作用，不似仁義禮三者有作用。智只是知得了，便交付惻隱、羞惡、辭遜三者，他那箇更收斂得快。「是非之心，智之端也」。智較義，更是截然，更是收斂者，蓋彼雖聰明用事，似乎發洩於外，然而只知得是非，則智之本量已盡，更無別作用處，非如仁義禮之或温厚、或剛斷、或發揮，尚有許多施爲也。故彼只如知得是仁不是仁，是義不是義，是禮不是禮，是非既定，便自截然了當，交付惻隱、羞惡、辭遜三者主張矣，豈不收斂得更快？此智之所以屬陰屬順也。

朱子曰：看仁字當并義禮智字看，然後界限分明見得端的。又曰：仁是箇温和底意思，義是箇慘烈剛斷意思，禮是宣著發揮意思，智是收斂無痕迹意思。性中有此四者，而聖門却只以求仁爲急，緣仁是四者之先，若常存得温厚意思在這裏，到宣著發揮時便自然會宣著發揮，到剛斷時便自然會剛斷，到收斂時便自然會收斂。又曰：仁爲四端之首，而智則能成終而成始，仁智交際之間，乃萬化之機軸。此理循環不窮，吻合無間，故不貞則無以爲元也。此三説皆言仁，而義禮智在其中也。首一説言仁之界限宜清，中一説言仁之功用甚大，後一説言仁必與智吻合而後爲發動之由也。蓋仁無所不包，當并義禮智合觀之，然後於惻隱、羞惡、辭讓、是非四者隨處發見處，各有界限見得分明端的也。否則雖知仁之爲并包，而何以知其時措之宜各不相侵乎？又仁無所不貫，而仁義禮智四者，亦各有意思所在。如仁是箇温和，義是箇慘烈剛斷，禮是宣著發揮，智是收斂無迹。吾性中底意思各不同也，而聖門必以求仁爲急者，緣仁居其先，爲三者之統貫，無仁則禮義智皆不能行，有仁則禮義智自然充裕。故惟常存得温厚和藹底意思，酣暢飽滿於中，則隨感而應，施無不宜，或宣著、或剛斷、或收斂，自然而然，雖不相侵而實相成矣。又仁爲元善之長，實首四端，而智則天地正固之理，所謂「貞者事之幹也」，故能成終而成始。夫天地之化，不翕聚則不能發散，元氣雖貫四時，然元不生於元而生於貞，所以仁智交際之間，乃萬化之機軸。惟有其發動所由，然後此理之運轉循環不窮，而其脉絡之通亦吻合而無間。若不貞則無以爲元，信乎智之能成終始，而又仁之所自出也。合觀三説，論仁之旨，孰有外於斯乎？

或問：仁義禮智，性之四德，又添「信」字，謂之五性，如何？朱子曰：信是誠實此四者，實有是仁，實有是義，禮智皆然。如五行之有土，非土不足以載四者。又如土於四時，各寄王十八日。或謂王於戊己，然季夏乃土之本宫，故尤王。月令載「中央土」，以此。五性有仁義禮智信，今言四德，而信不與者，蓋信是以誠實底意思貫徹此四者之中，而後仁義禮智乃爲實有而非假設也。四德非信不行，而信已藏於四德内矣。即如金木水火土五行也，而非土則不足以載木火金水四者。又如土於四時，無定位，無專氣，寄王於四時之季月，每季各十八日。或謂戊己屬土，故王於戊己。然土位中央，季夏居一歲之中，又當火金子母之候，是季夏乃土之本宫，故尤王〔三〕。此所以成五行之序也。月令之載「中央土」，以此。觀五行之有土王於四時，而五性之有信貫乎四德，亦猶是矣。

朱子曰：物物運動，蠢然若與人無異，而人之仁義禮智之粹然者，物則無也。物物具有知覺，皆能運動，如飲食牝牡之欲，其蠢然者若與人無異矣。而人之受天地清淑之氣，稟仁義禮智之德，凡飲食男女之類，爲能以理制欲而粹然於中者，物則無也。然則人之所以異於物者，只爭此有無之間耳。若併其有者而亦無之，又將何以自別於物類哉？

朱子曰：無私以間之則公，公則仁。譬如水，若一些子礙，便成兩截，須是打併了障塞，便滔滔地去。仁者大公無我之謂也，若少有己私以間之，何以能公？故惟無私則公，公則仁矣。如水本流通之物，中間略有阻隔，便流通不去。己私之障塞亦猶是也，打併了障塞，則心體廓然，人欲淨盡，天理流行，豈不滔滔地去乎？學者當知所以自克矣。

或問仁，朱子曰：理難見，氣易見。但就氣上看便見，如元亨利貞是也。元亨利貞也難看，且看春夏秋冬。春時盡是温厚之氣，仁便是這般氣象，夏秋冬雖不同，皆是春生之氣行乎其中。若曉得此理，便見得「克己復禮」，私欲盡去，純是温和冲粹之氣，乃天地生物之心也。此指出仁之氣象，使知實用其功也。四德之理難看，四時之氣易看，故欲知仁者，只就氣上看便見矣。如元亨利貞，非四時之氣乎？然亦未可輕易看過。且如春夏秋冬，備四時之氣者，即所謂元亨利貞也。春時乾元坤元資始資生，盡是温柔和厚之氣充滿流動，而人得之以爲仁，温厚和粹便是這春生氣象。至於夏秋冬雖不同，皆是春生之氣鼓舞浹洽以成就乎其中。而仁者愛人利物之心，則亦包四德而貫四端者也。曉得此理，便見得克復工夫，乃私欲盡去，天理流行，純是温和冲粹之氣，而吾心全其生理，則萬物皆有生意，是亦春時氣象貫夏秋冬，而全體乎天地生物之心也。仁豈難知者哉？

問：人心形而上下，如何？朱子曰：如肺肝五臟之心，却是實有一物。若今學者所論操舍存亡之心，則自是神明不測。故五臟之心受病，則可用藥補之。這箇心，則非菖蒲、茯苓所可補也。人止一心，安有上下？必欲以形而上下論，則如肺肝五臟之心，實有一物可指〔四〕，似形而下者。至所謂操舍存亡之心，自是至虚至靈，空洞無物，而極其至，則可以彌綸天地，囊括古今，神明默成，不可窺測也。由是觀之，五臟之心偶有受病之處，猶可用菖蒲、茯苓等藥驗症以培補之。若操舍之心，一有受病，便邪氣交侵，元神斵喪，雖有盧扁，末如之何，豈用藥所可補乎？問：如此則心之理乃是形而上否？曰：心比性則微有迹，比氣則自然又靈。形而上者謂之道，性即理也，故心比之則微有着迹。若比夫氣之運動者，如耳能聽、目能視、手能持、足能行之類，自然又靈活不滯，無可捉摸也。然則形而上下固可不論，而但當求爲神明不測之心，毋徒如肺肝五臟局於一物焉，則幾矣。

問：人當無事時，其中虚明不昧，此是氣自然動處，便是性？朱子曰：虚明不昧，便是心。此理具足於中，無少欠闕，便是性。感物而動，便是情。横渠説得好，「由太虚有天之名，由氣化有道之名」，此是總説。「合虚與氣有性之名，合性與知覺有心之名」，是就人物上説。無事時虚明不昧者，本體洞然，所謂在天之靈也，故便是心而非氣也。然心何以能虚明，緣此理具足藴於中者無少欠闕也，故便是性。至於感物而動，則非性也，而已發而爲情矣。此心所以統性情，而體用具攝其中也。惟横渠説得最好，其曰「由太虚有天之名，由氣化有道之名」者，一則言其形體，一則言其周流，此釋天與道名義，蓋總説也。其曰「合虚與氣有性之名，合性與知覺有心之名」者，一則以理托氣而附着，一則以理托氣而運行，是就人物上説。此正釋性與心名義也，觀此而可曉然矣。

朱子曰：有這性便發出這情，因這情便見得這性。因今日有這情，便見得本來有這性。仁義禮智，性也；惻隱、羞惡、辭讓、是非，情也。性藴於中而難知，情發於外而可見。故本性而發爲情，因情而驗得性。又因今日之情，驗得本來之性。此可見道之體用，即在人之性情，而凡戒懼慎獨於未發已發之交者，自不容已矣。

朱子曰：心，主宰之謂也。動静皆主宰，非是静時無所用，及至動時方有主宰也。言主宰，則混然體統自在其中。心統攝性情，非儱侗與性情爲一物而不分别也。耳能聽，目能視，手足能持行，皆小體耳。而心獨爲大體者，正以其有主宰之謂也。然使静時爲塊然之心，至動時方能應用，則何以立天下之大本，而行天下之達道乎？故所謂有主宰者，動静皆然也。言主宰，則凡其混然體統者，藴之爲性，發之爲情，皆有以管攝之，而無不具在其中。又豈儱侗一物，而於性情全無區别哉？此吾心之所以靜爲存，動爲察，而君子務「先立乎其大」也。

問：心、性、情之辨？朱子曰：程子云「心譬如穀種」，其中具生之理是性，陽氣發生處是情。推而論之，物物皆然。心如五穀種子，有此種則包裹生理在内便是性，陽氣發生敷榮條達處便是情。所謂未發之前種種胚胎，已發之後盤盤皆穗。推而論之，物無不然也，而心、性、情蓋可知矣。

朱子曰：天命之性，不可形容，不須贊歎，只得將他骨子實頭處説出來，乃於言性爲有功，故某只以「仁義禮智」四字言之。天命之性，有非形容贊歎所能盡者，非空虚渺冥之謂也。只將骨子實頭處闡發出來，明白透亮，使從事性學者得所據依，有實地可以用力，乃於言性爲有功也。實地者何？「仁義禮智」四字而已。只此四字，蘊蓄無窮，發揮不盡。學者能因言以求其意，而知道之大原出於天者，實可返求諸己，則「窮理盡性以至於命」，非異人任矣。

朱子曰：性者，即天理也，萬物稟而受之，無一理之不具。心者，一身之主宰。意者，心之所發。情者，心之所動。志者，心之所之，比於情、意尤重。氣者，即吾之血氣而充乎體者也，比於他，則有形器而較粗者也。又曰：舍心無以見性，舍性無以見心。此解性、心、意、情、志、氣六者之義也。性即天所賦之理，萬物同出一原，非有我之得私，稟而受之而衆理具足者也。心則一身之主宰，而凡物皆供其役使，受其管攝者也。意者，心方萌而發爲意，尚在念慮之微。情者，心方觸而動爲情，則見於事物之際。志者，心之所向，比於情、意二者，又較着力矣。氣者，即吾之血氣從心運轉，而充溢乎百體之間者也，比於五者，則屬之形器而較爲粗迹矣。凡此皆人生所自具，而心與性爲尤要焉。是故養性端在存心，舍心即無以見性，而盡心由於知性，舍性亦無以見心。心一盡則知性知天，舉凡意、情、志、氣，莫不受治。噫，此吾人一心所以統攝乎性情，而意於此誠，志於此持，氣於此養也。心之爲用大矣哉！

問：仁與道如何分别？朱子曰：道是統言，仁是一事。如道路之道，千枝百派，皆有一路去。故中庸分道德，曰父子、君臣以下爲「天下之達道」，智、仁、勇爲「天下之達德」。君有君之道，臣有臣之道，德便是箇行道底。故爲君主於仁，爲臣主於敬，仁敬可喚做德，不可喚做道。仁與道原有分别，蓋道者統全理而言，仁是道中一事。即如道路，雖千枝百派，皆有一路可通。學道者從仁亦通得去也。故中庸分言道德，以父子、君臣、夫婦、昆弟、朋友爲五達道，以智、仁、勇爲三達德，正以君臣等各當盡道，而德則所以行此道者。如止仁、止敬之類，只可謂德，不可謂道也。然則道統其全，而仁特一事，於此可見矣。

朱子問諸友：「誠敬」二字如何分？各舉程子之説以對。朱子曰：敬是不放肆底意思，誠是不欺妄底意思。程子言敬，曰「主一」，曰「無適」，曰「齊莊整敕」，然總會之，只是不放肆底意思；言誠，曰「自性言之爲誠」，曰「閑邪則誠已存」，又曰「誠之之道在乎信道篤」，然細參之，只是不欺妄底意思。學者欲實下工夫，亦由辭以得其意焉可矣。

問：道與理如何分？朱子曰：道便是路，理是那文理。問：如木理相似？曰：是。問：如此却似一般？曰：「道」字包得大，理是「道」字裏面許多理脉。又曰：「道」字宏大，「理」字精密。道是路，理是條理。固是如木之理，成文不亂，然理却與道微别。道者彌綸布濩，流動充滿，實包得大，理即道中之理，脉絡分明而已。覰子思子所謂「洋洋乎發育萬物，峻極於天，優優大哉，禮儀三百，威儀三千」者，是爲道之宏大也。所謂「文理密察，足以有别」者，是爲理之精密也。

朱子曰：道訓路，大概説人所共由之路。理各有條理界瓣。康節云「道也者，道也」。道無形，行之則見於事矣。如道路之道坦然，使千億萬年行之人知其歸者也」。道者，日用事物所當由，所以訓「路」字，如人所共由之路也。理則各有條理而不亂，各有界瓣而不侵，故理之所在即道也。康節亦謂道如道路之道，雖屬無形，而行之見於事者皆形也。是以坦平正直，昭然共見，即有未知由者，亦可問塗於所已經，從此而升堂，從此而入室。蓋千億萬年間行道之人，未有不知其歸者，獨奈何舍正路而弗由乎？

朱子曰：「維天之命，於穆不已」，不其忠乎？「天地變化，草木蕃盛」，不其恕乎？此即天地之道，明忠恕之義也。維天命之流行，實於穆而不已，不其爲天地之忠乎？而在學者爲盡己，在聖人爲至誠無息者，可知矣。天地變化，和氣感召，而草木蕃盛，不其爲天地之恕乎？而在學者爲推己，在聖人爲萬物各得其所者，可知矣。

朱子曰：程子穀種之喻甚善。有這種在這裏，何患不生？此見人心之可用也。程子曰「人心如穀種」，此喻甚善。蓋「天地之大德曰生」，而人自有生以來，便具一箇生理在内。故此心如五穀種子，脩禮以耕之，陳義以種之，講學以耨之，漸而萌芽，漸而滋長，漸而發華啓秀，斷不使草萊之害嘉種，將見其生生而未有已也。然則有這種在，何患不生乎？如或挫折其芽而不知護，蔓延其草而不能芟，是自棄其種也。孟子曰：「夫仁亦在乎熟之而已。」顧具此美種，曾荑稗之不如，遂使此生有用之心，不至如槁木死灰焉不止。吁，可慨也夫！

朱子盡心説曰：天大無外，而性禀其全。故人之本心，其體廓然，亦無限量。惟其牿於形器之私，滯於聞見之小，是以有所蔽而不盡。人能即事即物窮究其理，至於一日會貫通徹而無所遺焉，則有以全其本心廓然之體。而吾之所以爲性，與天之所以爲天，皆不外此而一以貫之矣。至大無外者天也，而性中健順五常之德爲禀其全。故人心虚靈之體，萬理具足，廣大無際，廓然亦無限量，與天相肖。惟其牿於形器之私，局於形而囿於氣，滯於見聞之小，縛於念而牽於欲，故心以有所蔽而不盡。苟能窮究事物之理，由物格而知至，一日豁然貫通而無所遺，則有以全其廓然之體，復其本然之初。而盡心由於知性，知性可以知天。凡吾之性大無外、心大無外者，直與夫天大無外相肖而不違，蓋即此而一以貫之矣。

朱子曰：天地之間，自有一定不易之理。要當見得，不假毫髮意思安排，不著毫髮意見來雜，自然先聖後聖如合符節，方是究竟處也。天地間萬事萬物，皆可隨時度勢，權宜變通，所一定不可移易者，理而已。蓋理之所在，若著些安排意思則未免阻滯，若著些夾雜意思則未免游移，惟見得既真，絶不容毫髮私意於其間，所爲「譽之不加勸，毁之不加沮」，而毅然獨行其是，則可以慊然於心矣。夫心之所同然者，理也。聖人不過先得我心之同然，又安見先聖後聖不若合符節乎？必如此，方是學問究竟處，而得所歸宿者也。

朱子曰：道之體用雖極淵微，而聖賢言之則甚明白。誠能虚心静慮，而徐以求之日用躬行之實，則其規模之廣大，曲折之精微，當必有以自得之。道之體，天命之性是也。道之用，率性之道、修道之教皆是也。其理淵深微妙，難以驟窺，而聖經賢傳之所發揮者，則甚明白而可考也。惟虚心則不以先入之見爲主，静慮則不以浮動之氣相參，將聖賢之言返身自驗，使視聽言動合乎天則，子臣弟友循乎天理，道之全體大用時時呈露於日用躬行之間，則夫規模之廣大，如「發育」、「峻極」之體，吾德性中自具者，有以會通而無蔽；曲折之精微，如「三百」、「三千」之用，吾問學中宜盡者，有以周悉而無遺。道之體用，當必有以自得於吾心，而聖賢所言者，果非紙上之空談矣。

朱子曰：道是統名，理是細目。在心唤做性，在事唤做理。道者理之總名，如言聖人之道、君子之道，以其通行於上下古今，爲人物所共由之路，實該衆理而總名之曰「道」也。理者道之細目，如仁義有仁義之理，禮智有禮智之理，推之孝弟、忠順之類，一事各有一理，不相淆亂，乃就道中之條目細加剖別出來，故謂之細目也。所謂性者，即天所賦仁義禮智之理也。以其具於人之心，與生俱生，故不曰「理」而曰「性」；以其見於所行之事，各有條理，故不曰「性」而曰「理」。要之道也、性也、理也，或分或合，或體或用，各隨所在而言之，皆管攝於吾心，以因應乎萬事，而窮理盡性之功，誠體道者所宜盡也。

朱子曰：道之大本，豈別是一物？但日用中隨事觀省，久當自見。然亦須是虛心游意，積其功力，庶幾有得。道者人所共由之路也，其大本則原於天命之性，仁義禮智具於吾心，夫豈別是一物哉？但於日用行習之中，隨其當然之事返觀而內省焉，久當自見其所以然而不容已者。然非有實體之功，雖略見髣髴，亦豈能有所得乎？必也虛心以尋求之，游意以涵養之，積其操存省察之功力，庶幾有得於己，而不爲虛見也。如顔子竭博約之才，而後「如有所立卓爾」。曾子隨事精察而力行之，而後能唯一貫之傳而無疑也。欲有得於道之大本者，夫豈一朝一夕之故乎？

朱子曰：道不須別去尋討。只是這箇道理，非是別有一箇道理，被我忽然看見攫拏得來，方是見道。只是如日用底道理，恁地是，恁地不是，事事理會得箇是處，便是道。此欲人真實體認「道」字也。道不須求之幽隱，向別處尋討也。蓋只此道理須臾不離，非是別有一箇道理，忽然有見於目而可得而攫拏之也。如是見道，是異端虛妄之見耳，豈聖賢之所謂道乎？聖賢之道只是日用道理，如此則是，如此則不是，事事理會得一箇是處，此即道之所在也。如手容恭則是，不恭即不是；足容重則是，不重即不是。推之事事皆然，道豈在別去尋討乎？

朱子曰：人生之初，未有感時，便是渾然天理。及其有感，便是此理之發。此見性善而情亦善也。人生之初，物欲未染，天理常存，所謂「赤子之心」是也。仁義禮智渾然在中，不以未感而淪於無也。及其有感，則仁而發爲惻隱，義而發爲羞惡，禮而發爲辭讓，智而發爲是非，無所假借，無所矯揉，若火始燃而泉始達矣。未發而渾然天理，性也，中也，天下之大本也。隨感而此理便發，情也，和也，天下之達道也。君子之戒懼慎獨，致中致和，亦求無失其生初之理而已矣。

朱子曰：夫謂道之存亡在人，而不可舍人以爲道者，正以道未嘗亡，而人之所以體之者，有至有不至耳。謂道之存亡在人，而非可舍人以爲道者，正以其人之道各在當人之身，固未嘗亡也。特人之所以體之者，有至有不至，則道之或存或亡係焉矣。夫人一身既係斯道之存亡，而可遠人以爲道乎？

朱子曰：鳶飛魚躍，道體無乎不在。當勿忘勿助之間，天理流行，正如是爾。即物即道，無乎不在。吾人當勿忘勿助，私慮淨盡之後，心目間活潑潑地全是天理流行，其意象正如是耳。固非待有見於外而後能自得於中也。

朱子曰：道之在天下，天地古今而已矣。其是非可否之不齊，決於公而已矣。道者天下之公理，天地古今，皆道之所在也。其間是非可否，萬有不齊，而決之於公，則於道無不合者。故言道者，亦決於公而已矣。

朱子曰：天之生物也，一物與一無妄。天以陰陽五行化生萬物，靜中有動，動中有靜。凡所以「各正性命，保合太和」者，生一物便各與一无妄之實理。惟各具有實理，所以生生不窮，而萬物無不遂其安全也。天之體物不遺如此，然則仁之體事無不在者，亦可見矣。

朱子曰：此身只是箇軀殼，内外無非天地陰陽之氣。人之生也，感陰陽之氣以成形，而後有此身。然但就此身觀之，只是箇軀殼。若論此身之知覺運動處，實無非天地陰陽之氣，徹内徹外，而人生百年，日在氣中也。人茍知所以愛身，可不思此氣之充塞於天地而善其養哉？

因説神怪事，朱子曰：人心平鋪着便好，若做弄，便有鬼怪出來。天地之心平而已，人心平鋪着，則順乎天理之自然也。彼魑魅魍魎，一睹光天化日，且潛踪匿影之不暇，而何所容其奸乎？若做弄用機巧，滿腔是人欲私心，則我雖人也，而此心實鬼怪百出，險巇萬狀。彼爲鬼怪者，安得不出以應之？是自招也。聖人語常而不語怪，語人而不語神，要能自平其心而已。

朱子曰：大抵天下事物之理，停當均平，無無對者，惟道爲無對。然以形而上下論之，則亦未嘗不有對也。對，配偶也。天下事物之理，調劑停當，絜量均平，有一則必有對，無無對者。惟道則無極太極，至精至粹，無可比而偶之，爲無對焉。然以形而上下論之，則形上謂道，形下謂器，是亦道與器對，而未嘗無對也。對之時義大矣哉！

朱子曰：此心之靈，其覺於理者道心也，其覺於欲者人心也。人心之體虛靈不昧，故此心之靈動處無不各具知覺。其覺於理者，道心之真也；其覺於欲者，人心之妄也。此危微之幾，學者不可不省察也。

朱子曰：「形而上者謂之道」，物之理也；「形而下者謂之器」，物之物也。易曰「形而上者謂之道」，謂物必有則，以物之理言也。又曰「形而下者謂之器」，謂具體成質，以物之物言也。要之，理寓於物而無形，物本於理而有象。故張南軒曰：「易之論道器，特以一形之上下而言之。道雖非器，而道必托於器。禮非玉帛，而禮不可以虛拘。樂非鐘鼓，而樂不可以徒作。道托器而後行，器得道而無弊。在道不溺於無，在器不滯於有。」故朱子解此，亦不離物而言也。

問：形而上下，如何以形言？朱子曰：此言最的當。設若以有形無形言之，便是物與理相間斷了。所以明道謂截得分明者，只是上下之間，分別得一箇界止分明。器亦道，道亦器，有分別而不相離也。以形言者，謂事事物物皆有其理，事物可見而其理難知，即事即物便見得此理，故此言最的當也，明道云「惟此語截得上下最分明」。設若以有形無形言，便是物與理相間斷了。夫明道所以謂攔截得分明者，只在上下之間，分別得道器界止明白。然有此器則有此理，有此理則有此器，故器亦道，道亦器，有分別而不相離，一而二、二而一者也。若指器爲道，而道滯於有，離器言道，而道淪於無，豈所謂形而上下者哉？

朱子曰：只是眼前切近，起居飲食，君臣、父子、兄弟、夫婦、朋友處，便是這道理。只就近處行，到熟處見得自高。有人說只據眼前近處行便是了，又成苟簡卑下。有人說掉了這箇，上面自有一箇道理，亦不是，下稍只是謾人。聖人說下學上達，即這箇，到熟處自見精微。聖人與凡庸之分，只爭箇熟與不熟。道理不離日用，工夫即在平常，故只是眼前切近處也。夫起居飲食，君臣、父子、兄弟、夫婦、朋友之間，聖賢事業便是這道理。欲求道理爛熟，只就切近處猛省向前，行到熟處見地自高，踐履自實耳。但學者却有兩弊，有說近處行便是者，行之不極其盡，則道理虧欠，又成苟簡卑下，過卑之見也；有說離了切近向別處尋求道理者，理既不是，便踰閑敗檢，下梢只是謾人，過高之見也。惟聖人說出下學上達，最是實落功效。下學者日用人倫之事也，上達者天理也。理只在事中，故即此切近工夫，做到純熟，愈平易愈精微耳。然則聖凡之分，爭箇熟與不熟者，凡人必待思勉，聖人則不思而得，不勉而中，自從容而中道也。人可不學爲聖人哉？

問：萬物粲然，還同不同？朱子曰：理只是這一箇，道理則同，其分不同。君臣有君臣之理，父子有父子之理。萬物粲然，棼絲亂緒，那得盡同，而其理則一而已。然道理雖同，其所處之分，自各不同。惟分不同，則當隨物觀理以應之。如君臣有君臣之理，仁敬是也；父子有父子之理，慈孝是也。以此類推，一物有一物底道理，萬物有萬物底道理，其粲然者，仍歸於一而已矣。

朱子曰：通天下只是一箇天機活物，流行發用，無間容息。據其已發者而指其未發者，則已發者人心，而凡未發者皆其性也。即夫日用之間，渾然全體，如川流不息，天運不窮。所以體用精粗，動静本末，洞然無一毫之間，而鳶飛魚躍，觸處朗然也。存者存此而已，養者養此而已。此即道體之流行，示人以存養之方也。道無乎不在，通天下六合九州之内，純是箇天機活物，鼓動流盪，發用不窮，無間隙可容止息也。自其已發者而言之，則已發者皆喜怒哀樂之心所著見；自其未發者而言之，而凡未發者皆吾無所偏倚之性也。即夫日用之間，其統體則渾然具備，其散殊則如川之流而不息，如天之運而不窮。所以體用無遺，精粗咸貫，動静迭運，本末兼該，洞然無一毫間隔，而道之察上察下者，鳶飛魚躍，隨其所觸，朗然於心也。其天機之發用有如此，然則存者存此而已，養者養此而已。道何嘗一日不在人心哉？是所貴乎善體之者。

朱子與湖南諸子書曰：中庸未發已發之義，前此認得此心流行之體。又因程子「凡言心者皆指已發而言」，遂目心爲已發，性爲未發。然觀程子之書，多所不合。按文集、遺書諸説，似皆以思慮未萌、事物未至之時，爲喜怒哀樂之未發。當此之時，即是此心「寂然不動」之體，而天命之性全體具焉。以其無過不及，不偏不倚，故謂之中。及其「感而遂通天下之故」，則喜怒哀樂之情發焉，而心之用可見。以其無不中節，無所乖戾，故謂之和。此則人心之正，而情性之德然也。此書言所見貴精而後加功之有地也。朱子自言前此之時，於未發已發認作此心流行之體，又認心爲已發，性爲未發者，皆所不合。及觀程子文集、遺書諸說，俱以思慮未萌、事物未至時爲未發。則知當此之時，此心寂然不動者即其體，而天命之性備具。以其無過不及，不偏不倚，故謂之中，中者心之所以爲體也。及其感而遂通，則喜怒哀樂之見於情者，此心隨處發見，即其用焉。以其無不中節，無所乖戾，故謂之和，和者心之所以爲用也。此以知人心之正，貫動靜，該寂感，而喜怒哀樂情也，其未發則性也，情性之德然耳。然未發之前，不可尋覓；已發之後，不容安排。但平日莊敬涵養之功至，而無人欲之私以亂之，則其未發也鏡明水止，而其發也無不中節矣。此是日用本領工夫，至於隨事省察，即物推明，亦必以是爲本。而於已發之際觀之，則其具於未發之前者，固可默識。然未發之前，所爲寂然不動者，本然之體，既不可尋覓；已發之後，所爲感而遂通者，自然之用，又不容安排。但平日持其敬，深其養，加功既至，而無一毫人欲之私膠擾其中，則其未發也，瑩淨如鏡之明，靜深如水之止，而其發也自是乖戾不形，無不中節。此是裏面本領工夫，即至外來隨事逐物，亦必以是爲省察克治之本也。夫然後於已發時觀之，則其具於未發之前作何氣象，固亦可想見而默識之矣。故程子之答蘇季明，反復論辨，極其詳密，而卒之不過以敬爲言。又曰「敬而無失，即所以中」，又曰「入道莫如敬，未有致知而不在敬者」，又曰「涵養須用敬，進學即在致知」，蓋爲此也。季明，名昞。故程子之答蘇季明也，論辨極詳，其言不一，而其旨惟一敬。曰敬所以中，曰致知在敬，曰涵養用敬，蓋爲此也。所謂「立天下之大本」，而乃有以「行天下之達道」也。向來講論思索，直以心爲已發，而日用工夫亦止以察識端倪爲最初下手處。以故闕却平日涵養一段工夫，使人胸中擾擾，無深潛純一之味。而其發之言語事爲之間，亦常急迫浮露，無復雍容深厚之風。蓋所見一差，其害乃至於此，不可以不審也。向來講論思索，只因執心爲已發之見，遂以人生知識無頃刻停息，一向從察識端倪處下工夫。於程子所謂涵養於未發之前者不曾尋求，故闕却涵養一段工程，究竟胸中既覺擾擾，云爲之間亦常急迫浮露，内無深潛純一之味，外無雍容深厚之風。所見一差，害乃至此，此處誠不可以不審處也。

程子所謂「凡言心者皆指已發而言」，此却指心體流行而言，非謂事物思慮之交也。然與中庸本文不合，故以爲未當而復正之。固不可執其已改之言而盡疑諸説之誤，又不可遂以爲未當而不究其所指之殊也。程子謂「凡言心者皆指已發而言」，此處却指心體流行上説，非是事物思慮之交，與中庸未發已發之義，文意不相符合，故因其未當而正之。特不可執一言而盡疑其誤，亦不可因未當而不究其所指之各有不同也。

周子曰「無極而太極」。程子又曰「人生而靜以上不容説，纔説性時，便已不是性矣」。蓋聖賢論性，無不因心而發，若欲專言之，則是所謂無極而不容言者，亦無體段之可名矣。周子曰「無極而太極」，原性始也。乃程子又曰「人生而靜以上不容説，説性便不是性」，正見專言性不得也。大抵聖賢論性，無不因心而發，若專言之〔五〕，則亦無體段可以名狀矣。誠知夫性情之妙管攝於心，而動靜之功貫徹於敬，則所見既精，雖不言性而無非性也。

## 校勘記

〔一〕下面却不曾説得氣質之性　「曾」，日本内閣文庫本作「會」。

〔二〕故任他千頭萬緒參差不齊　「他」，同治重刊本誤「地」。

〔三〕故尤王　「王」原作「旺」，據同治重刊本改。

〔四〕實有一物可指　「物」，同治重刊本誤「欲」。

〔五〕無不因心而發若專言之　「若」，同治重刊本誤「者」。

# 續近思録卷二

凡八十三條

## 論學

此卷總論爲學之要。蓋非學無以入道，希聖希賢，其功具在。知所適從之路，得其進爲之方，然後可以言學，故備著之，以俟天下後世之立志能自奮者。

朱子曰：孔子只十五歲時，便斷然以聖人爲志。孔子自言「吾十有五而志於學」，其所志者，乃祖述堯舜，憲章文武。此時便斷然欲學聖人，念念在此而爲之不厭，故終造到聖人地位。蓋孔子是生民以來未有之人，其志亦是生民以來未有之志。吾輩今日讀書，便當思所志何志，所學何學。若立志不定，終不濟事。程子曰：「言學便以道爲志，言人便以聖爲志。莫說道將第一等讓與別人，且做第二等。才如此說，便是自棄。」學者急宜猛省。

朱子曰：質敏不學，乃大不敏。有聖人之資，必好學，必下問。若就自家杜撰，更不學，更不問，便已是凡下了。聖人之所以爲聖也，秖是好學下問。舜「自耕稼陶漁以至於帝，無非取諸人以爲善」。孔子説「禮，吾聞諸老聃」，這也是學於老聃，方知得這一事。有資質而加以學，其進殊未可量。蓋資質是全靠不得底，倘靠著自家明敏，便不肯去學問，如此頹塌下來，聰明日塞一日，且將大不敏矣。故雖資如聖人，亦必好學以考於古，下問以參諸今。若只就自家杜撰，更不加學問之功，便是凡下之品，豈可以爲聖人？須知聖人所以成其爲聖者，非有他法，亦不過秖是好學下問，知而益求其知，能而益求其能耳。如聖而在上者莫如舜，然「自耕稼陶漁以至爲帝，無非取諸人以爲善」，是其好學下問也。聖而在下者莫如孔子，然當日問禮老聃，也是學於老聃，方知得這一事，是其好學下問也。學者自思資質何如大舜、孔子，以大舜、孔子尚且汲汲皇皇，不自滿假如此，況萬不逮於二聖者，而可不汲汲皇皇以從事於學問之功乎？

朱子曰：孔子曰「不得中行而與之，必也狂狷乎」。看來這道理須是剛硬，立得脚住，方有所成。孔子晚年方得曾子，曾子得子思，子思得孟子，都如此剛果決烈。若慈善柔弱的，終不濟事。況當世衰道微之時，尤用硬着脊梁，無所屈撓，於世間禍福得喪，一不足以動其心，方靠得。然其工夫亦在自反常直，仰不愧，俯不怍，則自然如此，不在他求也。從來剛强不屈一邊人最不易得，故夫子由中行而思狂狷。以今看來，這聖賢道理如許重大，若非剛硬立得脚住、有力量的人，必不能有所成就。孔曾思孟，一脉相傳，皆如此剛果決烈，方成大聖大賢，而道統賴以不墜。若慈善柔弱的，便就擔當不來，無濟於事。況世道衰微之時，尤喫緊要，此等人硬着脊梁，獨往獨來，無所屈撓，於世間禍福之遭、得喪之數，一不以動其心，這道理方靠得着，不至隨運會變遷。然能有此氣象者，只在平日工夫，自反常直，毫無私曲，仰不愧，俯不怍，其氣既充，自然正大光明，浩乎常伸，有「千萬人吾往」之概，固不在他求也。學者欲立志爲聖賢，當先學個樣子，曾子之所謂「弘毅」，孟子之所謂「至大至剛」，皆是個做聖賢底樣子也。

朱子曰：近看孟子見人便道性善，稱堯舜，此是第一義。若於此看得透，信得及，直下便是聖賢，更無一毫人欲之私做得病痛。若信不及，孟子又説個第二節工夫，只引成覵、顔淵、公明儀三段説話，教人如此發憤，勇猛向前，日用之間不得存留一毫人欲之私在這裏，此外更無别法。若於此有個奮迅興起處，方有田地可下工夫。不然即是畫脂鏤冰，無真實得力處也。人性本善，皆可以爲堯舜。但人不自認，又不肯信，所以爲之不力，終覺敗落下來。故孟子見人便道性善，稱堯舜，此正是第一義，教人向自家身上尋討。苟於此看得透，信得及，則當下便是聖賢，何處容得一毫人欲之私在心中做病痛耶？若信不及，則又有第二節工夫，如所引成覵、顔淵、公明儀説話，須如此發憤，勇猛向前，以聖賢爲必可爲，毋少逡巡畏縮，日用之間覺得有一毫人欲之私，即便遏絶，不令停頓容留，此便是真實下手，聖賢可學而至，外此更無别法。蓋人必有這一段奮迅興起念頭，方可下得實地工夫。不然遷延委靡，終是畫脂鏤冰，究竟一生虚浮，全無真實得力處也，其能免於庸下之歸哉？

朱子曰：學不要窮高極遠，只言行上檢點便實。今人論道，只論理不論事，只説心不説身。其説至高，而蕩然無守，流於空虚異端之歸。「道不遠人」，故君子爲學，曷嘗有窮高極遠之事，令人無所依據？以爲從人之端，惟是「庸德之行，庸言之謹」，在言行上檢點得分明，便是至平至易日用切實工夫。今人論道，又别是一種話頭，只論理之所在而不論事之當爲，只説心之所存而不説身之所歷。其説至爲高遠，而蕩然無據，不可執守，流於空虚異端之歸，道非其道，而學亦非其學矣。其誣世而惑人也，不已甚哉？

朱子曰：所謂學者，始乎爲士者所以學而至乎聖人之事也。伊川先生有言，「今之學者有三，詞章之學也，訓詁之學也，儒者之學也。欲通乎道，舍儒者之學不可」。尹侍講所謂「學者所以學爲人也，學而至於聖人，亦不過盡爲人之道而已」。此皆切要之言。伊川先生，程氏，名頤，字正叔。尹侍講，名焞，字彦明〔一〕。朱子謂「言人便以聖爲志，言學便以道爲志」，所謂學者，乃爲士者所以求至乎聖人之道也。然自秦漢以來，學有殊途，而吾人爲學當知所尚。伊川先生有言，昔之學者處其一，今之學者處其三：有詞章之學，如班馬之文、李杜之詩是也。有訓詁之學，如孔穎達、鄭康成之釋經是也。至儒者之學，則以傳聖人之道，而非詞章、訓詁所得與焉。故欲通乎道，舍儒者之學不可。尹侍講亦云：學者非他，所以學爲人也。人必至於聖人，方爲人道之盡。則能學而至於聖人，亦不過盡爲人之道而已，豈有加乎此？可見不學爲聖人，不可以爲學，且並不可以爲人。觀二先生之言，其所以示人者，可謂至切要矣。學者其可不加體驗之功乎？

朱子曰：古人於小學，自能言便有教，一歲有一歲工夫。今都蹉過了，只據而今地頭，便立定脚跟做去，栽種後來根株，填補前日欠缺。古人小學之教，自能言時，一歲有一歲工夫，從少養成德性，到得後來去學，便易成就。今人都蹉過了，欠此一段工夫。然莫謂時過難學，但肯立志用功，只據而今目下地頭，便立定脚跟做去，一力向前，莫少退步，栽後來爲聖賢根株，補前日做孩童欠缺，則亦未爲晚也。若日復一日，年復一年，全無發憤念頭，究至老死無聞，空自枉過此生。雖聖人，其能如彼何哉？

朱子曰：學貴時習。須是心心念念在上，無一事不學，無一時不學，無一處不學。學無止境，所當加時習之功，使其心惟在於是而不知有他也。故無一事不學，如處富貴貧賤之類；無一時不學，如終食不違之類；無一處不學，如造次顛沛必於是之類。蓋道理所在，無事不有，無時不然，無處不寓，必如是之學，方可無一息之間斷也。

朱子曰：未知未能而求知求能之謂學，已知已能而行之不已之謂習。知以理言，能以事言。理有所未知則必求其知，事有所未能則必求其能，是之謂學。若已知而益求知，已能而益求能，孳孳而不已焉，是之謂習。蓋天下鮮生而知能者，而所知所能又恐閲時而或忘，故人不可以不學，而學尤不可以不習也。

朱子曰：徒明不行，則明無所用，空明而已。徒行不明，則行無所向，冥行而已。天下事物之理，欲其能明，又欲其能行，二者不可偏廢。徒明不行，則雖知其理而不能履其事，是明無所用，不過空明而已，未可以爲明也；徒行不明，則秖率其妄而不能見其真，是行無所向，不過冥行而已，未可以爲行也。此明善誠身之功，所以必交相爲用也。

朱子曰：居敬、窮理，二者不可偏廢。居敬則中有主而自治嚴，窮理則物不遺而識日長。然惟居敬而後窮理之功有所施，惟窮理而後居敬之心益以密，二者交相爲務而不可偏廢者也。

朱子曰：讀書窮理，博觀古今聖賢所處之方，始有實用。古人之書所以講明此理，而理又見於事爲之間。學者讀書既窮究乎理矣，尤必博觀古今聖賢所以處事之方，其經權常變適合乎理者若何，如此方始有實得於心，而不至爲空疎無用之學也。

問：且涵養去，久之自明？朱子曰：亦須窮理。涵養、窮索，二者不可廢一，如車兩輪，如鳥兩翼。如温公，只恁行將去，無致知一段。涵養者存心之功，窮索者致知之力，二者相須，不可廢一，如車之行有兩輪，鳥之飛有兩翼，缺其一則車不能行而鳥不能飛矣。蓋非存心無以致知，而存心者又不可以不致知。此内外交養、本末相資之學也。如温公，只率其資禀之好，恁行將去，全欠致知一段工夫，究竟見理未明。即其以正統屬魏，以孟子爲可疑，皆不能無偏蔽處。故「格物致知爲夢覺關」，學者所當用力也。

朱子曰：知與行常相須，如目無足不行，足無目不見。論先後，知爲先；論輕重，行爲重。學問之道，知行二者缺一不可，蓋實相須爲功者也。知非行則無所見功，如目之無足不行也；行非知則昧於所往，如足之無目不見也。故論先後之序，則知爲先，必知之無不明，而後行之無不到也；論輕重之數，則行爲重，必行之無所遺，而後知之無所負也。此君子所以有知行合一之學也。

朱子曰：方其知之而行未及之，則知尚淺。既親歷其域，則知之益明，非前日之意味。吾人爲學，知之欲其明，而行之尤欲其篤。方其知之，既識其理之當然矣，如事親當孝、事君當忠之類，而行未及實踐其事，則所知者尚淺，猶屬意見懸想一邊。及既親歷其域，而孝於事親、忠於事君矣，則知之益明，真見得有事親不得不孝、事君不得不忠者，而勇往向前，爲之愈力，不能自已，非復前日之意味矣。故論先後則知爲先，而論輕重則行爲重也。

朱子曰：「敬以直內，義以方外」八箇字，一生用之不窮。敬主於中，則動靜之間心存戒謹，自然端直而無私曲之念；義見於外，則應酬之際事當其則，自然方正而無回撓之私。蓋「敬以直內」即尊德性工夫，戒懼慎獨是也；「義以方外」即道問學工夫，擇善固執是也。敬該動靜，義兼知行，聖學要領，只此八字，故一生用之不窮。程子嘗曰：「敬義夾持直上，達天德自此。」即斯意也。

朱子曰：「擇善而固執之」，如致知格物便是擇善，誠意正心脩身便是固執，只此二事而已。爲學工夫不外擇執兩端，學者舍此而外，便無入德之方。如窮格天下事物之理，以推致吾心之知，此是「擇善」邊事。至於實其心之所發而使意無不誠，端其身之所主而使心無不正，立其極以爲家國天下之所觀法而使身無不修，此則「固執」邊事。蓋始則在於能擇，既則在於能執，亦必執之事盡，而後擇之功全。士之所以希賢、賢之所以希聖者，惟此而已。

朱子曰：爲學只在「明明德」一句。君子存之，存此而已；小人去之，去此而已。一念竦然，自覺其非，便是明之之端。爲學之事，雖是無窮無盡，然其要只在「明明德」一句。蓋德者天之所以予我，而我之所以具衆理而應萬事者，全恃此虛靈之體。君子存之，不過存此本然之明德，以日進於高明；小人去之，亦止去此本然之明德，以日流於污下而已。人患在不能自覺其非，故德無由明耳。若能一念竦然，見得自家有不是處，則即此一念之明，便可革其舊染之污，而復其本然之善，而明之之端在我矣。爲學孰有外於此哉？是故自是之見，悮人不淺，學者所當深省也。

朱子曰：學不是讀書，然不讀書，又不知所以爲學之道。聖賢教人，只是要誠意、正心、修身、齊家、治國、平天下。所謂學者，學此而已。若不讀書，便不知如何而能修身，如何而能齊家、治國。聖賢之書，説修身處便如此，説齊家、治國處便如此。節節在那上，自家都要去理會，一一排定在這裏，來便應將去。古人爲學，不但是讀書，讀書其一事耳。然去古既遠，聖賢言語惟寄於書，故不讀書，又不知所以爲學之道。但不可徒事口耳之功，須知古聖賢教人，大意所在，只是誠正修齊治平數端。所謂學者，是學此等工夫，要逐件從此理會。若不讀書，便不知身如何修，家如何齊，國如何治，豈不誤了自家一生？今看聖賢之書，說修身處便當如此有許多事，說齊家、治國處便當如此有許多事，節節俱在那上，自家都要一一理會排定，停停當當在這裏，來便應將去。可見無一不是教學者底樣子，無一不是學者當做底樣子，必能從此着實用功，方爲讀書有益。不則將聖賢言語徒向紙上看過，竟與自家毫無一些干涉也，豈所以爲學哉？

朱子曰：河南夫子所謂「或讀書明義理，或尚論古人別其是非，或應接事物而處其當否」，皆格物之事也。格物知至，則行無不力，而遇事不患其無立矣。然欲從事於此，要須屏遠外好，使力專而不分，則庶乎其進之易耳。河南夫子，謂程子也。程子嘗言，或讀書以明義理之指歸，或尚論以別古人之是非，或應接而處事物之當否。此三者，考之於古，驗之於身，皆格物工夫所不可闕者也。能如此，則物格知至，見之明自行之力，而遇事不患其不立矣。然欲從事格致之功，又非可以浮騖紛馳爲也，必須屏絶外好，專一其力，不使少有所分。至於用力之久，而一旦豁然貫通，則庶乎其進之易耳。學者若不從格致做工夫，將冥然無主，吾不知其何所操以爲應酬之地，而好異者又欲屏去事物，高言頓悟，其不流爲異端之學者幾何哉？

朱子曰：人固有終身爲善而自欺者，須是要打疊得盡。蓋意誠而後心可正，過得這一關後方可進。學者最忌自欺，若此念有一毫未淨，雖終身爲善，究竟未曾實用其力，不過苟且徇外而爲人而已。須是打疊得淨盡，使吾意無一之不誠，而後實爲善以去惡，此心始可得而正。蓋誠意是人鬼關，必須用一刀兩段工夫決絶斬截，過得此一關後，方可進步有爲。故君子必戒欺求慊，而慎獨以誠其意也。

朱子曰：人心之靈，天理所在，用之則愈明。只提醒精神，終日着意，看得多少文字，窮得多少義理。徒爲懶倦，則精神自是憒憒，只恁昏塞不通，可惜！人之一心，至虚至靈，乃天所以與我而天理之所在者也，不用則常塞而昏，用之則愈開而明。但當時時提醒，抖搜精神，終日之間，着意用力，毋令昏昧懈怠，自然看得無限文字，窮得無限義理。若徒爲懶倦，不自振奮〔二〕，一味放散將去，則精神自是憒憒，只恁昏塞不通，即看文字俱無分曉，窮義理俱無着落矣。夫以有用之心，而聽其昏塞至此，不亦深可惜哉！

朱子曰：聖賢教人，下學上達，循循有序。故從事其間者，博而有要，約而不孤，無妄意凌躐之弊。今之言學者類多反此，故其高者淪於空幻，卑者溺於見聞，倀倀然未知其將安所歸宿也。聖門教人，不外博約二端，始從下學日用工夫，以造到上達精微地位，其間循循漸進，自有次序。故人之從事於學者，博而有要而不失之泛濫，約而不孤而自得其條理，無妄意凌節躐等之弊，此學之所以多有成也。今之學者則反是，其高者好談幽渺，淪於空幻，而全無下學之功，是不知所以爲博矣；至卑者專事口耳，溺於見聞，而昧乎上達之要，又不知所以爲約焉。是於聖賢之教均失之矣，則第見其倀倀然於所之，而終不得所歸指也，亦何用有是學哉？

朱子曰：學者博學，守先王六藝之文，誦焉以識其辭，講焉以通其意，而無以約之，則非學也。故曰「博學而詳説之，將以反説約也」。何謂約？禮是也。禮者，履也，謂昔之誦而説者，至是可踐而履也。博約者，聖門之教，未博則無可爲約，既博則又當反約。蓋先王詩書六藝之文，皆後人之所當學，誦習其辭，講究其意，亦云博矣，而無以約之，則泛濫不知所歸，非所以爲學也。故孟子謂博學而詳説之者，非欲以誇多而鬭靡也，將以反而説到至約之地耳。夫至約者何？禮是也。禮之爲言履也，言昔之所誦説者，無非爲力行之資，至是可實踐之而履其事也。若徒博而不知約，則止誦其空言，而不能見諸實事，雖多亦奚以爲哉？

朱子曰：古人説「學有緝熙於光明」，此句最好。蓋心地本自光明，只被利欲昏了，要令其光明處轉光明緝將去。「學有緝熙於光明」，此句周頌成王之言。朱子引之，言天生人而予以心，本自光明，不容一些蒙昧，只爲利欲所引，遂至昏蔽日深，所當用學問工夫，纔覺有利欲之念，即便盡根掃除，還我本體光明，而令其緝續將去，以至無時不明。此即大學「明明德」之事，而盤銘所謂「苟日新，日日新，又日新」之意也。

朱子曰：自道學不明之久，爲士者狃於偷薄浮華之習，而詐欺巧僞之姦作焉。吾儒之學，必以忠信爲本，而講於義理切實之功，以求其所爲正心誠意者。自道學不明，人心日壞，相沿已久，爲士者不務爲誠慤篤實之行，而狃於偷薄浮華之習，於是欺詐叢生，巧僞百出，浸淫成風，漸不可返。有心斯道者，正不得不思所以挽捄之也。

朱子曰：若不用戒謹恐懼而此理常流通者，惟天地與聖人耳。聖人不勉而中，不思而得，從容中道，亦只是此心常存，理常明，故能如此。賢人所以異於聖人，衆人所以異於賢人，亦只爭這些子境界存與不存而已。人必心常存而後能明於理。君子之學所以戒謹恐懼者，正欲存此心以明此理耳。若不用戒謹恐懼，而此理渾然，常自流通，隨處充滿，無少欠缺，此惟天地聖人爲然。蓋聖人之心純乎天理，故能與天地同體，而不待思勉，從容中道。要亦只是此心常存，此理常明，而無一息之間斷也。若賢人必待戒懼而後存，衆人則不能戒懼而不存，所以相異而不同者，只爭這些子境界之差而已。夫聖人不易至，而賢人則可勉。學者須用戒謹恐懼之功，以求得乎此心此理之同，毋如衆人之陷溺而不知返也。

朱子曰：爲學用力之初，正當學問思辨而力行之，乃可以變化氣質，而入於道。學、問、思、辨、力行，五者不可缺一。吾人當爲學之始，便須實致其功，久之見明守定，乃可以變化其不美之氣質，而入於道德之途。聖人教人，不過如此，學者宜用力焉。

朱子曰：思索譬如穿井，不懈便得清水。先亦須是濁，漸漸刮將去，却自會清。「學而不思則罔」，故當用慎思之功。然思索須着力磨刮，孜孜汲汲，不可少有懈怠，久之念慮清明，自然可以見道。譬之穿井，只管向前去穿，不肯歇手，便可得清水出。其先亦須是混濁，到後漸漸刮去，却自會清，非一刮便可得清也。管子所謂「思之思之，鬼神通之」，亦在乎力之精專而已。

朱子曰：大凡人心，若勤謹收拾，莫令放縱逐物，安有不得其正者？若真箇捉得緊，雖半月見驗可也。人之一心，操則存，舍則亡。一逐物於外，則放辟邪侈之心滋，多不得其正矣。若能勤謹收拾，常存不放，將不正之端自絶，何從而啓？然要在真箇捉得緊，使無一些放鬆，果能如此，雖半月之間，便可見驗，其效甚速。此吾儒存心之功，所以必有事於主敬也。

朱子曰：心熟後自然有見理處，熟則心精微。不見理，只緣是心粗。人心只爲一向馳逐將去，故於閒事却熟，於道理却生。若收斂此心，到純熟後自然念慮清明，有豁然可見理處。蓋熟則心專精而不紛馳，微細而不浮暴，故可以見理。大凡人之不能見理者，只緣平日心粗故也。收其放心，時時操存，則自精細而無不熟矣。

朱子曰：人須打疊了心下閒思雜慮，如心中紛擾，雖求得道理也没頓處。須打疊了後，得一件方是一件，兩件方是兩件。人只有此心，若被閒思雜慮占住了，雖有道理亦没處安頓。蓋理與欲不並立，必須打疊得此心乾乾淨淨，使無一些閒雜紛擾，然後用以求理，此理方爲我有，得一件即是一件，得兩件即是兩件，積之既久，則中心純一，無適非天理之流行，而思慮之紛擾者，不待打疊之，自不知消歸何處矣。此學者所以必用主一之功也。

朱子曰：聖賢之言，常將來眼頭過，口頭轉，心頭運。看時有書，看過則如無書；讀時有書，讀過則如無書；想時有書，想過則如無書。或作或輟，工夫全不接續，所以終不到得力處。抑知聖賢之言，其味無窮，探討不盡，一刻也不容放下，常將來眼頭過，口頭轉，心頭運，如在目前，行吟坐想。若此則道理爛熟胸中，涣然冰釋，怡然理順，自不難以我之心，上合聖賢之心，斯稱善學者也。

朱子曰：學者只是不爲己，故日間此心安頓在義理上少，在閒事上多，於義理却生，於閒事却熟。凡人止有一心，用於此必荒於彼。學者若果真實做爲己工夫，則此心刻刻在義理上，何暇理閒事耶？惟其不肯爲己，故日用之間其心在義理上少，在閒事上多，且於義理却生而不入，於閒事却熟而日深，卒之義理之念全爲閒事所移，而學亦因之俱失矣。何若掃開閒事，專其心於爲己，庶所得於義理者，不既多乎哉？

朱子曰：學則處事都是理，不學則看理便不恁地周匝，不恁地廣大，不恁地細密。然理亦不是外面硬生道理，只是自家固有之理。堯舜性之，此理元無失；湯武反之，已有些子失，但復其舊底。學只是復其舊底而已，蓋向也交割得來，今却失了，可不汲汲自修而反之乎？此其所以爲急。不學則只是硬隄防，處事不見理，一向任私意，平時却也强勉去得，到臨事變便亂了。處事必以理而始善，而理必以講而後明。學也者，正所以講明道理而處乎事者也。故學則見事無非見理，而處之各得其當。不學則心地全不分明，以之看理，便局於一偏而不恁地周匝，拘於狹隘而不恁地廣大，出之粗率而不恁地細密，而應事遂多舛錯矣。豈知此理不是從外來底，乃自家合下生來固有之物。堯舜性之，此理完完全全，一些無失，故不假修爲而行無不得；湯武反之，便已有些子失，但能修身體道以復其舊底。所以堯舜揖讓，其處事純乎天理；湯武征誅，其處事亦合乎天理也。夫所謂學者，正欲學以復其舊底而已。蓋人之生也，此理受之於天，向也交割得來，本自完全無欠，因爲氣稟所拘，物欲所蔽，以至於失之。可不汲汲自修，法湯武之所爲而反之乎？此其所以爲急而不得不學也。倘不學則理無所得，只是硬爲隄防，處事全不見理，一向任私而行，平時或可勉强支持，至當事變之來，而惶惑不定，茫然無所措其手足矣。故知非明理之人不足以處事，而非善學之人尤不能以明理也。

朱子曰：聖門日用工夫，甚覺淺近。然推之理，無有不包，無有不貫，及其充廣，可與天地同其廣大。故爲聖爲賢，位天地，育萬物，只此一理而已。聖門教人，惟此日用常行工夫，如戒懼慎獨之類，甚覺淺近，人人可爲。然推之理，則大本達道即此而在，無所不包，無所不貫，而充廣其量，自與天地同其廣大。故極其功用所至，可以爲聖爲賢，而位乎天地，育乎萬物，無非此一理之相爲流通而已，豈別有所爲高遠難能之道哉？

朱子曰：學者不於富貴貧賤上立得定，則是入門便差了。又曰：吾輩於貨色兩關打不透，更無話可説。富貴貧賤，乃人生取舍大關鍵所在。人情貪富貴而厭貧賤，此處立脚不定，則天理人欲界限已不分明，入門便差，後來無限工夫俱做不得了。又貨色兩關，吾輩最易失足，須當下便與斬絶。若少有遷就打不透，則一生品行俱從此喪，更無話可説矣。所以學者須當掃開心地，潔潔淨淨，立定脚跟，穩穩當當，將來希聖希賢事業，始可向此中做出也。

朱子曰：人之爲學，至於有以自立其心，而不爲物之所轉，則其日用之間，所以貫夫事物之中者，豈富貴所能淫、貧賤所能移、威武所能屈哉？心者，所以爲應事接物之主，不能有以自立，一當事物之來，而在我無權，遂爲其所轉移而不覺。故爲學之道，必用主敬窮理之功，所見既明，所守既定，至於能自立其心，則日用酬酢之際，有所以貫乎事物之中者，隨其所遇而卓然有主，任富貴、貧賤、威武之紛乘，自可坦然處之，而不能以摇撼我矣。孟子所謂「先立乎其大者」，亦正此意也。

朱子曰：聖賢之學，雖不可以淺意量，然學之者必自其近而易者始。聖學精深，豈可淺測？然自近而遠，自易而難，此學者之加功所以不可躐等，而當循循有序也。苟不始於近者易者，輒馳心乎遠且難，烏見其能有得乎？

朱子曰：今之學者，大概有二病：一以爲古聖賢亦只此是了，故不肯做工夫；一則自謂做聖賢不得，不肯做工夫。大抵學者之病，只有二端：一是看聖賢太易，以爲古聖賢只此便是，不消用力，故不肯做工夫；一是看聖賢太難，以爲自家做不得聖賢，無處用力，故亦不肯做工夫。然「人皆可以爲堯舜」，未有自家做不得聖賢者。但「人皆可以爲堯舜」，不是生來便是堯舜，則亦未有聖賢只此便是者。故必去此二病，然後可以爲學。

朱子曰：若論爲學，治己治人，有多少事。至如天文地理、禮樂制度、軍旅刑法，皆是着實有用之事業，無非自己本分内事。古人六藝之教，所以游其心者，正在於此。其與玩意於空言，以較工拙於篇牘之間者，其損益相萬萬矣。天文，如日月星辰之類。地理，如五嶽四瀆之類。禮，如吉凶軍賓嘉之類。樂，如五音十二律之類。制度，如車服器用之類。軍旅者，行師戰陣之事。刑法者，明罰敕法之事也。爲學所以適用，故凡内而治己，外而治人，明其理，習其事，正自多端。如天文地理、禮樂制度以及軍旅刑法，無非着實有用之事業，皆學者所當引爲分内，而不可有一之或缺者。是以古人立教，其於道德根本之務固所當急，亦必使之習於六藝，朝夕游焉，以博其義理之趣者，正以學貴適用，吾儒經世偉抱，端在於此。視彼玩意空言，務華鮮實，徒於篇牘之間較工拙者，其爲損益，豈不大相懸殊哉？學者當知所從事矣。

朱子曰：世衰道微，士不知學，其溺於卑陋者固無足言，其有志於高遠者，或騖於虚名，而不求古人爲己之實，是以所求於人者甚重，而所以自任者甚輕。古人之學，原以爲己，非欲求人知也。近世以來，士子不知所以爲學，其一種溺於卑陋不克自振拔者，此無志之士，固不足論。至有志於高遠者，迹其平日所爲，則又徒騖虚名，罔知爲己，惟恐聲譽之不彰，而不顧學問之未至，是以所求於人者甚重而多奢望，而所以自任於己者反甚輕而鮮實功，其遺己而徇人，略内而逐外，甚失乎輕重之宜矣，豈足以爲學哉？

朱子曰：吾儕講學，欲上不得罪於聖賢，中不誤一己，下不爲害於將來。聖賢言語所以垂教後世者，無非正大光明道理，非有新奇怪僻之論。吾儕講學，但當遵守聖賢遺訓，可以治己，即可以教人，斯爲得之。若好新喜異，必要另開一個生面，另創一個話頭，上則混亂正道，得罪聖賢；中則流入異端，自悮一己；下則蠱惑人心，爲害將來。三者之病，皆所不免。所當深以爲戒，而後講明正學，庶以繼往聖而待後賢也。

朱子曰：凡論學，當先辨其所趨之邪正，然後可察其所用之能否。苟正矣，雖其人或不能用，然不害其道之爲可用也。如其不正，則雖有管仲、晏子之功，亦何足以稱於聖賢之門哉？凡人爲學，趨向在所先，而功用在所後。趨向正，見諸功用者亦正；趨向邪，見諸功用者亦邪。故必先辨其所趨之邪正，而後察其所用之能否。蓋趨向本也，功用末也。苟趨向克正，則本原之地已得，雖其人或不能用，然其道之可用者自在，固無害也。如趨向不正，則本原先失，其餘俱不堪問矣，雖有管仲、晏子之功，亦不過詭譎之術而已，烏足見稱於聖賢之門哉？故論學者不可徒觀其末，而當深探其本也。

朱子曰：聖賢之言，平鋪放着，自有無窮之味。於此從容沉潛，默識而心通焉，則學之根本於是乎立，而其用可得而推矣。聖賢言語，皆爲後人力學致用之資，故其載在簡編者，平鋪放着，亦甚淡而無奇，而其中廣大精深，凡天人性命之理，修齊治平之要，靡不悉備，蓋自有無窮之意味焉。誠於此用從容沉潛之功，不失之凌躐，亦不失之粗浮，默識心通，有以自得其趣，則學之根本於是乎立，而由是應務有餘，其用亦可得而推矣。欲窮經以致用者，可不知所用心哉？

朱子曰：未有飽食安坐，無所猷爲，而忽然知之，兀然得之者也。故傅説之告高宗曰「學於古訓乃有獲」。猷，謀。爲，事也。兀然，不動之貌。傅説，商賢臣。高宗，商賢君也。爲聖爲賢之事，必學之而後知，履之而後能。未有飽食安坐，終日無所謀爲，而於古今道理，知之於忽然之間，得之於兀然之頃者。傅説之告高宗，必「學於古訓乃有獲」。夫古訓者，今人之資也。苟欲獲身心之益，其可廢考究之功哉？

朱子曰：爲學之道，更無他法，但能熟讀精思，久久自有見處。尊所聞，行所知，久久自有至處。爲學之道，不外知行兩端，更無他法。熟讀精思，所以求其知也，但能如是不懈，則道理雖微，久久自有見處。尊所聞，行所知，所以力於行也，但能如是不遷，則路頭雖遥，久久自有至處。舍此不務，則終無見之之日、至之之時矣，可不勉哉！

朱子曰：精思力行，朝夕不怠，久而若有得焉。則疇昔所聞一言之善，融會貫通，皆爲己用，而其踐履日以莊篤。學求有得於己，而其功則非一日之積，必也精思以擴其知識，力行而勇於進爲，朝夕不怠，遲之又久，而恍若有所得焉。則即此悟彼，積少成多，雖平日所聞一善，而融會貫通，覺其理皆爲我用，由是措之踐履之間，自然精明强固，而日以莊篤矣。蓋功至精專之候，始能會衆理於一身。此惟善學者自知之也。

朱子曰：爲學須是切實爲己，則安静篤實，承載得許多道理。若輕揚淺露，縱使探討得説得去，也承載不住。爲學肯做切實爲己工夫，則其心安静篤實，絶去外騖紛馳，一味只向聖賢路上行去，自然深造有得，居安資深，而承載得許多道理矣。若輕浮淺露之人，毫不着己近裏，縱使探討有得，究亦旋得旋失，承載不住，而終歸於烏有，豈能如安静篤實者之有益哉？故學必以爲己爲要也。

朱子曰：萬事須是有精神方做得。又曰：須磨厲精神去理會天下事，非燕安暇豫之可得。又曰：人氣須是剛，方做得事。如天地之氣剛，故不論甚物事皆透過。凡人一生做事，全靠精神力量。有全副精神、全副力量，以此任天下事，遺大投艱，皆可勝任而愉快，何患不成？如天地之氣剛而不息，是即天地之精神力量也，許多萬事萬物，無不在裁成鈞陶之中。人若能自强不息，則亦與天地合其德矣，何事之不可爲哉？

朱子曰：學問之道無他，莫論事之大小，理之深淺，但到目前，即與理會到底。學問之道，非有他端，不過隨事精察，即物窮理而已。但其間事有大小，理有淺深，若生一厭煩之心與一畏難之念，則志怠力衰，即不可以爲學。須勿論其大小、淺深，但有事理一到目前，便與盡力理會到底，不容少有草率含糊，如此真積力久，自然事無不明，理無不得，而豁然貫通矣，何患學問之不進益哉？

朱子曰：雖是古人書，今日讀之，所以蓄自家之德。古人皆有得於心身，而後筆之於書以授來學，今日讀之，則理日明，義日精，而身心之德亦日以進，非所以蓄自家之德乎？若讀過古人之書而如未嘗讀焉者，此則口耳之學耳，烏足與言學哉？

朱子答劉仲則曰：不以講學問辨爲事，則恐所以持身接物之際，未必皆能識其本原而中於機會，此子路「人民社稷，何必讀書」之論，所以見惡於聖人也。試以治民理事之餘力，益取聖賢之言而讀之，而思之，當自覺有進步處，然後知此言之不妄也。所以講學問辨者，正以窮究事物之理，使於持躬接物之間，皆一一知其本原之所在，而出之無不中其機宜與適合乎事會耳。苟其不然，則冥心以往，昧昧然莫知所之，其能令身世咸宜乎？此子路「何必讀書」之論，聖人所以深惡之也。今試以治民理事之暇，稍有餘力，益取聖賢之言讀而思之，則見識益明，事幾益悉，當自覺有進步處。其得力正復不淺，然後知此言之不妄也，豈可謂書不必讀哉？昔子夏亦云：「仕而優則學。」蓋學問之事原無止期，隨在獲益，所以無時不可讀書，無處不可讀書，未便以居官而遂忽之也。

朱子曰：學問須是大進一番，方始有益。若能於一處大處攻得破，見那許多零碎，只是這一箇道理，方是快活。「曾點、漆雕開已見大意」，只緣他大處看得分曉，今且道他那大底是甚物事？學問只有一個大道理，須是勇猛着力直前大進一番，方始有些進益。若能於大頭腦處攻得破，則見許多零碎道理都只是一個道理，頭頭俱有着落，觸處洞然，流通浹洽。到此得力田地，胸中多少快活。曾點、漆雕開已見大意，正緣他於大底看得分明，故夫子與之。今且道他那大底是甚物事？亦不過此一個道理耳。若不向大底理會，只去搜尋零碎節目，是無本領之學，終不能融會貫通，亦安望其有得力處哉？

朱子曰：只從今日爲始，隨時提撕，隨處收拾，隨物體究，隨事討論，則日積月累，自然純熟，自然光明。爲學不可存有等待之見，即從今日爲始，便可用功。隨時提撕，無使昏昧，隨處收拾，無使縱弛，則心常存而不放矣。隨物體究，本末不遺，隨事討論，是非必辨，則理漸明而知至矣。如此日積月累，勿令間斷，道理自然純熟，心體自然光明，何患不至聖賢地位哉？

朱子曰：學者做工夫，當忘寢食，做一上，使得些入處，自後方滋味接續。浮浮沉沉，半上落下，不濟得事。又曰：這箇物事要得不難，如饑之欲食，渴之欲飲，如救火，如追亡，似此年歲間看得透，活潑潑地在這裏流轉，方是。學問工夫不是浮浮沉沉可以做得成的，聖賢道理不是悠悠忽忽可以見得到的。故欲做工夫，須當忘寢食，一直做將上去，使有個入頭處，得些滋味，然後接續用力，只管向前，自然大有進益。欲得道理，亦非甚難，須如饑欲食，渴欲飲，十分要緊，如救火，如追亡，一刻難緩。似此勇猛直前，積以年歲，看得道理透徹，活潑潑地常在這裏流轉，方是真有得力處也。此正我夫子「發憤忘食」之功，朱子特申之以教學者，其爲言益深切矣。

朱子曰：聖賢之言，則本是欲人易曉，而其中自然有含蓄耳。聖賢之言，如四書六經之類，其意本明白易知，精約有要，未嘗有艱深不測之辭也。但言近而指遠，故易曉之中，自有包涵不露、蘊蓄無窮之旨，亦非有所留而不盡也。學者即其易曉而尋求之，至於融會貫通，則其中之所含蓄者，亦可以會心而自得矣。

朱子曰：常人之學，多是偏於一理，主於一說，故不見四旁，以起爭辨。聖人則中正和平，無所偏倚。學問自有個大中至正、天下公共底道理，須從四方八面會看，將來自然得大頭腦，何有於成見可執，是己而非人也？今常人之學，多是偏於一理，顧這邊遺却那邊，主於一說，得一頭失了一頭，故不見四旁，而起紛紛爭辨之端，多見其入於詖僻而已。若聖人中正和平，全無一毫矯拂之見，故其所學徹上下，合内外，不偏不倚，而自爲天下古今之所莫能加也，奚爭辨之有哉？

朱子曰：讀書大抵衹就事上理會，看他語意如何，不必過爲深昧之説，却失聖賢本意，自家用心亦不得其正，陷於支離怪僻之域，所害不細矣。聖賢言語，大約光明正大，使人易知易從，無有所爲幽深隱僻也。學者讀書，但就當日事上理會，設身處地，看其語意何如，便可知其底藴，而以明白淺易之言爲之發明其旨，斯爲得之。不可過爲鉤深闇昧之論，反失聖賢立言本意，令人益不可解，而自家如此用心，亦不得其正當，至陷於支離怪僻之域而不自知。孟子所謂生心害政害事者，正坐在此，其爲害良非細也。蓋當時釋書者多有此等之弊，朱子此言，正所以捄正之也。

朱子曰：大抵古書有未安處，隨事論著，使人知之可矣。若遽改之，以没其實，則安知其果無未盡之意耶？古人之書於理有未安者，止隨其事而論著明白，使人知所適從可矣。若遽改其書，以没古人之實，則或古人於中尚有深意，安知其非出於意不盡言耶？甚矣，讀書者不可不闕疑而審慎也。

朱子曰：文字且虚心平看，自有意味。勿苦尋支蔓，旁穿孔穴，以汩亂義理之正脉。汩，没也。大凡文字，皆有義理存焉，學者勿先執己見，故作疑難，且虚其心，平易以觀之，而意味自出，可以自我領略，無不可解之辭與不可通之旨也。若不從正大明白處求，而苦尋支蔓，旁穿孔穴，另創一解，致使義理之正脉反爲其所汩亂，此甚怪誕不經，不可以爲訓也。

朱子曰：近世學者，不能虚心退步，徐觀聖賢之所言，以求其意，而直以己意强寘其中。所以不免穿鑿破碎之弊，使聖賢之言不得自在，而常爲吾説之所使，以至劫持束縛而左右之，甚或傷其形體而不恤也。如此則自我作經可矣，何必曲躬俯首而讀古人之書哉？此朱子言當時解經之弊而戒人之妄作也。古人之言皆有深意存焉，解書者必如孟子所言，「不以文害辭，不以辭害志，以意逆志，是爲得之」〔三〕。今世學者鹵莽躁率，不能虚心退步，徐觀聖賢之言，以求其用意之所在，而全不相入，直欲自立一見，以私意强寘其中。是以不免穿鑿其理，破碎其辭，屈聖賢之言俯而從我之説。且欲伸我之説，而遂大背聖賢之言，以至劫持束縛而左右之，如罪人之拘攣桎梏，不得自由，甚或傷其形體，并非其本來面目，而有所不顧也。夫其妄意自用若此，則自我作經可矣，何必俛首讀古人之書，致古人不幸而遭此屈折哉？甚矣，書不易解，解書更不易也。彼別尋意見者，適足得罪於古人，而爲後學所嗤笑耳，可不戒歟？

朱子曰：爲學十分要自己着力，然亦不可不資朋友之助，要在審取之耳。爲學者身心性命皆自己之事，故要十分着力，不可一念留餘。然而資於人者所以勵己，朋友講習之助亦不可少，但不能審取，則淫朋狎友，何以爲克治之藉？故又在取之審，而後過有與規，善有與勸，有以收「麗澤」之益耳。

朱子曰：學問是自家合做底。不知學問，則是欠闕了自家底；知學問，方無所欠闕。今人把學問來做外面添底事看了。學問所以學古聖人致知力行，是自己合做底工夫。苟能着實用功，即未能到聖賢地位，亦可成個品行，不枉過了一生。若不知學問，則是欠闕了自家身上底事，所謂愛我者莫能助也；知學問，則於自家身上方無欠闕，所謂忌我者莫能阻也。今人皆把學問做外面添來底事，看得與自家絶没緊要，可以做，可以不做，所以不肯着實用功，悠悠忽忽，無一善狀，至終其身爲庸碌之歸也。悔何及哉？

朱子曰：人生諸事，大抵且得隨緣順處，勉力讀書，省節浮費，令稍有贏餘，以俟不時之須，乃佳耳。人情不能安分，貧者欲效富者所爲，賤者欲同貴者所用，不知減省，至於不給，一有急需，罔知所措，將好讀書日子，盡廢於經營衣食之中，良可歎也。故朱子謂人生諸事，且得隨所遭之緣，順以處之，安分自足。但當勉力讀書，專用其心於微言大義，而無聲色貨利之擾，凡日用應酬一切無益之浮費，宜省者省之，宜節者節之，令稍有贏餘，以俟不時之用，庶家道免致窘乏，而學業可以無荒，乃爲佳耳。世之學者其可不戒奢從儉，去華就實，以爲讀書地哉？

朱子曰：近世儒者於聖賢之言，未嘗深求其義理之極致，而惟以多求劇讀爲功，故往往遂以吾學爲容易之空言，而求所以進實功、除實病者，皆必求之於彼。殊不知將適千里而迷於所向，吾恐其進步之日遠而稅駕之日賒也。聖賢之言，不必多求，隨舉一二，莫非義理之極致，雖終身用之，亦有不能盡者。今之學者，未嘗深求其精微所在，而涉獵泛濫，惟以多求劇讀爲功，既不知內究諸心，又未能實體諸身，遂視吾學爲容易之空言，不足以厭其意。而所以進實功、除實病者，反誤而求之於彼，是其厭常喜怪，舍正趨邪，其爲愚罔甚矣。夫人將適千里之途，必先明乎從入之路，乃今迷於所向，若此將進步日遠，稅駕日賒，吾不知其何所底止也。嗟乎，學術之日非，實自儒者甚之，不亦深可悼惜也哉！

朱子曰：學者須是耐煩耐辛苦。又曰：這道理若不捱生棄死去理會，終不解得。道理無窮，不是輕易可得，故必須耐煩，不怕瑣碎，逐漸做去，耐辛苦，不怕勞力，吃緊挨上，方能苦盡甘來。且其中深微曲折處，若不捱生棄死去理會，則所見止屬皮膚，終不能入其閫奧。故學者定須下一番死工夫，不可以其難而自餒也。

朱子曰：科舉累人不淺，人多爲此所奪。但有父母在，仰事俯育，不得不資於此，故不可不勉爾，其實甚奪人志。科舉之學，非此無以進身，故士人一入門，便學作文取功名，至有老死而不能卒業者，其爲累人不淺，而人之爲其所奪也亦已甚矣。但有父母在，仰事俯育，思僥倖一當以得爵禄，不得不藉此爲階梯，故不可不勉爲之耳。其實人之心志盡奪於此，自少至老，惟用此一邊工夫，而於聖賢正經學問，俱無暇一究及也。其可惜也夫！

朱子曰：今學者之病，最是先學作文干禄，使心不寧静，不暇深究義理。故於古今之學，義利之間，不復能察其界限分别之際，而無以知輕重取舍之所宜，所以誦數雖博，文詞雖工，而秪重爲此心之害。要須反此，然後可以議爲學之方耳。學術與心術相因，學術之不正，足以壞人心術。今學者之病，最是一入門，先學作文干禄，使此心奔馳不得寧静，但謂一生學問不過爲此之計，全不知有希聖希賢底事，而無暇深究義理。故於古今之學，義利界限，未能辨别分明，昧乎輕重取舍之宜，惟務爲趨時干進之地，所以記誦雖博，文詞雖工，日敝精神，而秪重爲此心之害，終不得其正也。豈知聖賢言語，開口便教人辨義利，審取舍，詎徒爲取功名利禄之資，而於自己身心全不理會？今欲大去其病，必須反其所爲，使趨向克定，然後講明義理，可以議爲學之方，而做聖賢事業耳。不然心術既非，學術愈爲之壞，誠不知其何所底止也。噫，朱子此言，其所以警學者深矣。愚謂人苟能立聖賢之志，則即作文一道，亦是闡發聖賢義理，固無妨乎其爲學也，而特無如其心之多不可問，何哉？

朱子曰：專做時文底人，他説底都是聖賢説話，且如説廉他也會説得好，説義他也會説得好，待他身做處，只自不廉，只自不義。緣他將許多話只是就紙上説，廉是題目上合説廉，義是題目上合説義，都不關自家身己些子事。聖賢言語，寄之於書，其所説底，即是自家身上所做底事。今專做時文底人，所説底亦都是聖賢説話，如説廉他也會依聖人説得好，説義他也會依聖人説得好，一派好話頭，津津説來，豈不中聽？及到他自身做處，則便不廉不義，與所説底全然相反，不啻天淵，此是何故？緣他平日用功，惟是要做時文，故將許多好話只就紙上敷衍一番，廉是題目上合説廉，義是題目上合説義，不過是替聖賢當日説話，與自家身子毫無關涉，所以做底終不是説底也。向使移此工夫，實用之於身心，便是聖賢事業。惜乎其精神徒費於筆墨間也，所謂科舉之學累人不淺者，亶其然乎？

朱子答吕子約曰：示喻日用工夫如此甚善，然亦且要見得一大頭腦分明，便於操舍之間有用力處。如實有一物，把住放行在自家手裏，不是謾説求其放心，實却茫茫無把捉處也。所謂見得大頭腦者，即指心也。人之一心，爲應事接物之本，心若不存，則無以檢其身。故爲學工夫要領，須於日用間常見得大頭腦分明，方於操舍有用力處。至於操之之功，如實有一物，把住放行在自家手裏，不使一些走作，此方是求放心，非是空空説求，而其實却茫無把捉也。孔子曰：「操則存，舍則亡，出入無時，莫知其鄉，惟心之謂與？」孟子曰：「學問之道無他，求其放心而已矣。」又曰：

「先立乎其大者。」學者若非真見得此心，着實把持，則日用工夫俱無頭腦。是故存養主敬之功刻不容緩也。

朱子曰：果有所得，出言吐氣便自不同。纔見如此分疏解説，欲以自見其能，而唯恐人之不信，便是實無所得。學問之事，惟求默識心通，自得於己。然果有所得，則出言吐氣自有安詳涵養之致，便覺不同〔四〕。若分疏解説，費却無限議論，欲以自見其能，誇示於人，而惟恐人之不信，是其輕浮淺露，專於逐外而騖名，便知其胸中實無所得矣。此即學者爲己、爲人之别也。

朱子曰：聖賢言語儘多了，前輩説得分曉了。學者只將己來聽命於他，切己去做，依古人説的行出來，便是我底。何必别生意見，硬自立説？此最學者大病，不可不深戒。聖賢言語所以垂教後世者，可謂儘多，又得前輩逐一剖説分曉，指引後學法門。學者生居今日，已爲大幸，但當實心聽命，切己向前去做，依古人説的言語身體力行出來，便是我底。希聖希賢工夫，最爲至便至易。何必别生一番意見，硬欲自立新奇之説，以背謬於古人，究竟不是路頭，既誤自己，復誤他人，此最學者大病，不可不深戒也。噫，古人雖遠，大道猶存，千載而上，千載而下，此心同，此理同也。我輩但能紹述而昌明之，足矣。若妄出意見，倡爲異論，思欲掩古人而上之，究之古人卒不可掩，徒自爲名教之罪人也，不亦惑哉？

朱子曰：近來彼中學者，未曾理會讀書修己，便先懷取一副當功利之心，未曾出門踏着正路，便先做取落草由徑之計，相引去無人處，私語密傳，以爲奇特，直是不成模樣，故不得不痛排斥之。落草，猶言草竊也。徑，路之小而捷者也。君子之學，「正其誼不謀其利，明其道不計其功」，所懷者讀書修己之念而已。近年以來，學術不明，奔馳滋甚，學者未曾理會讀書修己，先存邀取功利之心，猶人未出門踏着正路，便思落草由徑，爲剽竊計，向無人處私語密相傳授，以爲奇特，賤形醜態，全不成箇模樣，没一些羞惡之心。後生輩若存此等心術，作此等伎倆，便壞了終身人品，所以不得不深惡而痛斥之，恐其轉相傳效而無所底止也。

朱子曰：如今工夫，須是一刀兩段，所謂「一棒一條痕，一摑一掌血」，使之歷歷分明開去，莫要含糊。不用一刀兩段工夫，則終不得力。須是實實落落，「一棒一條痕，一摑一掌血」，方好。如起一念則辨其孰爲公孰爲私，處一事則辨其孰爲是孰爲非，公則存之，私則遏之，是則爲之，非則去之，省察體勘，使之歷歷分明開去，不容有一毫含糊蒙混。此方是斬釘截鐵手段，而學問方爲得力也。

朱子曰：學者最怕因循。又曰：爲學正如撑上水船，一篙不可放緩。因循者，怠玩之意，即所謂放緩也。一放緩，則進不上而退將下來矣，故當如撑上水船，勇猛向前用力撑去，撑得一篙便是一篙，切莫少鬆了手，不到源頭不肯休，此方是善學者也。

朱子曰：莫説要待一箇頓段工夫方做得，如此便蹉過了。只今便要做去，斷以不疑，鬼神避之。需者，事之賊也。需，即等待之意。天下惟等待一念，最足誤人一生。今日待來日，來日又待來日，將有限光陰盡數蹉過，後雖欲爲，已無及矣。故吾人爲學，莫説等待一箇頓段工夫方做，便蹉過了莫追，只今目下就要向前用力做去，立志既定，斷然不疑，即此當下奮往，鬼神亦避其鋭，何患學問不進？若一有等待，遷延不決，便多害事。所謂「需者，事之賊也」，可不知所戒哉？

朱子曰：人多言爲事所奪，有妨講學，此爲不能使船嫌溪曲者也。遇富貴，就富貴上做工夫；遇貧賤，就貧賤上做工夫。兵法一言甚佳，「因其勢而利導之」。無時不可讀書〔五〕，故當處事之時，正好講明道理。今人每言爲事所奪，有妨講學，此爲不能使船嫌溪曲者也。蓋講學本以明理，其工夫即在處事上見，如遇富貴就做富貴工夫，遇貧賤就做貧賤工夫，順理而行，處之各求其當，即此無非講學，何有於相妨哉？兵法有云「因其勢而利導之」，便是善用兵者。學者亦然，能隨其遇而處置之，便是善爲學者。古今來豈有離事之學乎哉？

朱子曰：近來學者，多是以自家合做底事報與人知。如有飯，不將來自喫，只要鋪攤在門前，要人知我家裏有飯。打疊得此意盡，方有進。自家合做底事，於人何與？惟其心純是爲人，故雖是己事，亦要報與人知。如有飯不自喫，而攤在門前與人看也。此等意念未淨，滿腔俱是鶩名，終不可與爲學。故必須打疊得此意盡絶，然後爲實落工夫，方能有進益也。

朱子曰：據某看，學問之道，秖在眼前日用底便是，初無深遠幽妙。又曰：只是這箇道理，見得是自家合當做底便做將去，不當做底斷不可做，只是如此。學問之道，不必他求，只此眼前日用之間，行習著察，無非所當由的道理，初無所爲幽深高妙難知難行者也，但人日在道理之中而自不覺耳。誠見得道理祇是如此，並無別個，自家合當做的便向前去做，不合當做的便斷然不做，明其是非，決其取舍，循乎天理而不徇乎人欲，即聖賢莫大之學問，亦不過是矣。孔子曰：「道不遠人。」子思子曰：「君子素其位而行，不願乎其外。」皆是此意，豈欺我哉？

朱子曰：一個大公至正之路，甚分明，不肯行，却尋得一線路，與自家私意合，便稱是道理，今人每每如此。古今止有一個道理，大公至正，爲衆人所必由之路，而爲聖爲賢，即不外此。此甚分明，人人可行，却不肯向前去行，而別尋一線路走，不顧天下之公是，但求合己之私意，便自稱是道理，率意妄爲，而不知陷於邪僻而不可返也。今人每每如此，不亦可哀之甚哉？

朱子曰：爲學之要，惟事事審求其是，決去其非，積習久之，心與理一，自然所發皆無私曲。聖人應萬事，天地生萬物，直而已矣。是者天下之公理，非者人心之私曲。衆人惟徇乎私，故不辨是非，而所行多不直。若聖賢爲學之要，衹是事事至公無私，必審求其是而決去其非，於天理人欲之間，不使少有毫釐之差，久之心與理一，自然應念而發，皆悉合乎天理之公，而無一毫人欲之私，此即所謂直也。生理本直，聖人以之應萬事，而萬事皆得其理，天地以之生萬物，而萬物日出不窮，惟此直而已矣。然則士希賢、賢希聖、聖希天之學，不過審求其是，以同歸於一直已耳。夫豈有他道哉？

朱子曰：熹自少愚鈍，事事不能及人。顧嘗側聞先生君子之餘教，粗知有志於學，而求之不得其術。蓋舍近求遠，處下窺高，馳心空妙之域者二十餘年。比乃困而自悔，始復退而求之於句讀文義之間，謹之於視聽言動之際，而亦未有聞也。方將與同志一二友朋，并心合力，以從事於其間，庶幾銖積絲累，分寸躋攀，以幸其粗知理義之實，不爲小人之歸。而歲月侵尋，齒髮遽如許矣，懍然大懼日力之不足，思得求助於當世有道之君子，以速其進而未得也。此朱子自序其爲學之始終也。謙言自少秉質愚鈍，事事不能及人，豈敢有所他望。特嘗側聞先生君子餘教，未忍自棄，竊有志於古者身心性命之學，而師心以往，莫知適從，求之多不得其道。蓋有舍近而騖乎遠，處下而窺乎高，不務近裏着己，而馳情於空妙之域者二十餘年，徒勞無功，不可謂不久矣。既乃困而不通，因自悔其用力之誤，始復退而求之句讀文義之間，究前聖之精藴，謹之視聽言動之際，察自己之修能，日夕孜孜，冀其一得，而亦未有聞也。方愧識見孤陋，欲與二三同志，並心合力，磨厲切磋，以從事於其間，庶幾如銖之積，如絲之累，得一分則進一分，得一寸則進一寸，勉力躋攀，以幸粗知義理之實，或不至爲小人之歸。而歲月云邁，齒髮頓衰，自顧生平，無一長可告知己，是以此心懍然大懼日力之無多，將終至於泯没，思求助於當世有道君子，少加鞭策，以速其遲暮之進，而正恐其見棄，不得領受其教益也。是熹之重自愧厲者如此，何敢以教人爲哉？噫，觀朱子此言，其即我夫子「不知老至」之心也夫，而所以儆勉乎後學者，亦已深矣。

## 校勘記

〔一〕尹侍講名焞字彦明　日本内閣文庫本、同治重刊本俱作「尹侍講名洙字和靖」。

〔二〕不自振奮　「奮」，日本内閣文庫本作「頓」。

〔三〕是爲得之　「爲」，日本内閣文庫本作「謂」。

〔四〕便覺不同　「覺」，同治重刊本作「自」。

〔五〕無時不可讀書　「時」，日本内閣文庫本作「事」。

# 續近思録卷三　凡五十七條

## 致知

此卷論致知。而所謂致知者，在即物而窮其理也。然窮理之方，程子謂「或讀書講明義理，或論古今人物别其是非，或應事接物而處其當」皆是。故其工夫實未易盡，而尤莫大於讀書。學者由四書而遞及五經，又會通乎濂洛關閩之指歸，以與經書從事，然後推以觀史，而辨其是非得失之致焉，則真所謂「窮理以進其知」者矣。

朱子曰：古之學者潛心乎六藝之文，退而考諸日用，有疑焉則問，問之弗得弗措也。古之所謂傳道授業解惑者如此。古人爲學皆求實用，讀一書則必退而驗諸事，日用尋常皆即其六藝之文，參考其成法，而識事理之當然，有所疑礙未達則必質問，問必實有得焉而後已。弗得弗措，所謂什百其功也。古之傳道授業解惑，職此之謂。後世學者雖載籍極博，而潛心實用者鮮矣。

朱子答王子合曰：所喻思慮不一，胸次凝滯，此學者之通患，然難驟革。莫若移此心以窮理，使向於彼者專，則繫於此者不解而自釋矣。見道未明，故思慮不一，而胸次膠擾凝滯，何以超然遠到？此學者之通患，而非可以固陋之衷驟革其宿習也。是莫若移此膠擾之心以研窮義理，使向於彼者專一不分，然後胸中灑然，凝滯悉化，則雜思妄慮繫於此者，將不解而自渙然冰釋矣。故窮理要哉！

朱子曰：日用之間，隨時隨處，提撕此心，勿令放逸，而於其中隨事觀理，講求思索，沉潛反復，庶於聖賢之教漸有默相契處，則自然見得天道性命真不外乎此身，而吾之所謂學者，舍是無有別用力處矣。此示人切實用功也。聖賢之教，天道性命雖極精微，要皆自具於吾身。學者誠能日用之間，隨時隨處，提撕警覺，逐事觀理，研索潛思，而實用其力焉，則自然默識心通，觸處洞然。凡在天有四時，在人有四德，而爲天道性命者，皆引爲吾身切己之圖，而舍是豈有他求哉？

朱子曰：日用之間，止教此心常明，而隨事觀理以培養之，自當有進。學問之道在明心以見性，故凡日用間，能使此心不昏於物欲而本體常明，則學爲有本矣。然後隨事觀理，優游漸漬以培養之，使日新不已，心與理融，將不期進而自當有進也。

朱子曰：天下之理萬殊，然其歸則一而已矣，不容有二三也。知所謂一，則言行之間雖有不同，不害其爲一。不知其一而强同之，猶不免於二三，况遂以二三者爲理之固然而不必同，則其爲千里之謬，將不俟舉足而已迷錯於庭户間矣。萬殊者，理之散也。一者，理之合也。二三者，意見之私也。天下事理萬有不齊，而其歸則一，豈容有二三之見？故人之言行不必皆同者，正以其殊塗同歸，不害其爲一理之合也。使欲强同之，猶未免爲意見之私，况不察其理之一，遂以二三之見爲理之固然，而輒謂不必同，此其千里之謬誤，可勝言哉？又何俟舉足，而始昏迷舛錯於庭户之間也。人果知事理之同異無不統於一，則不爲二三之見所摇惑矣。

王子充問：某在湖南，見一先生只教人踐履。朱子曰：義理不明，如何踐履？曰：他説「行得便見得」。曰：如人行路，不見便如何行？今人多教人踐履，皆是自立標致去教人，自有一般資質好底人，便不須窮理格物致知。聖人作箇大學，便使人齊入於聖賢之域。若講得道理明時，自是事親不得不孝，事兄不得不弟，交朋友不得不信。日用倫常之行，視乎義理耳。義理不明，所行何以盡道？故必見得然後行得，不見如何行？行路且不可，况爲學乎？彼自立標準教人者，或有好資質底人，尚可闕了窮格工夫，任質以往，否則未有不顛躓也。然聖人大學之教，八條目中首在格物致知者，原要使天下之人皆有以明其明德，以盡入於聖賢之域耳，非能概得好資質之人擇而教之也。若用格致工夫講明道理，則孝弟忠信之道無不習熟胸中，舉凡事親事兄交友之間，在在皆行乎其所不得不然，尚何患踐履不至乎？君子教人，務使學者有以爲受教之益，而何得立標致以誣人耶？

朱子曰：見道極明白，故其言之極平易，似淺近而實深遠，卓乎義不可及也。聖賢立言，所以垂教也。然惟識解高妙，於道見得極明白，故其言足以達之，只覺極平且易，而隨在可行也。夫平易則似淺近矣，而其中意指實深遠而無窮，天經地義，卓越今古，非天下後世所能及。然則見道之言，人奈何不深長思哉？

朱子曰：天下之事，巨細幽明，莫不有理。未有無理之事，無事之理，不可以内外言也。若有不可推者，則豈理之謂哉？有一事即有一理，不論巨細幽明也。故無理則事不立，無事則理不行，理與事相因，非可以分内外。若有不可推者，則其事皆妄也，夫豈理之謂哉？

朱子曰：惟其察而精之也入毫芒，是以擴而充之也塞宇宙。義利取舍之間，極爲纖悉，惟其察而精之也，幾微疑似，直入毫芒，是以擴而充之也，至大至剛，横塞宇宙。人苟欲砥礪廉隅，周通當世之務，未有不致精於此而能推暨於彼者也。

朱子曰：天下只有一理，此是即彼非，此非即彼是，不容竝立。故古之聖賢，心存目見只有義理，都不見有利害可計較，日用之間，應事接物直是判斷得直截分明，而推以及人吐心吐膽，亦只是如此，更無回互。理一而已，故是非不容竝立。設以利害關心，必不能顧義理之是，而憧擾百出矣。聖賢心存目見只有義理，初無計較利害之私，所以應事接物斷制截然，毫無滯礙，由是推以及人，坦然明白，吐心吐膽，竭盡無餘，未嘗有所回互於其間者，惟其是焉爾。

朱子曰：講學正要反覆研窮，方見義理歸宿處。吾人講學，本欲求乎義理，而説之不詳，思之不精，亦無以見其指趣之所在矣。故反覆以究其義，則其義明；研窮以析其理，則其理精。學者將以會義理之要，不可厭煩苦而略講究之功也。

朱子曰：今之人知求雞犬而不知求其放心，固爲大惑。然苟知其放而欲求之，則即此知求之處一念悚然，是亦不待别求入處，而此心體用之全已在是矣。由是而持敬以存其體，窮理以致其用，則其日增月益，自將有欲罷而不能者。此醒人知求之心，以爲居敬窮理之地也。有放心而不知求，固惑之甚者，然病正在於不知耳。苟知其放而欲求之，則即此知求之一念，昭然有覺，悚然不自安，而吾心之全體大用呈露於是矣。由是懲其放之弊而收之存之，整齊嚴肅，持敬以立其體，潛玩研思，窮理以致其用，「晝有爲，夜有思，息有養，瞬有存」，則其日增月益，將有欲已而不能者。一念知求，推而極之，乃至於此，人奈何弗思哉？

問：看道理不出，只是心不虚静否？朱子曰：也是不會去看。會看底，就看處自虚静，這箇互相發。道不遠人，内求自足。惟不曾真心去看，所以道理不出，徒見其填塞而不虚，膠擾而不静而已。若那會看底，沉潛思索，觸處皆道，只就看這道理處，自然虚而能應，静而能思，心地便覺清明，是道與心固互相發，而特患乎人之不用其心也。

朱子曰：天下事一一身親歷過，更就其中屢省而深察之，方是真實窮理。天下之理散見於天下之事，故有一事便有一理，不能體事，非真窮理者。惟於天下之事，自日用飲食之微，以至綱常倫理之大，一一身親歷過，更就其中屢省其事之當然，而深察其理之所以然，絶無一毫蒙蔽淆混於中，方是真實窮理也。不然懸空臆斷，便自謂明了，投以一事，未有不惘然無可捉摸者。窮理豈易言哉？

朱子曰：格物者，知之始也；誠意者，行之始也。始者，關鍵所在也。天下萬物各具一理，理有未窮，則知有所蔽，故格物爲致知之始事。凡人行事，發端於意，意有未實，則行有所偏，故誠意爲力行之始事。所謂「格致爲夢覺關，誠意爲善惡關」，學者所宜喫緊用力也。

朱子曰：博雜極害事。范醇夫一生作此等工夫，想見將聖賢之言，都只忙中草草看過，抄節一番便了，元不曾仔細玩味，所以從二先生許久，見處全不精明，豈可不戒耶？學貴精純，所以博雜極害事。觀范醇夫一生誇多務博，作此等工夫，則其於聖賢之言都只着忙草率看過，可想而知矣。彼惟心粗氣浮，不曾細心玩索，所以從二程許久，雖尊仰取法出於願學之誠，即其所著論語説、唐鑑，亦多資於程氏，然到底見處全不精明，於聖賢之言終成獵涉，未得指歸。學者務窮理以致知，豈可不戒？

朱子曰：大抵思索義理，到紛亂窒塞處，須是一切掃去，放教胸中空蕩蕩地了，却舉起一看，便自覺得有下落處。學固不廢思，然思索義理，到紛亂無緒窒塞不通處，只覺愈思索愈膠擾，故須是一切掃去，直養得心地清虚，如鑑之空，如衡之平，然後再將紛亂窒塞處舉起一看，無不得其理者，便覺得有下落處矣。此是朱子真實體驗出來，學者非深歷其中，烏足以知之？

朱子曰：便是看義理難，又要寬着心，又要緊着心。這心不寬則不足以見其規模之大，不緊則不足以察其文理之細密。若拘滯於文義少間，又不見他大規模處。義類繁多，所以一一融會而貫通之者，惟其心而已。然而義理難看，人心又當善用，所以要寬着心者，蓋其規模甚大，擴之可以彌六合，若不寬則躁急無序，不足以見其大。所以要緊着心者，蓋其文理細密，析之如判乎秋毫，不緊則考覈粗疎，不足以察其細。又若心拘滯而不化，於文義少爲間隔，則亦窒礙障蔽，何以見其大規模處乎？甚矣，人當善用其心也。

朱子曰：見得人情事幾未甚分明，此乃平日意思不甚沉靜，故心地不虛不明，而爲事物所亂，要當深察此病而亟反之。此見窮理以虛心靜慮爲本也。人情事幾莫不各有道理所在，惟虛靜則不爲所亂。今見得未甚分明者，乃平日意思不甚沉靜，所以心地不虛，因以不明，而事物因得而亂之。要當深察此病而亟思自反，則莫如持敬主靜以存其心也。

朱子曰：作詩間以數句適懷亦不妨，但不用多作，蓋便是陷溺爾。當其不應事時，平淡自攝，豈不勝思量詩句？至如真味發溢，又却與尋常好吟者不同。窮理致知，貴乎反躬實踐，固不在多作詩文，然數句遣懷亦不妨，但多作便是陷溺爾。夫當未酬應之時，果能平淡自攝，比之思量詩句，較足收斂性情。然而真味洋溢，發之爲有德之言，又與尋常好吟咏者迥然不同也。大抵人能根本乎道，而後發之爲枝葉，則無乎不可矣。

朱子曰：致知者，誠意之本也；謹獨者，誠意之助也。所見不真，必不能實爲善以去惡，故致知爲誠意之本。知既至則大端所在自可無差，特恐幽獨之中一念方萌，或以爲細微而未及謹，則亦足以累吾意而遂入於不誠，是以謹獨之功尤爲誠意之助，而君子所必致力以收致知之效也。

洪慶將歸，朱子召入與語，曰：如今下工夫，且須端莊存養，獨觀昭曠之原，不須全費工夫鑽紙上語，待存養得此中昭明洞達，自覺無許多窒礙，恁時方取文字來看，則自然有意味，道理自然透徹，遇事自然迎刃而解。洪慶，姓石，字子餘。此朱子亦因其病而藥之也。爲學者涵養皆致知之助，故且端莊存養，静觀此心昭曠之原，不得全靠紙上語，空費鑽研工夫。直養到此中昭明洞達，無些障礙，然後取文字來看，則自然義理昭著，意味無窮。以之觀理處事，便覺十分透徹，游刃有餘，較之勞勞鑽研，其得效不已多乎？此等語不欲對諸人説，恐他不肯去看文字，又不實了，且教他看文字撞來撞去，將來自有撞着處。凡看文字，非是要理會文字，正要理會自家性分上事也。然文字亦不可廢，看自家用力何如耳。若此等語對諸人説，恐他便一向不理會文字，又墮於空疎不實，故憑他且看文字撞箇入門也。大抵文字能不作紙上空言，直引向自家性分上理會，則得之矣。

朱子曰：理會道理，到衆説紛然處，却好定着精神看一看。理一而衆説紛然，此處不同之極致，必有是非各出，精粗互見者。今理會道理，到此處甚不可潦草放過，却好重整精神，定着見解，仔細一看，然後能精所擇而不爲衆説淆亂，是亦致知一法也。

朱子曰：讀書是格物一事。古今只此道理具備於書，而天下之名物象數亦寓焉。吾人讀書，將窮盡天下事物之理，以致吾心之知也，故是格物一事，而可不講其讀書之法乎？

朱子曰：讀書須斂身正坐，緩視微吟，虛心涵泳，切己體察。讀書者與聖賢相晤對，便思學爲聖賢，不可有褻心，不可有躁心，不可自矜，不可自昧。故須斂身正坐，敬以持之；緩視微吟，寬以居之；虛心涵泳，會古人於意言之表；切己體察，引自己於朗鑑之中。兼此四者，而後聖賢之精神與我相貫注，沉潛往復，未有不能得其理而體其事者，是讀書之要法也。

朱子曰：讀書只一遍，讀時便作焚舟計，止此相別，更不再讀，便記得。焚舟事，秦伯伐晉，孟明濟河焚舟，示不再舉也。此言讀此一書，務要成誦不忘，只一回讀時，便習之又習，至於精熟，作焚舟計，止此相别，更不消再讀，已自記得。如此用功，自然浹洽於中，而非涉獵無得者比矣。

朱子曰：讀書須讀到不忍舍處，方見得真味。讀書須熟玩潛思，虛心涵泳，直讀到不忍舍處，只覺旨趣横生，有無限快意，方見得真味也。見得真味，愈不忍舍矣。

朱子曰：某解經只是順聖賢語意，看其血脉貫通處，爲之解釋，不敢自以己意説道理。此朱子自言其解經之法也。解經惟順聖賢語意，就其虛字實字，看他血脉貫通處，爲之解釋，理明即止，不參己意，不自説道理，虚心細心，方能體貼得出。朱子嘗自謂「某解論語，理會四十餘年，中間逐字稱等，不教偏些子」，即此意也。

朱子曰：解經不可做文字，止合解釋得文義通，則理自明，意自足。今多去上做文字，只説得自一片道理，經意都蹉過了。要之，經之於理，亦猶傳之於經。傳所以解經也，經明則可無傳，經所以明理也，理明則可無經。古人作經著傳以垂訓後人，後人表章經傳以昭示學者，皆不得已而有言也。故凡解經者不可做文字，反使理晦，止合順文解義，由辭得意，理明便足。若做成文字，自立創解，自説道理，經意都蹉過矣。大抵經以明理，猶之傳以解經，經明可以無傳，理明可以無經。凡天地間之不可磨滅者理而已，非徒爲文字以悦人也。

一學者苦讀書不記，朱子曰：只是貪多，故記不得。福州陳正之極魯鈍，每讀書只讀五十字，必二三百遍方熟，積習讀去，後來却無書不讀。讀書不記，學者通病。然受病之原，亦無他故也，只爲貪多務博，故記不得耳。蓋多則心泛濫而諷誦煩難，少則心專一而精神易到。如陳正之雖極魯鈍，然其讀書甚有法，每讀只五十字，其取數甚約，又必讀二三百遍，其用力甚勤，方能熟記於心，因從此日積月累，漸次習讀去，到得後來，却無書不讀。彼絶不貪多，而積之既久，所得仍不少，世之貪多者，反不足以及之。讀書之道，此可爲法矣。

朱子曰：論孟工夫少，得效多。六經工夫多，得效少。論語二十篇，孟子七篇，取數既約，易於習讀講解，所謂工夫少也。然而所載皆身心性命之理、日用倫常之道，言近旨遠，讀之則得效多矣。六經，周易、尚書、詩、春秋、禮、樂。諸經爲數既廣，習讀講解尤難，所謂工夫多也。然其所載皆道法治法之大、奥衍宏深之詞，事肆而隱，讀之則得效較少焉。學者察乎此，亦可以知先後次第之序矣。

此以下因輯其分論讀經書之事。

朱子曰：昔五峰於京師，問龜山讀書法，龜山云「先讀論語」。五峰問「論語二十篇以何篇爲要」，龜山曰「事事緊要」。龜山示五峰讀書法，先讀論語者，蓋所載皆孔門答問，求道之方，無不具備也。又示以「事事緊要」，見得二十篇中至精至粹，無一語不當熟讀潛思。龜山最得讀書之法，故朱子述之以教學者。朱子又嘗言，「論語一部，自『學而時習之』至『堯舜』，都是做工夫處」，與此意正相發明也。

朱子答汪子卿曰：深探聖賢之言，以求仁之所以爲仁者，反諸身而實用其力焉，則於所以不違不害者，皆如有物之可指，而窮通得失之變，脱然其無與於我矣。聖賢言仁，要在身體力行，學者果能研精思索，深探其立言之意，反求諸身，隨時隨處而實用其力，則於靜存動察之間，所謂無終食以違之，無求生以害之者，皆如有最重之一物，切於吾身，可以指名，而窮通得失，任萬變之來，脱然無與於我，何所往而非仁哉？然則成名君子、志士仁人，固在思索義理，尤貴乎身體而力行之也。

朱子曰：孟子說四端處，極好思索玩味，只反身而自驗其明昧淺深如何。仁義禮智，性之德也，固是舊有的名目。然至孟子乃說出四端，其於惻隱、羞惡、辭讓、是非，指點親切處，極好沉潛思索，細心玩味。人能自驗當身而反觀其心之明昧、理之淺深如何，自此察識以擴充之，則當必有以盡其才而四德在我矣。

朱子曰：大學「在明明德」一句，須常常提醒在這裏，他日長進處在這裏。大學經傳，一明德貫之。明明德者，明於己；新民者，明德明於人；止至善者，人己之明德各造其極。是故「在明明德」一句，須沉潛涵泳，常常提醒在這裏，到得他日工夫純熟，長進處即在這裏。蓋内聖外王，無不統貫，胡敬齋所謂「工夫在大學，效驗則見於二南」也。

朱子曰：見得義當爲，却說不做也無害，見得利不可做，却說做也無害，便是物未格，知未至。見得義當爲決爲之，利不可做決是不做，心下自肯自信，便是物格知至。此言格致之實學也。分別義利，爲學者第一義，特患不曾見得耳。若見得義當爲、利不可做，却說不做也無害、做也無害，此則何嘗真知實見，便是物未格，知未至也。惟於義利界限見得十分透徹，十分斬截，義當爲決爲之，利不可做決不做，心下安然自肯，確然自信，這便是物格知至中工夫效驗一齊俱到矣。

朱子曰：只是見不透，所以千言萬語，費盡心力，終不得聖人之意。大學說格物，都只是要人見得透。且如楊氏「爲我」，墨氏「兼愛」，他欲以此教人，他豈知道是不是，只是見不透。如釋氏亦設教授徒，他豈道自不是，只是不曾見得到，但知虚而不知虚中有理存焉。此大學所以貴窮理也。不見聖人之意，何以爲學？然學者鉤深索隱，都只爲見得不透，故費了千言萬語，竭盡心力，終不得其意耳。大學説格物，正欲人見得聖人之意透也。且如楊墨之「爲我」、「兼愛」，害仁害義，彼實見處不透，烏能自知其是不是？又如釋氏授徒，以虚無幻化立教，亦豈肯自道不是？都緣見未透徹，徒知爲虚，不知虚中還有實理，乃是聖人大本領處耳。此大學所以貴格物而窮理也，彼枉費心力者，不大可惜乎？

朱子曰：中庸未易讀，其説雖無所不包，然其用力之端，只在明善謹獨。所謂明善，又不過思慮應接之間，辨其孰爲公私邪正而已。此窮理之實也，若於此草草放過，則亦無所用其存養之力矣。中庸一書，言性言道，未易讀也，顧其説如中和、位育，以至達道、達德、九經、天道、人道之屬，雖無所不包，而其審端用力之地，則只在學問思辨明其善，戒慎恐懼謹其獨也。至所謂明善切要處，又不過自思慮方萌及事物應接間，辨吾此念之孰爲公私，此事之孰爲邪正而已。是乃真實窮理工夫也，若於此粗淺涉獵，草草放過，則於其説之統貫包舉者，茫無端緒，而亦何所用其存養之力乎？此讀中庸之要法也。

朱子曰：易之爲書，文字之祖，義理之宗。易始於苞符一畫，故爲文字之祖，而天道地道人道無所不備，故曰義理之宗。蓋聖人憂民覺世之書，亦即君子恐懼修省之書也。學者博稽文字，思索義理，孰有過於此書者哉？

朱子曰：一至十爲河圖，虛其中以爲易；一至九爲洛書，實其中以爲範。河圖、洛書俱以五爲中數，而内外正隅之數俱從五而推之。一至十爲河圖，而虛其中，十與五者，象太極也，故聖人則之以爲易；一至九爲洛書，而實其中，十與五者，主建極也，故聖人則之以爲範。河圖奇偶相對，雖有十而五十皆不用；洛書奇偶相乘，雖無十而縱横皆成十。此河圖、洛書所以相爲表裏，而旋轉運化於不窮也夫。

朱子曰：易有象然後有辭，筮有變然後有占。象之變也，在理而未形於事者也，辭則各因象而指其吉凶，占則又因吾所值之辭而決焉，其示人也益以詳矣。周易一書，有象有變，有辭有占，凡以爲人道計也。然易必有陰陽老少之象，然後有卦爻之辭；筮必有七八九六之變，然後有吉凶悔吝之占。顧自象之變也，尚在理之自然而未形於人事之著者也，辭則各因自然之象而指其事之吉凶，占則又因吾卜筮所值之辭或吉或凶而決其趨避焉，其示人至爲詳備矣。此聖人所以與民同患，而「定天下之吉凶，成天下之亹亹者」也。

朱子曰：尚書貫通猶是第二義，直須見得二帝三王之心，而通其所可通，毋强通其所難通。讀尚書者，當求聖人之心，如堯則考其所以治民，舜則考其所以事君，且如湯誓則曰「予畏上帝」之類，儘有無窮精藴。故若止能貫通，猶是第二義，而直須見得二帝三王之心也。況其中有可通者，亦有難通者，不妨姑闕其疑，則只通其所可通，毋彊通其所難通，恐以附會穿鑿之見，反失聖人當日立言之旨耳。

朱子曰：詩之爲經，人事浹於下，天道備於上，而無一理之不具。詩，理性情者也。然其爲經也，風俗之美惡貞淫關政治之得失，是下而人事浹焉，時序之雨暘寒燠係氣化之盛衰，是上而天道備焉，真無一理之不具，而可爲興觀群怨之資者也。

朱子曰：讀詩之法，只是熟讀涵泳，自然和氣從胸中流出，妙不容言。不待安排措置，務自立説，只恁虚心平讀，意思自足。上蔡云「學詩須先得六義體面，而諷詠以得之」，此是讀詩要法。讀詩之法，非可以艱險急迫之心求之，只是熟讀涵泳，以我之性情遇詩人之性情，浹洽於其中，自覺盎然太和之氣從胸中流露出來，其獨得之妙，有未易以言傳者。然亦不待安排措置，務自立説，强於名物上尋求義理，但虚心平讀，便可以興觀群怨，意思自然滿足。故上蔡云：學詩須先得賦比興風雅頌六義，即其立言之體，而優游諷詠以得之，則三百十一篇中人情世態，凡曲鬯於感歎歌思者，無不歷歷在目也。此真是讀詩要法矣。

朱子曰：看春秋且須看得一部左傳，首尾意思通貫，方能略見聖人筆削與當時事之大意。孔子作春秋，每事只舉其大綱以見意義，其詳則具於史。後世史既亡逸，惟聖筆獨存。左氏必曾見國史來，故其作傳皆有來歷，雖難盡信，終是案底。是以看春秋者，且須看得一部左傳，自首迄尾意思通貫，方能略見聖人春秋一書變史爲經，皆即人事以明天理，用天理以處人事。而悟其所以筆削者，真義理之權衡，與夫當時事之大意，昭然在目也。此讀春秋之法也。

朱子曰：古禮非必有經，蓋先王之世，上自朝廷，下達閭巷，其儀品有章，動作有節，所謂「禮之實」者，皆踐而履之矣。故曰「禮儀三百，威儀三千，待其人而後行」。則豈必簡策而後傳哉？其後禮廢，儒者惜之，乃始論著爲書，以傳於世。禮儀，朱子謂便是儀禮中士冠禮、諸侯冠禮之類，大節有三百條，蓋經禮也。威儀，朱子謂如「始加」、「再加」、「三加」，又如「坐如尸，立如齋」之類，皆是其中小節，有三千條，蓋曲禮也。此言古禮非必著而爲經，蓋先王之世，自朝廟以達閭巷，儀品有章，動作有節，所謂「禮之實」者，皆實踐而躬行之矣。子思子所謂「禮儀，威儀，待其人而後行」者，何嘗必布在方策，而後傳其儀品之章、動作之節哉？自後世禮廢，而秉禮之儒者每悼惜之，乃始綜論載籍，著爲成書，以傳於世，所謂「天高地下，萬物散殊，而禮制行焉」者也。

朱子曰：學禮先看儀禮，儀禮是全書，其他皆是講說。儀禮載其事者也，故學禮先須看儀禮。蓋儀禮是禮經全書，其他若禮記皆是講說。如儀禮有冠禮，禮記便有冠義；儀禮有昏禮，禮記便有昏義，皆所以明其理也。惟先學儀禮，復參之禮記以求其解，則得之矣。

朱子曰：周禮一書，廣大精密，周家之法度在焉。禮者，天理之節文，人事之儀則也。周禮一書，本天理而定爲儀則，以立萬世之常經，廣博而宏大，精深而細密，許多立法制度具在其中，此周家禮樂之所以明備也。

朱子曰：孝經只前面一段是曾子聞於孔子者，後面皆是後人綴緝而成。孝爲德之本，教之所繇生，先王之至德要道以順天下者，故孝經所係甚大。然只前面一章是曾子聞於孔子者，後面十七章皆是後人綴輯孔子之言而集成一書也。孔子曰：「行在孝經。」曾子養志，臨終啓手足。以大聖大賢之行，一孝焉盡之，學者其可忽諸？

朱子曰：周子通書，近世道學之源也。而其言簡質若此，與世之指天畫地、喝風罵雨者，氣象不侔矣。周子通書四十章，與太極圖説相表裏，凡其誠幾愼動之理，以及禮樂刑政之端，其道至大，其義至精，其味甚長，真近世道學之源也。而其言乃簡約質樸若此，視世之指天畫地，喝風罵雨，故爲大言以欺世者，氣象迥然不侔，故宜與六經四書竝垂今古矣。

朱子曰：修身之法，小學備矣。義理精微，近思録詳之。小學書是做人底樣子，故修身之法具備於其中。而近思録乃周、張、二程遺言，包括義理至精至微，尤爲詳盡。學者果能於此二書真知實踐，何患不到聖賢地位？有志者自辨之矣。

朱子曰：須看孔孟程張四家文字，方始講究得着實。其他諸子，不能無過差。孔孟程張四家文字，擇之精，語之詳，義理之微，事爲之著，無不統貫，又一一皆鞭策入裏，踏着實地。故學者須看此四家文字，解析秋毫，優游厭飫，方始講究得着實。其他諸子，則擇焉而不精，語焉而不詳，或言理而遺事，或言事而遺理，皆不能無過差矣，慎毋惘然以從事也。

朱子曰：近思録好看。四子，六經之階梯；近思録，四子之階梯。近思録總六百一十二條，分十四卷，皆掇取其關於大體而切於日用者，故朱子弁其首曰：「窮鄉晚進有志於學，而無明師良友以先後之者，誠得此而玩心焉，亦足以得其門而入矣。」蓋凡學者所以求端用力、處己治人之要，與夫辨異端觀聖賢之大略，皆於此見其梗概，故最好看也。是以四書簡易平實，六經奥衍宏深，學者必先四子而後六經，則四子者六經之階梯也。近思録語關體要，切於日用，沉潛玩索，粗識大端，然後可以求四子之書，則近思録者四子之階梯也。

朱子曰：讀書先以經爲本，而後讀史。聖賢之道理莫備於經，甚醇而正也；帝王之行事具載於史，甚廣而博也。故讀書者必先以經爲本，而講明其道理，使胸次洞徹，略無滯礙，然後讀史以博其見聞，凡古人之行事，是非得失，無不互相參考。如是則吾心既無遺理，而古人皆可借資，豈非讀書之要法乎？

問：爲學祇看六經、語、孟，其他史書雜説皆不必看，如何？朱子曰：如此即不見古今成敗。經以明理，史以紀事。爲學者固當窮理，尤在體事。若只讀六經、語、孟，而於史書雜説概不之省，則何以見古今之成敗，使是非得失瞭若指掌，通事勢而識時宜乎？故讀史一事，亦窮理格物者所必及也。

朱子曰：讀史當觀大倫理、大機會、大治亂得失。大倫理，所謂三綱五常也。大機會，如用人行政之類。大治亂得失，凡有關係於當時後世者皆是。故讀史雖當事事理會，而於其大處尤當加察，誠能觀此三者，而史書之政治人物統貫無遺矣。

或問綱目主意，朱子曰：在正統。綱目，朱子所作，蓋因司馬温公通鑑而修之也。正統者，所以大一統之義也。表歲以首年，而因年以著統，大書以提要，而分註以備言，使夫歲年之久近，國統之離合，事辭之詳略，議論之同異，通貫曉析，如指諸掌。歲者，天之甲子。年者，君之年代。表歲首年者，表其甲子，以冠一年之首也。統者，國之位號。因年著統者，列其國號，以系一歲之下也。大書，直記之也。分註，旁載之也。表歲首年，因年著統，則有以得其歲年之久近，國統之離合。大書提要，分註備言，則有以見其事辭之詳略，議論之同異。其通貫曉析，不如指掌之明且易乎？李方子曰：「取群史之長，合諸儒之粹，繼春秋而作，未有若此書之盛者。」誠哉是言也！

# 續近思録卷四　凡四十二條

## 存養

此卷論存養。蓋存養之功實貫知行，故編此以列乎二者之間，見致知涵養互發兼修，不可偏廢，而後有以爲力行之地也。

朱子曰：欲應事先當窮理，而欲窮理，又須養得心地本原虚静明徹，方能察見幾微，剖晰煩雜，而無所差錯。天下一事必有一理，見理不明，何以處事？故欲應事者必先窮理。然不能持敬以爲窮理之本，則心愈雜理愈紛，而事亦愈差，故必加涵養之功於存主之際，使心地本原淵然虚静，瑩然明徹，然後能極深研幾，察見微渺，有以通天下之志，而成天下之務，自然剖晰煩雜，無所差錯矣。此涵養與致知有互發之功也，欲窮理以應事者，主敬其要哉！

朱子曰：主敬者存心之要，致知者進學之功。二者交相發焉，則知日益明，守日益固，而舊習之非，自將日改月化於冥冥之中矣。敬者，徹始徹終之學，故主敬爲存心之要。知者，初學入德之門，故致知爲進學之功。二者相資，不可偏廢。苟能彼此交發，而優游厭飫於其中焉，則知明守固，日新月異，而造道不難矣，又何有舊習之非，不漸移默化於沉潛體玩中哉？若偏致其功，則或流於寂，或務於紛，未見其能底有成也。

朱子曰：主敬之説不必多言，但熟味整齊嚴肅、嚴威儼恪、動容貌、整思慮、正衣冠、尊瞻視此等數語，而實加功焉，則所謂「直内」，所謂「主一」，自然不費安排，而身心肅然，表裏如一矣。整齊、儼恪、整思慮者，敬之主乎内也。嚴肅、嚴威、動容貌、正衣冠、尊瞻視者，敬之主乎外也。易曰「敬以直内」，程子曰「主一之謂敬」，皆所以言敬也。然苟知主敬，亦不必多言，但熟味整齊嚴肅等數語，而實地加功驗諸身心焉，則矜持之久，純熟漸生，凡所謂「直内」，所謂「主一」，確有定分，自然不待臨事安排，而身心肅然就範，表裏無不如一矣。加意涵養之功，孰有外於是哉？

朱子曰：禮樂固必相須。然所謂樂者，亦不過謂胸中無事而自和樂耳，非是著意放開一路，而欲其和樂也。然欲胸中無事，非敬不能，故程子曰「敬則自然和樂」，而周子亦以爲「禮先而樂後」，此可見也。禮樂之道，異用同體，固必相須者也。然樂主樂，而所謂樂者，亦其胸中從容不迫，無事物之擾而自和樂耳，非著意放開之謂也。若著意放開，則侈肆不敬，胸中益覺煩擾，何能和樂？蓋和是碎底敬，敬是合聚底和，故程子曰「敬則自然和樂」。「自然」云者，即此而在也。

而周子亦曰「禮先而樂後」。禮，理也；樂，和也。萬物各得其理而後和，是樂本於禮也。樂本於禮，則和本於敬，亦可見矣。

朱子曰：讀書涵泳義理，久之有味，自不見得世間利害榮辱之有異也。道味不深，則世情不能皆淡，誠使讀書涵泳義理，久之而深知其味矣，彼世間一切利害榮辱，何所容心？適然值之，則隨遇而安之，固自不存異念於中也。此其用功得力之處，其在伊川所謂「優游厭飫〔二〕，有先後次序」，杜元凱所謂「江海之浸，膏澤之潤，涣然冰釋，怡然理順」時乎？

朱子曰：「敬」之一字，乃聖學始終之要。未知者非敬無以知，已知者非敬無以守。若曰先知大體，而後敬以守之，則夫不敬之人，其心顛倒繆亂之不暇，亦何以察夫大體而知之耶？「敬」之一字，所以爲聖學成始成終之要者，蓋凡天下之理，有所未知，非敬則多所縱忽，未免昏而無得，何以能知之於始？有所已知，非敬則多所遺忘，未免旋得旋失，何以能守之於終？若曰進學之始姑無用敬，必先知得大體所在，而後敬以守之，則彼疏忽不敬者，雖欲求知，而其心已顛倒錯繆，貿亂無緒，又何以察夫大體所在一一而知之？知之既不精，即未有守之而能固者也。此所以成始成終，不外一敬也。

朱子答吕伯恭曰：承諭整頓收斂，則入於費力，從容游泳，又墮於悠悠，此正學者之通患。按程子嘗曰「亦須要自此去，到德盛後，自然左右逢其原」。今亦當日就整頓收斂處着力，但不可用意安排等候，即成病耳。伯恭，名祖謙，開封人，學者稱東萊先生，朱子友也。整頓收斂之法，從容游泳之功，二者皆不可廢，然一則苦費力，一則墮悠悠，此正學者通患。但整頓收斂，初學豈可少此工夫？故程子嘗曰：亦須要自此去，直待深造有得，左右逢原，德盛後自然從容也。今亦當就整頓收斂處着力，只是不可用意安排等候功效，蓋欲速則不達，即成弊病。惟於齊莊整敕之中，時寓從容游泳之致，斯爲佳耳。

楊道夫曰：羅先生教學者靜坐中看喜怒哀樂未發作何氣象，李先生以爲此意不惟於進學有力，兼亦是養心之要。而遺書有云「既思即是已發」，與前所舉有礙否？羅先生，名從彥，字仲素。李先生，名侗，字愿中，稱延平先生。俱閩人。靜坐中看喜怒哀樂未發氣象，此是探本功夫，固進學之力，亦養心之要，故延平稱之。但程子遺書云「既思即是已發」，則靜坐中看此氣象〔二〕，既涉於思，何以謂之未發，是以疑其有礙。黄直卿曰：此問亦切，但程先生剖析毫釐，體用明白；羅先生探索本原，洞見道體。二者皆有大功於世，善觀之則亦並行而不相悖矣。況羅先生於靜坐觀之，乃思慮未萌，虛靈不昧，自有以見其氣象，則初無害於未發。蘇季明以求字爲問，則求非思慮不可，此伊川所以力辨其差也。直卿，名榦，亦閩人。直卿以爲此問固切，但程先生於未發已發剖晰毫釐，體用判然明白，羅先生於未發氣象探索本原〔三〕，洞見道體綱領，亦並行而不相悖。況於靜坐中看，自是虛靈不昧時見其氣象，仍然思慮未萌，何礙於未發？惟蘇季明以求字爲問，求則大費思慮，尚得謂之未發乎？伊川所爲力辨其差耳。朱子曰：公雖如此分解，羅先生說終恐做病。如明道亦說靜坐可以爲學，謝上蔡亦言「多著靜不妨」。此說終是小偏，才偏便做病。道理自有動時，自有靜時，學者只是「敬以直內，義以方外」，見得世間無處不是道理，雖至微至小處，亦有道理，便以道理處之，不可專要去靜處求。所以伊川謂「只用敬不用靜」，便說得平，也是他經歷多，故見得恁地。若以世之大段紛擾人觀之，會靜得固好，講學則不可有毫髮之偏。羅先生說雖如此分解出來，終恐小偏，便做病也。如明道之說靜坐，上蔡之言多着靜，一小偏則其病皆同。蓋靜時萬理具備，是涵乎動之用；動時事得其理，是著乎靜之體。故道理自有動時，自有靜時，無物不有，無處不然。學者只是靜存動察，「敬以直內，義以方外」，見得無物無處不是道理，雖日用尋常至微至小處，皆道理所寓，便當以道理處之，何必專在靜處尋求乎？故伊川說「只用敬不用靜」，敬原該動靜兼體用者也，便說得七平八穩，非閱歷有得者烏能見及？若以世之紛馳膠擾人比例觀之，會靜豈不是好？但講明此學，則當要於萬全無弊，不可使有毫髮之偏也。大抵未發之前須操得密，已發之後須察得精，道理原自不偏，工夫務在周匝耳。

朱子曰：思索義理，涵養本原。天下事物，無非義理所存，必精以研之，而殫思索之勤，則深入無間，自涣然冰釋矣。吾人一心實爲本源之地，必敬以主之而用涵養之功，則操存不失，自怡然理順矣。此存心致知之學，二者不可偏廢者也。

朱子曰：更宜加意涵養於日用動靜之間，不然徒爲空言，無益而有害也。涵養之功，不可一刻間斷。吾人日用間靜時少，動時多，故自思慮未萌以至事物交接，更宜加意於此。凡日用動靜，無時無處而不養焉，斯天理常存，而人欲自不得參矣。若不實致其功，而徒托諸空言，少有間斷，私累乘之，非惟無益，亦且有害也。大抵涵養工夫，只於靜坐上求便有病。程子曰「涵養須用敬」，使專於靜處用功，豈動作云爲而遂可不敬乎？朱子謂「更宜加意」者，正是指出涵養本源之地，在在當求，勿墮入空虛窠臼也。

朱子曰：凡人所以立身行己，應事接物，莫大乎誠敬。誠者何？不自欺不妄之謂也。敬者何？不怠慢不放蕩之謂也。子思云：「不誠無物。」夫子云：「修己以敬。」是誠與敬乃立身行己、應事接物之要，而不可須臾離者，學莫大乎是焉。顧何以謂誠？惟不自欺則必求自慊而不妄，又所以誠也。何以謂敬？惟不怠慢則必敬足以勝之而不放蕩，又即攝其肆心也。誠與敬之義，豈有他旨哉？然程子嘗謂「誠則無不敬，未至於誠，則敬然後誠」，學者之加功，亦不可不知也。

朱子曰：道心爲主，即人心自不能奪，而亦莫非道心之所爲矣。然此處極難照管，須臾間斷，即人欲便行矣。朱子嘗答李通曰：「但謂之人心，則固未以爲悉皆邪惡，但謂之危，則固未以爲便致凶咎。然既不主於理而主於形，則其流爲邪惡以致凶咎亦不難矣，此其所以爲危。非若道心之必善而無惡，有安而無傾，有準的而可憑據也。」是故理欲原不並立，道心爲主則理據於中，常居其勝，人心自不得入而奪之。人心既屏，則天理流行，而亦無適非道心之所爲矣。然此處危微之交，極難照管，凡一念慮一動作果是天理耶，是人欲耶？或本是道心之發，終未離人心之境耶？須臾間斷，即人欲便行，非得精明純固，審幾致決，克盡私欲，全復天理，而欲其一一照管，不誠難哉？

朱子曰：學者喫緊是理會這一箇心，那紙上説底全靠不得。頌讀詩書，特紙上之陳言耳，若不反之於心，何以知人，何以論世？况能體驗親切，引爲身心性命之借資乎？故喫緊是理會這一箇心，使有箇主宰，然後以彼證我，事物之來，自然次第就理。若全靠那紙上説底，則滯而不化，徒生膠擾，雖讀破萬卷，亦奚以爲哉？

朱子曰：人之心惟敬則常存，不敬則不存。人之易放者心也，惟敬則此心常惺而存，不敬則放失而不存，學者所當無時無處無念無事而不用其敬也。蓋涵養本原爲第一切要，而居心以敬正涵養功夫，千古帝王傳心之法無出此者，其可以或忽乎哉？

朱子曰：「毋不敬」，是正心誠意之事；「思無邪」，是心正意誠之事。「毋不敬」者，戒慎恐懼，畏敬中存，所以遏欲全理，而爲正心誠意之事，以進德而言也。「思無邪」者，廓然大公，邪妄盡滌，則是欲盡理純，而爲心正意誠之事，以成德而言也。

朱子曰：思之過苦，恐心勞而生疾，折之太繁，恐氣薄而少味，皆有害乎涵養踐行之功耳。人之一心，如太和元氣，渾然在中，宜直養而無害也。若夫道理無盡，固不可不有以思之，但思之過苦，則竭精憊神，天君不泰，故恐其心勞而生疾也。事物當前，亦不可不有以折之，但折之太繁，則意見橫生，天真不固，故恐其氣薄而少味也。凡此者，皆有害乎涵養踐行之功，非藏修息游之道也。

朱子曰：閒中靜坐，收斂身心，頗覺得力。閒中靜坐，則省應接之煩，無外馳之患。收斂身心，則深齊肅之念，致存養之功。故於此頗覺得力，而可以馴至純熟之地也。

朱子曰：「敬」字須該貫動靜看，方得。夫方其無事而存主不懈者，固敬也〔四〕；及其應物而酬酢不亂者，亦敬也。「敬」字是徹始徹終、徹上徹下底道理，故須該貫動靜看，始得。夫方其無事而存主於中不容少懈，及其應物而酬酢萬變可以不亂，無非敬之所爲也。敬之爲用大矣哉！

朱子曰：人自從生來受天地許多氣，自是浩然。只緣見道理没分曉，漸漸衰颯了。若見得真是真非，要說一直說去，要做一直做去，這氣自浩然。人自有生以來，氣以成形，「天地之塞吾其體」，是受天地許多氣也，故自浩然。然而太虛氣化〔五〕，合知覺於吾心，夜氣清明，驗幾希於平旦，此中道理正未易見得分曉耳，不能分曉，那得不漸漸衰颯？若果見得真是真非，直養無害，自反而縮，要說一直說去，言人所不敢言，要做一直做去，行人所不能行，光明正大，勇往無前，這氣自浩然也。人可無見於道哉？

朱子曰：他本自光明廣大，只着些子力去照管，他便是。不要苦着力，着力則反不是。他，謂心也。心是神明之舍，本自光明，心是虛靈之宇，本目廣大，只合優游涵泳，着些子力照管，便復其初。若苦着力而妄意推求，則是矯揉以賊之，却反不是矣。學者深體乎此，自知持敬即照管之道，無他方法也。

朱子曰：若不先得箇本領，雖理會得許多骨董，只是添得許多雜亂，只是添得許多驕吝。人能涵養其心，則本原有在，凡人倫日用事物當然之道，皆可實地理會，精切不差矣。若不先得箇本領，而中無定主，雖理會得許多骨董，只是博涉强記，於我無與，徒添許多錯雜潰亂、驕矜鄙吝而已。學所以「先立乎其大」也。

胡季隨曰：學者須常令胸中通透灑落。朱子曰：通透灑落，如何令得？纔有一毫令之之心，則終身只是作意助長，欺己欺人，永不能到得灑然地位矣。此是見識分明、涵養純熟之效，須從真實積累功用中來。胡季隨，名大時。通透灑落，如周濂溪之霽月光風，胸中方是灑然地位。豈容易事，如何可令得？必欲令之，則彼終身不復知有積漸之功，只是作意助長，强作解事，强作超脱，直欺己以欺人，永不到灑然地位，其爲貽悞學者多矣。蓋通透關於識，而灑落係乎養，故必是見識分明、涵養純熟之後，漸見功效出來，方可幾此也。學者加功之始，亦惟真實積累，俟其自至，然後胸中乃得此境界耳。學問之道，豈可以作而致之也哉？

朱子曰：持養之久則氣漸和，氣和則温裕婉順，望之者意消忿解，而無招咈取怒之患矣。體察之久則理漸明，理明則諷導詳欵，聽之者心諭慮移，而無起爭見却之患矣。更須參觀物理，深察人情，體之以身，揆之以時，則無偏蔽之失也。要於事物上驗學力，若有窒礙齟齬，即深求病源所在而鋤去之。此言學者當於事物上驗學力，而後見居敬窮理之功也。人惟持養久則漸致純熟而氣和，氣和則根心生色，而温裕有容，婉順可親，望之者自然忿怒之意俱消矣。惟體察久則涣然冰釋而理明，理明則吐辭爲經，而諷導之言婉而善入，詳欵之語直而有體，聽之者自然争却之心頓移矣。且復參觀自然之物理，深察必至之人情，爲之設身以處地，揆時以度勢，則正大而可以無偏，公明而可以無蔽也。要惟於事物上驗學力，而後工夫之疎密可得而知也。若處事接物猶有窒礙齟齬之處，則是吾涵養體察之功尚多未至，而必求其操存之益密，察理之益精而後已也。故又深考其病源所在而鋤去之，而吾學乃庶幾底於純全矣。

李伯誠曰：打坐時意味也好。朱子曰：坐時固是好，須是臨事接物時，長如坐時方可。坐時意味好者，以其檢點此心，惺惺不昧也。若臨事接物時，便逐件疎忽，照管不到，安得終日長坐求意味之好乎？故須是隨事致謹，精明不亂，使動時意味與静時意味一般，方是長進工夫，而徒求之静者失之矣。

問：「操則存」？朱子曰：心不是死物，操存者，只於應事接物之時，事事中理，便是存處，應事不是，便是心不在。若只兀然守在這裏，驀有事來操底便散了，却是「舍則亡」也。心是活物，「操則存」者，無他道也，只於應事接物時纔操得住，理便在，心便存；應事不是，便是不曾操，故心不在，理亦不存。若不於應事接物上見之，只兀然靜守，及事物乍投，操底即涣散了，則兀然之操與不操何異？却是「舍則亡」也。操舍之分，判於此矣。

或問：心之體與天地同其大，心之用與天地流通？朱子曰：又不可一向去無形迹處尋，更宜於日用事物、經書指意、史傳得失上做工夫，即精粗表裏融會貫通。心之體用與天地同流，固是充塞無間底道理，然又不可一向摸風捉影，去無形迹處尋求也。蓋心體雖自廣大，其用雖自流通，亦豈得憑臆而遊，遂能與之符合？故惟日用事物以體其事，經書史傳以究其理，優游涵泳，到得精粗表裏融會貫通，然後體立用行，所謂「大人與天地合德」者也。

朱子曰：持志比存心字較緊，只持其志，便内外肅然。存心是收斂入裏工夫，持志是用力向外工夫，故較爲警策。志不定便散漫無紀，一持其志，則吾心之所之皆有規矩準繩，内外固自肅然，而悉就吾範圍矣。

朱子曰：凡人多動作，多笑語，做力所不及底事，皆是暴其氣。須事事節約，莫教過當，便是養氣之道。孟子曰「無暴其氣」，言「氣壹則動志」，如「蹶者趨者」類也。然自此而推之，但使凡人多動作而妄爲，多笑語而妄言，於力所不及底事偏好勝而恃氣以往，皆暴也。故須事事節約，本分之外毫無矯揉造作，莫使過當於理，善養之道即此而是矣。此孟子之集義所爲，明襲取之非，而戒助長之害歟？

朱子曰：窮理涵養，要當並進。蓋非稍有所知，無以致涵養之功；非深有所存，無以盡義理之奧。正當交相爲用，而各致其功耳。窮理涵養，此致知存心之學也。不窮理則涵養流於虚，不涵養則窮理多未盡。二者所宜交致其功，而不可偏廢者也。學者誠能互發並進，亦安有不心存而理得者哉？

朱子曰：「敬」之一字，學者若能實用其力，則雖程子兩言之訓，猶爲剩語。如其不然，則言愈多，心愈雜，而所以病乎敬者益深矣。「敬」之一字，先儒訓之者甚多，至程子以「主一之謂敬」、「無適之謂一」兩言訓之，始爲的切。然學者苟能於存養之地實用其力，則念念是敬，在在是敬，雖程子之言，猶爲剩語也。如其不然，徒得乎敬之説，而涵養不至，操存不力，雖言敬日愈多而心日愈雜，其所以病乎敬者益深矣。朱子言此，欲學者之猛省用力以涵養其心也。

朱子曰：此心瑩然，全無私意，則是「寂然不動」之本體。其順理而起，順理而滅，斯乃所以「感而遂通天下之故」者爾。瑩，光瑩不雜也。起，動也。滅，息也。此心瑩然洞徹，全無私意以雜之，則是「寂然不動」之本體，至虚至靈，足以具衆理而應萬事。及其順理而動，心與理皃，順理而息，理與心融，絶無「意」、「必」、「固」、「我」之私略礙胸次，斯乃所以神明默成，「感而遂通天下之故」者爾。學者果能涵養純熟，矜持渾化，則此心之所以「涣然冰釋，怡然理順」者，未有不可自驗而知也。

朱子曰：周先生只説，「一者無欲也」。這話頭高，急難湊泊，故伊川只説箇「敬」字，庶幾執捉得定，有下手處。周子言學聖以一爲要，而曰「一者無欲也」。蓋以人心有欲則雜，無欲則純，理固是矣，然未免話頭太高，學者驟難凑泊，故不若伊川只説箇「敬」字，尤可把握得定，庶幾涵養此心，學者有下手處。惟敬則可以寡欲，寡之又寡，以至於無，自然「静虚動直」、「明通公溥」。無欲也，敬也，同歸於一而已矣。

朱子曰：「居處恭，執事敬，與人忠」，便是存心之法。如説話覺得不是，便莫説；做事覺得不是，便莫做。只此是存心之法。凡人日用間，不外居處、執事、與人三者，心在於恭、敬、忠，則無往不存矣，豈非存心之法？然三者之中，又不外於言行，説一句話必求其是，做一件事必求其是，若不是便不敢説，不敢做，則言有物，行有恒，居處、執事、與人亦無往不得。只此是存心要法，而何必他求哉？

朱子曰：此心自不用大段拘束，他只爭箇醒與不醒耳。人若醒時，耳目聰明，應事接物，自然無差錯處。若被私欲引去，一似睡着相似，只與他唤醒，才醒便無事。大凡涵養此心，固要收斂，然自不用大段拘束，所爭者在醒不醒耳。蓋一念靈明，萬變畢照。人若醒時各有耳目，即各有聰明，應事接物，自無差錯。只爲私欲引去，一似夢夢昏睡，故顛倒錯繆，無怪其然也。惟有與他唤醒一法，纔得醒來，便耳目依舊聰明，便無差錯事。故知此心只爭睡醒也，人慎毋俾晝作夜，夢過一生哉！

問：敬易間斷，如何？朱子曰：覺得間斷，便已接續，習得熟，自然打成一片。敬自間斷不得，常恐人不覺耳。覺得間斷時，便接續將去，始雖費檢點强持之勞，一到習熟後，自然不知不覺，心與敬打成一片，渾體皆是矣，尚何間斷爲慮哉？

朱子曰：君子之心，如一泓清水，更不起些微波。此論君子於涵養純熟、矜持渾化之時也。凡人之心淺狹齷齪，所以變態橫生，風波不定。惟君子能涵養此心，至於渟滀無涯，纖埃不入，故如一泓清水，任他疾風雷雨無端乍至，更不起些微波，依然潔淨無塵也。此其所以不可及哉！

朱子曰：學莫要於持敬，然須「造次、顛沛必於是」，不可須臾間斷。若今日作，明日輟，放下了又收拾起，幾時得見效？持敬乃爲學切要工夫，無分久暫，無分常變，須臾間斷不得，所謂「造次、顛沛必於是」也。若今日作，明日輟，忽然放下，忽然收拾，則是敬肆中參，操舍無以自主，存亡因之莫定，幾時得見功效之成乎？信夫，涵養之功，學者當無時無處而不用其力也。

一學者苦敬而矜持，朱子曰：只爲將此「敬」字別作一物，而又以一心守之，故有此病。若知敬只是自心自省，當體便是，則自無此病矣。苦敬而矜持者，不識敬，亦不明心。蓋心不可言，聖人以敬言之，以敬存心，實是敬之即心也。只爲將此「敬」字別作一物事，而又以一心守之，是判而爲二，故有此病。若知得持敬之道，只是以自家之心省自家，即身即心，即心即敬，當體便是，異其名目，而非別有物事，則自無此病矣。故曰：「但得心存便是敬，莫於存外更加功。」最宜詳味。

或勞朱子人事之繁，朱子曰：凡事只得奈煩做將去，才起厭心便不得。朱子接引後學，酬應物情，不厭不倦，故或病其繁。不知儒者之學，自明體達用至於日用細務，諸凡事理，只得耐心煩勞，逐件做去，纔起厭倦之心，便非廓然大公、物來順應之道。由是觀之，學者固當操存涵養此心，勿使厭怠易生，庶可爲應物之本也。

朱子答林擇之曰：「滿腔子是惻隱之心」，此是就人身上指出此理充塞處，最爲親切。若於此見得，即萬物一體，更無内外之别。若見不得，却去腔子外尋覓，則莽莽蕩蕩，愈無交涉矣。陳經正云「我見天地萬物皆我之性，不復知我身之爲我」，伊川先生曰「他人食飽，公無餒乎」，正是説破此病也。林擇之，名用中。孟子曰：「惻隱之心，仁之端也。」仁者，愛之理也。故程子謂「滿腔子是惻隱之心」，乃就人身上指出此理充塞處，隨時可以發見，觸處無不流行。於此見得親切，即是萬物一體，應念而存，更何内外分别。若於此親切處見得不透，却去身外尋覓，則已判身心而二之，宜與此理莽蕩無交涉也。觀陳經正言「天地萬物皆我之性，不復知我身之爲我」，非即所謂「萬物一體，更無内外之别」者乎？伊川又有「他人食飽」之説，亦是看破此病，言其内外不相浹洽也。要之，「天地之塞吾其體」，天地之身即吾之身；「天地之帥吾其性」，吾之心即天地之心。人身一小腔子也，天地一大腔子也，而奈何於腔子外尋覓哉？

朱子曰：戒懼是防之於未然以全其體，謹獨是察之於將然以審其幾。戒懼是於此心空洞無物時，常自提醒，常自敬畏，乃防之於未然以全其體，存養之功也。謹獨是於事未形而幾已兆時，愈加提醒，愈加敬畏，乃察之於將然以審其幾，省察之事也。所以君子於道無須臾之或離也。

朱子敬齋箴曰：正其衣冠，尊其瞻視。潛心以居，對越上帝。足容必重，手容必恭。擇地而蹈，折旋蟻封。此發明持敬之方，著爲箴警，欲學者拳拳服膺而勿失之也。正其衣冠，使附吾體者不至於偏；尊其瞻視，使觸吾目者不至於褻。惟潛心以居，如對越乎在天之靈，則持敬於靜矣。足容必重，而不傷於輕佻；手容必恭，而無即於狎侮。又擇地而蹈，使折旋如蟻封之繞，則持敬於動矣。此皆處己之敬。出門如賓，承事如祭。戰戰兢兢，罔敢或易。守口如瓶，防意如城。洞洞屬屬，毋敢或輕。出門如賓，不忽於暫時；承事如祭，不輕於一事。戰戰然恐懼，兢兢然戒謹，而罔敢以或易，則敬凜於外矣。守口如瓶，無一言妄發；防意如城，無一念妄萌。洞洞然端慤，屬屬然專一，而毋敢以或輕，則敬持於内矣。此接物之敬也。不東以西，不南以北。當事而存，靡他其適。勿貳以二，勿叁以三。惟精惟一，萬變是監。不之東而復西，不之南而復北。惟當事而此心常存，靡有他適，此「無適之謂一」也。勿貳之以二，勿叁之以三。惟此心精察乎萬變，監守於一，此「主一之謂敬」也。凡此皆持敬之要旨矣。從事於斯，是曰持敬。動靜弗違，表裏交正。人能從事於斯，則一處己而動靜弗違，一接物而表裏交正，齊莊整敕，其心存焉，涵養純熟，其理著矣。此持敬之效也。須臾有間，私欲萬端。不火而熱，不冰而寒。毫釐有差，天壤易處。三綱既淪，九法亦斁。

若夫不敬之害，又有可畏者。須臾之頃，一有間斷，則私心日熾，人欲日滋，萬端膠擾。雖不火不冰，而寒熱交攻。毫釐之差，繆以千里，天壤且易其方矣。由是君臣、父子、夫婦之三綱既已淪胥，九容、九思之法亦復蕩佚無有，不敬之害，可勝言哉！於乎小子，念哉敬哉。墨卿司戒，敢告靈臺。靈臺，心也。於是呼小子而叮嚀之，曰：嗚乎小子，觸目警心，尚其念哉，因事致誠，尚其敬哉。爰假筆墨之司，揭此垂戒，敢告爾小子之各有心者。噫，朱子此箴示人持敬之道可謂至矣！學者有志聖賢而從事於存養省察之功，舍是曷由乎哉？

## 校勘記

〔一〕其在伊川所謂優游厭飫　「其」，同治重刊本作「具」。

〔二〕則靜坐中看此氣象　「中」字，同治重刊本脱。

〔三〕羅先生於未發氣象探索本原　「索」字，同治重刊本脱。

〔四〕固敬也　「固」，同治重刊本誤「曰」。

〔五〕然而太虚氣化　「然」字，同治重刊本脱。

# 續近思録卷五

凡四十六條

## 克治

此卷論力行。蓋致知必進以篤行，而存養尤資乎省察。是以克治之功，君子所宜深致力也。

朱子曰：通書竭力説箇「幾」字，儘有警發人處。近則公私邪正，遠則廢興存亡，只於此處看破，便斡轉了〔一〕。此是日用第一親切工夫。精粗隱顯，一時穿透，堯舜所謂「精」「一」，孔子所謂「克」「復」，便是此事。幾者，動之微也，通書所謂「動而未形，有無之間」者也。其言不一，曰「幾善惡」者，是言衆人之心，天理人欲動處其幾甚微，爲可畏也；曰「幾微故幽」，是言聖人之心，能洞乎事幾之微也；曰「見幾而作」，又曰「知幾其神」，是言君子之心，能審幾以至於聖也。盡力説箇「幾」字，乃喫緊警發人處。蓋人當念慮初動，近而公私邪正之介於此發其端焉〔二〕，遠而廢興存亡之理於此啓其兆焉。一或不察，厥後相去天淵，便覺甚難爲力。但只於此處看破，若有私意邪念，即當用力遏絶，斡轉挽回將來。此是人生日用第一親切緊要工夫。精粗隱顯，一時穿透，省却後來無限氣力，希聖希賢，俱從此做起。堯舜所謂「精」「一」，孔子所謂「克」「復」，其事只是如此。人能兢兢業業，嘗加審幾之功，存天理於方動，遏人欲於將萌，何患不到聖賢地位哉？

朱子曰：天理人欲之分，只爭些子，故周先生只說「幾」字，然辨之又不可不早，故橫渠每說「豫」字。張子，名載，字子厚，學者稱橫渠先生。天理人欲，發端甚微，只爭些子，周子屢說「幾」字，欲人之辨於其微也。然辨之不早，到得後來便覺斡轉費力，故張子每說「豫」字，欲人之定於其先也。二先生皆是喫緊爲人處，學者不可不知。

問：遇事時亦知理之是非，到做處又却爲人欲引去，做了又却悔？朱子曰：此便是無克治工夫。須是遇事時便與克下，不得苟且放過，明理以先之，勇猛以行之。知之而又行，行之而又悔，是平日全没剛斷力量，而天理之公不勝其人欲之私矣，故朱子謂「無克治工夫」。須是遇着事時，知其非理便與克下，莫存一些遲回顧慮之見苟且放過，使之私意無所容，自然退聽而漸消矣。大抵處事明理爲先，即當行以勇猛，當下決截，方能精進。不然，氣不足以勝私，終被私欲引去，雖明理亦何濟於事哉？

朱子曰：大抵人能於天理人欲界分上立得脚住，則儘長進在。理欲之界，其端甚微，一有游移，便立脚不住。能於此處立定脚根，牢固穩當，則天理不爲人欲所勝，從此一力去做工夫，自然日進一日而未可量矣。

朱子曰：人之一心，天理存則人欲亡，人欲勝則天理滅，未有天理人欲夾雜者。學者須要於此體認省察之。天理人欲不容並立，未有夾雜於其間而可以有爲者。從天理則人欲不期去而自去，狥人欲則天理不期滅而自滅。蓋存亡之幾，勝負之勢，只爭毫末。學者須於此處用體認省察工夫，不可少有間斷也。

朱子曰：人只有箇天理人欲，此勝則彼退，彼勝則此退，無中立不進退之理。譬如劉、項相拒滎陽、成皋之間，我進一步，則彼退一步。初學要牢劄定脚，逐旋捱將去，此心莫退，終須有勝時，勝時甚氣象！劉，漢高祖。項，項羽也。理欲進退之勢，正如劉、項用兵，兩相對拒，此進一步，則彼退一步，勝負全在此處，略一回頭不得。初學正當從此牢劄定脚，隋時隨事，逐漸掙扎，旋捱將去，莫放此心游移退轉，終須可以勝私，到得勝時，氣象自覺與前不同。猶戰者只管猛力向前，自然得勝，勝時便有許多威武也。

朱子曰：未知學問，此心渾爲人欲。既知學問，則天理自然發見，而人欲漸漸消去者，固是好矣。然克得一層又有一層，大者固不可有，而纖微尤要密察。學問未到，天理見不分明，此心渾是人欲。既知學問，則理欲之介見之已明〔四〕，自然天理發見，人欲潛消，而向聖賢路上去矣。然私欲轉念即來，難於淨盡，克得一層又有一層，大者固當决絶，不可容留，即纖微不合理處，便是人欲所伏，尤當精密省察，毋令其潛滋暗長於隱微之中，以至害乎天理。此方是學問得力處也。

朱子曰：義利之間，誠有難擇，但意所疑以爲近利者，即便舍去可也。向後看得親切，却看舊事，只有見未盡舍未盡者，不解有過當也。義利每多夾雜，有似義之利，亦有似利之義。若非學問功深，窮到至精至微處，誠有難爲别擇。初學但於意中所疑其近利者，即便舍去勿爲，則錯處自少。向後工夫既到，看得義理親切，却看舊事，只有於義上見未盡、利上舍未盡者，大段已自無傷，不至有過當之舉也。若初不肯舍，率意妄爲，則其害義者必多，後雖知之，而已不勝其追悔矣。故義利之間，苟未能擇，則莫如能舍之爲得也。

朱子曰：事無大小，皆有義利。今做好底事了，其間便包得有多少利私在，所謂「以善爲之而不知其道」者皆是也。事無論大小，皆有義利存乎其間，必須判得分明，做得决截。今人做好底事，自是屬義一邊，但其間更包得有多少利私在，則是不離利之見也。所謂所爲雖善而不知其道猶未免有私者，天下比比皆是也。此義利之辨，間不容髮，學者不可不細加檢點矣。

朱子曰：須於日用間，令所謂義了然明白。或言心安處便是義，亦有人安其所不當安，豈可以安爲義也？無事無義，須於日用間，常令義之所在了然明白於胸中，然後不至爲私欲所奪。此中有精察工夫，或言心安處便是義，則大不然。蓋惟見得分明，方能安其所當安而可以爲義。

若見得不分明，亦有人安其所不當安者，豈可以安爲義乎？以知辨之不可不精也。

朱子曰：將天下正大底道理去處置事便公，以自家私意去處之便私。凡事自有正大道理，天下古今之所同然，以此處之便是至公無私，而事之成敗利鈍可不計也。若稍參以自家意見，則便私而不可爲矣。此君子所以「無適無莫」而惟「義之與比」也。

朱子曰：閒居無事，且試自思之，其行事有於所當是而非，當非而是，當好而惡，當惡而好。自察而知之，亦是工夫。閒居無事時，將自家平日所行底事細爲檢點一番，其間有當是而非，當非而是，顛倒而不合於理者；有當好而惡，當惡而好，意見之不得其正者。能自察而知之，識得是病便是藥，工夫即從此而在矣，何事他求哉？

朱子曰：學者工夫只求一箇是，天下之理不過是與非兩端而已。從其是則爲善，徇其非則爲惡。事親須是孝，不然則非事親之道；事君須是忠，不然則非事君之道。凡事皆用審箇是非，擇其是而行之。聖人教人諄諄不已，只是發明此理。學者平日所用工夫不必多求，只求一箇是而已。道理只有是非兩端，從是處行將去則善，從非處行將去則惡。如事親宜孝，事君宜忠，此理之至是者也，反是便非矣。不寧惟是，凡事皆當如此，須用省察之功，於是非相持之處仔細辨別，擇其是者而後行之，則自無不得其正矣。古聖人千言萬語所以諄諄教人者，亦不過發明此至是之理，欲人知所率從，而毋流於非僻之私焉已耳，夫豈有他道哉？

朱子曰：凡一事便有兩端，是底即天理之公，非底乃人欲之私。須事事與剖判極處，即克治擴充功夫，隨事著見。然人之氣禀有偏，所見亦往往不同。如氣禀剛底人，則見剛處多，而處事必失之太剛；柔底人，則見柔處多，而處事必失之太柔。須先就氣禀偏處克治。此言人之於事，當明辨其是非，而尤不可不先自治其氣質，以爲處事之本也。大凡有一事，便有是非兩端相持並立，是者乃天理之公，非者乃人欲之私。就當從此處與他剖判得極分曉，不使天理少參於人欲，此便是克治擴充工夫，隨事著見，所當著實用力者。然人之氣質合下生來便有所偏，故其所見處亦往往不同。偏於剛底人，則所見剛處爲多，而處事多失之剛；偏於柔底人，則所見柔處爲多，而處事多失之柔。必先就其氣質偏處痛加克治，然後以之處事，方不至有偏倚之見，而循天理遏人欲，事事能求當乎至是之歸也。不然氣質未變，雖見得道理是了，仍然偏一邊去，豈能以無失也哉？

朱子曰：人做不是底事，心却不安，此是良心。但被私欲蔽固，雖有端倪，無力爭得出。須是大段著力與他戰，不可輸與他。知得此事不好，立定脚跟，硬地行從好路去，待得熟時，私欲自住不得。濂溪曰「果而確，無難焉」。凡人做事有不是處，自家心裏不安，此正是良心所在不能泯滅。但一轉念復被私欲蔽固，雖有善端發見，没力量掙扎出來，却依然陷溺去了，此所以終不能成好人也。須是大段勇猛着力，與後起私欲爭戰一番，不可輸彼。知得此事不是，即便立定脚跟，莫向彼行，硬從好路上走，如此强力支持，久久漸到纯熟，而私欲自然退聽，不能以勝我矣。故周子曰：「果而確，無難焉。」言人能果決其行，堅確其守，則勇於有爲，而人僞不能奪之，自無難幾於聖誠之域也。此可見學者宜自用力也。

朱子曰：學者須實做工夫，且如見一事不可爲，忽然又要去做，是如何？又如好事初心要做，又却終不肯，是如何？蓋人心本善，方其見善欲爲之時，此是真心發見之端。然纔發便被氣稟物欲蔽固了，此須自去體察，最是一件大工夫。學者平日須是著實用功，自家檢點，如見此事不可爲，何以又要去做？既知好事要去爲，何以終不肯做？此處不可忽略放過。蓋人心本善，當見善欲爲之時，乃是真心所發見處，少間爲氣稟物欲蔽固將去，便又不好了也。須就此處自去體察初起念頭，毋爲後起所奪，最是爲學第一件緊要大工夫。不然悠悠忽忽，全摸不着自家病痛所在，則終無進益之日矣。

或問：氣質之偏如何救得？朱子曰〔五〕：才說偏了，又著一箇物事去救他偏，越見不平正了，越討頭不見。要緊只是看教大底道理分明，偏處自見得。如暗室求物，把火來便照見。若只管去摸索，費盡心力，只是摸索不見。若見得大底道理分明，有病痛處也不知不覺自會變，不消得費力。人之氣質不能無偏，因其偏而又欲着一物事以救之，扯東補西，越見不平，究竟摸不着頭腦，安能於自家病痛一一對針？其實要緊工夫，只須於大底道理看教分明，覺得大段如此平正，則平日偏處自見。如入暗室取物，但以火照即見。若只暗中摸索，徒費心力，何益？且大底道理既明，自家病痛便不知不覺漸漸轉變，不消費力治之，而自無不治矣。故學者用功，在於得大頭腦，而不必徒爲救正之計也。

有條理。朱子曰：人性褊急，發不中節者，當於平日言語動作間以緩持之。持之久，則所發自有條理。人之性情有偏於褊小急迫、發不中節者，即須因病自醫，當下檢點，凡平日言語動作之間，皆當以緩持之，勉强從寬。持之既久，漸成自然，則所發自有條理，不至於褊急矣。此即古人「佩韋」之意，亦救偏之一道也。

朱子曰：爲血氣所使者，只是客氣，惟於性理説話涵泳，自然臨事有別處。人於臨事多爲血氣所使者，只是見義理不透，而客氣動於中也。惟平日於性理説話，涵泳玩味，沉潛久之，則客氣自消，臨事便有別處，不至爲血氣用矣。蓋惟理足以勝私，學者讀書養氣之功，正自不可少也。

問：己私有三：氣質之偏，一也；耳目口鼻之欲，二也；人我忌克之類，三也。孰是夫子所指？朱子曰〔六〕：三者皆在裏面，看下文「非禮勿視聽言動」，則耳目口鼻之欲爲多。氣質之偏得於生初，耳目口鼻之欲具於當身，人己忌克之類形於交際，三者皆人欲之私，在所當克者也。然人之一生，氣質其先者，交際其後者，而當身日用之間，惟耳目口鼻之欲最爲難防。觀夫子之告顔淵以「非禮勿視聽言動」，則知克此項意爲多，誠能於此掃除得淨盡，則氣質之偏亦自可化，而忌克之念亦自漸滅矣。此程子因立箴以示人，而學者所當着力也。

朱子曰：克伐怨欲，須從根上除治。克而好勝，伐而自矜，怨而忿恨，欲而貪得，四者皆心之病，而人之所不能無者。若但制於其末，則旋滅旋起，忽去忽來，安能治得許多？必拔去病根，掃除淨盡，使之一絲不留，然後心體光明，纯乎天理，此惟仁者能之也。

朱子曰：懲忿如摧山，窒慾如填壑。又曰：懲忿如救火，窒慾如防水。山之勢甚難摧抑，猶人忿怒之所發，其氣盛大，亦難摧抑也；壑之勢甚難填塞，猶人愛慾之所流，其情沉溺，亦難填塞也。知其難，則知所以摧之填之而不留餘力矣。火之勢可以燎原，急宜救止，猶人奮怒之所發，其氣方張，亦急宜救止也；水之勢可以滔天，急宜防備，猶人愛慾之所流，其情日汩，亦急宜防備也。知其急，則知所以救之防之而不緩須臾矣。然此皆治其末之方也，若明理養心以正其本，則自可無此患矣。

朱子曰：某看人也須是剛，雖則是偏，然較之柔不同。易以陽剛爲君子，陰柔爲小人。若是柔弱不剛之質，少間都不會振奮，只會困倒了。夫子説「剛毅木訥近仁」，又曰「吾未見剛者」，剛自是美德。故朱子謂某看人須是剛底好，雖亦不能無偏，然比之柔者則大不同。易以陽剛爲君子，陰柔爲小人。蓋剛强不屈之氣，一往無前，自屬君子邊人，而可以任大事。若柔弱不剛之質，遇事全無力量，不會振奮，只困倒去，亦將何所用哉？固知剛者之難得，而學者不可不自振奮也。

朱子曰：人未説爲善，先須疾惡，能疾惡然後能爲善。今人見不好事，都只恁不管他。「民之秉彝，好是懿德」，不知這「秉彝」之良心往那裏去〔七〕？也是可怪。善與惡本不相容，能爲善之人未有不疾惡者。蓋真知惡之可疾，則其疾之也必嚴，而其爲善也益力，所謂「見不善如探湯」也。今人見不好事，都只恁不管他，付之度外，全無疾惡之意，則豈有爲善之基乎？夫天之生人，與之以秉彝之性，無不好是懿德者。若見惡不疾，則必見善亦不好，吾不知其秉彝之良心將於何去也，不亦深可怪哉？

朱子曰：人貴剖判心下，令其分明，善理明之，惡念去之。若義利，若善惡，若是非，毋使混殽不別於其心。譬如處一家之事，取善舍惡；又如處一國之事，取得舍失；處天下之事，進賢退不肖。蓄疑而不決者，其終不成。人處天下國家之事，全靠此心，必須剖判心下，令其湛然分明，若犀之照，若鏡之懸，善理則明之，惡念則去之。凡義利、善惡、是非，毋令絲毫少混，不能別白於心。如處家事，則取其善而舍其惡；處國事，則取其得而舍其失；處天下事，則進賢而退不肖。諸如此類，心中無疑，便斬釘截鐵，斷然行去，自可無事不成。若此心做不得主，蓄疑莫決，勢將紛紛淆亂，亦安能有所濟哉？故處事莫要於治心，而治心尤必先於明理也。

朱子曰：學者要學得不偏，如所謂無過不及之類，只要講明學問。如善惡兩端，便要分別理會得善惡分明後，只從中道上行，何緣有差？子思言中而謂之中庸者，庸只訓常。日用常行，事事要中，所以謂「中庸不可能」。不偏不倚，無過不及，乃中道也。學者欲得中道，必須講明學問，使先不迷於所往。如善惡兩端，便要辨别何者爲善，何者爲惡，理會得分明，然後從中道上一向行去，自然恰好合宜，何緣有差？所謂「知之真則行之當」也。子思之言中而曰庸，庸者，平常也。日用常行之間，事事皆有中道，不可過，亦不可不及，所以言「中庸不可能也」。學者苟不用學問之功，則見理先不分明，何由得中道而行之哉？

朱子曰：「養心莫善於寡欲」，不是不好底欲，不好底欲不當言寡，只是眼前事，才多欲便將本心多紛雜了。如讀書要讀這一件，又要讀那一件，又要學寫字，又要做詩人，只有一箇心，如何分做許多去？到得合用處都不得力。人生不能無欲，孟子説「養心莫善於寡欲」，曰寡，似非不好底欲，若是不好當盡絶之，何但宜寡？只是眼前日用的事，雖未免有欲，然不可多，多則東馳西逐，本心爲所紛雜而不能養矣。蓋人止有一心，專用之則靈，分用之則亂。如做這一件事，便只做這一件事，莫做那件。若讀書寫字做詩之類，皆當專一，不可他及。苟既做此，又要做彼，一箇心分做許多用，忙箇不了，到得合用處已自神散而昏，都不得力矣。夫心爲一身之主，而以欲亂之，則無主矣，其何以應萬事乎？故養心之道，必以寡欲爲至要也與！

問：飲食之間，孰爲天理，孰爲人欲？朱子曰：飲食者，天理也；要求美味，人欲也。理欲之分，近在幾微，即飲食之間，亦須辨别。如饑而食，渴而飲，此當然之天理也，順其當然而飲之食之可已。若必欲求美味，則出於嗜好之私，便是後起之人欲矣，孟子所謂「未得飲食之正」是也。

朱子曰：大丈夫當容人，勿爲人所容。度量迫狹之子，或恃才傲物，或藉氣凌人，其中心忌刻，實不能容人，亦鄙之不屑與校，而反爲人所容。若大丈夫則所志者大，所見者廣，有含弘包荒之度，而不存計校物我之私，故容人而不見容於人。學者皆當法此氣象也。

朱子曰：古人終日只在禮中，欲少自由而不可得。禮者，人之規範，所以守身也，其條目甚嚴，不容一毫出入。古人視聽言動，無不循之而行，故終日只在禮中，不敢少有放縱，欲求自由而不可得也。學者若不從禮上立脚，則恣肆苟且，欲一事之合於法，其可得哉？

朱子曰：今人皆不能修身。方其爲士，則役役求仕，既仕則復患禄之不加，趨走奔馳，無一日閑。何如山林布衣之士，道義足於身。道義既足於身，則何物能嬰之哉？人皆有一箇身，此身無論富貴貧賤，皆當以道義自修。今人置此身於不修，而馳情外慕，方其爲士時，學尚未至便已汲汲求仕，及其既仕時，心尚未足復患爵禄不加，趨走公卿之門，奔馳勢利之途，迹其生平，無一日之閒，其爲勞瘁甚矣。何若山林布衣之士，雖處貧賤而道義自高之爲得也。夫道義有於身，則貴且尊，雖三公不易，千駟弗視，何外物之足以嬰其心哉？不修道德而徒慕爵禄，終其身爲人役也，亦可慨夫！

朱子曰：常先難而後易，不然則難將至矣。如樂毅用兵，始常懼難，乃心謹畏，不敢忽易，故戰則雖大國堅城無不破者。及至勝，則自驕膽大而恃兵强，因去攻二城，亦攻不下。凡事當先見其難，不敢有輕易之心，而用力以爲之，則其後自易。若一有輕易之心，則難者將至而困我矣。如樂毅爲燕將，用兵伐齊，始常懼其難勝，乃心謹畏，不敢忽易，故一戰而下齊七十餘城，雖堅無不破者。及其既勝，則氣驕膽大，自恃兵强，遂攻二城而不克。非二城之堅於七十餘城也，蓋心見其難，則難者亦易；心見其易，則易者亦難。天下事大抵皆然，人當常存其敬畏可也。

朱子曰：義理，身心所自有，失而不知，所以復之。富貴，身外之物，求之惟恐不得，縱使得之，於身心無分毫之益，况不可必得乎。若義理，求則得之，能不喪其所有，可以爲聖爲賢，利害甚明。人心之公，每爲私欲所蔽，所以更放不下。但常常以此兩端體察，若見得時，自須猛省，急擺脱出來。

心之所同然者何也？謂理也義也。此固吾所自有，但爲氣稟所拘、物欲所蔽而失之，則當求所以復之，今乃聽其失而不知求。至富貴，乃身外之物，反多方以求，惟恐不得，縱使得之，亦非在中之美，與吾身心毫無所益也，而况未必得乎。若吾心之義理，特患人不肯求，不患求不能得。苟知天之所以與我者，莫貴且尊於此，而求必得之，能不喪其所有，則爲聖爲賢之道即在是矣。是富貴之與道義，其利害甚明，不待計較而後知也。但人心之公，每蔽於物欲之私，所以見富貴常放不下，而不知有道義之足重耳。誠以此兩端常常體察，何者爲吾身心所固有，何者爲吾身心所本無，何者爲所當得而不可不得，何者爲不可必得而亦可以不必得。若見得分明時，便須猛省急擺脱出來，毋令此心爲富貴所纏縛，而返求乎理義，以進於聖賢之歸也。其爲益不亦大哉？

朱子曰：學者不能身踐而騖於空言，此誠今世莫大之患，然亦不善讀書者之咎耳。書之設豈端使然哉？大抵聖賢之教，無一言一句不是入德門户。如所謂「禮樂不可斯須去身」者，尤爲深切。直當佩服存省以終其身，不但後學也。學問之事，既已致知，便須力行。今之學者不能身體力踐，而徒騖乎空言，此正莫大之患，然其咎自是不善讀書耳。書豈使之然哉？古人著書立教，無一言一句不示人以入德門户，而令其身體力行，非但讀文辭爲誦説已也。如所云「禮樂不可斯須去身」者，更爲深切。蓋人若不澤躬於禮樂，則不序不和，而所行之事俱無一而可，誠非可以斯須離者。我輩直當佩服而存省之，即此一言，終身用之不盡，寧獨後學所宜知哉？故知口耳之功，非聖賢所以教人之意，而學問之不得力者，亦可反而自求其故矣。

朱子曰：燕居獨處之時，物有來感，理所當應，而此心頑然，固執不動，則雖無邪心，而止此不動處便非正理。又如應事接物處，理當如彼，而吾所以應之者乃如此，則雖未必出於有意之私，然此亦是不合正理。事物之來，所不能無，但隨分應之，不失其正理可已。若當其來時，而此心固執不動，頑然如木石，雖無邪心，但此不動處便是冥念絶物，非正理矣。曾是天與我以此心，而可使之冥頑不靈，一無所用哉？又如應事接物處，自有當然之理，理當如彼，而我不知所以應之，乃反如此，雖非有意之私，究亦不合正理，而於事物之間多未得其當也。由前則失之於執，由後則失之於偏，學者當思所以去二者之失而可哉。

朱子曰：謂聖人以喜怒動其志，固爲不可。若謂都無所動，則是聖人心如木石，而喜怒之見於外者特爲僞耳。豈有是理哉？聖人亦猶常人之情耳，其所以不同於常人者，以其當喜而喜，當怒而怒，得乎喜怒之正，而不以動其志也。謂聖人有所動固不可，今反其説而謂聖人都無所動，則是聖人不喜不怒，其心全如木石，冥然罔覺，而喜怒之見於外者，特僞爲者耳。夫豈有是理哉？其爲誣聖人也亦甚矣。

朱子曰：若果見得端緒，常切提撕，不少自恕，則氣質昏弱非所病矣。人之患在不能見自家病痛所在耳。若果見得端緒，便就此處用功，常切提撕警覺，不少存一自恕之心，則昏者可明，弱者可强，何氣質之不自我變化哉？人亦自勉之可矣。

朱子曰：静中私意横生，此學者之通患。能自省察至此，甚不易得。此當以敬爲主，而深察私意之萌多爲何事，就其重處痛加懲窒。静中無事，而私意往來，横生不絶，此學者通患，多不自知。能省察至此，可見自知之明，甚不易得。知得是病，而治之便有頭緒，但當以敬爲主，令此心常存，不爲所亂，而於日用間，深察私意之萌動時多因何事而起，就其重處痛加懲窒工夫，莫少縱容寬懈，如此則中有主而自治嚴，自然私意漸消，而不至有横生之患矣。

朱子曰：持敬固是本原，然亦須隨事省察。敬者，一身之主宰，萬事之根本也。持敬工夫固是爲學本原，然此其大綱也。若其條目所在，亦須隨事精察而力行之，方爲動静交修，而不流於空虚無用之學耳。

朱子曰：若不用躬行，只是曉得便了，則七十子之從孔子，只用兩日説便盡，何用許多年隨著孔子不去?不然,則孔門諸子皆是獃無能底人矣?恐不然也。古人只是日夜皇皇汲汲去理會這箇身心,到得做事業時,只隨自家分量以應之。如由之果、賜之達、冉求之藝,只此便可以從政,不用他求。若是大底功業便用大聖賢做,小底功業便用小底賢人做,各隨他分量做出來,如何强得?爲學不在多言,顧力行何如耳。若都不用躬行之功,只是説得便了,則七十子當時從事孔子,但消兩日便可説盡爲學話頭,何用許多年追隨不去?難道孔門諸子都是獃的不成?必不然矣。蓋古人説得就要行得,故日夜汲汲皇皇向自家身心理會,用切己的工夫,到得做事業時,但就平日得力隨量應之。如由之果、賜之達、求之藝,各因其學之所造,即可以充從政之選,不用他求。至大小功業,亦隨各人分量做出,俱有可觀,不必相强。總之,學求盡其在己,而出之自足見用。若徒托之議論,而不體諸躬行,則空言無實,不惟無益於身,究亦何補於世?恐古人無是學也。

朱子曰:謹守規矩,朝夕模之,不暫廢輟,積久純熟,則不待模擬,而自成方圓矣。人之行所以常蕩軼者,以平日無所檢束故耳。但當謹守規矩,朝夕之間常以之爲模範,不暫廢輟,强持之久,漸就純熟,則不待有所模擬,而所行無不謹飭,自成乎方圓矣。此即聖學「立於禮」之效,而程子所謂「習慣成自然」者,學者不可不知。

朱子曰:李先生説,人心中大段惡念却易制伏,只是那不大段計利害,乍往乍來底念慮繼續不斷,難爲驅除。今看來是如此。此朱子述其師李愿中之言也。言吾人爲學,先要存養此心，打掃得乾乾淨淨，不爲私意所擾，然後能一於理義。但人心中念慮多端，大段惡念起處，自家覺得不是，就便按納下來，却也容易制伏，旋起旋滅。只是那不大段計利害似没緊要，而無時無刻忽往忽來底念慮相續不絶，真有難以驅除者。李先生此言，乃從静驗中説出人人病痛所在，今看來實是如此。此等妄念，尤宜著力斬斷，學者省察克治之功，所以不容少緩也。

朱子答馮作肅曰：所論懲創後生妄作之弊甚善，然亦不可以此而緩於窮理，但勿好異求新，非人是己，則知識益明而無穿鑿之害矣。若固陋蓄疑，不爲勇決之計，又非所以矯氣質之偏而進於日新也。後生妄作之弊，自宜懲創，然或因此而緩於窮理之功則又不可。當令其講論是非，考究得失，以察乎事理之當然。但勿厭常好異，棄故求新，盡非他人，自是己見，則知識益明，即有所作，亦自可無穿鑿之害矣。若使固陋日深，蓄疑滋甚，而不知窮理爲勇決之計，則雖不至妄作，亦終於貿貿無知而已，又非所以矯後生氣質之偏而進之於日新之域也。

朱子曰：某此間講説時少，踐履時多。事事都用你自去理會，自去體察，自去涵養，書用你自去讀，道理用你自去究索。某只是做得箇引路底人，做得箇證明底人，有疑難處，同商量而已。此朱子勉諸門人之言也。言學問之事，全靠不得他人，在你自家用功。某此間講論時少，踐履時多，蓋講論一説便休，若踐履則無窮盡底工夫。事事都須用你自己去理會體察，涵養究索。某只是做得箇引路底人，引你等向前用力，做得箇証明底人，証你等所做工夫，或有疑難，相與商量箇是而已。爾等當自勉勵，師友不能爲力之處，即某亦無如何也。

朱子曰：某平生不會懶，雖甚病，一心只要向前做事，自是懶不得。今人所以懶，未必是真箇怯弱，自是先有畏縮之心，才見一事，便料其難而不爲，所以習成怯弱而不能有爲也。天地間惟懶最爲害事，凡有所能爲底，只因懶惰便一切頽委下來。朱子自言平生不會懶，雖甚疾病，總不肯休，一心只要向前做事，何從得懶？今人所以懶者〔八〕，豈真生來是箇怯弱力量，做不得事？只因畏縮之心先存於中〔九〕，一見事來，未曾去做，便自料其難成，不肯向前，所以習成怯弱，終於頽靡廢弛而不能有爲也。夫人皆有能爲之氣，一振作便可自新，安可以懶自悞其生平哉？

朱子曰：熹學晚無似，徒以少日習聞父兄師友之訓，稍知用力於句讀文義之間，區區自守，欲寡其過而未能。朱子自言所學遲暮無成，不足見齒，徒以小少之日，亦曾習聞内而父兄、外而師友之訓，稍知所以用力於古人垂教後世句讀文義之間，不敢荒忽，朝夕考究，區區之意，聊借往訓以爲砥礪，庶幾自守其身，欲求至於寡過之地，而功力未深，動多獲戾，有不能以自信者。蓋至於今，亦惟是益用孜孜而已，其敢少懈其初志乎？噫，觀於此言，可以見其「維日不足」之心矣。

## 校勘記

〔一〕便斡轉了　「斡」，日本内閣文庫本、同治重刊本俱作「幹」。

〔二〕近而公私邪正之介於此發其端焉　「介」，同治重刊本作「界」。

〔三〕斡轉挽回將來　「斡」原作「幹」，據文意改。下條「到得後來便覺斡轉費力」同。

〔四〕則理欲之介見之已明　「介」，同治重刊本作「界」。

〔五〕朱子曰　「朱子」二字原脱，據全書文例補。

〔六〕朱子曰　「朱子」二字原脱，據全書文例補。

〔七〕不知這秉彝之良心往那裏去　「往」，日本内閣文庫本作「做」。

〔八〕何從得懶今人所以懶者　「何從得懶」下，同治重刊本衍「惰」字，脱「今人所以懶者」六字。

〔九〕只因畏縮之心先存於中　「存」，同治重刊本作「在」。

# 續近思録卷六

凡四十五條

## 家道

**此卷論齊家。蓋由己及人，莫先於家，倫常日用，乃斯須不可離者，誠克治之功既至，則施之家而家可齊矣。**

朱子曰：道之在天下，其實原於天命之性，而行於君臣、父子、兄弟、夫婦、朋友之間。道者，日用事物當然之理，而其實所自來，則原於天命之性，而行於人倫之間。如君臣、父子、兄弟、夫婦、朋友，莫不各有當盡之則，孔子所謂「道不遠人」是也。「爲道而遠人，不可以爲道」，又豈可以爲人哉？人亦可以自返矣。

朱子曰：父子、兄弟爲天屬，而以人合者居其三焉：夫婦者，天屬之所由以續者也；君臣者，天屬之所賴以全者也；朋友者，天屬之所賴以正者也。是則所以綱紀人道，建立人極，不可一日而偏廢。五倫之中，有與生俱來以天屬者，有出於後起以人合者，天屬惟父子、兄弟，而人合則居其三焉。然天屬必藉三者以相成，故非夫婦則天屬無以續，非君臣則天屬無以全，非朋友則天屬無以正。此所以爲人道之綱，立生人之極，同行並重，缺一不可。今人每日所接皆五倫中人，每日所行皆五倫中事，豈可不求盡其道，而爲天地間之棄人哉！

朱子曰：人之所以有此身者，受形於母而資始於父，雖有强暴之人，見子則憐，至於襁褓之兒，見父則笑，果何爲而然哉？人之一身，資始於父，成形於母，一體攸分，血脉聯絡。故雖强暴，見子則憐，雖嬰兒，見父則笑，皆天性至情，相親相愛，出於自然而然者。觀此則知父無不慈，子無不孝，而有不慈不孝者，人欲累之也。人何可不以父母生我之身體，父母愛我之心，而猥以後起之私，喪其本然之天良哉？

朱子答陳膚仲曰：承以家務叢委妨於學問爲憂，此固無可奈何，然只此便是用工實地。但每事看得道理，不令容易放過，更於其間見得平日病痛，痛加剪除，則爲學之道，何以加此？若起一脱去之心，生一排遣之念，則事理却成兩截，讀書亦無用處矣。士人爲學讀書，不過以明理處事耳，今人多以家務叢委爲妨學問，不知此正可實地用工處。古者治平道理，不外修身齊家，家中事務件件俱有道理存焉，但能每事看得不差，順理而行，勿輕易忽略放過，又於其中省察自己平日病痛何在，實下克治工夫，痛加剪除，即此便是學問。古人爲學之道，孰有加之者哉？若惡其叢委，而起一脱去之心，生一排遣之念，全不向道理上理會與自家身中檢點，則是視事理却成兩截，雖讀書何所用之？要知事中有理，學問之事即在明理處事上見，所謂「無一事而不學」，非必讀書然後爲學也。

或云：父子欲其親，君臣欲其義。朱子曰：非是欲其如此，蓋有父子便自然有親，有君臣便自然有義。父子有親，君臣有義，乃自然而然，合下便是如此。欲之云者，則是有所勉强作爲，而非出於天理人心之公矣，故朱子非之。

朱子曰：「幾諫」，只是漸漸細密諫，不要峻暴硬要闌截。人子之於父母，親愛之心出於天性，自無在不宜以和順將之。不幸父母有過，則不得不出於諫止，然當怡聲下氣，漸漸細密以諫，言之不激，而聽亦易入，不可峻暴硬要闌截，以觸其怒而傷乎恩也。所謂「幾諫」者如此。

朱子曰：父子相隱，天理人情之至也。凡事有天理人情所當然，矯而行之，則不直矣。如父子相隱，此順乎天理合乎人情之至者也。直躬而行之説，豈所論於父子間哉？

問：父母之於子，有無窮憐愛，欲其聰明成立。此之謂誠心耶？朱子曰：父母愛其子，正也。愛之無窮而必欲其如何，則非矣。此天理人欲之間，正當審決。父母愛子之心，出於至性，自不能已。此天下之正理，人人之所同也。但當鞠育而教誨之，俾克底於成立，所謂「愛之能勿勞」也。若愛之之心無所不至，而必欲其功名如何，富貴如何，設爲意外之求以朝夕期望之，則此心純是人欲之私，而非天理之正矣。此理欲之間，正當審决，勿生妄想。今之爲父母者，恐未能免此也。

葉誠之問：人不幸處繼母異兄弟不相容，當如何？朱子曰：從古來自有這樣子，公看舜如何，後來此樣事多有，只是「爲人子止於孝」。繼母異兄弟不能相容者多，人生遭此誠大不幸，然自古已有樣子，如舜便是第一個受繼母異兄弟虧者。但看舜當日如何處法，不過只是盡誠孝之心以感動之，卒能使之化而相親愛，則知天下無不可事之親，無不可友之兄弟。人誠視繼母如生母，視異母兄弟如同胞，亦何患其不能相容哉？

余隱之云：仲子之兄非不友，孰使之避？仲子之母非不慈，孰使之離？朱子曰：政使不慈不友，亦無避去之理。觀舜之爲法於天下者，則知之矣。余隱之所論仲子之言，則是兄或不友猶可以避，母或不慈猶可以離也。然「天下無不是的父母」，無相棄的兄弟，即使不慈不友，亦安有避去之理？若其可離可避，則舜當日處父頑母嚚象傲，已極人倫之變，而何以不出此耶？觀舜之「克諧以孝，烝烝乂，不格姦」，而終化其親於「允若」，以爲法於天下，而立人倫之極者，則知父母雖不慈，子不可以不孝，兄雖不友，弟不可以不恭。此情理之當然，正不得有所藉口也。

朱子曰：兄弟之恩，異形同氣，死生苦樂，無適而不相須。共生於父母，形雖異而氣則同。人自少至老，惟兄弟聚首之日爲多，凡死生之變，苦樂之境，無適而不相須。此以知兄弟之恩最爲關切，非可等於尋常，而世有視之反不如友生者，其亦不思之甚矣。

朱子曰：兄弟設有不幸鬩狠於内，然有外侮則同心禦之矣。雖有良朋，豈能有所助乎？富辰曰「兄弟雖有小忿，不廢懿親」。兄弟同氣之親，出於天性，雖不幸或因小忿鬩狠家庭之内，然亦偶然如此，非有成心之不忘也。一遇外侮之來，則不知不覺自相關切而同心以禦之，前此之忿竟不知消歸何處矣。雖有良朋，豈能若兄弟之親切而有助乎？所謂「雖有小忿，不廢懿親」者也。人試以是返而思焉，有不篤於友愛者哉？

問：忠只是實心，人倫日用皆當用之，何獨只於事君上説「忠」字？朱子曰：父子、兄弟、夫婦皆是天理自然，人皆莫不自知愛敬。君臣雖亦是天理，然是義合，世之人便自易得苟且，故須於此説忠，却是就不足處説。實心之謂忠，人倫日用之道，何者不當實心，而獨以屬之事君者，蓋父子、兄弟、夫婦天性至親，其相愛相敬乃情理自然而然，不待勉强，人無有不盡其心者。惟君臣之分，雖亦理之所宜，然因以義合，便自情意不親，容易苟且，罕克盡心。故須於此説忠，却就人之所不足處爲言，正所以勉勵之也。

朱子答胡伯逢曰：男女居室，人事之至近，而道行乎其間。此君子之道所以「費而隱」也。然幽闇之中，衽席之上，人或褻而慢之，則天命有所不行矣。此君子之道所以「造端乎夫婦」之微密，而語其極，則察乎天地之高深也。然非知幾慎獨之君子，其孰能體之？易首於乾坤而終於咸恒，禮謹大昏，而詩以二南爲正始之道，其以此與？知言亦曰

「道存乎飲食男女之事，而溺其流者不知其精」，又曰「接而知有禮焉，交而知有道焉，惟敬者能守而不失耳」，亦此意也。夫婦居室，至邇之事也，而天命之原，人類之始，紀綱之首，王化之端，萬事萬物之理無不行乎其間。此君子之道所以爲「費而隱」，著於至顯而根於至微也。然幽闇之中，人所不見，衽席之上，情所易狎，人或褻而慢之，則天命有所不行，而君臣、父子、兄弟、朋友皆無處覓根芽矣。此君子之道所以造端於夫婦之微密，而極其至，則可以察乎天地之高深也。故惟君子能知其幾之至微，而慎於獨見之地，以體其道之造端，而不敢有所褻慢。非是，鮮有不流於人欲之私而失其正者，其孰能體之乎？易首於乾坤而終於咸恒，禮謹大昏，詩始二南，皆所以明陰陽之道，正夫婦之儀，欲人之無忽於其始而謹於其微，職是故也。胡五峰所著書名知言，亦曰：道之精微即存乎飲食男女之事，而溺其流者多忽爲至近而不之知。又曰：夫婦之際，接之不可狎也，宜知有禮焉，交之不可褻也，宜知有道焉，惟心一於敬者，能常守之而不失人倫之正耳。斯言亦此意也。然則觀古聖賢立言之意，後之人其可視夫婦爲泛常而不知所慎哉？

朱子曰：夫婦，人倫之至親至密者也。人之所爲，蓋有不可告其父兄而悉以告其妻者，人事之至近而道行乎其間。人倫之親密莫如夫婦，惟其親密，故狎暱之至，凡有所爲不可以告父兄而悉以告其妻者。蓋於父兄猶知所敬畏〔一〕，而於妻則全無愧耻也。即此便非「刑于」之道。人苟能常存嚴憚敬畏，雖至親密之地，亦不敢有謔浪媟褻之形，此即戒懼慎獨、不愧屋漏工夫，是人事之至近而道行乎其間矣。所謂「君子之道，造端乎夫婦」者，不其然哉？

朱子曰：夫婦情意密而易於陷溺，不於此致謹，則私欲行於狎玩之地，自欺於人不知之境。倘知造端之重，隱微之際，戒謹恐懼，則是工夫從裏面做出，以之事父兄、處朋友，皆易爲力而有功矣。人生五倫之中，惟夫婦情意最密，而易爲所陷溺。人情不知爲人道之大倫，忽而視之，慢不致謹，純以私欲之見，行其狎玩之情，而於暗室屋漏人所不知之境，自欺無所不至，則正始之本全失矣。倘知君子之道造端在此，其事甚重，隱微之際不流於人欲之私，戒謹恐懼，相敬如賓，無少狎溺，是皆人所不知而己所獨知者，其工夫直從裏面做出，於此不欺，則真能敬之至，而移其心以事父兄、處朋友，皆易爲力而有功矣。是則此一倫者，正爲衆倫之始，而人所當加謹焉者也，安可忽諸？

朱子曰：陰陽和而後雨澤降，如夫婦和而後家道成。故爲夫婦者，當黽勉以同心，而不宜至於有怒。天地之道，一陰一陽，二氣交和，而後雨澤降焉。其於人也，則爲夫婦，必唱隨和好，而後家道成焉。故夫得婦而內助有人，婦得夫而其身有主，所當各盡其道，治外治內，黽勉同心，以成厥家，而不宜有反目之怒也。觀天地之氣，偶有不和，遂生沴厲旱潦之災，可不戒與？

問：妻有七出，却是正當道理，非權也？朱子曰：然。妻者，齊也，德與我齊而助理於內，以成乎家道者也。若有不孝、淫、妒、長舌、盜竊諸惡行，又有不生子與惡疾者，則不可以承宗祧、昌後嗣，而家道不成，勢不得不出，故七出之條亦是正當道理，非屬權宜。古來聖賢亦有行之者，朱子以爲然，則後人可以無疑矣。

朱子曰：有非，非婦人也；有善，非婦人也。蓋女子以順爲正，無非足矣，有善則亦非其吉祥可願之事也，「惟酒食是議」，而無遺父母之憂，則可矣。易曰「無攸遂，在中饋，貞吉」，而孟子之母亦曰「婦人之禮，精五飯，冪酒漿，養舅姑，縫衣裳而已矣。故有閨門之修，而無境外之志」。詩曰：「無非無儀，惟酒食是議。」蓋婦人之道，以順夫子爲正，一有才能，便與外事，此最不祥。書所謂「牝雞之晨，維家之索」是也。故所爲有非，固爲不可，即有善足稱，亦非吉祥可願之事。但其職所當爲，惟是修饋食、具酒漿，盡閨閫之道，使人謂得賢内助，而不至遺父母憂，則可矣。易言「無攸遂，在中饋，貞吉」者，正此意也。而孟母之言，亦以「精五飯、冪酒漿、養舅姑、縫衣裳」爲訓，此外無他事焉。故有閨門之修，以其職主乎内，而無境外之志，以其義非所宜也。此姆教之所當嚴，而閫範之所必飭與。

朱子曰：朋友之於人倫，所關至重。朋友爲五倫之一，蓋所籍以維持乎四者之倫，而使不至於悖焉者。故有過則相與規，有善則相與勸，其所關繫爲至重。古人以朋來爲樂，友聲是求，而尊之如父兄，親之如性命者，職此故也。今人於倫多不盡，而視朋友皆爲偶合，無足重輕，竟不究其所以然矣，人倫幾何而不廢哉？

朱子因說貧曰：朋友若以錢相惠，不害道理者可受。分明說「其交也以道，其接也以禮，斯孔子受之」。若不以法事相委，却以錢相惠，此則斷然不可。朋友有通財之誼，家苟貧困，而惠賙錢物，自其所宜。然亦當揆於理，必其來有辭，不害於可受而後受之，如孟子所謂「交以道，接以禮，雖孔子亦受之」是也。若不以正道相與，而徒以錢相惠，是受之無名，且以吾身爲不潔之歸，雖貧，斷不可受矣。

朱子曰：朋友不善，自當疎，但疎之以漸。若無大故，則不必峻絶之。所謂「親者毋失其爲親，故者毋失其爲故」。朋友之交在責善，有不善則規之，規之而不聽，則自當疎之矣。但疎之必以其漸，不可過於峻絶。若非有大事故，爲世所難容者，則亦不必峻絶之也。蓋友誼爲重，小過宜寬，所謂「親者毋失其爲親，故者毋失其爲故」，此忠厚之道也。

朱子曰：君子將營宮室，先立祠堂於正寢之東，爲四龕以奉先世神主，旁親無後者以其班祔，置祭田，具祭器。主人晨謁於大門之内，出入必告，至正朔望則參，俗節則獻以時食，有事則告。將營宮室先立祠堂者，重本始也。爲四龕以奉先世神主者，別代序也。旁親無後者以其班祔，廣追遠也。置祭田、具祭器以下，則所以致其僾見愾聞之誠，而盡其事死如生、事亡如存之禮，皆仁孝誠敬之至，凡爲人後者所當取法也。

問：冠昏之禮，如或行之，易曉其言，乃爲有益。如三加之辭，出門之戒，若只以古語告之，彼將謂何？朱子曰〔二〕：只以今之俗語告之，使之易曉乃佳。古者冠禮有三加之辭，昏禮有出門之戒，其語雅飭，但恐未能通曉，反無以致期祝警戒之意。不若本其旨義，衍爲明白通俗之言，使之人人易曉，乃爲佳耳。

朱子曰：親迎不見妻父母者，婦未見舅姑也。入門不見舅姑者，未成婦道也。婿親迎不見妻父母者，以婦未見舅姑，禮無先施，故不必見也。婦入門不見舅姑者，以婿尚未合巹，猶不成婦，故不敢見也。此制禮之意也。

問：古人納幣五兩，只五匹耳，恐太簡？朱子曰：計繁簡，則是以利言矣，且吾儕無望於復古，則風俗更教誰變？婚姻之道，豈宜論財？一計繁簡，便存利之見矣，非古禮之意也。况風俗日壞，我輩正當從簡以復古禮。若亦隨時尚所爲，則復古終無望矣，誰與變化乎風俗哉？此朱子所以重非其太簡之言也。

朱子曰：籩豆簠簋之器，乃古人所用，故當時祭享皆用之。今則燕器代祭器，常饌代俎肉，楮錢代幣帛，是亦以平生所用，是謂「從宜」也。古人祭必有器，有俎肉，有幣帛，與常時所需不同，當祭則用之，所以著敬示別也。今則代以燕器、常饌、楮錢，殊非古禮，要亦以生平所用者，幽明一理，或可相通，是謂「從宜」也。按：古人祭用玉幣，後來易以錢。至唐明皇惑於王璵之説，而鬼神之事繁，錢不能繼，璵作紙錢易之。唐禮書載范傳正言惟顔魯公、張司業家祭不用紙錢，故衣冠效之。朱子家廟之祭，亦云紙錢當幣帛未安。唐人重佛，謂楮錢資於冥途，殊荒唐。宜用素紙代幣帛，且以明潔也。

朱子曰：自天地言之，只是一個氣。自一身言之，我之氣即祖先之氣，亦只是一個氣，所以才感必應。世間惟有一個氣相續不絶，自天地言之，生人生物，蕃變不窮，只一氣也。自人言之，吾身與祖宗，亦只一氣也。一氣相通，故方感輒應，此理之所必然，但視人之誠敬何如耳。若誠敬之至，可以格祖考，亦可以格天地。古聖人所以享帝享親，無二道也。

朱子曰：一家之主，則一家之鬼神屬焉。諸侯守一國，則一國之鬼神屬焉。天子有天下，則天下之鬼神屬焉〔三〕。鬼神靈爽之氣，各隨其分之所屬以爲憑依。如家有主，國有侯，則一家一國之鬼神屬之。故有家者各祀其先，有國者祭封内山川，氣相應也。至於天子，則父天母地，凡四嶽五瀆天下之鬼神莫不屬焉。故聖天子在位而百禮具舉，天地清寧，河嶽懷柔，一氣感通，百靈效順，其明驗也。

朱子曰：萬物本乎天，人本乎祖，故以所出之祖配天也。禮反其所自始，萬物之所自始本乎天，人之所自始本乎祖。冬至者氣之始，故王者祀天而以所出之祖配之，正反始報本之義也。

朱子曰：昭穆但分世數，不爲分尊卑。如父爲穆則子爲昭，又豈可以尊卑論乎？宗廟之制，左昭右穆，但以别世數之傳，非以定尊卑之分。如父爲穆，則子爲昭，世數宜然，不可以尊卑論也。

朱子曰：祭祀須用宗子法。藍田呂氏曰：凡祭皆宗子主之。宗子謂父之嫡長子主父之祭，祖之世長孫主祖之祭，曾祖之世長孫主曾祖之祭，高祖之世長孫主高祖之祭。又曰：宗子爲士，庶子爲大夫，以上牲祭於宗子之家。今議宗子主其祭，而用其支子命數所得之禮。或曰：今卿大夫皆起自庶子，而世嫡長未必皆貴且賢，且與祭者皆尊行，而世嫡又多卑幼，此宗法所以難行也。然復古之君子，有能慨然立世嫡爲宗子，或愚而貧，必教之育之，歲時以主祀事，未始不可行，但以尊者長者之命而相以賢者，亦睦族之一道也。

朱子曰：墓祭不可考，先儒説恐是祭土神，但今俗行拜掃之禮，其來已久，似不可廢。古無祭於墓者，其從來不可考，先儒謂祭其土地之神，理或然耳。但今世俗俱行拜掃之禮，流傳已久，是亦報本追遠之心，於禮無傷，似不可廢。此吾夫子「從衆」之意也。

朱子曰：忌日只祭一位。如父忌則祭父，母忌則祭母。是日孝子不飲酒食肉，不聽樂，素服以居，夕寢於外。

朱子曰：凡祭主於愛敬之誠而已，貧則稱家之有無，疾則量筋力而行之〔四〕，財力可及者則當如儀。凡祭自當備物盡禮，然以愛敬之誠爲主，貧則稱家有無，疾則量己筋力，但盡其心，少殺其品物儀文可也。若財力可及而不如儀，則是無愛敬之誠矣，其何以爲祭哉？

朱子曰：喪禮自葬以前，皆謂之奠。其禮甚簡，蓋哀不能文，而於死者未忍遽以鬼神之禮事之也。自虞以後，方謂之祭。故禮家又謂奠爲喪祭，而虞爲吉祭，蓋漸趨於吉也。「虞，喪祭名。虞，安也。骨肉歸於土，精氣無所不之，孝子爲其徬徨，三祭以安之。朝葬，日中而虞，不忍一日離也。」凡喪禮，無儀謂之奠，有儀謂之祭。奠禮簡而不文，蓋親去我未久，哀切於中，未忍遽死其親而事以鬼神之禮，故止用奠。既葬而虞，則哀少殺而禮有文，始謂之祭。禮家又謂奠爲喪祭，虞爲吉祭，以親喪漸遠而漸趨於吉也。

朱子曰：古人居喪，皆與平日絶異，故宗廟之祭雖廢，而幽明之間兩無憾焉。今人居喪，平日所爲皆不廢，而獨廢此一事，恐亦有未安。古人居喪，哀痛迫切之情幾於自廢，而凡飲食居處日用交接之事，俱大異於平時，故宗廟祭祀之禮，拜獻受胙，於喪非宜，亦廢而不舉，而心安理順，幽明兩無憾焉。今人居喪，所爲與平日俱無少異，而獨廢此一事，恐於心宜有所未安也。

朱子曰：喪禮須從儀禮爲正。儀禮所載喪禮已爲詳備，從而行之，則合於古禮之正。朱子修儀禮經傳通解三十五卷，未成而歿，歿後以屬勉齋黄氏踵成之，勉齋續補喪祭之禮甚精密。復古君子，凡喪祭當以文公家禮與儀禮參酌用之，則自盡善矣。

朱子曰：卒哭之禮，近世以百日爲期，蓋自開元失之。今從周制，葬後三虞而後卒哭，得之矣。卒哭，三虞之後祭名。始朝夕之間哀至則哭，至此祭止也，朝夕哭而已。周禮，葬後行三虞之祭，虞後行卒哭之禮，今宜從之，近世禮非也。

朱子曰：今國家法，爲所生父母皆心喪三年，此意甚好。爲人後者爲之子，於本生父母不得服三年，然身之所自出，降殺恐多不安，但皆服心喪三年，則情禮俱當矣。此法古無之，惟宋時立此，爲甚善也。

朱子曰：喪葬之時，只當以素食待客，祭饌葷食，只可分與僕從。喪葬之時，不宜飲酒食肉。以禮自處，便當以禮處人，凡親友賓客會葬者，只宜用素食相待。若祭饌葷食，分與僕從可也。昔程子葬父，使周恭叔主客，客欲酒，恭叔以告，程子曰：「勿陷人於惡。」凡士夫之家，各宜守禮，毋蹈「陷人於惡」之戒。

朱子曰：古者葬地擇日，皆決於卜筮。今人不曉古法，且從俗擇之可也。葬地擇日，所以安親之體魄，故不可不擇。古法用卜筮決其吉凶，今人皆不遵行，且從俗擇之亦可。但不可溺於堪輿陰陽之説，以子孫受蔭爲主，過爲拘忌，而致親柩於久淹也。

朱子曰：成聚落有宅舍處，便須山水環合，略成氣象。然則欲掩藏其父祖，安處其子孫者，亦豈可都不揀擇，以爲久遠安寧之慮，而率意爲之乎？但不當極意過求，必爲富貴利達之計耳。此等事，自有酌中恰好處，便是正理。世俗固爲不及，而必爲高論者，似亦過之也。幽明不同，其理則一。如人之所居，成聚村落有宅舍處，便須山水環繞圍合，略成一個氣象。欲葬其先人、居其後裔者，自必揀擇，以爲久遠安寧計，此亦人情所宜。但墓取其足以安先靈，居取其足以傳世業，苟得酌中恰好處，斯亦可已。必惑於堪輿之說，極意過求，存富貴利達之見，則便非正理。世俗之草率者固爲不及，而務爲陰陽風水之高論者，似亦失之於過。士君子惟當順理而行，毋爲所惑可也。

朱子曰：朋友之喪，古經但云「朋友麻」，則如弔服而加麻絰耳，然不言日數。至於祭奠，則温公説聞親戚之喪者，但當爲位哭之，不當設祭，以其神靈不在此也。其大概如此，亦當以其厚薄尊長而爲之節，難以一定論也。朋友爲五倫之一，故古人聞朋友之喪，則爲位而哭，其服則麻。然朋友之交，其情有厚薄之分，其齒有尊長之等，則又當權其輕重之宜，未可以一定論也。

朱子閒居，未明而起，深衣幅巾方履，拜於家廟以及先聖。退坐書室，几案必正，書籍器用必整。其飲食也，羹食行列有定位，匙箸舉措有定所。倦而休也，瞑目端坐，休而起也，整步徐行。中夜而寢，既寢而寤，則擁衾而坐，或至達旦。其色莊，其言厲，其行舒而恭，其坐端而直，威儀容止之則，自少至老，祁寒盛暑，造次顛沛，未嘗有須臾之離也。此黄勉齋叙朱子平日之威儀行事也。言其閒居在家，未明而起，平旦之氣不荒於朝也。深衣巾履拜於家廟、先聖，有所親，有所尊，敬之至也。退坐書室，几案必正，造次之不離也。書籍器用必整，措置之有方也。羹食有定位，匙箸有定所，此飲食之得其常也。倦而休則瞑目端坐，休而起則整步徐行，寢而寤則擁衾達旦，此起居之軌於度也。其色莊重而不拘不肆也，其言嚴厲而有條有理也，其行舒而恭而安詳合節也，其坐端而直而中正不遷也。凡見之於威儀容止之間者，莫不各有當然之則，自少至老，雖當大寒盛暑，造次急遽之時，顛沛流離之際，而未嘗須臾改其常度。蓋所謂「動容周旋中禮」者，乃盛德之至也。

行於家者，奉親極其孝，撫下極其慈。閨庭之間，内外斬斬，恩義之篤，怡怡如也。其祭祀也，事無纖鉅，必誠必敬，小不如儀，則終日不樂，祭無違禮，則油然而喜。死喪之感，哀感備至，飲食衰絰，各稱其情。賓客往來，無不延遇，稱家有無，常盡其歡。於親故雖疏遠，必致其愛；於鄉閭雖貧賤，必致其恭。吉凶慶弔，禮無所遺，賙恤問遺，恩無所闕。其自奉則衣取蔽體，食取充腹，居止取足以蔽風雨，人不能堪，而處之裕如也。行於家者，則孝慈兼致，内外肅穆，有恩以相聯，有義以相接。閨門之中，怡怡如也。是其盡乎生人之道者然也。其祭祀則纖鉅畢周，誠敬獨至，儀有少缺，則悄然以悲，盡禮無違，則油然而喜。凡遇死喪，哀痛慘慼之容，備極其至；飲食衰絰之禮，各稱其情。是其盡乎事死之道者然也。至於賓客之往來，必盡其歡，意之誠也。親故雖疎遠，必致其愛，恩之篤也。鄉閭雖貧賤，必致其恭，義之盡也。吉凶慶弔無所遺，賙恤問遺無所闕，禮之周也。凡此皆見於待人者也。其自奉則衣食僅足以供口體，居止僅足以蔽風雨，人所不堪，而處之裕如。此則其見於處己者也。夫其内外人己，應事接物，大節既端，而細行亦克謹，蓋無毫髮之可議焉，非朱子其孰能若斯也哉？

## 校勘記

〔一〕蓋於父兄猶知所敬畏　「於」，同治重刊本誤「如」。

〔二〕朱子曰　「朱子」二字原脱，據全書文例補。

〔三〕天子有天下則天下之鬼神屬焉　此十三字，同治重刊本脱。

〔四〕疾則量筋力而行之　「力」原作「骨」，據同治重刊本改。

# 續近思録卷七　凡三十九條

## 出處

此卷論出處之道。蓋身既修，家既齊，則可以仕矣。然去就取舍，惟義之從，仕止久速，各當其可，所亟宜審處也。

朱子曰：君子量而後入，不入而後量。吾人生斯世，當擔斯世，則服古入官自本分事。然古之君子，亦必量己之才德，可以濟世匡時，而後一入仕籍，即本生平所抱負，以展其經綸，豈不綽綽有餘裕乎？若入而後量，將以薄積淺蓄之躬，妄膺民社，繁劇當前，百務叢脞，其不至貽譏素餐〔一〕、取戾覆餗者幾何也？故君子不爾也，學者毋輕言仕哉。

朱子曰：觀聖人出處，須看他至誠懇切處，及灑然無累處。聖人出處，仕止久速，各當其可。觀聖人者，須看他至誠懇切處，一毫不肯假借，及灑然無累處，一毫不肯執着。如期月三年之願，栖栖不舍之情，是其懇切處也；用舍無與於己，行藏安於所遇，是其無累處也。

朱子曰：士有學有德，而後其言行有可觀，有行有言，而後其節義有可貴。此士君子立身行道次第始卒之常，而不可易者也。然人之所禀不同，而其所遭亦異，故得於身者或無以驗其事，成於終者或無以考其初。此論世尚友者，所以每恨全德之難，而欲擇其所從者，又不免有多岐之惑也。士之道明德立者，要當綜其生平之始末，完完全全，體用具足，乃可無不純不備之憾，而豈易言哉？必也真積久而有學，涵養深而有德，而後其言也爲吉人之辭，其行也爲庸德之謹。有行矣，有言矣，而後全其節可以塞兩間，盡其義可以彌六合。此士君子所以自立其身，能行其道，有次第，有始卒，顯名後世，而亘古今不易者也。但人之禀性有偏全，其所得於天既不同，而遭時有隆替，其所成於人亦復異。故或獨善一身者，無以驗之事爲，或晚節成就者，無以溯厥初服，而知人論世尚友千古之餘，輒歎息痛恨於立德之難全。即後之學者追踪往哲，欲擇其所從，又不免於次第始卒間，他岐紛錯，往往滋惑也。噫，人苟有志向上，其生平所願學者，豈苟焉已哉？

朱子曰：人有些狂狷方可望。聖人思狂狷尚可爲，若鄉愿則無説矣。今之人纔説這人不識時之類，便有些好處；纔説這人圓熟識體之類，便無可觀矣。此言入仕途者，寧爲狂狷，斷不可爲鄉愿也。狂狷雖非中行，然實可望其有爲，聖人之思狂狷，以此也。若爲鄉愿，則何説乎？蓋狂狷者獨行其是，雖流俗污世，譏我訕我，皆所不恤；而鄉愿則同流合污，閹然媚世，惟恐得罪一人。

故説這人不識時之類，即是狂狷之徒，便有些好處；纔説這人圓熟識體之類，即是鄉愿一流人，便無可觀矣。末世入仕途者，非闇然媚世之習，不足以博令名而取高位，故宦途中之賊德者，大約鄉愿居多焉。

朱子曰：非是科舉累人，自是人累科舉。讀聖賢書，據吾所見而爲文以應之，得失利害置之度外，雖終日應舉，亦不累人。科舉爲進身之階，有志實學者疑其相累，不知科舉非能累人也，但人急於功名，只思涉獵倖得，自爲其所累耳。夫誠讀聖賢書，沉潛玩索，資深逢原，據吾胸中所見，而發爲文章以應之，不以衡文之取舍爲吾之得失，不以衡文之好惡爲吾之利害，直是度外置之，則雖終日應舉，仍皆讀書明理、希賢希聖底工夫，亦何嘗累人乎？有志者自辨之。

朱子曰：以科舉爲爲親，而不爲爲己之學，只是無志。以舉業爲妨實學，不知曾妨飲食否？只是無志也。以科舉爲爲親者，意在博利禄以奉養父母。然君子學求在我，不爲爲己之學，則正誼、明道之心，不敵其謀利、計功之念矣，何以鞭策向上？豈非無志？又以舉業爲妨實學者，意在工文詞，則不能爲心性之事。不知身心性命之理，即在日用飲食間也，若以爲妨實學，亦曾妨飲食否？故只是無志也。夫舉業皆可見道，但果能立志，則本性命工夫，真實學問，發揮於文章，以之應舉而爲親無不可者，初何有於相妨哉？

朱子曰：纔出門去事君，這身便不是自家底了。貪生怕死，何所不至？事君致身，儒者自讀書時，便講明大義，曉然於中〔二〕，故纔出門去事君，則既以身許國，可生可死，惟君之命矣，豈猶是自家底身？但若貪生怕死，則凡偷以全軀者何所不至，而臨利害、遇艱危，尚望其能出死力，以守社稷、衛蒼生乎？必不然矣。

朱子曰：近臣以謇諤爲體，遠臣以廉退恬靜爲體。近臣，如臺諫等職，近於君者。遠臣，即省郡外官，遠於君者。近臣重風節，故謇謇諤諤，當行則行，當言則言，絶無依阿回互，爲得其體也；遠臣重操守，故廉退恬靜，孤介以鎮物，簡默以臨民，絶去騷擾紛更，爲得其體也。得其體而當官，安有難盡之職哉？

朱子曰：今人只爲不見天理本原，而有汲汲以就功名之心，故其議論見識往往卑陋，多方遷就，下梢頭只成就一箇私意，更有甚好處？聖賢之學就天理本原上用功，進而彌上，世俗之學從功名上起見，趨而愈下，相隔奚啻霄壤？故今人之病，只爲錮蔽已久，於天理毫無所見，本原已撥，而其心則汲汲然，惟苟且以就功名，以故發爲議論，往往見卑識陋，無可把持，只得多方遷就而已。究竟功名事業無一可觀，下梢頭只成就一箇私意，全於天理上滲漏空缺，不堪自思也，更有甚好處，而必出此紛紛逐逐，懵過一生乎？

朱子曰：天下事，誰被你算得盡？今人須要計較到有利無害處，所以人欲愈熾而義理愈滅。處天下事者，局難預定，時有轉移，即使算無遺策，已非處事之方矣，況算不得盡乎。今人必存計較利害之心，自謂可得勝算，究竟私意滋起，顛倒錯亂，所以人欲愈熾而不可遏，義理愈滅而不復生，事未必濟而心術已大壞矣。使見得天理本原，出而應天下之事，又何用勞勞於計較爲哉？

朱子曰：今士大夫或徒步至三公，然一日得志，則高臺深池、撞鐘舞女，所以自樂其身者，惟恐日之不足。雖廩有餘粟，府有餘錢，能毋爲州里災害則足矣，固未暇以及人也。今士大夫或徒步起家，而其後位至三公者，當其窮時景况何如，一日得志，而臺池舞女以自樂，惟恐日之不足焉，則其器量之鄙陋可知矣。雖彼廩實府充，綽有餘裕，但能不肆其虐以毒痛百姓，毋爲州里災害亦已足矣，安望其推有餘以及人也？使能以臺池舞女之樂推而及人，視窮居徒步時鬱鬱不自樂，至今日乃大行其志焉，其陶然自得，不較遠哉？

朱子曰：古人之所謂學者，豈讀書爲文以干利禄而求温飽之云哉？亦曰明理以修身，使其推之可以及夫天下國家而已矣。學也者，讀書明理，學爲大人，而體用具備，内聖外王，一以貫之者也。是故古人之學，豈惟讀書爲文，干利禄圖温飽云爾哉？亦曰格致誠正以明理而修身，使其推之可由家而及國，由國而及天下，然後爲不負所學而已矣。今之學人，則當其爲學之初，便志在富貴，何論功名，何論道德也？范文正自做秀才時，以天下爲己任，庶幾近古歟！

朱子曰：事有不當耐者，豈可全學耐事，其弊至於苟賤不廉。風俗不好，直道而行便有窒礙，然在吾人分上，只論得一箇是與不是，此外利害得喪，不足言也。大凡行止去就，未可輕率，處之以耐，或亦一法。然事有不當耐者，即當以理決之，豈可全學耐事，其弊也含糊回互，假借游移，必至於苟賤不廉，冒貪污之名而後已也。風俗頽壞，行直道者固多窒礙，然在吾人分上，自有義理主張，豈可貶道以隨俗？故只論是與不是，付利害得喪於無心，則果斷直前，履道坦坦，何窒礙之爲慮乎？然所以認得是不是者，又在乎見之明矣。

朱子曰：吾人不合偶得一官，遂以官爲業，一日投閒，便有食不足之歎，彼此皆然。富貴貧賤，皆遇之適然者，於吾本無加損。若偶得一官，而遂欲以是爲業，惟恐失之，則一日投閒而歸，豢養之餘必厭淡泊，便有食不足之歎。所謂「汲汲於富貴者，必戚戚於貧賤」，蓋舉世皆然矣，豈知吾人之自有真樂哉？昔人云：「自儉入奢易，由奢返儉難。」此言深足味。

朱子曰：一日立乎其位，則一日業乎其官，一日不得乎其官，則不敢一日立乎其位。有所變而不肯爲者，私也。有所畏而不敢爲者，亦私也。業，猶事也。言君子一日立乎其位，則當一日盡官守之事，一日不得盡官守之事，則一日不敢立乎其位。蓋名位至重，非可虚擁，而臣子供職，實難自寬。有所變易其初心而不肯爲者，是徒浮沉以竊禄，私也。有所畏阻於威勢而不敢爲者，是又俯仰以隨時，亦私也。噫，臣盡如此，國家將何望哉？

朱子曰：朝廷設官求賢，故在上者不當以請託而薦人。士人當有禮義廉耻，故在下者不當以自媒而求薦〔三〕。朝廷設官，求賢才以任衆職，故在上者惟擇賢而舉，方是爲國得人，不當以人之請託而薦之也。士人立身，守禮義以養廉耻，故在下者宜藏器以待，方是爲道自重，不當干進自媒，夤緣而求薦也〔四〕。蓋請託多樹私恩，而夤緣必無賢士，求薦先爲賤行，而枉己安能正人。此求賢與爲士者，慎勿蹈此弊端，而各持其大體焉，則得之矣。

朱子曰：宰相以得士爲功，下士爲難。而士之所守，乃以不自失爲貴。宰相位至尊而權至重，然職則在於用人，量必取乎虛公，故以得士爲功，下士爲難。至於士至微賤也，而其所守則不可輕，故尚廉隅、重禮義，乃以不自失爲貴。然則集衆思而廣忠益者，宰相之良也；處有守而後出有爲者，士品之最上也。

朱子曰：恠不得今日士大夫，是他心裏無可做，飽食終日，無所用心，自然只隨利欲走。間有務記誦爲詞章者，又不足以救其本心之陷溺，所以箇箇如此，只緣無所用心。夫子曰：「飽食終日，無所用心，難矣哉。」朱子亦以今日士大夫正坐此病，惟其心裏無可做，自然只隨利欲走也。間有博觀載籍組織文辭者，又不過務記誦爲詞章，用其心於無用之地，而其本心之陷溺曾不足以救之，所以謀利狥欲填塞胸中，箇箇如此，而亦何怪其然乎？只緣心裏無可做，而無所用其心，故至此耳。天下而盡若輩，吾道之所以益孤也。

朱子曰：貪污者必以廉介者爲不是，趨競者必以恬退者爲不是。由此類推之，常人莫不皆然。邪正不兩立，彼自以爲是，則必以我爲非，世俗之情往往有之。是故貪污者求得無厭，饕餮成性，則必於潔清有介節之人，反目之爲矯廉，指之爲沽譽，嗤笑之不已，而訕謗加之，竟以爲不是焉。趨競者奔走承順，阿諛取容，則必於恬退自貴重之人，反目之爲迂愚，指之爲倨傲，輕薄之不已，而排擠及之，竟以爲不是焉。由此類擴而推之，人情常態，莫不皆然也。士君子苟知自立於世，又何煩以此介介哉？

朱子曰：人當有以自樂，則用舍行藏之間，隨所遇而安之。聖人於用舍甚輕，没些子緊要，用則行，舍則藏。如晴乾則着鞋，雨下則赤脚。此言知命樂天，當以聖人爲法也。人當學充養邃，陶然有自樂之處，則用舍無與於己，行藏安於所遇，隨在皆可順適。觀聖人之用則行、舍則藏，若視之甚輕，無些緊要者，大抵如晴乾着鞋，雨下赤脚，隨時順應，付之無心也。學者亦盡其在我而已。

朱子曰：今日人才之壞，皆由於詆排道學。治道必本於正心修身，實見得恁地，然後從這裏做出。如今士大夫但説據我逐時恁地做也做得事業，説道學，説正心修身，都是閒説話，我自不消得用此。若是一人叉手並脚，便道是矯激，便道是邀名，便道是做崖岸。須是如市井底人，拖泥帶水，方始是通儒實才。人才之所以壞者，道不明，學不講也。而道所以不明，學所以不講，則皆由於詆排之者之過也。不思修身正心之道，齊治均平實從此做出，亦必講學明道，然後見得恁地，見得然後做得出。今士大夫鹵莽鶻突，只説據我目前逐時應務已自做得事業，説道學，説正修，許多閒話，何消得用。惟其如是，所以一人叉手並脚，明道講學，便百口交譏，謂矯激，謂邀名，謂做崖岸，必禁絶决去之而後已。推其意，須是如市井無賴，溷溷濁濁，始是通儒實才，方可有用乎？俗尚如此，世安得有人才也？

朱子與項平父曰：時論一變，盡言者得禍，求全者得謗，利害短長之間，亦明者所宜審處也。世風日下，時論一變，盡言者每多取禍，而求全者反以得謗。士君子身當此時，不可無保身之哲、自立之方，是故利害短長之間，所宜審處也。

朱子曰：患難之際，正當有以自處，不至大段爲彼所動，乃見學力。士之稍知自好者，平居無事或不至大有差失，一臨患難便難把持得住。殊不知患難之際，正所以磨礲德業，要當處之坦如，勿爲牽纏膠擾，超脱俗情之外，乃見學力之堅也，而豈易能哉？

朱子曰：人着些利害，便不免開口告人，却與不學之人何異？向見李先生說，若大段排遣不去，只思古人所遭患難，有大不可堪者，持以自比，則亦可以少安矣。始者甚卑其說，以爲何至如此，後來臨事，却覺有得力處，不可忽也。着些利害便不免開口告人者，皆緣見理未深，涵養未到，是以心粗氣歉，與不學之人無異也。延平先生謂利害當前，若排遣不去，只思古人所處患難，更有大難堪者，以之自比，則亦可以少安。是誠一法矣，但未深歷焉則不知，故始雖甚卑其說，到得臨事，殊有得力處，先生之言其可忽乎？噫，以好學如朱子，猶於排遣利害處如此用工，世之學者當於此益加省也。

朱子曰：仕宦祇是廉勤自守，進退遲速，自有時節，切不可起妄念也。廉以持躬，勤以圖治，二者居官之要。至於位之進退，遷之遲速，則各有一定之數，所當循分自守，而無所容心者也。若欲躁進以致寵榮，捷徑而取高位，則必趨承迎合以悦乎人，而吾身廉潔精勤之操，終不能以自主矣。

仕宦之深戒也。

朱子答連嵩卿曰：易簀、結纓，未須論優劣，但看古人謹於禮法，不以死生之變易其所守，如此便使人有「行一不義，殺一不辜，而得天下不爲」之心，此是緊要處。易簀事見檀弓，結纓事見家語。此言論古人者，當擴充古人之心也。曾子易簀，子路結纓，未須論其孰優孰劣也，但古人謹守禮法，終身以之，不因死而變易，則君子之所守可知矣。學者觀此，而知充其所守，便使人有「行一不義，殺一不辜，而得天下不爲」之心，如孟子所云也。此是體認工夫最緊要處，而何暇論其優劣哉？

朱子曰：人之所以戚戚於貧賤，汲汲於富貴，只緣不見這箇道理。若見得這箇道理，貧賤不能損得，富貴不曾添得，只要知這道理。外遇何常，榮枯代謝，而所無可加損者，吾性中自有底道理也。故人之所以戚戚於貧賤、汲汲於富貴者，只緣不見這箇道理耳。若果加沉潛之功，得講習之助，真知確見此道理，則所謂「大行不加，窮居不損」者，貧賤富貴，舉不足入其胸中。只要於此道理知之益真，見之益確，無一時肯放過，無一事肯放過，此惟親歷者自驗之矣。

朱子與方耕道曰：天下事，循理守法，平心處之，便是正當。方耕道，名耒。凡人於事，不必挾私任術，飾志矯情，但能循理之自然，守法之當然，平其心無激無同以應之，便自正大恰當，而天下無難處之事矣。

問：比干之死，以理論之，可謂正命，以氣論之，恐非正命？朱子曰：如何恁地說。盡其道而死者，皆正命也。當死而不死，却是失其正命。公冶長「雖在縲絏之中，非其罪也」，若當時死於縲絏，不成說他不是正命？有罪無罪，在我而已。古人殺身以成仁，身已死矣，又成箇甚底？直是要看此處。人受天命以生，氣以成形而理亦賦，所謂道也。道自包理與氣在內，正命而死者，生順死安，盡其道而已。當死不死，則不能盡道，而失其正命矣。況道之正者，論有罪無罪，不論死不死。設公冶長死於縲絏，亦誰云非正命乎？古人殺身成仁，盡其道也，若必以氣論，則身已死矣，又成箇甚麽？然則比干之死，孔子合微子、箕子而稱之爲「三仁」，蓋不論其死不死，亦以各盡其道而各成其仁者也。此理垂千古，則此氣自塞兩間，學者直是看到此處，而何疑於正命之說乎？

朱子曰：今人遇小小利害，便生趨避計較之心。古人刀鋸在前，鼎鑊在後，視之如無物者，只緣見得這道理，不見那刀鋸鼎鑊。天下只有一條道理，認真做去，勇往直前，可生可死，趨之不得，避之不能，無處着一毫計較也。今人遇小小利害，便生趨避計較之心。殊不知古之人雖刀鋸鼎鑊有所不顧，只緣於道理上認得既真，所以見有此不見有彼，直視之如無物耳，而何曾容心計較，妄圖趨避乎？人可以無見於道哉？

問：「既明且哲，以保其身」？朱子曰：明哲只是見得道理分明，順理而行，自然災害不及其身，非趨利避害偷以全軀之謂也。今人以邪心看了，先占取便宜，必至於孔光之徒而後已。如揚子雲説「明哲煌煌，旁燭無疆。遜於不虞，以保天命」，便是占便宜説話，所以一生被這幾句誤。古人到舍生取義處，不如此説。明哲保身，即是行藏舒卷底大道理，聖賢作用非有容心，但見得道理分明，順着此理，自然遠禍，豈計較利害偷以全軀之謂哉？今人純以顧惜畏懼之邪心看取明哲，先占便宜，勢必至如孔光之徒，和光同塵，浮沉於世而後已。即如揚子雲所謂「明哲煌煌」四語，便是占便宜説話，所以身歷三朝，浮沉下位，黽勉莽賢間，以至於美新投閣，一生作爲都被這幾句誤也。若古人到舍生取義處，浩然正氣，奮不顧身，遑云「遜不虞以保天命」耶？斷斷乎不如此説矣，明哲果易言哉？

朱子曰：今世人多道東漢名節無補於事，某謂三代而下，惟東漢人才大義根於心，利害生死不變其節。未説公卿大臣，且如當時郡守，懲治宦官親戚，雖前者既爲所治，而來者復蹈其迹，誅殛竄戮，項背相望，略無所創。今士大夫顧惜畏懼，何望其如此？平居暇日琢磨淬勵，緩急之際尚不免於退縮，况游談聚議，習爲軟熟，卒然有警，何以得其伏節死義乎？大抵不顧義理，只計較利害，皆奴婢之態耳。東漢人才專尚名節，雖黨錮禍延，無補於事，然三代下，求其大義根乎人心，利害生死不肯變節者〔五〕，實惟此時爲盛。如當時郡守，搆宦官親戚之禍，前後罹其難者，雖誅竄相尋而不悔，禍愈烈，接迹赴死者愈多，何其重名義而矜氣節也？後世士大夫顧惜身家，畏懼權勢，安能望此？夫我輩致身之義，琢磨淬勵於平日者亦已素矣，遇有緩急，尚多觀望遲疑，況遊談軟熟之徒，只思苟容於世，欲其捐軀赴難，伏節死義，抑又難也。然則顧利害不顧義理，作奴顔婢膝賤態者，還當以東漢之名節挽之矣。要之，敦崇道義，矜尚廉隅，縱不能無矯枉過正之失，而較夫依阿洪涊回互隱伏之流〔六〕，其爲緩急有賴者，雖事之濟否未可知，猶可以鼓一時頽惰之氣也。

朱子説「子張學干禄」，因曰：如今時文，取者不問其能，應者亦不必其能，只是盈紙，便可得推而上之。如除擢皆然，禮官不識禮，樂官不識樂，皆是吏人做上去。學官只是備員考試而已，初不是有德行道藝可爲表率，仁義禮智從頭不識到尾。國家元初取人如此，爲之奈何？此朱子解説「學干禄」一章，因推而言時弊之未有當也。如今時文取士，不問其才之能否，即應之者亦不必自計其能否，只是空言滿紙，便稱入彀，得以推而上之。不但此也，又如除擢皆然，蓋其所除所擢者，職禮之官不識禮，職樂之官不識樂，皆憑吏人設施。彼吏人獨有何能，保無差失闕漏，貽長官罪戾乎？至學官尤可笑，只是取具文書，備員考試而已，初不聞有德行可師，道藝可法，叩之以仁義禮智，則懵懵焉從頭不識到尾，此亦所謂「取者不問其能，應者亦不必其能」也。時弊如此，奈之何哉？噫，此朱子貢舉私議之所以作，而其良法美意，天下萬世真可做而行之者也。

朱子答廖子晦曰：一行作吏，便如此計較不得，纔涉計較回互，便是私意也。廖子晦，名德明。此言入仕途者，當以理勝私，而勿存計較之心也。蓋一行作吏，自有箇當盡的道理，是非得失須以此裁之，一切毁譽榮辱，着不得些毫計較，纔涉計較回互，便是私意膠擾，致使方寸煩亂，何以爲國爲民？此亦視乎吾人之定力而已。

朱子曰：困厄有輕重，力量有大小。若能一日十二辰，點檢自己念慮動作，都是合宜，仰不愧，俯不怍，如此而不幸填溝壑，喪軀殞命，有不暇恤，只得成就一箇是處。如此則方寸之間全是天理，雖遇大困厄，有致命遂志而已，亦不知有人之是非向背，惟其是而已。此朱子自明其志，而盡道以處困也。困厄人所時有，而亦有輕重之不同，則所以處之者，視乎其人之力量。然力量亦有大小之不同，則所以求滿其量者，尤視乎在我之擔當而已。若能一日十二辰之中，晝有爲，夜有思，凡念慮動作，一一自家點檢，都是合宜，俯仰天人，兩不愧怍，則朝聞道而夕死，固所甘心，此「志士不忘在溝壑」也，豈喪軀殞命之暇顧？要只成就一箇是處耳。夫然後方寸之間天理周流，雖大困厄猝然遇之而不驚，有致命遂志而已，而況我之所以確然自信，無可惶惑者，不惟在人之是非向背，惟其我之是。此其力量之擔當，蓋素所蓄積然也，又何煩沾沾焉計較於輕重大小間哉？

朱子嘗孝宗初年，嘗兩進絶和議，抑佞幸之戒。言既不行，雖擢用狎至不敢就，出處之義，凛然有不可易。此以下言朱子出處之正也。孝宗初年，和議之説興，佞幸之徒起。朱子嘗兩進諫於人主之前，指陳利害深切詳明，而孝宗不能行其言，故雖擢用屢至，亦屢辭而不敢就也。蓋其於出處之大義持之甚正，凛然有不可得而移易者。提點江西刑獄，促奏事，有要之於路，以「正心誠意」爲上所厭聞，戒以勿言者。朱子曰：吾平生所學，止此四字，敢回互而欺吾君乎？淳熙十四年，提點江西刑獄，十五年入奏。是行也，有要之於路，戒勿以「正心誠意」爲言者，朱子答之曰：吾平生所學，止此四字耳，豈可回互而欺吾君乎？及奏，孝宗稱善，有「久不見卿」之語。朱子在孝宗朝，凡陛對者三，上封事者一，皆忠誠懇惻，至今讀者猶爲涕下。孝宗亦開懷容納，然所言皆痛詆大臣近習，主眷愈厚而疾者愈深，是以一日不能安其身於朝廷之上。在孝宗朝，凡三陛對，一上封事，皆盡忠竭誠。如所言帝王之學、修攘之計，以至德業之成敗，決於君子小人之用舍，懇懇款款，愷切備至，至今讀者猶爲感涕。孝宗亦開懷容納，如投匭疏入，漏下七刻，已就寢，猶亟起秉燭讀之，且屢召屢辭，亦屢辭屢擢，嘗稱之曰：「熹安貧守道，廉退可嘉。」又曰：「朱熹政事，却有可觀。」其見推重如此。然其時奏疏所言，抉摘情弊，皆未免痛詆大臣近習，以故主眷雖愈厚，而疾之者愈深。其當日大臣，或上疏毀程氏學，以陰詆或面對，論「近日縉紳有所謂道學者，大率假名濟僞」，諸如此類，横肆詆排，是以朝廷之上終不能一日安其身也，而朱子之出處已可知矣。

朱子平居惓惓，無一念不在於國，聞時政之闕失，則戚然有不豫之色，語及國勢之未振，則感慨以至泣下。朱子之出處，善學孔子者也。其平居惓惓，忠誠懇惻，未嘗一念不在於國。是故聞時政之闕失，則戚然不豫之意形於容色，語及國勢之未振，則感慨咨嗟之意至於泣下焉。其爲國之心有如此。然謹難進之禮，則一官之拜，必抗章而力辭；勵易退之節，則一語不合，必奉身而亟去。孔子進以禮，退以義，而朱子於進退間，尤有介然不苟者。故其謹難進之禮，爲道自重，則雖一官之拜，亦必抗章力辭；勵易退之節，爲道自潔，則雖一語不合，亦必奉身亟去。其立身之道又如此。其事君也，不貶道以求售；其愛民也，不狗欲以苟安。至其事君也，正心誠意，無所回互，寧使道之不行，而斷不肯貶道以求售；其愛民也，施政立教，風紀肅然，寧使己之疲勞，而斷不肯狥欲以苟安。其致君澤民之道又如此。故與世動輒齟齬，自筮仕以至屬纊，五十年間，歷仕四朝，仕於外者僅九考，立於朝者四十日而已。是故觸忌詆排，與世相隔礙處，動輒齟齬不合，蓋自筮仕以至屬纊，五十年間，歷仕高、孝、光、寧四朝，不爲不久，然仕於外者僅九考，立於朝者四十日而已。要之，惓惓君國之念，萬物一體之懷，固閱終始而弗渝也。至於仕止久速各當其可，進退去就惟義之從，則宛然尼山家法矣。

朱子寓建之崇安，後徙建陽之考亭〔七〕，簞瓢屢空，晏如也。諸生之自遠而至者，豆飯藜羹，率與之共，往往稱貸於人以給用，而非其道義，則一介不取也。朱韋齋先生嘗爲尤溪尉，生朱子於溪南寓舍。韋齋卒，朱子少孤，家貧，遵父遺命，往學於屏山劉彦冲先生，故寓建之崇安，後又遷建陽之考亭。簞瓢屢空，安之若素，所謂「衣取蔽體，食取充腹，居止取足以障風雨，人不能堪，而處之裕如也」。且其受業門人來自遠方者，雖豆飯藜羹必與共，有所不足，或稱貸以給其用，而至於非道非義，則一介必嚴，而斷乎不取焉。蓋其安貧樂道有如此。

朱子疾且革，尤拳拳以勉學及修正遺書爲言。翌旦，門人侍疾者請教，朱子曰：誤諸君遠來，但堅苦問學，道理亦不過如此。問温公喪禮，曰疎略，問儀禮，頷之。已而正坐，整衣冠，就枕而逝。朱子疾且革時，尚手爲書，囑其子在與門人范念德、黄榦，其所言惟以勉學及修正遺書爲拳拳。越明旦，侍疾諸門人請教，乃答之曰：此疾不起，是誤諸君遠來也。但堅苦問學，道理亦不過如此，何事遠求？門人又問：治喪之禮，用温公喪禮何如？答之曰疎略，及問儀禮，則頷之。遂正坐，整衣冠，氣定神閒，就寢而逝。噫，朱子雖没，而所以永斯道之傳，使後學得所依歸者，爲不没矣。

## 校勘記

〔一〕其不至貽譏素餐　「譏」，同治重刊本作「誚」。

〔二〕曉然於中　「然」，日本内閣文庫本作「了」。

〔三〕故在下者不當以自媒而求薦　「以自媒」，日本内閣文庫本作「自衒鬻」。

〔四〕夤緣而求薦也　「夤緣」，日本内閣文庫本作「衒鬻」。

〔五〕利害生死不肯變節者　「肯」，同治重刊本誤「有」。

〔六〕而較夫依阿澳涊回互隱伏之流　「夫」，同治重刊本誤「失」。

〔七〕後徙建陽之考亭　「徙」原作「從」，同治重刊本誤「徒」，據文意改。

# 續近思録卷八

凡二十八條

## 治體

此卷論治體。蓋明乎出處之義，則得時行道，務在提綱挈領，端厥治原，庶使天下知儒術之非迂疎而寡效也。

朱子曰：古先聖王所以立師傅之官，設賓友之位，置諫諍之職，凡以先後從臾，左右維持，惟恐此心頃刻之間，或失其正而已。人主深居高拱，聞見無所取資，則隱微易於縱逸。古先聖王，師傅有官，賓友有位，諫諍有職，其所以立之、設之、置之者，凡以或先或後從臾開陳，或左或右維持保護，惟恐此心頃刻之間，未免有纖芥之隙、毫髮之私，或失其正，而必至於精粹純白無少瑕翳而後已也。此其流風餘烈，所由爲後世法程哉。然則爲君者固不可無保傅糾繩之臣，而爲臣者亦不可不盡陳善閉邪之職也。

朱子曰：惟聖盡倫，惟王盡制，固非常人所及。然立心之本，當以盡者爲法，而不當以不盡者爲準。君臣父子之倫，人所同備，惟生安之聖爲能盡之；綱紀法度之制，代有異宜，惟創建之王爲能盡之，固非常人之聰明才力所及。然聖爲倫物之宗，王爲制治之始，後世立心於本原之地，必當以是爲倣法，求其能盡，而不當苟且自安，以不盡者爲準則也。惟倫制既盡，則以是立政，庶幾乎道日盛而治日隆矣。

朱子曰：天下之事有緩急之勢，朝廷之政有緩急之宜。當緩而急，則繁細苛察，無以存大體，而朝廷之氣爲之不舒。當急而緩，則怠慢廢弛，無以赴事機，而天下之事日入於壞。均之二者皆失也。準事以布政，立政以處事，必審勢而酌其宜，方爲盡善。今天下之事，有當緩者、當急者，勢各不同，則朝廷之政，亦各隨其當緩、當急，以爲區畫之宜也。若使事當緩而政急，則好事喜功，必至於繁細苛察，大體不存，而傷朝廷寬大之氣。又或事當急而政緩，則玩愒因循，必至於怠慢廢弛，坐失事機，而壞天下重大之事。是二者，一則失於綜核，一則失於委靡，其爲弊均也。立政者可勿隨時勢而制宜哉？

朱子曰：大臣者，人主所與分別賢否，進退人材，以圖天下之事。自非同心一德，協恭和衷，彼此坦然，一以國家爲念，而無一毫有己之私間於其間，無以克濟。此言大臣當正直光明和衷以體國也。大臣者，事權攸屬，乃人主所與分別賢否而進退之以圖國事。大臣正，則百職得人，而事可舉矣。自非大臣同心一德，協恭和衷，坦然無彼此之見，而其所舉錯惟以國家爲念，而不以私意間之，則欲進賢也，彼必以爲妨己而沮之，欲退不肖也，彼必以爲便己而用之，其於天下之事，決裂敗壞，亦何以濟乎？甚矣，爲大臣者，必廓然大公，物我無間，而後能相與以有成也。

**朱子曰：天下之事，千變萬化，其端無窮，而無一不本於人主之心。**人君理天下之事，一日二日萬幾，是以千變萬化，宏綱細目，其端緒無有窮盡，然總不外於一心者。蓋惟正心誠意，以爲致治之本，則法令所施，禮樂刑政，措之裕如也。**人主以渺然之身，居深宮之中，其心之邪正，若不可得而窺，而其符驗之著於外者，常若「十目所視，十手所指」，而不可掩。**四海至廣，兆民至衆，而人主獨以渺然一身，高居深宮，可以惟吾所欲，則其心之爲邪爲正，宜若不可窺測矣。然而政事之敷施，紀綱之張弛，其符驗宣著於外者，常若衆視衆指之昭彰而不可掩，則隱微之地，已有欲藏匿之無從者矣。**是以古先聖王，兢兢業業，持守此心，雖在紛華波蕩之中，幽獨得肆之地，而所以精之一之、克之復之，如對神明，如臨淵谷，未嘗敢有須臾之怠。**是以古先聖王有鑒乎此，而敬勝義勝，兢兢業業，持守此心而不敢放。凡其飲食酒漿、衣服次舍、器用財賄，雖在紛華波蕩之中，幽獨得肆之地，而所以辨人道之危微者，必求其精之一之，防理欲之膠擾者，必求其克之復之，心志齊肅，如對神明，寤寐戰兢，如臨淵谷，晝爲夜思，瞬存息養，未嘗敢有須臾之怠也。自此而由內及外，自微至著，天下之事不治於人主之一心而有餘哉？

朱子曰：天下之紀綱不能以自立，必人主之心術公平正大，無偏黨反側之私，然後紀綱有所繫而立。君心不能以自正，必親賢臣，遠小人，講明義理之歸，閉塞私邪之路，然後可得而正。人主一心爲致治之本，故天下之大綱小紀不能自立也，必人主之心術涵養有原，廓然公平，恢然正大，無偏黨，無反側，私累悉捐，然後紀綱敷布，有所繫而立焉。然擇人輔導，實格心之由，故君心亦不能以自正也，必親賢臣而信任之，講明義理之歸，培養主德，遠小人而屏去之，閉塞私邪之路，遏絶紛華，然後心志清明，乃可得而正焉。君心正，紀綱立，而天下安有不治者乎？

朱子曰：須是自閨門衽席之微，積累至薰蒸洋溢，天下無一民一物不被其化，然後可以行周官之法度。此言法度之行，所以綱維萬物，必由於風化之有本，而化行自近，尤在宫闈始也。故須自閨門衽席之微，凡其觀感於我者，率皆婉順淑謹，柔巽忠篤，漸次積累，直到薰蒸洋溢，自家而國，自國而天下，無一民一物不被其薰陶漸染之化，然後紀綱號令一爲敷布，而九州六合凛若雷霆，周官之法度至是乃大可用也。此即程子所謂「有關雎、麟趾之意，然後可行周官之法度」者也。

朱子擬上封事曰：臣所讀者，不過孝經、語、孟之書；所學者，不過堯舜周孔之道；所知者，不過三代兩漢以來治亂得失之故；所講明者，不過仁義禮樂天理人欲之辨；所遵守者，又不過國家之條法。考其歸趣，無非欲爲臣者忠，爲子者孝而已。此朱子自明其生平之所學，乃今日之所以致君者，望人主之行其道也。讀孝經、語、孟之書，則日用之理無不該；學堯舜周孔之道，則道法之原無不正；知三代兩漢治亂得失之故，則可以防微杜漸而謹乎其幾；明仁義禮樂天理人欲之辨，則可以整綱飭紀而致乎其用；遵守國家之條法，則可以準今酌古而不至於過愆。然究其歸趣，無非欲爲臣者忠，爲子者孝，自盡其道而已。觀朱子此言，皆正心誠意大本領，而人主之所宜致思者也。

朱子曰：做宰相只要辨一片心，一雙眼。眼明則能識得賢不肖，心公則能進退得賢不肖。爲宰相者，輔佐人君，經理天下，出一己之藻鑑，定人物之權衡，故只要備辨一片心一雙眼也。惟眼明，則天下之賢不肖雖雜處錯出，真僞相參，皆得而別識之，而不至於混淆；惟心公，則天下之賢不肖雖抱道自重，或干進夤緣，皆得而進退之，而不至於失當。公以行其明，明以濟其公，一片心如雪，一雙眼如箕，斯真宰相也已。

問：論治便當識體？朱子曰：然。如作州縣，便合治告訐、除盜賊、勸農桑、抑末作；如朝廷，便須開言路、通下情、消朋黨；如爲大吏，便須求賢才、去贓吏、除暴斂、均力役。這都是定格局合如此做。如爲天子近臣，合當謇諤正直，又却恬退寡默，及至處鄉里，合當閉門自守，躬廉退之節，又却向前要做事，便都傷了大體。爲治多端，必先求其體要之所在，故論治者當識體。如作州縣，便合治告訐、除盜賊、抑末作者，塞其流也；勸農桑者，培其源也。如朝廷，便須開言路、通下情者，長己之聰明，悉民之疾苦也；消朋黨者，逆折其奸萌也。爲大吏，便須求賢才者，得人治事而已不勞也；去贓吏者，儆貪以風有位也；除暴斂、均力役者，惜財力以蘇窮黎也。凡此皆一定之局，不可挪移者也。至於爲天子近臣，則當謇諤以行其正直者，立朝之風節也，又却寡默而居於恬靜，隨時俯仰，委蛇而囁嚅。及至處鄉里，則當閉門守己，躬廉退之節，以自貴重，偏又向前做事，矜己而傲物。如此二者都傷了大體，欲識治體者，識之於此而已。

朱子曰：三代以下，漢之文帝，可謂恭儉之主。三代以下，爲君者多驕侈而不恭儉，故其政治皆無足觀。文帝天資醇美，器度雍和，絶無驕侈之氣，而禮賢惠民，皆有誠意存乎其間，可謂恭儉之主矣。惜無道學之臣以佐之，亦僅能爲一時之粗安，而不可以追三代之盛也。

朱子曰：爲政不在用一己之長，而貴有以來天下之善。天下之事多端，非一人所能獨任也，爲政者自用則小，故不在於用一己之長。惟好善則優於天下，故貴有以來天下之善，集思廣益，兼聽並觀，所爲「庶績咸熙」，而已不勞也。

朱子曰：人主當務聰明之實，不可求聰明之名。信任大臣，日與圖事，反覆辨論，以求至當之歸，此聰明之實也。偏聽左右，輕信其言，此聰明之名也。天降下民而作之君，故其聰明往往爲天所縱，然有名與實之不同，則人主之聰明，當務其實而不可求其名也。如居公孤之位者有大臣，惟是信任之專，日與圖度萬幾，論道經邦，反覆詳辨，以求至當不易之歸，則耳目之見聞日廣，吾心之神智日生，此所謂聰明之實也。若左右近習之人，承意旨、奉色笑，每進一言，輒悖常反經，投其所欲，而潛滋於不覺，使偏聽而輕信之，則多出於察察爲明之意，而亦易長其綜核自喜之思，此所謂聰明之名也。名實之間，固不可不審也。

朱子曰：人主所以制天下之事者，本乎一心，而心之所主，又有天理人欲之異。二者一分，而公私邪正之路判矣。心爲萬事之宰，故人主制事，本乎一心。而其心之所主又有異者，蓋道心天理也，人心人欲也。二者危微之間，公私邪正之路判然各别。此堯舜禹湯以來相傳心法，有可得其統宗者矣。

朱子曰：詩曰「秉心塞淵，騋牝三千」。此見人之所以成其富强之業者，非必權譎計數之爲務，而在於誠實深厚之中也。塞，實。淵，深也。馬七尺以上爲騋。「問國君之富，數馬以對」，騋牝衆多，而衛國之富可知也。觀衛之富强，本於「秉心塞淵」，可見人之所以成其業者，非必挾權任數，以恣意行私之爲務，而在於處心積慮、誠實深厚之中也。欲恢大業者，奈何以正心誠意爲迂闊之談，而馳逐於權謀之口實乎哉？

朱子曰：天下之事，決非一人之聰明才力所能獨運。是以古之君子，雖其德業智謀足以有爲，而未嘗不博收人才，以自裨益。方其未用，而收寘門墻，勸奬成就，已不勝其衆。是以至於當用之日，推挽成就，布之列位，而無事之不成也。天下之事，當與天下之人共之。蓋一人智力有限，惟能集衆思，則其益自廣。古君子德業雖高，而又必博收人才，納之門墻之中，以勸獎成就之，至於當用之日，則使之布列在位，各供厥職。蓋養之已豫，知之有素，而後徐收其效，自無事之不成也。使平日未育其人，而一旦欲獲其用，詎可得哉？

朱子曰：古之君子有志於天下者，莫不以致天下之賢爲急，而其所以急於求賢者，非欲使之綴緝言語譽道功德，以爲一時觀聽之美而已。蓋將以廣其見聞之所不及，思慮之所不至，且慮夫處己接物之間，或有未盡善者，而將使之有以正之也。是以其求之不得不博，其禮之不得不厚，其待之不得不誠，必使天下之賢識與不識，莫不樂自致於吾前以輔吾過，然後吾之德業，得以無愧乎隱微，而寖極乎光大耳。君子志在天下，則急於致天下之賢，然其所以求賢者，豈欲使之綴言語頌功德，博人觀聽而已哉？蓋一人之見聞有限，思慮難周，恐處己接物或未盡善，將使賢人在側有以正我也。於是博以求之，厚以禮之，誠以待之，皆出於不得不然，要使天下之賢無論識與不識，皆聞風願見，樂自致於吾前，以輔吾之闕失，然後吾之德進業修，問心無愧，而究極乎光明正大之歸耳。有志天下者，所以求賢如是其急哉。

朱子曰：治天下當以正心誠意爲本。人君一心，所繫於天下甚重，而意即心之所發也。心一有不正，意一有不誠，則未免入於邪妄，而用人行政皆因之而失矣。故治天下之道多端，而必以正心誠意爲本，本立則末不期治而自治。此千聖之心傳，百王之要道也。

朱子曰：天下國家所以長久安寧，惟賴朝廷三綱五常之教建立修明於上，然後守藩述職之臣，有以禀承宣布於下，所以内外相維，小大順序，雖有强猾姦宄，無所逞志。不然，以一介書生置諸數千里軍民之上，亦何所憑恃而能服其衆哉？天下國家之治繫於一人，惟朝廷正而體統尊，政教明而號令立，斯分藩之臣承流宣化，内外相維，小大順序，而恩威所及，姦猾自爾潛消。此所以君逸於上，臣勞於下，而成久安長治之業也。自非凛奉威靈遠播數千里之外，則一介書生何所憑藉而能彈壓衆心，使「無思不服」哉？信乎，治本之所繫於天下國家者甚大也〔一〕。

朱子曰：昔者聖王作民君師，設官分職，以長以治。而其教之目，則曰「父子有親，君臣有義，夫婦有别，長幼有序，朋友有信」，五者而已。聖王作民君師，體天地之心，而設官分職以長治斯民，惟是父子、君臣、夫婦、長幼、朋友五者，使之親、義、别、序、信，爲教之目而已。蓋五者天下之達道，與天地相終始，由其道則治，反其道則亂。聖王立教勤民，豈有他術哉？

朱子曰：國計所資爲甚廣，而民情所患爲甚深，若不根索弊原，别行措畫，竊恐民力日困，亦非國家久遠之利。此見足國尤在愛民，而生財當有大道也。國家經費之資甚廣，民生瘡痍之患甚深，資廣則賦役益繁，患深則輸將莫繼。爲之上者蒿目時艱，若不根索弊端以制其流，别行措畫以開其源，竊恐有盡之民力，日困於催科之下，而顛沛流離，則「百姓不足，君孰與足」，亦非國家久遠之利也。夫誠欲圖久遠，尚其足民以足國，而善求措畫之方哉。

朱子曰：伏節死義之士，當平居無事之時，誠若無所用者。然古之人君所以必汲汲以求之者，蓋以如此之人臨患難而能外死生，則其在平世必能輕爵禄，臨患難而能盡忠節，則其在平世必能不詭隨。平日無事之時得而用之，則君心正於上，風俗美於下，足以逆折姦萌，潛消禍本，自然不至真有伏節死義之事也。此言知人貴明，用人貴早，而後能使臣爲良臣，不爲忠臣也。伏節死義之士，不以患難死生動其心者，彼當平居無事時，似若無用。然古之人君所以求之之急者，誠以如此之人心正氣剛，正則無私，剛則不屈，臨患難而能外死生、盡忠節〔二〕，在平世必能輕爵禄、絶詭隨。國家得是人而用之，自足正君善俗，折姦弭禍，患難不作，何至真有伏節死義之舉也？惟其平日自恃安寧，便謂此等人才必無所用，而專取一種無道理無學識、重爵禄輕名義之人，以爲不務矯激而尊寵之。是以紀綱必壞，風俗日偷，非常之禍伏於冥冥之中，而一旦發於意慮之所不及，平日所用之人交臂降叛，而無一人可同患難，然後前日擯棄流落之人，始復不幸而著其忠義之節。惟其平日幸獲無事，自恃安寧，便謂此等人才激烈孤介，必無所用，不能如古之汲汲以求，而所求者又專取一種不諳道理、學疎識淺、重爵禄而輕名義之人，反以爲不務矯激，圓通適用，而任意尊寵之。是以政壞俗偷，禍生不測，卒之平日所信用之人交臂降叛，望望然去，誰可同患難者？然後前日擯棄流落，所爲輕爵禄而不詭隨之人，偏難坐觀成敗，始復不幸而著其忠義之節於此，而時窮始見節義，世亂乃識忠貞。噫，亦已晚矣。以天寶之亂觀之，其將相貴戚近幸之臣，皆已頓顙賊庭，而起兵討賊，卒至於殺身滅族而不悔，如巡、遠、杲卿之流，則遠方下邑，人主不識其面目之人也。使明皇早得巡等而用之，豈不能銷患於未萌？巡等早見用於明皇，又何至爲伏節死義之舉哉？試以明皇天寶之亂觀之，其將相貴戚近幸之臣，一種無道理無學識、重爵禄而輕名義者，皆已頓顙賊庭，全軀保妻子矣。至於起兵討賊，誅滅不悔，如張巡、許遠、顔杲卿輩，或死守孤城，或噴血罵賊，大義凜凜，則固遠隔堂陛下邑微臣，人主所不識面目者也。如此之人，明皇若早得而用之，其在平世必能輕爵禄、不詭隨，豈難銷患於未萌？即彼若早得見用，明皇必能正君善俗，折奸弭禍，又何至爲伏節死義之舉，留補報於忠魂哉？信乎，人主擇臣知之貴明，用之貴早，毋自貽伊感也。

朱子曰：欲圖大者，當謹於微。欲正人主之心術，未有不以「嚴恭寅畏」爲先務，聲色貨利爲至戒，然後乃可爲者。欲圖勳業之重大者，當謹於理欲幾微之地。嚴恭寅畏，則上畏天命，下畏民喦〔三〕，理將自存也。聲色貨利，則内而損德，外而損身，欲將日熾也。故欲正人主之心術，未有不以嚴恭寅畏爲先務，使涵養其本原，聲色貨利爲至戒，使絶去其外誘。君心正，然後乃可奮發有爲，自强不息，弘位育之功，而成不世之大業也。幾微之地，蓋可忽乎哉？

朱子曰：四海之廣，兆民至衆，人各有意欲行其私。而善爲治者，乃能總攝而整齊之，使之各循其理而莫敢不如吾志之所欲者，則以先有紀綱以持之於上，而後有風俗以驅之於下也。何謂紀綱？辨賢否以定上下之分，核功罪以公賞罰之施也。何謂風俗？使人皆知善之可慕而必爲，皆知不善之可羞而必去也。此見人皆可爲善，貴有以經畫區處之也。夫以天下之人，各挾其意見之偏，欲行其自便自利之私，而上之人乃能總攝其身心，教以孝弟忠信之道，整齊其法度，示以仁義道德之準，使各循其理而悉如吾志者，則以有紀綱風俗以持之驅之也。所謂紀綱者，上下自有定分，辨其賢否而舉錯得宜，賞罰貴乎至公，核其功罪而黜陟允當。所謂風俗者，使人皆知善之當爲而必爲，不善之當去而必不爲。然後有以一其心志，而端其趨向也。

朱子曰：朝廷要無黨，須是分別得君子小人分明。若其不分黑白，不辨是非，而猥云無黨，是大亂之道也。孔子曰「君子群而不黨」，則是君子與君子爲群，而未嘗有黨，固不可以黨名也。故朝廷要無黨，須是認得君子小人極明，分別白黑，嚴辨是非，務使真僞判然，無可淆混，然後小人朋姦之黨得以盡數剗除，朝綱自理矣。若不能辨此，而猥云無黨，曾見有賢姦混處之朝，彼此相傾，標榜引援，而不以黨釀成禍階乎？是大亂之道也。噫，源正則流清，豈不操之自上哉？

朱子曰：世間人多言君子小人常相半，不可太故去他，若要盡去他，反激其禍。且如舜舉皋陶，湯舉伊尹，而不仁者遠。蓋是君子道盛，小人自化，皆革面做好人了，非必勦滅之也。有君子即不能無小人者，勢也，故常參半焉。然小人雖能害君子，而君子自足制小人者，理也，又何至激其禍乎？況小人亦有人心，豈盡泯没？且如舜之舉皋，湯之舉尹，而不仁者自遠。則是君子道長之會，大化流行，上下交而萬物通，小人自然傾心革面，消除舊習，而悔復其天良矣。固非必勦滅之，而何慮乎激成其禍也？大抵盛時平世，原不能無小人，而君子於此則自有微權焉，用以爲潛移默奪之道也。

朱子曰：天下萬事有大根本，而每事之中又各有切要處。所謂大根本者，固無出於人主之心術。而所謂切要處，如任賢相，杜私門，則立政之要也；擇良吏，輕賦役，則養民之要也；公選將帥，不由近習，則治軍之要也；樂聞警誡，不喜導諛，則聽言用人之要也。然未有大本不立而可以與此者，此古之欲平天下者，所以汲汲於正心誠意，以立其本也。若徒言正心而不識事物之要，或精覈事情而特昧根本之歸，則是腐儒迂闊之論，俗士功利之談，皆不足與論當世之務矣。天下萬事有大根本，如木之有根株也。而每事之中又各有切要處，如木之有幹而後發之爲枝葉也。所謂大根本者，固無出於正其心術。而所謂切要處，則如立政、養民、治軍、用人四者，要須任賢相以爲心膂，杜私門之扳援；擇良吏以弘撫字，輕賦役之徵求；公選將帥，不寄耳目於近習；樂聞警誡，不喜導諛之佞臣。每事皆依此爲幹，然後枝榮葉茂，綱舉目張，萬幾所以就理也。雖然事固有要，而大本不立，究無以與此。此古之人所以汲汲於正心誠意，以立平天下之本也。夫徒言正心而不識體要者，固是腐儒迂闊之論，然精覈事情而特昧根本者，終成俗士功利之談，豈足與論當世之務哉？要之，裕内聖外王之學，則未有不一以貫之者也。

朱子曰：古者聖帝明王之學，必先格物致知，使義理所存，纖微畢照，不容毫髮之隱，自然意誠心正，而有以應天下之務。此見治體視乎人君之學，而學不可不端其本也。蓋古者聖帝明王，一日二日萬幾，所以應務有餘者，賴有遜志時敏之學耳。然學亦非他，必先窮至事物之理，以推極吾心之知。凡其明庶物，察人倫，克知灼見，所謂「亶聰明作元后」者，要使天下無窮之義類，纖微畢照，不容毫髮隱匿於其間。夫然後識足以窮理，智足以明善，自然意可得誠，心可得正，廓然大公，物來順應。其於天下之務，何難之有哉？甚矣，聖學爲王道之本也。

## 校勘記

〔一〕治本之所繫於天下國家者甚大也　「也」下，日本内閣文庫本有「已」字。

〔二〕臨患難而能外死生盡忠節　「患」，日本内閣文庫本作「犯」。

〔三〕下畏民喦　「喦」原作「巖」，據同治重刊本改。

# 續近思録卷九

凡二十五條

## 治法

此卷論治法。蓋治本既立，則治具宜張，舉凡用人行政兵農學校，利弊之故，經權之宜，皆不可不講，以成極治之功也。

朱子曰：天下制度，無全利而無害底，但看利害分數如何。立一法便生一弊，故天下制度，豈有全利而無害底？但須權衡其分數，或利多而害少，則雖難亦必圖其有成，若利少而害多，則雖便斷不可以輕動矣。

朱子曰：不察其賢否忠邪，而惟黨之務去，則彼小人之巧於自謀者，必將有以自蓋其迹，而君子恃其公心，直道無所回互，往往反爲所擠，而目以爲黨。漢、唐、紹聖之已事未遠也。君子與君子爲類，小人與小人爲徒，一似各有黨者。上之人但當察其賢否忠邪，不必務去其黨也。

如以黨而去之，彼小人姦巧百出，每能以計自掩其迹，使人不知其爲黨，而安然無事。至坦直不阿之君子，拙於回護，反爲其所擠陷，而借黨援之名目，不難一網打盡矣。殷鑒不遠，上而漢唐，近而紹聖，其已事固昭昭也，可不重以爲戒哉？

朱子曰：制度易講，如何有人行？一代之制度，爲因爲革，爲損爲益，講明之亦易易耳。然無人以行，則不過紙上之空言，雖有良法美意，亦將如之何哉？此即孟子所謂「徒法不能以自行」，故必有治人而後可以行治法也。

朱子曰：君子小人，固不當過爲忿疾，然無交和之理。子曰：「不仁之人，疾之已甚，亂也。」是以君子之於小人，固不當過爲忿疾。然邪正不同，難以苟合，斷無交相爲和之理，惟不惡而嚴，如孟子之待王驩，則庶乎其可也。

朱子曰：宰相擇長官，長官却擇其寮。今銓曹注擬小官，煩劇而又不能擇賢，每道只令監司差除，亦好。一人之識有限，天下之賢難知。故但當總其要領，如宰相只擇其可爲官長者，官長却自擇其可爲寮屬者，蓋分寄其耳目，則賢路廣而職分稱也。今之銓曹，凡小官俱由注擬，煩劇已甚，一時除授之下，安能盡擇其人之賢？何若每道只令監司自爲差除，各辟所知，亦未爲不可也。

朱子曰：且精選一箇吏部尚書，使盡搜羅天下人才。諸部官長得自辟屬官，却要過中書。朝官次第闕人，却令侍從以下各舉一人二人。只舉一二人，彼亦不敢以大段非才者進。吏部操銓選之任，天下人才之所從出，故必精擇其人以居其位，使盡搜羅賢能，則大綱得矣。至諸部官長，令得自辟所屬，赴驗中書。朝官闕人，令侍從各舉所知以備選用。但許舉一二人，諒亦不敢以非才進。此皆合衆人之耳目，以收天下之人才，庶野無遺賢而朝亦不至有倖位也。

朱子曰：朝廷只當擇監司、太守，自餘職幕縣官，容他各辟所知，方可責成天下。須是放開做，使恢恢有餘地，乃可。監司者，一路之總率；太守者，一郡之總領。朝廷所當擇人以充其選，其餘職幕縣官，但令監司、太守各辟所知，俾皆有舉賢之責，則必不敢濫及非人，方可責成天下。蓋以天下之賢，與天下之人，公知而公舉之。所謂「舉爾所知，爾所不知，人其舍諸」也。如此則耳目既公，綱羅自廣，而恢恢乎有餘地矣。不然，天下之大、庶司之衆，安能知無遺賢，而一一得人而用之哉？

胡敬齋先生曰：「處天下事須得其總要。如君擇相，相擇諸司之長，長擇其僚，自然得人，得人則天下之事自理。此實理之自然，非强安排。如太極生兩儀，兩儀生四象，四象生八卦，以至生千生萬，道理是如此。聖人只依他這道理做，非聖人所造爲也。」今天下大小官俱擇自吏部，吏部又如何有許多眼力？名姓且識不全，如何識得他心性才德？既不識他心性才德，只亂除他官職，豈不悮事？人君只好極擇天下第一人才全德備者爲相，又相與斟酌擇六卿之長貳，使令宰相與六卿推擇諸道憲長，却令憲長推擇其可爲郡守者，憲長又與郡守推擇其可爲縣令者，申奏於朝，君相審擇其實而授其職。長貳既定，其餘寮屬小官，命其各舉所知，隨材擬職，郡縣申按察，按察申朝廷，依其所舉而授之職，如此則自然得人。或曰：「容其自擇寮屬，其法固善，若或長官容私舉其所愛，則如何？」曰：「不然。表端則影正，君相既賢，則所擇六卿、憲長必賢，憲長既賢，則郡守、縣令其有不賢者乎？長貳既賢，又豈肯容私以除不賢者爲寮屬乎？」此論於朱子之意尤爲發明，故附録於此。

朱子曰：孟子論王道，以制民産爲先。今井地之制未能遽講，莫若令逐州逐縣，各具民田一畝歲入幾何，輸税幾何，非泛科率又幾何，州縣一歲所收金穀總計幾何，諸色支費總計幾何，有餘者歸之何許，不足者何所取之。俟其畢集，然後選忠厚通練之士數人，類會考究而大均節之，有餘者取，不足者與，務使州縣貧富不至甚相懸，則民力之慘舒亦不至大相絶矣。孟子制民常産之法，田必井授，使民各得百畝以爲常業，而仰事俯育有資。今其制不可復矣，莫若令各州縣備造清册，民田一畝歲入幾何，輸税及非泛科率幾何，州縣一歲所入幾何，諸色支費幾何，有餘者何所歸，不足者何所取，條列明白具報。俟其畢集，然後選忠厚練達數人，彙核總數，和盤打算，而大爲均節，取有餘以與不足，俾州縣貧富之數不至甚懸，則民間慘舒之形亦不至大遠。此朱子欲本分田遺意，以均州縣之田賦也。噫，古制云湮久矣，雖有變通之法，誰與行乎？經界之復，甫議於漳州，而人即群起而阻其後，夫時不可爲，勢積重而難返也。即使孟子復生，亦將如之何哉？

朱子曰：今日民困，正緣屯兵費重，只有屯田可減民力。兵餉所費既多，不得不迫民之輸將以養乎兵，而民自困矣。若屯田則兵自食足，不至有庚癸之呼，庶可用一緩二，以少減民力也。胡敬齋曰：「古者三時務農，一時講武，此聖王寓兵於農之良法。今既不行此法，亦當行屯田法，以免坐食之費。今百官禄薄，百姓窮困，皆因養待食之兵〔一〕。屯田宜在近便處立屯，如戍兵就在近邊之地耕屯，郡兵就在近郡之地耕屯，每一兵撥田一區，其入可食六七口，免其糧税，使自食其穀，又可以養父母妻子。春夏秋則就在屯所，少暇小習戰法；冬則入邊城大講武備，其田皆官府措置。如此則非惟可以免坐食之患，又免漕運，則國自富民自足矣。」

朱子曰：自鄉舉里選之法廢，取士者先文藝後材實，於是野多遺賢，朝多曠位，而治具民俗每不能無愧於前世。古之取士必於鄉舉里選者，蓋以材實爲重，所謂先德行而後文藝也。且鄉里之習見習聞必無遺漏，是以野無留賢，斯朝無曠位。唐、虞、三代之治具張、民俗醇，率是道耳。此法既廢，則一一反之，而不能無愧於前世，亦世道升降之機也。

朱子曰：學校之政，不患法制之不立，而患理義之不足以悦其心。夫理義不足以悦其心，而區區於法制之末以防之，是猶决湍水注之千仞之壑，而徐翳蕭葦以捍其衝流，必不勝矣。學校之政，設以師儒，專其教誨，嚴其考課，皆所以模範多士，遵守規條，日從事於其中，以爲他時見用之地。國家法制良備，不患其不立也。所急者務在講明義理，俾之沉潛於聖賢之訓，漸漬於道德之途，而足以悦其心。然後志氣恬愉，絶去外騖之見，自然操行精進，而爲譽髦之選。若理義不足以悦其心，則其所學不過爲人狥名，必將有行之不立者，而徒區區於法制之末，欲以防其蕩軼，吾恐其源既失，其流不可得而禁止，是猶決湍水注之絶壑，而徐翳蕭葦以捍其衝濤，必不勝之數矣。此則其所深患者也。夫士風日卑，由於心術之不得其正。心術不正，由於教誨之不得其方。司學校者，可不探其本而知所急也哉？

朱子論學校曰：凡事須有規模。且如太學，亦當用一好人，使之自立繩墨，遲之十年，日與之磨煉，方可。今日學官，只是計資考遷用，又學識短淺，學者亦不尊尚。凡事須立個規模，不可草率苟且。如太學根本之地，養育人才之區，若苟且而不得其人，則無以表正多士，草率而急遽無序，則無以考其成功。宜選擇一好人，專任厥職，使之自立繩墨規矩，教訓生徒，緩其遷徙，遲之十年，日與磨煉，庶幾久道而化可成。今之學官，皆計資考遷，莫肯盡心教誨，而又學識短淺，不足爲士子之型，學者亦不尊尚之。師弟子如此，欲人才之興也，得乎？

朱子答尤尚書曰：所陳取士之策，於人物取舍之際，不免祖襲蘇氏浮薄之餘論。此議肆行，非天下之福。朱子欲學者崇實黜浮以適於用，故答尤尚書之文，初喜其鄉邦得人之盛，既則以爲所陳取士之策，於人物取舍之際，非洞達理要、熟悉治體、渾厚純正、明白俊偉之文，未免祖襲蘇氏浮薄之餘論。蓋蘇氏之文不知道，惟其意之所欲，洸洋恣肆，而於義理無得焉，則何所益於身而何所用於世？此議肆行，巧於語言，易入邪徑，非天下之福也。朱子嘗論應舉之法，曰「略用體式而隱括以至理」，其學者爲文之標準歟！

朱子曰：科舉文字固不可廢，然近年翻弄得鬼怪百出，都無誠實正當意思，一味穿穴旁支曲徑以爲新奇，此是今日莫大之弊。今欲革之，莫若取三十年前渾厚純正、明白俊偉之文，誦以爲法。此亦正人心、作士氣之一事也。科舉文字，國家用以取士，功令所在，固不可廢。但邇來流弊益甚，不體貼聖賢道理，惟翻弄自家識見，鬼怪百出，全無誠實正當意思，一味穿鑿詭仄，尋僻走險，以爲争新出奇，可以聳人賞鑒，而不知士習因之日壞，心術因之日漓，其弊爲最大也。今欲革其習尚，挽回風氣，莫若取三十年前渾厚純正、明白俊偉之文，令學者誦以爲法，非是者不録，庶可少止。蓋渾厚則不鑿，純正則不詭，明白則不僻，俊偉則不險。此不獨爲文字起見，亦正人心、作士氣之一事也。然此等流弊，非但宋時爲然，即明季亦如此。讀朱子此言，凡司風氣者皆急宜留意矣。

朱子曰：今科舉所取文字，多是輕浮，不明白着實，最可憂者。不是説秀才做文字不好，這事大關世變。東晉之末，其文一切含糊是非，都没理會。科舉文字，當以醇正渾樸爲主，而今之所取者，多係輕儇浮薄之文，造辭則艱深而不明白，立意則虚巧而不着實，此其可憂。不是在文字之不好也，正恐士子心術日壞，而氣運因之遷移，甚非細故。如東晉之末，其文是非含糊，全没理會，遂至亂亡。已事可鑒，不得謂無關係而忽之也。

朱子曰：今科舉之弊極矣，鄉舉里選之法是第一義，今不能行，只就科舉法中與之區處。人之德行品誼，惟鄉黨里閭見之最真，故爲衆所稱許者，其論最定。古者舉士於鄉，選士於里，職是故耳。是以三代之世，朝多得人，而人亦皆自奮於善，惟恐不齒於鄉黨，而無以爲見用之階，法甚善也。今此法不行久矣，而科舉之法惟以文字取人，士日趨於巧僞浮薄，其弊已極。今莫若就科舉法中稍爲通變區處，參用德行文學之選，以不失先王造士之遺意，則亦庶乎其可矣。此朱子貢舉私議之所由作也。胡敬齋曰：「古者鄉舉里選，非但可以爲朝廷得人，又可盡教養激厲漸摩之道，閭族鄉黨既勵於德行道藝，則風俗安有不厚，教化安有不興，人才何患無成？朝廷必得人爲治也。古人以德行道藝教人，即以此取士，又從鄉里教起，故取士用鄉舉里選之法。漢猶近古，用孝廉科、賢良方正科舉士，是尚德行，用茂才科、經義科舉士，是兼才學。此儘好，但不若周禮之賓興盡善。後世純用文辭取士，則空言無實矣。」

朱子學校貢舉私議曰：古之教者，莫不以德行爲先。若舜之命司徒以敷五教，命典樂以教胄子，皆此意也。至於成周而法始大備，故其人材之盛、風俗之美，後世莫能及之。漢室之初，尚有遺法，其選舉之目，必以「敬長上，順鄉里，肅政教，出入不悖所聞」爲稱首。魏晉以來，雖不及古，然其九品中正之法猶爲近之。及至隋唐，遂專以文詞取士，而尚德之舉不復見矣。積至於今，流弊已極，其弊不可以不變，而欲變之，又不可不以其漸。此朱子慨學校貢舉之非古，不得見用於時以行其法，而作此私議，欲以備採擇也。蓋古者立教，皆以德行爲先。舜時命契敷教明倫，后夔典樂教胄，何非砥德飭行之意？至周法以大備，菁莪、棫樸之化，辟廱鐘鼓之澤，「壽考作人」，「譽髦斯士」，故其時人材盛、風俗隆，後世莫及。漢代有賢良方正、孝秀力田諸科，其所選舉，必以敬長上、順鄉里、肅政教、出入不悖所聞稱首，不失古先王興行遺意。降及魏晉，九品中正之法猶爲近古。至隋唐，取士之制專以文章，無復尚德之風。積習相沿，以迄於宋，流弊日甚，勢不可以不變，而又不能以驟更，是在徐爲之計，而易之必以其漸也。此明古者取士之善與今積弊之由，以見相懸之遠也。故今莫若且以逐州新定解額之半，而又折其半，以爲德行之科，明立所舉德行之目，專委逐縣令佐從實搜訪，於省試後保明，津遣赴州，守倅審實保明申部，於當年六月以前以禮津遣，限本年内到部，撥入太學，於近上齋舍安排，而優其廪給，仍免課試，長貳以時延請詢考。至次年終，以次差充大小職事。又次年終，擇其尤異者特爲補官。餘令特赴明年省試，比之餘人倍其取人分數，殿試各升一甲，其不中人且令往學，以俟後舉。其行義有虧，學術無取，舉者亦當議罰。則士知實行之可貴，而不專事於空言矣。此則酌爲稍更之法也。爲今之計，莫若於逐州新定解額之中裁取其半，而又於其半之中再折其半，如解額百人，則以二十五人爲德行之科。蓋法行之初，考察未精，故且儉取於額，明立所舉德行條目，專委各縣令佐從實搜訪前項人物，於省試後保明係何德行，津遣赴州。州之守倅又行審實保明係何德行申部，於本年六月以前以禮津遣，俱限年内到部，撥入太學上舍，優其廪給，免其課試，長貳不時延請以詢考其言行。至次年終，差充大小職事，以試其才。又次年終，擇其中之諳練尤異者特爲補官。其餘令赴明年省試，比餘人倍其取數，殿試各升一甲〔一二〕，以優異之，不中者再令往學，以俟後舉。若行誼有虧，學術無取，原舉之人一體議罰。如此則士知實行可貴，而爭自濯磨，以應上之所求，自不專事於空言矣。是則所以漸復德行之科，少戢文詞之習，行之既久，庶幾可追古賓興之盛，而國家收得人之效也。

朱子曰：成周之制，縣都皆有委積，以待凶荒，而隋唐所謂社倉者，亦近古之良法也。今皆廢矣，獨常平義倉，尚有古法之遺意，然皆藏於州縣，所恩不過市井惰游輩，至於深山長谷力穡遠輸之民，則雖饑餓瀕死，而不能及也。成周備荒之制，縣都皆有委積，豐則藏之，凶則散之，所以民無饑餓，古之良法也。而隋唐做其意，於都鄙設立社倉，其法之良庶幾近古。今皆廢矣，獨州縣常平義倉，尚有古法委積周人遺意，但以其藏於州縣，每當散時，沐其恩者不過市井游民，而鄉村僻遠力農貧苦者，雖至餓死，難分實惠。必如社倉之設，然後都鄙爲能遍及，斯盡善而無弊。惜乎其無有實心行之者也！

朱子曰：照對在法，義倉穀惟充賑給，不得他用，即擅支借移用，以違制論。竊惟常平之法，所以準備災傷，廣行賑給，民命所係，利害非輕，所以祖宗以來，立法之嚴至於如此，而議者不以爲過，以爲長久緩急之計，非苟狥目前姑息之私者所能知也。義倉常平之穀，積之州縣，所以備災傷，爲賑給計。其法，官司不得借用，犯者以違制論，似近於太過矣。然而積貯者，生民之大命，死生所係，利害非輕。若聽其借用，一旦或有凶荒，其將何所取給？是有積貯之名，而無賑濟之實也。故祖宗以來，立法之嚴如此其重，而議者不以爲過，以爲必如此，然後官司不敢有那移侵蝕之弊，而緩急可以有備。蓋爲百姓計久遠，非苟狥目前之見而行姑息之私者，所能知其用意之深長也。後之奉行者，可不共守此法哉？

諸生論郡縣、封建之弊，朱子曰：「大抵立法必有弊，未有無弊之法，其要只在得人。若是箇人，則法雖不善，亦占分數多了；若非其人，則有善法，亦何益於事？且如説郡縣不如封建，若封建非其人，且是世世相繼，不能得他去；如郡縣非其人，却只三兩年任滿便去，忽然換得好底來亦無定。范太史唐鑑議論，大率皆歸於得人，某初嫌他恁地説，後來思之，只得如此説。」又云：「革弊須從原頭理會。」封建之變爲郡縣，亦勢使然。若論其弊，則封建之後，諸侯各專其土地人民，難以制馭。郡縣之設，官如傳舍，上下之情不親，雖有賢者，善政亦做不成。二者俱不能無弊也。朱子之意，以爲從來法立則弊生，未有能盡善無弊者，但在得其人耳。得其人則法雖未善而無傷，不得其人則法雖善而無濟，所謂「有治人無治法」也。論者每以郡縣不如封建，以我觀之，使封建非其人，或多驕淫之主，世襲封爵相繼，以臨馭其民，何由得他去位？是受害將無窮期也。如郡縣非其人，不過二三年間任滿則去，或者換得好底亦未可知，是受害猶有盡日也。故范太史之論，大率皆以得人爲主，始嘗嫌之，而後來細想，只是如此。蓋封建固是分封固本之意，然必得人，方能君國子民以衛天子。若郡縣，統馭之法臂指相使，亦免尾大不掉之憂，苟得人以久任，未嘗不可爲理，固不必封建也。又曰：欲革事體之弊，當從源頭處理會。如源頭所立之法不善，則其弊不可不革。若源頭無傷，則凡事其流皆有弊，豈能盡革？但須行法者之得其人耳。

問：後世封建、郡縣，何者爲得？朱子曰：論治亂，畢竟不在此。以道理觀之，封建之意，是聖人不以天下爲己私，分與親賢共理。但其制則不過大，此所以爲得。賈誼於漢言「衆建諸侯而少其力」，其後主父偃竊其説用之於武帝。封建、郡縣之論不一，有以封建爲得者，有以郡縣爲得者。朱子謂若論治亂之由，畢竟不在乎此，亦係乎其人耳。得其人，則封建可以爲治，郡縣亦可以爲治。特以道理觀之，封建之意，是古聖人以公天下之心，與親賢各君其國，各子其民，資其屏藩夾輔之力，自是良法。但其制不可過大，過大則强盛難制，致有尾大不掉之憂。昔賈誼言於文帝，「欲天下之乂安，在衆建諸侯而少其力」。蓋衆建則捍衛多而國本固，少力則無所藉以爲亂，此計最得，其後主父偃竊其説以用之於武帝。然後世封建勢不可復，若郡縣得人，未嘗不善。相提而較，亦初無得失之可言也。

朱子爲治，所至必以興學校、明教化爲先。中進士第，主泉州同安簿，莅職勤敏，纖悉必親。職兼學事，選邑秀民充弟子員，訪求名士以爲表率，日與講説聖賢修己治人之道。後差發遣南康軍事，懇惻愛民，如己隱憂，興利除害，惟恐不及。至姦豪侵擾細民、撓法害政者，懲之不少貸，由是豪强斂戢，里閭安静。數詣郡學，諸生質疑問難，誨誘不倦。知漳州，以習俗未知禮，採古喪葬嫁娶之儀，揭以示之，命父老解説以教子弟，禁僧尼之教，俗爲大變。朱子爲治，必先舉其大者。凡居官所至，每以興學校、明教化爲急。任同安簿時，供職勤慎，而吏才敏捷，纖悉庶務，必自親歷，不少苟簡怠忽。所職兼掌學事，於是選邑中之秀民充弟子員，訪名士之有學行者爲之師以表率之，日與講明聖賢修己治人之道，俾知所以爲學而自淑其心身。蓋謂教化立則人才出，故汲汲留心如此。及在南康，則懇惻愛民，有利必興，有害必革，常以民隱爲己憂，而惟恐有所不及。至姦人豪右侵害善良、撓亂政法者，即嚴加懲治，不爲寬貸，由是豪强斂戢而憚其法之嚴，里閭安静而享無事之福。政治之暇，加意人才，數詣郡學，諸生各以所見質疑問難而來者，則謁誠誨誘，諄諄不倦。其政教之及士民者，概可見矣。後知漳州，以習俗不知禮法，採古喪葬嫁娶之儀，揭其條目以曉示之，使知遵守。又慮其不盡諭也，復命父老細爲講説，各教訓其子弟。僧尼異教，力禁止之，俾不得行，漳俗爲之大變。蓋隨其所涖，政績有成，化行俗美。惜仕於外者僅九考，中更遷徙去任，而不得一竟其設施，可慨也夫！

朱子所居之鄉，每歲春夏之交，豪户閉糴牟利，細民發廩强奪，動相賊殺，幾至挺變。朱子率鄉人置社倉以賑貸之，米價不登，人得安業。後上其法於朝，諸路推行之。朱子所居崇安縣開耀鄉，每歲春夏之交，民間乏食，豪户閉糴，思以牟利，而細民則率衆發廩，肆其强奪，動相賊殺，幾至挺變。朱子爲之計，率鄉人行社倉法，請於府，得常平米六百石賑貸，夏受粟於倉，冬則加息計米以償。自後隨年斂散，小歉則蠲其息之半，大饑則盡蠲之。凡十有四年，所得息米，造倉三間，以原數六百石還府，以見儲米三千一百石爲社倉，不復收息，每石止收耗米三升。自是一鄉之間，雖遇凶年，人不乏食，米價不登，安業如故。後因入見，條上其法於朝，詔頒諸路咸推行之，至今遵爲良法。民無凶荒乏食之虞，而有緩急足恃之幸者，皆食朱子之惠於無窮也。

浙東大饑，命朱子提舉常平茶鹽，朱子拜命，即移書他郡，募米商，蠲其征，及至客舟已輻輳。日與僚屬鉤訪民隱，至廢寢食，分畫既定，案行所部，窮山長谷，靡所不到，拊問存恤，所活不可勝計。每出皆乘單車，屏徒從，一身所需，皆自齎以行，秋毫不及州縣，以故所歷雖廣而人不知。郡縣官吏憚其風采，倉皇驚懼〔三〕，常若使者壓其境，由是所部肅然。而尤以戢盜、捕蝗、興水利爲急。

當浙東大饑，朝命朱子爲提舉，方拜命未之官，即以賑饑爲汲汲，移文他郡，招募米商，免其征稅，以速其來，比至則客舟絡繹，皆輳集於境内，而民食有資。是其先機之智也。於是安心措置，日與寮屬鉤訪民間利病，至忘寢食，分畫規條既定，乃自按行所屬地方，弗辭勞瘁，窮山深谷之中，足跡靡不遍到，拊問其疾苦，存恤其荒饑，悉心周詳，加意體察，所活不可勝計。是其任事之勇也。每出止乘單車，屏徒從，凡一身所用之物，皆自備而往，絲毫不取州縣，恐其借端騷擾，以故所歷雖廣而人不知其至。丰采嚴飭，官吏望風畏懼，倉皇靡寧，常若使者臨境，各毖乃事，由是所部肅然，吏戢民安，雖當饑荒，寧帖如故。是其律己之廉而馭吏之肅也。至賑饑之外，尤以戢盜、捕蝗、興水利爲急，利之所在，害之所伏，無不一一窮究焉。蓋其留意民瘼，勞力公事，極計慮之周而殫規條之備如此。故雖去官既久，而民猶頌其德於弗衰。後之人能如朱子實心任事，何民命之不甦而天灾之不弭哉？

光宗即位，除先生江東轉運副使，辭，改知漳州。先生嘗病經界不行，至是乃訪事宜、擇人物及丈量之法上之〔四〕，而士居豪右侵漁貧弱者以爲不便，卒沮不行。經界之法，覈土田之欺隱，清豪强之兼并，實爲小民莫大之利，而不便於巨室勢户。先生向爲同安簿時，稔知其弊，心嘗病之，至是辭江東轉運，改知漳州，奉旨先行經界，乃訪其可行之事宜合乎人情土俗者，擇其可用之人物果能實心任事者，并及覈查丈量之法，洞悉本末，條上於朝，務使積弊釐清，公私兩利。而當時土居勢豪之家，占田隱税侵漁貧弱者，深懼此法一行，無所容其奸貪，大爲未便，遂諠騰異議，以其勢力關通朝右當事，沮抑使不果行。雖地方之不幸乎，而先生惠民之心，已自白於天下後世矣。

## 校勘記

〔一〕皆因養待食之兵　「待」，日本内閣文庫本脱。按，底本「待」下五字排寫甚密，原當爲四字，剜補之跡顯然。

〔二〕殿試各升一甲　「升」原作「申」，據上文改。

〔三〕倉皇驚懼　「驚」，同治重刊本作「敬」。

〔四〕擇人物及丈量之法上之　「丈」，日本内閣文庫本作「方」。

# 續近思録卷十

凡五十一條

## 政事

此卷論臨政處事。蓋明乎治體而通乎治法，則施於有政矣。凡居官任職，事上撫下，待同列，審時宜，經世之道，濟物之方，無不具於斯焉。

朱子曰：只有一箇「正其誼不謀其利，明其道不計其功」，公平正大行將去，其濟不濟，天也。古人做得成者，不是他有智，只是偶然。其他費心費力，用智用數，牢籠計較，都不濟事，都是枉了。正誼不謀利，明道不計功。居官處事，只有這一箇道理，但當恪遵此訓，公平正大順理行去，不可存一毫冀倖曖昧之心，其事之濟不濟，則自有天存焉，非人謀所得與也。蓋功名事業，古人做得成者，不是他有智計安排，亦只是偶然耳。若不順理聽天，而費心力，用智數，牢籠計較，千般造作，究竟無濟於事，枉自心勞日拙也。念及此，亦何益之有哉？子思子云：「君子居易以俟命，小人行險以徼倖。」此語可與此章參看。

朱子曰：誠以天下之事爲己任，則當自格君心之非始。欲格君心，則當自身始。天下之本在一人，人臣誠以身任天下之事，則當先格君心以端其本，所謂「正朝廷以正百官，正百官以正萬民」也。然欲引君當道，當思自家之道何在；欲成就君德，當思自家之德何存。故又當自身始，惟正心誠意，務求所以感格之道，則君志定而天下之治成矣。此大臣事君之要也。

朱子曰：修身事君，初非兩事，不可作兩般看。士人一出而受爵禄，則此身非己之身而君之身矣，故當夙夜慎修，置其身於寡過之地，而對揚靖獻之道已不外此。是修身即所以事君，原非兩事，不可看作兩般。從古未有能修身而不能事君者，是以人臣之義，必以正己爲急。

朱子曰：古之君子居大臣之任者，其於天下之事，知之不惑，任之有餘，則汲汲乎乘時而勇爲之。知有所未明，力有所不足，則咨訪講求以進其知，拔援汲引以求其助，如救火追亡，不敢少緩。上不敢愚其君，以爲不足與言仁義；下不敢鄙其民，以爲不足以興教化；中不敢薄其士大夫，以爲不足共成事功。屹然中立，無一毫私情之累，而惟知其職之所當爲。夫是以志足以行道，道足以濟時，而於大臣之責可以無愧。古之君子，一出而居大臣之位，則任大責重，其於天下之事，皆有不容辭之故。故當幾務之來，爲己所見真識定、勝任愉快者，則必汲汲乎惟恐後時，而勇往爲之。即或一人之見有所限而未明，一己之力有所阻而不足，亦非敢諉諸無可如何而優游坐視也。則咨訪其利弊於人，講求其得失於己，以益其聰明。又必拔援同列之良，汲引在下之賢，以資其助益。如救火追亡之急，而不敢少有緩焉。蓋其心上必欲其君爲堯舜之君，而不敢以爲不足與言仁義；下必欲其民爲堯舜之民，而不敢以爲不足以興教化；中則視士大夫皆可爲吾「同寅協恭」之助，而不敢以爲不足共成事功。屹然中立其間，光明正大，無一毫私情之累，而惟進思盡忠，退思補過，以殫其職分之所當爲。是其兼知仁勇之德，而又能虚己求賢，合衆人之長以成其長。若此，夫是以志足以行道而致君澤民，道足以濟時而安上全下，建特出之功名，立不世之勳業，而不愧乎古大臣之風烈也，豈備位者之所能及哉？

朱子曰：夫杜門自守，孤立無朋者，此一介之行也。延納賢能，黜退奸險，合天下之人以濟天下之事者，宰相之職也。杜門斂迹，孤立自好，此一介之士獨善其身者之所爲也。若宰相者，天子所與共天下，則當進賢退不肖，合天下之人以濟天下之事，故必公其觀聽，廣其延攬，始稱厥職，正不在避嫌疑、絶接引，以示無私也。

朱子曰：人材衰少、風俗頽壞之時，士有一善，即當扶接導誘，以就其器業，此亦吾輩將來切身利害。蓋士不素養，臨事倉卒乃求，非所以爲國遠慮而能無失於委任之間也。人才關乎風俗，造就人才，正所以轉移風俗。然當人才衰少、風俗頽壞之時，尤須留心接引。但全才不易得，士有一善，即當扶植導誘，俾器業有所成就。蓋吾輩以人事君，成就得一好人，將來便可相助爲理，轉移風俗。此亦切身利害，不可不預養之也。若養之不預，一旦臨事需才，倉卒求之，恐未必適得其人，非所以爲國家慮深遠，而委任或至於失當，咎將誰歸？此任國事者不可不於人材加之意也。

朱子曰：古人臨事所以要回互時，是一般國家大事，係死生存亡之際，有不可直情徑行處，便要權其輕重而行之。今則事事用此，一向回互，至於枉尋直尺，而利亦可爲歟，是甚意思？回互者，周旋委曲之意也。言古人臨事所以要回互者，非有所冀倖之私也，蓋是遇着國家大事，關係死生存亡之際，難以徑情直行，故不得不爲詳慎，周旋委曲，度其孰輕孰重而後行。此亦偶一爲之，權而不失其正者也。若論天下事體，原有箇正當道理，坦然可行而無疑，自不必存游移之見。今則藉口古人所爲，事事俱用回互，是其輾轉趨避之心，惟知計較利害，將必不顧義理，至於枉尋直尺，而利亦可爲歟？吾不知其是甚意思，而必欲作此見也。

朱子曰：小人爲惡，千條萬端，其可惡者，不但媢嫉一事而已，仁人不深惡乎彼，而獨深惡乎此者，以其有害於善人，使民不得被其澤，而其流禍之長及於後世而未已也。小人之惡多端，不但媢嫉妨賢一事，而仁人獨深惡此者，蓋以善人國之紀也，民之望也，而小人必多方摧折而陷害之，使無地可以自容，賢良既喪，國事日非，民不得被其澤，而禍流於無窮。其爲惡之大，莫有甚於此者，仁人所以必重其罪而不少宥也。

朱子答張敬夫曰：所疑小人不可共事，固然。然堯不誅四凶，伊尹五就桀，孔子仕於季孫，惟聖人有此作用，而明道或庶幾焉。觀其所在爲政而上下嚮應，論新法而荊公不怒，同列異意者亦稱其賢，此等事類非常人所及。所謂「元豐大臣，當與共事」，蓋實見其可而有是言，非傳聞之誤也。然力量未至此而欲學之，則誤矣。張敬夫，名栻，學者稱南軒先生，朱子之友也。君子之待小人，有含弘包荒之量，而無疾之已甚之心，故能使彼感其誠而屈服，雖與之共事無不可者。此惟聖人有此作用，如堯之不誅四凶，伊尹之就桀，孔子之仕季孫是已，而明道亦庶幾近之。觀其平日所在爲政，處之綽然，上官皆爲悦從，而百姓無不心服，至論新法病民，反令荊公從容就己商榷而不怒，當時同列意向異者，雖邪正不同，而莫不交口稱其賢，此等事皆是盛德感人不言而化的妙用，類非常人可及。其所言「元豐大臣，當與共事」者，蓋以明道之力量，實見其不難自我轉移而有是言，非傳聞之誤也。然在明道則可，若力量未至此者而欲學之，則恐至於同流合污，且爲彼所轉移矣，安能轉移乎彼哉？要之，明道所造是大賢以上事，若我輩則寧學伊川之剛方正直，庶不至於有誤也。

朱子曰：今日有一般議論，只云不要矯激，遂至凡事回互，都揀偎風躲箭處立地，却笑人慷慨奮發，以爲必陷矯激之禍。此風更不可長，固是矯激者非，只是不做矯激底心，亦是私意。大凡只看道理合做與不合做耳，如合做，豈可避矯激之名而不爲？俗尚日非，大抵要和光同塵，謂凡事不宜矯激。自有此一般議論，遂習成一副心腸，遇事便作回互之見，只揀無是非没風波處躲閃藏身，自謂得計，却笑人慷慨論事奮發直前者，以爲必陷矯激之禍，皆相與爲戒，何太自苦。

此風最爲壞事，更不可長。夫鄰於矯激者固非，而此立定不做矯激之心，亦何莫非私意？蓋天下事自有箇大中至正道理，只看道理合做與不合做耳。若合做的，自當向前去做，豈可一味回互躲閃，避矯激之名而不爲耶？必若此論，則人皆畏縮退避，國家大事，誰與擔當用力？世盡同流合污，綱常名教，誰與植立扶持哉？甚矣，爲此説者之壞人不淺也。

朱子曰：凡事自有恰好處。理之正當處謂之恰好，增一分不得，減一分不得，過一些不得，不及一些亦不得者也。天地間凡事莫不有理〔一〕，自有箇正當恰好處，以聽人之所行，特人到不得恰好地位耳。

朱子曰：天下事須論一箇是不是，後却又論其中節不中節。天下只有一是一非，是者須還他是，非者須還他非，方是自然之平。若不分邪正，不別是非，而但欲其平，決無可平之理。此元祐之調停、元符之建中所以敗也。是非者，天下之公理。凡事自有一箇是非，此邪正所由分者。我輩論事，只論其是與不是而已，是非定後，然後論其中節不中節。蓋天下事多不平者，皆因是非不明，故邪正不辨，不知理之所在。是者須還他是，非者須還他非，惟理可以服人，方是自然之平，固不必俯仰隨時、雷同附會而後爲平也。若不分別其人之邪正與其理之是非，而但欲一概求平，則邪正不相容，是非不兩立，決無可平之理，勢必至於決裂傾危而不可救止。此元祐之調停、元符之建中，所以取敗之由，而令人扼腕也。然則士君子持身處世，矯激固非，反之而爲渾同更不是，惟當奉一理以周旋可已。

朱子曰：天下事，亦要得危言者，亦要得寬緩者，皆不可少，隨其人所見，看其人議論。如狄梁公辭雖緩，意甚懇切。如中邊皆緩，則不可。「翕受敷施，九德咸事」，聖人便如此做。天下事勢不可執一而論，亦要得危言者，剛正以主張之，亦要得寬緩者，委曲以維持之。此兩種皆不可少，隨其人識量所見，看其人議論何如。如狄梁公對武后言語，辭雖寬緩，而意甚懇切，故可以感動其心，而使之悦從。設中邊皆緩，則一味柔軟，全無挽回作用，便不可矣。故「翕受敷施，九德咸事」，聖人所以備剛柔之美，而不倚於一偏也。

問：學者講明義理之外，亦須理會時政，凡事當一一講明，使先有一定之説，庶它日臨事不至墻面？朱子曰：學者若得胸中義理明，從此去量度事物，自然泛應曲當。人若有堯舜許多聰明，自做得堯舜許多事業。若要一一理會，則事變無窮，難以逆料，隨機應變，不可預定。今世文人才士，開口便説國家利害，把筆便述時政得失，終濟得甚事？只是講明義理，以淑人心，使世間識義理之人多，則何患政治之不舉耶？此因或人之問，而言學之當立其本也。夫學以明義理爲本，若平日講究義理，胸中了然明白，則他日臨政處事，便從此以爲量度，自然泛應曲當，用之不窮，所謂「本立而道生」也。蓋凡人之力量，每隨見識以爲消長，有一分見識，即有一分力量。如人有堯舜聰明，自能做堯舜的事業，不待一一理會而後能者。又況事變難以逆料，而隨機應變存乎其人，非可以預定者乎？今世學者儘能説國家利害，議時政得失，閒談空言，何濟於事？不若當此閒暇無事之時，相與講明義理，以淑人心，但得曉義理之人多，則一旦出用，皆能有所作爲，何患政治不舉，又豈必一一自我而學之耶？固知爲學惟在急於本務，而無事作泛騖之見也。

因論人好習古今治亂典故等學，朱子曰：亦何必苦苦於此用心？古今治亂，不過進君子、退小人、愛人利物之類，今人都看巧去了。古今治亂典故，雖不可不知，然徒用心於此，將有玩物喪志之病，且恐熟於世故者，未必不巧於立身也。故朱子曰何必如此，古今治亂之數，大約可以類推，不過進君子、退小人、愛人利物之類則治，反是則亂，苟知其大體足矣。今人都看巧去了，毋乃過於用心之失乎？

朱子曰：居上克寬，蓋有政教法度，而行之以寬，非廢弛之謂也。今人説寬政，多是事事不管，某竊謂壞了這寬。居上主於愛人，故以寬爲本。然所謂寬者，蓋於政教法度整齊嚴肅之中，而行之以寬大，非一味寬緩諸事，聽其廢弛之謂也。今人説寬，多是近於縱容，事事不管，而政教法度廢弛甚矣，不且壞了這寬乎，豈居上之道哉？

朱子曰：號令既明，刑罰亦不可弛。苟不嚴刑罰，則所謂號令者，徒挂墻壁耳。與其不道以梗吾治，曷若懲其一以戒其百？與其覆實檢察於其終，曷若嚴其始而使之毋犯？號令所以申之於前，刑罰所以繩之於後，此相須爲用之方，而不可廢焉者也。若刑罰不嚴，則民無所畏懼，雖有號令之頒，亦視爲具文，徒挂牆壁已耳，烏足以服其心志，而使之遵吾約束哉〔二〕？故人多謂刑罰從寬，然寬則民輕於犯法。與其不道以梗吾治，益見刑罰之煩，曷若懲一以儆其餘，猶不至禁網之密。與其覆實檢察，期無漏於其終，曷若嚴申科條，俾毋犯於其始。然則刑罰其可弛乎哉？書曰：「威克厥愛允濟。」而子産爲政以猛濟寬，夫子稱其「遺愛」，其可以鑒也夫。

朱子曰：「凡天下疲癃殘疾惸獨鰥寡，皆吾兄弟顛連而無告者也」，君子之爲政，要主張這等人。此等人多無以爲生，不能自衣食，或受人欺凌，不能自申訴。故君子爲政，當爲之主張，使之得遂其生養，而不至於無所控訴。此體天地之仁，而亦王政之先及者，不可忽而置之也。

朱子曰：監司不恤州縣之有無，而爲州縣者又不復知民間之苦樂，蓋不惟學道不明，仕者無愛民之心，亦緣上下相逼，祇求事辦，雖或有此心，而亦不能施也。此由不量入以爲出，而反計費以取民，是以末流之弊，不可勝捄。州縣親民之吏，監司則其上官也。民間苦樂，惟州縣得而知之。州縣有無，惟監司得而察之。今監司不恤州縣之有無，而州縣又不知民間之苦樂，蓋不獨平日學道未明，一旦當官，全無愛民之心，亦緣上下相逼，惟以催科賦斂爲能，迫於時勢，急於辦事，雖或有是心而亦不及施也。此無他故，總由不知量入以爲出，一有費用計，不得不厚取諸民，於是監司索之州縣，州縣索之民間，而征求無藝，追呼嚴酷，末流之弊，有不可勝捄者。仁人君子所當清其源，塞其流，以甦民命也。

朱子曰：大抵今時做事，在州郡已難，在監司尤難。以地闊遠，動成文具。惟縣令與民親，行之爲易。州郡之於民，其勢相去已遠，至監司則尤遠矣。地既處於闊絶，則民間疾苦利病，一時難以相通。即相通矣，而欲行一事，亦一時不能及民，動成文具而已。惟縣令與民最親，可以日見而言情，故有利害之事，不難朝發夕至，而其及人爲甚易也。

朱子曰：郡守以承流宣化爲職，不以簿書財計獄訟爲事。郡守方面之官，總領一郡，其任綦重，當以承流德意、宣布風化爲己職。若薄書財計獄訟之事，雖亦不廢經營，然俱非其所急，故不以爲事。蓋居其位則當識其大體，若本之不務而徒紛心於末，則一小吏之能耳，烏足與當重任也哉？

朱子曰：做守令，如胥吏沉滯公事，邀求於人，其弊百端。須嚴立程限，決要如期，他限日到，自然邀索不得。守令之官，要知吏胥作弊，凡遇公事，便想得人財物，故意沉滯，以恣需索，爲弊百端，官府受其蒙蔽，而善良多爲魚肉，最宜痛懲。但須於每項事件，皆嚴立程限以促之，決要如期料理，不容推諉遷延，稍違即加刑罰，限期急迫，彼將難以延挨，自然無暇需索，而人知我規矩法度，亦不爲其所需索矣。此所以絶其弊之源也，不然奸胥猾吏，焉能關防得許多哉？

朱子曰：爲守令，第一便是民事爲重，其次便是軍政。今人都不理會。子貢問政，子曰「足食足兵」。蓋食者民之所賴以生，而兵者則所以衛吾民者也。故守令要務，民事爲重，而軍政次之。如勸農桑，寬賦斂，使民有常産而不失其時，則百姓富足矣；聯保甲，時簡練，使民有所恃而不恐，則戎事修飭矣。此職分之所當爲者，今人都不理會，惟以錢穀刑名爲事，何哉？

朱子曰：某人世爲良宰，云要緊處有八字：「開除民丁，劖割户税。」世世傳之。邑宰之事多端，但須擇要緊處行，如「開除民丁，劖割户税」二端，某以是相傳，便世爲良宰。蓋爲令要知百姓利病所在，若民丁老死不爲開除，何以得免丁口之征，使存者不受亡者之累？户税推收不爲劖割〔三〕，何以得清賦税之籍，使貧者不代富者之賠？此良吏汲汲於此者，正其留心民事，而所以能得民心也。

朱子曰：教授之爲職，其可謂難矣，惟是任重而不苟者知之，其以爲易而無難者則苟也。教授有師道之尊，士習之所受裁，必品行端方，足以表率士類，方爲克稱其職。蓋亦難矣，惟能以師道自任而不爲苟且者知之。若謂無簿書考成之累，視以爲易而無難者，則亦苟焉而已，豈有正己化人之實乎？要知寒氈一席，風教攸關，正不得以冷署微員，而遂漫不圖報稱也。

朱子答吳尉曰：初官僻縣，遽爲上官奬拔，如此可以爲懼，而未可遽以爲喜。且當痛自檢飭，黽勉王事，謹終如始，不可便爲恣肆，及萌躁進之心也。仕宦之初，未必熟悉機宜，剖符僻縣，稍易稱職，遽爲上官奬拔，恐自此視天下之事，意若無足爲者，將來覆餗之羞，未必不由乎此，故可以爲懼，而未可遽以爲喜。且當痛自檢察，不飾於昭昭而墮於冥冥，深加砥飭，黽勉王事，爲國爲公，罔敢告勞，謹終如始，一以祗懼之心將之，不可便起妄念，放恣自肆，及萌僥倖躁進之心也。即此便是聖賢學問，豈獨居官寡過已哉？

朱子曰：大抵做官，須令自家常閑、吏胥常忙方得。若自家被文字叢了，討頭不見，吏胥便來作弊。做官須有箇體要，自家總攬大綱，常居於閑靜之地，綽然有餘，得以時時省覽，而分撥庶務，使吏胥各任事者常見忙迫，不得怠玩，則自無暇作弊，如此方爲得之。若自家不識體要，先被文移叢雜，討不着頭腦明白，則奸胥猾吏便乘我之冗亂而作弄弊端，無所不至矣。此以簡馭繁、以靜待動之法，居官者不可不知。

朱子曰：當官須有旁通曆，逐日公事開項，逐一記録，了即勾之，未了須教了，方不廢事。當官事體煩多，未免易於遺忘，須置一旁通之曆，將逐日公事開項登記，已了者勾除之，未了者速了之，如此則無沉擱耽誤之失，而事自無不舉。是亦居官一大關鍵也。

朱子曰：守官只要律己公廉，執事勤恪，晝夜孜孜，如臨淵谷，便自無他患害。纔是有所依倚，便使人怠惰放縱，不知不覺錯做了事。此教人以居官之法也。我輩欲守一官，自有正道，只要律己，則公而無私，廉而無欲，處事則勤而不懈，恪而不慢，晝夜之間，孜孜自勵，如臨淵谷，惟恐其有隕越。如此則内不失己，外不廢事，上悦下安，自無意外患害。此長守貴之道也。若纔有攀援依倚，便能使人放意肆志，怠廢因循，不知不覺錯做了事。此時既壞官箴，自干法紀，人不能以庇護你矣，何若廉正自守、勤謹奉公者之爲得哉？

朱子曰：官無大小，凡事只是一箇公。若公，做得來也精采，便是小官，人也望風畏服。若不公，便是宰相，做來做去只没下稍。官職雖有大小，而道理只是一箇，惟公而已。凡事苟能至公無私，順理行將出來，自然光明正直，十分精采，縱官卑職小，人未有不望風畏服者。蓋公者天下之正理，得其至公，斯得乎人心矣。若有一不公，便尊如宰相，所做之事總不能服人，而議之者已隨其後，只没下稍也。然則「公」之一字，真居官要訣哉。

朱子曰：狀牒煩多，須集屬官同堂商量分判，自無壅滯。此非獨爲長官者省事，而屬官亦各得自效，兼是簿尉等初官，使之決獄聽訟得熟，是亦教誨之也。州縣長吏之職，大都狀牒煩多，一人恐難獨理，須集屬官於同堂，相與商量其是非，分判其曲直，合衆見以分任，自不至於壅滯。此非獨爲長官者可以從容省事，而爲屬官者亦得以緣事自效。且簿尉初來供職，未甚經歷，若使之決獄聽訟，鍊習久之，又可漸熟事體，是亦教誨之也。此一舉而三善備焉者也。

朱子曰：今人獄事，只理會要從厚。不知不問是非善惡，只務從厚，豈不長奸惠惡？大凡事付之無心，因其所犯，考其情實，輕重厚薄，付之當然可也。治獄之道，惟在明慎，不是只要從厚。若不問其事之是非與其人之善惡，而一概欲從厚道，則奸惡者無所懲戒，是長其惡而順其奸也，不幾使善良益受害乎？但當凡事勿先存一成心，惟因其所犯之罪，考其情實，輕重厚薄，行吾法之當然，而情罪允當。則彼既懼吾之明，而我又未嘗不行其慎，斯人不敢輕犯法，而獄稱平允，不亦庶乎其可也哉？

朱子曰：聽訟，只與他研窮道理，分別是非曲直，自然訟少。若厭其多，不與分別，愈見事多。爭訟自不能無，然倶有箇是非曲直，聽訟者但在道理上代他窮究分別出來，自然兩造屈服，畏吾明鑒，不敢以非理事相訐，而訟可少矣。若厭其煩碎，因循忽略，不與從公剖斷，則有理者不得伸，無理者無所畏，而獄訟繁興，愈不可止。此糊塗官府，可令一日居於民上哉？

朱子曰：凡聽訟，必先論其尊卑上下、長幼親疏之分，而後聽其曲直之辭。爲治以正風教爲先。尊卑上下、長幼親疏者，人之分也。曲直者，訟之辭也。干犯名義，罪之大者，故聽訟者必先論其分，嚴犯上之法，而後即事察理，聽其辭以辨曲直，則人倫明而民情亦允服。今律例載卑幼誣愬尊長於本罪加等，正合此意。

朱子曰：頃在同安，見官户富家典買田業，不肯受業，操有餘之勢力，以困破賣家計狼狽之人，殊使人扼腕。每縣中有送來整理者，必了於一日之中。蓋不如此，則村民有宿食廢業之患，而市人富家得以持久困之，使不敢伸理，此最弊之大者。此朱子爲同安主簿時，所見官户富家典買貧人田産，不肯受業，租則歸己，而糧懸彼户，累其賠納，挾豪强有餘之勢力，以坐困破賣家計窮窘狼狽之人，受累則苦不堪，告理則勢不敵，令人深爲不平，扼腕太息。時當作簿縣中，每有送來審理者，即日代爲判斷了當明白。蓋恐稍一遲延，則村民伺候艱難，未免有宿食之費、廢業之苦，而市人富家得以持久之計困之，使其愈覺受虧，後此不敢控告伸理。是富者享無税之田而益富，貧者賠無田之税而益貧，爲弊最大，誠有不忍言者。此不獨同安一邑爲然，然孰肯如此留心？讀朱子此言，凡爲司牧者，可以慨然動念矣。

朱子曰：催税之法，頃見崇安趙宰，俵由子分爲幾限，令百姓依限來納，甚無擾。及過隆興，見帥司令諸邑催税，而責以十限，縣但委之吏手，恣其乞覓，或以少不滿千，欲作一頓輸納，吏以違限拒之，每限要分外用錢，擾不可言。所以做官難，要通四方風俗情僞。大凡地方事宜，一處有一處情形，一方有一方利弊，有行於此而善，行於彼而不善者。如催税之法，在崇安趙宰分爲幾限，使民依期完納之法，最爲便民不擾，可謂善矣。及過隆興，帥司令諸邑責以十限，邑委吏手，因之恣意作弊，有以税少欲作一限全完者，吏反以違限拒之，不與完納，每限勒索分外用錢，擾害百姓，不可勝言。同一限期催税也，其利害相懸如此。可見爲官甚難，最要通諳四方風俗情僞，如吏胥之奉行何如，人情之便否何如，利之所在、弊之所伏又何如。一一體察，毋使宵小得因緣爲奸，方稱爲良有司。不則徒委之吏而漫不經意，即有善法，幾何不轉而爲弊竇也哉？

朱子曰：天下事所以終做不成，只是壞於懶與私而已。只如經界就行，也安得盡無弊，然十分弊也須革去九分，所餘者一分半分而已。今人却情願受十分重弊，才有一人理會，便去搜剔那半分一分弊來瑕疵之，以爲決不可行。都是這般見識，分明只有箇天下國家，無一人肯把做自家物事看。朱子知漳州，欲行經界之法，續因去任，議阻不行，故發此言。人能以天下爲己任，與存公天下之心，方做得公天下的事。若有一些懶意與一毫私心，便就頽靡游移下來，所以終做不成，只爲此二病壞了。即如今日要行經界，也安得盡無弊，然畢竟所革之弊有九分，所餘之弊止有一分半分。今人却情愿受那十分重弊，才有人理會這事，他便搜尋那一分半分的弊前來阻撓，以爲决不可行。豈知我輩處天下國家之事，須當徹頭徹尾和盤打算，計其利多弊少者爲之，不可存箇懶意私心。若都是這般見識，分明是把天下國家的事不當做自家的事，也安得而不壞哉？

朱子曰：賑濟之策，初且大綱，一細碎便生病。屯田亦然，且理會大處。救荒原無奇策，蓋民飢待賑，刻不容緩，初且料理大綱，揀急着便宜處行之，俾民早沾旦夕之惠，即早活旦夕之命，若一細碎便生弊病，事難於理而民亦迫不及待也。嘗思屯田之法亦然，皆要理會大處。大體既得，則零碎條目自可漸舉。不然，恐於事未必有濟也。

朱子曰：自古救荒，只有兩説，一是感召和氣以致豐穰，其次只有儲蓄之計。若待他饑餓時理會，更有何策？救荒之策，當防之於未然，自古只有兩説：一則修德行仁，政簡刑清，感召天和，自然雨暘時若，年穀豐登，此其上也。其次則惟有積貯一法，如耕三餘一，耕九餘三，尚已。後世如常平義倉，倘得人以行之，時其斂散，毋致紅腐，一遇凶歉，亦可少救目前。若待民飢且死，而後理會所以救之，則已無及矣，更有何善策哉？

朱子曰：賑濟無奇策，不如講水利，到賑濟時成甚事？又曰：下手得早，亦得便宜。

講水利者，修溝洫也。水利修則水無不治，田無不墾，自不至於飢荒，所謂「賑濟無奇策，不如講水利」也。若民飢待斃，到賑濟時，不過苟且救目前而已，成得甚事？然能急爲料理，多方設法，區處得宜，則民尚不至枕籍道路，所謂「下手得早，亦得便宜」也。蓋治水力田，一舉兩得，興利於未荒之先，此爲良策。下此則賑濟之方，亦當籌其盡善，庶或少補。民命所係，國本攸關，當事者宜急盡心矣。朱子嘗有踏荒詩云：「阡陌縱横不可尋，死傷狼籍正悲吟。若知赤子原無罪，合有人間父母心。」痛哉斯言，當各書紳。按：救荒事宜，魏禧有先事之策：重農；立義倉，造木櫃置神廟，聽大助穀，凡祝壽祈禱俱出義穀；制穀贖罪；豫糴；教别種；嚴游民之禁。此皆先時急做，不言所利而利甚大。有當事之策：留請上供之米；借庫銀轉糴；捐俸勸賑；興作利民之務；勸富室興土木；均糴；嚴閉糴之法；重强糴之刑；不降米穀之價；多置給米之地；慎擇給米之人；編户丁牌；定城鄉分給之法；不時巡訪；暫省衙門役期；清獄；禁訟；修街道；收棄子；多置空所以處流民而嚴其法。有事後之策：施粥；施藥；葬殍。此三策皆因時制事，而有益於救民者也。近代江撫周忱賑荒條例，尤爲詳悉盡善，臨政者皆不可不知。

朱子曰：粟腐於倉而民飢於室，或將發之，則上下請賕，爲費已不貲矣。官吏來往又不以時，而出納之際陰欺顯奪，無弊不有。大抵人之所得，粃糠居半，而償以精鑿，計其侯伺亡失諸費，往往有過倍者，是以貸者病焉。凶荒之備，亟需積貯之策，然法立而弊生，於是有奉行故事而澤不下究者矣。故朱子痛切言之，以爲粟腐民飢，正發賑宜急之時，或將發之，民以請於吏，吏以請於官，遲延阻撓，居爲奇貨，茍不以賕，其將得請乎？幸而得請，爲費已不貲矣。此弊見於發賑之時者也。又歲以夏貸而冬斂之，民不能自爲出納，必聽命於官吏，官吏來往不以其時。此弊見於伺候之苦者也。陰作侵漁之計，欺其不知而盜之，顯爲斛量之增，奪其所餘而取之。此弊見於亡失之苦者也。諸如此類，真覺無弊不有，大抵發賑者半粃糠，入償者必精鑿，統出納之費而計之，往往過倍。當其凶荒無告，聊紓目前之困，及其既也，輸貸有若科斂，是以貸者病焉。所謂法立弊生，有治法不可無治人也。

朱子曰：吏之避事畏法者，視民之殍而不肯發，往往全其封鐍，遞相付授，至或累數十年不一訾省，一旦甚不獲已，然後發之，則已化爲浮埃聚壤而不可食矣。此論常平義倉之法，而深慨夫奉行之不善也。常平創於耿壽昌，義倉立於長孫平，皆有周人委積遺意。但有司避事畏法，不肯實心任事，周恤民艱，往往封鐍遞授，平日全不省視，不幸遇大飢而發之，則已朽同塵土，徒有積貯之空名，而無賑濟之實惠。法立弊生，深可歎也。蓋嘗私心竊論，欲廢盤查，則虞其私侵；欲寬接受，則恐其交諉；欲委任於民，則里巷既難其人，胥吏必生其擾；欲貸粟於官，則出入多失其平，散斂或違其便，皆非計之得也。惟酌古法而稍變通之，歲一出陳易新，順民之欲，糶糴以時，庶無紅朽之患。各郡邑具報價值，納之上官，糴則請之，庶無漏支之虞。其或偶見凶兆，則先期申詳，預計本地之民數，兼通隣封之緩急，勘富助公，驗貧給粟，庶不至有餓殍之憂。是或一道也，然亦在得其人以行之耳。若夫慎選親民之官，使之加意撫循，重農務，禁侈費，謹蓋藏，緩誅求，是又體國經野之本計，非徒恃積貯，以爲可苟幸無事而已也。

朱子曰：凡事須小心寅畏，仔細體察，思量到人所思量不到處，防備到人所防備不到處，方得無事。大凡處事，當小心寅畏，以敬持之，而又仔細體察，以慎將之。思量到人所思量不到，則慮之熟而不至臨期周章；防備到人所防備不到，則計之周而不至意外生變。如此方能動出萬全，而有事如無事也。不然，人無遠慮，必有近憂矣，可不謹哉。

朱子曰：臨事須是分毫莫放過。如某當官，或有一相識親戚之類，越用分明，不肯放過。當官臨事，須是順理之是非，分毫不可苟且放過。若稍容情面，瞻狥委曲，便都是一團私意，事體何由公平？故朱子自謂某當官，若遇着相識親戚之類，越用分明，不肯放過。非特謂嫌疑所在，恐人議論，亦必如是，始順於理而安於心也。觀于此言，可以知其居心之大公矣。

朱子曰：會做事底人，必先度事勢，有必可做之理方去做，不能則謹守常法。凡事自有箇勢之所宜，會做事底人，自不輕舉妄動，必相其勢，有可做之理，然後去做，故功不勞而事可集。若勢不可爲，則寧謹守常法，猶可免於無過，而不至有叢脞之貽譏，是亦處事之方也。

朱子曰：爲政如無大利害，不必議更張。更張則所更之事未成，必閧然成擾，卒未已也。爲政貴持大體，或國計民生有大利害處，時勢不同，後先頓異，則不得不舉而更張之。若無大利害，惟當謹守成憲，與民相安。倘無故紛更，事終未必可成，而閧然擾亂之勢已不能已，是非惟無益而又害之也。如王荆公行青苗諸法，其弊可見矣。

朱子曰：古之名將能立功名者，皆謹重周密，乃能有成。如吴漢、朱然，終日欽欽，常如對陣。須學這樣底方可。今人率負才，以英雄自待，以至恃氣傲物，不能謹嚴，卒至於敗而已。要做大功名底，越要謹密，未聞麤魯闊略而能有成者。古之名將，能立大功成大名者，皆謹重而不闊略，周密而不粗魯，平時則號令嚴明，臨敵則攻守預備，乃能有以成功。如吴漢、朱然，終日欽欽，不敢怠玩，雖當無事，常若對陣之時。必須學此等人，方可爲將。今人率自負英雄，恃氣傲物，全無謹嚴之心，以此專閫，未有不立見其敗者。大抵功名越大，心越要小，若粗魯闊略，斷非成事之人。匪特爲將宜然也，此與夫子「臨事而懼，好謀而成」同一意。

朱子曰：今之將帥，率皆膏粱騃子、厮役凡流，物望素輕，既不爲軍士所服，徒以苞苴結托爲事，所得差遣，費已不貲，以故到軍之日，惟務浮斂刻剥，經營賈販，百般搜羅，以償債負。償債既足，則又别生希望，愈肆誅求。蓋上所以奉權貴而求陞擢，下所以飾子女而快己私，皆於此乎取之。至於招收簡閲，訓習撫摩，凡係軍中急務，往往皆不暇及。軍士困於役使，能者不見優異，其無能者或反親寵。平時既皆悍然有不服之心，一旦緩急，何由而恃？兵者國之大事，而尤在將得其人，故朱子有慨乎當時之爲將者而發此歎也。蓋將必夙負重望，方可以彈壓軍心，而又必素有雄才，始能以簡練士卒。今之將帥，率皆膏粱騃子，漫不曉事，或係厮役凡流，出身下賤，無銘鐘勒鼎之家聲，又非輕裘緩帶之儁品，物望素輕，士卒不服。迹其平日營謀，大都專用苞苴，結托權勢，以得差遣，計其賄賂之費固已不貲，未免挪借稱貸，餽送顯要，始圖一官入手，以故到軍之日，他無所事，惟務浮斂貨財，刻剥糧餉，而且經營錙銖，賈販居奇，百般計較，凡可以得蠅頭微利者，搜羅殆盡，以償前日所借之債。負債既償矣，而名利之心愈熾，則又别生希望，思以高其爵位，而愈肆其誅求。上之以是奉權貴之歡，求其提携陞擢，下之以是飾子女之好，快其佚欲驕奢，皆於此一官中任意取盈，不至於計無遺漏不止。此其用心行事之大凡也。獨不思朝廷畀我以專閫之權者，原有許多重大急務，或招收降叛，簡閱軍容，或訓習隊伍，撫摩士卒，皆於我乎是賴，今惟一心營利，而於此等皆無暇及，並未少留意焉。又不體恤軍士以養其力，役使不時，俾至重困。其間有才能者，未見特加優異，而其無才能者，或反時見親寵。是居己既已不廉不法，而用人又復不公不明，軍政廢弛，親疏失宜，平日早不足服軍士之心，則臨事又安能得緩急之用？其不至敗乃公事而悮人家國者幾何矣？噫，此固爲將者之罪，而用將者尤不可以不擇也。

朱子曰：今日匱乏，須先正經界，賦入既正，總見數目，量入爲出，罷去冗費，而悉除無名之賦，方能救百姓於湯火。若不認百姓是自家的，便不相恤。經界不正，則税畝得以隱漏，而豪强愈肆兼并，上既有虧於國，下亦有害於民。此公私所以交困也。故今日欲免匱乏之虞，必須先正經界，正則賦税之所入者數目瞭然明白，酌其多寡量入爲出，罷去一切無益冗費，則國用不至不足，而於額外無名之賦苛素妨民者，盡數悉除，方能救百姓於湯火，而閭閻庶有起色。蓋民爲邦本，本固邦寧。上之人當視百姓如子，有無休戚，原不可以不相通。若不認是自家的百姓，膜而置之，便覺痛癢不關，恩恤不至，而愁苦之聲壅於上聞矣。爲民上者，其忍使之出於此哉？

朱子曰：嘗見吴公路作縣，不敢作旬假。謂一日假，便積下一日事，到底自家要做，轉添繁劇，且多粗率不仔細，豈不害事？居官一日有一日公事，非可以躲閃得開，更非可糊塗了局，必須抖搜精神，遇事到頭，逐件料理將去，庶不至叢脞有誤。至作縣令者，百里攸關，瑣屑繁劇，尤不容一刻閒暇。若寬下一日假，便積却一日事，前件既不及爲，後件又復疊至，到底自家總推不去，定要做的，却因前此寬假下來，一時湊集，應付不開，轉添許多繁劇，徒自勞苦，且忙亂中多半粗率了當，不及仔細撿點，豈不有害於事？何若隨時區處，因事措置，不貪閒適於前，自不至忙迫於後乎？此吴公路不敢作旬假者，可以爲居官法，而朱子之所亟稱也。

朱子曰：竊聞仰窺令甲，私計以爲依準舊制，募飢民修水利，微於數外有所增加，以爲興役之資，則救災興利，一舉兩得。又近日巡歷，親見原野極目蕭條，惟是有陂塘處，則其苗蔚茂秀實，無以異於豐歲，於是益知水利之不可不修。若得奉詔，悉力經營，令逐村逐保各有陂塘之利，則民間永無流離餓殍之患，而國家亦永無蠲減糶濟之費，所捐不至甚多，而可以成永久之利。

此朱子因賑飢行部，目擊陂塘，私計用飢民以興水利，費不多而事易舉，可以永無旱荒，免於蠲賑，而君民俱享無窮之益也。蓋民飢務在得食，今者發倉廩以賑濟之，坐糜日餼，毫無所事，不如依準舊制，即募飢民以修水利，於所賑數外略增其額，以爲僱募興役之資，則既可救飢餓之灾，而又可興陂塘之利，此一舉而兩得者也。邇來巡歷所至，見夫原野之間，其被旱者蕭條極目，大都係無陂塘之水所致，惟是有陂塘處，則蓄洩灌溉有資，其苗蔚茂秀實，無異豐歲，迥與他處不同。於是益知田必資水，有水則旱不能爲灾，其利甚大，不可以不修也。若得特奉詔旨，便宜行事，悉力經營，當令逐村逐保各興陂塘，以便蓄潴，無慮旱乾，則人力可補天時，水深自致土茂，百穀用登，二簫自給，民間不至於流離餓殍，而上亦可永無蠲減糶濟，是此時捐募之費無幾，而異日永久之利無窮。國家之急務莫過於此，朱子所爲觸目經心，而後之爲國爲民者，宜各知所留意也。

## 校勘記

〔一〕天地間凡事莫不有理　「地」，同治重刊本誤「下」。
〔二〕而使之遵吾約束哉　「吾」，同治重刊本誤「官」。
〔三〕户税推收不爲剗割　「收」，同治重刊本作「故」。

# 續近思録卷十一

## 教學　凡二十五條

此卷論教人之道。見師之所以教者，即弟子之所以學，惟在辨邪正，定從違，使之循循焉由下學而上達，將希賢希聖，自可廣其傳於無窮也。

朱子曰：後生初學，且看小學書，是做人底樣子。此朱子教人第一步工夫，即伊川所謂「以豫爲先」也。小學書畫出聖賢模樣以示人，全是主敬方法。故古者八歲入小學，正以後生初學，俗染未侵，良知良能皆有可用，且看小學書，熟讀潛玩，便曉得做人底樣子，以爲持敬之方，從此涵養本原，講明義理，而作聖之功於此立其基矣。

朱子曰：古者十五而入大學，學先聖之禮樂焉，非獨教之，固將有以養之也。蓋理義以養其心，聲音以養其耳，采色以養其目，舞蹈降登疾徐俯仰以養其血脉，以至於左右起居，盤盂几杖，有銘有戒。其所以養之之具，可謂備至爾矣。此教人之法也。古者十五入大學，便使之學先聖禮樂，以履中而蹈和，是固非惟教之，蓋將薰陶漸濡以養之，使成其德也。故理義者，禮樂之本也，講明之以養其心；聲音采色者，禮樂之飾也，陳設之以養其耳目；舞蹈降登疾徐俯仰者，禮樂之節也，肄習之以養其血脉。以至於左右起居游息之地，盤盂几杖器用之需，有箴銘有戒警，亦必本禮樂之意，以防其非僻之心。養如是其備至，而何今之不然也，此教者之責也夫。

朱子曰：楊龜山既受學於河南程氏，歸以其説教授東南，一時學者翕然趨之，而龜山每告之曰「唐虞以前，載籍未具，而當是之時，聖賢若彼其多也。晚周以來，下歷秦漢以迄於今，文字之多至不可以數計，然曠千百年，欲求一人如顔曾者而不可得。則是道之所以傳，固不在於文字，而古之聖賢所以爲聖賢者，其用心必有在矣」。楊龜山，熙寧中舉進士得官，聞河南二程子之道，即往從之學。既受學歸，以其説教授東南。如官餘杭及蕭山，一時從遊之學者數千人翕然趨之，而其所以告之之意，蓋謂：唐虞以前無書可讀，聖賢何以若彼其多。自晚周以來，孔子删定繫作之後，更秦歷漢，以迄於今，其書至不可勝紀，人之所資以爲學者宜易於古，然其間千數百年，求一人如孔門之顔曾者不可得。則是道之所以傳，固不在文字之多寡，而聖賢所以爲聖賢，其用心於近裏著己者，道必有在矣。及西山李氏請見於餘杭，則其告之亦曰「學者當知古人之學何所用心，學之將以何用。若曰『孔門之學仁而已』，則何爲而謂之仁？若曰『仁，人心也』，則何者而謂之人心耶」。李西山名郁，字光祖。請見龜山於餘杭，其告之之意亦然。大抵引而不發，使之自思。故謂孔門之學在求仁，仁之説謂之人心，然到底何爲而謂之仁，何者謂之人心。一番理會，未易粗淺尋求，此所以啓西山沉潛玩索之功也。李公受言退，求其説以進，愈投而愈不合。於是獨取論語、孟子之書而伏讀之，蚤夜不懈，十有八年，然後涣然若有得也，龜山蓋深許之。李公受言而退，求説以進，愈投愈不合者，思而未得也。然道理躍如，豈遠乎哉？於是獨取論孟而伏讀之，蚤作夜思，至十有八年，然後涣然有得，爲龜山所許可，豈非所謂「中道而立，能者從之」歟？而公之語學者，亦曰「學者於經，讀之又讀，而於其無味之處益致思焉，至於群疑並興，寢食不置，然後始當驟進耳」。公自涣然有得之後，其語學者亦曰：「學者於經，讀之輒厭，不知其味，未嘗思也。惟於此益致思焉，從無疑看出有疑，復從有疑看到無疑，至於群疑並興，寢食不置，一旦豁然，必驟有所進可知也。」觀公此言，而知其得力於龜山者非淺鮮矣。

朱子答孫仁甫曰：讀書窮理，則細立課程，耐煩著實，而勿求速解；操存持守，則隨時隨處，省覺收斂，而毋計近功。如此積累，做得三五年工夫，庶幾心意漸馴，根本粗立，而有可據之地。學貴遜志，故讀書以研窮其理，則細立課程，有條有緒，耐煩而不躁，著實而不浮，勿正勿助而求速解。學務時敏，故操存以持守其心，則隨時隨處，克治勤修，省覺而動察，收斂而靜涵，勿怠勿荒而計近功。如此日積月累，到三五年工夫無間，庶幾陶泳志意，植立根基，有可據依之地矣。若不如此循序致謹，而徒尚氣矜，豈所以爲學哉？

朱子曰：今朋友之不進者，皆有彼善於此爲足矣之心，而無求爲聖賢之志。故皆有自恕之心，而不能痛去其病，故其病常隨在，依舊逐事物流轉，將求其彼善於此，亦不可得矣。朋友取諸「麗澤」，君子以之講習也，而今乃不能日進者，皆因存一彼善於此輒自謂足之心，而不思求爲聖賢，着意向上，於是苟且姑恕，而自治之功疎矣，安能痛去其病乎？所以病根常在吾身，依舊逐事逐物流轉膠纏，無論其不能爲聖賢也，將復求其彼善於此而已不可得，又何樂乎其有朋友耶？故學者當去其悦不若己之心，而猛省以自進也。

朱子曰：學者輕俊者不美，樸厚者好。輕俊、樸厚，各就其資質言之，一則使知自克其偏，一則使知自充其美也。輕俊之人，好尚修飾，則務外之意多，而不肯近裏着己，入道較難，故不美；樸厚之人，操脩謹愿，則務學之心專，而可以沉潛善入，進道較易，故好也。然變化涵濡，要在學者自勉之耳。

有少年試教官，朱子曰：公如何須要去試教官？如今最没道理是教人懷牒來試討教官。某嘗經歷諸州，教官都是許多小兒子，未生髭鬚，入學底多是老大底人，如何服得他？某思量須是立箇定制，非四十以上不得任教官。又云：須是罷了堂除及注授教官，却請本州鄉先生爲之。如福州便教林少穎這般人做，士子也歸心，他教也必不苟。又云：只見泉州教官却老成意思。教官所以模範多士也。彼少年試教官者，必爲輕浮淺露無甚學問之人，將來模不模範不範，有甚焉者矣。乳臭小兒，膺兹清選，其可乎哉？况入學多是老大之人，豈無品望素著者，何以服之？故朱子謂堂除注授可罷也。若請本州鄉先生，則才德優長，鄉評已重，豈有不歸心不率教者乎？甚矣，教官一席職微任大，要在老成重望，而非四十以上不得任也。

朱子曰：劉元城有言，「子弟寧可終歲不讀書，不可一日近小人」。此言極有味。劉元城，名安世，字器之，元城人。此甚言小人之不可近也。一日近小人，則終歲所讀之書不足以勝之。蓋小人如蛇蠍，近之則爲彼所害。故賢子弟避小人如畏蛇蠍，寧可終歲不讀書，不可一日近小人也，然非歷過者不知。朱子贊其言之極有味，欲學者深思而自警之也。

朱子曰：古人小學只教之以事，便自養得他心，不知不覺自好了。如今全失了小學工夫，要補填實難，只得教人且把敬爲主，收斂身心，方可。此言持敬乃教人切要之方也。敬者，徹上徹下工夫，小學、大學皆不可少。但古人小學只教之以事，如灑掃應對事長之節，皆日用常行底道理，便自養得他心住，所以習而安之，不知不覺自好了。如今則從幼無所據守，全失了小學工夫，到得後來東撈西捉，雖儘費力，要填補實難，故教人無他法，只是把敬爲主，整齊嚴肅，主一無適，以收斂其身心。身心既不放逸，則隨動隨静，中存有主，自然酬酢萬變，體立用行，必如是乃可也。持敬之學大矣哉！

朱子與魏應仲曰：所讀經史，切要反復精詳，方能漸見旨趣。誦之宜舒緩不迫，令字字分明，更須端莊正坐，如對聖賢，則心定而義理易究。不可貪多務廣，涉獵鹵莽，纔看過了便謂已通。小有疑處，即便思索，思索不通，即置小册子逐一抄記，以時省閲。切不可含糊護短，耻於質問，而終身受此黯暗以自欺也。此教人讀經史之法也。經史皆有旨趣，若潦草讀過，急於記誦，則我不能見古人，古人亦不見我，何以有益？故凡所讀經史，務要反復不厭，極其精詳，方能漸見旨趣。而誦之之法，又宜舒徐遲緩，不致急迫，令字字分明，更須端莊正坐，中存敬畏，如與聖賢相對，則此心既定，虚靈自生，凡經史義理易於講究。切不可貪多務廣以分其心，涉險鹵莽以蒙其識，隔膜看過便謂已通也。其小有疑礙處，即便耐心思索，思而未得，即逐一抄記册子上，以備省閲再思，或者他時有所觸發未可知也。否則含糊相混，護短自誣，耻於下人，不肯質問，將記誦雖多，義理無得，不幾終身受此黯暗而自欺以欺人乎？故學者當切求體驗於心也。

朱子曰：教道後進，須是嚴毅，然亦須有以興起開發之，徒拘束之，亦不濟事。後進，後輩也。道，引導也。教導後輩，固須嚴毅以督責之，然學者亦怕太拘束，須有以興起其心志，開發其性靈，誘掖奬勸，寬以養之，則彼不知不覺心好乎此。若徒然拘苦束縛之，亦不濟事。程子所謂「教人未見意趣，必不樂學」也。

朱子曰：後生且教他依本子，認得訓詁文義分明爲急。自此反復不厭，日久月深，自然心與理熟，有得力處。今人多是躐等妄作，誑誤後生，輾轉相欺，其實都曉不得也。此言教後生之法也。後生智識未開，且教他依經書本子，認得訓詁分明，以求道理之流通，認得文義分明，以求立言之旨趣，此爲急務。自此時加温習，反復不厭，到得後來，日久月深，優游厭飫，若「江海之浸，膏澤之潤，涣然冰釋，怡然理順」，自然心與理熟，有得力處，而其進自不能已矣。今人多用涉獵工夫，踰越等級，妄有作爲，不知讀書窮理爲何事，所以誑誤後生，只是綴緝言語，纂組文章，輾轉相倣傚，務以欺人，其實眼前道理、經書微言，都曉不得。由此觀之，後生當以讀朱註爲入門第一要事，不於此熟讀精思者，難與講學也。

朱子曰：古人教人，非獨教之，亦須有以養之。古人教人，立規程，嚴課業，教之之道具在。然豈獨教之已哉？亦須涵育薰陶，使之漸濡而自化，則養之乃所以深於教之耳。

朱子曰：聖人之教，循循有序，不過使人反而求之至近至小之中。「博之以文」，開其講學之端；「約之以禮」，嚴其踐履之實。上達即在下學之中，希心冥悟，闢靡誇多，胥爲失之。聖人之教人也，循序善誘，不過使人反而求之人倫日用至近至小之間。博之以文，以啓其知，有得於已，則必折衷於人，講明而切究之；約之以禮，以貞其守，恐有昏怠，則必嚴加惕厲，實踐而躬行之。蓋文者禮之散殊，禮者文之統會，非博則無以致約，非約則無以統博，二者並進，有以不失其先後輕重之序，而循循焉使人鼓舞而不倦，此聖人之教之所以善也。

朱子曰：凡聖人之言，皆慤實而精明，平易而精奥。凡聖人之立言也，不事浮華，最慤實矣，而理則精切而明顯；不尚奇險，最平易矣，而理則精深而奧妙。若踵事增華而理反幽暗，刻意艱深而理益膚庸，豈聖人之言哉？

朱子曰：古人之教，自其孩幼而教之以孝弟誠敬之實，及其少長而博之以詩書禮樂之文，皆所以使之即夫一事一物之間，各有以知其義禮之所在，而致涵養踐履之功也。古人之教人也，當其孩幼，天真未漓，而教之以孝弟誠敬，踏着實地，及其少長，聰明漸啓，而博之以詩書禮樂，諷誦經文。凡此者，皆所以使之逐事逐物盡一己之當爲，循聖賢之成法，各有以知其義禮之所在，向往不差，而後涵養踐履之實功，將從此優游而馴致焉耳。否則人人有義路而不知由，人人有禮門而不知出入，子弟之率不謹，皆父兄之教不先也。然則「少成若天性，習慣成自然」，可不圖之早哉。

朱子曰：先王學校之官，所以爲政事之本，道德之歸，而不可以一日廢焉者也。至於後世學校之設，雖或不異乎先王之時，然其師之所以教，弟子之所以學，則皆忘本逐末，懷利去義，而無復先王之意。以故學校之名雖在，而其實不舉，其效至於風俗日敝，人材日衰。先王設學命官，儀型多士，所以興賢育才，爲政事之根本，道德之歸宿，不可以一日廢也。後世學校之設不異先王，然其所以教者，忘本實而重文辭，其所以學者，懷温飽而棄德義，師弟子相率成風，而先王之意不復有存焉。是以有名無實，風俗敝，人材衰，進無以爲政事之本，退無以爲道德之歸，其效之遠不如先王也，可概覩已。

朱子曰：聖人教人，大概只是説孝弟忠信日用常行底語。人能就上面做將去，則心之放者自收，心之昏者自著。如心性等字，到子思、孟子方説得詳。聖人教人，所以爲萬世師者，非有他道也，約其大概，只是説入孝出弟、忠誠信實〔一〕，爲人人日用所常行底實落語，但人不肯就上面做將去耳。若果能從此做去，一出入便思孝弟，一言行便思忠信，則氣禀不得而拘，物欲不得而蔽，心之放逸者自然收斂，而操之則存，心之昏迷者自然昭著，而雖愚必明。即如言心言性，到子思、孟子説得極詳，然究竟子思説「庸德之行」，推之以至其極，亦只是舜之大孝，武王、周公之達孝。孟子道「性善」，亦指孩提知愛知敬以證之，又曰「堯舜之道，孝弟而已」。以此知先聖孔子集群聖之大成，而其所以教人者實而可循也。

朱子曰：夫子説「非禮勿視聽言動」、「出門如見大賓，使民如承大祭」、「言忠信，行篤敬」，孟子又説「求放心」、「存心養性」，大學又教人格致誠正，程子又發明一「敬」字。各自觀之，似乎參差不齊，千頭萬緒，其實只一理，只就一處下工夫，則餘者皆兼攝在裏許。聖賢之道如一室，雖門户不同，從一處行來都入得，但恐不下工夫爾。此朱子揭出孔、孟、二程要旨，而示人以從入之門也。夫子説「四勿」，克復之功也；説「見賓」「承祭」，持敬之功也；説「忠信」「篤敬」，存誠之功也。孟子又説「求放心」、「存心養性」，事天之學也。大學又教人格致誠正，明德之學也。程子又發明一「敬」字，涵養之學也。各自其參錯處觀之，似乎頭緒萬千，不可摸捉，其實皆一理也，皆可以入門也。人能就孔、孟、二程之言，只從其一處着實下工夫，直可兼攝其餘皆在裏許，省却東撈西摸許多氣力也。大抵聖賢之道如一室然，儘有門户可入，學者勿趨邪徑，勿由穴竇，從大路上一處行來，平平坦坦，都可入得，但恐工夫不到耳。

朱子曰：前賢據實理以教人，初無立門庭之意。此言君子施教，原不執異同之見也。前賢大公無我，其教人也祇據着實地，本日用常行底道理以教之，何嘗故立門庭，分彼此同異於其間，以自峻其閑垣。特是分門別户者，偏好爲過高而自異之，知前賢亦不能强爲之同耳，而要之前賢，何容心也？

朱子曰：古人上下之分雖嚴，然待臣僕如子弟，待子弟如臣僕。伯玉之使，孔子與之坐。陶淵明籃輿，用其子與門人。子路之負米，子貢之埋馬，夫子之釣弋，有若之三踊於魯大夫之庭，冉有用干却齊以入其軍，而樊須雖少，能用命也。古之人執干戈衛社稷，躬耕稼陶漁之事。後世驕侈日甚，反以臣子之職爲耻，此風日變，不可復也。士君子知爲學者漸率其子弟，庶幾可少變乎。負米，子路少貧，嘗爲親負米百里也。埋馬者，孔子有畜狗死，使子貢埋之，曰：「吾聞之也，敝帷不棄，爲埋馬也，敝蓋不棄，爲埋狗也。」疑出諸此。此言子弟盡臣子之職，教之貴早也。古人上下之分雖嚴，然臣僕、子弟皆有爲下之分，故伯玉之使，孔子與坐，是待臣僕如子弟也。而待子弟如臣僕者，尤所以挽回驕侈之風，如淵明籃輿，及負米、埋馬以下諸事，或執干戈衛社稷，或躬耕稼陶漁，古人之爲此類者不一，要皆爲君親師用命，風何古也。後世驕侈日甚，不肯循分自安，反以臣子之職爲耻，此風日變，尚可復乎？維持挽回之道，全在士君子知爲學者漸率其子弟，各盡爲下之分，習而化焉，久而安之，庶幾有以復古也。

朱子曰：聖人教人，不過博文約禮，而學者所造自有淺深，此「喟然」、「弗畔」所以不同也。聖人無隱之教，不過博文約禮，而深者得之以「喟然」，淺者僅可以「弗畔」，惟學者之所造有異，而得力因以不同耳。

朱子與長子受之曰：早晚受業請益，隨衆例不得怠慢。日間思索有疑，用册子隨手劄記。候見質問，不得放過。所聞誨語，歸安下處思省。要切之言，逐日劄記。不得自擅出入，與人往還。此朱子訓子從師帖中語也。受之，名埜。凡爲學者，讀書作文，講明義理，事非一端，然親師取友，有當勉者，有當戒者，皆宜一一理會。如進而受業請益，則早晚不得怠慢。退而思索有疑，則日間隨手劄記。俟進見則質問，聞誨語則思省。凡切要之言，逐日劄記，恐遺忘也。不得自擅出入，與人往還，防怠荒之漸也。初到問先生，有合見者見之，不令見則不必往。人來相見，亦啓禀然後往報之，此外不得出入一步。居處須是持敬，不得倨肆惰慢。言語須要諦當，不得戲笑諠譁。凡事謙恭，不得尚氣凌人，自取耻辱。不得飲酒，荒思廢業，亦恐言語差錯，失己忤人，尤當深戒。不可言人過惡，及説人家短長是非，有來告者亦勿酬答。交游之間，尤當審擇，雖是同學，亦不可無親疏之辨。皆當請於先生，聽其所教。此教以初到之儀。凡一應交接，皆當禀命師長，不得私自出入。及既到之後，居處要持敬，倨肆惰慢皆不敬也，言語要諦當，戲笑諠譁皆無當也。凡事要謙恭，若尚氣凌人，矜己傲物，恥辱之階也。至於多飲酒或閒説人過惡短長，則切懲之。至於偶爾交游及一堂同學，則慎審之。他如治己資人不知決擇者，總當請於先生，聽其所教也。

大凡敦厚忠信，能攻吾過者，益友也。其諂諛輕薄，傲慢褻狎，導人爲惡者，損友也。推此見之，亦自合見得五七分，更問以審之，百無所失矣。但恐志趣卑凡，不能克己從善，則益者不期疏而日遠，損者不期近而日親。此須痛加檢點而矯革之，不可荏苒漸習，自趨小人之域。如此則雖有賢師長，亦無救拔自家處矣。然取友亦有道焉，大抵敦厚忠信，能攻吾過者，直諒多聞之友也；諂諛輕薄，傲慢褻狎，導人爲惡者，便辟善柔便佞之友也。推此類而又加審之，可以知人而無失矣。但親益友而遠損友，仍在立志從善，痛加矯革，庶不至趨入小人之域，而賢師長乃可相勖以有成也。見人嘉言善行，則敬慕而記録之，見人好文字勝己者，則借來熟看，或傳録之而資問之，思與之齊而後已。若既親益友，又不徒親之已也，見其嘉言善行，則敬慕而記録之，以其言行之可法也。見其文字勝己，則熟看傳録而資問之，以其文字之可師也。冀與之齊而後已焉，斯益友乃真有以益我矣。以上數條，切宜謹守，其所未及亦可據此推廣。大抵只是「勤謹」二字，循之而上，有無限好事，吾雖未敢言，而竊爲汝願之；反之而下，有無限不好事，吾雖不欲言，而未免爲汝憂之也。以上數條，皆親師取友之切要者，固宜謹守，其所未及而亦可據此類以推廣之。至其所以加功之道，大都只「勤謹」二字盡之矣。能勤謹，則循此以親師，循此以取友，進而日上，爲聖爲賢，有無限好事，雖未敢言而竊願之；不能勤謹，則反此以親師，反此以取友，退而日下，爲愚爲不肖，有無限不好事，雖不欲言，而未免憂之也。噫，朱子教子叮嚀諄切如此，凡從師者可不佩服此帖乎？

朱子曰：起居坐立，務要端莊，不可傾倚，恐至昏怠。出入步趨，務要凝重，不可剽輕，以害德性。以謙遜自牧，以和敬待人。此言存心之法也。君子莊敬日强，安肆日偷。端莊凝重者，敬也；傾倚剽輕者，肆也。起居坐立之必敬，則有以養其精明之用，而昏惰怠氣不得而干之；出入步趨之必敬，則有以保其德性之良，而邪辟嗜慾不得而害之。由是行己以敬，則謙謙君子，卑以自牧也；待人以敬，則一團和氣，藹乎可親也，而心存而不放矣。凡事切須謹飭，無故不須出入，少説閒話，恐廢光陰。勿觀雜書，恐分精力。早晚頻自點檢所習之業，每旬休日，將一旬内書温習數過。勿令心少有放逸，則自然漸近道理，講習易明矣。此言讀書之法也。讀書者凡事皆須謹飭，少出入，少説閒話，光陰易流，恐廢墜也。雜書非聖人之道，無益身心，役耳目則分精力矣。或早或晚，點檢所習之業，於每旬休暇之日，悉彙而温習之，勿令遺忘，則嘗在心目。放逸不生，自然道理畢現，漸近漸親，講習之所以易明也。此亦朱子教子之言，俾其置書齋中時時警省者也。

朱子白鹿洞規曰：父子有親，君臣有義，夫婦有别，長幼有序，朋友有信。右五教之目。

堯舜使契爲司徒，敬敷五教，即此是也。學者學此而已，而其所以學道之序，亦有五焉，其别如左。朱子原註。○規首以此者，蓋原設教之所始，見得人道危微之辨，只在天倫秩叙之中，學者舍此更無所爲學。後世務記覽爲詞章，以釣取聲名利禄，而反於五教之目闕焉弗講，大非教人之本意矣。烏知帝王立教，明白懇切，直欲天下萬世之人皆入於聖賢之域，學者能於此盡人道之當然，希聖希賢，豈難馴致哉？然而學道之功又有其序，故復爲條列於左焉。

博學之，審問之，慎思之，明辨之，篤行之。右爲學之序。學、問、思、辨四者，所以窮理也。若夫篤行之事，則自修身以至於處事接物，亦各有要，其别如左。朱子原註。○人於五教，欲盡其道之當然，苟不知其理之所以然，而責其身以必然，道不可得而盡也。於此有爲學之序，其序維何？學、問、思、辨以窮理，篤行以體事，五者相因遞致，則夫思慮云爲之際，其所以明善擇執千百倍其功者，愚而可明，柔而可强。夫然後盡人道之當然，而親、義、别、序、信，乃有以秩然其各得也，故次於五教之目。然而篤行則又有修身處事接物之要，復爲條列於左焉。

言忠信，行篤敬，懲忿窒慾，遷善改過。右修身之要。朱子原註。○夫子曰：「言忠信，行篤敬。」易曰：「懲忿窒慾。」又曰：「遷善改過。」三言盡修身之道矣。蓋修身莫大於言行，樞機之發爲榮辱之主，忠信篤敬則至誠動物，内修所以罔毁也。然而忿慾實足以累吾身，懲之窒之，遏於未萌，禁於方動，有定守矣。至於善易忘、過易積，又交惕於吾身，遷之改之，圖其自新，滌其舊染，有定力矣。凡此皆實有依據持循而慎修思永者也。此修身之要也。

正其誼不謀其利，明其道不計其功。右處事之要。

朱子原註。○凡人處一事而未能揆於道誼者，大抵皆謀利計功之私間之也。正其誼不謀其利，則一切慕戀貪污之念無所動於中，而惟誼是視；明其道不計其功，則一切躐等冀倖之思無所營於內，而惟道是求。自一事以達之萬事，皆以道誼自期，而處之無有不當矣。此處事之要也。

己所不欲，勿施於人；行有不得，反求諸己。

右接物之要。朱子原註。○推行不恕，無以爲應物之用。自反不力，無以爲宰物之本。己所不欲，勿施於人，則隨所接而人無怨於己矣；行有不得，反求諸己，則隨所接而己無怨於人矣。人己兩忘，其道在我。此接物之要也。是規詳而有體，約而有章，行之萬世而無弊者，故朱子每臨講必惓惓焉。人能以是爲學，以是爲教，道之明與行不重有賴哉？

## 校勘記

〔一〕只是說入孝出弟忠誠信實　「入孝出弟」，日本内閣文庫本作「出孝入弟」。

# 續近思録卷十二　凡四十四條

## 戒警

此卷論戒警之道。蓋「人心惟危，道心惟微」，知戒警則善日積，不知戒警則惡日滋。凡修己治人者，皆不可不存此意也。

朱子曰：開卷便有與聖賢不相似處，豈可不自鞭策？讀書開卷，與聖賢相晤對，便求與聖賢相肖似，方是着意向上工夫。若開卷時，披閲聖賢之所言所行，反照自家便有不相似處，雖日讀聖賢之書，究與身心何補？静言思之，所愧多矣，豈可不自鞭策乎？大抵學者用心鞭策，須是未開卷時，着實做戒懼慎獨之功，及開卷，又將聖賢言行反之於己，互證參觀，思與之齊之而後已。此纔是真實讀書。不然，豈惟與聖賢不相似，方且霄壤隔絶，求一二分之彷彿，不可得也。

朱子曰：書不記，熟讀可記；義不精，細思可精。惟有志不立，直是無着力處。書可以熟讀而記，義可以細思而精，雖或不記不精，猶容易着力也。惟是人之爲學，存乎其志，有志不立，則無勇往直前之氣，而有因循退諉之心，更從何處着力乎？祇如今貪利禄而不貪道義，要作貴人而不要作好人，皆是志不立之病。然志之所以不立者，不知病痛之所在而切懲之，終無由奮發以有爲也。人若識得病痛，勇猛向上，貪道義作好人，一切利禄富貴不足以動其心焉，志斯立矣。如今之人祇是貪利禄不貪道義，要作貴人不要作好人，此皆受病之源，宜其志不立而無着力之處也，故學者祇須責志。

朱子曰：夫人飽食逸居而無所作爲於世，則蠢然天地之一蠹也。故人不可以無作，然作而不敬，其所作也終無成矣。人之生也，盡性命之理，至於位天地、育萬物，其所作爲亦大矣。若徒飽食逸居，無所事事，則爲蠢然天地之一蠹，生何裨益於世也。然或既有作爲矣，而不能齊莊整敕，內無妄思，外無妄動，以收斂此心，則恣意矜張，蕩軼繩墨，究竟無成，蠢然者未必不頑然也。人慎毋爲天地之虚生可哉！

朱子答吴直翁曰：人須先拽轉了自己趨向始得。孔子曰：「苟志於仁矣，無惡也。」既志於義理，自是無惡。雖有未善處，只是過耳，非惡也。人若趨向不端，則所志非其志，安能去惡而從善？故先須拽轉了自己趨向始得也。孔子志仁無惡之言，所以立其趨向也。惟志仁則既於義理上用工，雖不能無過，然只是一時之過，可以改圖於後。而豈若爲惡之事，背理反常，終身莫贖乎。

以此推之，不志於仁則無善矣。志在於利欲，假有善事，亦偶然耳，蓋其心志念念只在利欲上。由此推之，志於仁則無惡，志於惡則亦無仁。彼滿腔都是利欲填塞，假有善事，亦偶然未盡泯之良心耳，要其處心積慮，固無一念不在利欲上也。世之志利欲與志理義之人，自是不干事，志利欲者便如趨禽獸之徑，志理義者便是趨正路。要之，利欲、理義，志既異趨，即判然兩途，不相干涉。所謂「道不同，不相爲謀」也。是故志利欲者，將大遠乎人道，便如趨禽獸之路，偶有一徑可通，皆必潛形匿影以赴之。若志理義者，正大光明，不竇不徑，便是趨坦平之正路，無非日用所常行也。人欲立志，可不端厥趨向哉？

朱子曰：今日士大夫，惟以苟且捱去爲事，上下相咻，以勿生事，不要十分分明理會，且恁鶻突，才理會分明，便做官不得。有人少負能聲，及少經挫抑，却悔其大惺惺了了。一切刓方爲圓，隨俗苟且，自道是年高見長。風俗如此，可畏可畏！此朱子歎事功之薄，宦途之衰也。程子嘗曰：「天下事譬如一家，非我爲則彼爲，非甲爲則乙爲。」蓋以家事視國事，言我之不得辭其責也。又曰：「士處高位則有拯而無隨，在下位則有當拯有當隨，有拯之不得而後隨。」言國家重大之事，原難坐觀成敗，豈可隨人步趨？拯與隨正大有權衡也。乃今日士大夫一味苟且相捱，上下所咻呶者，惟以勿生事、不要分明、鶻突、做不得官爲戒。或有少負能聲，才足任事矣，而一經挫折摧抑之後，又自悔其惺惺了了分別白黑之過當，於是方正廉隅之概，易而爲圓活變通，隨俗苟且，却道是年高閱世已深，見識长進。頹風壞俗，莫此爲甚。此不特道德蔑如，即功名亦無濟，不過溺富貴、圖温飽，其下下者耳。吁，可畏哉！

朱子曰：人須有廉耻，有耻則能有所不爲。今有一様人，不能安貧，其氣銷屈，以至立脚不住，不知廉耻，則亦何所不至？吕舍人詩曰「逢人即有求，所以百事非」。某觀今人不能咬菜根，而至於違其本心者衆矣，可不戒哉？人有不爲而後可以有爲者，耻之於人大也。若不能安貧則無廉，無廉則無耻，其平日奮發之氣，如脂如韋，銷磨屈抑，無以自由，安能立脚得住。自此沉溺不返，居下流而墜深淵，則亦何所不至哉？烏知逢人有求即百事皆非，咬得菜根則百事可做。今人不能自家吃苦，而卑躬屈節，寡廉鮮耻，俛首以求人，抑何違其本心至是也，然實不能安貧之故耳。故學道者安貧守賤是第一關，戒之勉之！

朱子曰：康節詩云「閒居慎莫説無妨」，蓋道「無妨」便是有妨。要做好人，上面煞有等級，做不好人，則立地便至，只在把住放行之間爾。閒居肯説無妨者，總爲把不住耳。若把得住，則刻刻操存，些毫不肯放過，士希賢，賢希聖，進一步還有一步工夫，如升階之有等級，方是做好人。但做不好人，一失足便墮入其中，所謂「立地便至」也。然則把住放行在敬肆間，而邵子所謂「閒居慎莫説無妨」者，固即君子戒懼慎獨之意歟！

朱子曰：纔有順適底意思，便是人欲。人欲易流，如懷土懷居，溺於所處之安，皆是順適底意思也。然豈待觀之奔放潰決之後哉？只纔有此意思，便是人欲横溢之漸，不至爲下流之歸不已。人亦謹小慎微於便安之地，而嚴加存遏，庶幾有以自克也夫。

朱子曰：每事求自家安利處，便不是義，便不可入堯舜之道。須勤勤提省，於纖微毫忽之間，不得放過。堯舜之道惟精惟一，推而至於平章百姓，風動時雍，只是無自安自利之心。況利者義之反，若每事必求自家安利處，便與義背馳，便與堯舜之道背馳。然亦不在大也，但纖微毫忽之間，稍稍放過，已自潛滋暗長於不及覺，而將莫能自禁矣。使非勤力提省，困心衡慮，以自決其幾，尚於道義何望哉？有志者當常存敬畏之心也。

朱子曰：遊從紛雜，與此曹交處，最易親狎，而驕慢之心日滋。既非所以養成德器，其於觀聽，亦自不美，所損多矣。此言交處之當慎也。天下之易親易狎者，莫如小人，若逐逐於遊從紛雜中，日與此輩交處，不覺侵入其群，親之狎之，而驕慢之心滋，蕩然無復有齊莊儼恪之念。既非所以養成德器，而且發之爲暴慢之容、鄙倍之辭，何以美人觀聽，所損不已多乎？學者慎之。

朱子答黄冕仲曰：向説小善不足爲重輕，非是以小善爲不足爲，但謂要識得大體，有用功處，不專恃此爲本領耳。善之所在，即當從之，固不可以其小而忽之也。君子爲善，初不以小而不爲，但謂識得大體者，爲能於本領處用功，則自知爲善之可樂，固不沾沾以此重輕也。然則學貴知要，而亦何嘗謂小善之可忽乎？

朱子曰：且道專讀時文，是要做甚樣人？屢試不得，到老只浮沉鄉曲。若因做時文得官，只是一味鹵莽，不説盡心奉職，爲國爲民，興利除害，心心念念只要做向上去，逐人鑽刺，求舉覓薦，無所不至。古今不朽之業，莫如立德、立功，方成箇人品。今人終日咿唔，爲帖括計，且道專讀時文，是要做甚等之人？倘屢試弗售，到老浮沉，徒寂滅鄉曲間耳。幸而因此得官，又只一味粗疏鹵莽，凡憂國憂民，心所宜盡，興利除害，職所當爲者，膜外置之，至其日夜圖維，惟是鑽刺儌求，多方扳援，以干上進，蠅營狗苟，亦甘心爲之。苟平旦自思，不知其置身何等也。舉世滔滔，恬不知怪，殊堪悼惜已。

朱子曰：凡是名利之地，退步便安穩，只管向前便危險，事勢定是如此。名利者，人所同欲之物，即人所交爭之地也。惟安分循理，退步自守，則不與人爭者，自不爲人所怨，便安穩矣。若一味前去，詭遇以弋名，爭先以射利，人所同欲者而一一專之，遂至忌怨叢生，而讒害交作，危險立至。此事勢之必然，人之所當深戒也。

朱子曰：只理會此身，其他都是閒物事。緣我這身是天造地設底，擔負許多道理，盡得這道理，方成箇人，方可拄天踏地，方不負此生。若不盡得此理，只是空生空死，空具形骸，空吃了世間人飯。見得道理透，許多閒物事都没要緊，要做甚麽？天地人謂之三才，則吾人一身，上拄天下踏地，要支撑得住。其所以支撑得住者，道理也，與閒物事全無干涉也。故只理會此身，不徒軀殼踐形惟肖，擔當許多道理，可以彌綸天地，方是全受全歸，方不枉生世上。若於此理夢夢，生無補於時，死無傳於後，但空具形骸糜飯而已。然則見得道理透者，充塞天地，至大至剛，視一切瑣瑣碎碎閒物事有甚緊要，做甚麽用也？男子拄天踏地，欲成箇人，於朱子此言三復思之，當亦赧然謝、躍然興也。

朱子曰：不曾實做自家本分工夫，故亦不能知異端詖淫邪遁之害。吾儒之與異端，如薰蕕冰炭之不可合，但不曾實做自家知言窮理工夫，則先不知薰之爲芬，安能辨蕕之臭？先不知冰之爲潔，安能別炭之污？而詖淫邪遁之生心害政、發政害事者，烏足以知之？甚矣，人當思所以自警而實用其力也。

朱子曰：向來一番前輩，少日粗有時望，晚來往往不滿人意，正坐講學不精，不見聖門廣大規模，小有所立，即自以爲事業止此，更不求進。荆公所謂「末俗易高，險塗難盡」者，可念也。聖門廣大規模，如顔之若無若虛，曾之任重道遠，是何等事業，所以見其進未見其止，臨深履薄，開衾視手足，天下後世誦法無窮也。若少時粗有時望，晚來不滿人意，直是廢於半途，隳於末路耳。所以然者，實由講學不精，未有深造，不曾見得聖門廣大規模，故甘於小就，不復求進。所謂「末俗易高，險塗難盡」者，荆公之言，不洵可念哉。然荆公能言之而身蹈之，則仍是講學不精，滋其弊也。此夫子所由以「學之不講」爲憂歟？

朱子曰：視聽與見聞不同。聲色接於耳目，見聞也。視聽，則耳目從乎聲色矣，不論心受與不受也。存乎人者，心爲大體，耳目爲小體。但人皆謂視聽與見聞一而已，而不知其爲耳目所司者實有不同，何也？聲色自外而來接於耳目者，見聞也。若視聽，則耳目從乎聲色而自内出矣，心之受與不受尚未暇論也。夫非禮之端，不能禁外之不來，而能禁内之不往。此克復四勿之功，所以兩在視聽，而君子之耳目期於受治也。

朱子曰：人固有終身爲善而自欺者，不特外面如此而裏面不如此者方爲自欺，蓋中心欲爲善而常有箇不肯底意思，便是自欺也，須是打疊得盡。此策人以戒欺慎獨之功也。自欺云者，不但外面然而裏面不然，方爲自欺以欺人也，即使中心欲爲善，而遲回沾滯，常有箇不肯底意思，便是自欺。是非不知私欲之牽縛也，只爲不能實用其力決去其私欲耳。須是打疊得盡，亦惟力拔其私欲之根而已矣。人可不慎獨以決其幾哉？

朱子曰：吾人所處着箇「道理」二字，便是隨衆不得。張子嘗言「制行以己，非所以同乎人」，又曰：「必物之同者，己則異矣。必物之是者，己則非矣。」皆所謂隨衆不得也。但吾人所處着箇「道理」二字，更有依據持循，便是隨衆不得。朱子此言，所以發明張子之意者較爲深切。學者處世，決當以理自裁，慎勿同流合污，流入鄉愿之歸也。

朱子曰：凡事不可着箇「且」字，鮮有不害事。且者，苟且自安之意。凡事須用一番精神，猛省着力，志之所至，氣必赴焉，方不至僨敗。若但存苟且遷就之心，鮮有不害事者。故夫子言進學之序，先知仁而必終之以勇也。

問：見有吾輩臨終，多以不能終養與卒學爲恨。若大段以爲恨，也是不順理否？朱子曰：也是如此。吾人生順死安，何復遺恨？若終養之悲、卒學之願，臨終以爲恨者，固未爲非是。然揆之生順死安之道，則其尚留遺恨者多，亦是不順理。因言「悔」字難説，既不可常存在胸中以爲悔，又不可不悔。若只説不悔，則今番做錯且休，明番做錯又休，不成説話。程子嘗言「罪己處不可無，然亦不可常存在胸中以爲悔」，恐其沾滯於此，無以自新也。其實又不可不悔，若只管做錯便休，今番如是，明番又如是，恬不思悔，何由改圖，豈成説話乎？當思所以善懲之可矣。

朱子曰：以干禄蹈利爲事，至於語聖賢之餘旨，究學問之本原，則罔乎莫知所以用其心者，其規爲動息，舉無以異於凡民。士之所以異於凡民者，以其志氣高遠，不爲利禄所縈，而能探聖賢之旨趣，究學問之本原，知所以用其心耳。若以干禄蹈利爲事，而罔乎無志於聖賢學問之歸，則識趣卑陋甚矣。至其規爲事業，動息起居，究與凡民奚擇哉？學者可知所自警矣。

朱子曰：事只有箇是非，只揀是處行將去，必欲回互得人人道好，豈有此理？然事之是非，久却自定。此言處事有獨斷之道也。天下事只有箇是非兩途，但恐揀不到耳。若揀得是處行去，便自心安理得。必要人人道好，委曲回互，豈有此違心狗衆之理。究之公是公非者，直道不泯，人心同然。則此事之是非，久後却自論定也。然則制行以己，豈以同乎人哉？

朱子曰：大抵以學者而視天下之事，以爲己事之所當然而爲之，則雖甲兵財穀、籩豆有司之事，皆爲己也。以其可以求知於世而爲之，則雖割股廬墓、敝車羸馬，亦爲人耳。此言爲己爲人之學，判之於心術之微也。大抵以學者而視天下事，以爲職分所當然，而爲其所不得不爲，則雖甲兵財穀至爲紛擾，籩豆有司極爲瑣屑，而本分之内吾盡吾心，本分之外不加毫末，皆實得諸己也。若以之邀譽沽名，謂可求知於世而後爲之，則雖割股廬墓所以明孝，敝車羸馬所以明儉，其實矯情飾節，推其心亦皆以爲人耳。

善乎張子敬夫之言曰，「爲己者無所爲而然者也」。此其語意之深切，蓋有前賢所未發者。學者以是而日自省焉，則有以察乎善利之間，而無毫髮之差矣。無所爲而爲之謂善，有所爲而爲之謂利。故張子謂「爲己者無所爲而然」，語意最爲深切著明，實擴前人所未發。學者能於此内省而實心以爲己，則舜、跖分途，判然善利之間，察之極其明，而無毫髮爽矣。否或視天下之事皆有所爲而然，又烏能察乎善與利之間而實用其力哉？

朱子曰：謙之爲卦，不知天地人鬼何以皆好尚之？蓋太極中本無物，事業功勞於我何有，觀天地生萬物而不言所利，可見矣。謙之爲卦，天地人鬼皆好尚之者，如日中則昃，月盈則虧，暑盛而寒伏，寒凝而暑來，是天道之「虧盈益謙」也。水瀑高峰，匯豬大澤，「地道之變盈流謙」也。「高明之家鬼瞰其室」，「積善之家必有餘慶」，鬼神之「害盈福謙」也。「德日新萬邦惟懷，志自滿九族乃離」，人道之「惡盈好謙」也。然不知天地人鬼何以皆好尚之，蓋大極中冲漠無朕，本無一物，人能全體太極，則如三之「勞謙，終吉」，四之「無不利，撝謙」，一切事業功勞於我何有？況天地原自處於謙也，觀其施生萬物，以美利利天下而不言所利，亦可見矣。然則天地人鬼，又何容心也？韓魏公喜雨詩曰：「須臾慰滿三農望，斂却神功寂若無。」殆窺見此意歟！

朱子曰：心地不虛，我見太重，恐亦爲道學之障也。心地貴明，而明本於虛，君子所爲「以虛受人」也。若不虛，則我見過執，因以不明，是以偏詖臆説障蔽胸中，雖有良師益友，恐無所施其教矣。其有妨於道學者，豈細故哉？

朱子曰：君子者，成德之名也。所貴乎君子者，有以化其氣稟之性耳。不然，何足以言君子？君子者成德之名，謂德性之渾全也。然有理義之性，即不能無氣稟之性。苟拘於氣稟之偏，則無以自成其德。故所貴乎君子者，惟有以化其氣稟，絶去剛吐柔茹之累耳。否則未足以言君子也。

朱子曰：儉德極好。凡事儉則鮮失。奢侈之人，越禮犯分，故所行多失。惟有儉德者，知節知止，則凡事守分循理，鮮有闕失。夫子曰：「儉則固，與其不孫也，寧固。」孟子曰：「儉者不奪人。」儉德豈不足尚哉？

朱子曰：楊綰用而大臣損音樂、減騶御，人豈可不養素自重耶？綰，字公權，唐時人。性清儉，獨處一室，左右圖書，凝塵滿席，澹如也。世以比山濤、楊震，蓋其養素自重亦久矣。及大曆中用以爲相，而大臣之豪奢者，率皆靡然改行，居則損音樂，出則減騶御。由是觀之，儉德可風，已足以儆有位，人奈何不養素自重哉？

朱子曰：夫子「乘桴」之歎，獨許子路之能從，而子路聞之果以爲喜。且看此等處聖賢氣象是如何。世間許多紛紛擾擾，如百千蚊蚋，鼓發狂鬧，何嘗入得他胸次耶？聖賢胸次，天寬地闊，無所不可，故海可浮也，浮海可從也。夫子發之爲歎，子路聞之爲喜，此等氣象，可以靜一世紛擾之場，亦可以消百千狂鬧之態。山谷稱濂溪「胸中灑落，如光風霽月」，庶幾似之。

朱子曰：窮須是忍，忍到熟處，自無戚戚之念矣。此示人處窮之道也。學者內力未堅，學問未到，苟遇困窮，舍「忍」字外別無他法。所謂忍者，甘淡泊，喫得苦，咬盡菜根，則百事可做也。若忍到熟處，亦可習慣自然，不生計較，自無戚戚之念據於中焉。即此便是堅定內力、沉潛學問底工夫。尚肯違其本心，爲暮夜之乞、白日之驕哉？

朱子曰：凡日用間，知此一病而欲去之，即此欲去之心，便是能去之藥。但當堅守，常自警覺，不必妄意推求，欲舍此拙法別求妙解也。此示人去病之良方，爲進學者警也。凡日用間不知病痛所在，則懵懵焉精神元氣任其銷磨耳。若既知此一病而欲去之，豈有他法？亦惟邪氣退聽便復初體，即此欲去之心，非即能去之藥乎？但當堅守是心，常恐其復爲所侵，時時警覺便足矣。假或以此爲拙法而舍之別求，恐即妄意推尋，未必有此妙解之良劑也。又曰：知得如此是病，即便不如此是藥。若更問何由得如此，則是騎驢覓驢，即成一場閒説話矣。藥者所以藥病也，能去病便是好藥。必欲更問緣由，則是騎驢覓驢，東撈西摸，捕風繫影，非真欲去病者，即成一場閒説話，豈君子以人治人之道哉？甚矣，知病便能去病，無俟他求也。

朱子答楊子直曰：學者墮在語言，心實無得，固爲大病。然於語言中罕見有究竟得徹頭徹尾者，蓋資質已是不及古人，而工夫又草草，所以終身於此若存若亡，未有卓然可恃之實。子直，名方，閩人。學求心得，墮在語言者，訓詁而已，於心則拘滯不化，實無所得，固大病也。然學者多務涉獵，即求其語言中善爲解説，徹頭徹尾究其源、竟其委，亦罕有見之者。蓋高明沉潛之資質已是不及古人，而勤學好問之工夫又復草草了事，所以終身矻矻，循學之名，若存若亡，隳學之實，曾未有深造於其中而默識心融卓然可恃者。俗學之弊，可勝歎哉！

朱子答林擇之曰：此學不明，天下事決無可爲之理。此學者，修己治人之學也。此學明，然後舉而措之，可以應天下事而無難。不則冒昧苟且，決未有能濟者。故君子必以講學爲急務也。

朱子答許順之曰：今時學者輕率大言，先將恭敬退讓之心壞了，不是小病。若實有爲己之意，先去此病，然後可耳。順之，名升，閩人。恭敬退讓，謙之道也，必存是心，方能受益。今之學者輕浮粗率，大言不慚，先將敬讓之心壞了，矜己而傲人，自足而不求進，此非小病也。若此病不除，不可以爲學。有志爲己者，所宜痛加檢點耳。

朱子曰：前賢語默之節，更宜詳味。吾輩祇爲不理會此等處，故多悔吝。易曰：「吉人之辭寡，躁人之辭多。」人之辭以情遷也，故當語而語，當默而默。前賢自然之節，深宜詳味。吾輩言多妄發，祇爲不理會此等處，即傳所謂「將叛者其辭慚，中心疑者其辭枝，誣善之人其辭游，失其守者其辭屈」，而悔吝安得不隨之乎？蓋語默關乎學問，甚不可以無節也。

問：謨於私欲未能無之，但此意萌動時却知用力克除，覺方寸累省頗勝前日，更當如何？朱子曰：此只是强自降伏，若未得天理純熟，一旦失覺察，病痛出來，不可不知也。此意萌動時雖知用力克除，然只是强自降服一時壓制，病根還在也。況云「私欲未能無」，即是天理未純熟。若未得純熟，一旦檢點不到，依舊發出病痛，旋滅旋生，相勝安有已時，此豈可不知乎？又問：五峰所謂「天理人欲同行異情」，莫須這裏要分別否？曰：同行異情，只如饑食渴飲等事，在聖賢無非天理，在小人無非私欲，所謂「同行異情」者如此。此事若不曾尋着本領，只是説得他名義而已，説得名義儘分曉，畢竟無與我事。須就自家身上實見得私欲萌動時如何，天理發見時如何，其間正有好用工夫處。同行異情固須分別，然此易別耳。只如饑食渴飲等事，聖賢小人同一日用常行也，而在聖賢得其正，便無非天理之情，在小人溺於貪，便無非私欲之情。此所謂「天理人欲同行異情」之説也。但説得名義，更須尋着本領，體認自家於私欲萌動時見得如何，於天理發見時見得如何，其間昭然不昧，而後加以閑存，正有好用工夫處。蓋天理在人，亘萬古而不泯，隨甚如何蔽錮，而天理常自若，無時不自私意中發出，但人不自覺。正如明珠大貝混雜沙礫中，零零星星逐時出來，但只於這道理發見處當下認取，簇合零星漸成片段，到得自家好底意思，日長月益，則天理自然純固，向之所謂私欲者，自然消靡退散，久之不復萌動矣。蓋天理之難泯滅者，雖蔽錮而常自若，每於滿腔私意中時時間發，但人不覺耳。果能於此發見處當下認取，使明珠大貝混雜沙礫者逐一揀擇出來，合零星爲片段，自家陶鎔，日長月益，至於理不期存而自存，私不期祛而自祛，自無待用力克除之煩且難矣。若專務克治私欲而不能充長善端，則吾心所謂私欲者日相鬬敵，縱一時按伏得下，又當復作矣。初不道克去私意後，別尋一箇道理主執而行，才如此又只是自家私意。只如一件事見得如此爲是如此爲非，便從是處行將去，不可只恁休。誤了一事，必須知悔，只這知悔處便是天理。且夫克治私欲者，將以充長善端也。若專務克治而不能充長，則吾心役役焉日與私欲相鬬敵，實恐善端之少不敵私欲之多，縱一時降伏，又當復作矣。蓋天理吾所本有，特爲私意所亂，克之斯復之，使必待克去後別尋，又成自家私意。故只此一件事，知其非則是處便是天理，誤而悔則悔處便是天理，充長善端不待別尋也。孟子說牛山之木，既曰「若此其濯濯也」，又曰「萌蘖生焉」，既曰「旦晝梏亡」，又曰「夜氣所存」。如說「求放心」，心既放了，如何又求得？只爲這些道理根於天性者渾然至善，故發於日用者多是善底道理。只要人自識得，雖至惡人亦只患他頑然不知省悟。若心裏稍知不穩，便從這裏改過，亦豈不可做好人？孟子「牛山」章指點最爲親切。牛山之木既濯濯而又萌蘖生，仁義之良既梏亡而又夜氣存，皆見天理之不容泯滅也。又如説學問之道在求放心，心既放而可求者，亦豈非天理之常在乎？大抵人性本善，故發於日用，如惻隱、羞惡、辭讓、是非，多是善底道理。只識得爲難，人雖至惡，所患頑不知省。若稍知不穩便可改，便做得好人。天理之不没也如是矣。孟子曰：「人之所以異於禽獸者幾希，庶民去之，君子存之。」去只是去着這些子，存只是存着這些子，學者所當深察也。孟子又言庶民君子去之存之只争幾希者，蓋這些子實判聖愚，一毫走作不得。學者將爲庶民乎，抑爲君子乎？將去之乎，抑存之乎？所當深察致思，留在胸次中烹治煅煉，使道理成熟，勿只做一場話説也，夫豈但區區方寸省累云爾哉。

朱子曰：杜陵七謌，豪宕奇崛，詩流少及之者，顧其卒章歎老嗟卑，則志亦陋矣。人可以不聞道哉？詩理性情，若與道俱，未爲不可。程子嘗指穿花點水句，惜工部一生爲閒言無用，亦惜其未聞道也。今朱子以杜陵所作七歌可謂壯矣，宜爲詩流所不能及，顧其卒章歎老嗟卑，則豪宕奇崛之氣依舊黯淡無色，何志趣之卑陋乃爾乎？使其與聞斯道，隨遇而安，斷不至是。信乎，人不可以不聞道也，特此意恐未易爲詩流所識耳。

朱子曰：粗有衣食之資，便免俯仰於人，敗人意思。此亦養氣之一助也，但不可汲汲皇皇，役心規利耳。衣食所以資生，有缺則不免俯仰於人，而氣爲之餒，安得不敗人意思？故但粗足便可自立，而善念之興鬱然勃然，莫能摧敗，此亦養氣之一助也。然但當順受而得之有道，不可役心規利，至喪所守耳。

朱子曰：語道術則無往而不通，談性命則疑獨而難窮。惟其厚於外而薄於内，故無地以崇之。此朱子據德箴也。德者，行道而有得於心。據者，執而守之也。特是世之人語道術則無往不通，一若行之有餘者，談性命則疑其獨得之秘難以窮盡，尚不堪自信於心焉。夫性道一原，豈有異理？惟其才高氣粗厚於外，而蓄淺中乾薄於内，故無以爲崇之之地，并所得者亦恐旋而失之，而難與日新而不已也。學者可易言據哉？

朱子曰：匪忠曷勸，匪孝曷程。咨爾學子，永觀厥成。此明倫堂銘詞，欲人顧名而思其義也。人有五倫而君親爲大，若匪忠則天下之事君者何以爲勸，匪孝則天下之事親者何以爲程。儆爾學道之子，相與聚此堂講此業，以永觀厥成也。可使名存實亡，歎世學之不講哉？

朱子曰：言思毖，動思蹟，過思棄。端爾躬，正爾容，一爾衷。此窗銘也。易於言則思劼毖，輕於動則思顛躓，小有過則思棄捐而從善，凡此皆閑其邪也。端其身範，正其儀容，一其心志，凡此皆存其誠也。學問本原之功，端在此矣。

朱子曰：養君中和之正性，禁爾忿欲之邪心。乾坤無言物有則，我獨與子鉤其深。此琴銘也。履中蹈和，彼則可以陶養其正性；懲忿窒慾，彼則可以禁抑其邪心。乾坤不言而化成，物乃有則以相準，故我與子獨鉤其深，而心藏心寫之也。按：蘇氏琴偈云：「若云絃上有琴聲，放在匣中何不鳴。若云聲在指頭上，何不於君指上聽？」朱子意在言中，蘇氏意在言外，亦可互參。

朱子曰：前聖後師，文不在兹。如或見之，有儼其思。此銘講座之詞也。吾道之絶續，亘古迄今，緜緜延延者，將安寄乎？前者之聖，後者之師，得與斯文，豈不在兹？如僾聞焉，如愾見之，有儼有翼，鬱勃其思。蓋朱子自任之重誠難已於中，而繼往開來者之斷有屬矣。

# 續近思録卷十三

凡三十一條

## 辨别異端

此卷辨異端。蓋異端不辨，則正學不明。故必於其彌近理而大亂真者，嚴析之於毫釐，然後人心不爲所惑，而世道庶乎其日隆也。

朱子曰：今人容易爲異説引去者，只是無見識。聖人之書，非細心研究不足以見。觀理既明，卓有定見，則他岐自不能惑我。今人容易爲異説引去者，非有他故，只是胸中全無見識耳。蓋聖人之書皆所以明道理，苟非平日細心研究，實下體認工夫，則茫無所得，不足以見聖人閫奥，一聞異説便主宰不定，遂不覺悦而入之矣。故學者必以致知爲急務也。

朱子曰：佛老之學，不待深辨而明，只是廢三綱五常這一事，已是極大罪名，其他更不消説。此朱子斷佛老之罪而使之無所逃也。蓋其爲學異端，誠不待深與之辨而自明者。如人生在世，有夫婦然後有父子，有父子然後有君臣，是謂三綱。三綱既立，而仁義禮智信之德行於其間，是謂五常。今佛老既無夫婦，則並無父子君臣，又何有於仁義禮智信？而三綱五常廢棄盡矣。夫人所以得爲人者，以有三綱五常也，而佛老盡廢之，世間之惡孰有過於此者乎？故即此一事，罪名已是極大，不必更論其他。盡若彼教，將生民幾無噍類，彼亦安得有其徒耶？誠知人類不容終絶，則三綱五常決不可一日無。此理甚明，人所易見。大本既失，其餘可知，何世之尚爲所惑也，不亦重可怪哉？

芮國器嘗云：「天下無二道，聖人無兩心」，如何要排佛？朱子曰：只爲無二道、無兩心，故著不得他佛法。道者，事物當然之理，天下之所共由。心者，維皇降衷之良，聖凡之所同具。芮國器既知天下無二道，聖人無兩心矣，而又謂不必排佛，則是一心以爲儒道，又一心以爲佛道，非二道兩心而何？故朱子曰：只爲無二道，出乎是則入乎非，無兩心，出乎正即入乎邪，故著他佛法不得，而必欲排而斥之也。夫是非不容並立，邪正難以並行，佛法不排，則聖道不著。豈吾儒之好辨哉，亦有所不得已耳，而何得作參和渾同之見也？

朱子曰：學者往往多歸異教，何故？蓋爲自家這裏工夫欠缺，奈何這心不下，見禪者之説有箇悟門，一朝得入則前後際斷，恁地見成捷快，如何不隨他去。若知自家這裏有箇道理，不必外求，此心自然各止其所。學者既從聖道，宜其見異不遷，而往往多歸異教者，何也？蓋人只爲於自家這裏聖賢道理，不肯一力向前實落用功，學無進益，工夫既已欠缺，此心遂没定主，東馳西逐，因奈何他不下。忽見禪者之説有箇悟門，與吾道有次第有積漸者大别，一朝得入則前後際斷，覺得恁地見成快捷，省却許多工夫，如何不忻然隨之而去？若知自家這裏原有箇平平正正倫常日用穩實可行道理，人人各足，不待外求，則此心自有定向，各止其所，而不爲他岐所惑矣。蓋中不足然後遷於外物，佛教非能引人，多是自家工夫不到耳，可不察諸？

朱子答徐彦章曰：老釋説於静而欲無天下之動，是猶常寐不覺，而棄有用於無用，聖賢固弗爲也。今説於動而欲無天下之静，是猶常行不止，雖勞而不得息，聖賢亦弗能也。蓋其失雖有彼此之殊，其倚於一偏而非天下之正理，則一而已。此答論動静體用之説也。吾儒之學，動静無間，體用一原，故寂然未發者，静之體所以立；而感而遂通者，動之用所以行。二者相須，未有静而無動、動而無静者。老釋專以清淨寂滅爲宗，説於静矣，而屏遺一切，欲無天下之動，猶人常寐不醒，而以有用之精神棄於無用之地，固聖賢所不爲也。今也欲反其弊，而晝度夜思，一息不停，則又説於動而欲無天下之静，猶人常行不止，日勞勞於道途而終不得休息，聖賢亦豈能若是哉？蓋一則偏倚於静，有體而無用；一則偏倚於動，有用而無體。其失雖彼此不同，而均非天下正理。學者誠知動静互根，而惟以主静立人極，則得矣。烏可矯之之過，而反自蹈一偏之失耶？

朱子曰：學佛者嘗云儒佛一同，某言若果然是，又何必言同？只這靠傍的意思，便是不同。爲學自有一定主見，理苟至是，不必求異，亦不必求同，決不倚傍他人。今學佛者動輒推佛而附於儒，以爲儒佛一同。夫凡事有不是處，方有同處。若佛果無不是，自信得過，則直行彼教，何必引儒爲重而言同也。只他這靠傍儒教的意思，便是大不同矣，雖日向人言，其誰信之？矧吾儒萬理皆實，佛氏萬理皆虚，判若天淵，有目者所共見乎。彼學佛者流，想亦自疑其非，而欲援儒以解免也。無如終不可以欺人，衹成其爲自欺而已，噫！

或云：莊、列、釋氏皆有大過人者，但爲從别路去，故不可與校是非。朱子曰：既云别路，則須自有正路，衹此正路别路之間，便有是非可校，何言不可耶？莊，莊周。列，列禦寇。與釋氏皆異端也。或云：是三樣人皆有大過人之才，但爲從别路去，不向儒教，然彼亦自行其學耳，不可與校是非也。朱子曰：不然。天下古今所共由之路原無兩條，既以彼爲别路，則須自有箇正路，衹此正路别路之間，是非顯然，難以寬假，便自不容不校論矣，何云不可耶？蓋非不明則是不出，吾儒正欲直斥其非，以講明吾是耳，非好爲辨難之見也。

朱子答李伯諫曰：來書云「形有死生，真性常在」。某謂性無僞冒，不必言真，未嘗不在，不必言在。蓋所謂性，即天地所以生物之理，所謂「維天之命，於穆不已」、「大哉乾元，萬物資始」者也，曷嘗不在，而豈有我之所能私乎？釋氏所云「真性」，不知其與此同乎否也？同乎此，則古人盡心以知性知天，其學固有所爲，非欲其死而常在也。苟異乎此，而欲空妄心，見真性，惟恐其死而失之，非自私自利而何？佛氏之説，謂形死而性不死，欲求其所爲真性常在者，故朱子因李伯諫之言而明辨之。夫物有僞始有真，性惟一理也，原無假冒，何真之可言？物有不在始有在，性具於人也，未嘗不在，何在之可言？蓋性之大原出於天，乃天地所以化生萬物之理。如詩云「維天之命，於穆不已」，易云「大哉乾元，萬物資始」是也。天以是賦於人，人以是受於天，其理無乎不在，同出一原，非有我所得私也。若釋氏所云「真性」，吾不知其同乎否也？果其同也，則必如古人盡心知性以知天，此中自有許多窮理格物反躬實踐工夫，其學固有所爲，非欲其死而常在也。苟其異也，則不知天之所以與我者何事，而但欲明心見性〔一〕，惟恐死而失之，其自私自利甚矣，豈天命之初所爲大公無我者哉？殊不知人之生也，則當踐形以盡性，安能一無所事？其死也，則當體受而歸全，又何有於真性之不滅乎？多見其幻妄而已矣。

或問：今世士大夫，何以晚年都被禪家引去？朱子曰：是爾平生所讀許多書、許多記誦文章，所藉以取利禄聲名之計者，到這裏都靠不得了，所以被他降下。士大夫固嘗學問，則當明義理，乃晚年多入於禪，故或人疑而問之。朱子曰：此無他故，總由平日未曾實用致知格物工夫，見理不甚明徹，所讀許多書、許多記誦文章全無實得，所藉以取利禄聲名之計者，到得日暮途窮，覺這裏俱屬無用，靠不着他，所以被他那些清淨了悟話頭降服下來。若素於綱常名教道理心解力行，見得此生做不盡離不得，一息尚存，難以少懈，任彼雖有便捷途徑，亦何能以引我哉？是在士大夫自知其病而返求之可也。

朱子曰：世學不明，異端蠭起，大率皆便於私意人欲之實，而可以不失道義問學之名，以故學者翕然趨之。然嘐有之〔二〕，「是真難滅，是假易除」。但當力行吾道，使益光明，則彼之邪説，如雪見晛耳，故不必深與之辨。世學不明，聖教寖衰，異端之流蠭起而亂天下。其所爲説，大率皆便於私意人欲之實，令人易從，而可以不失道義問學之名，又有所得，其功易而效捷，以故學者爲彼所惑，翕然從之而卒難挽回也。然而真假之辨，久當自明。俗語有云：是真終覺難滅，是假總容易除。學者但當操守堅定，力行吾道之所當然，使綱常名教益以光明於世，則人皆知趨向正道，而彼之邪説自無所容其奸，如重陰積雪見晛而即消耳，故不必與之深辨而徒煩口舌爲也。此朱子端本之論也。

朱子曰：某數日來閒思，聖人所以説箇格物，工夫盡在這裏。今人都無這工夫，所以見識皆低。聖門下手工夫，全在格物一着，能格物則知無不至，而是非邪正自不得以惑我。故朱子自謂數日來閒思，古昔聖人所以説箇格物，工夫盡在這裏。若不能辨别得是非邪正，何爲格物？今人都無這段格物工夫，所以胸中茫然，見識卑陋，而常爲邪説所引去也。然則格致之學，豈可緩哉？

朱子曰：釋氏謂人死爲鬼，鬼復爲人。如此則天地間常是許多來來去去，更不由他造化生生，必無是理也。凡人之生，受氣於父，成形於母，皆從造化源頭發見出來，所謂自無而之有也。及乎氣盡形散，則歸而爲鬼，所謂自有而之無也。此屈伸消長之理，主宰於天地者也。今釋氏謂人死爲鬼，鬼又復生爲人，是天地間來來去去，常是許多人鬼自爲輪迴，而生生無窮，其權更不必由造化矣。揆之於理，寧有是乎？且人既死而爲鬼矣，彼何由知其鬼復爲人也？不過欲肆其幻妄，而以輪迴之說誑無識之愚民已耳。其能逃君子之明鑒哉？

朱子曰：必有親切慤實可以循序而進者，乃爲吾儒之學。如其不然，恐未免陷於佛老之邪說。理本切近而精實，而用功則有次第，故學者必於日用之間，求其親切慤實可以循序漸進者而爲之，方爲吾儒正大之學。不則窮高極渺，虚無幻妄，恐未免陷於佛老之邪説而不自知。此之不可不察也。

或曰：永嘉諸公多喜文中子？朱子曰：然只是小。它自知定學做孔子不得了，才見箇小家活子，便悦而趨之。譬如泰山之高它不敢登，見箇小土堆子便上去，只是小。文中子，王氏，名通，隋末不仕，教授河汾，所著書號曰中説。永嘉諸公多喜之，故或人以爲問。朱子曰：諸公只是所見者小耳。蓋孔子之道至大，他自知不能學，因見箇小家活子，淺近易求，便悦慕而趨赴之。如人不敢登泰山之高，而於土堆子則便放步行上去也，要只是所見者小耳。夫「言學當以道爲志，言人當以聖爲志」，所謂「取法乎上，僅得乎中」也。若其自小如此，所以流於卑下，而不得爲孔子徒與。

朱子曰：釋氏止是恍惚之間見得些心性影子，却不曾仔細見得真實心性，所以都不見裏面許多道理。政使有存養之功，亦秪是存養得他所見影子，固不可謂之無所見〔三〕，亦不可謂之不能養，但所見所養，非心性之真耳。心者人之神明，所以具衆理而應萬事者也，性則心所自具之理也。聖賢之學，真見得吾心性中真實道理，萬物皆備，而加以存養之功，故能造到達天知命地位。若釋氏所爲明心見性者，止是清淨空寂之處大略見些影子，遂謂靈通了徹，參悟入微，却不曾真實見得心性中許多道理若何。他亦嘗做靜坐存養功夫，然亦止是存養其素所見些影子耳。蓋彼之見，見其所見，非吾儒所謂見也；彼之養，養其所養，非吾儒所謂養也。烏足與於心性之真乎，而安得竊吾儒之説以立言也？

朱子曰：近世學者溺於佛學，本以聖賢之言爲卑近，而不滿於其意。顧天理民彝有不容殄滅，則又不能盡叛吾説以歸於彼，兩者交戰於胸中，而不知所定，於是因其近似之言，以附會而説合之。凡吾教之以物言者，則挽而附之於己，以身言者，則引而納之於心。苟以幸其不異於彼，而便於出入兩是之私。至於聖賢之本意，則雖知其不然而有所不顧也。

此朱子直窮僞學之心術而指其失也。聖賢之言平淡無奇，不過此大中至正日用常行道理。近世學者溺於佛學高妙，心實喜之，而厭吾道爲卑近，不滿其意。特以君臣、父子、夫婦乃天理民彝所在，難容泯滅，又不能盡反吾説以歸於彼，因之顧彼顧此，兩者交戰胸中，迄無定主。於是陽避叛儒之名，陰爲從佛之實，乃取兩邊近似言語而牽合之，作調停附會之説。凡吾教言物者，則混挽之於己，言身者，則混引之於心。但求幽深虚渺與佛不異，以便其出此入彼依違兩可之私。雖知非聖賢本意而不顧也，其爲術亦詭矣。蓋其心自以吾之所見已高於聖賢，可以咄嗟指顧而左右之矣。又況推而高之，鑿而深之，使其精神氣象有加於前，則吾又爲有功於聖賢，何不可者？而不自知其所謂高且深者，是乃所以卑且陋也。此近世雜學之士心術隱微之大病，不但講説異同之間而已。

且其心自以爲是，謂所見突出聖賢之上，不難驅之俯而從我。又況我於卑者推之使高，淺者鑿之使深，覺精神氣象較前有加，以此爲功於聖賢，奚不可者。而不知彼之自謂高深者，正其卑陋之極而背謬不可爲訓者也。此則援儒入佛，其病在心術隱微之間，爲害甚大，又不但講説異同而已，所以嘗深知之而欲與學者明辨之也。夫朱子未出以前，王安石、張子韶以佛旨釋諸經，蘇子瞻以佛旨解易，游定夫以佛旨解論語，呂居仁以佛旨釋大學，程門諸子以佛旨釋中庸。自朱子出，而其書始廢，蓋惟深知雜學心術之大病，故辨之極力。此其所以上承孔孟，而集群儒之大成與。

朱子曰：釋氏之捨身飼虎，雖公，而不仁矣。

仁者雖以萬物爲一體，然推之有本，行之有方，豈漫無所差等，而至視身爲輕，視物反重哉？若釋氏之捨身飼虎，彼意以爲至公，而不知仁者必先自愛其身，身之不愛，何能愛物，其爲不仁甚矣。夫吾儒無從井救人之仁人，而墨子有摩頂放踵利天下之兼愛。若釋氏者，墨之流亞，而儒之罪人歟。此爲吾徒者不可不闢異端也。

朱子答陳衛道曰：嘗見龜山先生引龐居士説神通妙用運水搬柴話，來證孟子「徐行後長」義。竊意其語未免有病，何也？蓋如釋氏説，但能搬柴運水即是神通妙用，此即來喻所謂「舉起處其中更無是非」。神通妙用搬柴運水，此龐居士佛家話也。龜山引以証孟子「徐行後長」之義，以釋解儒，其説不能無病。蓋釋氏不知有理，惟認知覺運動爲性，故謂運水搬柴即是神通妙用，而一味率意妄行，盡將理字掉却一邊，全没分別，但求其所爲作用者。此即所謂「舉起處其中更無是非」者也。若儒者則須是徐行後長方是，若疾行先長即便不是。所以格物致知，便是要就此等處微細辨別，令日用間見得天理流行，而其中是非黑白各有條理，是者便是順得此理，非者便是逆著此理。胸中洞然無纖毫疑礙，所以才能格物致知，便能誠意正心，而天下國家可得而理，亦不是兩事也。若吾儒則須講明道理，如徐行後長則是，疾行先長則非是。故用格致工夫，就要從此處微細辨別，常見日用間天理流行，是非昭著，是者便是順理，非者便是逆理。胸中洞徹明白，絶無纖毫疑礙，所以才能格致便能誠正，而家國天下可理。此孟子即徐行一端而謂堯舜之道盡此者是也。凡古聖賢説性命，皆是就實事上説。如言盡性，便是盡得此君臣父子三綱五常之道而無餘；言養性，便是養得此道而不害。至微之理，至著之事，一以貫之，略無餘欠，非虚語也。凡古聖賢所言性命，非屬空虚渺茫，皆就君臣父子三綱五常實事上説。盡性，便是盡得此道理而不令有留餘；養性，便是養得此道理而無所作爲以害之。其理至微，其事至著，一以貫之，略無餘欠，所謂「體用一源，顯微無間」，非虚語也。彼釋氏之自以爲神通妙用者，不過知覺運動之能，豈知吾性中自有實理實事？必知之明而行之當，不是空空作用可了者哉，而何可以佛説證儒修也？然則龜山此論，想亦在未受業程子之前歟。

朱子曰：學貴於知道。蘇氏早拾蘇張之緒餘，晚醉佛老之糟粕，謂之知道，可乎？蘇氏，謂軾、轍也。蘇張，謂蘇秦、張儀也。道者，日用之所常行，至當而不易，不可過不可不及焉者也，故君子之學貴於知道而已。若夫蘇氏早歲學文，拾蘇張之緒餘，是縱横之徒也。晚年逃禪，醉佛老之糟粕，是清淨之流也。縱横既涉於功利，清淨又入於虛無，故均不可謂之知道也。

朱子曰：蘇氏文辭偉麗，近世無匹，若欲作文，自不妨模範。但其詞意矜豪譎詭，亦若非知道君子所欲聞。蘇氏所著文辭，閎偉華麗，近世罕有其匹，欲作文者，似不妨取爲模範。然玩其詞意，大約矜豪譎詭，無光明正大之氣，後生輩學之，心術反爲所壞。故知道之君子，亦有所不欲聞也。

朱子曰：向來見子靜與王順伯論佛，云「釋氏與吾儒所見亦同，只是義利公私之間不同」。此説不然。如此却是吾儒與釋氏同一箇道理，若是同時，何緣得有義利不同？只彼源頭便不同〔四〕，吾儒萬理皆實，釋氏萬理皆空。陸子靜，名九淵，學者稱象山先生，其學近於禪者也。嘗與王順伯論佛，謂其所見與吾儒同，特義利公私之間不能無少異耳。夫義者天理之公，利者人欲之私。吾儒之學，正誼不謀利，至公而無私。若果其同也，則儒釋止此一箇道理，又何有義利之不同乎？所以然者，只爲源頭處便自不同。吾儒踐形盡性，事事著己，故萬理具足於心而皆實。釋氏虛無幻化，希心頓悟，故萬理一切遺棄而皆空。相去奚啻霄壤，烏得援儒入釋，混釋於儒，而作此自相矛盾之論哉？此朱子所以深闢之也。

朱子曰：陸學固有似禪處，然婺州朋友專事聞見，而於自己身心全無功夫。所以每勸學者兼取其善，要得身心稍稍端静，方於義理知所決擇，非欲其兀然無作，以冀一旦豁然大悟也。陸子静之學，遺却格致工夫，專以静坐頓悟教人，固有近似禪處。但邇來婺州朋友則又專事見聞，馳情外騖，而於自己身心全無存養工夫。恐其徒道問學而不知尊德性，故每勸學者兼取彼之善處，返之身心稍稍端静，不致妄動，然後安詳整暇，方能於義理之間知所決擇。此則因病發藥，矯其太過而進其不及，非欲其學陸之兀然静坐，無所作爲，以希一旦之冥悟也。觀於此言，則知陸學之非固朱子所深斥，而世之學陸者，正不得有所藉口而作調停傅會之説也。

問：釋氏有豁然頓悟之説，不知倚靠得否？朱子曰：某也曾見叢林中有言頓悟者，後看這人只尋常。如陸子静門人初見時常云有所悟，後來所爲，却更顛倒錯亂。看來所謂豁然頓悟者，乃是當時略有所見，覺得果是潔淨快活，稍久却漸漸淡去了，何嘗倚靠得？叢林，釋氏所居也。釋氏之説專以頓悟爲主，或問其所得力處不知可倚靠得否，朱子曰：某也曾見叢林中常爲此説，後看此等人俱只尋常，非能真知性命者。如陸子静之學亦尚頓悟，差與禪同，門人學其學者，初見時常云有悟，到後來觀其所爲，却更顛倒錯亂，茫然無以自主。似此看來，彼之所謂豁然頓悟者，大抵是靈覺光影略有見地，當下一時如此，稍久漸漸淡去，終是毫無實際。向之所見，不過如電光石火，恍惚爲象而已，安能倚靠得長久耶？若吾儒性命之理，至精至微，細入毫芒，無一非實，苟有所見，自終身用之不盡，豈釋氏可同日語哉？

朱子曰：近年以來，乃有假佛釋之似以亂孔孟之實者，其法首以讀書窮理爲大禁，常欲學者注其心於茫昧不可知之地，以僥倖一旦恍然獨見，然後爲得。蓋亦有自謂得之者矣，而察其容貌詞氣之間，修己治人之際，乃與聖賢之學有大不相似者。聖賢之學全在讀書窮理，以求深造自得，小之形於容貌詞氣，大之見於修己治人，莫不有真實工夫存焉。乃近來一種學問，直假佛釋之似以亂孔孟之真，其法專以讀書窮理爲禁，惟令學者瞑目靜坐，常注心於藐茫闇昧不可知之域，以僥倖於一旦恍然獨見而有得焉。而學其法者，亦有自謂已能得之，宜必有大過人者矣，至察其容貌詞氣之間，修己治人之際，乃與吾聖賢之學背謬已甚，而絶不相似。吾不知其所得者果安在也？夫廢格致之功，而空腹高心，妄希冥悟，古今來豈有是學乎？此名爲儒而實逃入於禪者，得不斥之爲異端哉？

朱子答吴公濟曰：來書云「夫子專言人事生理，而佛氏則兼人鬼生死而言之」。某謂不知生死人鬼爲一乎，爲二乎？若以爲一，則專言人事生理者於死與鬼神固已兼之矣，不待兼之而後兼也。若須别作一頭項窮究，則是始終幽明却有間隔也[五]。人鬼死生原無二理，非誠敬足以事人，則必不能事神，非原始而知所以生，則必不能反終而知所以死。此夫子專言人事生理之意也。今佛氏兼言之，其視死生人鬼爲一乎，爲二乎？若以爲一，則知生之道即知死之道，盡事人之道即盡事鬼之道，不待兼言之，而其理已無不在其中，則固兼之矣。若須别作一項窮究〔六〕，則是分而爲二，而始終幽明却有間隔也。夫佛氏地獄輪迴報應之説，皆言死言鬼，好爲怪誕不經，而於人事生理反茫然全無理會，其爲誣世惑人甚矣，豈吾儒所樂道哉？

朱子曰：異端之學，以性自私，固爲大病。然又不察氣質情欲之偏，而率意妄行，便謂無非至理，此尤害事。近世儒者之論，亦有近似之者，不可不察也。性即理也，降衷各足，萬理皆備，固大公無私者也。但人自有生以後，或爲氣質所拘，情欲所蔽，則必用知行交進之功，以全乎天所以與我之理。此吾儒盡性之學也。今異端以性自私，不知有理，惟欲明心見性〔七〕，其病爲已大矣。又不察氣質情欲之偏，據其所見一味率意妄行，便謂無非至理，則其害事尤有甚焉。其大悖於吾道者，正在於此。乃近世儒者之論，亦有指空虚爲性，而全無窮理工夫，忒近似其説者，陽儒陰釋，最爲惑人，學者不可不察也。朱子此言，蓋爲象山而發歟？

朱子稱李延平先生曰：異端之學無所入於其心，然一聞其説，則知其詖淫邪遁之所以然者，蓋辨之於錙銖杪忽之間，而儒釋之邪正分矣。言延平先生平日，其於異端之學，非聖人之道者，既無所入於其心矣。然邪説横流，無所不至，而先生一聞其説，即能知其詖淫邪遁之所以然，而直窮其受病源頭，且辨之於錙銖杪忽之間，毫不爲所蒙混，而儒釋之邪正判然分别。蓋其心事光明，常如冰壺秋月，瑩徹無瑕，故能如此。其衛道之功良匪小矣！

問：昔有一僧，每自喚主人翁惺惺着，謝氏亦有「常惺惺」之說，是同是異？朱子曰：謝氏之説，於身心事物上皆有工夫。若禪家所見，只見得箇主翁便了，其動而不中禮者，俱不管矣。且如父子天性，父被他人無禮，子須去救。他則不然，子若有救之之心，便是被愛牽動，便是心昏。主人翁若如此惺惺，成何道理？主人翁，指心也。惺惺者，常提醒之，使不至於昏昧也。禪家以明心爲教，故一僧每自喚主人翁惺惺，而上蔡謝氏亦有是説。或人疑之，而問是同是異。此儒釋相似而實不同者，朱子因辨之曰：謝氏所謂「常惺惺」者，是平日存誠主敬，於心身事物上念念戒懼，時時省察，欲其不至懈怠昏昧，皆有實落工夫。非如禪家所見，只是冥然寂守，撮弄精神，得箇主翁便謂一了百了，此外人倫日用許多事務，動不中禮者，以爲俱可遺棄而不管矣。即舉一事言之，且如父子天性至親，若父被人加以無禮，子須往救，方是心理之安。彼則不然，謂一往救便被愛所牽動，即是心昏，必也寂守此心，聽之不顧，方可。夫所貴乎主人翁者，以能處事順理，寂然不動，感而遂通也。若但如此惺惺，則滅絶天性，一槁木死灰而已，成何道理？此儒釋大相懸處，正學者所當深察，而不可誤認爲同也。

朱子曰：禪學最害道。老莊於義理絶滅猶未至盡，佛則人倫已壞，禪則又將許多義理掃滅無餘，故其爲害最深。老莊、禪學俱係異端，並與吾道爲敵，而其害之大者，則惟禪學最甚。

蓋老莊雖主清淨無爲，然猶托於道德之説，於義理未盡滅絶。佛則棄君臣、父子、夫婦，已大壞人倫矣。及一變而之禪，則更詭秘幽渺，名爲明心見性，而實則虚無寂滅，將天地間許多當然道理一切掃蕩無餘，其説彌近理而大亂真，不特可以愚庸衆之耳目，欺其不知，而且可以惑賢智之心思，迷而不悟，爲害最深。所當深拒之，以爲衛道計也。

或有言修後世者，朱子曰：今世不修，却修後世，何也？既爲今世人，即當修今世之事，臣忠子孝，兄友弟恭，夫倡婦隨，皆此生不可不爲者也。而今乃從釋教，離而去之，必欲種因果爲來生計，曰吾以修後世也。夫後世茫茫不可知矣，舍其眼前現在之事，而圖爲未來無影之修，抑何惑之甚耶？朱子所以深闢之也。

朱子曰：某於釋氏之説，蓋嘗師其人，尊其道，求之切至矣，然未能有得。其後以先生之教，校夫先後緩急之序，於是暫置其説而從事於吾學。其始蓋未嘗一日不往來於心，以爲俟卒究吾説而後求之，亦未甚晚耳，非敢遽絀絶之也。乃一二年來，心獨有所自安，雖未能即有諸己，然欲復求之外學以遂其初心，不可得矣。朱子自言當在少時，於释氏之説，亦嘗奉其人而師之，學其道而尊之，求之可謂切至矣，然究竟疑而無得。及從延平先生之教，校夫學問先後緩急之序，於是知聖賢大中至正道理，暫置其説而從事於吾儒之學。其始緣爲異説先入，雖間或有疑，而未嘗一日不往來於心，以爲俟吾卒學於正道而後求之，亦未敢遽以彼爲非而絶之也。乃一二年來，服習吾道者久，識見漸明，心思獨有所安，始知此之爲是，彼之爲非，雖於聖賢學業未能即有諸己，而志向既定，不爲異説所移，欲復求之外學以遂向之初心，不可得矣。此可見人之惑於異端者，必其未嘗有得於吾道，誠返而自得其大中至正之歸，則彼之説自不難於立辨，而拒之惟恐不至矣，尚何惑之有哉？噫，經正則庶民興，庶民興斯無邪慝。有志斯道者，尚其各務反經之學也夫。

## 校勘記

〔一〕而但欲明心見性　「明」，日本内閣文庫本作「冥」。

〔二〕然嗲有之　「嗲」，同治重刊本作「諺」。

〔三〕固不可謂之無所見　「固」，同治重刊本作「而」。

〔四〕只彼源頭便不同　「彼」，日本内閣文庫本作「被」。

〔五〕則是始終幽明却有間隔也　「却」，同治重刊本誤「欲」。

〔六〕若須别作一項窮究　「須」，同治重刊本誤「思」。

〔七〕惟欲明心見性　「明」原作「冥」，據文意改。

# 續近思録卷十四

凡四十九條

## 總論聖賢

此卷論聖賢相傳之統，而諸子附焉。蓋自堯舜以來，傳之孔子，孔子傳之顏曾，曾子傳之子思，子思傳之孟子，遂無傳焉。楚有荀卿，漢有董仲舒、揚雄、諸葛亮，隋有王通，唐有韓愈，雖未能傳斯道之統，然其立言行事，有補於世教，皆所當考也。迨於宋朝諸儒崛起，時則周子倡之於先，二程子、張子遂從而推廣之，而聖學復明。自龜山親受業於程門，載道而南，若羅若李，一脉授受。至我朱子集其大成，一時師友相承，幾上擬於洙泗，蓋天開斯文之會也。朱子嘗輯近思録，終以四子，以明道統之復續。愚今輯續近思録，終以朱子，以見道統之攸歸。學者誠由是而入焉，則庶乎其不差矣。

朱子曰：儒教自開闢以來，二帝三王述天理，順人心，治世教民，厚典庸禮之道。後之聖賢遂著書立言，以示後世。二帝，堯、舜也。三王，禹、湯、文、武也。典，五典，禮，五禮。書所謂「天叙有典，天秩有禮」是也。言儒者之教，自有天地以來，帝王相傳，所以述天理之本然，順人心之固有，爲治萬世、教萬民，厚五典、庸五禮之道。後之聖賢，逐因而修明之，著書立説以闡發其遺藴，而昭示乎後世，使人知所遵守。蓋古今無二道，即無二教，前有帝王，後有聖賢，統系相承，源流同貫，可考而知也。

朱子曰：夫子之所志，顔子之所學，子思、孟子之所傳，皆是學也。道一而已，孔顔思孟，一脉相承，豈能舍是以爲學哉？故志者志此，學者學此，傳者傳此。外此則爲異端之學矣，可不慎與？

朱子曰：古之聖賢從本根上，便有惟精惟一功夫，所以能執其中，徹頭徹尾，無不盡善。後來所謂英雄，則未嘗有此功夫，但在利欲場中頭出頭没，其資美者乃能有所暗合，而隨其分數之多少以有所立，然其或中或否，不能盡善，則一而已。精者擇之明，一者守之固。古之聖賢，從立地根本上，便有惟精惟一功夫，不參於疑似，不間於二三，所以能得無過不及之中而允執之，而自首至尾所行之事，無不徹底盡善。雖其質性之美，良由學問到也。若後來英雄一流，平日未嘗下此功夫，但在利欲場中出没，有一等資美者，率性而行，亦能於善處有所暗合，而隨其所合分數之多寡以各有所自立，然究竟欠擇執之功，故或中或否，而終未能盡善，則一而已。蓋聖賢自是聖賢地位，英雄止是英雄本色，故學者必以進之於道爲貴也。

朱子曰：曾子平日是箇剛毅有力量、壁立千仞底，觀其所謂「士不可以不弘毅」、「可以托六尺之孤，可以寄百里之命，臨大節而不可奪」、「晉楚之富，不可及也，彼以其富，我以吾仁，彼以其爵，我以吾義，吾何慊乎哉」底言語可見。雖是做工夫處比顔子覺粗，然緣他資質剛毅，先自把捉得定，故得卒傳夫子之道。志氣柔靡人最不濟事，以無任道之勇，故非載道之器。若聖門曾子平日是箇剛强不屈、嚴毅不撓、最有力量，如壁立千仞氣概，觀其所言「士不可以不弘毅」等章可見。其做工夫處雖比不得顔子細膩，覺較近粗，然因他本來資質原是剛毅邊人，識力堅凝，把捉得定，故能一力向前，不爲他岐所惑，而卒以傳夫子之道，與顔子共稱。故學者必以剛毅爲貴也。

朱子曰：子思别無所考，只孟子所稱，如「摽使者出諸大門之外，北面再拜稽首而不受」，如云「事之云乎，豈曰友之云乎」之類，這是甚麽樣剛毅。天下最貴重者道德，然非剛毅的人，便無擔當力量，鮮不爲勢利所屈。若子思摽使者之事與答魯公之語，大有壁立千仞、俯視一切之概，目中何曾有當日諸侯？如此嚴毅，方真是能以道自重者。曾子、子思而後，惟孟子有此氣概，可知聖道相傳，專賴有此種人也。

朱子曰：孟子説滕文公便道性善，他欲人先知得一箇本原，則爲善必力，去惡必勇。性命於天，無有不善，故人人皆可以爲堯舜。人之不肯爲善去惡者，只是自昧其本原耳。孟子見滕文公便道性善，欲其先曉得一箇本原所在，以見仁義不假外求，聖人可學而至，庶幾發憤爲雄，力於爲善，勇於去惡，以復其本然之初。此是孟子教人得大頭腦處。當時邪説横流，言性不一，惟孟子以性爲善，令人認取本原，可謂得所宗矣。

朱子曰：學者須要有廉隅墻壁，便可擔負得大事去。如子路世間病痛都没了，「親於其身爲不善」直是不入，此大者立也。問：子路此箇病，何以終在？曰：當時也須大段去做工夫來，只打疊不能得盡，冉求比子路大爭。廉，有分辨也。隅，如物之有隅而端方也。墻壁，喻界限嚴固也。學者須要有廉隅墻壁，操守峻厲，一毫不苟，便可擔負得大事去，所謂「人有不爲而後可以有爲」也。如子路生平凡世間病痛的事他都没了，至「親於其身爲不善」者直是不入，觀其所言，可以知其氣概，此大者立也。能如子路，何患不成人品？問者謂子路既知不善不入矣，而未免仕於權門，此箇病何以終在？朱子曰：子路當時也須大段去做工夫來，但未到純粹地位，打疊不能得盡，然畢竟不苟且阿附，若冉有爲季氏聚斂，比子路大爭矣。大凡操守不立之人，終不可與任事，故觀人必於其所守也。

朱子曰：孟子後荀、揚淺，不濟事。只有王通、韓愈好，不全。孟子既没，聖學失傳，荀況、揚雄俱不識性，所見甚淺，不濟於事。只有王通天姿甚高，而大本領處不曾理會，韓愈學見原本，而工夫未純，故雖好而不全也。然唐三百年，識正學者惟一昌黎，較之文中子又似爲過之也。

朱子曰：漢儒惟董仲舒純粹，其學甚正，非諸人比。漢四百年，識正學者惟一董仲舒，今觀所言「正其誼不謀其利，明其道不計其功」，心術何等純粹，學術何等正大。漢唐以下諸儒皆不能及，亦可稱一代大儒矣。

朱子曰：諸葛武侯常言「治世以大德不以小惠」，而其治蜀也，官府次舍、橋梁道路，莫不繕理，而民不告勞，是亦庶乎先王之政矣。王政不施小惠，大綱張，細目舉，事集而民不煩，觀孟子譏子産「惠而不知爲政」章可見。諸葛亮嘗言「治世以大德不以小惠」，最得爲治大體。至其治蜀，則又不忽庶務，凡官府次舍、橋梁道路，莫不繕治修理，而民未嘗告勞，庶幾合乎先王之政矣。程子謂其有王佐之才者，其信然乎。

問：陸宣公比諸葛武侯如何？朱子曰：武侯氣象較大，恐宣公不及。宣公，名贄，唐代名臣。嘗上奏議論天下事甚悉，綽有經濟之才，但比諸葛武侯，則王佐之器，其所設施氣象較大，似非宣公可及。然在漢唐，如二公之品，皆係純臣，特以才相提而論，則不能無大小耳。

朱子曰：韓退之却有些本領，非歐陽公比。原道其言雖不精，然皆實，大綱是。韓文公一生學問見於諫佛骨表，識見高，持論正，却有些本領，非歐陽永叔可比。至原道一篇，以愛之理爲仁，遺却心之德一邊，所言雖未精當，然皆實説道理，大綱已是。即微有見不到處，無害其爲學之正也。唐儒惟公首推，信然。

朱子曰：明道渾然天成，不犯人力；伊川工夫造極，可奪天巧。明道之言，發明理致，通透灑落，善開發人；伊川之言，即事明理，質慤精深，尤耐咀嚼。然明道之言，一見便好，久看愈好，所以賢愚皆獲其益；伊川之言，乍見未好，久看方好，故非久於玩索者不能識其味。此論二程夫子之造詣教人也。明道鄰於生知，不假人力；伊川全用人力，以奪天巧。一則漸近自然，一則功夫詣極，此其造詣然也。至其教人之言，明道發明通透，善於開發，故人一見便知，久而愈覺其妙，無論賢愚皆獲進益；伊川質實精深，耐人尋味，故乍見不知其好，必待玩索之久而後有得。但明道德性寬大，規模廣闊，善學之則日進於高明，不善學之則恐流於空蕩。若伊川氣質剛方，文理密察，使人有所依據，尤爲易學。故朱子又曰：「明道所處是大賢以上事，伊川所處雖高，其實中人皆可跂及。」又曰：「明道說話超邁，不如伊川說得的確又親切。」然二程皆百世師表，在人善學之可也。

朱子曰：伊洛拈出「敬」字，直是學問始終日用親切之妙。堯舜以來，聖聖相傳，心法不越一敬，故聖學就此立根本，凡事都從此做去。伊洛拈出「敬」字，上接千聖之傳，直是學問徹始徹終、日用至親至切之妙。俾學者有所持守，存養省察，以爲希賢希聖階梯，其功不淺。故朱子又曰：「程先生之有功於後學，最是敬之一字有力也。」

朱子曰：橫渠用功最親切可畏，學者用功須是如此。張子苦心力學，終日危坐一室，左右簡編，俯而讀，仰而思，有得則識之，或中夜起坐，取燭以書。著正蒙時，夜坐徹曉，極力探索。其平日用功最爲親切，令人可畏。學者用功，須是學他如此，方有進益。不則悠悠忽忽，終濟不得事。故朱子特舉之以相勖也。

朱子曰：氣質之説始於張程，極有功於聖門，有補於後學，前此未曾有人説到。人性皆善，其有不善者，氣質之性也。夫子曰：「性相近也，習相遠也。」又曰：「惟上知與下愚不移。」便是説氣質矣，但未明言之耳。至程子分明指出示人，嘗曰：「論性不論氣不備，論氣不論性不明。」横渠則曰：「形而後有氣質之性，善反之則天地之性存焉。故氣質之性，君子有弗性者焉。」蓋自孔曾思孟而後，無人説到此道理，而程張始言之。俾學者曉然於性之本善，不得自安於氣質，而諸家妄言性者俱廢，其有功於聖門，而有補於後學也，詎淺鮮乎哉！

朱子曰：游、楊、謝三君子初皆學禪，後來餘習猶在，故學之者多流於禪，游先生大是禪學。游酢、楊時、謝良佐，三人皆程門高弟，初皆學禪，自見程夫子，盡棄其學而學焉。然到後來餘習尚在，未能盡除，故從之學者多流於禪，而游則大是。朱子嘗謂是程先生當初説得高了，他們只睥見上一截，少下面著實工夫，故流弊至此。游定夫更穎悟，其入禪學比楊謝更深也。伊川自涪歸，見學者凋落，多從佛學，獨有楊謝二君不變，因歎曰：「學者皆流於佛矣，惟有楊謝二君長進。」

朱子曰：龜山先生倡道東南，士之游其門者甚衆，然語其潛思力行，任重詣極，羅公一人而已。延平先生從之學，講誦之餘，危坐終日，以驗夫喜怒哀樂未發之前氣象爲何如，而求所謂中。若是久之，而知天下之大本真有在於是。龜山之學傳之羅豫章，豫章傳之李延平，皆二程先生嫡派。自龜山載道而南，弟子千餘，而能潛思力行、任重詣極者，惟有羅公一人，可知善學者之難得也。及延平從豫章學，講誦之餘，終日危坐一室，惟用存養工夫，以驗夫喜怒哀樂未發之前氣象爲何如，而求所謂中者。沉潛之久，覺有所得，而知未發之中，萬事萬理盡從此出，而道之大本實在焉。此孔門心法，惟李先生獨能見及。其所爲靜坐者，益實常存敬畏，靜驗吾性之所從來，以得天理之本然。非如異學之瞑目靜坐，止求見心而不知所謂性也。厥後先生傳之朱子，而聖學大彰。溯厥淵源，誠深人仰止云。

朱子曰：南軒疾革，定叟求教，南軒曰「朝廷官爵，莫愛他的」。一朋友在左右扶掖求教，南軒曰「蟬蜕人欲之私，春融天理之妙」，語訖而逝。張南軒學問純粹，踐履篤實。病將危時，友人請教，示以莫愛朝廷官爵。蓋人惟有所愛乎官爵，故戀戀不忘，而此心純是人欲之私，不顧乎天理矣。既又曰：人欲之私，當使盡除，如蟬之蜕；天理之妙，當使流行，如春之融。蓋其平日辨析於義利者既深，故雖當死，而猶以天理人欲爲訓。其品行之醇，不可多得，朱子所以重惜之也。

朱子曰：張敬夫生有異質，穎悟夙成，忠獻公愛之，自其幼學而所以教者，莫非忠孝仁義之實。既長，又命往從南嶽胡公仁仲先生，問河南程氏學。先生一見，知其大器，即以所聞孔門論仁親切之指告之。公退而思，若有得也，以書質焉，而先生報之曰「聖門有人，吾道幸矣」。敬夫生而穎敏，姿性過人，其父愛之，自幼即教以仁義忠孝之實。長，命從胡仁仲先生問二程學。先生一見，知其他日必成大器，即告以孔門論仁親切之旨。公退思，若有所得，遂以書相質証，先生答之曰：聖門有人，吾道之大幸也。蓋其生質之美，而又得於父師之教，其根本已先立矣。公以是益自奮厲，直以古之聖賢自期，作希顔録一篇，蚤夜觀省，以自警策。所造既深遠矣，而猶未敢自以爲足，則又取友四方，益務求其學之所未至。公因是益加奮厲，不自安於近小，而期至於古之聖賢，作希顔録以時警省，早夜勤修。深造有得，猶不敢自以爲足，則又訪取四方同志之友，相與劘切，以益求其學之所未至焉。是其自治之勤，而復得於取友之益，其詣力爲更深矣。蓋玩索講評，踐行體驗，反覆不置者十有餘年，然後昔之所造深者益深，遠者益遠，而反以得乎簡易平實之地。其於天下之理，蓋皆瞭然心目之間，而實有以見其不能已者，是以決之勇、行之力而守之固。其所以篤於君親，一於道義，而没世不忘者，初非有所勉慕而强爲也。是故玩索講評，其知之明，踐履體驗，其行之至，沉潛反覆，不置於斯道者十有餘年，用力之久，而效驗自呈。然後昔之所造益深且遠，從深遠中而反以得乎簡易平實之地，知道不外乎知能，功自存乎切近。其於天下事物之理，不待思索安排，蓋皆瞭然於心目之間，而實見其當然與其所以然而不能已者，是以決之勇而無所遊移，行之力而無所遲滯，守之固而無所變遷。迹其生平事業，大都忠孝之意切而篤於君親，利欲之見消而一於道義，雖至於没而不忘者，皆自然而然，非有勉强。其學問之所得力者如是，誠非可以易及也。夫敬夫品正而學醇，不幸蚤世，而吾道以孤。故朱子言之甚詳，而不勝有「昔者吾友」之感云。

朱子曰：五峰云「學欲博，不欲雜；守欲約，不欲陋」。此天下之至言也。胡五峰嘗説此二語，朱子歎以爲至言。蓋孔門之學不外博約二端，學不博則無以考究乎事物，故必窮理以致其知，然又不可泛濫支離而失之於雜也。守不約則無以檢束其身心，故必反躬以踐其實，然又不可褊淺狹隘而失之於陋也。雜近於博，陋近於約，相似而實不同，學者不可不察也。

朱子曰：聖人者，金中之金也。學聖人而不至者，金中猶有鐵也。漢祖、唐宗，用心行事之合理者，鐵中之金也。曹操、劉裕之徒，則鐵而已矣。此以物之醇雜，喻人之醇雜也。聖人純粹以精，其品最上，猶金中之金，無少參焉者也。學而未至於聖者，其行誼不能無夾雜，猶金中尚有鐵也。漢高祖、唐太宗號爲英主，然不知聖人之道，間或用心行事有合於理者，是其天資好處，猶鐵中之金也。若曹操、劉裕之徒，梟雄奸惡，全失本心，純是一塊頑鐵而已。夫精金不可得見，而頑鐵比比皆是，人可不以物爲鑒哉？

問本朝人物，朱子曰：韓、富規模大又麤，温公差細密又小。所謂大臣者，有全體有大用，規模宏大，而條理細密，然而兼之者難。若論宋朝人物，如韓琦、富弼、司馬光，皆以身繫天下之重望而爲社稷名臣，其功業政蹟卓卓不可及。但韓、富規模則大而多粗疎，温公差覺細密而又狹小，大段看來似未能免。此蓋人之才有所長，即不能無所短故也。朱子此言，其殆三君子之定論歟？

朱子曰：范文正傑出之才，又振作士大夫之功爲多。文正公，名仲淹，字希文。公做秀才時，便以天下爲己任，厥後出入中外，位兼將相，勳名事業，冠絶一時，真傑出之才也。至好成就人材，培養善類，當時士大夫爲其所振作而興起者，厥功實多，又休休乎有大臣之度矣。

朱子曰：陳忠肅公剛方正直之操，得之天資，而其燭理之精，陳義之切，則學之功有不可誣者。忠肅公，名瓘，字瑩中，號了翁。公爲右正言時，嘗論蔡京、蔡卞之奸，披摘其處心，發露其隱慝，京深恨之，得禍最酷。又嘗論曾布專權，被貶。其剛方正直之操，得之天資已然，雖重遭謫斥，終不爲屈。至其燭理之精，無少游移，陳義之切，無所顧忌，則又得於學問之功有不可誣者。卒至被貶以死，而不獲竟其用，惜哉！

朱子曰：李忠定公雖以讒間竄斥，濱九死，而愛君憂國之志，終不可得而奪，亦可謂一世之偉人矣。忠定公，名綱，字伯紀。欽宗時金人來侵，群臣争議割地請和，公獨言當以死守。後又欲出師興復，由是不合，被讒竄斥，濱九死而不悔。高宗立，首召爲相，修政事，繕兵備，慨然以雪國耻爲己任，在朝僅七十日，復罷出治外州。因事獻言，率皆畏天恤民、自强自治之意，而深以和議退避爲非。其忠君憂國之志，纏綿固結於中，終不可得而奪，真可稱一代之偉人矣！

朱子曰：前賢遺跡正爾，何關人事，而使人想象愛慕不能忘。雖不復至其處，而猶欲見之圖畫之間，使其流傳之廣且遠，而未至於泯滅。然則爲士君子者，其可不力於爲善哉？此因前賢遺跡人不能忘，而見善之不可不爲也。夫秉彜好德之心人所同具，故於遺跡所在，每流連而愛慕之。雖不復至其處，而猶欲見之圖畫以垂永遠，蓋惟恐其久而至於泯没也。然則後之君子觀乎此者，可不慨然奮興以自勉力於爲善哉？

朱子曰：造化微妙，惟深於理者識之，吾與季通言，而未嘗厭也。季通，蔡氏，名元定，學者稱爲西山先生，朱子所謂「老友不當在弟子列」者。季通於書無不讀，事無不究，凡奇奧古書過目輒解。朱子著書，皆與參訂，至啓蒙一書，則屬起稾。故曰：造化之理至微至妙，惟深於其中者始能識之，他人不易解也。吾與季通言，未嘗有厭，以其能心領神會也。及卒，朱子誄之曰：「季通有精詣之識，卓絶之才，不可屈之志，不可窮之辨。」蓋深致其悼惜之意云。

朱子曰：同父才高氣粗，故文字不明瑩，要之自是心地不清和也。陳亮，字同父，嘗自言：「擴開萬古心胸，推倒一世智勇。」朱子謂其才高邁而氣粗浮，故作爲文字不甚明朗瑩潔，然其病處總由心地不清和也。蓋清則無夾雜之累，和則無叫囂之氣。此惟深於涵養者能之，非恃才矜氣者所可及矣。

朱子曰：呂伯恭舊時性極褊，因病中讀論語，至「躬自厚而薄責於人」有省，遂如此好。呂東萊平日性極褊急，無容人之量，因病中讀論語「躬自厚而薄責於人」句忽然有省，以後遂如此好，是能變化其氣質者。學者窮年讀書，而毫無所省，終不能變，視伯恭不甚愧乎！

朱子曰：直卿志堅思苦，與之處甚有益。此道不是小事，須喫些苦方可望。直卿，黄氏，名榦，號勉齋，朱子門人。直卿初見朱子，夜不設榻，不解帶，少倦則危坐一椅，或至達曙。故朱子稱其立志堅凝，思致勤苦，與之共處，相觀而善，甚有進益。蓋此道甚是重大，欲一力擔荷，不是小事，必須喫得些苦，方可望其成就。厥後勉齋造詣精深，遂紹朱子正傳，全是從喫苦中得來也。

朱子曰：吴伯豐明敏過人，儘能思索。從事州縣，隨事有以及民，而自守勁正，不爲時勢所屈，甚不易得。伯豐，名必大，朱子門人也。天姿獨高，明敏過人，而復能思索，加功深造，其學之勤如此。迨從事州縣，本其生平所得力，而隨事設施，皆能有以及民，其才之可用又如此。至於自守卓然，剛勁正直，略不屈於時勢，則更過人遠甚，不可易得。觀朱子所稱，可以知其造詣矣。

朱子曰：漢卿身在都城，俗學聲利場中，而能閉門自守，味衆人之所不能味，同門之士亦鮮見其比。輔漢卿，名廣，朱子門人。爲學之道在於沉静專一，方能有所進益。所患此心不定，一爲外物摇奪，則本業荒矣。昔子夏猶未免入見道德而悦，出見紛華而悦，况學者乎？漢卿身在都城繁華之地，於俗學聲氣利名場中最易薰染動人，而能閉户自守，不事徵逐，日與聖賢酬對，味人之所不能味，是其淡然無求，進道彌固，同門諸人罕有能比之者，甚足取也。

朱子曰：吕居仁學術雖未純粹，然切切以禮義廉耻爲事，所以亦有助於風俗。今則全無此意。吕本中，字居仁，以文學著名。其學術雖多駁雜，未甚純粹，然切切以禮義廉耻爲事，則能得其大本，而可以爲轉移風俗之助。今人全無此意，所以禮義廉耻未嘗講明，而風俗遂由之日壞也。

朱子曰：張無垢始學龜山之門，而逃儒以歸於釋，其所論著，皆陽儒而陰釋。

張九成，字子韶，後因學佛，自號無垢。始受業於龜山先生之門，既而逃入於禪。其釋之師有宗杲者語之曰：「左右既得欛柄，入手開導之際，當改頭換面，隨宜説法，使殊塗同歸，則入世出世兩無遺恨矣。」用此之故，凡所論著，皆陽儒而陰釋。其離合出入之際，務在愚一世之耳目，而使之恬不覺悟，以入乎釋氏之門，雖欲復出而不可得。陳清瀾曰：「後世學術陽儒陰釋之禍，實起於宗杲教張公之一語。上而千古聖賢學術爲所汩亂，下而天下萬世人心爲所蔀惑，不知其禍何時而已也。」

朱子曰：子壽兄弟氣象甚好，其病却是盡廢講學，而專務踐履。却於踐履之中，要人提撕省察，悟得本心，此爲病之大者。要其操持謹質，表裏不二，實有以過人。惜乎其自信太過，規模窄狹，不復取人之善，將流於異學而不自知耳。

陸九齡，字子壽，子静之兄也。朱子言其兄弟氣象甚是好的，但其病痛却是盡廢講學，全不用致知功夫，而專務踐履。又欲於踐履之中提省，覺悟得此心來，此是大病處。蓋不講學則是非無所别白，踐履何由得正。即使屏去事物，一旦頓然覺悟，亦是禪家靈機一派，與吾儒格致誠正修齊治平真實功能，相去奚啻天淵。然要其操守質實，表裏如一，則是天資好處，實有以過乎人，使肯加之以學，何患不是載道之器。惜乎自信太過，但以己之所見爲是，而規模窄狹，不復取人之善，雖與之言，終不見聽，勢將流於異端而不自知也。此鵝湖會後之定論，而朱陸之相懸，於此可大見矣。

朱子曰：子靜説一箇心本來是好底，上面着不得一字，人只被私欲遮了，若識得箇心，萬法流出，都無許多事。他是實見得恁地，所以不怕天，不怕地，一向胡叫胡喊，他説得動人，使人都快活，便會使人都恁地放顛放狂。某也會恁地説，使人便快活，只是不敢，怕壞了人。若有這箇直截道理，聖人那裏教人恁地步步做上去？子靜之學，止教人認一箇心，常使空靈，則萬法從此流出，都無多事，並不須學問工夫。在他是實見得如此，所以秖將箇心來作弄，胡叫胡喊，便是上天下地，惟我獨尊，説得精神動人，人亦被他聳動快活，也都恁地放顛放狂起來。故朱子云：我也會説，也會使人聽了快活，但恐如此作弄，全無實際，怕教壞了世人。若使果有這箇直截道理，則古來聖人何不也這樣直截教人，却必恁地從下學工夫步步做將上去。蓋彼只知有心，而不知有性，只知心之靈明可以静中希其冥悟，而不知性之當盡必待致知而後力行。此其學所以多入於禪，而誤後生小子爲不淺也。

朱子曰：陸子靜之學，看他千病萬病，只在不知有氣禀之雜。他只説儒者絶斷了許多利欲，便是千了百當，任意做出都不妨。不知氣禀有不好底夾雜在裏，一齊滚將去，如何都把做心之妙理？道害事不害事。看子靜書，只見他許多麤暴底意思，其徒都是這樣。人之氣禀不能無雜，故必藉學問以變化之，而後見之行事，方能有善無惡。子靜之病，全在不知有氣禀之雜。彼謂學者但能斷去利欲，默坐澄心，一旦有悟，便是千了百當工夫，任意做出，無非妙理。而不知氣禀有不好者，平時未嘗學問，一齊將夾雜的滚將出來，豈不害事？但彼自是己見，執迷不悟。看他之書，無非許多粗暴意思，而其徒學之，都是如此。既以自誤，又以誤人，良可歎也。

朱子作周子贊曰：道喪千載，聖遠言湮。不有先覺，孰開我人。書不盡言，圖不盡意。風月無邊，庭草交翠。自孔孟既殁，千有四百餘載，大道邈矣無傳，聖人遠而微言湮。不有先覺之賢，孰爲紹往聖以開來學。周子奮然崛起，不由師授，獨能有所心得，立圖著書，發天人之秘，探性命之原，詞義雖約而包舉無遺，故其書不盡言，圖不盡意，令學者玩索而自得之。至於人品甚高，如風月之無邊，庭草之交翠，胸中灑落，純乎天理流行。其在聖門，亦顔曾之流亞與。後之言道統者，舍周子其誰宗哉？

程伯子贊曰：揚休山立，玉色金聲。元氣之會，渾然天成。瑞日祥雲，和風甘雨。龍德正中，厥施斯普。明道德性寬大，規模廣闊，其見於容貌辭氣之間者，剛柔相濟，和易可親，所謂「揚休山立，玉色金聲」也。蓋天地元氣會合，篤生斯人，故其氣象渾成，自然粹美。如瑞日祥雲之開朗，和風甘雨之潛滋。以陽剛之德，居正中之位，溥其教澤，施及無窮，令人愛而敬之，則而象之，漸而被之，而莫知其所以然也。此其不可及者也。

程叔子贊曰：規圓矩方，繩直準平。允矣君子，展也大成。布帛之文，菽粟之味。知德者希，孰識其貴？伊川氣質剛方，文理密察，其持身行己，如規圓矩方，繩直準平，凜然不可干犯，所謂「動容周旋中禮」者。允矣君子之品，展也大成之詣也。至其發爲文章，見諸議論，則即事明理，確實精切。布帛菽粟，平淡無奇，而大文至味存焉，卒無有以過之者。特世知其德之可貴者希矣，故惟以道自淑，授諸生徒，不得於其身，而傳於其後。嗚呼，亦天意也哉！

張子贊曰：蚤悅孫吴，晚逃佛老。勇徹臯比，一變至道。精思力踐，妙契疾書。訂頑之訓，示我廣居。橫渠幼悅孫吴之術，年十八，謁范文正公，公知其遠器，欲成就之，責之曰：「儒者自有名教，何事於兵？」因勸讀中庸。先生讀其書，雖愛之，猶以爲未足，又訪諸釋老之書，累年盡究其說，知無所得，反而求之六經。及在京師，坐虎皮講周易，從者甚衆。一夕，二程先生至，與論易，次日撤去臯比，曰：「吾平日爲諸公說者皆亂道，有二程近到，深明易理，吾所不及，汝輩可師之。」又嘗曰：「吾道自足，何用旁求？」於是盡棄異學。此可見其勇於從善，一變而至道也。其後苦心探索，精思力踐，遂有所得，而妙契疾書，見於正蒙之作。至訂頑一篇，發明理一分殊，示學者廣居之旨，求仁之方，尤爲詳盡。雖不及周程之純，而倡明絶學，以明斯道，以教斯人，厥功爲甚偉云。朱子之贊四子，形容逼肖，體段宛然，亦如孟子之論夷、惠、伊尹，確有定評。百世下聞風而興起者，庶其知所折衷矣。

朱子自贊曰：從容乎禮法之場，沉潛乎仁義之府，是予蓋將有意焉，而力莫能與也。佩先師之格言，奉前列之餘矩，惟闇然而日修，或庶幾乎斯語。此朱子自道其所學也。凡人持身涉世，惟此禮法仁義，畢生不可不盡，而又不能易盡。吾夫子歷叙生平，至「從心所欲不踰矩」，則其詣至矣。而孟子論舜，亦以「由仁義行」爲言。蓋到此地位，工夫純熟，直是峻絶，又大段着力不得。故朱子謂從容乎禮法之場，所發莫不中節，沉潛乎仁義之府，所存莫非良心，此惟知行交致者能之，予自顧生平蓋將有意以求，而力莫能與也，其敢有怠心乎？惟是佩格言，奉往範，惟日孳孳，益勵其闇然之修，以庶幾其一至，而不負乎斯語而已。噫，朱子此言，其即吾夫子求道未能之心〔一〕、假年學易之志乎？然其藴涵之氣象，進修之精勤，亦可概見矣。

朱子曰：余年十六七時，屏山劉先生字余以「元晦」而祝之，其詞曰：「木晦於根，春容曄敷。人晦於身，神明内腴。」余受其言，而行之不力，涉世犯患，顛沛而歸，然後知其言之有味也。屏山劉先生，名子翬，字彦冲，朱子父韋齋之友。朱子既孤，奉父命而從學焉，時年方十六七，先生以「元晦」字之，而加以祝詞曰：木晦於根，若無所發，而春容常曄敷。人晦於身，若無可見，而神明常内腴。蓋欲其英華不露，收斂深藏，以爲積厚流光地也。朱子自謂當時受其言，而行之不知用力，昧於沉潛退藏之義，以至涉世犯患，顛沛而歸，然後回思其言，真覺有味，而不啻若藥石也。此雖自謙之詞，然亦可見其得力矣。

朱子曰：平生自知無用，只欲修葺小文字，以待後世，庶有小補於天地之間。此朱子自謙之詞。言平生自知其才無適於用，既不足見之行事，姑欲托之空言，因是修葺文字，闡明往訓，以待後世學者或可因文見道，庶幾小補於天地之間，不致爲棄人而已。嗟乎，朱子所著集註、書傳、易本義等書，古今文章莫大於是，爲萬世所共賴，豈曰小補之哉？

朱子曰：繙動册子，便覺前人闊略病敗，欲以告人而無可告者，又不免輒起著述之念。此朱子自明其著述之由也。前人所著之書，其中每多闊略病敗處，時一繙閱，便覺分曉，欲舉其失以告人，而人鮮好學深思，無可告者。誠恐相沿不覺，爲誤後學，故又未免輒起著述之念，思有以發明捄正耳，非敢妄爲作也。此亦夫子「述而不作」之意。

朱子曰：一生辛苦讀書，微細揣摩，零碎刮剔。及此暮年，略見從上聖賢所以垂世立教之意，枝枝相對，葉葉相當，無一字無下落處。此朱子自明其得力也。言一生辛苦讀書，於古聖賢言語，不但舉其大綱，而微細揣摩，不但得其大凡，而零碎刮剔，銖積寸累，日新月異。及今暮年，方略見從上聖賢所以垂世立教之意，條理詳辨，脉絡分明，枝枝相對而不紊，葉葉相當而靡遺，無一字無下落處。學者須根究其頭腦，尋味其曲折，甚不可草草看過也。蓋非朱子之研究功深，亦安能卓有所見，而言之親切著明若是與。

朱子曰：不用某許多工夫，亦看某底不出。不用聖賢許多工夫，亦看聖賢的不出。此朱子本身以教學者也。學問有尺寸之功，始有尺寸之效，若未曾實下工夫，直門外漢耳，安知此中深淺之數。故朱子謂不用某許多工夫，亦看不出某所得力者何在。進而上之，不用聖賢許多工夫，亦看不出聖賢所成就者何等。此可與知者道，難爲未至者言也。今其書具在，後之學者可不熟讀深思，以想見其當日用心之所存哉。

朱子曰：某當時講學，也豈意到這裏？幸而天假之年，得見道理在這裏，今年便覺勝似去年，去年便覺勝似前年。此朱子自言其學之隨時進益，猶夫子「吾十有五」章之意。言某自當初講學，便就時時加功，不敢少懈，然私心豈期到得這裏？幸天假之以年，日積月累，至於用力之久，而一旦豁然貫通，得見道理在這裏，隨時進益，今年較勝去年，去年較勝前年，覺有意計所不及料者〔二〕，差可以自信也。夫以朱子之造詣〔三〕，至老彌加，蓋天之所生以接孔孟之統者。嗚呼，豈偶然哉！

## 校勘記

〔一〕其即吾夫子求道未能之心　「夫」字原無，據文意補。

〔二〕覺有意計所不及料者　「計」，同治重刊本作「外」。

〔三〕夫以朱子之造詣　「造詣」，同治重刊本作「學力」。

# 附録

## 日本内閣文庫所藏正誼堂刻續近思録相異條目

朱子曰：太極只是一箇理字。夫子繫易曰：「易有太極。」是就陰陽變易上，指出太極以示人，以其統天地萬物之理，故以太極名之。自秦漢以來，此義無人識得，論太極者多以氣爲言。至周子啓千載不傳之秘，默契道妙，其曰：「動而生陽，靜而生陰。」又曰：「無極之真，二五之精，妙合而凝。」始知太極之爲理，而非氣也。是故太極只是一箇理字，以爲陰陽之本，而其動其靜，必有所以動靜之理焉，即所謂太極也。蓋太極原在陰陽裏，但需有這實理，方始有陰陽。故曰：「自見在事物觀之，則陰陽函太極，推其本，則太極生陰陽。」噫，論太極者，得周子之圖説與朱子之圖説解，而可以曉然無疑矣。（卷一第一條）

朱子曰：先天乃伏羲之本圖，非康節所自作。雖無言語，而所該甚廣，凡今易中一字一義，無不自其中流出者。太極乃濂溪自作，發明易中大概綱領意思而已。故論其格局，則太極不如先天之大而詳；論其義理，則先天不如太極之精而約。蓋合下規模不同，而太極終在先天範圍之内，又不若彼之自然，不假思慮安排也。康節，姓邵，名雍。濂溪，姓周，名敦頤。先天有四圖：一八卦次序。邵氏謂乾一兑二離三震四巽五坎六艮七坤八，自乾至坤皆得未生之卦，若逆推四時之比也。一八卦方位。邵氏謂乾南坤北、離東坎西、震東北兑東南、巽西南艮西北，自震至乾爲順，自巽至坤爲逆也。一六十四卦次序。邵氏謂八分爲十六，十六分爲三十二，三十二分爲六十四者，尤見法象自然之妙也。一六十四卦圓位。乾盡午中，坤盡子中，離盡卯中，坎盡酉中。陽生於子中，極於午中，陰生於午中，極於子中，其陽在南，其陰在北也。此所謂先天之學，乃伏羲本圖，其説皆出邵氏，然非邵氏所自作。蓋先天雖無語言文字，而凡天道之盈虚消息，人事之進退存亡，所該甚廣。凡今易中有剛柔之才，有中正之德，有上中下之位，一字一義，無不自其中流露出來。若太極陽動陰静圖，則是濂溪默契道體自己所作，發明易中天地人三極之道大概綱領意思而已。故論其格局，則次序方位博大而周詳者，太極不如先天；論其義理，則陰陽五行精當而簡約者，先天又不如太極。蓋合下規模自各不同，而太極動静互根、陽變陰合底道理，終不出先天範圍之内，故不若先天之自然而然，不假一毫智力思慮、一些勉強安排也。然則天地間只有一理，獨往獨來於其中，而能實落體認、約之身心者，不存乎其人哉？（卷一第二條）

朱子曰：性猶太極也，心猶陰陽也。太極只在陰陽之中，非能離陰陽也，然太極自是太極，陰陽自是陰陽。惟性與心亦然，一而二，二而一。此發明性與心之説也。性即人之生理所命於天者，大無以加，猶太極也。心則人之靈明，有動有静，其寂然不動者心之體，其感而遂通者心之用，猶陰陽也。太極只在陰陽之中，非能離陰陽，性亦只在心之中，非能離心也。然仁義禮智與生俱來，謂性具衆理而應萬事，謂心初不相混，所以太極自太極，陰陽自陰陽，惟性與心亦然耳。究之性與心是一是二，合而實分，分而可合，不相混而仍不相離也。（卷一第三條）

朱子曰：心之理是太極，心之動静是陰陽。此驗造化於人心，欲人識體性所自來也。人之心渾然一理，爲所以生之本者，便是太極。太極者，天地之理也。人之心有動有静，見於寂感之間者，便是陰陽。陰陽者，天地之動静也。惟人心各具一太極，各具有陰陽，而張子所謂「天地之塞吾其體，天地之帥吾其性」者，於此可思矣。（卷一第四條）

朱子曰：天之形雖包乎地之外，而其氣實透乎地之中。地雖在天之中，然其中實虚，容得天許多氣。此明天地之形氣能渾合而無間也。天包地外，以形而言耳，若論其氣，實透乎地之中，則地之氣皆天之氣所貫注也。地在天中，亦以形而言耳，然論其中實至虚，常受得天許多氣，則天之氣皆地之氣所容納也。蟠天際地，皆一氣之充塞於無間，此資始資生之功所以大歟？（卷一第五條）

朱子曰：「復見天地之心」。何處不是天地之心？但當品物蕃新，叢雜難看。惟是萬物未生，冷冷静静，而一陽既動，生物之心闖然而見，雖在積陰之中，自掩藏不得也。

六十四卦無非天地之心，而必於復見天地之心者，蓋天地生物之心無處不是，而在一陽初動之時，見得更親切也。夫當品物蕃新時候，萬彙叢雜，難以著現，人亦不覺。惟是萬物未生之時，隆冬沍寒，冷然寂然，而一陽來復，驀地裏覺得生物之心闖然而見，則雖在積陰已極之中，自然掩藏不得。蓋至此而始見得端的有據也。體此者，當於天道之剥復，而知在人有動静之心，有善惡之心，爲之洗心而齊戒，齊戒而神明，回吾道之生意於不絶如線之際，植正人遺類於碩果不食之餘，則吾人之心亦即天地之心矣，而其功則自慎獨審幾始。（卷一第六條）

問：十月何以爲陽月？朱子因詰諸生令思之，云：「程先生於易傳雖發其端，然終説得不透徹。」諸生答，皆不合，復請問，朱子曰：剥盡爲坤，復則一陽生也。復之一陽，不是頓然便生，乃是自坤卦中積來。且一月三十日，以復之一陽分作三十分，從小雪後便一日生一分，上面趲得一分，下面便生一分，到十一月半，一陽始成也。以此便見得天地無休息處。此見天行之健也。十月何以爲陽月？蓋自一陰生於下，歷遯而否而觀而剥，剥盡爲坤，天運之所必然也。然陽無終絶之理，復則一陽生矣。但當剥之終、復之始，間不容髮，則此一陽豈能頓然便生？故是自坤卦中已自積來。大抵一月凡三十日，一陽分作三十分，從小雪至冬至儘一箇月，一日生一分，積趲起來，到十一月半，一陽始成。由是觀之，一陽雖生於復，實始於坤，此所以十月爲陽月也。然惟其如此，亦以見天地之陰陽消長無一時休息，而天行之健可知矣，君子所由法之以自强哉。（卷一第

七條）

朱子曰：天之春夏秋冬最分曉。春生夏長，秋收冬藏，雖分四時，然生意未嘗不貫。縱雪霜之慘，亦是生意。天有春夏秋冬之四時，各行其令，不可移易，不可假借，最分曉也。然四時皆萬物所托命，雖生長收藏節序不同，而其生生之意，未嘗不貫徹乎四時之中。縱雪霜之嚴凝慘冽、寒威逼人，而不如是，則無以堅忍其性而滋培其生，故亦是生意耳。然則君子之體四德，不從可知乎？（卷一第八條）

朱子曰：鬼神只是氣，屈伸往來者氣也。天地間無非氣，人之氣與天地之氣相接無間斷，人自不見。人心纔動，必達於氣，便與這屈伸往來者相感通。鬼者陰之靈，神者陽之靈，故鬼神爲二氣之良能，所以往者屈而來者伸，皆氣之所爲也。盈天地間無非屈伸往來之氣，人之氣以成形者，原與天地之氣相貫通，而無一息之間斷，特人未能心通造化，自不見得耳。夫人身一小天地，即一呼一吸，皆與天地之一闔一闢相應，故心纔動必達於氣。爾室屋漏中一念方起，鬼神臨之，便與屈伸往來者，一氣相感召也，而可勿思哉？（卷一第九條）

湖南五峰多説人要識心，朱子曰：心自是箇識底，又把甚底去識此心？且如人眼自是見物，如何見得眼？故學者只要去其物欲之蔽，此心便明。五峰，註見前。所著有知言，并皇王大紀八十卷。嘗優游衡山下二十年餘，玩心神明，不舍晝夜。其立説多欲人識心，故朱子論之曰：

心本虛靈，人只要操此心，養此心，則此心便可以識萬事萬物之理，如何反要來識此心？況心固識物者也，又將何物去識心？即如眼見物者也，何自又見得眼？此理易辨。故學者只要靜存動察，去其物欲之蔽，則吾心之全體大用，便覺光明洞徹，不必言識心也。（卷一第五十八條）

朱子答連嵩卿曰：所謂「天地之性即我之性，豈有死而遽亡之理」，此說亦未爲非，但不知爲此說者，以天地爲主耶，以我爲主耶？若以天地爲主，則此性自是天地間一箇公共道理，更無人物彼此之間，死生古今之别，雖曰死而不亡，然非有我之得私矣。若以我爲主，則只是於自己身上，認得一箇精神魂魄有知有覺之物，即便目爲己性，把持作弄，到死不肯放舍，謂之死而不亡，是乃私意之尤者，尚何足與語死生之說、性命之理哉？謂天地之性即我之性，死而不亡，說雖近似，但所謂死而不亡者，將以天地之性爲主乎，抑以我之性爲主乎？若自天地而觀之，則此性是公共道理，人物彼此各有一我，即各具一性，無論死生，無論今古，天地之性皆長存，亦豈得認爲我性而私之？若以我爲主，則是於自己塊然之身，自己身上之精神魂魄、知覺運動認爲己性，一切把持玩弄，到死不休，以此爲死而不亡，真乃私意之尤、膠擾之甚者，尚足與之原始反終以知死生之說，盡性達天以究性命之理哉？大抵此性是天地間一箇公共道理，則人之一身氣聚而生，氣盡而死，果能存順没寧，便以此性還之天地，所謂全受全歸也。釋氏只認得箇精神魂魄有知有覺之物，遂以爲真心真性，昭昭靈靈，不可磨滅，身雖死而此不死，身雖亡而此不亡。彼既不識性，則是未知生

也，又焉知死乎？此朱子特因答嵩卿而明辨之耳。（卷一第五十九條）

胡氏知言曰：「心無死生。」朱子曰：「「心無死生」，幾於釋氏輪迴之說矣。天地生物，人得其秀而最靈，所謂心者，乃虛靈知覺之性，猶耳目之有見聞耳。在天地則通古今而無成壞，在人物則隨形氣而有始終。知其理一而分殊，則亦何必爲是「心無死生」之說，以駭學者之聽哉？知言，胡五峰所著，註見前。人之生也，得於氣化之聚，初無精神寄寓於太虛之中，則其死也，與氣而俱散，無復有形象尚留於冥漠之内。今必曰「心無死生」，不幾於釋氏輪迴之說，所謂前身後身不生不滅者乎？天地之性人爲貴，故人得五行之秀而最靈〔一〕。心之虛靈知覺，特猶耳目之見聞明聰耳，心可以無死生，則是耳目亦可以無死生耶？夫進退消長，通古今而無成敗者，在天地則然，若在人物，則隨形氣之聚散而因有始終。此固分之散殊，亦理之一致也。彼「心無死生」之說，適足以駭學者之聽耳，而豈所訓哉？要之，人心者至虛至靈，能涵養擴充則致其實，而存真守寂則遁於虛，學者不可不慎審也。（卷一第六十條）

朱子曰：成湯當放桀之初，便説「惟皇上帝，降衷於下民。若有恒性，克綏厥猷惟后」。武王伐紂時，便説「惟天地萬物父母，惟人萬物之靈。亶聰明作元后，元后作民父母」。傅説告高宗，便説「明王奉若天道，樹后王君公，承以大夫師長，不惟逸豫，惟以亂民。惟天聰明，惟聖時憲」。見古聖賢朝夕只見那天在眼前。此言君相存祇懼之心以畏天，故皆能對越在天也。湯誥言惟皇降衷克綏厥猷者〔二〕，盡君師之職，以答天也。泰誓言天亶聰明作民父母者，盡元后之道，以答天也。而傅說之告高宗，亦謂奉若天道聰明時憲者，凜逸豫之戒，以祇承乎天也。觀二君一相之諄諄如此，可見古聖賢之朝乾夕惕，兢業不遑，無一念不對越乎天，則其「奉三無私以勞於天下」者，兼臨博愛，廓然大功，斷未敢有毫髮之不盡矣。（卷八第二十四條）

## 校勘記

〔一〕故人得五行之秀而最靈　「行」原作「形」，據文意改。

〔二〕湯誥言惟皇降衷克厥猷者　「湯」原作「康」，據文意改。

# 廣近思録

[清]張伯行　輯　張　文　校點

# 目録

# 廣近思録序

朱子近思録十四卷，採輯四子之言，體用兼該，義理條貫，余服膺既久，而詮釋之。詮釋之不已，而又續之，續之不已，而又廣之。豈務多乎哉？良以天下之理本一而分則殊，不思固不能達，思之而不博觀群言，亦無以會衆理而歸於一。夫千金之裘非一狐之腋，大厦之材非一丘之木。況身心性命之淵奥至粹至精，道德事功之講求至閎至博，尤有研之而益深、擴之而愈大者乎。且夫言近而指遠者，善言也。自有宋迄元明，中間發揮聖藴，繼濂洛關閩之後者，實惟是數大儒遺書，其言平實，其指深遠，可誦可法，特患後之人弗思耳。至於類纂合編，倣諸近思録之例，則尤本末次第森然具列，其序有不可紊，而其功有不可缺者，章章較著也。蓋未有天地已有道，道實居乎天地之始；既有天地即有道，道又充滿乎天地之間。是故首之以道體，言道之大原出於天也。而道於何附？待人而行。人之爲道也，必泝流以窮源，由博而返約，於是乎有學。學矣而窮理以致其知，存養克治以踐其實，故身修。身修而後可與言家道，家道立而後可與論出處，出處正而後可與論治體、治法、政事。數者備而天德王道不亦綽有餘裕乎？然聖賢之生於世，又非自有餘已也。爲之教學以啓誘愚蒙，爲之戒警以唤醒聾聵，爲之辨别異端以闢邪崇正。循是而知適從，則所謂「士希賢，賢希聖」者在是矣，故以總論聖賢終焉。此一十四卷之大指，抑何其條貫而綿密也。噫，朱子之爲此書也，縷分類聚，統攝萬端，引而伸之，觸類而長之，靡有涯涘。後之學者不從此反己體察，磨礲淬厲，徒懵懵然涉獵浮詞，入耳出口，爲帖括計，是雖欲望先聖先儒之門牆不可得，況堂奥乎？此余於近思録所爲既詮釋之而又續之，既續之而又廣之，冀有以章明義藴，引進後人，而且以輔翼儒書於不墮也。是編自南軒、東萊、勉齋迄許、薛、胡、羅，彙集七家言，皆粹然無疵，近裏着己，朱子所謂「關於大體，切於日用」者。學者誠由近思録而并及夫續與廣二録，尋繹玩味，沉潛反覆，萬殊一理，悠然會心，夫然後六經四子之書不爲口耳，當必有身體而心驗之者，入聖之階梯無踰斯矣。是則余所以纂集此書之意，非務多也，蓋明師良友不於數大儒乎取資，而吾將安倣也夫。康熙五十年辛卯孟冬，儀封後學張伯行書於姑蘇之正誼堂。

# 廣近思録群書姓氏

張南軒先生文集、史論

吕東萊先生文集、别集、集録

黄勉齋先生文集、講義、經説

許魯齋先生文集、遺書

薛敬軒先生文集、讀書録

胡敬齋先生文集、居業録

羅整菴先生文集、困知記

# 廣近思録卷一

凡百〇六條

## 道體

張南軒曰：太極，所以形性之妙也。性不能不動，太極所以明動靜之藴也。極乃樞極之義，聖人於易特名「太極」二字，蓋示人以根柢，其義微矣。若只曰性而不曰太極，則只去未發上認之，不見功用。曰太極，則性之妙都見。

張南軒曰：太極動而二氣形，二氣形而萬物化生，人與物俱本乎此者也。原物之始，亦豈有不善者哉？其善者天地之性也，而孟子道性善，獨歸之人者，何哉？蓋人禀二氣之正，而物則其繁氣也。人之性善，非被命受生之後而其性旋有是善也，性本善而人禀夫氣之正，初不隔其全然者耳。若物則爲氣所昏，而不能以自通也。

張南軒曰：程子所謂「聖人未嘗復，故未嘗見其心」。蓋有往則有復，以天地言之，陽氣之生，所謂復也，固不可指此爲天地心，然於其復也，可見天地心焉，蓋所以復者是也。

其在人有失則有復，復，賢者之事也，於其復也，亦可見其心焉。若夫聖人，生知純全，無俟乎復，則何所見其心焉？

張南軒曰：未發已發，體用自殊，不可溟涬無別。要須精析，體用分明，方見貫通一源處。有生之後，豈無未發之時，正要深體之。若謂有生之後皆是已發，是昧夫性之所存也。

張南軒曰：樂記「人生而靜」一章，曰「靜」，曰「性之欲」，又曰「人欲」。靜者性之本然也，然性不能不動者，感於物則動矣。此亦未見其不善，故曰「性之欲」，是性之不能不動者然也。然「物之感人無窮，而人之好惡無節」，則流爲不善矣。至此，則豈其性之理哉？一己之私而已。於是而有「人欲」之稱，對「天理」而言，則可見公私之分矣。譬諸水，泓然而澄者，其本然也。其水不能不流也，流，其性也。至於因其流激，汩於泥沙，則其濁也，豈其性哉？

張南軒曰：仁者，聖學之樞，而人之所以爲道也。有見於言意之表，而後知吾儒真實妙義，配天無疆，非異端空言比也。

張南軒曰：探其本，則未發之前，愛之理存乎性，是乃仁之體者也。察其動，則已發之際，愛之施被乎物，是乃仁之用者也。體用一源，内外一致，此仁之所以爲妙也。

張南軒曰：仁之意至親切，而親切不足以形之。仁之體至廣大，而廣大不足以名之。

然求之之方，夫豈遠乎，即吾視聽言動之著不可掩也，有能於此達其端而會其源，超然得之於形器之表，則洋洋上下，體物不遺，入仁而道不窮矣。

問：不可息者，非仁之謂歟？張南軒曰：仁固不息，只以不息説仁，未盡。程子曰「仁道難名，惟公近之，不可便以公爲仁」，須於此深體之。

張南軒曰：愛固不可以名仁，然體夫所以愛者，則固求仁之要也。此孔子答樊遲之問以「愛人」之意。

張南軒曰：愛敬之心由一本，而施有差等，此仁義之道所以未嘗相離也。易所謂「稱物平施」，稱物之輕重，而吾施無不平焉，此吾儒所謂「理一而分殊」也。若墨氏愛無差等，即是二本。

張南軒曰：仁，其體也。以其有節而不可過，故謂之禮。禮運「人者天地之心」之言，其論禮本仁而言之也。

張南軒曰：「仁，人心也」，率性立命，知天下而宰萬物者也。今夫目視而耳聽，口言而足行，以至於食飲起居之際，謂道而有外夫是，烏可乎？雖然，天理人欲，同行異情，毫釐之差，霄壤之繆。此所以求仁之難，必貴於學以明之。

張南軒曰：孝悌者，天下之順德。人而興於孝悌，則萬善類長，人道之所由立也。譬如水有源，木有根，則其生無窮矣。

問：平居以利物爲心，然後此道廣？張南軒曰：若常以利物爲心，是外之也。曰公天下萬物，而不私其己焉，則可矣。

張南軒曰：事物之始，無有不善，然二氣之運不齊，故事物之在天下，亦不容無善惡之異。謂之惡者非本惡，因其不齊而流爲惡耳，然亦在天理中也。所貴乎人者，以其能保其性之善，不自流於惡爲一物耳。

張南軒曰：盡於己爲忠，形於物爲信。忠信可以内外言，亦可以體用言也。要之，形於物者，即其盡於己者也。

張南軒曰：鬼神之説，合而言之，來而不測謂之神，往而不返謂之鬼。分而言之，天地山川風雷之屬，凡氣之可接者皆曰神，祖考祠饗於廟曰鬼。就人物而言之，聚而生爲神，散而死爲鬼。又就一身而言之，魂氣爲神，體魄爲鬼。凡六經所稱，蓋不越是數端，然一言以蔽之，莫非造化之迹，而語其德則誠而已。

張南軒曰：自聖學不明，語道者不覩夫大全，卑則割裂而無統，高則汗漫而不精。是以性命之説不參乎事物之際，而經世之務僅出乎私意小智之爲，豈不可歎哉？惟周子生乎千有餘年之後，超然獨得夫大易之傳。所謂太極圖，乃其綱領也，推明動靜之一源，以見生化之不窮，天理流行之體無乎不在，文理密察，本末該貫，非闡微極幽，莫能識其指歸也。

吕東萊曰：龜山之論，疑未完粹。「維天之命，於穆不已」，貞也，所謂道體也。若曰「知逝者如斯，則知有不逝者異乎此」，是猶曰「不已者如斯，則知有貞者異乎此」，其可乎？

吕東萊曰：中和之中，以人言也。中庸之中，以理言也。遺書所論「在中之義」，蓋當喜怒哀樂之未發，此時則在中也。

吕東萊曰：指其用則曰愛，指其理則曰公，指其端則曰覺。學者由此，皆可以知仁。若直以愛以覺爲仁，則不識仁之體，此所以非之。孟子曰「仁，人心也」，此則仁之體也。程子以爲性，非與孟子不同，蓋對情而言，情之所發不可言心。程子之言非指仁之體，特言仁屬乎性爾。

吕東萊曰：耳目所接，疾痛凍餒，惻然動心，蓋仁之端。至於時位，則有所止，乃仁之義也。

吕東萊曰：生生不窮者，則未嘗亡也，散則氣耳。

吕東萊曰：有聚則有散，理之常也。須是將來統體看，不私這一箇身，如此始得。言語不濟事。

吕東萊曰：聖人之心，如處空谷之中，静室之内，苟有一動一静，無不即知。常人之心，如處市井，雖大聲疾呼，亦且不聞。

黄勉齋曰：太極只是極至之理，不可形容。聖賢只説到一陰一陽處住，只是箇一陰一陽底道理，所以天地、寒暑、晝夜、生死，千變萬化，都只是一樣。分而言之，則一物各具一陰陽。合而言之，則萬物總是一陰陽。

黄勉齋曰：太極本體，難以形容，緣氣察理，遡流求源，則可知矣。一靜一動，靜動初終，此氣之流也。是孰爲之哉？理也。天其運乎，地其處乎，日月其爭於其所乎。孰主張是，孰綱維是，主張綱維，理之謂乎。有是理故有是氣，理如此則氣亦如此，體用所以一源，顯微所以無間。

黄勉齋曰：春夏，陽之動也。秋冬，陰之靜也。方其靜也，一物不生，萬籟不鳴，木反於根，冰凝於淵。不若是，無以嘘衆陽而生萬物。及其動也，物各付物，天何心哉？天且無心，欲何有焉？不若是，無以肅群陰而成歲功矣。天且不違，而况於人乎？

黄勉齋曰：金木水火四者，金水陰也，火木陽也。金水皆素具形質於天地之間，非有所附麗假借而後有也。火以木而後成，木因土而後發，木土之氣盡，則火木亦隨而歇滅。蓋陰質陽氣，其分如此。

黄勉齋曰：天地之間，不過陰陽交感。扞格而不交則爲旱，交感之太過則爲雨。陽有餘陰不足爲煖，陰有餘陽不足爲寒，四者加以急疾則爲風。

黄勉齋曰：五行一曰水，五事一曰貌。貌曰恭，恭作肅貌之恭，而能爲心之肅。整齊嚴肅，則心便一也。心之一也，其猶水之止而静歟。此敬所以爲入道之始，而水所以爲五行之本也。

黄勉齋曰：天之道不外乎陰陽，寒暑往來之類是也。地之道不外乎柔剛，山川流峙之類是也。人之道不外乎仁義，事親從兄之類是也。陰陽以氣言，剛柔以質言，仁義以理言。雖若有不同，然仁者陽剛之理也，義者陰柔之理也，其實則一而已。

黄勉齋曰：元者春之生，而其行爲木。亨者夏之長，而其行爲火。利者秋之成，而其行爲金。貞者冬之藏，而其行爲水。

黄勉齋曰：元之德於性爲仁，亨之德於性爲禮，利之德於性爲義，貞之德於性爲智。天地而非元亨利貞，不能以行四時生萬物，人而非仁義禮智，又何以充四端制百事？

黄勉齋曰：人禀陰陽五行之秀氣以生，而太極之理已具其根於心也，未發則爲仁義禮智之性，已發則爲惻隱、羞惡、辭讓、是非之情。其施於身也，則爲貌之恭，言之從，視之明，聽之聰，思之睿。其見於事也，則爲君臣之義，父子之恩，夫婦之别，長幼之序，朋友之信，與凡百行之當然者。是其禀賦之初，内外之分，固莫非天理之所具。

黄勉齋曰：人之一身，仁禮爲陽，義智爲陰，兩儀也，仁爲木，禮爲火，義爲金，智爲水，四象也，形而上者也；肝心爲陽，腎肺爲陰，兩儀也，肝爲木，心爲火，肺爲金，腎爲水，四象也，形而下者也。

黄勉齋曰：道之在天下，一體一用而已，體則一本，用則萬殊。一本者，天命之性；萬殊者，率性之道。天命之性，即大德之敦化；率性之道，即小德之川流。惟其大德之敦化，所以語大莫能載；惟其小德之川流，所以語小莫能破。語大莫能載，是萬物統體一太極也；語小莫能破，是一物各具一太極也。萬物統體一太極，此天下無性外之物也；一物各具一太極，此性無不在也。尊德性，所以存心而極乎道體之大；道問學，所以致知而盡乎道體之細。自性觀之，萬物只是一樣；自道觀之，一物各是一樣。惟其只是一樣，故但存此心，而萬事萬物之理無不完具；惟其各是一樣，故須窮理致之，而萬事萬物之理方始貫通。

黄勉齋曰：天地之闔闢，古今之往來，人物之所以生，風俗之所以成者，以有斯道存焉耳。斯道不立，則不惟吾身失其所以爲人者，而凡天地之間，往往乖戾拂迷而不自理。吁！其亦可畏也。夫堯舜禹湯文武所以兢業於上，孔子、子思、孟子、周子、程子、張子所以講明於下者，凡以爲此。

黄勉齋曰：常將四箇字形容此身，只是形氣神理。理精於神，神精於氣，氣精於形，形則一定。氣能呼吸，能冷煖。神則有知覺，能運用。理則知覺運用上許多道理。然有形斯有氣，有氣斯有神，有神斯有理。只是一物分出許多名字，知此則心性情之類皆可見矣。

黄勉齋曰：道體流行，無物不有，無時不然。而春陽已盛，生意條達，尤足以見道體發見之妙。曾點言志，乃欲從容游泳於其中，其氣象詞旨雍容自得，各止其所，足以見其天資高明，洞見道體，渾然天理，無一毫人欲之累。以此而施諸天下，則堯舜事業，亦不過此。此夫子所以與之也。

黄勉齋曰：高明廣大者，天理之公也。詰曲偏暗者，人欲之私也。

黄勉齋曰：乾，天道也，至健而動，故曰「君子終日乾乾，夕惕若厲」，以言其自强而不息，故雖憂危而實「无咎」也。坤，地道也，至順而靜，故曰「直方」，以言其守正而不撓，故所蓄者大而「不習無不利」也。

黄勉齋曰：性禀於天，故在人無不善之性。情發乎性，故在人無不善之情。所以不善者，氣昏之，欲汩之也。迨其氣清而欲窒，則善端未有不油然而生者，性善故也。

黄勉齋曰：性即理也，理無不善，氣質之禀不能皆同，則所受之理亦隨以異，此善不善之所由分也。商書之言「常性」，孟子之言「性善」，此指理而言也。周書之言「節性」，孔子之言「相近」，此指氣而言也。所指雖異，亦何害其爲同哉？荀、楊、佛氏，則敢爲異論而不顧者也。謂之惡，則性無善矣。謂之混，則善惡相對而生也。此豈理之本然者哉？

黄勉齋曰：仁者，天地生物之心，而人之所得以爲心者也。四序之運，莫非生意之流行，此心之妙，亦孰非仁道之流行乎？君仁臣忠、父慈子孝、兄友弟恭、夫義婦從，與夫交朋友之信，不仁而能若是乎？苟盡此心，則安富尊榮，亦理之所必然也。

黄勉齋曰：仁義，性所有也。夫子言性不可得聞，而孟子道性善者。夫子教人無非仁義之道，使人油然入於仁義而不自知也。孟子憫斯世之迷惑，故開關啓鑰，直指人心而明告之也。五常百行，皆性所有，而獨言仁義，又何也？仁蓋總其名，而五常百行其支派也。孟子提綱挈領，使人由是而推之，無往而非仁義也。

黄勉齋曰：人之一心〔二〕，虚靈洞徹，而所具之理，乃所謂德也。指虚靈洞徹而謂之德固不可，舍虚靈洞徹而謂之德亦不可。於虚靈洞徹之中，而有理存焉，此心之德也，乃所謂仁也。曰：義禮智亦心之德，而獨歸之仁，何也？義禮智者德之一端，而仁者德之全，獨仁足以當之也。曰：仁之包乎四者，何也？天地之間，一生意而已，爲夏爲秋爲冬，皆春生之意也。專言仁，而義禮智在其中矣。故仁之爲德，偏言之則與義禮智相對，專言之則不及義禮智而四者無不包也。

黄勉齋曰：仁者善之長，禮者仁之極，義者仁之施，智者義之極。仁者舒之始，禮者舒之極，義者斂之始，智者斂之極。

黄勉齋曰：人性本善。氣質之禀一昏一明，一偏一正，故有善惡之不同。其明而正者則發無不善，昏而偏者則發有善惡。

黄勉齋曰：「天理之節文」，此是從裏説出。「人事之儀則」，此是從外説入。理虚無物可見，節是有上下高低。

黄勉齋曰：周子之言造化，至五行處是一關隔。自五行而上屬乎造化，自五行而下屬乎人物。所以太極圖説到「四時行焉」，却説轉從五行説。説太極又從「五行之生，各一其性」説出，至「變化無窮」。蓋天地造化分陰陽，至五行而止，五行既具，則由是而生人物也。有太極便有陰陽，有陰陽便有五行，三者初無斷際。至此若不説合，却恐人將作三件物事認了，所以合而謂之「妙合」。合者非昔開而今合，莫之合而合也。至於五行既凝而後有男女，男女既交而後生萬物，此却是有次第。故自五行而下節節開説，然其理其氣未嘗有異，則恐未嘗不合也。

許魯齋曰：天有寒暑晝夜，物有生榮枯瘁，人有富貴貧賤。風雨露雷，無非教也。富貴福澤，貧賤憂戚，亦無非教也。此天地所以造化萬物日新無敝者也。

許魯齋曰：聖人之道，惟仁與義。仁則物我兼該，義則職業有分，體用參錯，莫可相離。故語仁而不及義，非仁也，其流必入於兼愛；語義而不及仁，非義也，其弊必至於爲我。考西銘理一分殊之説，尤爲著明。

許魯齋曰：古之聖人以天地人爲三才，天地之大，其與人相懸，不知其幾何也，而聖人以人配之，何耶？蓋上帝降衷，人得之以爲心，心形雖小，中間藴藏天地萬物之理。所謂性也，所謂明德也，虚靈明覺，神妙不測，與天地一般。故聖人説天地人爲三才。

問：一元之氣，變於四時，在人亦然。人生四變，嬰兒、少壯、老耄、死亡？許魯齋曰：此是邵先生所言。豈止人，萬物皆存四段。

許魯齋曰：南北東西是定體相對，春夏秋冬是流行運用，却便相循環，一體一用。

許魯齋因霜降曰：天道二氣，此一氣消縮，彼一氣便發達，此一氣來，彼一氣必往，無俱往並發之理。陰氣方長陽便伏，又嚴霜以肅之，使陽氣必伏。

許魯齋曰：「大哉乾元，萬物資始」，是彼受其德性，虚靈不昧，人皆有之。是衆來取皆得，求之即與之，所得深淺厚薄分數，在乎人爲也。此説是理一也。「雲行雨施」，是施恩澤也，在乎理主乎氣者〔二〕，是命也，不在彼來求取，與不與在乎天，天者君命也。此説是分殊也。

許魯齋曰：聲色臭味發於氣，人心也。仁義五常根於性，道心也。

許魯齋曰：聖人以中道公道應物而已。

薛敬軒曰：太極圖只是陰陽兩端循環不已，而理爲之主。

薛敬軒曰：「無極而太極」，非有二也。以無聲無臭而言，謂之無極；以極至之理而言，謂之太極。無聲無臭而至理存焉，故曰「無極而太極」。以性觀之，無兆朕之可窺，而至理咸具，即「無極而太極」也。統體一太極，即萬殊之一本；各具一太極，即一本之萬殊。統體者，即大德之敦化；各具者，即小德之川流。

薛敬軒曰：即「無極而太極」觀之，冲漠無朕之中，萬象森然已具，所謂「體用一源」也。即陰陽五行男女萬物觀之，而此理無所不在，所謂「顯微無間」也。

薛敬軒曰：先儒「月映萬川」之喻，最好喻太極。蓋萬川總是一月光，萬物統體一太極也。川川各具一月光，物物各具一太極也。

薛敬軒曰：「誠者聖人之本」，誠爲太極。「太極之有動靜，是天命之流行也」，天命爲太極。「天下無性外之物，而性無不在」，性爲太極。「一陰一陽之謂道」，道爲太極。「聖人定之以中正仁義，而主靜，立人極焉」，仁義中正即太極。「以主宰而言謂之帝」，帝即太極。「以妙用而言謂之神」，神即太極。「以理而言謂之天」，天即太極。「德無常師，主善爲師。善無常主，協於克一」，一爲太極。「喜怒哀樂未發謂之中」，中爲太極。「心統性情」，心爲太極。「惟皇上帝，降衷於下民」，衷爲太極。「繼之者善也」，善爲太極。太極者，至大至極，至精至妙，無以加尚，萬理之總名也。

薛敬軒曰：或問太虚，程子曰「亦無虚」，遂指虚曰「皆是理，安得謂之虚？天下無實於理者」。朱子曰「天下之理，至虚之中有至實者存，至無之中有至有者存，天理者寓於至有之中，不可以目擊而指數也」。觀程朱之言，可以知道矣。

薛敬軒曰：天不以隆冬大寒而息其生物之機緘，人不以熟寢大寐而息其虚靈之知覺。

薛敬軒曰：天人一理。湯曰「惟皇上帝，降衷于下民」〔三〕，武王曰「惟天地萬物父母，惟人萬物之靈」，詩曰「天生蒸民，有物有則」，學記所謂「人生而靜」爲「天之性」〔四〕，孔子所謂「性與天道」，子思所謂「天命之性」，孟子所謂「知性知天」，皆有以見天人之一理。後世大道不明，論天者不及於人，言人者無涉於天，由是分天人爲二致。惟董子有「道之大原出於天」之言，亦可見天人之一理。至周子作太極圖，明人物出造化之一原，而張子、程子、朱子各有發明，天人一理之説，大道於是復明。

薛敬軒曰：人讀書，果能於聖人之言，句句皆體之身心而力行之，即是顔子「亦足以發」之意。

薛敬軒曰：一理古今完具，而萬物各得其一。理如日月之光，小大之物，各得其光之一分，物在則光在物，物盡則光在光。

薛敬軒曰：教本於道，道本於性，性本於命。命者，天道之流行而賦於物者也，故曰「道之大原出於天」。

薛敬軒曰：「鳶飛魚躍」，是道理無一毫之空缺處。「逝者如斯，不舍晝夜」，是道理無一息之間斷處。

薛敬軒曰：滿天地是生物之心，滿腔子是惻隱之心。天道元而已，人道仁而已。

薛敬軒曰：「論性不論氣不備」有二説：專論性不論氣，則性無安泊處，此不備也；知性之本善，而不知氣質有清濁之殊，此不備也。「論氣不論性不明」亦有二説：如告子以知覺運動之氣爲性，而不知性之爲理，此不明也；如論氣質有清濁之殊，而不知性之本善，此不明也。「二之則不是」，蓋理氣雖不相雜，亦不相離，氣外無性，性外無氣，是不可二之也。若分而二之，是有無氣之性、無性之氣矣，故曰「二之則不是」。

薛敬軒曰：朱子太極圖解曰：「其動也，誠之通也，繼之者善，萬物之所資以始也。其靜也，誠之復也，成之者性，萬物各正其性命也。」孟子言性善，指理之在人心者言，易言「繼之者善」，指理之在造化者言，其實一也。

薛敬軒曰：「元亨利貞」「仁義禮智」八箇字，無物不有，無時不然，充塞天地，貫徹古今，日用須臾不可離也。

薛敬軒曰：程子「性即理也」之一言，足以定千古論性之疑。程子曰「善固性也，惡亦不可不謂之性也」。性一而已矣，氣質清粹而無所蔽，則皆以仁義禮智之性，發而爲惻隱、羞惡、辭讓、是非之情，所謂「善固性也」。氣質濁雜而有所蔽，則仁流爲耽溺，義流爲殘忍，禮流爲矯僞，智流爲譎詐，所謂「惡亦不可不謂之性也」。

薛敬軒曰：凡看聖賢書，皆當以仁義禮智信五者細細體會，旁通之久，則彼此互相發明，可以見天下道理之名雖多，而皆不外此五者矣。

薛敬軒曰：仁義禮智之謂性，率性而行之謂道，行道而有得於心之謂德，全是德而真實無妄之謂誠。

薛敬軒曰：心者，氣之靈而理之樞也。

薛敬軒曰：鳥獸皆知寒暖饑渴牝牡利害之情，而不知禮義之當然，乃氣體昏塞之甚而不能通也。朱子所謂「知覺運動之蠢然者人與物同，仁義禮智之粹然者人與物異」，正謂此耳。

薛敬軒曰：人皆知鬼神隱於茫昧不測之間，殊不知天地四時、日月星辰、雨露風霆霜雪、山川草木、人物鳥獸，皆鬼神之著者。

薛敬軒曰：張子曰「鬼神，二氣之良能」，是其自然能伸能屈之妙。朱子曰「鬼者陰之靈，神者陽之靈」，靈即所謂良也。

胡敬齋曰：太極理也，道理最大，無以復加，故曰太極。凡事到理上，便是極了。太是尊大之義，極是至當無以加也。

胡敬齋曰：太極者理也，陰陽者氣也，動靜者理氣之妙運也。

胡敬齋曰：只是這箇道理，更有甚事？聖賢隨其所指分別出來，貫通後萬理只一理。以其流行不息，賦與萬物者，謂之命。萬物各有稟受，而此理無不全具，謂之性。性中生意粹然，爲衆善之長，謂之仁。裁度斷制，處得其宜，乃性中之義。儀章品節，天秩燦然不亂，乃性中之禮。分別是非，條理分明，乃性中之智。實有此理，元無虛假，謂之信。見於日用，各有所當行者，謂之道。通天地人物，莫不各有當然之理，總謂之道。其所以闔闢天地，終始萬物，無窮無盡，謂之太極。無非是這道理。

胡敬齋曰：一物之中，便有兩儀。陽中有陰陽，陰中亦有陰陽。如天本屬陽，又曰「立天之道，曰陰與陽」，地本屬陰，又曰「立地之道，曰柔與剛」，豈不是一各含兩之義？故邵子加一倍法。是易數之本五行雖是五，除了土作冲氣，又只成四箇，四箇又只成兩箇陰陽。水是太陰，火是太陽，木是少陽，金是少陰。冲氣是陰陽會處，會則和矣，故土居中。天下無一物無陰陽，火雖屬陽，亦有陽火陰火，丙丁是也；水雖屬陰，亦有陽水陰水，壬癸是也。餘皆然。以動靜言之，動屬陽，靜屬陰；以始終言之，始爲陽，終爲陰；以先後言之，先爲陽，後爲陰；以方所言之，東爲陽，西爲陰；以屈伸言之，屈爲陰，伸爲陽。大而闔闢，小而呼吸，程子言「無無對」者，相對處便是陰陽。只有太極無對，太極含得有動靜之理在內中，自有對也。凡事前一截屬陽，後一截屬陰。萬物頭屬陽，尾屬陰；上屬陽，下屬陰；左屬陽，右屬陰。

胡敬齋曰：夫人即那天命不已「乾道變化」中來底，吾之性即是那「各正性命」底，故天命之性盡在於我，無毫髮少欠。若存得吾心，養得吾性，則天命全體渾具於中，發而應事各得其所，則吾身天道亦流行而無間矣。蓋天許多道理我盡有之，但盡得吾身之理，則天道亦盡。今不來吾身做工夫，反去思想天道，愈見二了，豈能合天人之理乎？故程子曰「天人本一」，言合天人，已剩著一箇合字」。

胡敬齋曰：「天依形，地附氣」，此二語説得天地規模最親切。凡有氣者盡屬天，有形者盡屬地，凡物皆然。氣屬陽，形屬陰。天只是氣，有甚形質，地則有形質矣。地雖有形質，非附乎氣必不能存立，天之氣亦必依地之形以行也。

胡敬齋曰：道理本原，只在「天命之謂性」上。萬事萬物之理，皆在此處流出。

胡敬齋曰：性即理也，故孟子言「性善」是也。「論性不論氣不備」，故程張兼氣質而言。自程子之說出，荀、揚、韓之說不辨而自明，故朱子以程子爲密。

羅整庵曰：天地之化，人物之生，典禮之彰，鬼神之秘，古今之運，死生之變，吉凶悔吝之應，其說殆不可勝窮。一言以蔽之，曰「一陰一陽之謂道」。

羅整庵曰：理一也，必因感而後形。感則兩也，不有兩則無一。然天地間無適而非感應，是故無適而非理。

羅整庵曰：神化者，天地之妙用也。天地間非陰陽不化，非太極不神，然遂以太極爲神，以陰陽爲化，則不可。夫化乃陰陽之所爲，而陰陽非化也。神乃太極之所爲，而太極非神也。爲之爲言，所謂「莫之爲而爲者」也。張子云「一故神，兩故化」，蓋化言其運行者也，神言其存主者也。化雖兩而其行也常一，神本一而兩之中無弗在焉。合而言之則爲神，分而言之則爲化。故言化則神在其中矣，言神則化在其中矣，言陰陽則太極在其中矣，言太極則陰陽在其中矣，一而二，二而一者也。學者於此須認教體用分明，其或差之毫釐，鮮不流於釋氏之歸矣。

羅整庵曰：命之理一而已矣，舉「陰陽」二字，便是分殊，推之至爲萬象；性之理一而已矣，舉「仁義」二字，便是分殊，推之至爲萬事。萬象雖衆，即一象而命之全體存焉；萬事雖多，即一事而性之全體存焉。

羅整庵曰：須知此心雖寂然不動，其沖和之氣自爲感應者，未始有一息之停。故所謂「亭亭當當、直上直下之正理」，自不容有須臾之間。此則天之所命，而人物之所以爲性者也。愚故嘗曰「理須就氣上認取，然認氣爲理便不是」，此言殆不可易哉。

羅整庵曰：朱子嘗言神亦形而下者，又云「神乃氣之精英」。須曾實下工夫體究來，方信此言確乎其不可易。不然，則誤以神爲形而上者有之矣。黄直卿嘗疑中庸論鬼神有「誠之不可揜」一語，則是形而上者，朱子答以「只是實理處發見」，其義愈明。

羅整庵曰：陽動陰靜，其大分固然。然自其流行處觀之，靜亦動也；自其主宰處觀之，動亦靜也。此可爲知道者道爾。

羅整庵曰：道心「寂然不動」者也，至精之體不可見，故微。人心「感而遂通」者也，至變之用不可測，故危。

羅整庵曰：天之道莫非自然，人之道皆是當然，其當然者皆是自然之不可違者也。何以見其不可違？順之則吉，違之則凶。是以謂天人一理。

羅整庵曰：富貴貧賤、死生壽夭之命，與性命之命，只是一箇命，皆定理也。明乎理之一，則有以知夫命之一矣。誠知夫命之一，則「修身以俟之」一語，豈不簡而易守乎？

羅整庵曰：易曰「立人之道，曰仁與義」，其名易知，其理未易明也。自道體言之，渾然無間之謂仁，截然有止之謂義；自體道者言之，心與理一之謂仁，事與理一之謂義。心與理一，則該貫動靜，斯渾然矣；事與理一，則動中有靜，斯截然矣。截然者不出乎渾然之中，事之合理即心與理一之形也。心與理初未嘗不一也，有以間之則二矣。然則何修何爲而能復其本體之一耶？曰敬。

羅整庵曰：明道先生答定性書有云「且以性爲隨物於外，則當其在外時，何者爲在内？是有意於絶外誘，而不知性之無内外也」，此數句最緊要，最要體認。若認得分明，則廓然大公，物來順應，工夫方有下落。「性無内外」云者，内外只是一理也。

羅整庵曰：天之道，日月星辰爲之經，風雨雷霆霜露爲之緯，經緯有常，而元亨利貞之妙在其中矣。此造化之所以成也。人之道，君臣、父子、夫婦、長幼、朋友爲之經，喜怒哀樂爲之緯，經緯不忒，而仁義禮智之實在其中矣。此德業之所以成也。

羅整庵曰：理只是氣之理，當於氣之轉折處觀之。往而來，來而往，便是轉折處也。夫往而不能不來，來而不能不往，有莫知其所以然而然，若有一物主宰乎其間而使之然者，此理之所以名也。「易有太極」，此之謂也。

## 校勘記

〔一〕人之一心　「心」，同治重刊本誤「身」。

〔二〕在乎理主乎氣者　「理主」原作「氣在」，據魯齋遺書卷二語録下（明萬曆二十四年江學詩刊本）改。

〔三〕湯曰惟皇上帝降衷于下民　「于」字原脱，據讀書續録卷十（明萬曆刻本）補。

〔四〕學記所謂人生而靜爲天之性　「學」，當作「樂」或「禮」。按，本條見諸讀書續録卷十，然無此十二字。

# 廣近思録卷二　凡百二十七條

## 論學〔一〕

張南軒曰：學之難明也久矣，毫釐之差，千里之繆。其用極天地，而其端不遠乎視聽食息之間。識其端則大體可求，明其體則妙用可充。

張南軒曰：學莫强於立志，莫進於善思，莫害於自畫，莫病於自足，莫罪於自棄。

張南軒曰：學者當以聖賢爲準，而所進則當循行有序，亦如致遠者以漸而至也。若志不先立，即爲自棄，尚何所進哉？

張南軒曰：善學者志必在乎聖人，而行無忽於卑近，不爲驚怪恍惚之見，不舍乎深潛縝密之功。伊洛先覺謂學聖人當以顔子爲準的，誠明訓也。

張南軒曰：聖人教人，不越致知力行大端，患在人不知所用力耳。莫非致知也，日用之間，事之所遇，物之所觸，思之所起，以至於讀書考古，苟知所用力，則莫非吾格物之妙也。其爲力行也，豈但見於孝悌忠信之所發形於事而後爲行乎〔二〕？自「息養瞬存」以至於「三千三百」之間，皆合内外之實也。

張南軒曰：致知力行，要須自近步步踏實地，乃有所進。不然貪慕高遠，終恐無益。近來士子，亦往往有喜聞正學者，但多狥名遺實，反覺害事。間有肯作工夫者，又或不耐苦辛長遠，若非走作，即成間斷，亦何益也？

張南軒曰：行之力則知愈進，知之深則行愈達。是知常在先，而行未嘗不隨之也。知有精粗，必由粗以及精；行有始終，必自始以及終。内外交正，本末不遺，條理如此，而後可以言無弊。

張南軒曰：升高自卑，陟遐自邇。學者多忽遺乎所謂卑與邇者，而渺茫臆度夫所謂高與遠者，是以本根不立，而卒無所進。彼蓋未知聖賢本末精粗非二致，而學之有始有卒也。

張南軒曰：自孔孟没而其微言僅存於簡編，更秦火之餘，漢世儒者號爲窮經學古，不過求於訓詁章句之間，其於文義不能無時有所益，然大本之不究，聖賢之心鬱而不章，而又有顓從事於文辭者，其去古益以遠，經生文士自岐爲二塗。及夫措之當世，施於事爲，則又出於功利之末，智力之所營，若無所與於書者。

張南軒曰：古之人「禮儀三百，威儀三千」，君臣、父子、兄弟、夫婦、朋友之際，灑掃應對、獻酬交酢以至於坐立寢食之間，無一而不在德焉，至纖至悉也，所以成其天理而已。蓋毫釐之間不至，則毫釐之間天理不在。故「學而時習之」，無時而不習也，念念不忘天理也，此所以至德以凝道也。及其久也，融然無間，涣然和順，而内外精粗、上下本末，功用一貫，無餘力矣。

張南軒曰：人具天地之心，所謂元者也。由是而發見，莫非可欲之善也。其不由是而發，則爲血氣所動，而非其可矣。聖人者，是心純全渾然，「乾知大始」之體也。故曰「乾，聖人之分，可欲之善屬焉」。在賢者，則由積習以復其初，「坤作成物」之用也。故曰「坤，學者之事也，有諸己之信屬焉」。今欲用工，宜莫先於敬，用工之久，人欲寢除，則所謂可者，益可得而存矣。

張南軒曰：舜、跖之分，善與利之間而已矣。譬之途焉，善則天下之正逵，而利則山徑之邪曲也。人顧舍其正而弗由，以自陷於崎嶇荆棘之間獨何歟？物欲蔽之而不知善之所以爲善故耳。蓋二者之分，其端甚微，而其差則甚遠。學校之教，將以講而明之也。故自其幼，則使之從事於灑掃應對進退之間，以固其肌膚而束其筋骸。又使之誦詩讀書、講禮習樂，以涵泳其情性而興發於義理。師以導之，友以成之，故其所趨日入於善而自遠於利。及其久也，其志益立，其知益新，而明夫善之所以爲善，則其於毫釐疑似之間，皆有以詳辨而謹察之。如駕車結駟，徐行正逵，所見日廣，所進日遠，雖欲驅之而使由於徑，不可得已。

張南軒曰：正大是指其體，要須有下手處，「弘毅」兩字乃學者下手處也，與正大本相須。就其體言之，天理渾然，正且大也。推其用言之，散在事物之間，精微曲折，正大之理無不存焉。學者當默存其體而深窮其用，則所謂弘毅之功不可以不進也。然就學者用工常患於偏，欲其弘則懼夫肆，欲其毅則懼夫拘，是非弘毅之正也，氣習之所乘也。在學者初用工，亦無怪其有此，然要知其爲病，而致吾存養窮索之力耳。

張南軒曰：學也者，所以成身也。無以成其身，則拘於氣質而不能以自通，雖曰有是善，而其不善者固多矣。抑其所謂善者，亦未免日淪於私意而不自知也。就其中雖間有所禀特異於衆者，其事業終有盡量，爲可惜。何者？天理不明，本不立故耳。

張南軒曰：所爲進學之方，則有道矣，古之人於此蓋終身焉。若升高之必自下，若陟遐之必自邇。此其用力，豈苟然而已哉？予又病夫學者之不拙也，旁窺而竊取，耳受而口傳，恃臆度而鑿空虛，難之不圖而惟獲之計，序之不循而惟至之必，久之不務而惟速之欲。若是而欲有諸其躬也難矣，予是以病夫學者之不拙也。

張南軒曰：學不躐等也，譬諸燕人適越，其道里之所從，城郭之所經，山川之阻修，風雨之晦冥，必一一實履焉，中道無畫，然後越可幾也。若坐環堵之室而望越之渺茫，車不發輛而欲乘雲駕風以遂抵越，有是理哉？

張南軒曰：德之在人，各具於其性，人病不能求之耳。求之之方，載於孔孟之書，備有科級，惟致其知而後可以有明，惟力其行而後可以有至。孝弟之行始乎閨門而形於鄉黨，忠愛之實見於事君而推以澤民，是則無負於國家之教養，而三代之士風亦不越是而已。

張南軒曰：天下之事，皆人之所當爲。君臣、父子、兄弟、夫婦、朋友之際，人事之大者也，以至於視聽言動、周旋食息，至纖至悉，何莫非事者？一事之不貫，則天性以之陷溺也。然則講學其可不汲汲乎？學所以明萬事而奉天職也。雖然，事有其理而著於吾心。心也者，萬事之宗也。惟人放其良心，故事失其統紀。學也者，所以收其放而存其良也。夏葛而冬裘，饑食而渴飲，理之所固有而事之所當然者。凡吾於萬事，皆見其若是也，而後爲當其可。學者求乎此而已。

張南軒曰：後之學者貪高慕遠，不循其本，終何所得乎？故予願與同志之士，以顏子爲準的，致知力行，趨實務本，不忽於卑近，不遺於細微，持以縝密而養以悠久〔三〕，庶乎有以自進於聖人之門牆。

張南軒曰：學者之病固非一端，以予觀於近世，其大者有二焉：貪高慕遠，則不能循序而有進；負己自是，則不能降心以從善。

張南軒曰：讀書欲自博而趨約，此固前人規摹，其序固當爾。但旁觀博取之時，須常存趨約之意，庶不至溺心。又博與雜相似而不同，不可不察也。

張南軒曰：生死鬼神之説，須是胸中見得灑落，世間所説不得放過，有無是非一一教分明方得。若有絲毫疑惑未斷，將來被一兩件礙着，未必不被異端摇動引去。

張南軒曰：來諭於主一用工，此正所望。若實下手，乃知其間艱難曲折甚多，要須耐苦辛長遠而勿舍焉，則寖有味。「爲仁由己，而由人乎哉？」

張南軒曰：近世學者狥名忘實之病，此實區區所憂者。但因學者狥名忘實，而遂謂學之不必講，大似因噎廢食耳。後世盜儒爲害者多矣，因夫盜儒之多而遂謂儒之不可爲，可乎？

張南軒曰：人之有是身也則易以私，私則失其正理矣。西銘之作，懼夫私勝之流也，故推明其理之一以示人。理則一，而其分森然自不可易，惟識夫理一，乃見其分之殊。明其分殊，則所謂理之一者，斯周流而無敝矣。

張南軒曰：西銘須是全篇渾然體認涵泳，所謂「理一而分殊」者，句句皆是也。人只被去軀殼上起意思，故有許多病痛，須是體認公共底道理。此所貴日用間做實工夫，却不可想象臆度。

張南軒困乎齋銘曰〔四〕：嗚呼困乎，性命之微，言之實難。孰探其源，匪言之艱。天高地下，而人其心。在躬者神，統乎高深。其端伊邇，曷睨以視。當落其華，而究斯理。嗚呼，信其爲困乎也已。

張南軒蒙齋銘曰：乾坤既畫，八卦是生。八卦相乘，萬象以明。下坎上艮，其卦曰蒙。其蒙伊何，源泉在中。泉之始萌，其行未達。雖則未達，而理孰遏。君子體之，於以果行。黽勉躬行，動畏天命。泉之始萌，其勢則止。止乃日澄，源源曷已。君子體之，於以育德。篤敬不渝，靜保天則。惟養於中，大本攸立。惟敏於外，達道攸飭。内外交修，相須以成。久而有常，則能日新。我銘蒙齋，敢越斯義。惟言之難，實以自厲。凡百君子，有覿於斯。毋忽乎近，尚其懋之。

張南軒顧齋銘曰：人之立身，言行爲大。惟言易出，惟行易怠。伊昔君子，聿思其艱。嚴其樞機，立是防閑。於其有言，則顧厥爲。毫釐之浮，則爲自欺。克謹於出，内而不外。確乎其言，惟實是對。於其操行，則顧厥言。須臾弗踐，則爲己愆。履薄臨深，戰兢自持。確乎其行，惟實是依。表裏交正，動靜迭資。若唱而和，若影而隨。伊昔君子，胡不慥慥。勉哉勿渝，是敬是保。

張南軒四益箴曰：若古有訓，聽德惟聰。聞過以改，聞善以從。匪是之聞，則爲無益。諂言溺心，姦言敗德。嗟哉勿忘，敬共朝夕。卓爾有定，聽斯不惑。朝夕之間，何莫非事。事所當事，是爲君子。惟欲之動，則亂於爲。營營何益，擾擾孰知。止之有道，當收放心。曷喻其工，履薄臨深。異説害道，我則弗邇。浮文妨實，我則弗貴。而況末俗，鼽論俚辭。當絶於前，勿亂於思。潛心聖賢，博考載籍。聞見之多，於以蓄德。大倫惟五，友居其一。我觀昔人，敬戒無斁。以狎而比，以順而同。德惟日喪，友亦曷終。必端爾心，忠信是親。神之聽之，終和且平。

呂東萊曰：散漫歇滅，蓋學者同病，而操存體驗之要，近歲師友間講之亦甚詳，往往病猶自若者，正是實下手處欠工夫耳。嘗記胡文定有語云「但持敬到十年自別」，此言殊有味。大抵目前學者用工，甫及旬月未見涯涘，則已逡巡退却，不復自信，久大德業，何自而成？經訓所載，若曰「念終始典于學，厥德修罔覺」，若曰「冥升，利于不息之貞」，若曰「仁者先難而後獲」，正謂學者多端顧慮者衆，一意勇往者少，故每惓惓於此也。

呂東萊曰：大抵論致知則見不可偏，論力行則進當有序。並味此兩言，則無籠統零碎之病矣。

呂東萊曰：大凡人資質各有利鈍，規模各有大小，此難以一律齊，要須常不失故家氣味。所向者正，所存者實，信其所當信，耻其所當耻，持身謙遜而不敢虚驕，遇事審細而不敢容易。如此則雖所到或遠或近，要是君子路上人也。

吕東萊曰：靜多於動，踐履多於發用，涵養多於講説，讀經多於讀史。工夫如此，然後能可久可大。

吕東萊曰：先入之説，非敢固執，但意有未安，要須反覆講論，至釋然無疑而後止。如孔門之問仁智，至於再三往復。昔人爲學，大抵皆然，蓋主於求益，而非立論也。

吕東萊曰：追味往年喜合惡離之誨，誠中其病。推原病根，蓋在徒恃資稟，觀書粗得味，即坐在此病處，不復精研，故看義理則汗漫而不別白，遇事接物則頹弛而少精神。今乃覺氣質粗厚，思慮粗少，元非主敬工夫。而聖賢之言本末完具，意味無窮，尤不可望洋向若而不進也。

吕東萊曰：大抵舉業若能與流輩相追逐，則便可止，得失蓋有命焉，不必數數然也。

吕東萊曰：某退藏里閭，嗒然無復餘念。新歲來方欲再理舊書，爲十年調度，但無它撓，使得極意講磨，志願已畢，過是皆非所及也。

吕東萊曰：詞章古人所不廢，然德盛仁熟居然高深，與作之使高、濬之使深者，則有間矣。

吕東萊曰：人之於學，避其所難，姑爲其易者，斯自棄矣。夫學必至於大道，以聖人自期，而猶有不至者焉。

呂東萊曰：今人讀書，全不作有用看。且如人二三十年讀聖人書，及一旦遇事，便與閭巷人無異。或有一聽老成人之語，便能終身服行。豈老成之言過於六經哉？只緣讀書不作有用看故也。

呂東萊曰：大抵爲學不可令虛聲多、實事少。非畏標榜之禍也，當互相激揚之時，本心已不實，學問已無本矣。

呂東萊曰：人能以應科舉之心讀書，則書不可勝用矣。此無他，以實心觀之也。

呂東萊曰：或問五峰何以爲學，曰「求仁」。何以求仁？曰「居敬」。何以居敬？曰「心不在焉，是謂不敬」。

呂東萊曰：學者不進則已，欲進之則不可有成心，有成心則不可與進乎道矣。故成心存則自處以不疑，成心亡然後知所疑矣。小疑必小進，大疑必大進，蓋疑者不安於故而進於新者也。

呂東萊曰：爲學只爲放過處多。因舉孟子攘雞一段，須是不放過始得。人才説這次且恁他後次改，此等人後次定不會改。

黄勉齋曰：志者，心之有所之也。心者，天地之藴，化育之機，人之所得以生者。人有是心，極其所之，則人道可立，雖參天地、贊化育，亦豈有所假於外哉？甚矣，人之輕視其心也，之於名之於利，何其卑且陋耶。之於道者美矣，用之不專，進之不立，持之不堅，猶無所之也。如適千里之塗，紛然而多岐，忽然而中止，安能有志乎？

黄勉齋曰：自昔聖人繼天立極，不曰知而曰精，不曰行而曰一。知不精，行不一，猶不知不行也。聖賢相傳，啓悟後學，言知必曰知至，言意必曰意誠。至則事物之理無不通，誠則念慮之發無不實。曰至與誠，其精一之謂歟？知與行者學之塗轍，至與誠者學之歸宿。有志於道者，可不孳孳求止於是歟？

黄勉齋曰：古人「敬義」兩字且就念慮上用功。敬是持養此心，而欲其存於内者無不直；義是省察此心，而欲其應於外者無不方。居敬集義，乃是要檢點自家身心。

黄勉齋曰：聖賢門户廣大而精微，高明而中庸。得其大旨而毫釐之不審，是猶屋外觀屋，固見其巍然大矣，而門庭堂奥皆莫知其所向，則恐未得其所居之安也。自門而庭，自庭而堂，自堂而奥，精辨而實履焉，則亦不待觀於其外，而所謂潭潭翼翼者，皆在吾心目步趨之間矣。

黄勉齋曰：古人爲學，大抵先於身心上用功。如「危微精一」之旨，「制心」、「制事」之語，「敬勝怠」、「義勝欲」之戒，無非欲人檢點身心，存天理去人慾而已。然學問之方難以人人口授，故必載之方策，而義理精微亦難以意見揣度，故必參之聖賢。初學之法，且令格物窮理、考古驗今者，蓋欲知爲學之方，求義理之正，使知所以居敬集義，而無毫釐之差，亦卒歸於檢點身心而已。

黄勉齋曰：爲學是終身事，須是大着心胸，不可迫切。然發軔之初，亦須防檢拘束，乃能脱於流俗，庶幾心志凝定，見識明達。所慮夢寐顛倒，意况不佳，此當於吾心地上觀之。若是日晝所爲主一無適，則夜氣虚靜，自不至若是。

黄勉齋曰：斯道之顯晦，係於人物之盛衰。蓋義理以講習而明，德性以相觀而善。孑然獨立而無與爲侣，則學問廢而識見淺，繩約弛而怠慢生。古之人所以重朋友之樂者，豈不以此歟？

黄勉齋曰：人以一身任斯道之責，其要有三：吾心之靈，萬善畢備，察識存養，以立其本；詩書載籍，嘉言具列，玩索涵泳，以博其知；賢人君子，懷才抱德，量其小大，皆有可取，搜羅振拔，以廣其輔。循是三者而固守之，道之不明非所患也。

黄勉齋曰：進道之要固多端，且刊落世間許多利欲外慕，見得榮辱是非得失利害皆不足道，只有直截此心無愧無懼，方且見之動靜語默皆是道理。不然，則浮湛出入，渾淆膠擾，無益於己，見窺於人，甚可畏也。

黄勉齋曰：人之道莫切於學，學之道莫切於居敬而窮理。舉世昏昏，莫知學問之方，而世所謂儒者，又多虛言以欺人而實自欺，然亦以此刼取高官大職，而後生爲其所惑，甚可憐也。

黄勉齋曰：如許重擔，亦須奮不顧身，方能負荷。若沉浮世間，與庸人奚異？百年之身，世間利害所直幾何，若不勇猛向前，則二三十年遂無此身矣，可不大懼。

黄勉齋曰：學之有志，猶三軍之有帥也。約束既明，申令既審，鼓行而前，有進無退。磨礲乎義理之刃，而斬刈乎利欲之場。先登乎道德之郛，而策勳乎聖賢之府。非有志而能若是乎？巽懦怯懾，背公營私。鼓之以仁義，則氣索而不進；脅之以利害，則手戰而請降。氣馬逸而不可收，心地蹷而不可復。非器不利，帥之罪也。然則爲學之方，舍此宜無急焉者矣。

黄勉齋曰：居敬集義，博文約禮，皆不可廢。朋友切磨，固欲相觀而善，然講習一事尤爲至切，須將聖賢言語逐一研究，不可以爲非切己。若不自此用功，則義理不明，生出無限病痛。

黄勉齋曰：喜怒哀樂爲人心，以其發於形氣之私也；仁義禮智爲道心，以其原於性命之正也。人心道心相對而言，猶易之言器與道，孟子之言氣與義也。人心既危而易陷，道心復微而難明，故當精以察之，則喜怒哀樂之間皆見其有當然之則，又當一以守之，使之無一念而不合乎當然之則，然後信能守其中而不失也。

黄勉齋曰：孔門之「求仁」，孟氏之「求放心」，所求何事？顔子之「不違」，曾子之「忠恕」，所學何義？及其參前倚衡、左右逢源，所見何物？參諸天命之賦予，驗諸吾身之稟受，察諸日用之流行，蓋有操之甚約、用之甚博而不可須臾離者。

黄勉齋曰：古先聖賢言學，無非就身心上用工。人心道心、直内方外，都未説近講學處，夫子恐其識見易差，於是以博文約禮對言。博文先而約禮後，博文易而約禮難。後來學者專務其所易，而常憚其所難，此道之所以無傳。須是如中庸之旨，戒懼謹獨爲終身事業，不可須臾廢，而講學窮理，所以求其明且正耳。若但務學而於身心不加意，恐全不成學問也。

黄勉齋曰：以貧爲苦，此吾人所通患。然平生亦只有此一字，可以上答吾君與父師耳。必欲求足，則須是棄其所學乃可，是何異持千金之璧以易一瓦缶邪？

黄勉齋曰：善學者先立其本，文詞之末達而已矣。然本深者末必茂，不務其本而末焉是先，未見其能工也。

黄勉齋曰：學者之患，在於志卑氣弱，度量淺狹，規模褊陋，則雖與之細講，恐終無任道之意。故須是有大規模，又有細工夫，方成箇人物。

黄勉齋曰：一命之爵，人未有輕辭之者；十金之産，人未有輕棄之者，以其可貴也。聖賢之道，其爲可貴，豈直一命之爵、十金之産哉？受天地之中以生，而聞堯舜禹湯數聖人之道，居禮義之國，而得大賢以爲依歸，豈可不誦之終身而遽忘之乎？昔者孔孟之教人，曰「守死善道」，曰「舍生取義」。夫死生亦大矣，至於道義之可樂，則生不足戀而死不足顧。生不足戀而死不足顧，則於聖賢之道，如饑者不忘食、渴者不忘飲、行者不忘歸、病者不忘起，猶未足以喻其切也。

黄勉齋曰：言之於口，不若會之於心者，其旨深；玩之於書，不若體之於身者，其理實。

黄勉齋曰：朋友所以輔吾仁，而非志於仁，則亦無以盡朋友之道。人之生同稟此氣，同具此理，大吾心而達觀之，不見其爲異也。朋友之交，亦去其物我之私而已，有善焉公爲之，有過焉公改之，資人以成己，推其所以望於己者而勉人也。盡其心，平其氣，毋匿毋拒，毋狥毋惡，則故舊之情將銘諸心而不能忘也。

黄勉齋曰：學者或溺心淺近，或馳志高遠，此正今日之通病。然自陰陽雜揉，氣質萬端，自生民以來便已如此，今豈能使之一一皆就塗轍。所貴於朋友者，正所以箴規切磋，矯其偏而歸之正，不可便生厭惡。若以二者爲非而別求方法，則恐有矯枉過中之病。書不可不讀，義理不可不求，身不可不修，心不可不正。明誠兩立，敬義夾持，俛焉孳孳，學問之道如此而已。

黄勉齋曰：嘗記師説西銘，自「乾稱父」以下至「顛連無告」如棋局，自「子之翼也」以下至篇末如人下棋，未曉其説。丁卯下三衢，舟中因思之，方知其然。「乾父坤母，予混然中處」，此四句是綱領，言天地人之父母，人天地之子也。「天地之帥、塞爲吾之體、性」，言吾所以爲天地之子之實。「民吾同胞」至「顛連無告」，言民物並生天地之間，則皆天地之子而吾之兄弟黨與，特有差等之殊。吾既爲天地之子，則必當全吾之體，養吾之性，愛敬吾之兄弟黨與，然後可以爲孝。不然，則謂之背逆之子。「于時保之」以下，即言人子盡孝之道，以明人之所以事天之道，所以全吾體養吾性、愛敬吾兄弟黨與之道，盡於此矣。

黄勉齋曰：老來閒居，益知學問至重至切。苟生而爲人，不知義理，則天之所以與我而謂之人者，亦已昏塞廢放，頑而不靈，無以自别於物矣。及其周旋斯世，自少至老，紛紛擾擾，不過情欲利害之間，而無復義理之準。及其甚也，則三綱之淪，九法之斁，將亦何所不至哉？若其所以爲學，則「敬以直内，義以方外」、「博我以文，約我以禮」，此四語者無復加矣。

黄勉齋曰：山居閒靜，若不至大段窘束，且宜閉門讀書。縱未能忘應舉，亦宜以一經窮研，少讀精思，博諸説以求其當，其中自有會於吾心可以受用處。不但徒鑽故紙，涉獵浮泛，卒無所有也。

許魯齋曰：學之於人，其大矣乎。父子之親，君臣之義，與夫夫婦、長幼、朋友，亦莫不各有當然之則，此人倫也。苟無學問以明之，則違遠人道，與禽獸殆無少異。以禽獸無異之材，汲汲焉求處衆人之表，吾見其謬悠荒唐之言，率陷於自欺而後已也。

許魯齋曰：心之所存者理一，身之所行者分殊。

許魯齋曰：人與天地同，是甚底同？人不過有六尺之軀，其大處同處指心也，謂心與天地一般。又曰：天下事只有二，不是自己事，便是他人事。學者當先己後人，成己成物是也。

許魯齋曰：可以爲萬世法者，當學孔子，雖學不至，亦無弊也。又曰：象數莫過於邵先生，義理莫過於程先生。

問：「學者當學顏子，入聖人爲近，有用力處」，「學得不錯，須是學顏子」？許魯齋曰：從自己身上用力，「克己復禮」是矣。

問：「膽欲大而心欲小，智欲圓而行欲方」？許魯齋曰：膽欲大者，勇於義也。心欲小者，是事謹慎也。智欲圓者，知者樂水，如水之周流無凝滯。齊人歸女樂，膰肉不至，孔子行，「見幾而作」是也。行欲方者，如君止於仁、臣止於敬、父止於慈、子止於孝，各得其所止之方所也。

許魯齋曰：茅愈鋤治愈旺，不治三年則塞死。物有此理，人之心力亦然。心常思則義理出，力常運則百事可做。

許魯齋曰：張俟論爲世所貴，則張禹之學過於蕭望之、韋賢輩，何晏集諸家之善，則又賢於禹，然視其所爲乃爾。則聖人之道，當真知，當踐履，當求之於心，章句訓詁云乎哉？

許魯齋曰：「德不孤，必有鄰」。處事接物，只要於德性上發出，不要血氣爲主。既是德性上發出，則無不善，此既善則彼善亦應，無所往而非善，德不孤矣。一有不善於血氣上發出，則彼亦動其血氣，以不善相應，淪胥於凶禍而不悟也。未有我爲善而彼以不善報之也，感應之理如此。

許魯齋曰：格物是知底頭，誠意是行底頭。

許魯齋曰：「文」之一字，後世目詞章爲文，殊不知天地人物，文理粲然不可亂也，孔子稱「斯文」也，豈詞章而已矣？三代聖人立言垂訓，皆扶持斯文者也。君臣父子五教，人文之大者也，下至事物皆有文。人有事不順者曰錯了，既曰錯，是文理差舛故也。既文理差舛，則事不成矣。

許魯齋曰：去古既遠，天下之俗日趨於薄，風靡波蕩，一往而不可復。其間能以古道自重，卓然不爲流俗所移，其亦賢乎。況又益資學問之力以進乎道，則厚也不爲徒厚，其正也不爲徒正，體用具行，而於出處窮達，無施而不當，其亦賢乎。

許魯齋曰：夫人患不博古，而博古者或滯於形迹而不可用於時；人患不知今，而知今者或狥於苟簡而有害乎道。二者雖異，皆末也。惟學古適用，隨時中理，其庶幾乎。

薛敬軒曰：三代之學，皆所以明人倫也，外此便是世俗之學。

薛敬軒曰：聖人之所以教，賢者之所以學，性而已。

薛敬軒曰：德行道藝皆不如古人，豈可不自勉？

薛敬軒曰：經書所載皆天地間事，天地間事皆吾分内事。知天地間事皆吾分内事，則德盛而不矜，功高而不伐矣。須是盡去舊習，從新做起，乃有進。

薛敬軒曰：程子曰「有主則中虚」，謂心中無物也。又曰「有主則中實」，謂心中有理也。

薛敬軒曰：纔收斂身心，便是居敬。纔尋思義理，便是窮理。二者交資而不可缺一。

薛敬軒曰：盡心工夫，全在知性知天上。蓋性即理，而天即理之所從出。人能知性知天，則天下之理無不明，而此心之體無不貫，極其廣大無窮之量矣。

薛敬軒曰：爲學最要務實，知一理則行一理，知一事則行一事，自然理與事相安，無虚泛不切之病。

薛敬軒曰：行第一步心在第一步上，行第二步心在第二步上，三步四步無不如此，所謂敬也。至若寫字處事，無不皆然，寫一字心在一字上，爲一事心在一事上，件件專一便是敬。程子所謂「主一之謂敬，無適之謂一」歟？

薛敬軒曰：讀書以防檢此心，猶服藥以消磨此病。病雖未除，常使藥力勝，則病自衰；心雖未定，常使書味深，則心自熟，久則衰者盡而熟者化矣。

薛敬軒曰：體認之法，須於身心之所存所發者，要知其孰爲中孰爲和，孰爲性孰爲情，孰爲道孰爲德，孰爲仁孰爲義，孰爲禮孰爲智，孰爲誠。又當知如何爲主敬，如何爲致恭，如何爲存養，如何爲省察，如何爲克，如何爲復，如何爲戒慎恐懼，如何爲致知力行，如何爲博文約禮。於凡天理之名皆欲識其真，於凡用功之要皆欲爲其事，如此則見道明，體道力，而無行不著、習不察之弊矣。

薛敬軒曰：爲學是時時處處做工夫，雖至鄙至陋處，皆當存謹畏之心而不可忽。

薛敬軒曰：讀正書，明正理，親正人，存正心，行正事，斯無不正矣。

薛敬軒曰：先儒謂「讀書只怕尋思」，近看得「尋思」二字最好。如聖賢一句言語，便反覆尋思，在吾身心上何者爲是，在萬物上何者爲是。使聖賢言語皆有着落，則知聖賢一言一語皆是實理，而非空言矣。

薛敬軒曰：精粗本末兼盡，所以爲聖賢之學。若舍粗而求精，厭末而求本，所謂「語理而遺物，語上而遺下」，鮮不流爲異端。

薛敬軒曰：工夫切要，在夙夜、飲食、男女、衣服、動靜、語默、應事、接物之間，於此事事皆合天則，則道不外是矣。

薛敬軒曰：「秉心塞淵」，可以爲積德之要。「思無疆」、「思無斁」，可以爲進學之要。「思無邪」，乃誠身之要。

薛敬軒曰：聖賢之文，乃道之精華。

薛敬軒曰：巽卦一陰伏於二陽之下，巽而能入也。人之思索義理，亦必柔巽其志，乃能入。

薛敬軒曰：無一時一事而無理，故當無一時一事而不習，此「學而時習之」也。今人特以執卷誦習爲習，此特習所知之一端耳，又豈能盡時習之功哉？

薛敬軒曰：作詩作文寫字，皆非本領工夫，惟於身心上用力最要。身心之功有餘力，游焉可也。

薛敬軒曰：用力於詞章之學者，其心荒而勞。用力於性情之學者，其心泰然而樂。

胡敬齋曰：不學聖賢，則學無歸宿。

胡敬齋曰：學不爲己，雖博觀廣取，義理無湊泊處。

胡敬齋曰：學無他，只要存得天理，去得人欲。天理是人物所以生底道理，有生之初所稟得底道理。人欲是有生之後，因氣稟之偏、情慾之感、事物之交，利害相形而生。故天理是本然之善，天所付底。人欲是失其理，動於物，縱於情，乃人爲之僞，非人之固有也。然閑邪存誠，所以保養天理、關防人欲，本原上工夫；克治省察，所以辨明天理、決去人欲，發用上工夫。故操存涵養、克治省察之功，愈精愈密，無少間斷，則天理常存，物欲盡去矣。

胡敬齋曰：古人做工夫極切實。「貌曰恭，言曰從，視曰明，聽曰聰，思曰睿」，「非禮勿視，非禮勿聽，非禮勿言，非禮勿動」。工夫本原只在主敬存心上，致知力行皆靠在這裏。

胡敬齋曰：古今聖賢説敬字，曰「欽」，曰「寅」，曰「恭」，曰「畏」，曰「翼」，曰「戒懼」，曰「戰兢」，曰「齊莊」，字雖不同，其實一也。洪範「貌曰恭」，是外面之敬也，至曰「恭作肅」，則心亦敬也，内外一致也。臨深履薄，形容戒懼之意最切。孔子言「出門如見大賓，使民如承大祭」，又畫出一箇敬底樣子出來與人做。程子言「整齊嚴肅」是入敬處，朱子曰「畏」字是敬之正意。程子「主一無適」，是就存主處説。謝氏「惺惺」法，是就敬之精明處説〔五〕。尹氏「收斂身心，不容毫髮事」，又以人到神祠致敬爲喻，即是孔子「見大賓、承大祭」之意，形容得最親切。朱子敬齋箴説得全備，毫釐有差，便流於禪定，故朱子有「三綱淪，九法斁」之戒。

胡敬齋曰：心無主宰，静也不是工夫，動也不是工夫。静而無主，不是空了天性，便是昏了天性，此大本所以不立也。動而無主，若不猖狂妄動，便是逐物狥私，此達道所以不行也。己立後，自能了當得萬事，是有主也。

胡敬齋曰：存諸中莫若忠，施於人莫若恕。忠是盡己之事，爲萬事之根，天命之性即此而存，天下之大本即此而立。恕是推己之事，揩磨物欲，消除私吝，使天理流通，物我俱得其所也。先儒言無忠做不得恕，是先有體而後有用也。

胡敬齋曰：持敬無間斷則誠矣，故程子曰「未能誠者，由敬以入誠」。

胡敬齋曰：定性「無内外，無將迎」，明道所見端的，又工夫完純，非去聖不遠，不能如此。嘗驗之，無内外工夫猶可能，無將迎非心性已定、無一毫牽引之私不能也。

胡敬齋曰：若窮理到融會貫通之後，雖無思可也，未至此當精思熟慮以窮其理。故上蔡「何思何慮」，程子以爲太早。今人未至此，欲屏去思慮，使心不亂，則必流於禪學空虚，反引「何思何慮」而欲强合之，誤矣。

胡敬齋曰：觀書須有感發奮勇之意，方有進。觀書有悦懌之意，所入必深。

胡敬齋曰：「敬以直内」，是養得仁義禮智之性在内不偏不倚，故曰「中」，曰「大本」。「義以方外」，是達得惻隱、羞惡、辭讓、是非之情各得其宜，故曰「和」，曰「達道」。直内是内裏正當，非僻之干無自入矣。方外是外面處置得當，條理分明，各有體面，各有準則，移易不得。

胡敬齋曰：讀書一邊讀，一邊體驗做。做得一兩處到身上來，然後諸處亦漸湊得來。久則盡湊得到身上來，此則是大賢。

羅整庵曰：顔淵曰「舜何人也，予何人也，有爲者亦若是」，蓋以舜自期也。舜「飯糗茹草，若將終身」，顔子「簞食瓢飲，不改其樂」，本原之地同一無累如此，則顔之造於舜也，其孰能禦之？孟子曰「人能無以饑渴之害爲心害，則不及人不爲憂矣」，此希聖希賢之第一義也。

羅整庵曰：「忠信」二字，吾夫子屢以爲言，此實入道之本也。常人無此猶不可自立於鄉黨，况君子之學期於成己成物者乎？若於忠信有所不足，則終身之所成就從可知矣。

羅整庵曰：此理誠至易，誠至簡，然「易簡而天下之理得」，乃成德之事。若夫學者之事，則博學、審問、慎思、明辨、篤行，廢一不可。循此五者以進，所以求至於易簡也。苟厭夫問學之煩，而欲徑達於易簡之域，是豈所謂易簡者哉？大抵好高欲速，學者之通患。爲此説者，適有以投其所好，中其所欲，人之靡然從之，無怪乎其然也。然其爲斯道之害甚矣，可懼也夫。

羅整庵曰：樂記所言欲與好惡，與中庸喜怒哀樂，同謂之七情，其理皆根於性者也。七情之中欲較重，蓋「惟天生民有欲」，順之則喜，逆之則怒，得之則樂，失之則哀，故樂記獨以「性之欲」爲言。欲未可謂之惡，其爲善爲惡，係於有節與無節爾。

羅整庵曰：天人一理，而其分不同。「人生而靜」，此理固在於人，分則屬乎天也。「感物而動」，此理固在乎天，分則屬乎人矣。君子必慎其獨，其以此夫。

羅整庵曰：先儒言「情是性之動，意是心之發」。「發動」二字亦不相遠，却説得「情意」二字分明。蓋情是不待主張而自然發動者，意是主張如此發動者。不待主張而發者，便有公私義利兩途。須要詳審二者，皆是慎獨工夫。

羅整庵曰：「居處恭，執事敬，與人忠」，「君子無終食之間違仁，造次必於是，顛沛必於是」，工夫即是一般，但告樊遲者較分明易下手。年來常自點檢，只此數語都不曾行得成片段，如何便敢説「仁能守之」？

## 校勘記

〔一〕論學　「論」，同治重刊本作「爲」。

〔二〕所發形於事　「形」原作「行」，據南軒集卷二十六答陸子壽（明嘉靖元年翠巖堂慎思齋刻本）改。

〔三〕持以縝密而養以悠久　「持」，同治重刊本誤「特」。

〔四〕困乎齋銘　「困」原作「因」，據南軒集卷三十六困乎齋銘改。下文「嗚呼困乎」、「信其爲困乎也已」同。

〔五〕是就敬之精明處説　「説」字，同治重刊本脱。

# 廣近思録卷三　凡百二十一條

## 致知

張南軒曰：講學而明理，則執天下之物不固，而應天下之變不膠。吾於天下之物無所惡，而物無以累我，皆爲吾役者也；吾於天下之事無所厭，而事無以汩我，皆吾心之妙用也。豈不有餘裕乎？

張南軒曰：天下之事衆矣，非一一而窮之，則無以極其理之著。然所謂窮理者，貴乎能有諸己者而已。

張南軒曰：理有會有通，會而爲一，通則有萬，釐分縷析，各有攸當，而後所謂一貫者，非溟涬臆度矣。此學所以貴乎窮理，而吾儒所以殊夫異端也。

張南軒曰：理明則有以精其知，敬立則有以宅其知。從事於斯，涵泳不舍，則其胸中將益開裕和樂，而所得日新矣。

張南軒曰：天理人欲，學者皆能言有是二端也，然不知以何爲天理而存之，以何爲人欲而克之。此未易言也，天理微妙而難明，人欲洶湧而易起。君子亦豈無欲乎？而莫非天理之流行，不可以人欲言也。常人亦豈無一事之善哉？然其所謂善者，未必非人欲也。故大學之道以格物致知爲先，格物以致知，則天理可識，而不爲人欲所亂。

張南軒曰：「知」字用處不同，蓋有輕重也。如云知有是事，則用得輕，「匹夫匹婦可以與知」之類是也；如説知底事，則用得重，「知至至之」之「知」是也。在未識大體者，且當據所與知者爲之，則漸有進步處。工夫若到，則知至矣當至之，知終矣當終之，則工夫愈有所施而無窮矣。

張南軒曰：所謂「不知其得失」者，當窮究其得失果何如；「未窺其閫奥」者，當窮究其閫奥果何如。講論問辨，深思熟慮，必使其是非淺深了然於胸次。此乃致知之要，入德之方，豈可含胡閃避而已也？

張南軒曰：大抵讀經書，須平心易氣涵泳其間。若意思稍過當，亦自失却正理。

張南軒曰：大學誠意，是下工夫要切處。

張南軒曰：論語首篇所記，大抵皆欲學者略文華，趨本實，敦篤躬行，循序而進。

張南軒曰：論語日夕玩味，覺得消磨病痛，變移氣質。須是潛心此書，久久愈見其味。

張南軒曰：鄉黨中聖人衛生之嚴，豈是自私，蓋理合如是耳。

張南軒曰：自孟子没，聖學失傳，歷世久遠，其間儒者非不知尊孔孟而誦六經，至考其所得，則不越於訓詁文義之間而已，於聖人之心所以本諸天地而措諸天下與來世者，蓋鮮克涉其藩，而况睹其大全者哉？

張南軒曰：孟子答公都子一章，要須如此，方爲聖賢作用。此意某見得，但力量培植未到，要不敢不勉耳。

張南軒曰：讀史之法，要當考其興壞治亂之故，與夫一時人才立朝行己之得失，必有權度則不差也。欲權度之在我，其惟求之六經乎？

張南軒曰：世俗之好怪也，雖縉紳大夫之賢者有不免焉。此無他，不明理之故也。使其知始終消息之故，有無虚實皆究其所以然，則豈得而惑之哉？

張南軒艮齋銘曰：物之感人，其端無窮。人爲物誘，欲動乎中。不能反躬，殆滅天理。聖昭厥猷，在知所止。天心粹然，道義俱全。是曰至善，萬化之源。人所固存，曷自違之。求之有道，夫何遠而。四端之著，我則察之。豈惟慮思，躬以達之。工深力到，大體可明。匪由外鑠，如春發生。知既至矣，必由其知。造次克念，戰兢自持。事物雖衆，各循其則。其則匪他，吾性之德。動静以時，光明篤實。艮止之妙，於斯爲得。任重道遠，時不我留。

嗟我同志，勉哉勿休。緊我小子，懼弗克力。咨爾同志，以起以掖。

呂東萊曰：致知與求見不同。人能朝於斯夕於斯，一旦豁然有見，却不是端的，易得消散。須是下集義工夫，涵養體察，平穩妥貼，釋然心解，乃是。

呂東萊曰：讀書有思索，人往往不苟。不曾讀書與曾讀書識理趣者，觀其所爲便可見。

呂東萊曰：謹思明辨，最爲急務。自昔所見少差，流弊無窮者，往往皆高明之士也。

呂東萊曰：惇典庸禮，秩然而不可廢者，此其倫歟？致知格物，瞭然而不可揜者，此其要歟？未有不知其倫要而能造其本原者也。本原既造，故小可舉大，而宏闊深大之言不能誘也；近可即遠，而荒疏茫昧之説不能惑也；一可知萬，而二本兼愛之學不能入也。

呂東萊曰：朝夕省察，所存者果常不違乎？所感者果皆正乎？日用飲食之間果皆不踰節乎？疏密生熟歷歷可見，於此實用力焉，工夫自無不進之理。

呂東萊曰：學者當先治一經，一經既明，則諸經可觸類而長之也。史當自左氏至五代史依次讀，則上下首尾洞然明白。至於觀其他書，亦須自首至尾無失其序爲善。若雜然並列於前，今日讀某書，明日讀某傳，習其前而忘其後，舉其中而遺其上下，未見其有成也。

問：詩之有周南、召南，猶易之有乾坤，不知是取其坤有承乾之義否？呂東萊曰：固是，亦不止如此。周召乃詩之綱領，乾坤其易之門户〔一〕。

吕東萊曰：葛覃、卷耳皆是做工夫處，關雎是成德處。三詩當合看，當時三詩並歌。

吕東萊曰：三代詩書多説天，見得天人之際相近，秦漢以下不識此理。

吕東萊曰：後生看先儒議論，則養得厚。

吕東萊曰：觀史先自書始，然後次及左氏、通鑑，欲其體統源流相承接耳。

吕東萊曰：看史須看一半便掩卷，料其後成敗如何。其大要有六：擇善、警戒、閫範、治體、議論、處事。

吕東萊曰：讀史既不可隨其成敗以爲是非，又不可輕立意見易出議論。須揆之以理，體之以身，平心熟看，參會積累，經歷諳練，然後時勢事情漸可識别。

黄勉齋曰：道難明而易晦，彼馳心俗學、略無見解者，是誠無望焉爾。有志於道者，又率多自執己見，安於速成，然於聖賢之學不可以毫釐差者，其爲亡羊一也。以是益覺師友講貫，虚心求益，不可須臾忘也。

黄勉齋曰：致知乃入道之方，原非易事，要須默認實體，方見端的。不然則只是講説文字，終日譊譊，而真實體段元不曾識，故其説易差，而其見不實。動静表裏未能合一，雖曰爲善，而卒不免於自欺。

黄勉齋曰：人心如火，遇木即焚，遇事即應。惟於世間利害得喪及一切好樂見得分明，則此心亦自然不爲之動，而所謂持守者始易爲力。

黄勉齋曰：人得是氣以爲體，則亦具是理以爲性，又必有虚靈知覺者存乎其間以爲心。事物未接，思慮未萌，虚靈知覺者感而遂通，一寂一感，而是理亦爲之寂感焉。使夫虚靈知覺者常肅然而不亂，炯然而不昏，則寂而理之體無不存，感而理之用無不行矣。

黄勉齋曰：凡吾一念之發，必精以察之，曰是合於道乎？抑離於道乎？其純粹而無疵乎，抑猶有毫釐之差乎？無一念而不合乎理，無一理而不造其極，若是而後，可以謂之精也。

黄勉齋曰：易之爲道，不過於推明乾坤、貴賤、剛柔、吉凶變化之理，人物之所以生，聖賢之所以立。然其道已具於天地，而其論蓋本於乾坤一健一順，而萬化萬事由是生焉。聖人作易，蓋本乎此。

黄勉齋曰：一部易書，原其本意，却只爲教卜筮而作耳。蓋卜筮自非小事，「吉凶生大業」者，蓋出於此。况上古之世，民淳俗質，誨以義理，亦未必深曉，使之一舉一動皆取決於卜筮，則事弗非而民弗疑，而教人之意又未嘗不行乎其中。

黄勉齋曰：禮主於敬，敬勝則乖，乖則離，聖人制禮，必濟之以和；和勝則瀆，瀆則慢，聖人制禮，必濟之以敬。始之以禮，教敬也。終之以樂，教和也。

黄勉齋曰：語、孟、近思是初讀書，用工緊要處。須是熟讀精思，真可爲聖賢意思，則以此讀世間書，是非得失方有尺度，不至於泛然徒爲誦記而已。

黄勉齋曰：中庸之書，首言戒懼謹獨，次言知仁勇，終之以誠。此數字括盡千古聖賢所以教人之旨。

黄勉齋曰：學者立心，當以持養省察爲主。至於講學窮理，而持養省察之意未嘗少懈，乃所以使吾敬愈固而義愈精。

許魯齋曰：凡行之所以不力，只爲知之不真。果能真知，行之安有不力者乎？「博學之，審問之，慎思之，明辨之」，只是要箇知得真，然後道「篤行之」一句。

許魯齋曰：大學之道，以修身爲本。凡一事之來，一言之發，必求其所以然與其所當然，不牽於愛，不蔽於憎，不因於喜，不激於怒，虚心端意，熟思而審處之。雖有不中者，蓋鮮矣。

許魯齋曰：若能明德，都總了盡心知性。

問：窮理至於天下之物，必各有所以然之故與其所當然之則，所謂理也？許魯齋曰：博學、審問、慎思、明辨，此解説箇「窮」字。其所以然與其所當然，此説箇「理」字。所以然者是本原也，所當然者是末流也。所以然者是命也，所當然者是義也。每一事、每一物，須要所以然、所當然。

許魯齋曰：「盡其心者，知其性也。知其性，則知天矣」，在大學所謂「物格知至」是也，知到十分善處也。「存其心，養其性，所以事天也」，在大學所謂「意誠心正」是也，行到十分善處也。存謂操而不舍，養謂順而不害，事謂奉承而不違也。常存養其德性，而發爲惻隱、羞惡、是非、辭讓之情，不使少有私意變遷。夫如是，乃所以事天也。或夭或壽，一聽天之所爲，不敢有二心。此則盡心知性之功。至「修身以俟之」，則事天以終身，此之謂「立命」也。

問：「開物成務」，傳云「物，凡物也。務，事也。開，明之也。成，處之也。事無大小，不能明則何由能處」？許魯齋曰：此是聖人之事也。在大學開物是知也，成務是行也。非但開發自己，要開發他人，只要開發得是。

問：「窮神知化」？許魯齋曰：聖人之事也。在大學窮神是知也，知化是行也。窮盡天地神妙處，行天地化育之功。

問：「精義入神，以致用也」，傳云「精義，積也。致用，施也」？許魯齋曰：精微義理入於神妙，到致用處是行得熟，百發百中。

許魯齋曰：南軒意於「行」字上責得重，謂「人雖能知，不能行也」。程門取人，先論知見，次乃考其所爲。伊川自少説話便過人，常言人專論有行不論知見，世人喜説某人只是説得行不得，正叔言只説得好話亦大難，好話亦豈易説？

許魯齋曰：春秋壞於三傳，此説固矣，然盡去三傳而不讀，吾恐擬議之失又甚於三傳。書義壞於漢儒之序，此説固矣，然盡欲去之而不讀，吾恐逆度之差又甚於漢儒之序。程朱以來，講明究析，其可信可疑，亦略有説。蓋自焚滅之後，歷千餘歲，其間變故又復不少，遺脱舛誤，焉能盡如洙泗之舊，雖語孟二書，亦有可疑。學者但當求其旨意，以身體之，日積月累，庶或有益。至於此等疑義，姑闕之可也。

許魯齋曰：閲子史必須有所折衷，六經、語、孟乃子史之折衷也。譬如法家之有律令格式，賞功罰罪，合於律令格式者爲當，不合於律令格式者爲不當。諸子百家之言，合於六經、語、孟者爲是，不合於六經、語、孟者爲非。以此夷考古之人而去取之，鮮有失矣。

許魯齋曰：看史書當先看其人之大節，然後看其細行，善則效之，惡則以爲戒焉，所以爲吾躬行之益。徒記其事而誦其書，非所謂學也。

薛敬軒曰：或讀書，或處事，或論人物，必求其是處，便是格物致知之功。蓋是者天理也，非者人欲也，得其是則天理見矣。

薛敬軒曰：程子論恭敬，謂「聰明睿知皆由此出」。蓋人能恭敬，則心肅容莊，視明聽聰，乃可以窮衆理之妙。不敬則志氣昏逸，四體放肆，雖粗淺之事，尚茫然而不能察，況精微之理乎？以是知居敬、窮理二者不可偏廢，而居敬又窮理之本也。

薛敬軒曰：窮理之言出於易，以致知格物爲窮理，始於程子。

薛敬軒曰：經書皆聖賢言也，由其言得其心，則在人焉耳。經書，形而下之器也；其理，形而上之道也。滯於言詞之間，而不會於言詞之表者，章句之徒也。

薛敬軒曰：四書五經、周程張朱之書，道統之正傳，舍此而他學，非學也。

薛敬軒曰：自有大學以來，發明致知格物爲窮理之事者，程子而已。繼程子而發明其義者，朱子一人而已。

薛敬軒曰：大學三綱領八條目，於千聖之書無不括盡。

薛敬軒曰：物理之極處，即性之一原也。天下之物皆造乎極處，則吾心所知無不至矣。

薛敬軒曰：論語一書，聖人多就事言，而理在其中。其答問仁處，亦只以求仁之方、爲仁之資告諸子，至於仁之理，則未嘗言及也。此所謂「無迹」也歟？

薛敬軒曰：道體至中庸發明顯著矣。

薛敬軒曰：程子謂中庸「始言一理，中散爲萬事，末復合爲一理」。蓋「始言一理」，即天命之性也。「中散爲萬事」，即達道、達德、九經、天道、人道之屬，無非天命之性。「末復合爲一理」，即「上天之載，無聲無臭」，又即天命之性矣。

薛敬軒曰：孟子論王政，大要不出教養二端。

薛敬軒曰：學至於知性知天，則物格知至矣。

薛敬軒曰：周以上易雖不可見，觀經傳論載之語，蓋皆專主卜筮。文王、周公之易，則皆發明伏羲卜筮教人之意尤著，至孔子則始詳於義理而不遺卜筮，程子之傳專主義理，朱子本義則推原作易教人卜筮之意於千古之上。讀易者，各即其意而觀之可也。

薛敬軒曰：朱子曰「大概看易須謹守彖象之言，聖人自解得極精密平易」。竊觀朱子解文王彖辭，惟主孔子。

薛敬軒曰：「天地睽而其事同也，男女睽而其志通也，萬物睽而其事類也」，是皆物形雖異，而理則同。衆人見物形之異，聖人明物理之同。

薛敬軒曰：剥盡爲坤，陽生爲復。夬盡爲乾，陰生爲姤。聖人於陽曰「復」，於陰曰「姤」，扶陽抑陰之意也。

薛敬軒曰：治亂無不自微以至著，復姤初爻可見。

薛敬軒曰：易雖古於書，然伏羲時但有卦畫而無文辭，文辭實始於書。故凡言德、言聖、言神、言心、言道、言中、言性、言天、言命〔二〕、言誠、言善、言一之類，諸性理之名，多見於書。書之後乃有易之辭及諸經書。聖賢發明性理之名，雖有淺深不同，實皆原於書也。

薛敬軒曰：人君之德，惟明爲先。書稱堯曰「欽明」，舜曰「文明」，禹曰「明明」，湯曰「克明」，文王曰「若日月之照臨」〔三〕，皆言明也。明則在己之理欲判然，在人之邪正別白，處己處人，萬事皆得其當矣。

薛敬軒曰：舜之「兢兢業業」，禹之「祇台德先」，成湯之「慄慄危懼」，文王之「小心翼翼」，皆敬謹之謂也。

薛敬軒曰：詩困於小序之牽强，晦於諸儒之穿鑿。至朱子集傳，一洗相沿之陋習。

薛敬軒曰：春秋字字謹嚴，句句謹嚴，全篇謹嚴。

薛敬軒曰：春秋辭簡而旨微，欲盡得聖人之心於千載之上，難矣。

薛敬軒曰：觀史不可以成敗優劣人，只當論其是非。

薛敬軒曰：自古作史者，苟非大公至正之人，愛憎取舍之間，失其實者多矣。孟子曰「盡信書，不如無書」，莊周曰「儒者僞辭」，劉靜修曰「紀録紛紛已失真，語言輕重在詞臣。若將字字求心術，恐有無邊受屈人」。數子之言，曲盡作史之弊。

薛敬軒曰：朱子綱目，是非定，天理明。三綱五常，立國之本，循之則治，違之則亂。

胡敬齋曰：窮理非一端，所得非一處。或在讀書上得之，或在講論上得之，或在思慮上得之，或在行事上得之。讀書得之雖多，講論得之尤速〔四〕，思慮得之最深，行事得之最實。

胡敬齋曰：天下古今事物之理，皆具於吾心。知者，心之神明妙此理者也，故人一心足以知天下古今之理。以其元具在内，涵養者所以養其知也，窮理者所以致其知也。

胡敬齋曰：一本而萬殊，萬殊而一本。學者須從萬殊上一一窮究，然後會於一本。若不於萬殊上體察，而欲直探一本，未有不入異端者。

胡敬齋曰：良知出於天，致知在乎人，養知在於寡欲，保其知而勿喪在於誠敬。

胡敬齋曰：窮理須事事窮究，窮來窮去，又只是一箇理。讀書須要章章精熟，精熟後亦只是一箇理。此所謂「萬物各具一理，萬理同出一原」也。

胡敬齋曰：當然處即是天理。

胡敬齋曰：窮理須得心專一，方有細密工夫，方見得透徹。若不專一，則粗疏草略，縱敏者亦略見彷彿而已。

胡敬齋曰：讀書須着實理會，既曉其文義，便真去做，務要令此書自我身上發。

胡敬齋曰：四書六經之理，皆相貫通，「先聖後聖，其揆一也」。今讀其書，徒誦其文義，不實究其理，則四書六經文字各是一般體面〔五〕，千頭萬緒，雖皓首亦無如之何矣。惟察其理而實體之於身，而體用一貫，又何難哉？程子所謂「論孟既治，六經可不治而明」，誠哉言也。

胡敬齋曰：朱子註四書、詩傳，先訓釋文義，然後發明其正意，又旁引議論以足言内之意，或發明言外之意，此深得釋經之意。

胡敬齋曰：爲學規模節序無如大學，造化規模節序無如先天圖。

胡敬齋曰：工夫在大學，效驗則見於二南。

胡敬齋曰：論語一書，堯舜氣象。孟子一書，三代氣象。

胡敬齋曰：「一闔一闢謂之變」，雖變亦是常理，故曰「中庸」。

胡敬齋曰：中庸可以盡易之理。

胡敬齋曰：易是「君子而時中」之道。

胡敬齋曰：天下之變無窮，惟易可以盡之。蓋易陰陽奇偶變易無窮，若天地之闔闢，氣運之盛衰，日月之更迭，寒暑之往來，陰陽之消長，人物之死生，國家之興亡，世道之今古，其消息盈虚，升降屈伸，吉凶消長，進退存亡，幽明終始，善惡邪正，皆是此理。雖萬變無窮，易足以盡之，蓋易自造化中寫出來故也。其餘諸經，或因時制作，隨時記録，天理人事，無不詳盡，所以垂世立教，無不精切。但天下古今之變，惟易能盡也。

胡敬齋曰：觀堯典，見得聖人作事，只是公天下之心，無一毫私意。

胡敬齋曰：有太極便有陰陽，有陰陽便有天地，有天地便有人物，有人物便有性情。有性情則形於言語詠歌，自不容已，此詩之所以作也。詩既作，又足以正性情、辨得失、興教化、感人心、動天地、格鬼神，此詩之本末功用也。

胡敬齋曰：春秋之時王道絶矣，聖人作經以明王道，王道即天理也。因亂世之事，裁以天理。如當時諸侯不王，必書「王正月」以正之；周王不天，必書「天王」以正之。此皆立萬世之法，不但爲當世而作也。

胡敬齋曰：古今説春秋者，惟孟子、程子精切，深得聖人作經之意。蓋其學鄰於聖人，故能得聖人心事，其曰「春秋天子之事」。古今作傳者，亦惟程子第一。胡傳雖祖程子，不及程子簡當發明有力。故春秋當以程傳爲主，以胡傳及諸儒之説以輔翼之，則聖人正大精微之意不中不遠矣。

胡敬齋曰：春秋天理之準的，使孔子得行其道，必參酌百王之法，大備典制，爲萬世準則。道既不行，故寓二百四十二年行事於魯史中，乃天理之準的也。

胡敬齋曰：近觀三禮，皆是憑天理上裁制出來。蓋聖人之心理一而用殊，天下之事萬殊而一本，故許多制度節文，皆自聖人胸中流出，天下後世取以爲法，學者則當由是以窮理。

胡敬齋曰：學經有得，方可看史。經無得而先看史，未免流於功利。看史能別其是非，乃窮理之要。不然，則徒記故事，反成博雜。

胡敬齋曰：經是史之尺度斷例，史是經之應驗事爲，經純史雜，故經不明不可看史。

胡敬齋曰：左氏傳博洽，記載當時行事及言論煞有是處，其陋處好以成敗禍福論人。

胡敬齋曰：今更有聖賢出，其説不過於大學、論、孟、中庸，此後書莫過於小學、近思録。學者果能於此處真知實踐，他書不讀無憾也。

羅整庵曰：「格物」之格，二程皆以「至」字訓之。吕東萊釋「天壽平格」之格，以爲通徹無間。吴敬庵曰「通徹無間，亦至字之義，然比之至字，其意味尤爲明白而深長」。朱子曰「一日一件者，格物工夫次第也；脱然貫通者，知至效驗極致也。不循其序而遽責其全，則爲自罔；但求粗曉而不期貫通，則爲自畫」。合是數説觀之，程子之意了然矣。

羅整庵曰：人心虚靈之體本無不該，惟其蔽於有我之私，是以明於近而暗於遠，見其小而遺其大。凡其所遺所暗，皆不誠之本也。然則知有未至，欲意之誠，其可得乎？故大學之教，必始於格物，所以開其蔽也。

羅整庵曰：繫辭曰「君子居則觀其象而玩其辭，動則觀其變而玩其占」，此學易之功也。占也者，聖人於其變動之初，逆推其理勢必至於此，故明以爲教，欲人豫知所謹，以免乎悔吝與凶。若待其象之既成，則無可免之理矣。使誠有得於觀玩，固能適裁制之宜，其或於卜筮得之，亦可以不迷於趨避之路。此人極之所以立也。是則君子之玩占，乃其日用工夫，初無待於卜筮。若夫卜筮之所尚，則君子亦未嘗不與衆人同爾。聖人作易之意，或者其有在於是乎？

羅整庵曰：「格物莫若察之於身，其得之尤切」，程子有是言矣，至其答門人之問，則又以爲「求之情性固切於身，然一草一木亦皆有理，不可不察」。

羅整庵曰：聖賢千言萬語，無非發明此理。有志於學者，必須熟讀精思，將一箇身心入在聖賢言語中，翻來覆去，體認窮究，方尋得道理出。從來諸儒先君子，皆是如此用工，其所得之淺深，則由其資禀有高下爾。自陸象山有「六經皆我註脚」之言，流及近世，士之好高欲速者，將聖賢經書都作没緊要看了，以爲道理但當求之於心，書可不必讀，讀亦不必記，亦不必苦苦求解。看來若非要作應舉用，相將坐禪入定去，無復以讀書爲矣。一言而貽後學無窮之禍，象山其罪首哉！

羅整庵曰：程子論大學，則曰「學者必由是而學焉，則庶乎其不差矣」；論語孟，則曰「人只看得此二書切己，終身儘多也」；論中庸，則曰「善學者玩索而有得焉，則終身用之，有不能盡者矣」。爲人之意，何其惓惓若是哉！

羅整庵曰：大學誠意是一刀兩段工夫，正心修身是磨稜合縫工夫。

羅整庵曰：中庸首言戒懼慎獨，即大學正心誠意工夫，似少格物致知之意，何也？蓋篇首即分明指出道體，正欲學者於言下領會，雖不言知而知在其中矣。末章復就下學立心之始說起，却少「知」字不得，所以說「知遠之近，知風之自，知微之顯」。曰近、曰自、曰微，皆言乎其本體也，性也；曰遠、曰風、曰顯，皆言乎其發用也，道也。知此則有以見夫内外本末初無二理，戒懼慎獨方有着力處，故曰「可與入德矣」。大學所謂知至而后意誠心正，其致一也。

羅整庵曰：孟子「盡心」一章，實與大學相爲表裏。蓋「盡心知性」，乃格物致知之驗也。「存心養性」，即誠意正心之功也。「修身以俟」，則其義亦無不該矣。孟得聖學之傳，實惟在此。始終條理甚是分明，自不容巧爲異說，且學而至於立命，地位煞高，非平生心事無少愧怍，其孰能與於此？

羅整庵曰：孟子「性也有命焉，命也有性焉」一章，語意極爲完備，正所謂「理一而分殊」也。當時孟子與告子論性，皆隨其説而折難之，故未暇及此。如使告子得聞斯義，安知其不悚然而悟、俛然而伏也。

羅整庵曰：程子言「聖人用意深處全在繫辭」。蓋子貢所謂「性與天道不可得而聞」者，繫辭發明殆盡，學者苟能有所領會，則天下之理皆無所遺。凡古聖賢經書微言奥義，自然通貫爲一，而確乎有以自信。

羅整庵曰：秦誓一篇，有可爲後世法者二，孔子所以列之四代之書之終。悔過遷善，知所以修身矣。明於君子小人之情狀，知所以用人矣。愼斯道也以往，帝王之治，其殆庶幾乎。

羅整庵曰：詩三百十一篇，人情世態無不曲盡。燕居無事時，取而諷詠之，歷歷皆目前事也，其可感者多矣。「百爾君子，不知德行。不忮不求，何用不臧？」其言誠有味哉。

羅整庵曰：孔子作春秋，每事只舉其大綱，以見意義，其詳則具於史。當時史文具在，觀者便見得是非之公，所以「春秋成而亂臣賊子懼」。其後史既亡逸，惟聖筆獨存。左氏必曾見國史來，故其作傳皆有來歷，雖難於盡信，終是案底。

## 校勘記

〔一〕乾坤其易之門户　「户」字原脱，據同治重刊本補。

〔二〕言命　「言」字原脱，據讀書續録卷十二補。

〔三〕若日月之照臨　「之」字原脱，據讀書續録卷五補。

〔四〕講論得之尤速　「講」，同治重刊本誤「識」。

〔五〕則四書六經文字各是一般體面　「面」，同治重刊本誤「用」。

# 廣近思録卷四

凡七十八條

## 存養

張南軒曰：心宰事物，而敬者心之道所以生也。生則萬理森然，而萬事之綱總攝於此，凡至乎吾前者，吾則因其然而酬酢之。故動雖微而吾固經緯乎事之先，事雖大而吾處之若起居飲食之常，雖雜然並陳，而釐分縷析，條理不紊。無他，其綱既立，如鑑之形物，各止其分，而不與之俱往也。此所謂「居敬而行簡」者歟？

張南軒曰：古之人起居寢食之間，精察主一，不知有外物之可慕、他事之可爲，不知富貴之可喜、憂患之可戚。蓋其中心汲汲於求仁而已。

張南軒曰：居敬、集義，工夫並進，相須而相成也。若只要能敬，不知集義，則所謂敬者，亦塊然無所爲而已，烏得心體周流哉？集訓積，事事物物莫不有義，而著乎人心，正要一事一件上集。

張南軒曰：所謂持敬，乃是切要工夫，然要將箇敬來治心，則不可。蓋「主一之謂敬」，敬是敬此者也。若謂敬爲一物，非惟無益而反有害，乃孟子所謂「必有事焉」而正之，卒爲助長之病。

張南軒曰：謂心有出入者，不識心者也。孔子之言，特因操舍而言出入也。蓋操之則在此，謂之入可也，舍則亡矣，謂之出可也，而心體則實無出入也。此須深自體認。

張南軒曰：思慮時擾之患，此正是合理會處，其要莫若主一。遺書中論此處甚多，須反覆玩味用工，譬如汲井，漸汲漸清。如所謂「未應事前此事先在，既應之後此事尚存」，正緣主一工夫未到之故。須是思此事時只思此事，做此事時只做此事，莫教別底交互出來，久久自別。

張南軒曰：所諭收斂則失於拘迫，從容則失於悠緩，此學者之通患。於是二者之間，必有事焉，其惟敬乎。拘迫則非敬也，悠緩則非敬也。但當常存乎此本原深厚，則發見必多，而發見之際，察之則必精矣。若謂先識所謂一者而後可以用力，則用力未篤，所謂一者只是想像，何由意味深長乎？

張南軒曰：理義固須玩索，然求之過當，反害於心。涵泳栽培，日以深厚，則玩索處自然有力也。

張南軒曰：程子教人居敬，必以動容貌、整思慮爲先。蓋動容貌、整思慮則其心一，所以敬也。今但欲存心，而以此爲外，既不如此用工，則心亦烏得而存？其所謂存者，不過强制其思慮，非敬之理矣，此其未知内外之本一故也。今有人容貌不莊，而曰吾心則存，不知其所爲不莊者，是果何所存乎？

張南軒曰：所諭雖間有平帖安静之時，意思清明，四體和暢，念慮不作，覺無所把摸，遇事接物，則涣散矣。此蓋未能持敬之故，所謂「平帖安静」者，亦只是血氣時暫休息耳。且既曰「覺無所把摸」，烏得爲安静乎？敬則有主宰，涵養漸熟，則遇事接物，此意思豈容遽涣散乎？

張南軒曰：古人教人，自灑掃應對進退、禮樂射御之類，皆是栽培涵泳之類，若不下工，坐待有得而後存養，是枵腹不食而求飽也。

張南軒曰：孟子以集義爲本，程子以居敬爲先，皆其深造自得者然也。學者於是二者朝夕勉焉，循循不已，則所謂「浩然之氣」者，淺深當自知之。若不如此下工，遽欲想象强氣體使之充，正是助長之甚者，其害反大矣。

張南軒曰：伊洛先生所謂「主一無適」，真是學者指南深切著明者也。故某欲其操舍之間體察，而居毋越思，事靡他及，乃是實下手處，此正謂有捉摸也。若於此用力，自然漸覺近裏趨約，意味日别，見則爲實見，得則爲實得。不然，徒自談高捜妙，元只在膠膠擾擾域中，三二十年，恐只是空過了，至善之則，烏能實了了乎？

張南軒曰：某自覺向來於沉潛處少工夫，故本領尚未完。一二年來，頗專於「敬」字上勉力，愈覺周子主靜之意爲有味。程子謂「於喜怒哀樂未發之前，更怎生求，只平日涵養便是」，此意須深體之。

張南軒主一箴曰：人秉天性，其生也直。克順厥彝，則靡有忒。事物之感，紛綸朝夕。動而無節，生道或息。惟學有要，持敬勿失。驗厥操捨，乃知出入。曷爲其敬，妙在主一。曷爲其一，惟以無適。居無越思，事靡他及。涵泳於中，匪忘匪亟。斯須造次，是保是積。既久而精，乃會於極。勉哉勿倦，聖賢可則。

張南軒敬齋銘曰：天生斯人，良心則存。聖愚曷異，敬肆是分。事有萬變，統乎心君〔一〕。一頽其綱，泯焉絲棼。自昔先民，修己以敬。克持其心，順保常性。敬匪有加，惟主乎是。履薄臨深，不昧厥理。事至理形，其應若響。而實卓然，不與俱往。動靜不違，體用無忒。惟敬之功，協乎天德。嗟爾君子，敬之敬之。用力之久，其惟自知。勿憚其艱，而或怠遑。亦勿迫切，而以不常。毋忽事物，必精吾思。察其所發，以會於微。忿慾之萌，則杜其源。有過斯改，見義則遷。是則天命，不遏於躬。魚躍鳶飛，仁在其中。

於焉有得，學則不窮。知至而至，知終而終。嗟爾君子，勉哉敬止。成己成物，匪曰二致。任重道遠，其端伊邇。毫釐有差，繆則千里。惟建安公，自力古義。我作銘詩，以諗同志。

張南軒主一齋銘曰：人之心，一何危。紛百慮，走千岐。惟君子，克自持。正衣冠，攝威儀。澹以整，儼若思。主於一，復何之。事物來，當其幾。應以專，匪可移。理在我，寧彼隨。積之久，昭厥微。靜不偏，動靡違。嗟勉哉，自邇卑。惟勿替，日在兹。

張南軒石銘曰：正爾衣冠，毋惰爾容。謹爾視聽，毋越爾躬。爾之話言，式循爾衷。爾之起居，式蹈爾庸。敬爾所動，毋窒其通。貞爾所存，毋失其宗。外之云肅，攸保於中。中之克固，外斯率從。天命可畏，戒懼難終。勒銘於石，用儆爾慵。

吕東萊曰：日用間不須著意，要坐即坐，要立即立，凡事如常，便是完養。若有意完養，則是添一重公案矣。覺有忿戾，始須銷平，覺有凝滯，始須開豁，病至則服藥，不必預安排也。涵泳義理，本所以完養思慮，政恐舊疾易作，自涵泳而入於研索，自研索而入於執著，或反爲累耳。陶靖節不求甚解，雖其淺深未可知，要是不尋枝摘葉也。

吕東萊曰：須令胸次開廓舒泰爲佳。

吕東萊曰：「敬」之一字，固難形容。古人所謂「心莊則體舒，心肅則容敬」，此兩語當深體也。

吕東萊曰：大概以收斂操存、公平體察爲主。

吕東萊曰：「主一無適」，誠要切工夫。但整頓收斂則易入於著力，從容涵泳又多墮於悠悠。「勿忘勿助長」，信乎其難也。

吕東萊曰：初學須是去整齊收斂上做工夫。

吕東萊曰：浩然之氣，須有集義工夫，則自生矣。今人一事無愧於心，胸中覺休休然，彼亦未必俱合於義，而況集義久而熟者，安得不浩然乎？

吕東萊曰：以立志爲先，以持敬爲本。

吕東萊曰：爲學須存不已之心。持養之功甚妙，常常提起，自有精神，持養之久，自有不可掩者。當以居敬爲本。

黄勉齋曰：良心者，虛靈不昧，具萬善而應萬事者也。天地之所以爲天地，聖賢之所以爲聖賢，亦只是靠着此理。物之感人，而人之好惡無節，此心既無主宰，則逐物流轉，所具之善既不行，而所應之事亦悖謬，而無所不至矣。

黄勉齋曰：直内、方外本是兩項工夫，直内主心，方外主事。敬是收斂精神，使存於心者無邪曲之擾；義是裁度事宜，使應於事者無偏詖之病。然敬該夫動，則方外者乃敬之流行；義主於心，則直内者乃義之根本，二者未嘗不相爲用也。要之，學者自當各用其力，此心所存，無一息而不敬，至於應事接物，則又當裁度而使之得宜也。

黄勉齋曰：持守之方，無出主敬。前輩所謂「常惺惺」法，已是將持敬人心胸内事摹寫出了，更要去上面生支節，只恐支離，無緣脱灑。

黄勉齋曰：存養玩索，不可偏廢。世之學者往往墮於一偏，是以空虚而卒無得也。

黄勉齋曰：善學者要當深明夫内外輕重之分，在内者重，在外者輕，在外者愈輕，在内者愈重，真積力久，胸中泰然，天理流行，一毫物欲不能爲之累。顔子之簞瓢陋巷，曾點之鼓瑟浴沂，翛然悠然，蓋將與造物相爲酬酢。天下之至貴，無以復加於此。

黄勉齋曰：人惟一心，而攻之者衆，聲色臭味交乎外，榮辱利害動乎内，隨感而應，無有窮已，則清明純一之體，又安能保其常存而不放哉？夫心之所以易放而難操者，以其有欲也。塵去則鏡明，風靜則水止。凡天下之可喜可嗜者，舉不足以爲吾之累，則心之虚靈淡然泊然，有不待操而自存矣。

許魯齋曰：人之一身，實萬事萬物之所本，於此有差，則萬事萬物亦從而差焉，豈可不敬乎？蓋惟敬，故於父子、君臣、夫婦、長幼、朋友之間無施不可，此古人修身必本於敬也。

許魯齋曰：聖人之心，如明鏡止水，物來不亂，物去不留。用工夫主一也，主一是持敬也。

許魯齋曰：人稟天命之性，爲明德本體，虚靈不昧，具衆理而應萬事，與堯舜神明爲一。但衆人多爲氣稟所拘，物欲所蔽，本性不得常存，或發出一件善念，便有被氣稟物欲之私昏蔽了，故臨事對人旋安排把捉，未臨事之前與無人獨處，却便放肆爲惡。故中庸教人存養省察，蓋不睹不聞之時，戒慎恐懼以存之，所以存天理之本然，而不使之須臾離道。此所謂致中也，存養之事也。人所不知而己所獨知者，一念方動之時也。一念方動，非善即惡，惡是氣稟人欲，即遏之不使滋長，善是性中本然之理，即執之不使變遷，如此則應物無少差謬。此所謂致和也，省察之事也。

許魯齋曰：静時德性渾全，要存養；動時應事接物，要省察。

許魯齋曰：爲學之初，先要持敬。静而敬，常念天地鬼神，臨之不敢少忽。動而敬，自視聽色貌言，事疑忿得，一一省察，不要逐物去了，雖在千萬人中，常知有己。此持敬之大略也。

許魯齋曰：東萊嘗云「南軒言心在焉則謂之敬，且如方對客談論，而他有所思，雖思之善，亦不敬也。纔有間斷，便是不敬」。

薛敬軒曰：心中無一物，其大浩然無涯。

薛敬軒曰：欲淡則心清，心清則理見。

薛敬軒曰：常沉静則含蓄，義理深而應事有力。

薛敬軒曰：厚重、静定、寛緩，進德之基。

薛敬軒曰：須要有包含，則有餘意。發露太盡，則難繼。

薛敬軒曰：聞事不喜不驚者，可以當大事。

薛敬軒曰：戲言無實，最害道。易曰「修辭以立其誠」，必使無一言妄發，斯可學道。苟信口亂談而資笑謔，其違道遠矣。笑謔不惟亂氣，而且亂心。言謹則氣定心一。

薛敬軒曰：心誠色温，氣和辭婉，必能動人。

薛敬軒曰：莊子曰「嗜慾深者天機淺」，蓋嗜慾昏亂此心，則理無自而見。故周子曰「一者無欲也」，無欲其至矣！

薛敬軒曰：養之深則發之厚，養之淺則發之薄，觀諸造化可見。窮冬大寒，天氣閉塞，而元氣蓄藏既固，至春則發達充盈而不可遏。若冬煖元氣露泄，則春亦生物不盛，而疫癘作矣。

薛敬軒曰：平旦虚明之氣象，有難以語人者，惟無妄者能識之。

薛敬軒曰：一息不可不涵養，涵養只在坐臥作止、動靜語默之間。

薛敬軒曰：操心之法，一則義理昭著而不昧，一則神氣凝定而不浮。養德養身，莫過於操心之一法也。

薛敬軒曰：志固難持，氣亦難養。主敬可以持志，少欲可以養氣。廣大虚明氣象，無欲則見之。

薛敬軒曰：人有才而露，只是淺，深則不露。

薛敬軒曰：方爲一事，即欲人知，尤淺之尤者。

薛敬軒曰：凝重之人，德在此，福亦在此。

薛敬軒曰：愈收斂愈充拓，愈細密愈廣大，愈深妙愈高明。

薛敬軒曰：促迫褊窄，淺率浮躁，非有德之氣象。

薛敬軒曰：言要緩，行要徐，手要恭，立要正，以至作事有節，皆不暴其氣之事。

胡敬齋曰：涵養之道，須深潛篤實，方能制其飛揚之心，消其粗厲之氣。

或問：存養在致知之先，在致知之後？胡敬齋曰：未知之前，非存養則心昏亂，義理之本原已喪，何以能致知？既致知之後，非存養則亦放逸偷惰，天理隨失，何以保其知？先儒言「未知之前非敬無以知，既知之後非敬無以守」，又曰「敬者，聖學之所以成始成終者也」。

胡敬齋曰：程子發明一「敬」字，於學者最有力，而整齊嚴肅是敬下手處。外不亂則內自有主，內有主則外自整齊，此敬之功所以貫內外動靜。分而言之，則靜爲涵養，動爲省察。統而言之〔二〕，則動與靜皆所以存吾心、養吾德也。

胡敬齋曰：學者能知操存省察，德方有進。

胡敬齋曰：道理只要熟，熟則純，純則誠，誠則心與理一，所發必不差，所發不差則萬事順治。主一之久，至無間斷，則熟矣。

胡敬齋曰：心不可放縱，亦不可逼迫。故程子以「必有事焉而勿正，心勿忘勿助長」爲存心之法，雖借用孟子之言，其義尤精。此自然之理，非有毫髮私意，故與鳶飛魚躍「同活潑潑地」。

胡敬齋曰：心不操即無主，放者固馳於外，不放者亦入於空無。

胡敬齋曰：理氣不相離，心與理不二。心存則氣清，氣清則理益明，理明氣清，則心益泰然矣。故心與氣須養，理須窮，不可偏廢。

胡敬齋曰：今人言心，便要求見本體，察見寂然不動處，此皆過也。古人只言涵養言操存，曷常言求見察見？若欲求察而見其心之體，則內裏自相攪亂，反無主矣。然則古人言提撕唤醒，非歟？曰：才提撕唤醒，則心暢然而在，非察見之謂也。

胡敬齋曰：無事時不教心空，有事時不教心亂。

胡敬齋曰：「必有事焉」，是孟子最善做工夫處。人無所事，則心悠悠蕩蕩無歸著，必至外馳。程子取以明持敬之道，其義尤精。孟子雖是説集義，亦以見敬爲義之體也。

胡敬齋曰：理無不實、心無不正之謂誠。故荀子以「養心莫善於誠」，周程譏其不識誠。誠如五穀已成，果實已熟，又焉用養？孟子言「養心莫善於寡欲」，無欲即誠也，心與理爲一也。

胡敬齋曰：心有主，雖在鬧中亦静，故程子以爲金革百萬與飲水曲肱一也。然必知之深、養之厚，心方不動，故程子曰「凝然不動，便是聖人」。

胡敬齋曰：「胸中灑落，如光風霽月」，雖曰形容有道氣象，終帶了些清高意思。如曰「心廣體胖」，曰「睟面盎背」，曰「充實光輝」，此真有道氣象。

胡敬齋曰：先儒言「合内外之道」，又曰「表裏交正」，曰「内外交養」，曰「本末相資」，曰「體用一源，顯微無間」，曰「動静相涵」，曰「敬義夾持」，此等處最宜理會。此處見破，則知所用力。

胡敬齋曰：看有才氣底人，老年多不及少年，是他無學問持養工夫。

羅整庵曰：存養是學者終身事，但知既至與知未至時，意味迴然不同。知未至時，存養非十分用意不可，安排把捉，靜定爲難，往往久而易厭。知既至時，存養即不須大段著力，從容涵泳之中，生意油然，自有不可遏者，其味深且長矣。然爲學之初，非有平日存養之功，心官不曠，則知亦無由而至。朱子所謂誠明兩進者，以此省察，是將動時更加之意，即大學所謂安而慮者。然安而慮乃知止後事，故所得者深。若尋常致察，其所得終未可同日而語。大抵存養是君主，省察乃輔佐也。

羅整庵曰：理無往而不定，不定即非所以爲理。然學者窮理，須是看得活，不可滯泥，先儒多以善觀爲言，即此意也。若看得活時，此理便活潑潑底常在面前。雖然如此，要添一毫亦不得，減一毫亦不得，要擡高一分亦不得，放下一分亦不得。以此見理無往而不定也。然見處固是如此，向使存養之功未至，則此理終非己有，亦無得他受用。故曰「知及之，仁不能守之，雖得之，必失之」。

羅整庵曰：「喜怒哀樂之未發謂之中」，子思此言，所以開示後學最爲深切。蓋天命之性無形象可覩，無方體可求，故即喜怒哀樂以明之。夫喜怒哀樂，人人所有而易見者，但不知其所謂中，不知其所謂天下之大本，故特指以示人，使知性命即此而在也。上文戒慎恐懼，即所以存養乎此。

## 校勘記

〔一〕統乎心君　「統」，同治重刊本作「總」。

〔二〕統而言之　「統」，同治重刊本作「總」。

# 廣近思録卷五

凡百十一條

## 克治

張南軒曰：自非上智生知之資，其氣稟不容無所偏。學也者，所以化其偏而若其善也。氣稟之偏，其始甚微，惟夫習而不察，日以滋長，非用力之深，末由返也。

張南軒曰：害敬者莫甚於人欲，自容貌、顔色、辭氣之間而察之，天理人欲絲毫之分耳。遏止其欲而順保其理，則敬在其中。引而達之，擴而充之，則將有常而日新，日新而無窮矣。

張南軒曰：人之所以私僞萬端，不勝其過失者，梏於氣，動於欲，亂於意，而其本體以陷溺也。雖曰陷溺，然非可遂殄滅也。譬諸牛山之木，日夕之間，豈無萌蘖之生乎？患在人不能識之耳。

張南軒曰：語所謂「一言而可終身行之者，其恕乎」，而其道乃在於「己所不欲，勿施於人」而已。要須從事於此，乃知聖人之言真爲要切也。涵泳體察，久而勿舍，則氣之暴者可得而平，量之隘者可得而擴，患其近於薄者將日趨於忠厚，患其失於易者將積而爲敦篤，是則强矯之功也。

張南軒曰：夸勝爲害，可見省察之功，正當用力自克也。克之之要，須深思夸勝之意何自而生，於根源上用功銷磨，乃善。

張南軒曰：凡有所爲而然者，皆人欲之私，而非天理之所存。此義利之分也。自未嘗省察者言之，終日之間，鮮不爲利矣，非特名位貨殖而後爲利也。斯須之頃，意之所向，一涉於有所爲，雖有淺深之不同，而其徇己自私則一而已。

張南軒曰：有所偏黨，則不正矣；有所係吝，則不大矣。是二者皆私也，纖毫之萌，則正大之體亡矣。是當涵泳乎義理之中，敬恭乎動静之際，察夫偏黨係吝而克去之，則所謂正大者，蓋可存其體而得其用矣。

張南軒曰：省過矯偏，但覺平日以爲細故粗迹者，乃是深失銷磨。雖庶幾兢兢焉，惟恐乘間之竊發耳。

張南軒曰：天理之微爲難存，氣習之偏爲難矯。譬諸射者，在此有秋毫之未盡，則於彼有尺尋之差。

張南軒曰：禮者，天之理也。以其有序而不可過，故謂之禮。凡非天理，皆己私也，私克則天理存，仁其在是矣。然克之有道，要當深察其私，事事克之。今但指吾心之所愧者必其私，而其所無負者必夫禮。苟工夫未到，而但認己意爲則，且將以私爲非私，而謂非禮爲禮，不亦誤乎？

張南軒曰：閨門之間，不過於嚴毅，則過於和易。交游之際，厚者不失於玩，則失於過。紛紛擾擾，滅於東而生於西。要須本源上用工，其道固莫如敬。若於「敬」字有進步，則弊當漸可減。

張南軒曰：義之所在，君子蹈之，如饑之必食，渴之必飲，不可改也。若一毫私意亂之，則顧藉牽滯，而卒失其正矣。

張南軒曰：所謂「義理與客氣，看消長分數，爲君子小人之别」者，謂一日之間，察其所發孰多孰少爾。天理只是天理，人欲只是人欲，都無夾雜念處。毫釐之間，霄壤分焉，此昔人所以戰兢不敢少弛也。

張南軒曰：凡心之病固多端，大抵皆由其偏而作。自一勺而至於稽天，則若人雖生，無以異於死也。聖賢之經皆妙方也，察吾病之所由起而知其然，審處其方，專意致精而藥之，則病可去。

張南軒曰：人所以有喜怒，亦志動氣也。但因喜怒之氣〔一〕，而志益不能自寧，是氣復動志也。蓋常人志動氣，而氣復動志，無窮已耳。然自其始動而言，只可謂之志動氣也。惟趨蹶與藥也酒也，則是氣先之也。

張南軒曰：心本無鄙詐易慢，而鄙詐易慢生焉。猶水本清，爲泥沙忽雜之也。此須自體之，知其自外入也。

張南軒曰：三省四勿，皆持養省察之功兼焉。大要持養是本，省察所以成其持養之功。

張南軒曰：去私之難，當用大壯之力。然力貴於壯，而工夫貴於密。若工夫不密，雖勝於暫，終不能持於久而銷其端。觀顔子沉潛積習之功，「有不善未嘗不知，知之未嘗復行」，非工夫篤至久且熟者，其能若是？

張南軒曰：學者苟有一毫靠外之心，其工夫未得爲真實。但才不近裏，便是靠外，分毫之間，最爲難察。

張南軒曰：荒忽因循，則非游泳之趣；蹙迫寡味，則非矯揉之方。此正當深思，於主一上進步，要是常切省勵，使凝斂清肅時浸多，則當漸有向進，不可求近功也。

張南軒曰：先覺謂「惟思爲能窒欲」，某謂懲忿亦然。若謂正當發時最好看吾本心，此却有病。本心須是平日涵泳，庶幾私意漸可消磨。若當其發時，如明道先生所謂「遽忘其怒而觀理之是非」，則可。若直待此事看吾本心，則天理人欲不相參，恐無力也。

張南軒曰：衣冠不整，舉止或草草，此恐亦不可作小病看。古人衣冠容止之間，不是要作意矜持，只是循他天則合如是。爲尋常因循怠弛，故須著勉强自持。

張南軒克齋銘曰：惟人之生，父乾母坤。允受其中，天命則存。血氣之萌，物欲斯誘。日削月朘，意鮮能久。越其云爲，匪我之自。營營四馳，擾擾萬事。聖有謨訓，克己是宜。其克伊何，本乎致知。其致伊何，格物是期。動静以察，晨夕以思。良知固有，匪緣事物。卓然獨見，我心皦日。物格知至，萬理可窮。請事克己，日新其功。莫險於人欲，我其平之。莫危於人心，我其安之。我視我聽，勿蔽勿流。我言我動，是出是由。涵濡泳游，不競不絿。允蹈彝則，靡息厥修。逮夫既克，曰人而天。悠久無疆，匪然而然。爲仁之功，於斯其至。我稽古人，其惟顔氏。於穆聖學，具有始終。循循不舍，與天同功。請先致知，以事克己。仁遠乎哉，勉旃吾子。

張南軒敦復齋銘曰：惟聖作易，研幾極深。惟卦有復，於昭天心。六爻之義，各隨所乘。其在於五，敦復是明。其敦如何，篤志允蹈。順保其中，而以自考。我觀爻義，厥有戒辭。君子體之，敬戒是資。人欲易萌，天理難存。毫釐之間，消長所分。凡百君子，奈何不敬。祇於夙宵，以若天命。惟積惟久，匪俟乎外。敢曰无悔，庶幾寡悔。

吕東萊曰：大凡人之爲學，最當於矯揉氣質上做工夫。如懦者當强，急者當緩，視其偏而用力焉。

吕東萊曰：書曰「若藥弗瞑眩，厥疾弗瘳」。若百事安穩，無違情咈志而可以成就，則君子當滿天下矣。惟其不然，所以貴於用心剛而進學勇也。

吕東萊曰：多欲者畏人亦多，少欲者畏人亦少，無所不欲者無所不畏，無所欲者無所畏。

吕東萊曰：大抵根滓未盡，氣稟偏重處不免時時露見，政當澄之又澄耳。

吕東萊曰：學者以務實躬行爲本。語言枝葉，政自不急。

吕東萊曰：知猶識路，行猶進步。若謂但知便可，則釋氏「一超直入如來地」之説也。

吕東萊曰：爲學必須於平日氣稟資質上驗之，如滯固者疏通，顧慮者坦蕩，智巧者易直。苟未如此轉變，要是未得力耳。

吕東萊曰：培養克治，殊不可緩。私意之根，若尚有眇忽未去，異日遇事接物，助發滋養，便張王不可剪截，其害非特一身也。要須着實省察，令毫髪不留，乃善。

吕東萊曰：公私之辨，尤須精察。

吕東萊曰：驅山塞海，未足爲勇。惟斂收不可斂之氣，伏槽安流，乃真有力者也。

呂東萊曰：人皆知欲辨義利輕重，須識得所以輕所以重，方得。能惡衣惡食，在衆中不愧，方可。

呂東萊曰：做事須是著實做。暴戾者必用力於和順，吝鄙者必用力於寬裕，而後可以言學。

呂東萊曰：義理與客氣常相勝，只看消長分數多少，爲君子小人之別。

黄勉齋曰：人受天地之中，無非此性，雜之以氣質，撓之以習俗，不能親師取友以致其學問之功，雖有此性，亦未免於晦而不明、窒而不通矣。

黄勉齋曰：損益之義大矣，聖人獨有取於「懲忿窒欲」、「遷善改過」，何哉？正心修身者，學問之大端，而齊家治國平天下之本也。古之學者無一念不在身心之中，後之學者無一念不在身心之外，此賢愚所由分，而聖人之所深戒。

黄勉齋曰：人患無志耳。士固有志於聖賢之學而爲氣所勝，未能遽易其習尚之偏者。然志，氣之帥，苟有其志，氣亦安能卒勝之耶？人之氣禀固有剛柔之異，然剛者易折而柔者難扶，安知前日爲吾病者，不反以贊吾今日自治之决耶？

黄勉齋曰：耳目口鼻之欲，喜怒哀樂之私，皆足爲吾心之累。此心一爲物欲所累，則犇逸流蕩，失其正理，而無所不至矣。是以古之聖賢，戰戰兢兢，靜存動察，如履淵冰，如奉盤水，不使此心少有所放，則「成性存存」而道義行矣。

黄勉齋曰：寂然不動，心之體也。事物未接，思慮未萌，湛然純一，如水之止，如衡之平，則其本静矣。蔽交於前，其中則遷，而欲生焉，欲熾而益蕩，感物而動者既失其節，寂然不動者亦且紛紜膠擾，而不能以頃刻寧。動静相因，展轉迷亂，天理日微，人欲日肆矣。故主静者所以制乎動，無欲者所以全乎静。此周子之意，而亦有所自來也。

黄勉齋曰：閒居玩理，想不爲無見。顧衰晚益覺，爲學須是驗之於心，體之於身，見得天理漸復，人欲漸消，方是有得。若只是將言語説過，皆不濟事。

黄勉齋曰：人生難克是利欲，利欲之大是富貴。貧賤吾夫子許顔淵、子路兩箇，若是此處打不過〔二〕，便教説得天花亂墜，盡是閑話。

黄勉齋曰：容貌之莊，言詞之謹，非致飾於外，制於外所以養其中也。輕淺浮躁，其中可知矣，何以究此理之精微，存此心之純一哉？世之學者溺心於文詞功利之末，固非大學之所當務，志於學而不得其要，則又捨近鶩遠，憚拘檢而樂放肆，其於學亦豈能有得耶？

黄勉齋曰：忠義之心，人誰無之？顧志昏於義，氣怵於利，則畏懦萎縮，不能以克此心耳。

黄勉齋曰：當初只帶得一團血氣，并一點虚靈生在世間。今亦他無所用心，只得檢點身心，令明淨純潔，交還天地父母耳。

黄勉齋曰：衰病之餘，益覺世味無足留戀，百事紛來，與化俱逝，獨義理一途與天地通，誠不可不力行也。

許魯齋曰：人於患難間，只有箇處置放下，有天之所爲，有人之所爲。合處置者，在乎人之所爲，以有義也；合放下者，在乎天之所爲，以有天命也。先盡人之道義，内省不疚，然後放下，委之於命也。

問：不遷怒？許魯齋曰：是聖人境界之事也。如何便到得？且自「忿思難」爲始。

許魯齋曰：每事須要成人之事，在己者雖不得可也。今人只是成己，雖頗知自克，終不能克也。只要成己事，别人事雖壞了，不恤也。「己欲立而立人，己欲達而達人」，成己便成物，聖人所爲又全别。

許魯齋曰：「坎不盈，祇既平，无咎」。人行到憂患處，如水要到流得滿然後行過去，小些子不滿過去不得，所以要弘毅堅重。如舜事瞽瞍，只得竭力供子職，「負罪引慝」而已，到「底豫」時，是坑坎才滿，然後流得出。天下事到行不得處，皆如此。

許魯齋曰：人之良心，本無不善，由氣禀所拘，物欲所蔽，私意妄作，始有不善。聖人設教，使養其良心之本善，去其私意之不善。其上者可以入聖，其次者可以爲賢，又其次者不失爲善人。

許魯齋曰：氣陰陽也，蓋能變之物。其清者可變而爲濁，濁者可變而爲清；美者可變而爲惡，惡者可變而爲美。

許魯齋曰：喜怒哀樂愛惡欲，一有動於心，則氣便不平。氣既不平，則發言多失。七者之中，惟怒爲難治，又偏招患難。須於盛怒時堅忍不動，俟心氣平時，審而應之，庶幾無失。「忿氣劇炎火，焚如徒自傷。觸來勿與競，事過心清涼」。

許魯齋曰：聖人之心，固天地之心也。然其處事接物，必以己義制之，初不問彼之天命何如也。

許魯齋曰：日用間若不自加提策，則怠惰之心生焉。怠惰心生，不止於悠悠無所成，而放僻邪侈隨至矣。

或問：心中思慮多，奈何？許魯齋曰：不知所思慮者何事？果求所當知，雖千思萬慮可也；若人欲之萌，即當斬去，在自知之耳。人心虛靈，無槁木死灰不思之理，要當精於可思慮處。

許魯齋曰：夫「有禮則安，無禮則危」，君子所以終身守之者，誠知大中至正，極不可去。薄俗昏愚，鮮克由禮，昔爲師友，今爲路人，滔滔者皆是也。

許魯齋曰：聖賢「兢兢業業，一日二日萬幾」，「戰戰兢兢」，至死而後知免，只是大化恁地流行，只得隨他恁地。

許魯齋曰：世人懷智挾詐，而欲事之善，豈有此理？必盡去人僞，忠厚純一，然後可善其事。至於死生禍福，則一歸之天命而已。

許魯齋曰：自責以至於聖賢地面，何暇有工夫責人？

許魯齋曰：汲汲焉毋欲速也，循循焉毋敢惰也。非止學問如此，日用事爲之間皆當如此，乃能有成。

許魯齋曰：凡在朋儕中，切戒自滿。惟虚故能受，滿則無所容。人不我告，則止於此耳，不能日益也。

許魯齋曰：辨出於不得已，得已而不肯自已者，是易言也。易言則難信，難信則人亦不信；病其不信也，力辨之，辨之愈力而愈不信，較勝不已，至於忿爭，敵日益多，力日益困，至其敗也，猶或辨之不止。此豈辨之不至？辨之已甚也。

許魯齋曰：天下之善必原於謹厚篤實，天下之惡必始於浮躁淺露。

薛敬軒曰：二十年治一「怒」字，尚未消磨得盡，以是知克治最難。

薛敬軒曰：少欲覺身輕。

薛敬軒曰：人所以千病萬病，只爲有己。爲有己，故計較萬端。

薛敬軒曰：誠不能動人，當責諸己。

薛敬軒曰：纔欲「修辭以立誠」，則言自簡。是何也？以可言者少也。

薛敬軒曰：處人之難處者，正不必厲聲色，與之辨是非、較長短。惟謹於自修，愈謙愈約，彼將自服。不服者妄人也，又何較焉？

薛敬軒曰：安於故習，則德不新。

薛敬軒曰：易摇而難定，易昏而難明者，人心也。惟主敬，則定而明。

薛敬軒曰：非力所及而思者，妄也，故「君子思不出其位」。

薛敬軒曰：一語一默，一坐一行，事無大小，皆不可苟，處之必盡其方。程子作字甚敬，曰「只此是學」。蓋事有大小，理無大小，大事謹而小事不謹，則天理即有欠缺間斷。故作字雖小事，必敬者，所以存天理也。

薛敬軒曰：虚心接人，則於人無忤。自滿者反是。

薛敬軒曰：天賦人以才德，本無不備。才德全，始稱爲人之名，初無一毫加於本分之外。乃知自矜自伐者，皆妄也。

薛敬軒曰：人知天下事皆分内事，則不以功能誇人矣。

薛敬軒曰：輕當矯之以重，急當矯之以緩，褊當矯之以寬，躁當矯之以靜，暴當矯之以和，粗當矯之以細。察其偏者而悉矯之，久則氣質變矣。

薛敬軒曰：上蔡有一硯，極愛之，遂屏去。此可爲克治之法。

薛敬軒曰：只寡欲，便無事，無事心便澄然。

薛敬軒曰：余每呼此心曰「主人翁在室否」，至息必自省曰「一日所爲之事合理否」。

薛敬軒曰：不以禮制心，其欲無涯。

薛敬軒曰：惟無欲最高，有欲則卑矣。

薛敬軒曰：不善之端，豈待應物而後見耶？如靜中一念之刻即非仁，一念之貪即非義，一念之慢即非禮，一念之詐即非智。此君子貴乎慎獨也。

薛敬軒曰：「莊敬日强，安肆日偷」之語，宜深體玩。蓋莊敬則志以帥氣，卓然有立，爲善亹亹不倦，而不知老之將至。安肆則志氣昏惰，柔懦無立，玩愒歲月，悠悠無成矣。

薛敬軒曰：目之逐物，最能喪德，故四勿以視居先。

薛敬軒曰：聖人「不怨天，不尤人」，心地多少灑落自在。常人纔與人不合，即尤人，纔不得於天，即怨天，其心多少忿忮勞擾。

薛敬軒曰：人遇拂亂之事，愈當動心忍性，增益其所不能。所行有窒礙，必思有以通之，則智益明。

胡敬齋曰：氣質之偏，皆可克治。要克治氣質之偏，須涵養得大本完固，則元氣壯，病易除。

胡敬齋曰：「義以制事」，義有剛毅果斷之意，以之制事，則不牽於私意。孔子曰「見得思義」。利義不兩立，見利須思用義以裁制之，不然則必牽於私，背於理矣。朱子曰「義如利刀相似，遇着事便劈斫」。

胡敬齋曰：有一分利欲，便蔽一分天理。利欲長一分，大本便虧一分。

胡敬齋曰：人之氣貴乎剛，却怕粗。氣剛則才大，氣粗則才疏。才大而疏，成少敗多。故君子養其氣，以至剛大完密，則才德全矣。

胡敬齋曰：日用間事事省察，從天理上行，纔覺私意起便克去。此進學之要。

胡敬齋曰：不合理事，便不可爲，故曰「非禮勿動」。

胡敬齋曰：人有英氣，方肯進取。勇猛奮發之後，須尋得箇常久工夫來做，不使間斷，方能實有所進。不然，一時意氣，靠他不得。

胡敬齋曰：見善不能勇爲，見惡不能勇去，雖終身從事於學，無以有諸己。

胡敬齋曰：古人云「宴安如酖毒」，甚可懼也，惟莊整嚴肅、戰兢惕厲可以勝之。

胡敬齋曰：某在祐聖觀見壁間題曰「逆則處處生顛倒，順則頭頭合自然」，因加兩字，曰「逆理則處處生顛倒，順理則頭頭合自然」。

胡敬齋曰：私於己者，必害於己。與衆同利者，利莫大焉。

胡敬齋曰：聞人之謗當自修，聞人之譽當自懼。

胡敬齋曰：事一差心便愧，心一愧氣便餒，氣一餒道義便虧。此是一串事，只集義便無此病，必有事焉，是要無間斷。

胡敬齋曰：今人不去學自守，預先要學隨時，所以苟且不立。

羅整庵曰：顔子克復，殊未易言。蓋其於所謂禮者，見得已極分明，所謂「如有所立卓爾」也。惟是有我之私，猶有纖毫消融未盡，消融盡即渾然與理爲一矣。然此處工夫最難，蓋「大可爲也，化不可爲也」。若吾徒之天資學力，去此良遠，但能如謝上蔡所言，「從性偏難克處克將去」，即是日用間切實工夫。士希賢，賢希聖，固自有次第也。

羅整庵曰：程子有云「世人只爲一齊在那昏惑迷暗海中，拘滯執泥坑裏，便事事轉動不得，没着身處」。此言於人甚有所警發，但不知如何出脱得也。然上文已有「物各付物」一言，只是難得到此地位。非物格知至，而妄意及此，其不爲今之狂者幾希。

羅整庵曰：視聽、思慮、動作皆天也，人但於其中要識得真與妄爾。動以天之謂真，動以人之謂妄。天人本無二，人只緣有此形體，與天便隔一層。除却形體，渾是天也。然形體如何除得，但克去有我之私，便是除也。

羅整庵曰：格致，學之始也；克復，學之終也。仁本人所固有，而人不能體之爲一者，蓋物我相形，則惟知有我而已，有我之私日勝，於是乎違道日遠。物格則無物，惟理之是見，己克則無我，惟理之是由，沛然天理之流行，此其所以爲仁也。

羅整庵曰：「操舍」之爲言，猶俗云「提起放下」。但常常提掇此心，無令放失，即此是操，操即敬也。孔子常言「敬以直内」，蓋此心常操而存，則私曲更無所容，不期其直而自直矣。

羅整庵曰：人之常情，有多喜者，有多怒者，有多懼者，有多憂者。但一處偏重，便常有此一物横在胸中，未免礙却正當道理。此存養省察之功，所以不可須臾忽也。

羅整庵曰：子曰「君子喻於義，小人喻於利」，又曰「君子上達，小人下達」。喻於義斯上達矣，喻於利斯下達矣。上達則進於聖賢，下達則其違禽獸也不遠矣。有人於此，或以禽獸斥之，未有能甘心受之者，至於義利之際，乃或不知所擇，果何説耶？

## 校勘記

〔一〕但因喜怒之氣　「因」原作「曰」，據南軒集卷三十一答宋伯潛改。

〔二〕若是此處打不過　「此」原作「行」，據勉齋集卷十一復甘吉甫（元延祐二年重修本）改。

# 廣近思録卷六　凡六十三條

## 家道

張南軒曰：惟人之生，受之天地而本乎父母者也，然則天地其父母乎，父母其天地乎？故不以事天之道事親者，不得爲孝子；不以事親之道事天者，不得爲仁人。

張南軒曰：自視聽言動之不莊不欽，以至朋友之不信，事君之不忠，蒞官之不敬，皆謂之非孝。凡一毫有歉乎其中，則爲有辱乎其親，爲其有以害於性故也。故君子戰戰兢兢，每懼或失之。凡欲以順保其性，以無失其身，而無辱乎其親。

張南軒曰：考諸聖賢之訓，所以顯揚其親者蓋有其道，惟反求於身而勉焉已。

張南軒曰：家庭事於己見有阻礙，其間曲折萬端，乃是進修深切處，大要返求吾身而已矣。

張南軒曰：喪事謹朝夕之奠，不用異教，甚善。此乃爲以禮事其親。若心知其非，而狗於流俗之議，則爲欺僞，不敬莫大焉。惟致哀遵禮，小心畏忌以守之，鄉曲之論久當自孚，勉爲在我者可也。

張南軒曰：祭不可疏也，而亦不可數也。古之人豈或忘其親哉？以爲神之之義，或黷焉，則失其理故也。

張南軒曰：考之周禮，則有冢人之官，凡祭於墓爲尸。是則成周盛時，固亦有祭於其墓者，雖非制禮之本經，而出於人情之所不忍，於義理不至甚害，則先王亦從而許之。

呂東萊曰：就正身治家上理會，最是親切處。

呂東萊曰：處家之道，導之以禮義，示之以禮法，養之以恩意，雖肅遜悌之風，可以維持百年而不息。苟或未然，則聚族既衆，群居終日，當慮者豈止一事哉。

或問：人無祖産，後來自買田産，而兄弟欲分之，奈何？呂東萊曰：身也者，父祖所生之身也。身爲父祖有，而財非父祖之財乎？

呂東萊曰：處家之道，須是量度人之根器，固是綱紀不可不正且肅，恐有人受不得時，却是敗壞。譬如水滿平堤，便須量其勢放一二板水以泄其盛，不然崩潰四出，不可救矣。處家平時不放一分，他日却用放五分不得。

呂東萊曰：「毁不滅性」，禮經所戒。兼古今人氣禀厚薄亦自不同，如疏食水飲之類，更當量體力所宜，不可使致疾病，殊非守身之孝也。仁人之事親如事天，一毫不用其極，則非事天之道。

呂東萊曰：大凡親戚或有未中節，正當盡誠規勸，不可萌責望心。若胸中有一毫責望，則聲色之間必有不可揜而忤人疾者。此尤是緊切用工處。

呂東萊曰：大抵房族間，只要消平收斂令小，不要展轉蔓延令大。「正己而不求於人，則無怨」，所謂人者，指他人言。若親暱，則孟子所謂「涕泣而道之」，不可以己正而勿問也，政當盡誠委曲曉譬感切之。尤須防爭氣，若有毫髮未去，則招拂激怒，所傷者多矣。若事果不可回，當體「不可貞」之義。

呂東萊曰：內植根本，乃萬事之元。閫範一書，所宜詳閱精思而力行之。若門內尚有可愧，外雖奮振束厲，終亦無力。

呂東萊曰：禮曰「居山以魚鼈爲禮，居澤以鹿豕爲禮，君子謂之不知禮」。夫禮者理也，理無物而不備，故禮亦無時而不足。在山而待魚鼈以爲禮，是禮有待於外也，非隨處而足也；在澤而待鹿豕以爲禮，是禮有待於外也，非隨處而足也。在山則禮足於山，在澤則禮足於澤，在貧賤則禮足於貧賤，在富貴則禮足於富貴，隨處皆足而無待於外。彼謂「小官不足以行志，必官達然後可行志；閒居不足以自見，必臨事然後可自見」，烏足知此理哉？

吕東萊曰：大抵培養孝友根基深厚，愛既篤則慮自周，幾微萌芽一一自見，懇惻勸導，蓋有不能已者。仲尼所謂「忠焉能勿誨乎」是也。若視之漠然不相干，或遲疑畏縮而不發，皆是於忠愛上少欠耳。既發於忠愛，則語言藹然慈祥，自無責善傷恩之病，斟酌彌縫，亦自然深淺得所。若至傷筋犯骨，只是本原未深厚，故易得鹵莽疏漏耳。

吕東萊曰：吉卜已有定所，竊謂少闊略陰陽拘忌之説，議乃易合。

吕東萊曰：田間雖曰伸縮自如，然治生之意太必，則與俗交涉，敗人意處亦多。

吕東萊曰：常以晝驗之妻子，以觀其行之篤與否也；夜考之夢寐，以卜其志之定與未也。須於此等處常常體察，惟此最可驗學力。

吕東萊曰：今人須是就治家上理會，這裏不治，如何是爲學？堯稱舜，讓以天下，如何止説「刑于二女」。四岳舉舜，不及其他，止言「克諧以孝」。若是今人，須説舜有經綸大業、濟世安民之事。

吕東萊曰：與人交際，須是通情。若直以言語牢籠人情，豈能感人？須是如與家人婦子説話，則情自通。

黄勉齋曰：五典者，天叙之常理，人道之大端也。析而言之，則君臣、夫婦、朋友者，人之屬；而天屬之親，惟父子、兄弟爲然。其四肢百體，皆一氣之所生；其入孝出悌，爲萬善之根本。則兄弟之義可不重乎？

黄勉齋曰：古風之日遠，而流俗之益薄，人欲之日熾，而天理之寖微。粹然生物之心與天地爲一體者斲喪淪泯，臨小利害，未毫髮比，則父子兄弟反面若不相識〔一〕。

黄勉齋曰：風俗之薄甚矣，不但辭語德色之可畏也。視其親如仇讎如路人者有之，孩提之童不學而能者安在哉？「顧我復我，出入腹我」而且若此，况敢望其追念數十世之丘墓乎？

黄勉齋曰：人稟天地生物之心以爲心，凡在覆載之内者，皆所當愛也。况族系之所自出，雖枝分派别，推而上之，皆吾祖宗之一氣耳，可不知所愛乎？

黄勉齋曰：所貴乎士者，以能深明同氣之義，而不失其天性之至愛耳。若夫利欲膠固，横目自營，一室之内，乖離鬬狠，則雖通今博古，高談天人，亦何足爲士哉？

黄勉齋曰：世間惟有樹木可以觀人家天倫之屬：木之根即吾之祖、吾之父也；析而爲兩幹，即兄弟也；又抽而爲小枝，即子孫也。爲子孫而不敬其祖父，是自伐其根也；一幹獨盛而一幹枯，是兄弟相摧殘也；小枝之有盛衰，是子孫有異心也。今有木焉，自本根至枝葉蓊然茂盛，而無尺寸之枯，人必皆以爲木之美者也。使一幹一枝獨枯，則彼之獨盛者，亦不得爲全木矣。人家何以異此？

黄勉齋曰：古人以爲父之兄弟皆吾父也，而有少長之分，故呼父之兄則曰伯父，呼父之弟則曰叔父，猶曰大父、小父。今人呼叔伯而去父字，則全無義理矣。儀禮子夏傳云「謂吾姑者，吾謂之姪」〔二〕，則姪者姑呼其兄弟之子之名也。古人視兄弟之子猶子也，故亦以子呼之，今乃謂之姪，則失之矣。自兄弟之子不呼叔伯爲父，則不知敬其叔伯矣；自叔伯父不呼兄弟之子爲子，則不知愛兄弟之子矣。

黄勉齋曰：禍福窮通之來，要有定理。若其冒殁勢利，使妻妾相詘於中庭，孰若姑守所志，而能使其室家相安。

黄勉齋曰：古之緦麻，非今之所謂緦麻者也。其歲月必相往來，吉凶必相慶弔，出入必相餞勞，禍患必相賙卹，亦其理宜也。世降俗末，利害交攻，一室之内，同姓之中，尚有爭毫末相鬭鬩者，况於異居别族之親乎？

黄勉齋曰：古之人於其鄉黨，平居則相友相助，有急則相救相賙，其情誼之厚如此，故其暇日相與爲飲酒之禮，以致其繾綣之情，而因以寓其尊長卑幼之序，如是風俗安得不厚？

黄勉齋曰：士大夫席父兄之業，擁高貲，鮮有不習尚浮靡、貪榮嗜利、恃氣凌物，以累其身、辱其先者。

黄勉齋曰：不用浮屠，自世俗視之，則爲難；自吾人觀之，此至易事。治喪乃吾家自事，外人議論何足恤？須是見得以薄道事其親，乃所以爲不孝，以先王之禮事其親，孝莫大焉，便自然胸中無疑。

黄勉齋曰：古人奉先追遠之誼至重。生而盡孝，則此身此心無一念不在其親。及親之殁也，升屋而號，設重以祭，則祖宗之精神魂魄亦不至於遽散，朝夕之奠，悲慕之情，自有相爲感通而不離者。及其歲月既遠，若未易格，則祖考之氣雖散，而所以爲祖考之氣未嘗不流行於天地之間。祖考之精神雖亡，而吾所受之精神即祖考之精神。以吾受祖考之精神，而交於所以爲祖考之氣，神氣交感，則洋洋然在其上、在其左右者，蓋有必然而不能無者矣。

黄勉齋曰：始予爲兒童，從先生長者游，相告語必以氣節。鄉人有貪者，皆鄙賤而不與之齒。士大夫官至監司郡守，子孫至無以爲食，人猶敬之，曰此賢者後也。今老矣，視俗之所尚，大與曩者異。一簿若尉，而求田問舍之計畢矣，人爭慕之，若不可及。不若是，則子孫愕然折而爲厮役者有之。榮辱之殊如是，孰肯以此而易彼哉？然嘗思之，廉而貧，賢也；貪而富，盗也。貧而子孫能自立，則又賢也。富而子孫驕且騃，習見其父祖之所爲而效之，其爲盜可勝既耶？

黄勉齋曰：榦嘗受學於晦庵先生，其所教人，以孝弟爲人道之大端。已而辱在子壻行，家庭享祀，丘墓展省，皆得與執事之列。齋戒陳設，滌濯烹飪，皆曲盡其誠敬。奉觴薦俎，追慕感慨，泣涕如雨，三十年間如一日焉。凱風寒泉之思，蓋天資之美，學力之到，有以充其良知良能，以至此也。

許魯齋曰：父子君臣，實天所命，能順而不失，則人道備矣。其利與鈍、成與否，雖古人不能必，吾豈可不聽天命而苟爲哉？

或問天變，許魯齋曰：胡氏一説好，如父母嗔怒，或是子婦有所觸瀆而怒，亦有父母别生憂惱時，爲子者皆當恐懼修省。此言殊有理。

許魯齋曰：天下皆以陽者爲天、爲君、爲夫，陰者爲地、爲臣、爲婦。陽尊而先，下求於陰。天先乎地，君先乎臣，夫先乎婦者，合乎理也。其在下陰求乎陽止有二焉，一則爲臣在遭難中不能自保者，一則童蒙求師發蒙者，除此皆不可求也。

許魯齋曰：小學内明父子之親，此篇言凡爲人子、爲人婦、幼男與未嫁女子，皆當盡愛盡敬，不敢自專，事親之道也。

許魯齋曰：爲人臣者，當存心於君，以君心爲心，承順不忘，願國家之事都得成就，即是至公心，可謂仁也；於自己爲臣之分，各有所當職，常保守其分，不教虧失，可謂義也。爲人子者，常存心於父，以父心爲心，願一家之事都得成就，即是至公心，可謂仁也；於自己爲子之分，各有所當職，常保守其分，不致虧失，可謂義也。仁義之心不存，非臣子之道也。或曰：此即是心之所存者理一，身之所行者分殊否？曰：便是。

許魯齋曰：養老須酒食之精者，老人宜少食精粹，不宜多食粗糲，蓋氣弱而不服糲食故也。古人於飲食必謹慎，氣體係焉，不得不謹。食不飽則氣不充，氣不充則體爲之弱。古人以養老爲大事。

許魯齋曰：天賦與之德性，父母生之體髮，百骸完具，物理皆備，今而暴棄，則不肖悖天逆理爲甚。今者尊長有所賜與，心敬而受之，寶而藏之，至如果肉，不敢棄核與骨。則人之所受於天地、於父母者，至貴至靈有不可形容者，反慢而易之，不知顧惜，是何心哉？弗思爾矣。

許魯齋曰：事親大節目，是養體、養志、致愛、致敬。四事中致愛敬尤急，所以孝只是愛親、敬親兩事耳。天子之孝，推愛敬之心以及天下，亦惟此二事爲能刑于四海，固結人心。舍此則法術矣。

許魯齋曰：兄弟同受父母一氣所生，骨肉之至親者也。今人不明義理，悖逆天性，生雖同胞，情同吴越，居雖同室，迹如路人，以至計分毫之利而棄絶至恩，信妻子之言而結爲死怨。豈知兄弟之義哉？

許魯齋曰：天地間爲人爲物，皆有分限。分限之外，不可過求，亦不得過用。暴殄天物，得罪於天。

薛敬軒曰：男女之欲，天下之至情。聖人能通其情，故家道正而人倫明。

薛敬軒曰：家人卦初九曰「閑有家，悔亡」，九三曰「家人嗃嗃，悔厲吉」，上九曰「有孚威如，吉」。大率治家過嚴，雖非中而吉。

薛敬軒曰：家人卦，治天下之本備焉。

薛敬軒曰：人之子孫富貴貧賤，莫不各有一定之命。世之人不明諸此，往往於仕宦中冒昧禮法，取不義之財，欲爲子孫計。殊不知子孫誠有富貴之命，今雖無立錐之地以遺之，他日之富貴將自至；使其無富貴之命，雖積金如山，亦將蕩然不能保矣。况不義而入者，又有悖出之禍乎？如宋之吕文穆、范文正諸公，咸以寒微致位將相，富貴兩極，曷嘗有賴於先世之遺財乎？然則取不義之財欲爲子孫計者，惑之甚矣。

薛敬軒曰：富貴利達在天，無可求之理；德業學術在人，有可求之道。誠欲厚其子孫，以可求者教之，善矣。欲以不可求者厚之，豈非愚之甚耶？

薛敬軒曰：待左右當嚴而惠。

薛敬軒曰：便辟側媚小童，最能順人志意，使人不覺傾向，幾至心不能持。自非明理剛特有守之君子，鮮不爲所移者。以是知古人「比頑童」之訓，其慮深矣。

薛敬軒曰：錦衣玉食，古人謂「惟辟」可以有此，以其功在天下，而分所當然也。世有一介之士，得志一時，即侈用無節，甚至祖衣皆綾綺之類〔三〕，宜其顛覆之無日。此余有目覩其事者，可以爲貪侈之戒。

薛敬軒曰：婦人女子之言不可聽。余見仕宦之人，多有以是取敗者，不可不以爲戒。

薛敬軒曰：節儉樸素，人之美德；奢侈華麗，人之大惡。

胡敬齋曰：夫婦人倫之首，王教之端〔四〕，人事之至切近者，君子之修身齊家造端乎此。故孔子録詩，録正風於始，所以勸也；又録變風於終〔五〕，所以戒也。

胡敬齋曰：陰不能獨立，必依乎陽，故女以男爲家；陽不能獨生，必資乎陰，故男以女爲室。

胡敬齋曰：祖廟所以安藏祖考神主，不可不立。古者禮不下庶人，非是禁之使不立廟，庶人貧賤，不能具禮也。古者田地居址，皆君上所制，僅可營生藏身，故祖廟難立，但薦於寢。今之富家田地基址，朝廷無限制，多者數百畝，固當割田以奉先〔六〕，推財以立廟。

胡敬齋曰：葬可以無槨，無螻蟻之地則可。江南多蟻，必須槨。依家禮，用灰隔，尤妙。貧甚不能具者，用石灰炭末三四石，用小石子或石屑和拌以周棺可也，不然必爲螻蟻所食。

羅整庵曰：曾子問「昏禮既納幣，有吉日，而壻之父母死。已葬，使人致命女氏，曰『某之子有父母之喪，不得嗣爲兄弟』。女氏許諾而弗敢嫁，禮也。壻免喪，女之父母使人請，壻弗取而后嫁之，禮也。女之父母死，壻亦如之」。陳澔集説謂「壻祥禫之後，女之父母使人請壻成昏，壻終守前説而不取，而后此女嫁於他族」，「若女免喪，壻之父母使人請，女家不許，壻然後別娶」。此於義理人情皆説不通，何其謬也？安有婚姻之約既定，直以喪故需之三年之久，乃從而改嫁與別娶耶？蓋弗取弗許者，免喪之初不忍遽爾從吉，故辭其請，亦所謂「禮辭」也，其後必再有往復，昏禮乃成。聖人雖未嘗言，固可以義推也。澔之集説未爲無功於禮，但小小疏失時復有之，然害理傷教，莫此爲甚。

羅整庵曰：喪禮之廢，莫甚於近世，更不忍言。其所以異於平人者，僅衰麻之在身爾，况復有墨其衰以營營家計者。

## 校勘記

〔一〕則父子兄弟反面若不相識　「父子兄弟」原作「家庭婦子」，據勉齋集卷三十五鄭處士墓誌銘改。

〔二〕儀禮子夏傳云謂吾姑者吾謂之姪　「傳」上原衍「曰」字，據勉齋集卷十六答或人删。

〔三〕甚至祖衣皆綾綺之類　「祖」，同治重刊本作「袓」。

〔四〕王教之端　「王」原作「至」，據居業録卷八（文淵閣四庫全書本）改。

〔五〕又録變風於終　「於終」二字原脱，據居業録卷八補。

〔六〕固當割田以奉先　「田」，同治重刊本作「地」。

# 廣近思録卷七

凡六十三條

## 出處

張南軒曰：君臣之義，要須自盡，積其誠意，庶幾感通無間。若有一絲毫未盡，則誠意已分，烏能有動乎？孟氏「敬王」之義，所當深體也。

張南軒曰：昔之君子，其出處屈伸之際，蓋各有義。故當困之時，則有居困之道；當屯之時，則有亨屯之法。時不我用，則晦處自修，危行而言遜，其進不可苟也。若乃居位，則思其艱而慮其周，扶持根本，漸圖其濟，其爲不可驟也。

張南軒曰：昔之人不以窮達得失累其心，聽天所命而行其性命之情，故或仕或不仕，皆非有所爲也，於其身所處之義當然也。自後功名之俗興，而還就趨避之説起，三綱始隳而不得其正。雖豪傑之士，一爲功名富貴所誘，失其性者多矣，可勝歎哉。

張南軒曰：三代而降，在上者以爵禄而驕士，在下者慕爵禄而求君，故上日以亢而下日以委靡。人君而能降心以求遺逸，是不敢以爵禄而驕其士，反有求乎士之意，則於克私養德，所助固不細矣。况風俗委靡之中，而見時君所尊禮延納者，乃在於恬退隱約之士，豈不足以遏其奔競之風而息其僥倖之意，於風俗所助又爲不輕。

張南軒曰：人臣不以犯顔敢諫爲難，而忠誠篤至之爲貴。士君子不以一時名節爲至，而進德終身之可慕。

張南軒曰：近世議論，真所謂「謀其身則以枉尋直尺爲可以濟事，謀人國則以忘親苟免爲合於時變」。世間號爲賢者，政墮在此中，况其他哉？此風方熾，正道堙微，率獸食人，甚可懼也。吾曹但當相與講明聖學，學明於下，庶幾有正人心，承三聖事業耳。

吕東萊曰：將堯舜事業横在胸中，此傅説所謂「有其善」者也。孔子夢見周公，則心潛誠篤、寤寐無間者也。

吕東萊曰：偶記荀子論儒者進退處，有一句云「不用則退編百姓而慤」，頗似有味。畎澮之水，涓涓安流，初何足言。惟三峽九河，抑怒濤而爲伏槽循岸，乃可貴可重耳。

吕東萊曰：凡出處進退之際，實消長否泰之端。倘誠意交孚，元氣可復，則固當身任天下之重，先後本末自有次第，不必狥匹夫之小諒，避世俗之小嫌。苟或未然，則道不可輕用，物不可苟合。謂宜明去就之義，以感悟上心，風示天下，使後進有所矜式，於吾道固非小補也。

呂東萊曰：所蓄既厚，所養既深，海内之士共徯應聘而起，以觀儒者之效。

呂東萊曰：倘得如志，閉户爲學，殊爲僥倖。或敦迫而出，亦當以心之所安條對，然後徐度進退之宜。要之，所學未成，輕犯世故，招尤取累，不若退處之爲得也。

呂東萊曰：勉爲一行，以致吾義焉。盡誠意而猶不合，卷而懷之，進退固有餘裕也。

呂東萊曰：正道不絶如綫，惟冀思「碩果不食」之義，爲斯民少屈，憂國之念過於潔身，則所願望。

呂東萊曰：善類衰微，元氣漓薄，稍有萌動，政當扶接導養。雖如孔孟，交際苟善，未有不應之者。若到官後或有齟齬，則卷舒固在我也。

呂東萊曰：元晦聞丐祠甚力。前此固嘗勉其耐煩，度終不能俯仰，久必多與物迕。不若聽其去，乃所以全之也。

呂東萊曰：尋常見所在謀議官，或老或病，爲妻孥驅迫而出，龍鍾蹣跚，爲衆指笑，意每傷之。

黄勉齋曰：古之君子，一出一處，各適其中。不幸而過，寧過於處，無過於出。過於處猶有畏義之心，過於出則利焉而已矣。

黄勉齋曰：古之仕者爲道，故知有己而不知有人；後之仕者爲利，故知有人而不知有己。古之君子，非仁不存，非義不行，所貴者良貴，所樂者真樂；人之知不知，世之用不用，於我何與焉；貧富貴賤，死生禍福，日交乎前，不暇顧也。後之君子，心之所固有，事之所當行，何者爲仁，何者爲禮，何者爲義，何者爲智，皆懵然莫覺也，功名而已耳，利禄而已耳；以區區之私意小智，汲汲然求售於人，慮人之不己用也，委曲遷就以求順於人；幸而得志，哆然自以爲莫己若也，小不如意，則戚戚然幾不能以終日矣。

黄勉齋曰：習俗日薄，學者不能盡通其師之意。小廉曲謹，不足以捄大本之差；博聞多見，適足以爲實行之累。顧使阿世之徒得以藉口，濟其爲姦之術，而斯文日以堙晦。

黄勉齋曰：聖賢之學，固求爲可用，而求之常在己；欲施於有用，而得之係乎天。求之在己，則內外一致，而所造者正；得之在天，則窮通一視，而所處者安。

黄勉齋曰：榦嘗謂天地之間無獨必有對。以天言之，則貧對富，貴對賤，窮對通，泰對否；以人言之，則出對處，進對退，隱對見，仕對止。古之人惟義所在，隨遇而安，未嘗有所擇也。比年以來，士大夫風俗只揀一邊好的，都不要一邊不好底。於己則利矣，其如義何？此風一長，望其舍生取義、殺身成仁，決無此理。況出處去就雖是相對，然去與處乃其常，出與就又是偶然之變。今乃以變爲常，以常爲大不幸，殊不可曉。至於利害之際，則留連眷戀而不肯舍。至於可恥可賤，發於羞惡之本心者，一切不問。此又豈異於俗人哉？

黄勉齋曰：人之所以自立者，亦以天之所以付予於我者，不可不盡其分，初未嘗以世之用不用、人之知不知而有所加損也。

黄勉齋曰：時論變遷，吾人只當靜以處之。改節者固不足道，不改節者亦以躁得罪，皆非所宜也。

黄勉齋曰：吾輩既未能脱然一意講學，出而應世，又覺民窮已極，州縣間法度無一如人意，何能有補於百姓，真虚度歲月也。

黄勉齋曰：少而爲學，志趨卑鄙，意思凡庸，無可用之實。壯而從宦，營私背公，憚煩習惰，謾不知其所職。至於决性命之情以饕富貴，則左拿右攫，東馳西騖，無所不用其力。中州大邑滔滔皆是，固無以責夫遐荒下國也。

黄勉齋曰：生平本不作榮進之想，直以爲貧，如爲人傭僱，姑就斗升之禄耳。樂則行，憂則違，謗與不謗、用與不用，亦何足計。顧彼謗者固非也，汲汲解其謗者亦非也。置此身於天地間，以聽天之所命，但得不得罪於當世之善人君子，足矣。他何足戀，他何足畏哉？

黄勉齋曰：幹還家杜門，百念灰冷，惟有舊學不敢忘也，想且留城中，與朋友講學。知此身之至重，義理之至貴，知歲月之不可復得，早夜以思之，不患其不進也。

許魯齋曰：「志伊尹之所志，學顔子之所學」，出則有爲，處則有守，丈夫當如此。出無所爲，處無所守，所志所學將何爲？

許魯齋曰：天地間當大著心，不可拘於氣質，局於一己。貧賤憂戚，不可過爲隕穫。貴爲公相不可驕，當知有天地國家以來，多少聖賢在此位。賤爲匹夫不必耻，當知古昔志士仁人，多少屈伏甘於貧賤者。無入而不自得也，何欣戚之有？

許魯齋曰：人處富貴貧賤，如天之春夏秋冬。天行春夏令，人有春夏衣服；天行秋冬令，人準備秋冬衣服。「冬裘夏葛」，即其義也。天有命，人有義。雖處貧賤富貴，各行乎當爲之事，即義也。只有一箇義字，都應對了，隨遇而安，便是「樂天知命」也。

許魯齋曰：世俗有名利之説。子路「車馬輕裘與朋友共敝」，疏於利也。顏子「無伐善，無施勞」，不求名也。晦翁謂施勞如張大其功勞者。然則二子豈名利所能動者乎？「道不同，不相爲謀」。今與貪名利者游，而曰「吾於名利非所好，豈能相爲謀」，宜其與世疏闊矣。

許魯齋曰：「惟仁者宜在高位」。爲政必以德，仁者心之德，謂此理得之於心也。後世以智術文才之士君國子民，此等人豈可在君長之位？縱文章如蘇黄，也服不得不識字人。有德則萬人皆服，是萬人共尊者，非一藝一能服其同類者也。

薛敬軒曰：進將有爲，退必自修，君子出處惟此二事。

薛敬軒曰：君子窮以義，達以義，窮達皆天理也。小人窮以利，達以利，窮達皆人欲也。

薛敬軒曰：朱子曰「爲科舉之文者，亦能言廉，亦能言義。及其所行，則不廉不義者多矣。蓋惟從事於紙上之虛文，而不知反求諸身心之實也」。欲習舉業者，讀聖賢之書，必行聖賢之道，以其充積者發而爲義理之文，以應科目，他日行其學於有位之時，必名實相符，不至如朱子之所誚。

薛敬軒曰：科目進身者，有一第之後四書本經悉置而不觀，則身心事業從可知矣。

薛敬軒曰：聖人「不怨天〔二〕，不尤人」，心地多少灑落自在。常人纔與人不合，即尤人；纔不得於天，即怨天。其心忿忮勞擾，無一時之寧泰，與聖人之心何啻霄壤？

薛敬軒曰：挺特自守者必君子，攀援附和者必小人。

薛敬軒曰：孔子周流四方，欲行其道於天下，豈不如長沮、桀溺之徒，知道之終不能行？但聖人仁民之心，即天地生物之心，天地不以窮冬大寒而已其生物之心，聖人亦豈以時世衰亂而已其行道之心乎？

薛敬軒曰：聖人之忠厚不可勝言，如以微罪去魯，不顯其君相之過。此可觀聖人之氣象矣。孟子去齊，不言齊之失，其亦善學孔子者歟。

薛敬軒曰：雖富累千金，而心爲物役，寒冰焦火，猶不樂也。顏子雖簞瓢陋巷之窶，而舉天下之物不足以動其中，俯仰無愧，胸次灑然，樂可知矣。

薛敬軒曰：顏子簞瓢陋巷，不改其樂。使達而在上，則有天下而不與矣。

薛敬軒曰：伊川爲講官，以三代之上望其君〔二〕，從與否則在彼而已，其肯自貶其道以狥之哉？

薛敬軒曰：魯齋召之未嘗不往，往則未嘗不辭，善學孔子者也。

薛敬軒在内閣時，見曹石用事，歎曰「君子見幾而作，豈俟終日」，遂引疾致仕。石亨素敬先生，欲爲請勅主鄉里教事，資以爲養。先生曰「昔元世祖賜許魯齋勅，令歸設教，魯齋歸懸屋梁，及卒發視，乃勅也。令設教以爲己，曷若不辭官爲愈乎」。即日就道，至直沽饑，不能舉火，神色自若，曰「我道固亨也」。

胡敬齋曰：道不行，百世無善治；學不傳，千載無真儒。然欲道之行、治之善，非真儒不能。

胡敬齋曰：道理只是這箇道理，功名事業是偶然。

胡敬齋曰：見得道理明白，利禄便不敢苟取。養得此心純熟，利禄自不肯苟取。

胡敬齋曰：此理吾固有之物，棄而不求，富貴身外之物，求之不已，是不知内外輕重之等也。

胡敬齋曰：聖賢生於治世有治世事業，生於亂世有亂世事業。事業雖殊，其道則一。

胡敬齋曰：人要做事業，亦是私意。君子之學，只是明理應事，事當爲處，則汲汲爲之不倦，不當爲處，則截然不爲。故禹、稷憂而顔子樂也。

胡敬齋曰：君子與小人勢不兩立，互爲消長，此治亂所由分，君人者所當精察明辨以進退之。出仕者亦當自守，不可誤入小人之黨。與小人爲黨，終必敗也。

胡敬齋曰：君臣不以道合，而以功利相濟者，鮮能保其終。

胡敬齋曰：今人自置身於卑污苟賤之中，却要去外面求貴。

胡敬齋曰：天下人才，要聖人出來得位收拾，隨其所長而用之。苟無聖人在上裁而用之，則清高者多隱逸，才智者多趨功名，曠大者多入異端。

胡敬齋曰：聖人有憂世之心，無忿世之心。蓋世道既衰，上無明主，聖人在下，只得隨時盡心拯救，不可忿世而長往也。

胡敬齋曰：今人不去學自守，先要學隨時，所以苟且不立。

胡敬齋曰：張思叔因讀孟子「志士不忘在溝壑，勇士不忘喪其元」有所感，遂肯發憤。蓋思叔家貧，須如此然後貧賤富貴不足以累其心，方立得志住。死生重於貧富，彼死生且不易其志，貧富又何足較哉？宜乎思叔有所感動奮發也。

羅整庵曰：有志於道者，必透得富貴功名兩關，然後可得而入。不然，則身在此道在彼，重藩密障以間乎其中，其相去日益遠矣。夫爲其事必有其功，有其實其名自附。聖賢非無功名，但其所爲皆理之當然而不容已者，非有所爲而爲之也。至於富貴，不以其道得之且不處，矧從而求之乎？苟此心日逐逐於利名，而亟談道德，以爲觀聽之美，殆難免乎謝上蔡「鸚鵡」之譏矣。

羅整庵曰：「人物之生本同一氣，惻隱之心無所不通。故親親而仁民，仁民而愛物，皆理之當然，自有不容已者，非人爲之使然也。君子之仕也，行其義也。行吾義，即所以盡吾仁。彼溺於富貴而忘返者，固無足論，偏守一節以爲高者，亦未足與言仁義之道也。

羅整庵曰：「不仕固無義，然事之可否，身之去就，莫不有義存焉。先儒之論，可謂明且盡矣。矧求之聖門，具有成法。爲其學者，或乃忽焉而不顧，將別有所見耶？

羅整庵先生每訓諸子，必曰「勢位非一家物，須要看得破」。仲子謁選，未嘗通書故舊，瀕行酌巵酒訓之，曰「前程有分定，惟安義命便是」。

羅氏整庵辭冢宰之命不赴，人謂有「鳳凰翔於千仞」氣象。

## 校勘記

〔一〕聖人不怨天　「人」，同治重刊本作「賢」。

〔二〕以三代之上望其君　「上」原作「主」，據讀書録卷十一（明萬曆刻本）改。

# 廣近思録卷八

凡八十二條

## 治體

張南軒曰：學者要須先明王霸之辨，而後可論治體。王霸之辨莫明於孟子。大抵王者之政皆無所爲而爲之，霸者則莫非有爲而然也。無所爲者天理，義之公也；有所爲者人欲，利之私也。考左氏所載齊威、晉文之事，其間豈無可喜者，要莫非有所爲而然。考其迹而其心術之所存固不可掩也。

張南軒曰：古人論治，如木之有根，如水之有源。言治外必先治内，言治國必先齊家，須是如此方爲善治。

張南軒曰：俎豆之修，則軍旅之事斯循序而不忒，教化興行，則禍難之氣坐銷於冥冥之中。

張南軒曰：所謂惻隱者，惻然有隱云耳。嗟夫，是心乃子民之本也。一日夕之間，凡事物之至乎吾前，與夫講論之所及、思慮之所萌，所謂惻然以隱者，如源泉之達，續而無窮，新而有常，流行而不可以已，則其履度也豈有越思？而其施於四境之内者，雖不中不遠矣。

張南軒曰：人之情於其始也，惴惴然懼其不克也，汲汲然憂其不及也，察民之從違而未敢安也，則是心之不存焉者寡矣。及其久也，於意之得而偏，於譽之聞而矜，於令之行而忽，則所謂隱然者，將汨於因循而息於驕肆，政之所繇隳也。

張南軒曰：壅蔽者，天下之大患也。古之明王所以致治者，亦去此而已矣。其道莫先於虚己，莫要於任賢。虚己則壅蔽消於内，任賢則壅蔽撤於外。内外無蔽而下情畢通，泰治所繇興也。

張南軒曰：蕭何佐高帝定一代規模，高帝征伐多在外，何守關中營緝根本，漢所以得天下者，以關中根本先壯故也。此何相業之大者。又何爲相之初，首薦韓信爲大將，而三秦之計遂定。此亦得爲相用人之體。

張南軒曰：今日大患，是不悦儒學，爭馳乎功利之末，而以先王嚴恭寅畏、事天保民之心爲迂闊遲鈍之説。

張南軒曰：自熙寧相臣以釋老之似亂孔孟之真，其説流遁，蠹壞士心，波蕩風靡，中間變故，伏節死義之臣鮮聞焉，論者知其有所自來也。

張南軒恕齋銘曰：刑成不變，君子盡心。明動麗止，象著羲經。所存曷先，其恕之云。自盡於己，以察其情。意有所先，則弗敢成。見雖云獨，亦靡敢輕。幽隱之枉，是達是申。毫釐之疑，是析是明。俾爾寡弱，無有或困。於爾强慝，靡訹靡遁。及得其情，又以勿喜。古人於此，恕有餘地。我名於齋，意實在兹。嗟嗟來者，尚克念之。

吕東萊曰：嘗患孑孑小諒者，或畏避太甚，而善意無人承領，遂至消歇；或隔限太嚴，而豪俊無以自容，遂至飛揚。惟篤於忠厚者，視世間盎然無非生意，故能導迎淑氣，扶養善端。

吕東萊曰：講論治道，不當言主意難移，但當思臣道未盡；不當言邪説難勝，但當思正學未明。蓋工夫到此，則必有此應，元不在外也。

吕東萊曰：先天下而勞者，聖人之求賢也；後天下而逸者，聖人之任賢也。側席之勞，所以兆垂衣之逸；垂衣之逸，所以償側席之勞。

吕東萊曰：百圍之木近在道隅，不收爲明堂清廟之用，此自將作大匠之責耳。如彼木者，生意濯濯，未嘗不自若也。

吕東萊曰：宣王當大旱之際，夜觀星象，惻然有憂於中，而百姓便知宣王之見憂，仍叔因此作詩。後之人雖有宣王之憂，而民莫之知，何也？蓋緣周之時法度修備，人才務實，人君一有此心，則上下相應，百度畢舉，自然天下知之。玩「百姓見憂」四字，甚有味。

呂東萊曰：光武治天下規模不及高帝，其禮嚴光、用卓茂，所以養得後來許多名節。

呂東萊曰：爲人細碎，則大體處多失，雖諸葛亦有此患。

呂東萊曰：昔者歐范余尹之去，韓稚圭袖手於其間，又爲諫官，於旬日之後，亦未嘗皦然暴白，從容調娱〔一〕，迄用有濟。前輩非無此樣轍，然此段實難，必須沉厚堅實，六轡在手，操縱伸縮，無所差失。目前人不得加恩，他時人無所歸怨，乃可。

黄勉齋曰：王者之道，本乎人心，循乎天理。人均具此心，心均具此理。即是理而行之，三綱既正，九疇既叙，則人皆知尊其君、親其上，治安之效，猶泰山而四維之也。

黄勉齋曰：朝廷以天下爲一體，監司以一路爲一體。痌癢疾痛見於肢節之間，而此心未有不爲之動者。既動其心，則將必有以處之矣。

黄勉齋曰：有國有家，有身有心。聖賢一言一字，皆可師法，從之則吉，違之則凶。緊要一着，只要信得篤，行得力耳。

黄勉齋曰：心者萬化之根本，此心不正，則欲足以敗度，縱足以敗禮，雖一身之内，亦且顛倒錯繆而不合其宜矣，又何以齊家治國而平天下哉？是以古之帝王，雖居萬乘之尊，享九州之富，而兢兢業業，如履淵冰，左史則書其言，右史則書其動，至於聲氣之高下，若無害焉者，亦有御瞽以譏之；盤盂則有銘，几杖則有戒，升車行步莫不有節，無非檢防其心，使之無一念不合乎道也。

黄勉齋曰：元后者，民之父母也。父母之於子，必先有以養之，而又有以教之，然後爲之子者得以全其父母之身。今也爲民父母，聽其自生自死、自愚自智，莫之問也，又倡爲功利之説以斲喪之，豈爲民父母之道也？

黄勉齋曰：天下之勢，如人一身。外邪客氣干吾之一節，而心腹耳目手足無不同其憂者，憂則慮，慮則病可愈矣。

黄勉齋曰：通天地、亘古今，只是一箇生意。此心流行，未嘗間斷，於當官處見得尤分明。自朝至暮，無一息不是此心發見處也。今之士大夫狥私忘公，怠墮苟且，皆不能擴而充之者也。

黄勉齋曰：夫子之言曰「君子學道則愛人，小人學道則易使也」。使夫子之教行，則進賢退不肖者必不肯用民之賊，爲監司守令者必不肯爲民之賊，富民必不肯兼并，細民亦不肯相率而爲不義。如是則不惟盜賊可弭，雖使人有士君子之行可也。

黄勉齋曰：去古既遠，淺陋之習陷溺乎人心，一聞正大之論，則群起而非之。下之既自賊其本然之善，爲政者又舉其善俗之道而棄之，儒風治效浸不如古，非此之故歟？

許魯齋曰：民生有欲，無主乃亂，上天眷命，作之君師，使之「首出庶物」而「表正萬邦」。此蓋天下以至難任之，非予之可安之地而娱之也。堯舜以來，聖帝明王莫不兢兢業業，小心畏慎，日中不暇，未明求衣，誠知天下之所畀至難之任，初不可以易心處也。知其爲難則難或可易，不知其爲難而以易處之，則他日之難有不可爲者矣。

許魯齋曰：古人立國規模雖各不同，然其大要在得天下心。得天下心無他，愛與公而已矣。愛則民心順，公則民心服。既順且服，於爲治也何有？

許魯齋曰：御吏接物，只是「愛敬」兩字工夫。

許魯齋曰：如何惡人欲害善人？只爲善人疾他惡人，故致如此。聖人説不如此，故曰「疾之已甚，亂也」，又謂「以善養人，然後能服天下」。

許魯齋曰：天地只是箇生物心，聖人只是箇愛物心，與天地心相似，百端用意只是如此，禮樂刑政皆是也。刑法家説便不如此，便失了聖人本心，便與事物爲敵，一切以法治之，無復仁恩。

許魯齋曰：凡人之情，敬慎於憂危，墮慢於暇豫。聖人不如此，堯舜只兢兢業業無已時，憂危暇豫，處之如「一日二日萬幾」〔二〕，何得墮慢？程先生謂惟慎獨可以行王道，初未然之。徐而思之，不如此不得行王道，蓋工夫有間斷故也。以太宗之英明，猶於此不能進。

兩漢文帝、光武敬慎終身，然聖學不足以成就之，惜哉！

許魯齋曰：人君位處崇高，日受容悦，大抵樂聞人之過而不樂聞己之過，務快己之心而不務快人之心。賢者欲匡而正之，扶而安之，使如堯舜之正、堯舜之安而後已，故其勢難合。况姦邪佞倖醜正惡直，肆爲詆毁，多方以陷之，將見罪戾之不免，又何望庶事得其正、天下被其澤耶？

許魯齋曰：號令數變，無他也，喜怒不節之故。是故先王潛心恭默，不易喜怒。其未發也，雖至近莫能知；其既發也，雖至親莫能移。故號令簡而無悔，無悔則無不中節也。

許魯齋曰：三代而下稱盛治者，無若漢之文景。然考之當時，天象數變，如日食地震、山崩水潰，長星、彗星、孛星之類，未易遽數。前此後此凡若是者，小則有水旱之應，大則有亂亡之應，未有徒然而已者。獨文景克承天心，消弭變異，使四十年閒海内殷富，黎民樂業，移告訐之風爲淳厚之俗，且建立漢家四百年不拔之基〔三〕。

許魯齋曰：民志定則不亂，下知分則上安。夫天下所以定者，民志定也。民志定則士安於爲士，農安於爲農，工商安於工商，則在上一人有可安之理。民不安於白屋，必求禄仕；仕不安於卑位，必求尊榮。四方萬里，輻輳並進，各懷無厭無耻之心，在上之人可不爲寒心哉？

許魯齋曰：任用人才，興作事功，在己已有一定之見，然不可獨用己意。稽於衆，取諸人以爲善，然後可。

許魯齋曰：人之揣君必於喜怒，知君之喜怒莫如近愛。是以在下希進之人求託近愛，近愛不察，乃與之爲地。

許魯齋曰：姦邪之人，其爲心險，其用術巧。惟險也，故千態萬狀，而人莫能知；惟巧也，故千蹊萬徑，而人莫能禦。人君不察，以諛爲恭，以訐爲公，以欺爲可信，以佞爲可近。喜怒愛惡，人主固不能無，然有可者，有不可者。而姦邪之人一於迎合，竊其勢以立己之威，濟其欲以結主之愛。愛隆於上，威擅於下，大臣不敢議，近親不敢言，毒被天下而上莫之知。此前人所謂「城狐」也，所謂「社鼠」也，至是而求去之，不亦難乎？

許魯齋言於世祖曰：爲天下國家有大規模，規模既定，循其序而行之，使無過焉，無不及焉，則治功可期。否則心疑目眩，變易紛更，日計有餘而歲計不足，未見其可也。

薛敬軒曰：先儒謂「知人安民」臯陶一篇之體要，竊謂「允迪厥德」又「知人安民」之本源也。蓋「允迪厥德」者，實踐此德於身也。至若「知人」知之事，「安民」仁之事，則皆此德之推行耳。苟非實踐此德於身，則私欲盛而天理微，知人之知何自而明，安民之仁何自而行哉？故曰「允迪厥德」又「知人安民」之本源也。

薛敬軒曰：人君之德，惟明爲先。書稱堯曰「欽明」，舜曰「文明」，禹曰「明明」，湯曰「克明」，文王曰「若日月之照臨」，皆言明也。明則在己之理欲判然，在人之邪正別白，處己處人，萬事皆得其當矣。

薛敬軒曰：君德明爲本，居敬窮理則明矣。

薛敬軒曰：書言敬者最多，敬乃治天下之本。孔子曰「修己以敬」，中庸曰「篤恭而天下平」，皆此意也。

薛敬軒曰：聖人論治，有本有末。正心修身，其本也；建制立法，其末也。

薛敬軒曰：王者自一念一慮、一心一身，形於妻子，達之家國天下，無非仁義禮智之充周，初無内外隱顯遠近之間也。程子所謂「有天德者便可語王道」，天德即仁義禮智之德，王道即是德推之政事、達之家邦天下者是也。謂之霸者，形之念慮身心者無非人欲之私，施諸政事征伐者則假夫仁義之名，其内外隱顯遠近名實判然不相須矣。此王霸誠僞之所以不同也歟！

薛敬軒曰：爲治舍王道，即是霸道之卑陋。聖賢寧終身不遇，孔孟不自貶以狥時者，爲是故也。

薛敬軒曰：三綱五常，禮樂之本，萬事之原。

薛敬軒曰：禮只是序，樂只是和。如君臣、父子、兄弟、夫婦、朋友，各得其分而不相侵越，所謂序也，序則禮立矣。君仁臣敬，父慈子孝，兄友弟恭，夫義婦聽，朋友有信，所謂和也，和則樂生焉。是則人倫禮樂之本，人倫不序不和，則禮樂何自而興哉？

薛敬軒曰：如數人在坐，尊卑貴賤各得其序，自無乖爭，失序則爭矣。以是知禮先而樂後。

薛敬軒曰：「乾始能以美利利天下，不言所利，大矣哉」。如堯舜利世之功大矣，而其心則曷常自以爲大哉？使有一毫自大之心，則與「乾始利天下不言所利」不同，而非所以爲堯舜矣。

薛敬軒曰：自古興亡治亂之幾，皆由於心之存亡。

薛敬軒曰：天下大慮，惟下情不通爲可慮，昔人所謂「下有危亡之勢而上不知」是也。

薛敬軒曰：唐、虞、三代之治，皆自聖人一心推之，無非順天理、因人心而立法。

薛敬軒曰：唐虞「百揆」之職，「揆」之一字最有深意。政事可止可行，莫不揆度其宜，可則行，否則止。此所以政出於一，而下無廢事也。

薛敬軒曰：書載堯舜之行事，皆先德行而後事功。事功之大者，莫大於用人之一事，觀諸二典可見矣。

薛敬軒曰：三代王佐事業，皆本於道德。後世輔相事功，多本於才氣。

薛敬軒曰：東漢之規模不如西漢者，政以光武好吏事，不如高祖得人君之體也。

薛敬軒曰：漢詔多引咎責躬恤民之意，最爲近古。

薛敬軒曰：爲政當有張弛。張而不弛，則過於嚴；弛而不張，則流於廢。一張一弛，爲政之中道也。

薛敬軒曰：余讀泰否卦辭，「内君子而外小人，君子道長，小人道消」爲泰，「内小人而外君子，小人道長，君子道消」爲否，因是以念諸葛武侯之言曰「親賢臣，遠小人，此先漢所以興隆；親小人，遠賢臣，此後漢所以傾覆」。嗚呼，豈獨漢室也哉！歷觀數千載以來，國家天下之治亂興亡，未有不原於此者。若武侯之言，可謂深得大易之旨。

薛敬軒曰：寒中有一半陽，暑中有一半陰，此造化相攙接處。故治不生於治而生於亂，亂不生於亂而生於治。

薛敬軒曰：士無氣節，則國勢奄奄以就盡，西漢之季是也。

胡敬齋曰：五倫，萬古不易之道；經界，萬古不易之利；人才，萬古爲治之本；法度，則可因時損益。

胡敬齋曰：天下無道外之物，故政刑文章皆須出於道。

胡敬齋曰：「皇極」訓「大中」，雖不甚害理，終不親切。惟朱子訓「皇」爲「君」，訓「極」爲「至極之義，標準之名」，然後見人君以一身爲天下法，王道根本在於此。此義至精至切，得箕子之旨矣。

胡敬齋曰：天地只是一箇生物之心，聖人全天地之心，故仁民愛物自不能已。

胡敬齋曰：天地之情正大，聖人之情亦正大，故不爲煦煦之仁、孑孑之義。

胡敬齋曰：不愧屋漏，便能到得「不賞而民勸，不怒而民威於鈇鉞，篤恭而天下平」。

胡敬齋曰：王道只是公，霸道只是私。王道一於天理之公，一者誠也，故其光明正大，上下與天地同流，而萬物各遂其性。霸道假公以濟其私，假者僞也，費盡智計，方能小補於世，雖不爲無功，乃功業之卑者，下此則奸雄小人。

胡敬齋曰：「立人之道，曰仁與義」，甚事出得？雖是霸者，亦要假仁義，方做得事成。若背仁義，則敗亡至矣。

胡敬齋曰：先儒言「王道之外無坦途，舉皆荆棘；仁義之外無功利，舉皆禍殃」，此推其極而言也。

胡敬齋曰：觀堯典，見得聖人作事，只是公天下之心，無一毫私意。

胡敬齋曰：論舜無爲而治，一則德盛而民化，二則得賢才以任衆職。自古爲治之道，不出乎修德、任賢兩事爲要。

胡敬齋曰：作事雖要人才，然人才一半是天生出來，一半是聖人作興出來。如伊傅周召，是天生出來。如曰「愷悌君子，遐不作人」、「濟濟多士，文王以寧」，是聖人在位作興出來。

胡敬齋曰：聖人作事，動循天理，動中機會。循天理則人心服而化，中機會則事當而易治。

羅整庵曰：圖治當先定規模，乃有持循積累之地。規模大則大成，規模小則小成，未有規模不定而能有成者也。然其間病源所在不可不知，秉德二三，則規模不定；用人二三，則規模不定。苟無其病，於致治乎何有？

羅整庵曰：規模寬大，條理精詳，最爲難得。爲學如此，爲政亦如此，斯可謂真儒矣。

羅整庵曰：「六經之道同歸，而禮樂之用爲急」。然古禮古樂之亡也久矣，其遺文緒論僅有存者，學者又鮮能熟讀其書、深味其旨，鮮觀其會通、斟酌其可行之實。遂使先王之禮樂曠千百年而不能復，其施用於當世者〔四〕，類多出於穿鑿附會之私而已，可慨也夫！

羅整庵曰：漢武帝表章六經，而黄老之説遂熄，吾道有可行之兆矣。然終帝之世，未見其能有行，豈其力之不足哉？所不足者，關雎、麟趾之化爾。善乎汲黯之言曰：「内多欲而外施仁義，奈何欲效唐虞之治乎？」黯之學術不可知，然觀乎此言，非惟切中武帝之病，且深達爲治之本。

羅整庵曰：論治道當以格君心爲本。若伊尹之輔太甲，周公之輔成王，皆能使其君出昏即明，「克終厥德」，商周之業賴以永延，何其盛也。後世非無賢相，隨事正救，亦多有可稱，考其全功，能庶幾乎伊周者，殊未多見。蓋必有顔孟之學術，然後伊周之相業可希。然則作養人才，又誠爲治之急務。欲本之正而急務之不知，猶臨河而乏舟楫〔五〕，吾未見其能濟也已。

## 校勘記

〔一〕從容調娱　「娱」，同治重刊本作「護」。

〔二〕處之如一日二日萬幾　「二」原作「一」，據同治重刊本改。

〔三〕且建立漢家四百年不拔之基　「百」原作「十」，據同治重刊本改。

〔四〕其施用於當世者　「者」字，同治重刊本脱。

〔五〕猶臨河而乏舟楫　「乏」原作「泛」，據困知記卷上（明萬曆刻本）改。

# 廣近思録卷九

凡七十五條

## 治法

張南軒曰：先王所以建學造士之本意，蓋將使士者講夫仁義禮智之彝，以明夫君臣、父子、兄弟、夫婦、朋友之倫，以之修身齊家治國平天下。其事蓋甚大矣，而爲之則有其序，教之則有其方。故必先使之從事於小學，習乎六藝之節，講乎爲弟爲子之職，而躬乎灑掃應對進退之事，周旋乎俎豆羽籥之間，優游乎絃歌誦讀之際，有以固其肌膚之會、筋骸之束，齊其耳目，一其心志。所謂大學之道、格物致知者，由是可以進焉。至於物格知至，而仁義禮智之彝得於其性，君臣、父子、兄弟、夫婦、朋友之倫皆以不亂，而修身齊家治國平天下無不宜者。此先王之所以教，而三代之所以治，後世不可以跂及者也。

張南軒曰：周家建國自后稷，以農事爲務，歷世相傳，其君子則重稼穡之事，其室家則躬織紝之勤〔一〕，相與咨嗟歎息，服習乎艱難，詠歌其勞苦，此實王業之根本也。

張南軒曰：古者諸侯各得祭其境内之山川，山川之所以爲神靈者，以其氣之所蒸，能出雲雨潤澤群物。是故爲之壇壝，立之祝史，設之牲幣，所以致吾禱祀之實，而交乎乎隱顯之際，誠之不可掩也如此。

張南軒曰：治獄所以多不得其平者，蓋有數説。吏與利爲市固所不論，而或務知巧以爲聰明，持姑息以惠姦慝，上則視大官之趨向而重輕其手，下則惑胥吏之浮言而二三其心，不盡其情而一以威怵之，不原其初而一以法繩之，如是而不得其平者抑多矣。

張南軒曰：獄，重事也。欽恤之義，著於虞書。其命咎繇曰「明於五刑，以弼五教」。蓋古者刑罰之設，教化未嘗不存乎其中。聖人之心，固期於天下之無刑也。

吕東萊曰：楊炎變租庸調爲兩税，只取一時之便，不知變壞古法最不可者。租庸調略有三代之意，至楊炎時，只爲暴賦横斂名色之多，皆在租庸調之外，故炎都併來均作二税，二税之外不許誅求一錢。它却不知如何保得後來不誅求？且如租庸調之法尚在，自是無害於民。外有暴賦横斂，只爲軍興緊急及暴君污吏所爲，使有賢君使無軍興，則此等自可罷去，却如何將舊法掃地壞了？大凡治財最不可壞舊法，最不可並省名目。名目既省，則後來復置容易矣。孟子言「粟米之征」，便是租；「布縷之征」，便是調；「力役之征」，便是庸。此三件自來源流如此，但古者或緩其二，或緩其一，至唐太宗都征了。

呂東萊曰：財賦當催者，恐當加意督趣令整辦。尋常士大夫，或誤認弛縱爲恤民。殊不知不及時拘催，使民間拖欠積壓，異時忽遇苛刻之吏一併趣辦，則民受大害矣。

呂東萊曰：前此整齊泛掃，非用嚴固無以濟。今威令既行，綱紀既立，則慈祥樂易之意、教化漸摩之本，宜次第出之，使封内識吾之本心。

呂東萊曰：後生少年乍到官守，多爲猾吏所餌，不自省察所得毫末，而一任之間不復敢舉動。大抵作官嗜利所得甚少，而吏人所盗不貲矣。以此被重譴，良可惜也。

呂東萊曰：當官既自廉潔，又須關防小人。如文字曆引之類，皆須明白，以防中傷，不可不至謹〔二〕，不可不詳知也。

黄勉齋曰：學校之設，以明道也。夫陰陽五行化生萬物，而太極之妙周流不窮，凡囿於造化之内者鈞禀是氣，則鈞具是理。人爲萬物之靈，則受中以生，純粹至善，而日用常行各有當然之則，貫徹古今，充塞宇宙，無適而非此道之寓也。聖人參天地以立極，既爲之發明其藴，而經理斯世者又設爲學校以教之。上自王宫國都而下至里術〔三〕，蓋將與一世之人，凡有血氣心知者，莫不周旋涵泳於吾道之中，顧安有遠近内外之間哉？

黄勉齋曰：朝廷資人才以共治，諸侯擇其賢且能者以獻於上，亦曰貢得其人，則足以建功立業，否則蠹國害民，尤不可以無用者貢也。

黄勉齋曰：自古謀臣策士，各出所見以裨其上，其言豈必皆當哉？或是或非，在上之人與所親信者決擇之耳。

黄勉齋曰：古者禮義之教素明，士之所自養者莫非有用之實。後世以文詞取士，則皆空言而無實用矣，是以君子少而小人多，治日少而亂日多。

黄勉齋曰：簿書財穀、獄訟甲兵，俗吏誇之以爲能，而儒生所不道。禮樂教化，儒生喜談以爲名高，而俗吏見謂迂闊。事不根理，理不該事，而數千年間天下無善治。

黄勉齋曰：古者取民之法，惟稅租而已，其他山澤之利，皆與民共之。茶鹽酒榷之禁，古無有也。後世國用匱乏，權一時之宜，以紓目前之急耳。

黄勉齋曰：絜，度也。矩，所以爲方也。處己接物，度之而無有餘不足，方之謂也。富者連阡陌而餘粱肉，貧者無置錐而厭糟糠，非方也。社倉之創，掇此之有餘，濟彼之不足，絜矩之道也。

黄勉齋曰：聖賢事業固難悉言，而上合天意，下順人心，盡體國之忠，絶自私之念，則大經大本未有舍此而能自立者。諸葛孔明所謂「宮中府中，俱爲一體，黜陟臧否，不宜異同」，只此數句，便可得三軍之死命，却司馬仲達而奪之氣也。至於管仲之於齊，范蠡之於越，雖霸國之事，而其規模經畫亦有次第，皆守邊者之所當講明。弱而能使之强，貧而能使之富，蕞爾之地而能使敵人惆疑而不敢窺伺。雖使羊陸復生，計無出於此者。

黄勉齋曰：成周比閭族黨州鄉之法，上下相維，脉絡相關，隄防密而姦宄不生，法制嚴而馴服有素，是以人心有所統攝，而緩急不敢以自肆。後世保伍之法，猶有成周之遺意，然州縣之間未嘗舉行，不過保正掌追胥，户長掌租税而已。以一家而總數十里之地，以一身而任數百户之責，又每一二年而輒易。此豈足以總攝人心，使之久安而無變哉？

黄勉齋曰：保伍之法，乃所以總攝人心，防閑變故，而爲緩急之慮也。苟法制素守，人心既孚，因其農隙教以武事，則伍兩卒旅軍師之制可以漸復，而戰攻守禦之習亦無不精。不惟不至於爲寇，而又足以禦寇，亦何憚而不爲乎？

黄勉齋曰：州郡之有城，猶人家之有牆壁。家無牆壁，雖無盜賊，何以爲家？況設險守國，思患預防，當無事之日，不可不爲有事之備。

許魯齋曰：先王設學校，養育人材，以濟天下之用。及其弊也，科目之法愈嚴密，而士之進於此者愈巧，以至編摩字樣，期於必中。上之人不以人材待天下之士，下之人應此者，亦豈仁人君子之用心也哉？雖得之，何益於用？上下相待，其弊如此，欲使生靈蒙福，其可得乎？

許魯齋曰：生民休戚，係於用人之當否。用得其人，則民賴其利；用失其人，則民被其害。自古論治道者，必以用人爲先務。用既得人，則其所謂善政者，始可得而行之。以善人行善政，其於爲治也何有？

許魯齋曰：提學者，師表之任也。儀刑多士，檢正學業，實風化人才之所自緣。

許魯齋曰：賢者識事之體，知事之要，與庸人相縣，蓋什百而千萬也。布之周行，百職具舉，宰執總其要，而臨之不煩不勞，此所謂省也。然人之賢否，未能灼知其詳，固不敢用。或已知其孰爲君子，孰爲小人，復畏首畏尾，患得患失，坐視其弊而不能進退之，徒曰知人，而實不能用人，亦何益哉？

許魯齋曰：用人立法，今雖未能遽如古昔，然已仕者便當頒降俸給，使可養廉，未仕者且當寬立條格，俾就序用，則失職之怨少可舒矣。外設監司，糾察污濫，内專吏部，考訂資歷，則非分之求漸可息矣。再任三任，抑高而舉下，則人材爵位略可平矣。舍此則堆積壅塞，參差繆戾，苟延歲月，莫知所期也。

許魯齋曰：臨卦大象「君子以教思无窮，容保民无疆」。教之使知道理，容養保護，使之安樂，父母之於子不過是矣。詩云「愷悌君子，民之父母」，以此臨民，其有不安者乎？

許魯齋曰：凡天倫〔四〕，如父子、兄弟、夫婦、長幼，禮應如法，不可妄意增損。簡易者略之，細密者過之，皆非也。禮者人事之儀則，天理之節文。聖人之於儀則節文，乃所以當然者，不可易也。

許魯齋曰：「學則三代共之，皆所以明人倫也」。司徒之職，教以人倫而已。凡不本於人倫，皆非所以爲教。樹之君以立政，謹此教也；作之師以立教，教以此也。先王皆本於人心之所固有，不强以其所無有，故人易從而風俗美，非後世所謂學、所謂教也。文公小學、四書，次第本末甚備，有王者起，必須取法。

許魯齋曰：後世功名之士，到禮樂制度便進不去。蓋到此稍細密，亦精力有所不及，故須別用一般人物。

許魯齋曰：大聖大賢，本末具舉。降此一等，材具稍大便不謹細行，謹於細小者或不識大體，不能謀大事。用人者宜知之。

薛敬軒曰：帝王爲治之本在德，其次莫先乎用賢才、修治法。治法者，禮樂刑政是也。

薛敬軒曰：爲政以法律爲師，亦名言也。既知律己，又可治人。

薛敬軒曰：皋陶謨典禮刑賞四者，萬世爲治之大經不出於此。

薛敬軒曰：法者，因天理、順人情而爲之防範禁制也，當以公平正大之心制其輕重之宜。不可因一時之喜怒而立法，若然，則不得其平者多矣。

薛敬軒曰：昔人謂「律是八分書」。蓋律之條目，莫非防範人欲，扶翼天理，故謂之「八分書」。

薛敬軒曰：法者，天討也。玩法，所以玩天也。

薛敬軒曰：治獄有四要：公、慈、明、剛。公則不偏，慈則不刻，明則能照，剛則能斷。

薛敬軒曰：春秋最重民力，凡有興作，小大必書，聖人仁民之意深矣。

薛敬軒曰：物之相比，莫過水與地，故「先王建萬國，親諸侯」取其義。他物相比猶有間，惟水與地無間。

薛敬軒曰：武以止戈爲文，是用兵乃聖人之不得已也，觀三代之行師可見矣。

薛敬軒曰：養民生、復民性、禁民非，治天下之三要。

薛敬軒曰：聖人以四代禮樂告顏子，使其得位，則於前代之法必有因有革，未必盡泥古法也。

薛敬軒曰：今之守令，或以積勞而陞，或以遴選而除。爲民擇人之法亦已詳矣，夫何尚有罷儒貪墨，不稱其職者多歟？監司有御史，有按察，有巡撫大臣，吏有不職者皆得以去之。夫何人尚冒犯不知警畏，而巧文以苟免者衆歟？

薛敬軒曰：止末作，禁游民，所以敦財利之源；省妄費，去冗食，所以裕財利之用。

薛敬軒曰：救荒必考於古而宜於今，用兵必得其正而禁夫暴，皆用世之學所當講也。

薛敬軒曰：至誠以感人，猶有不服，况設詐以行之乎？

薛敬軒曰：内健則有必去之志，外説則無悻悻之色，决小人之善道也。

薛敬軒曰：用人當取其長而舍其短。若求備於一人，則世無可用之才矣。

薛敬軒曰：爲官者切不可厭煩惡事，坐視民之冤抑一切不理，曰我務省事，則民不得所者多矣，可不戒哉！

薛敬軒曰：朱子論宗廟之制宜爲法。

薛敬軒曰：五嶽四瀆、五鎮四海神號之正，本於宋儒之議論。

胡敬齋曰：君道在養民，井田不可不復古。教民之道在學，故學當復古。兵民既分，食者衆，生者寡，故寓兵之法當復古。三者復古，其餘則隨時酌量以適宜可也。

胡敬齋曰：天下之田地，足以供天下之衣食；天下之山澤，足以供天下之財用。但力要勤，用要節，取要時而已。

胡敬齋曰：天下之衣食盡出於農，工商不過相資而已。故程子舉先王之法，合當八九分人爲農，一二分人爲工商。今以數計之，工商居半，又有待哺之兵及僧道尼巫尸祝，富盛之家皆不耕而食，機織本女子之事，今機匠以男爲之。耕者少，食者多，天下如何不饑困？

宜自百官士人之外，止將一分人作工商，以通器用貨財有無，其餘盡驅之於農。既盡生財之道，又免坐食之費，四海必將殷富矣。

胡敬齋曰：古者民有九年之食，則水旱凶災無患，是謂太平。今無一年之食，多只吃得半年，又去稱貸這半年食，始能接新穀，若有水旱便難存活。

胡敬齋曰：天下只有公私義利兩端。周官泉府買貨之滯於民者，及民之急於用則出而賣之，皆所以救民，其心公，其事義。後世有市易和買，皆私利於己。古有平糴，穀賤則糴之以厚農，穀貴則以原價糶之以救民，皆公而義。後世則至於和糴强配，皆私而利。

胡敬齋曰：欲天下治，須得賢才。欲得賢才，須行推訪選舉法。其本在於君身修，君心明。欲君身修，在於學。

胡敬齋曰：得賢之道，須如周禮賓興、明道選舉，方無所遺。其次莫如搜訪薦舉，如舜舉於歷山，伊尹舉於莘野，傳説舉於巖下，太公舉於渭濱，孔明舉於南陽，皆因求訪薦舉而得。蓋不世出之才，道高名重，苟訪求之，無不可得。但恐才德未著者，須用賓興選舉法，方可無遺。非但無遺，又有作興掖勵之實，使賢才日盛。今之科舉，非徒不能得賢，反廢人進修之實。或謂程明道、朱文公皆出於科第，豈可不爲得人？曰：使科舉果可得賢，則程朱爲狀元矣。

胡敬齋曰：今之科舉文字，乃取富貴之具，與修己治人之道無干涉。

胡敬齋曰：今天下第一無用是老釋，第二無用是俗儒所作詩對與時文。如農工商賈，皆有用處，皆有益於世。如農之耕，天下賴其養；工之技，天下賴其器用；商雖末，亦要他通貨財。如老釋與俗儒，在天下非但無用，又害了人心。昔見一俗儒，作詩賀人壽，過數日，其人將去糊窗壁，此儒喫惱。吾曰：也只好糊窗子，更好作何用？詩以理性情，文以載道義，又何咎焉？乃不去身心性情上理會，所以無用也。

胡敬齋曰：或問如何盡知得天下之賢？朱子曰「只消用一箇好人作相，自然推排出來。有一好人作臺諫，不好人自住不得」。

胡敬齋曰：兵刑，皆聖人不得已而用之。德政未孚，頑暴未化，只得著如此處置，故二者皆極其矜恤戒慎。

胡敬齋曰：古之聖王心同天地，其生物之心，敵國皆知之。雖或誅暴禁亂，不得已而興師，彼之人民皆心服，誰肯與我爲敵？此是箇大兵法，人不識，只有孟子識得透。

胡敬齋曰：黄石公素書，始終只是一箇私。或曰：素書先説道德仁義禮，如何謂之私？曰：道德仁義禮非私，石公以私見窺之，私意用之，故私。然所窺所用，非真道德仁義禮也。

胡敬齋曰：人君不務學，便以禮樂制度爲瑣碎不足爲，而欲徑趨功利。殊不知天生聖人，代天以施教化；聖人制禮樂，代天以成教化。是天假手聖人，故天不言而萬物安；聖人假手於禮樂，故己不勞而教化行。

胡敬齋曰：「闢四門，明四目，達四聰」，此舜爲治手段，後世所當法也。然搜揚賢才而用之，則四門闢矣。得賢明忠直之士而寄以耳目，廣詢博訪以求直言極諫，則四聰達、四目明矣。

胡敬齋曰：損上益下曰益，損下益上曰損。周禮泉府買貨之滯於民者，欲有益於民也。王安石行市易法、青苗錢，是欲益上損下也。故周公行益道，安石行損道。

羅整庵曰：作養人材，必由於學校。今學校之教純用經術，亦云善矣。但以科舉取士，學者往往先詞藻而後身心，此人才之所以不如古也。若因今之學校，取程子教養選舉之法推而行之，人才事業遠追商周之盛，宜有可冀。所謂「堯舜之智急先務」，其不在兹乎？其不在兹乎？

羅整庵曰：作人才，厚風俗，非復鄉舉里選之法不可。科舉取士，惟尚辭華，不復考其實行。其所得者，非無忠厚正直之士、任重致遠之才，然而頑嚚鄙薄、蕩無繩檢者由之而進，亦不少也。官吏既多若人，風俗何由歸厚？治不古若，無足怪也。誠使鄉舉里選之法行，則人人皆務修飭，居家有善行，居鄉有令名，則居官必有善政。其於化民成俗，豈不端有可望者哉？

羅整庵曰：取士之法宜有變通。士行修然後民德歸厚，治安之本無切於此。

羅整庵曰：爲治者常患於乏才，才固未嘗乏也，顧求之未得其力爾。蓋必各舉所知，然後天下之才畢見於用。孔子告仲弓云「舉爾所知，爾所不知，人其舍諸」，此各舉所知之義也。今舉賢之路殊狹，未仕者既莫得而舉，已仕者自藩臬以至郡邑〔五〕，以一道計之，其人亦不少矣，而其賢否率取決於一二人之言，以此而欲求盡天下之才，其可得乎？非有以變而通之，乏才之歎何能免也。

羅整庵曰：制度立，然後可以阜俗而豐財。今天下財用日窘，風俗日敝，皆由制度隳廢而然也。故自衣服飲食、宫室輿馬以至於冠婚喪祭，必須貴賤有等，上下有别，則物無妄費而財可豐，人無妄取而俗可阜。此理之不易者也。然法之不行自上犯之，「君子之德風，小人之德草」，是在朝廷而已矣。

羅整庵曰：井田勢不可復，限田勢未易行。天下之田雖未能盡均，然亦當求所以處之之術，不然養民之職無時而舉矣。今自兩淮南北、西極漢沔，大率土曠人稀，地有遺利，而江浙之民特爲蕃庶，往往無田可耕，於此有以處之，其所濟亦不少矣。「以佚道使民，雖勞不怨」，學道愛人之君子，豈無念及於此者乎？然漢之晁錯，得行其策於塞下；宋之陳靖，不得行其説於京西。此則係乎上之人明與斷何如爾。

羅整庵曰：唐府兵之法最爲近古，范文正公嘗議欲興復，而爲衆説所持。道之興廢，信乎其有命也！愚於此頗嘗究心，竊以此法之行，灼然有利而無害，揆之人情事勢，亦無不可行之理。顧其脉絡之相聯屬者非一處，條目之相管攝者非一端，變通之宜，要當臨時裁酌，非一言所能盡也。然須推廣其制，通行於天下，使郡邑無處無備，緩急斯有所恃以無虞。其老弱無用坐食之兵皆歸之農，自然國用日舒，民力日裕。此灼然之利，非簸弄筆舌之空談也。

## 校勘記

〔一〕其室家則躬織紝之勤　「躬」原作「供」，據南軒集卷八經筵講議改。

〔二〕不可不至謹　「至」，同治重刊本作「致」。

〔三〕上自王宫國都而下至里術　「宫」字原脱，據勉齋集卷十七安慶府新建廟學記補。

〔四〕凡天倫　此三字原作「禮先天倫」，據魯齋遺書卷一語録上改。

〔五〕已仕者自藩臬以至郡邑　「仕」原作「任」，據同治重刊本改。

# 廣近思録卷十

凡百十一條

## 政事

張南軒曰：吏者，分天子之民而治焉〔一〕，受天子之土而守焉。一日之間，所爲酬酢事物者，亦不一端矣。幾微之所形，紀綱之所寓，常隱於所忽，而壞於所因循。纖毫之不謹，而萬緒之失其機；方寸之不存，而千里之受其害。又況欲動而物乘〔二〕，意佚而形隨，其所差繆，何可勝計，可不畏哉？

張南軒曰：今之爲吏，其號爲能者，則或以察爲明，以刻爲公，以不卹爲能任；而其號爲賢者，則又或以姑息爲惠，以縱弛爲寬，以模稜爲善處。故其能適以賈怨貽毒撅害邦本，而其賢反以流弊基患及於後日。嗟乎，此豈真所謂賢能也哉？

張南軒曰：國之所恃者人才耳。以當時晉室之勢，獨任一謝安，足以當苻秦百萬之師。以予觀之，非特安方略之妙，抑其所存忠義純固，負荷國事，直欲與晉室同存亡，故能運用英豪，克成勳業，誠與才合故也。大抵立大事者，非誠與才合，不足以濟。

張南軒曰：觀稼穡之勤勞，而念民生之不易，其時之不可以奪，其力之不可以不裕。而又謹視其苗之肥瘠，時夫雨暘之節，以察吾政事之若否。幸而一稔，則又不敢以爲己之能，而益思勉其不可以怠者，閔閔然，皇皇然，無須臾而寧於心。其庶矣乎！

張南軒曰：兵政之本在於仁義，其爲教根乎三綱。然至於法度紀律、機謀權變，其條不可紊，其端爲無窮，非素考索，烏能極其用？一有所未極，則於酬酢之際，其失將有間不容髮者，可不畏哉？

張南軒曰：百姓甚易擾動。未論州郡所行，只如知縣妄行出一文字，鄉間擾害百姓，有不可勝言者。

張南軒曰：士大夫希世求合者，固不足問。苟雖有言而懷不自盡，皆狥情惜己，非爲臣之義也。

張南軒曰：小人大抵喜更作，務生事。其意欲乘時射利而已，寧爲國家生民計耶？

張南軒曰：天下事豈獨智力能辨？通都會邑，豈無可器使者？恐吾恃聰明以忽之，彼無以自見耳。

張南軒曰：爲吏者受天子之土與民，不幸遭變故守死其職，亦理之所當然也。然方世之哀，彝倫蕩覆，節義頹廢，於是而有能特立其間不爲之變者，其可貴豈特景星鳳凰比哉？

張南軒曰：所謂靜思與臨事有異，要當深於靜處下涵養之功，本立則臨事有力也。

張南軒曰：所謂事最忌激觸者，要當平心易氣審處其理，期於中節而已。若欲遷就回互於所當然，而不免枉尋以求直尺，而曰吾所畏者激觸也，無乃終墮於姦邪之域，人欲愈肆而天理愈滅歟？

呂東萊曰：當官者先以暴怒爲戒，事有不可，當詳處之，必無不中。若先暴怒，只能自害，豈能害人？前輩嘗言「凡事只怕待」，待者詳處之謂也。蓋詳處之，則思慮自出，人不能中傷也。嘗見前輩作州縣或獄官，每一公事難決者，必沉思靜慮累日，忽然若有得者，則是非判矣。是道也，惟不苟者能之。

呂東萊曰：處事者不以聰明爲先，而以盡心爲急；不以集事爲急，而以方便爲上。

呂東萊曰：當官大要，直不犯禍，和不害義，在人消詳斟酌之爾。然求合於道理，本非私心專爲己也。

呂東萊曰：事有當死不死，其詬有甚於死者，後亦未必免死；當去不去，其禍有甚於去者，後亦未必得安。世人至此，多惑亂失常，皆不知義命輕重之分也。此理非平居熟講，臨事必不能自立，不可不預思。古之欲委質事人，其父兄日夜先以此教之矣。中材以下，豈臨事一朝一夕所能至哉？教之有素，其心安焉，所謂「有所養」也。

呂東萊曰：「忍」之一字，衆妙之門，當官處事，尤是先務。若能清慎勤之外，更行一忍，何事不辦？書曰「必有忍，其乃有濟」，此處事之本也。諺有之曰「忍事敵災星」，少陵詩云「忍過事堪喜」，此皆切於事理，爲世大法，非空言也。王沂公嘗說「喫得三斗釅醋，方做得宰相」，蓋言忍受得事也。

呂東萊曰：居官臨事，外有齟齬，必内有窒礙。蓋内外相應，毫髮不差，只有「反己」兩字，更無別法也。

呂東萊曰：諫之道有三難焉，曰遠，曰疏，曰驟。遠則勢不接，疏則情不通，驟則理不究，其言之不行也固也。彼周設師氏之官，淵乎其用意之深乎！師氏之官，實居虎門之左，而詔王以媺者也。其勢近，其情親，其言漸，若江海之浸，膏澤之潤，日加益而不知焉。周公之設官三百六十，官必掌一事，事必寓一意，而師氏獨列地官之屬，實周公致意之深者。想夫成周之隆，出入起居同歸於欽，發號施令同歸於臧者，師氏抑有助焉。昔周太史辛甲命百官箴王闕，而虞人之箴獨傳。竊意師氏之所獻，必反覆紬繹，辭順意篤，足以爲百代箴規之法。然求之於蠹書漆簡之中，雖斷章片辭邈不可得，是可歎已！

呂東萊曰：自古合天下於一者，必以撥亂之志爲主。志之所嚮，可以排山嶽，倒江海，開金石。一念之烈，無能禦之者。

呂東萊曰：折肱之餘，飽於諳歷，惟培養本原，使忠愛之心益厚，則斟酌調劑，羊腸蟻封間，蓋自有餘地也。

呂東萊曰：列子學射，中矣，請於關尹子。尹子曰「子知子之所以中者乎」，對曰「弗知也」，關尹子曰「未可」。退而習之三年，又以報關尹子。尹子曰「子知子之所以中乎」，列子曰「知之矣」，關尹子曰「可矣，守而勿失也」。夫人之作文既工矣，必知其所以工；處事既當矣，必知其所以當；爲政既善矣，必知其所以善。苟不知其所以然，則雖一時之偶中，安知他時之不失哉？

呂東萊曰：君子之動靜語默，雖毫釐間有未到處，要當反求其所以然。蓋事雖有巨細大小，爲本根之病則一也。

呂東萊曰：一行作吏，豈得盡如人意，惟耐事忍煩，乃佳耳。

呂東萊曰：在我者果無徇外之心，其發必有力而不可禦。至於周旋調護，宛轉入細，政是意篤見明，於本分條理略無虧欠。若有避就回互籠絡之心，乃是私意。彼此以私意相角，一口豈能勝衆舌乎？此毫釐之際〔三〕，不可不精察也。

呂東萊曰：要當共講其遠者大者，使異日天下受其賜。至於目前事，正其綱領足矣。

吕東萊曰：處大事者，必至公血誠相期，然後有濟。若不能察人之情，而輕受事任，或雖知其非誠，而將就借以集事，到得結局其弊不可勝言。所謂「吾知國事而已，安得行吾私於其間哉」，私本不當有，若云不行，已是第二義。若又云以國事而不得行吾私，又是第三、第四義也。

黄勉齋曰：天下之人物，潔廉忠信者未必通於世務，通於世務者未必潔廉忠信者也。徒潔廉忠信者而不通於世務，謂之賢可也，民有不被其害者乎？通於世務而潔廉忠信之不足，則所謂世務者，豈能盡出於公且正乎？

黄勉齋曰：奉朝廷之命，膺民社之寄，而四境之内乃有倚恃豪俠吞陷鄉民，使之哀號怨憤無所赴愬，爲民父母，安忍坐視？倘或顧一身而不恤百姓，則上負朝廷，下負所學。

黄勉齋曰：學校養士本是美意，爲郡守教官者，不知以道義訓誨諸生，但欲增添俸錢、增置學産，以取士子之虚譽，所謂教養之義安在哉？

黄勉齋曰：世間最緊要事甚不多，爲聖爲賢，爲堯舜，爲湯武，爲伊爲周，皆從此出。若捨却這些子緊要處而論功業，便教做出漢高祖、唐太宗，蕭、曹、房、杜，亦何足道哉？若於此曉解，世間利禄真是糞壤，世間事業真是太空一點浮翳也，何足把玩哉！

黄勉齋曰：臣子之義，亦豈不願趨事赴功？但事有本末，未易悉言。世之妄以功名自許者，皆欺君者也。

黄勉齋曰：當大任者，亦須伸縮自由，言聽計行，然後乃可爲。若謀之於外而制之於内，人之所見不周，而事無十全之利，以吾之焦勞計慮，而或者乃安坐而指其小疵以議之，則決無可爲之理。齊威之於夷吾，勾踐之於范蠡，皆舉國以聽之，而事業之就僅能如許，則亦可鑒矣。

黄勉齋曰：漢世良吏往往以開渠灌田立名後世，如召伯埭、甘棠湖之類，民到於今稱之。使爲國者可以一切取必於天，則何必若是之屑屑哉？

黄勉齋曰：守令之職，不惟治獄訟、理財賦，正欲崇學校、養人才，使教化行而風俗熾。

黄勉齋曰：小民當豐穰之歲，亦必父子竭作，然後可以易一飽。迨至凶荒，雖有技藝，已無所售，安得有數倍之錢可以糴米，則亦有相與枕藉而死耳。夫事固有若老生常談而確然不可易者，廣儲蓄是也。然人皆知其不可易而不早爲者，病在因循而已。

黄勉齋曰：夫民生不見禮義之及己，而困於衣食之不足，幸菑樂禍，以圖逞其不平之憤，則去爲盜賊而焚燒縣邑、賊害良民者，勢使然也。知盜之所由興起於不悦學，則弭盜安民之術，舍學何以哉？

黄勉齋曰：食人之禄者當任其事，此不待智者而後知也。數十年來，風俗日異，謀身之意多於謀國，爲私之心急於爲公。上之人既不能明示好惡以力變之，或反推波助瀾，使人安之以爲當然。所謂廉耻節義，至是掃地矣，國將何恃而能自立耶？

黄勉齋曰：今之爲政者，不務卹民，但求利己，視其外則若汲汲於事功，而誕謾欺罔，使百姓怨入骨髓，誠不忍爲也。

黄勉齋曰：天地萬物，本吾同體，痌瘝疾痛，皆切吾身。痿痺不仁者，不惟莫之恤，而反禍之。豪傑之士，不爲天子宰相，操生殺之權，以除民之蠹而全其壽，則亦爲大醫士，左提箴砭，右秉藥餌，以去陰陽寒暑之爲民害者。

黄勉齋曰：仁人君子之遇事，如權衡然，蓋亦平其心，而非有所輕重於其間也。然毫釐之際有所未察，則亦容有不得其平者。

黄勉齋曰：政成事簡，百里蒙惠，亦非小事。均氣同體，在天地間，不忍之心，人所共有，得以行吾志，豈不樂哉？

黄勉齋曰：天下事惟求其是。若每事合理，俯仰無愧，人自心服。

黄勉齋曰：士大夫而知禮義、知廉耻，則必知君之當尊、民之當愛、禄之不可苟食而職事之不可苟廢。

黄勉齋曰：自古諸賢共事，未有不相攻排者，亦足以見君子之不比不同也。但與人交處，亦且看是何等色目人，若是吾輩，則雖有小失，亦只得將順正捄之，不必至於已甚。

黄勉齋勸農文曰：爾爲農耕種，窮困勤苦，孰知之，孰愈之？暑而烈日汗背，寒而嚴霜侵膚，雖炎熱不能避，縱胼手胝足，越陌度阡，縱冰凍不可逃。四民惟農最勤，獨耕甚苦。爾農之害，又不一而足，使爾父子輕於相棄，夫婦輕於相離，兄弟輕於相訟，轉徙飢餓，不安其生，可哀也哉。縣令既不能爲爾興利除害，其可無以勉爾乎。爾既不能不衣食，而生天地之間，又不能不耕桑，而爲衣食之計，則莫若勤，勤則不匱。爾之求衣食之路甚狹，爾之享衣食之奉甚難，則莫若儉，儉則易足。人之視爾甚弱而易陵，爾之敵人甚拙而難勝，則莫若忍，忍則寡爭。能佩斯言，庶可以苟安於斯世矣。

許魯齋曰：臣子執威權，未有無禍者。豈惟人事，在天道亦不許。夫月陰魄也，借日爲光，與日相遠則光盛，猶臣遠於君則聲名大，威權重；與日相近則光微，愈近愈微。臣道陰，道理當如此。大臣在君側而擅權，此危道也。古人舉善薦賢，不敢自名，欲恩澤出於君也，刑人亦然。恩威豈可使出於己？使人知恩威出於己，是生多少怨敵，其危亡可立待也。故月星皆借日以爲光，及近日却失其光，此理殊可玩索。

許魯齋曰：後世臣子諫於君，只説利害有如此，以利害相恐動，則利害不應時都不信了。只當言義理可與不可，當與不當。

許魯齋曰：每臨事且勿令人見喜。既令人見喜，必是偏於一處，隨後便有弊。蓋喜悦非久長之理，既不令人喜，亦不令人怒，便是得中。

許魯齋曰：恐害己者必思所以害人也，豈知利人則未有不利於己者也。至於推勘公事，已得大情，適當其法，不旁求深入，是亦利人之一端也。彼俗吏不達此理，專以出罪爲心，謂之陰德。予曰不然，履正奉公，嫉惡舉善，人臣之道也。有違於此，則惡者當害之而反利之，善者當利之而反害之，顯不能逃其刑責，幽不能欺於神明，顧陰德何有焉？

許魯齋曰：事有大小，時有久近。期小事於遠，則遷延虚曠而無功；期大事於近，則急迫倉皇而不達。

許魯齋曰：凡事物之際有兩件，有由自己的，有不由自己的。由自己的有義在，不由自己的有命在，歸於義命而已。

許魯齋在中書，論列阿合馬專權罔上、蠹政害民若干事，不報，因謝病請解機務。世祖命舉自代者，奏曰「用人，天子之大柄也。臣下泛論其賢否，則可。若授之以位，則當斷自宸衷，不可使臣下有市恩之漸也」。

許魯齋曰：人要寬厚包容，却要分限嚴。分限不嚴，則事不可立，人得而侮之矣。魏公素寬厚，及至朝廷事，凛然不可犯也，所以爲當世名臣。今日寬厚者易犯，威嚴者少容，於事業之際皆有病。

或説趨競，許魯齋曰：此上之人有以召之也。上之人喜於政柄在手，能進退人，沾沾自喜，曰「我爲某成就此事」。己得其名，人得其利。及天下人翕然趨之，却無所措置，所以一人得進，百人生怨。此是造命之所，君主當專之，人或竊之，不祥莫大焉。作福作威，豈凡人所專者？景帝謂田蚡曰「卿除吏盡未？吾亦欲除吏」。此凶道也，作福作威，凶害隨之。必不得已在此地位，一切當歸之君主。如王者用刑賞，亦曰「天討有罪」、「天命有德」，猶歸之天，如何竊威福之柄爲己私乎？宜限以辟舉之法，不稱則罪舉主，以革趨競之弊。

薛敬軒曰：君父人之大倫，只當竭誠敬，盡所以事之之道。其合與否，有所不恤也。苟慮其不合，枉道以求之，則所失者多矣。交朋友、事官長皆然。

薛敬軒曰：相業自大學、經學中來者深，自史學、俗學中來者淺。要見古人之相業，伊傳之書宜熟讀。

薛敬軒曰：恭而不近於諛，和而不至於流，事上處衆之道。

薛敬軒曰：不欺君，不賣法，不虐民。此作官持己之三要。

薛敬軒曰：韓魏公、范文正公諸公，皆一片忠誠爲國之心，故其事業顯著，而名譽孚動於天下後世之人。

薛敬軒曰：儒士固當禮接。或有本非儒者，或假文辭、或假字畫以謀進，一與之款洽，即墮其術中。如房琯爲相，因一琴工黄庭蘭出入門下，依倚爲非，遂爲相業之玷。若此之類，能審察疏節〔四〕，亦清心省事之一助。

薛敬軒曰：人己一也，浚人之脂膏以自肥，何其不仁如是哉？

薛敬軒曰：正以處心，廉以律己，忠以事君，恭以事長，信以接物，寬以待下，敬以處事。此居官之七要也。

薛敬軒曰：一命之士，苟存心於愛物，必有所濟。蓋天下事莫非分所當爲，凡事苟可用力者，無不盡心其間，則民之受惠者多矣。

薛敬軒曰：作官一事不可苟。

薛敬軒曰：世有賣法以求賄者，此誠何心哉？夫法所以治奸頑也，奸頑有犯，執法以治之，則良善者獲伸矣。若納賄而縱釋奸頑，則良善之冤抑，何自而伸哉？使良善之冤抑不伸，是不惟不能治奸頑，而又所以長奸頑也。處高位、戴顯名、秉三尺者，忍爲此態乎？

薛敬軒曰：清而有容，乃不自見其清。清而不容，是自有其清，而心反爲其所累矣。

薛敬軒曰：以己之廉病人之貪，取怨之道也。

薛敬軒曰：爲政通下情爲急。

薛敬軒曰：以其能治不能，以其賢治不賢，設官之本意不過如此。有假官威剥民以自奉者，果何心哉？

薛敬軒曰：立法之初，貴乎參酌事情，必輕重得宜，可行而無弊者，則播告之。既立之後，謹守無失，信如四時，堅如金石，則民知所畏而不敢犯矣〔五〕。或立法之初，不能參酌事情，輕重不倫，遽施於下，既而見其有不可行者，遂復廢格。則後有良法，人將視爲不信之具矣，令何自而行，禁何自而止乎？

薛敬軒曰：惟寬可以容人，惟厚可以載物。

薛敬軒曰：膽欲大，見義勇爲；心欲小，文理密察；智欲圓，應物無滯；行欲方，截然有執。

薛敬軒曰：凡事皆當推能讓功於人，不可有一毫自德自能之意。

薛敬軒曰：凡慎動當先慎其幾於心，次當慎言慎行慎作事，皆慎動也。

薛敬軒曰：作事謹其始，所以慮其終，所謂「永終知敝」是也。不能謹始慮終，乘快作事，後或難收拾，則必有悔矣。

薛敬軒曰：伊尹曰「接下思恭」，豈惟人君當然哉。有官君子，於臨衆處事之際，所當極其恭敬，而不可有一毫傲忽之心。不惟臨衆處事爲然，退食宴息之時，亦當致其嚴肅，而不可有頃刻褻慢之態。臨政持己，内外一於恭敬，則動静無違，人欲消而天理明矣。

薛敬軒曰：盆成括小有才，而不知君子之大道，適足以殺其身。蓋人知大道，則明於進退存亡、吉凶消長之理，必不至於輕率逞才妄爲以取禍也。

薛敬軒曰：李景讓母鄭氏曰「士不勤而禄，猶災其身」。雖婦人之言，亦可以爲居官怠職者之戒。

薛敬軒曰：必能忍人不能忍之觸忤，斯能爲人不能爲之事功。

薛敬軒曰：近看得處事有二法，知以别可否，義以决取舍，斯無過舉矣。

薛敬軒曰：事貴審處。古人謂「天下甚事不因忙後錯了」，真名言也。

薛敬軒曰：處事最當熟思緩處。熟思則得其情，緩處則得其當。

薛敬軒曰：人須有容乃大。古謂「山藪藏疾，川澤納污，瑾瑜擩瑕」，有容之謂也。

薛敬軒曰：以誠感人者，人亦以誠應；以詐御人者，人亦以詐應。

薛敬軒曰：一字不可輕與人，一言不可輕許人，一笑不可輕假人。

薛敬軒曰：事未至，先無一物在心，則事至應之不錯。若事未至，先有三端兩緒在心，則先自撓雜矣，應事安得不錯乎？

薛敬軒曰：張南軒「無所爲而爲之」之言，其義甚大。蓋無所爲而爲者皆天理，有所爲而爲者皆人欲。如日用間大事小事，只道義合當如此做，做了心下平平，如無事一般，便是無所爲而爲。若有一毫求知求利之意，雖做十分中理，十分事業，總是人欲之私，與聖人之心絶不相似。

薛敬軒曰：唐郭子儀竭忠誠以事君，故君心無所疑，以厚德不露圭角處小人，故讒邪不能害。

薛敬軒曰：世之廉者有三：有見理明而不妄取者，有尚名節而不苟取者，有畏法律保禄位而不敢取者。見理明而不妄取，無所爲而然，上也。尚名節而不苟取，狷介之士，其次也。畏法律保禄位而不敢取，則勉强而然，斯又其次也。

胡敬齋曰：天下縱有難處之事，若順理處之，不計較利害，則本心亦自泰然。若不以義理爲主，則遇難處之事，越難處矣。

胡敬齋曰：只不愧屋漏，則是吾之職分已盡。若夫富貴貧賤禍福，皆當處之以義，不可累吾心也。

胡敬齋曰：智計之人，多不能保其身者，其智易窮也。何以易窮？以非天地間正理也。明哲保身是正理，非智計也。

胡敬齋曰：三代以下，事業皆出於才智，有暗合道理處，是天資之美。

胡敬齋曰：泥古則闊於事情，狥俗則傷於苟簡，二者皆非天理時中。

胡敬齋曰：看盡天下事，只要不失其本心。心爲主，事爲客，以主待客，則我不勞而事治，蓋處之各得其所也。程子曰「己立後自能了得天下萬事」。

胡敬齋曰：修己後自能教人，能治人，此合内外之道。

胡敬齋曰：處事應物，不可狥己偏好，須省察當爲與不當爲，當理與不當理。

胡敬齋曰：聖賢處事，每斷之以義，不顧利害。智謀之士專計利害，不顧義理。然義理者人心之同然，聖賢制事以義，故人心自然歸仰。智謀之士多失人心，以致禍害。

胡敬齋曰：事事推尋義理以處之，非惟事治，學益進，德益修。

胡敬齋曰：吉凶者，得失之象也。凡天下之事，得其理則吉，失其理則凶，六十四卦三百八十四爻皆然。雖否困蹇剥之時，苟處之有道，在我亦有吉亨之理。

胡敬齋曰：格君心者，須分邪正，明義利，辨王霸，使君心曉然知王道之當行，不安於霸功之小，庶可與之有爲。

胡敬齋曰：楊龜山言王荆公離内外，判心跡，使道常無用於天下。此最説出荆公學術偏處。

胡敬齋曰：宰相以不蔽賢、不忌功爲賢，故曰「其心休休焉」。

胡敬齋曰：處小人不可一向疾惡之，須先以善養之，養之不格，然後從而處置之。

羅整庵曰：世道升降繫於人，不繫於天。誠使吾人顧惜廉耻之心勝於營求富貴之念，三代之盛未有不可復者。

羅整庵曰：「文王之民，無凍餒之老」，是五十者鮮不衣帛，七十者鮮不食肉也。今之槁項黄馘輩，歲得一布袍，朝夕得一盂蔬食，苟延殘喘，爲幸已多，何衣帛食肉之敢望耶？少壯之民，窘於衣食者常八九，饑寒困苦之狀殆不可勝述，中間一二歲計粗給〔六〕，或稍有贏餘，貪官污吏又從而侵削之，受役公門，不過一再，而衣食之資有不蕩然者鮮矣。此皆有目者之所共見，誠可哀也。仁人君子，能不思所以拯之之策耶？

羅整庵曰：處事所謂「無意」者，無私意爾。自日用應酬之常，以至彌綸參贊之大，凡其設施運用、斟酌裁制，莫非意也，云胡可無？惟一切循其理之當然而已，無預焉，斯則所謂「無意」也已。

羅整庵曰：忠告善道，非惟友道當然，人臣之進言於君，其道亦無以易此。故「矯激」二字，所宜深戒。夫矯則非忠，激則未善，欲求感格難矣。然激出於忠誠猶可，如或出於計數，雖幸而有濟，其如「勿欺」之戒何哉？

羅整庵曰：嘗自一邑觀之，爲政者苟非其人，民輒生慢易之心，雖嚴刑峻法無益也。一旦得賢者而臨之，民心即翕然歸向。其賢不肖亦不必久而後信，但一嚬笑一舉措之間，民固已窺而得之。風聲之流，不疾而速，其向背之情，自有不約而同者，乃感應之常理也。故「君子之守，修其身而天下平」；「大臣之業，一正君而國定」。「知遠之近，知風之自，知微之顯」，斯可以爲政矣，政與德無二道也。

羅整庵曰：凡事皆有漸，其漸方萌，是即所謂「幾」也。易曰：「知幾其神乎？」

## 校勘記

〔一〕分天子之民而治焉　「子」原作「下」，據南軒集卷十二無倦齋記改。

〔二〕又況欲動而物乘　「物」字原脱，據南軒集卷十二無倦齋記補。

〔三〕此毫釐之際　「際」，同治重刊本誤「察」。

〔四〕能審察疏節　「節」原作「接」，據讀書録卷二改。

〔五〕則民知所畏而不敢犯矣　「知」原作「之」，據讀書録卷二改。

〔六〕中間一二歲計粗給　「粗」原作「租」，據困知記三續改。

# 廣近思録卷十一

凡六十八條

## 教學

張南軒曰：師道之不可不立也久矣，良才美質何世無之，而後世之人才所以不古如者，以夫師道之不立故也。凡所謂士者，固曰以孔孟爲宗，然而莫知所以自進於孔孟之門墻，則亦没世窮年倀倀然如旅人而已。幸而有先覺者出，得其傳於千載之下，私淑諸人，使學者知夫儒學之真，求之有道，進之有序，以免於異端之歸。去孔孟之世雖遠，而與親炙之者固亦何以相異，獨非幸哉？

張南軒曰：學者博觀載籍，尚論古人，考迹而有以觀其用，察言而有以求其心，則其相去久遠，雖越宇宙，猶恨其不得身親而炙之，而況接吾耳目、近出鄉黨，而其模範典刑足以師表後學者哉？

張南軒曰：某邇來思慮，只覺向來所講之偏，惕然内懼，不敢不勉。蓋諸君子往往因有所見，便自處高，執之固，後來精義更不可入，故未免有病。若二程先生，其猶一氣之周流乎，何其理之該而不偏，辭之平而有味也？

張南軒曰：後生顧豈當議前輩，然講學不可不精於決擇，雖毫髮亦不容放過。

呂東萊曰：學者氣質各有利鈍，工夫各有淺深，要是不可限以一律，政須隨根性，識時節，箴之中其病，發之當其可，乃善。固有恐其無所向望而先示以蹊徑者，亦有必待其憤悱而後啓之者，全在斟酌也。

呂東萊曰：竊嘗思時事所以艱難，風俗所以澆薄，推其病源，皆由講學不明之故。若使講學者多，其達也，自上而下，爲勢固易。雖不幸皆窮，然善類既多，氣焰必大，亦可薰蒸上騰，而有轉移之理矣。

呂東萊曰：後世以文士名者，一觴一詠，互相標榜，傲誕縱弛，至自以不護細行自居。嗚呼，文與行果兩物，而文之所以爲文既於是歟？記曰「文王之所以爲文也，純亦不已」，學者盍深繹之。

呂東萊曰：士生於三代之後，所見未必皆正人也，所聞未必皆正言也，一日暴之，十日寒之，其爲善難矣哉。處此者有道，善者以爲法，不善者以爲戒。善者以爲法，是見其善而從其善也；不善者以爲戒，是因其不善而知其善也。在人者雖有善不善之殊，在我者一歸於善而已矣。如此則所遇之人無非碩師，所聽之言無非法語，何入而不自得哉？

吕東萊曰：教小兒當以正，不可便使之情竇日開。

吕東萊曰：科舉之習，於成己成物誠無益。但往在金華，兀然獨學，無與講論切磋者，閭巷士子，捨舉業則望風自絶，彼此無緣相接。故開舉業一路以致其來，却就其間擇質美者告語之，近亦多向此者矣。

吕東萊曰：世衰道微，正欠人擔荷此事。幸而有之，惟願其進德修業，日新又新，使學者有所矜式而已。

吕東萊曰：子弟有不率教，當如何？曰：只當反求諸己。直是如此，始是教之之道。

吕東萊曰：孟子教人，最於初學爲切。如第一章説「利」字，自古至今，其病在此。

黄勉齋曰：古者教人，八歲入小學，教之以六藝，十有五歲而後大學之教行焉。夫必先之以小學，而習之以七年者，蓋其切於日用之實，不若是無以博其識、養其心而爲進德之基。其鶩高者既忽之而不習，狥卑者又與大學而併廢之，不惟不習，而反笑人之習，則其不如古也宜哉。

黄勉齋曰：周程夫子出，繼斯道不傳之緒，二三大儒又從而相與推明之，於是古先聖賢教人爲學之道，至是而復明。然講明之精，記問之博，而不能反躬實踐者，既不足以造夫道；脱略章句，馳心高妙，以爲聖人之道不假學問，可以一蹴而入者，又未免於空虛無據之失。

黄勉齋曰：日來講學，想日有新功。朱先生集前修之大成，設教垂世，其大綱無以復加矣。顧學者之爲學，則亦須隨其氣質，察其所偏與其所未至，擇其最切者而用吾力焉。譬如用藥，古人方書亦言其大法耳，而病證多端，則亦須對證而謹擇之也。

黄勉齋曰：朱先生一生辛苦，盡取洙泗濂洛之學，爲之解剥而發明之，如日月之經天也。學者志氣卑狹，守章句者不知存養之爲切，談存養者不知玩索之不可緩，各守一偏，於先生之道卒無得焉。甚哉，大義之將乖，微言之將絶也！

黄勉齋與鄭成叔曰：應舉工夫，不可不勉，得失窮通，則勿以累其胸次爲佳。不然，則與庸人何異哉？人家之興替，人命之亨否，固有定命也。鄉閭朋友漸知趨向者多，更賴成叔振拔激昂之，使師傳不廢，莫大之幸也。人生無幾，米鹽鎖碎，不足以浼吾靈臺也。

黄勉齋曰：自舉業爲士子錮疾，不惟義理全不明，而文字亦全無綱紀，補緝萎弱，亦無次序，如醉人説話，滔滔皆是也。

黄勉齋與葉雲叟書曰：朱先生諸書宜勤讀，而所謂「求放心」者，尤宜篤於用工。人生萬善具足，只要在人持守，若只講説得，不濟事也。吾友雖貧，可以粗足，不可太柔弱，反爲人所淩辱。常使在我有毅然不可犯之色，乃佳。庚四哥更望勤教誨之。四郎情性比舊差勝，只是輕儇浮靡之習難除，做工夫不勤苦，好閒講度日，亦望與之切磋也。幹歲晚又丐祠，若得歸便灑掃精舍，不復與世交矣。雲叟以隻身任仰事俯畜之責，誠不爲易。依本分教人子弟，以活其家，此最爲上策。但亦須自治，讀書爲文，令有教人之具，又須專心致志，以思所以教人之方，則書會庶可以長久也。家間諸事粗遣，諸子未免嚴治之，如此一二年，亦稍成人家。新歲書館有定所否？士人只有此科可入，外此皆是非義。

許魯齋曰：當其幼時，若不先習之於小學，則無以收其放心、養其德性；及其年長，若不進之於大學，則無以察夫義理、措諸事業。先之以小學者，所以立大學之基本；進之於大學者，所以收小學之成功也。三代盛時，賢才輩出，風俗醇厚，蓋由盡此道也。

許魯齋曰：小學之書，吾信之如神明，敬之如父母。

許魯齋曰：先賢言語皆格言，然亦有一時一事有爲而言者，故或不可爲後世法，或行之便生弊。惟聖人言語萬世無弊，雖有爲而言，皆可通行而無弊。

許魯齋曰：聖人之道至大且遠，而學者所得有深淺。

許魯齋曰：爲學之道，必須一言一句自求己事。如六經、語、孟中，我所未能，當勉而行之。或我所行不合於六經、語、孟中，便須改之。

許魯齋曰：教人不止各因其材，又當隨其學之所至而漸進之。

許魯齋曰：教人使人，必先使有耻，無耻則無所不爲。既知此，又須養護其知耻之心。督責之使有所畏，榮耀之使有所慕。督責榮耀，皆非所以爲教也〔一〕。到無所畏、不知慕時，都行不將去。

許魯齋曰：讀魏晉唐以來諸人文字，其放曠不羈誠可喜，身心即時便得快活，但須思慮究竟是如何，果能終身爲樂乎？果能不隳先業而澤及子孫乎？天地間人各有職分性分之所固有者，不可自泯也。職分之所當爲者，不可荒慢也。人而慢人之職，雖曰飽食煖衣，安樂終身，亦志士仁人之所不取也，故昔人謂之「幸民」。凡無檢束、無法度、艷麗不羈諸文字，皆不可讀，大能移人性情。聖人以義理誨人，力挽之不能回，而此等語一見之入骨髓，使人情志不可收拾。「從善如登，從惡如崩」，古語有之，可不慎乎！

許魯齋曰：宋文章近理者多，然得實理者亦少。世所謂「彌近理而大亂真」，宋文章多有之，讀者直須明著眼目〔二〕。

許魯齋曰：凡求益之道，在於能受盡言。或議論經旨有見不到，或撰文字有未工，以至凡在己者或有未善，人能爲我盡言之，我則致恭盡禮，虛心而納之。果有可從，則終身服膺而不失；其或不可從，則退而自省也。

許魯齋曰：凡取友必須趨向正當〔三〕，切磋琢磨，有益於己者。若乃邪僻卑污，與夫柔佞不情、相誘爲非者，慎勿近之。

許魯齋曰：優孟學孫叔敖，楚王以爲真叔敖也，是寧可責以叔敖之事，文士與優孟何異？

許魯齋得伊川易傳、晦庵論孟集註、大學中庸章句、或問、小學等書，讀之深有默契於中，聚學者謂之曰：「昔所授受，殊孟浪也，今始聞進學之序。若必欲相從，當悉棄前日所學章句之習，從事於小學灑掃應對，以爲進學之基。不然，則當求他師。」衆皆曰唯。遂悉取向來簡帙焚之，使無大小，皆自小學入。

許魯齋平時病文籍之繁，嘗曰：「聖人復出，必大芟而治之。」

許魯齋曰：聖人教人只是兩字，從「學而時習」爲始，便只是說「知」與「行」兩字。「不惑」、「知命」、「耳順」，只是箇「知」字，只是精粗淺深之別耳。「耳順」是並無逆於心者，到此則何思何慮不思而得也。「從心不踰矩」，則不勉而中。

許魯齋曰：聖人是因人心固有良知良能上扶接將去。他人心本有如此意思，愛親敬兄，藹然四端，隨感而見，聖人只是與發達推擴，就他原有的本領上進將去，不是將人心上元無的强去安排栽接。如雕蟲小技，以此學校廢壞，壞却天下人才。

許魯齋曰：横渠教人以禮，使學者有所據守。程氏教人窮理居敬。然横渠之教人，亦使知禮之所以然乃可。禮豈可忽耶？制之於外，以資其内，外面文理都布擺得是一切整暇〔四〕，心身安得不泰然？若無所見，如喫木扎相似，却是爲禮所窘束。知與行二者當並進。

許魯齋曰：天理不可誣，聖言不可忽。非是聖人姑爲一等繩墨之語約束人，天命人心當然之理，不容已也。

或論古今文字，許魯齋曰：二程、朱子不説作文，但説「明德」、「新民」。「明明德」是學問中大節目，此處明得，三綱五常九法立，君臣父子井井有條。此文之大者。細而至於衣服飲食起居、灑掃應對，亦皆當於文理。今將一世精力專意於文，鋪叙轉換，極其工巧，則其於所當文者闕漏多矣。今者能文之士，道堯舜周孔曾孟之言，如出諸其口，由之以責其實，則霄壤矣。使其無意於文，由聖人之言求聖人之心，則其所得亦必有可觀者。

許魯齋曰：「教」之一字，爲人倫生。如「本」「末」字爲木設，「源」「流」字爲水生，而後世皆通用之，「教」之一字亦猶是也。學者不知教之所自，學之所以設，則差之豈千里之遠哉？

許魯齋每説書，章數不務多，惟懇款周折，若未甚領解，則引證設譬，必使通曉而後已。

嘗問諸生：「此章書義，若推之自身今日之事，有可用否？」大凡欲其踐行，而不貴徒説也。

薛敬軒曰：聖賢立教明白懇切，直欲天下萬世之人皆入於聖賢之域。

薛敬軒曰：古者詩書禮樂多就事上教人，而窮理亦就物上窮究，故所學精粗本末兼該而無弊。後世或論理太高，學者踐履未盡粗近，而議論已極精深，故未免有弊。

薛敬軒曰：聖人教人，皆略啓其端，使學者深思而自得之。如夫子所謂「不憤不啓，不悱不發」，孟子所謂「引而不發，躍如也」，程子曰「易傳只説得七八分，待人自去體究」，朱子釋顔樂章曰「今亦不敢妄爲之説」，如此之類甚多。聖賢之心，非不欲一言而使學者盡得其義，其實道體深妙，有非一言所能盡者，而言之輕，適足以使聽之者易，彼必不能深思而自得也。故必略啓其端，使彼深思而自得之，則守之固而不忘矣。後之人有於聖賢引而不發者極論其底蘊，使學者一見之頃，即謂吾已盡領其妙，而不復致思，其實不能真得於心，而徒增口語之譁耳。以是知聖賢立教爲慮深遠，而有益於學者甚大。

薛敬軒曰：觀孔門諸弟子之言，從容和毅，皆彷彿夫子之氣象，乃聖教涵煦而然也。

薛敬軒曰：看聖門教法，只是有序，無序便差。聖人教人，只是「文行忠信」，未嘗極論高遠。

薛敬軒曰：聖人無行而不示人以至理，理即作止語默之則也。人多以言語觀聖人，而不察其天理流行之實。故聖人無行而不示人者，皆天理流行之實也。天理只是仁義禮智信，散而爲萬善。當於聖人作止語默間，一一默識其何事是仁，何事是義，何事是禮智信，無不了然於心而無疑，庶可以知聖人所以爲聖矣。

薛敬軒曰：朱子曰「聖人作止語默，無非教也」。蓋作與語是動，動即太極之用，所以行也；止與默是靜，靜即太極之體，所以立也。用之行，中與仁是也；體之立，正與義是也。作止語默，皆太極之道，所謂「無非教也」。

薛敬軒曰：聖人發無言之教以示學者，當求聖人之道於一身動靜應事接物之間，不可專求聖人之道於言語文字之際也。

薛敬軒曰：聖人只教人求仁，蓋人之性雖有四，而仁無不統，能求仁而克盡己私，復還天理，則四者之性無不全，而天下之萬善，豈復有加於此哉？

薛敬軒曰：孔子教人多就事上用功，鮮有指出本原者，至孟子則指出本原矣。

胡敬齋曰：孔門之教只是求仁，而堯舜事業盡在此。

胡敬齋曰：忠信篤敬，則隨動隨靜，心自存，理自明。

胡敬齋曰：孔門之教，惟博文、約禮二事〔五〕。博文是讀書窮理事，不如此則無以明諸心；約禮是操持力行事，不如此則無以有諸己。

胡敬齋曰：孟子才高，在心性源頭處理會。曰「存心養性」，曰「求放心」、擴充四端之類，其曰「操」、曰「存」、曰「養」、曰「求」、曰「擴充」，孟子工夫便在此下手。非有孟子天資，便無可依據。故孔子只教人忠信篤敬、博文約禮，便有依據持循，而心性工夫亦無不盡矣。伊洛之教實祖孔子，故主敬主一、齊莊嚴肅、整衣冠、齊容貌、格物窮理，益詳益盡，學者亦不患無依據下手處矣。

胡敬齋曰：程朱開聖學門庭，只主敬窮理，便教學者有入處。

胡敬齋曰：今人才氣高者，便入異端去。自小學之教不行，學者無基本；大學之教不行，無進步處。皆以虛靜存心，懸空求道，故有此病。古人存心之法具於小學，入道之門由於大學。

胡敬齋曰：昔在南康，何太守言當今秀才難教，某對曰「只有兩箇人教不得」。他問是誰，曰「自暴、自棄者」。

胡敬齋曰：周子令程子尋仲尼、顔子樂處所樂何事，要求見仲尼、顔子人欲淨盡、天理渾然處，故有此樂。朱子恐人只去望空尋樂，不知天理之實，必流於異端，故又教以「博文約禮之誨，以至欲罷不能而竭其才」。今人不去此處做工夫，妄去自己身上尋樂，故猖狂不實。

胡敬齋曰：日用之間，無非此道之流行。近自灑掃應對、事親接物之間，推而至於仁民愛物，無所用而不周，無所施而不利。特由教養無方，人自不察耳。

胡敬齋曰：古之學者必以修身爲本，修身之道必以窮理爲先。理明身修，則推之天下國家，無不順治。今之學者務必用功於此，虛心一意，絶去雜慮，而於聖賢之書熟讀精思明辨，反之於身而力行之。又於日用之間，凡一事一物必精察其理，一動一靜必實踐其迹。則所學在我，而於酬應之際，以天下之理處天下之事，必沛然矣，又何古人之不可學哉？

胡敬齋曰：今人只將聖賢之書資口語作文章，與自己身心全無干涉。

胡敬齋著白鹿洞續規六條：正趨向，以立其志。主誠敬，以存其心。博窮事理，以盡致知之方。審察幾微，以爲應事之要。克治力行，以盡成己之道。推己及物，以廣成物之功。

羅整庵曰：論語首篇首以學爲言，然未嘗明言所學者何事。蓋當時門弟子皆已知所從事，不待言也，但要加時習之功爾。自今觀之，「子以四教，文行忠信」，夫子之所以教，非學者之所學乎？是知學文修行，皆要時時習之，而忠信其本，尤不可須臾失焉者也。註所謂「效先覺之所爲」，亦不出四者之外。若如陸象山之説，只一箇求放心便了然，則聖門之學與釋氏有何異乎？

羅整庵曰：自宋室南遷，朱張二三大儒相與講明理學，以爲天下倡，近本周程之緒論，上以接乎堯舜精一執中之傳，四方聞風而興者實繁有徒，而書院之建亦由此日盛。然而因人以立門户也易，由己以躋堂奧也難，是非道之難明，善學者之難得爾。蓋或以利禄分其志，或以言語文字膠其見，或以虛無寂滅之説亂其真，競枝葉而遺本根，尚空談而略事實，皆未必其有以自得，其於聖人經世之大用，又安得而輕議也？然則吾儒之學，求之其可以不一，講之其可以不精哉？

羅整庵曰：天下之民有四，士其一焉。士亦民耳，而獨貴於農工商者，命於天者厚，修諸己者備也。天之生此民也，降衷惟均，然而往往擢孤秀於群庸，寓獨靈於衆塞。故其知覺特異，器能亦殊，而所業者有以極天下之精，所任者有以極天下之大。

羅整庵曰：庠序之士，日呻其佔畢，至於飽經飫史，著爲文字，粗有條理可觀，輒悻悻自負，以謂其學已至，而孰知其未能無愧於聖賢之學邪？蓋吾嘗試求之，姑未論其遠且大者，其孝弟忠信見稱於宗族鄉黨，要亦未可多得。至其所行與其所學常背而馳者，則不幸屢有見焉。其記誦雖多，詞藻雖麗，而根本固蕭然矣。見之於用，果能有益天下國家也邪？

羅整庵曰：舜命契曰「敬敷五教，在寬」，此萬世爲教者之則也。穆王之命君牙，則曰「爾身克正，罔敢弗正」，此萬世爲教者之本也。身之克正，敷教之克敬且寬焉，而人不相與化服以歸於中正而成其可用之材者，未之有也。然舜之所謂寬，本欲因其人之材質所宜，不强其所未及，而優游以俟其化。蓋不舍乎規矩，自從容於規矩之中。豈如今之所謂寬者，弛銜縱勒，任其放逸自恣，遂至於爲所不爲也哉。

## 校勘記

〔一〕皆非所以爲教也　「非」原作「其」，據魯齋遺書卷一語録上改。

〔二〕讀者直須明著眼目　「明」字原脱，據魯齋遺書卷一語録上補。

〔三〕凡取友必須趨向正當　「趨」字原脱，據魯齋遺書卷一語録上補。

〔四〕外面文理都布擺得是一切整暇　「布」原作「有」，據魯齋遺書卷二語録下改。

〔五〕惟博文約禮二事　「事」原作「字」，據明儒學案卷五（中華書局整理本）所引居業録改。

# 廣近思録卷十二　凡七十二條

## 戒警

張南軒曰：義利交戰，卒爲利所奪。君子小人相好，卒爲小人所汩，蓋亦理勢之必然。

張南軒曰：常人之情，往往忽於小而暗於大，鋭於始而怠於終，睹其著而不原於微，望於人者常深而約於己者常不盡。

張南軒曰：孟子謂「生於憂患而死於安樂」。士之處憂患也，日兢兢焉，蹈難而履危，有所忍而不敢肆。生云者，言其良心苗裔之發，是固生道也。若夫由乎安樂之中而不知省察，狃於安則怠，流於樂則肆，怠且肆則放僻邪侈所由起，其苗裔濯濯而本心淪喪矣。

張南軒與朱子書曰：人心易偏，氣習難化。君子多因好事上不覺乘快偏了，若曰偏則均爲偏耳。又慮元晦學行爲人所尊敬，眼前多出己下，平時只是箴規他人，見他人不是，覺己是處多。他人亦憚元晦辨論之勁，排闢之嚴，縱有所疑不敢以請。深恐諛言多而拂論少，萬一有於所偏處不加省察，則異日流弊恐不可免。念世間相知，孰踰於元晦，切磋之義，其敢後於他人。

吕東萊曰：日用間若不自加提策，則怠惰之心生矣。怠惰之心生，不止於悠悠無所成，而放僻邪侈隨至矣。

吕東萊曰：今既應物涉事，步步皆是體驗處。若知其難而悉力反求，則日益精明；若畏其難而日益偷惰，則向來意思悉冰銷瓦解矣。習俗中易得汩没，須常以法語格言時時洗滌。然此猶是暫時排遣，要須實下存養克治體察工夫，真知所止，乃有可據依，自進進不能已也。

吕東萊曰：豪俊輕俠，憑陵翫侮，以儒爲戲，而真儒碩學與蒙其耻。淳于髡之徒，至譏評子思以病孟軻。久矣，儒者之不見信於世也！如漢高帝、宣帝，世所謂英主，概以儒者爲無益於治亂之數，間登用一二以備故事，貌敬而心不隨，特以爲朝廷之羽儀，太平之盛觀而已。上以名求之，下以名應之，其不見儒者之效也宜。

吕東萊曰：學者不可起長歎之聲。此意思最易得斷續，某與公相聚許時，何嘗有此？

吕東萊曰：人情物態，向背離合，古今所同。惟覬函蒙包納，不見畦畛，以潛消彼此異同之端，衆正之福也。

呂東萊曰：前輩言論風旨日遠，記録雜説，後出者往往失真，恐此亦不得不爲之整頓也。

呂東萊曰：從前病痛，良以嗜欲粗薄，故却欠克治經歷之功；思慮稍少，故却欠操存澄定之力。積蓄未厚而發用太遽，涵泳不足而談説有餘。

呂東萊曰：近時論議者，非頽惰即孟浪，名實先後具舉不偏，殆難乎其人。此有識者之所深憂也。

呂東萊曰：群陰崢嶸，陽氣斷續，理自應爾。然以反己之義論之，則當修省進步處甚多，未可專咎彼也。

呂東萊曰：根本不實者所宜深察，往時固有得前輩謦欬言語以藉口，而行則不掩焉。媢嫉學問者，往往指摘此輩，以姍侮吾道，紹興之初是也。雖有教無類，然聖門固自有可語上、不可語上之辨。況今日此道單微，排毁者舉目皆是，恐尤須謹嚴也。

呂東萊曰：某自遭變故，窮苦危迫，粗有「困而反則」意思，頗知前此汗漫之非。

呂東萊曰：諧俗以自便，有此病痛者，滔滔皆是。談空以爲高，眼前却不多見，蓋異教桀黠者皆盡，而士人多墮在苟且委靡，鮮有能自開户牖者。今所患者吾道之未明，而異端則非向時之熾然也。

呂東萊曰：要須公平觀理而撤户牖之小，嚴敬持身而戒防範之踰，周密而非發於避就，精察而不安於小成。凡此病痛，皆吾儕彼此所素共檢點者耳。義理無窮，才智有限，非全放下，終難湊泊。然放下政自非易事也。

呂東萊曰：喜事則方寸不凝定，故擇義不精，衛生不謹。

黄勉齋曰：火陽剛，故趨上，然人憚而避之；水陰柔，故就下，然人狎而玩之。人性亦然，將趨上乎，抑就下乎？將爲人所憚乎，抑爲人所狎乎？將趨上，則不必求人之狎。至於爲人所狎，則不可不思吾之所處也。然則趨上者當自安，趨下者當自省也。

黄勉齋曰：世之學者，事口耳，飾容貌，若可觀矣，而實行不若市人。其謹畏自將者僅足寡過，而貧富窮通、榮辱死生之變，鮮不悖謬喪其守者。則區區細行，亦何足道哉，况於不學者哉？

黄勉齋曰：富貴之毒人也甚於鴆，惟其嗜之美也，而其毒愈深。蝍蛆甘帶，鴟鴉嗜鼠，彼豈知爲臭腐哉？

黄勉齋曰：舉世滔滔，病在於以古人行事非今人所可爲，遂甘心没溺，但欲合今人而遂己，至於苟賤無耻而得富貴，則揚揚自得，以爲其説之勝。百年之間，醉生夢死，計其所得，亦復幾何？回視古人行事，非難爲也，因言以求其心，即事以求其迹，充積涵養，斃而後已，則亦何事之不可爲哉？

黄勉齋曰：人心蠹壞，至此極矣。如三十年痼疾，非一二服平胃散所能療。孟子將作乞兒斥罵，以樂正子之賢，尚有「餔啜」之譏，則其他可知。義利上須是先見得分明，方不至拖泥帶水也。

黄勉齋曰：陳太丘送張讓父之喪，人以爲善類賴以全活者甚衆，前輩亦以爲太丘道廣。嘗竊疑之，如此則枉尺直尋，而可爲歟？士君子行己立身，自有法度，有義有命，豈宜以此爲法？天地如此其廣，古今如此其遠，人物如此其衆，便使東漢善類盡爲宦官所殺，世亦曷嘗無善類哉？若使是真丈夫〔二〕，又豈畏宦官之禍，而藉太丘如此之屈辱以全其身哉？吾人於此等處直須見得分明，不然，未有不墮坑落塹者也。

黄勉齋曰：小人爲非固可惡，吾人以善類自名，而胸中全是利害者尤可惡。所以使吾道爲世所鄙薄者，皆斯人爲之也。

黄勉齋曰：義理不明，人心不正，舉世滔滔，聚一大團私意於天地間，如濃膠厚漆，牢不可解。吾輩且戲吁太息於其間，亦愚矣哉。

黄勉齋曰：貧賤憂戚，是人之所惡也，聖賢之論乃獨以是爲進德之地，何哉？恐懼修省常生於憂患，驕奢淫佚必起於晏安。當羈窮困踣之餘，其操心危，其慮患深，其刻厲奮發以進於善，有不期而然者矣。

黄勉齋曰：世之苟賤無耻、行若狗彘者，人皆置而不論。至若名在僞學之籍，則一舉足必議其短。此古之道學者，所以戰戰兢兢，如臨深履薄，至死而後知免也。

黄勉齋曰：死生，旦晝之常也。古之人「夭壽不貳」，而「修身以俟之」耳，曷嘗置喜戚於其間哉？鄙夫庸人，生既無益於世，而徘徊顧戀，猶冀其久存。蓋其識見既陋，而貪鄙之習沉痼而不能以自脱也。

黄勉齋曰：鄉間風氣淺薄，不賢者不足道，賢者往往量狹而氣輕。量狹則易足，氣輕則不能任重。人莫不知聖賢之可慕，道德之可貴，曷嘗有一人終日歉然常有不足之意，慨然嘗有必至之念？因循歲月，終其身爲常人者，狹故也。小才小慧殊不足道，稍足以異於流俗，便沾沾自喜，識者視之，政可一笑。只此意思，隔了多少好事，此無他，輕故也。

黄勉齋與葉雲叟曰：暇日千萬莫廢讀書，士人惟此可以立身。不須管閒事議論人物，徒生悔吝，不若閉門自修之爲妙也。

黄勉齋曰：今人只見攜書走四方得錢差易，故往往舍館地而事干謁。不知此與乞人何異，豈有士人而甘爲乞人之所爲乎？

黄勉齋曰：斡少不自量，好從當世名勝遊。既冠而執經於晦庵先生，荷其一見，便有相教誨之意。未數年而授之以室，又數年而授之以官，又數年而爲之築室廬，相約終老相從之計。其囑託之意，則曰「微言易墜，汝其保之」。今先師之亡十有六年矣，榦奔走仕途，束遺書於高閣，手未嘗披，目未嘗睹也。每一念之，如負芒刺，無面目以見朋友，死亦何以見先師於地下耶？勉强從仕〔二〕，固足以恤孤窮、活孥累，然一行試吏，百事俱廢，又於心實有所不安也。

許魯齋曰：人生所遇，或厚或薄，理有當然。故聖人教戒，正要於此益堅益壯，不可怯懦自安也。積學力行，始亨之端。

許魯齋曰：論君子者必以德，論小人者必以詐。以德度德，則君子之優劣見焉；以詐挾詐，則小人之勝負分焉。德也，詐也，雖有善惡之殊，然各就其中間論之，則未始不以深造者爲得也。爲君子者而不至於善之長，爲小人者而不至於姦之雄，則未見有以過人者。

許魯齋曰：不聽父命者則爲不孝，不聽君命者則爲不忠，其或不聽天命者獨無責耶？君父之命，或時可否之間，設教者猶曰「勿逆勿怠」，況乎天命大公至正，無有不善，何苦不受命乎？

問：常人求進，務要在人之上？許魯齋曰：清者宜在上，濁者宜在下。豈不見水清在上，水濁在下，雖撓之不分清濁，不多時必又清者在上，濁者在下。更有易見者，天清在上，地濁在下。

許魯齋曰：前人謂得便宜事莫得再做，得便宜處不得再去。休説莫得再，只先一次已是錯了，世間豈有得便宜底理？汝既多取了他人底，便是欠下他底，隨後却要還他。世間人都有合得底分限，你如何多得他便宜，萬無此理。愚鄙之人妄意尋便宜處做，是無義命也。又人道得便宜是落便宜，實是如此。所得便宜無幾，而於天理人心欠闕不可勝道，天理也不容汝，人心也放汝不過，外面事不停當，反而求之，此心歉然，於義理所欠多矣，如何得安？稍能自思自反者，此理不難見也。其反報甚速，大可畏也，可爲愛便宜者之戒。

許魯齋曰：天下事常是兩件相勝負，從古至今如此，大抵只是陰陽剛柔相勝。前人謂如兩人角力相抵，彼勝則此負，此勝則彼負，但勝者不能止於其分，必過其分然後止，負者必極甚然後復。各不得其分，所以相報復，到今不已。

許魯齋曰：草木到秋，精氣展盡裏頭縮，故風霜亦摇落之。人精神耗散，故疾病侵之，到德行虧時，便患難及之。人若德行充實，雖遇禍患不害也。禍患自外來，中間充實無侵患處，如何有害？孟子有浩然之氣，只是德行充實。裏頭縮一分，外面侵一分，福自内積，禍由外來，人當積實無虧欠。人有召禍之由，則凡物皆能爲祟，難防備。

許魯齋曰：或言有一兵衆辱其尉，尉欲怒，一老胥拒止之，曰「是必有故，尉當自思」，尉怒即解。凡人無故爲人辱者，必我有可乘之隙也。我無釁也，人不敢易也，「君子求諸己」。

許魯齋曰：庸人之目，見利而不見害，見得而不見失，以縱情極欲爲益己，以存心養性爲桎梏，不喪德殞身而不已。惟君子爲能見微而知著，遏人欲於將萌。

許魯齋曰：責己者可以成人之善，責人者適以長己之惡。

許魯齋曰：稱人之善，宜就迹上言；議人之失，宜就心上言。蓋人之初心，本自無惡，特以利欲驅之，故失正理，其始甚微，其終至於不可救。仁人雖惡其去道之遠，然亦未嘗不愍其昏暗無知，誤至此極也，故議之必從始失之地言之，使其人聞之足以自新而無怨，而吾之言亦自爲長厚切要之言。善迹既著，即從而美之，不必更求隱微，主爲一定之論。在人聞之則樂於自勉，在我則爲有實驗，而又無他日之弊也。

許魯齋曰：「有不虞之譽，有求全之毁」。不虞，無故而致譽也。無實而得譽，可乎？大譽則大毁至，小譽則小毁至，必然之理也。惟聖賢得譽則無所可毁。大名之下難處，在聖賢則異於是，無難處者。無實而得名，故難處。名，美器也，造物者忌多取，非忌多取，忌夫無實而得名者。

許魯齋曰：「巧言令色」，人欲勝，天理滅矣。人但當修身自理，不問與他合與不合，果能自修，天下人皆能合。若只以巧言令色求合，則其所合者可知矣。

許魯齋曰：人謀孔臧，亦可以保天命；人能攝生，亦可以保神氣。自暴自棄而有凶禍，皆自取之也。

許魯齋曰：尊貴榮顯，固人之所愛，然鶴之乘軒，隼之乘墉，反足以賈禍而召怨，曾不若安守貧苦之爲愈也。

薛敬軒曰：嘗默念爲此七尺之軀，費却聖賢多少言語於此，而不能修其身，可謂自賊之甚矣。

薛敬軒曰：因讀朱文公與子受之書，「念之念之，夙夜無忝所生」之言，不勝感發興起，中心惻然，必欲不爲一事之惡以忝先人。

薛敬軒曰：人心有一息之怠，便與天地之化不相似。

薛敬軒曰：吾於所爲之失，雖即知而改之，然不免再萌於心。因謂「有不善未嘗不知」易，「知之未嘗復行」難。

薛敬軒曰：聖賢之言，如法律條貫，循之則安，悖之則危。其有不然者，幸不幸耳。

薛敬軒曰：習於見聞之久，則雖事之非者，亦莫覺其非矣。

薛敬軒曰：欲事之合理誠難，但細微處一一能謹〔三〕，或少過舉矣。

薛敬軒曰：人能於言動事爲之間不敢輕忽，而事事處置合宜，則浩然之氣自生。

薛敬軒曰：挺特剛介之志常存，則有以起偷惰而勝人欲。一有頽靡不立之志，則甘爲小人，流於卑污之中而不能振拔矣。

薛敬軒曰：錦衣玉食，古人謂「惟辟」可以有此，以其功在天下，而分所當然也。世有一介之士，得志一時即侈用無節，宜其顛覆之無日。

薛敬軒曰：程子曰「吾以狥欲傷生爲深耻」，學者體此，則可以保身矣。

薛敬軒曰：斯須照管不至，則外好有潛勾竊引之私，不可不察。人欲如寇敵，專以窺吾之虛實，斯須防閑不密，則彼乘間而入矣。

薛敬軒曰：敬以持己，謙以接人，可以寡過矣。

薛敬軒曰：人未己知，不可急求其知。人未己合，不可急與之合。

薛敬軒曰：星命家最誤人。君子得吉卜，固若常事，而不廢其修省之功。小人得吉卜，則曰吾命素定矣，雖爲不義之事，可無傷也，恃此而取敗者多矣〔四〕。

胡敬齋曰：人有過，貴於能悔，悔而不改，徒悔而已，於己何益。改過最難，須著實做得操存省察工夫，使吾身心謹密，放僻之心不生，則大本堅固，過失隨覺而不行也。若欲防患於豫，須以敬爲主，不使須臾慢忽。又觀書求義，浸灌此心悅懌，使過失不萌，更妙。

胡敬齋曰：人之大病有三：一曰粗惡，二曰輕浮，三曰昏弱。

胡敬齋曰：志不可放倒，身不可放弱。程子曰「懈意一生，便是自暴自棄」。朱子曰「才悠悠，便是志不立」。

胡敬齋曰：君臣、父子、夫婦、長幼、朋友，以至貴賤賢愚，皆有一定之分，乃天理之當然，故曰「天叙」、「天秩」。有一毫不盡處，便是不曾盡得天分。有一毫背戾處，便是逆天。至於死生亦天分也，不安於死者，亦是不安天分，故曰「没吾寧也」。當貧賤亦天分也，故曰「不以其道得之，不去也」。

胡敬齋曰：人之所以爲人者，理也。苟不存得此理，只營營於利以養血肉之軀，豈不愚哉？

胡敬齋曰：雖昏亂之世，公論猶存。此見人性之善處，此見秉彝之不可泯處。

胡敬齋曰：人之昏困是氣也，持其志則昏自去，在敬。

羅整庵曰：夫子言「君子喻於義，小人喻於利」，又言「君子上達，小人下達」。喻於義斯上達矣，喻於利斯下達矣。上達則進於聖賢，下達則其違禽獸也不遠矣。有人於此，或以禽獸斥之，未有能甘心受之者，至於義利之際，乃或不知所擇，果何説耶？舜命禹也，「予違汝弼，汝無面從，退有後言」，禹豈面從後言者耶？益之告舜，則以「違道從欲」爲戒，禹則以「慢游傲虐」爲戒，皋陶則以「叢脞」爲戒，舜亦曷嘗有此數者之失耶？蓋其君臣相與，至誠懇切，惟欲各盡其道，而無毫髮之歉，故常致謹於未然之防。讀書者能識虞廷交相儆戒之心，斯可以事君矣。

羅整庵曰：人莫貴於自反，可以進德，可以寡怨，可以利用安身。其説已備於孔曾思孟之書，但少見有能尊信者耳。若每每怨天尤人，而不知反求諸己，何但出門即有礙耶？

## 校勘記

〔一〕若使是真丈夫　「真」字原脱，據勉齋集卷十四復李貫之兵部補。

〔二〕勉强從仕　「仕」原作「事」，據勉齋集卷八與李侍郎夢聞書改。

〔三〕但細微處一一能謹　「處」字原脱，據讀書録卷七補。

〔四〕恃此而取敗者多矣　「而取」二字，同治重刊本脱。

# 廣近思録卷十三　凡六十二條

## 辨别異端

張南軒曰：天命之全體，流行無間，貫乎古今，通乎萬物者也。衆人自昧之，而是理也何嘗有間斷？聖人盡之，而亦非有所增益也。未應不是先，已應不是後，立則俱立，達則俱達，蓋公天下之理，非有我之得私，此仁之道所以爲大，而命之理所以爲微。若釋氏之見，則以爲萬法皆吾心所造，皆自吾心生者。是昧夫太極本然之全體，而返爲自利自私，天命不流通也。故其所謂心者，是亦人心而已，而非識道心者也。知言所謂「自滅天命，固爲已私」，蓋謂是也。

張南軒曰：無欲者，無私欲也。無私欲，則可欲之善著。故靜則虚，動則直。虚則天理之所存，直則其發見也。若異端之談無欲，則是批根拔本，泯棄彝倫，淪實理於虚空之地。此何翅霄壤之異哉？不可不察也。

張南軒曰：今日異端之害烈於申韓，蓋其説有若高且美，故明敏之士樂從之。惟其近似而非，逐影而迷真，憑虛而舍實，拔本披根，自謂直指人心，而初未嘗識心也。使其果識是心，則君臣、父子、兄弟、夫婦，是乃人道之經，而本心之所存也，其忍斷棄之乎？

張南軒曰：經乃天下之常經，所謂堯舜之道也。經正則庶民曉然趨於正道，邪説不能入矣。但反經之妙，乃在我之事，不可只如此説過也。自唐以來，名士如韓歐輩，攻異端者非不多，而卒不能屈之者，以諸君子猶未能進夫反經之學也。如後周、李唐及世宗，蓋亦嘗變其説矣，旋即興復而愈盛者，以在上者未知反經之政故也。

張南軒曰：聖門實學，循循有序，「有始有卒者，其惟聖人乎」。非若異端驚夸籠罩，自謂一超徑詣，而卒爲窮大而無所據也。近世一種學者之弊，渺茫臆度，更無講學之功。其意見只類異端一超徑詣之説，又出異端之下，非惟自誤，亦且誤人，不可不察也。五峰所謂「此事是終身事，天地日月長久，斷之以勇猛精進，持之以漸漬薰陶，故能有常而日新」，誠至言哉！

張南軒曰：近來士人雖亦有漸向裏者，然往往爲邪説引取，大抵是不肯於鈍遲處下工，要求快便，故差錯耳。蘄州之説，淺陋不足動人，自是伯諫天資低所致。若臨川其説方熾，此尤可慮者。吾曹惟當務勉其在己者，若立得無一毫滲漏，則自是孚信，有非口舌所能遽挽回也。

張南軒曰：王氏之説，皆出於私意之鑿，而其高談性命，特竊取釋氏之近似者而已。夫竊取釋老之似，而濟之以私意之鑿，故其横流蠹壞士心，以亂國事。學者當講論明辨而不屑焉可也。

張南軒曰：所諭尚多駁雜，如云「知無後先」，此乃是釋氏之意，甚有病。知有淺深，致知在格物，「格」字煞有工夫。又云「倘下學而不加上達之功」，此尤甚謬。上達不可言加功，聖人教人以下學之事，下學功夫浸密，則所爲上達者愈深，非下學之外又别爲上達之功也。致知力行皆是下學，此其意味深遠無窮，非驚怪恍惚者比。學者且當務守，守非拘迫之謂，不走作也。守得定，則天理浸明。若强欲驟開拓，則將窮大而失其居，無地以崇德矣。惟收拾豪氣，毋忽卑近，深厚縝密，以進窮理居敬之功，則所望也。

問：爲佛學者言人「當存此心，令日用之間，眼前常見光爍爍地」，此與吾學所謂「操則存」者，有異同否？南軒曰：佛學所謂，與吾學之云，「存」字雖同，其所爲存者固有公私之異。吾學「操則存」者，收其放而已。收其放則公理存，故於所當思而未嘗不思也，所當爲而未嘗不爲也，莫非心之所存故也。佛學所謂存心者，則欲其無所爲而已矣。故於所當有而不之有也，於所當思而不之思也，獨憑藉其無所爲者以爲宗，日用間將做作用。其云

「今日用之間眼前常見光爍爍地」，是弄此爲作用也。目前一切以爲幻妄，物則盡廢，自利自私，此其不知天故也。

張南軒曰：垂諭足見紬繹不輟，所謂「一陰一陽之道，凡人所行，何嘗須臾離此」，此則固然，然在學者未應如此説，要當知其所以不離也，此則正要用工夫，主敬窮理是已。如饑食渴飲、晝作夜息固是義，然學者要識其真。孟子只去事親從兄上指示，最的當。釋氏只爲認揚眉瞬目、運水搬柴爲妙義，而不分天理人欲於毫釐之間。此不可不知也。

問：奔逸絶塵在乎思？張南軒曰：如此等語，皆涉乎浮夸不穩貼。夫思者，沉潛縝密，優游涵泳，以深造自得者也。今而曰「奔逸絶塵」，則有臆度採取之意，無乃流入於異端一聞便悟、一超直入之弊乎？非聖門「思睿作聖」之功也。推此類察之。

吕東萊曰：釋氏只管説空説悟，吾儒不道者，政把做尋常事看了。

吕東萊曰：世説載何次道學佛，阮思曠語之曰「卿志大宇宙，勇邁終古」，何曰「卿今日何故忽見推」，阮曰「我圖數千户郡，尚不能得，卿乃圖作佛，不亦大乎」。

吕東萊曰：邪説詖行，辭而闢之，誠今日任此道者之責。竊嘗謂異端之不息，由正學之不明。此盛彼衰，互相消長，莫若盡力於此，此道光明盛大，則彼之消鑠無日矣。

吕東萊曰：陸九齡子壽篤實孝友，兄弟皆有立，舊所學稍偏，近過此，相聚累日，亦甚有問道四方之意。每思學者所以狥於偏見，安於小成，皆是用工有不實。若實用工，則動静語默日用間自有去不得處，必悚然不敢安也。

黄勉齋曰：告子之言，其語審矣，但孟子攻之太峻，而語不及詳，故其指有未甚明者。請試論之：夫性者，人物所得乎天之理，仁義禮智之屬是也。生者，人物所得乎天之氣，有知覺而能運動者是也。性者，萬物之一原，有生之類，各得於天，固無少異。但所禀之氣，則或值其清濁美惡之不齊，故理之所賦，不能無開塞偏正之異，此人物之所以分也。然以氣而言，則所禀雖殊，而其所以爲知覺運動者，反無甚異；以理而言，則其本雖同，而人之有是四端，所以爲至靈至貴者，非庶物之可擬矣。告子之學，不足以知此，但見其蠢然之生即以爲性，而又謂凡得此者無有不同。則是不惟不知性，亦不知氣。不惟觀於外者亂於人獸之别，而其反於身者，亦昧於天理人欲之幾矣。

黄勉齋曰：後世楊墨之患息，而佛老之説興，至於今且千有餘歲。棄天常，滅人類，習異端之教，非先王之道，蓋不待其流之弊，而與禽獸無異矣。學士大夫，不惟不能斥而遠之，而溺其禍福之説，尊其荒唐之教。甚者則文之以聖賢之言，以爲與吾道無異。學者從而信之，以自絶於聖人大中至正之道。其爲天下後世之害，豈淺淺哉？

黄勉齋曰：自佛老之説行於中國，且數千年，深山長谷之民，信奉尤篤，至於死生大故之際，忘其焦胷乾肝之苦，而篤於梵唄膜拜之習，甚至舉其親之遺體，古人所以重衾複斂必誠必信者，而投之烈焰之中，曰佛教然也，是豈不大可哀者耶？

許魯齋曰：後世法術功利與異端之教，賊天明，亂聖法，行之者殃及其身，於子孫福澤無有也。而怪誕之士繼踵不絕，以欺世惑衆。如武帝凡誅數人，而來者猶不止，可哀也。不謬妄如此，而後世猶惑之，可哀也。士君子當以聖道爲心，有補於天地生靈，斯可矣。不然，亦天地鬼神之所不與也，其受禍非不幸也。法術如申商，縱横如儀秦，欺誕如方士，惑亂如異端，皆非所以爲學也。君子慎所學。

許魯齋曰：學仙長年一説，世所決無，決不可得。世間萬事有樣子可做，只此無樣子。古仙者不可見，長年者亦無有，看誰做樣子？今富貴者見有樣子，其所以取富貴者，又皆可學可傚倣，然終身盡智力有不可得，况徼倖無可傚倣者乎？

許魯齋曰：讀伊川恒卦注脚，二氏亦漸無着落。凡物興盛時，是下面人捧擁，裏面人和睦，相推尊故興。今彼下面漸無人尊信，裏面又自不相信，不相推讓，此是衰謝氣象。易下卦屬内，凡物在下者皆屬内。每興造功業者，皆由下起，由内順，此理皆然。韓文公原鬼雖義理未當，亦見其不惑神怪，高出諸人遠甚。世豈有所謂仙人？武帝詔書自悔其狂悖，可知也。人寄天地間，每有死生變較大故以爲異，要之亦常事也。一消一息，常理如此。

「不知命，無以爲君子」。

許魯齋曰：德性用事，物欲不行，能隨時變易，以合於道。在楚漢時，便能爲子房伎倆；在孝文地位，自能塞心銷志，恭儉淵默，幾致刑措。老氏道德仁義皆失然後放於禮，謂禮爲「忠信之薄而亂之首」，又謂「以智治國國之賊，不以智治國國之福」。孟子曰「智之實，知斯二者弗去是也」，又謂「若禹之行水，行其所無事」，非老氏所見之智也。孟子開口便説仁義，蓋不可須臾離也。

許魯齋曰：老氏言道德仁義禮智，與吾儒全別，故其爲教大異，多隱伏退縮，不肯光明正大做將去。吾道大公至正，以天下公道大義行之，故其法度森然，明以示人。

薛敬軒曰：老子言道德而外仁義，果可謂之道德乎？韓子謂其去仁與義而言道德，亦可謂深知老子之失矣。

薛敬軒曰：老子曰「大道廢，有仁義」。夫仁義即大道也，大道既廢，又豈有仁義乎？

薛敬軒曰：老氏雖翻騰道理〔二〕，愚弄一世，奇詭萬變，不可摸擬，卒歸於自私，與釋氏同。

薛敬軒曰：「將欲翕之，必固張之。將欲弱之，必固强之。將欲廢之，必固興之。將欲奪之，必固與之」。是皆竊春夏之闢而爲秋冬之闔，程子所謂「老子竊弄闔闢者」以此。

薛敬軒曰：道無往而不在。釋氏乃謂出家求道，則是在家無道，家外有道，而道爲有方所之物矣。其失可一笑而揮也。

薛敬軒曰：天者萬物之祖，生物而不生於物者。釋氏亦人耳，其四肢百骸，固亦天之所生也。豈有天所生者，而能擅造化之柄耶？若如其説，則天不在天，而在釋氏矣。

薛敬軒曰：萬物始終，莫非陰陽合散之所爲。釋氏乃有輪迴之説，則萬物始終不在造化，而在釋氏矣。

薛敬軒曰：金剛經只欲説形而上之道，以形而下者爲幻迹，此所以偏於空虚也。聖人則道器合言，所以皆實。

薛敬軒曰：釋子塵芥六合，然六合無窮，安得塵芥之？夢幻人世，然人世皆實理，安得夢幻之？

薛敬軒曰：荀子以人性爲惡，則是誣天下萬世之人皆爲惡也，其昧於理如是之甚。

薛敬軒曰：陳仲子無親戚、君臣、上下，其廉爲小節。釋氏滅天理人倫以潔其身，果何道哉？

薛敬軒曰：釋氏不問賢愚善惡，只順己者便是。

薛敬軒曰：聖人之心如天，物有違忤者，終無私怒也。釋氏極言其神妙無方，慈悲忍辱，至於一有毀謗其書、不尊其教者，即報之以種種之罪，又何量之小而心之忮耶？

薛敬軒曰：天下無性外之物，而性無不在。君臣、父子、夫婦、長幼、朋友皆物也，而其人倫之理即性也。佛氏之學有曰明心見性者，彼既舉人倫而外之矣，安在其能明心見性乎？若果明心見性，則必知天下無性外之物而性無不在，必不舉人倫而外之也。今既如此，則偏於空寂，而不能真知心性體用之全審矣。程子謂其「言爲無不周遍，實則外於倫理」，不其信與？

薛敬軒曰：聖人雖澤及四海，功被萬世，而無一毫自滿之意。釋氏動輒言其功德無量，何耶？

薛敬軒曰：周程張朱，真儒也，四子辨佛老之非，至矣。學者讀四子之書，而乃匍匐佛老之奴隸，是豈真知四子而能讀其書者哉？

胡敬齋曰：老氏既説無，又説杳杳冥冥其中有精，混混沌沌其中有物，則是所謂無者不能無矣。釋氏既曰空，又説有箇真性在天地間，不生不滅，超脱輪迴，則是所謂空者不能空矣。此老釋之學，所以顛倒錯謬，説空説虚，説無説有，皆不可信。若吾儒説有則真有，説無則真無，説實則真實，説虚則真虚，蓋其見道明白精切，無許多邪遁之辭。老氏指氣之虛者爲道，釋氏指氣之靈者爲性，故言多邪遁。

胡敬齋曰：儒者養得一箇道理，釋老只養得一箇精神。儒者養得一身之正氣，故與天地無間。釋老養得一身之私氣，故逆天悖理。

胡敬齋曰：老氏雖背聖人之道，未敢侮聖人，莊子則侮聖人矣。莊子雖侮聖人，未敢侮天地，釋氏則侮天地矣。

胡敬齋曰：聖賢一循乎天理，故無繫累。今山林隱士，欲脱去塵俗世利，以求無累；異端欲屏去人事思慮，以求無累。山林隱士雖自遂一偏之高，不足以盡天下之理，然未至甚害理，其清高之風，猶足以激污俗。異端則天理滅絶，顛倒尤甚，高士一變則爲異端矣。

胡敬齋曰：荀子只性惡一句，諸事壞了，是源頭已錯，末流無一是處。孟子言性善，在本原上見得是，故百事皆是。荀子在本原上見錯，故百事皆錯。

胡敬齋曰：世之愚者，莫愚於老佛。至愚之人，也曉得箇天地父母妻子，也曉得有箇己身。今禪家以天地爲幻妄，己身爲幻身，離父母，棄妻子，雖天地六合之大，也曉不得，故言「一粒粟中藏世界」。陳獻章又要塵微六合，豈非愚之甚乎？

胡敬齋曰：莊周所謂自然，非循乎理之自然，乃一切棄而不管，任其自然，所以曠蕩不法，禮樂政刑皆無所用，反謂「聖人不死，大盜不息」，欲剖斗折衡，使民不爭。

胡敬齋曰：莠之亂苗，紫之亂朱，皆以其相似而難辨。與儒道相似莫如禪學，此最害道者。後之學者做存心工夫，不得其真者多流於禪，所謂「高者入於空虛」。蓋天資高邁者，多厭世事之汩冗，而樂於靜虛，又好奇妙而忽卑近，又力去做靜中工夫，掃除物欲，屏絶思慮，是在内裏先做空了，不覺流於禪學。只緣在小學、四書、近思録不曾實體驗，而於窮理工夫不到，故如此。

胡敬齋曰：今人有遏去思慮以爲心不放者，有常拘制看住心在這裏以爲存者，皆非聖賢存心之法，所以流於異學。聖賢只説戒謹恐懼則心自存，何嘗看住此心不許他走？只整齊嚴肅則心便一，何嘗遏絶思慮以求不雜？主一只是常要整肅，非是尋得箇物事來照管不失。堯曰「欽明」，只欽則本心自明，不是要見得此心光明如一物在此。儒釋之分正在此處，宜深察明辨也。

胡敬齋曰：釋氏之存心有二：一是習爲虛靜，絶滅思慮，使之無雜擾；一是常照住此心不令走。殊不知聖賢教人，自灑掃應對、周旋禮樂、孝悌恭敬，皆是存心之法。如九容九思，亦是存養之法，故心存理得而事治。釋氏之存心，適以壞其心之體，絶其心之用，其害莫大焉。

胡敬齋曰：天下古今，只著一箇「利」字害了天理。秀才讀著書，便要求中科。釋子誦著經，便要求一箇福。禪子坐著禪，便要求自己一箇快樂。那裏尚有天理？

胡敬齋曰：陸子靜天資高，力量大，用力甚切。但其見理過於高大，存心過於簡易，故入於禪。其自幼與伊川不合者，伊川收斂謹密，其言平實精確，象山必有淩虚駕空之意，故聞伊川之言，似有傷其心。其晚年身在此處，能知民間事，又預知死期，則異學無疑。其門人楊簡以問答之間，「忽省此心之清明，忽省此心之無始末，忽省此心之無所不通」，此非儒者之傳授。其行狀言「四時之變化，先生之變化也；天地之廣大，先生之廣大也；鬼神之不可測，先生之不可測也」，亦過高之言矣。

胡敬齋曰：陳公甫云「靜中養出端倪」，又云「藏而後發」。是將此道理安排作弄，都不是順其自然。

胡敬齋曰：陳公甫言「才覺便覺我大而物小，物有盡而我無盡」，是物我有二理矣。

羅整庵曰：吾儒之闢佛氏有三：有真知其説之非而痛闢之者，兩程子、張子、朱子是也；有未能深知其説而常喜闢之者〔二〕，篤信程張數子者也；有陰實尊用其説而陽闢之者，蓋用禪家訶佛罵祖之機者也。夫佛氏似是之非固爲難辨，至於訶佛罵祖之機作，則其辨之也愈難。吁，可畏哉！

羅整庵曰：今之道家蓋源於古之巫祝，與老子殊不相干。老子誠亦異端，然其爲道主於「深根固蒂，長生久視」而已。道德五千言具在，於凡祈禳禜禱、經咒符籙等事，初未有一言及之。而道家立教，乃推尊老子，置之三清之列，以爲其教之所從出，不亦妄乎？古者用巫祝以事神，建其官，正其名，辨其物。蓋誠有以通乎幽明之故，故專其職掌，俾常一其心志，以導迎二氣之和，其義精矣。去古既遠，精義浸失，而淫邪妖誕之説起。所謂經咒符籙，大抵皆秦漢間方士所爲，其泯滅而不傳者計亦多矣，而終莫之能絶也。今之所傳，分明遠祖張道陵，近宗林靈素輩，雖其爲用不出乎祈禳禜禱，然既已失其精義，則所以交神明者，率非其道，徒滋益人心之惑，而重爲世道之害爾。望其消災而致福，不亦遠乎？蓋老子之善成其私，固聖門所不取，道陵輩之譸張僞幻，又老子之所不屑爲也。欲攻老氏者，須分爲二端，而各明辨其失。則吾之説爲有據，而彼雖桀黠，亦無所措其辭矣。

羅整庵曰：釋氏之明心見性，與吾儒之盡心知性，相似而實不同。蓋虚靈知覺，心之妙也；精微純一，性之真也。釋氏之學，大抵有見於心，無見於性。故其爲教，始則欲人盡離諸相，而求其所謂空，空即虚也；既則欲其即相即空而契其所謂覺，即知覺也；覺性既得，則空相洞徹，神用無方，神即靈也。凡釋氏之言性，窮其本末，要不出此三者。然此三者皆心之妙，而豈性之謂哉？

羅整庵曰：愚自受學以來，知有聖賢之訓而已，初不知所謂禪者何也。及官京師，偶逢一老僧，漫問何由成佛，渠亦漫舉禪語爲答，云「佛在庭前柏樹子」。既而得禪家證道歌一編，讀之如合符節，自以爲至奇至妙之理矣。後官南雍，則聖賢之書未嘗一日去手，潛玩久之，漸覺就實，始知前所見者，乃此心虛靈之妙，而非性之理也。自此研磨體認，日復一日，積數十年，用心甚苦，年垂六十，始了然有見乎心性之真，而確乎有以自信。朱陸之學，於是乎僅能辨之，良亦鈍矣。

羅整庵曰：有楊簡者，象山之高弟也，嘗發本心之問，遂於象山言下，「忽省此心之清明，忽省此心之無始末，忽省此心之無所不通」。有詹阜民者，從遊象山，安坐瞑目，用力操存，如此者半月，一日下樓，忽覺此心已復澄瑩，象山目逆而視之，曰「此理已顯也」。蓋惟禪家有此機軸，試觀孔曾思孟之相授受，曾有一言似此否乎？其證佐之分明，脉路之端的，雖有善辨，不能爲之脱矣。

羅整庵曰：白沙詩教開卷第一章，乃其病革時所作，以示湛甘泉者也。所舉經書曾不過一二語，而遂及於禪家之杖喝，何耶？殆熟處難忘也。所云「莫杖莫喝」，只是掀翻説。蓋一悟之後，則萬法皆空，「有學無學，有覺無覺」，其妙旨固如此。「金針」之譬，亦出佛氏，以喻心法也。「誰掇」云者，殆以領悟者之鮮其人，而深屬意於甘泉耳。觀乎「莫道金針不傳與，江門風月釣臺深」之句，其意可見。註乃謂深明正學，以闢釋氏之非，豈其然乎？「溥博淵泉，而時出之」，道理自然，語意亦自然，曰「藏而後發」，便有作弄之意，未可同年而語也。四端在我，無時無處而不發見，知皆擴而充之，即是實地上工夫。今乃欲於靜中養出端倪，既一味靜坐，事物不交，善端何由發見？遏伏之久，或者忽然有見，不過虛靈之光景耳。「朝聞夕死」之訓，吾夫子所以示人，當汲汲於謀道，庶幾無負此生。故程子申其義云「聞道，知所以爲人也。夕死可矣，是不虛生也」。今顧以此言爲處老處病處死之道，不幾於侮聖言乎？道乃天地萬物公共之理，非有我之所得私，聖賢經書明若日星，何嘗有以道爲吾爲我？惟佛氏妄誕，乃曰天上地下惟我獨尊。今其詩有云「無窮吾亦在」，又云「玉臺形我我何形」，吾也我也，註皆指爲道也。是果安所本耶？然則所謂「纔覺便我大而物小，物有盡而我無盡」，正是惟我獨尊之説。姑自成一家可矣，必欲强合於吾聖人之道，難矣哉。

羅整庵曰：陽明答蕭惠曰「所謂汝心，却是那能視聽言動的，這箇便是性，便是天理」。又答陸原靜書有云「佛氏本來面目，即吾聖門所謂良知」。渠初未嘗諱禪，爲其徒者必欲爲之諱之，何也？

羅整庵辨晚年定論云：詳朱陸定論之編，蓋以其早歲以前所見未真，爰及晚年始克有悟，乃於其論學書摘此三十餘條，其意皆主於向裏者，以爲得於既悟之餘，而斷其爲定論。斯其所擇宜亦精矣，第不知所謂晚年者斷以何年爲定。偶考得何叔京氏卒於淳熙乙未，時朱子年方四十六爾，後二年丁酉，而論孟集註、或問始成。今有取於答何書者四通，以爲晚年定論，至於集註、或問，則以爲中年未定之説，竊恐考之欠詳，而立論之太果也。又所取答黄直卿一書，監本止云「此是向來差誤」，别無「定本」二字，今所編刻增此二字，當别有據，而序中又變「定」字爲「舊」字，却未詳本字同所指否？朱有答吕東萊一書，嘗及定本之説，然非指集註、或問也。

羅整庵曰：湛甘泉嘗輯遵道録一編，而自爲之序云「遵道者何？遵明道也。明道兄弟之學，孔孟之正脉也」。夫既曰「兄弟」矣，而所遵者獨明道，何耶？「『上天之載，無聲無臭』，其體則謂之易，其理則謂之道，其用則謂之神，其命於人則謂之性」，此明道之言也。「物所受爲性，天所賦爲命」，此伊川之言也。中庸測於「天命之謂性」〔三〕，旁註云「命脉之命」，難語又加一語曰「命門之云」〔四〕，雍語又曰「『於穆不已』，是天之命根」。凡此爲遵明道耶，遵伊川耶？余不能無惑也。定性書有云「聖人之喜，以物之當喜；聖人之怒，以物之當怒。是聖人之喜怒不繫於心，而繫於物也」。雍語乃云「天理只是吾心本體，豈可於事物上尋討」。然則明道之言，其又何足遵耶？名爲遵道而實則相戾，不知後學將安所取信也？

## 校勘記

〔一〕老氏雖翻騰道理　「老氏」，讀書録卷一作「老莊」。

〔二〕有未能深知其説而常喜闢之者　「未」字原脱，據困知記續録卷上補。

〔三〕中庸測於天命之謂性　「測」上原衍「則」字，據困知記三續删。

〔四〕難語又加一語曰命門之云　「難」原作「雍」，據困知記三續改。

# 廣近思録卷十四

凡七十八條

## 總論聖賢

張南軒曰：王者所以建立邦本，垂裕無疆，以義故也；而霸者所以陷溺人心，貽毒後世，以利故也。

張南軒曰：孟子當戰國横流之時，發揮天理，遏止人欲，深切著明，撥亂反正之大綱也。

張南軒曰：子房之心非以功利也，始終爲韓，而漢之爵禄不足以羈縻之。

張南軒曰：漢之儒者，自叔孫通師弟子，固皆以利禄爲事，至於公孫丞相取相印封侯，學士皆歆慕之。其流如夏侯勝之剛果，猶有「明經取青紫」之言，况它人乎？蓋其習俗胥靡之陋，一至於此。

張南軒曰：賈誼英俊之才，若董仲舒則知學者也。治安之策，可謂通達當世之務，然未免乎有激發暴露之氣，其才則然也。天人之對，雖若緩而不切，然反復誦味，淵源純粹，蓋有餘意，以其自學問涵養中來也。

張南軒曰：名節之稱，起於衰世。昔之儒者，學問素充，其施於用，隨事著見，不蘄於立節而其節不可奪，不蘄乎徇名而其名隨之，在己初無一毫加意也。至於世衰道微，於陵遲委靡之中，而有能拔然自立者，則世以名節歸之，而士君子道學未至，則亦以此自負。吁，亦小矣！然而名節之稱，雖起於衰世之中，實亦有賴乎此。使併與是焉而俱亡，則亦無以爲國矣。

張南軒曰：李膺、杜密、陳蕃輩卓然一時，其天資可謂剛特不群矣，然惟其未知從事於聖門也，故所行雖正，立節雖嚴，未免發於意氣之所動，而非循乎義理之安，出於惡其聲之所感，而未盡夫惻隱之實，處之有未盡，固其宜也，豈非於學有不足歟？

張南軒曰：陳太丘在諸君子之中持心最平，蓋天資又加美焉耳，而其所處張讓之事，亦非中節。在當時隱迹自晦，豈無其方，何至送宦者之葬？此又爲矯失之過，以此免禍，君子亦不貴也。郭有道識高而量洪，才優而慮遠，足爲當時人物之領袖，然收斂之功猶未之盡，要亦於學有欠也。黄叔度言論風旨雖不盡見，然其氣象温厚，圭角渾然，見之者有所感於心，其爲最高乎？使在聖門作成之，當居顔氏之科矣。

張南軒曰：方天下雲擾之初，諸葛武侯獨高卧，昭烈以帝室之胄三顧其廬，而後起從之，則夫出處之際，固已有大過人者。其治國立經陳紀而不爲近圖，其用兵正義明律而不以詭計。凡其所爲悉本大公，曾無纖毫姑息之意，類皆非後世所可及。至讀其將没自表之辭，則天下之物欲舉不足以動之。所養者深則所發者大，理固然也。

張南軒曰：所貴乎權者，謂其委曲以行其正也，若狄仁傑是已。其始終之論，皆以母子天性爲言，拳拳然日以復廬陵王爲事。然其所以紆徐曲折而卒成其志者，則用功深矣。「潛授五龍，夾日以飛」，仁傑豈必功業於其身者哉？

張南軒曰：濂溪先生起於遠方，乃超然有所自得於其心，本乎易之太極、中庸之誠，以極乎天地萬物之變化。其教人使之「志伊尹之志，學顔子之學」。推之於治，先王之禮樂刑政可舉而行，如指諸掌。

張南軒曰：周先生之學，淵源精粹，實自得於其心，而其妙乃在太極一圖。窮二氣之所根，極萬化之所行〔一〕，而明主静之爲本，以見聖人之所以立人極，而君子之所當修爲者。由秦漢以來，蓋未有臻於斯也。故其所養内充，闇然而日章，雖不得大施於時，而莅官所至，如春風和氣，隨時發見，被飾萬物。

張南軒曰：自秦漢以來，言治者汩於五伯功利之習，求道者淪於異端空虚之説，而於先王發政施仁之實、聖人天理人倫之教，莫克推尋而講明之。故言治若無預於學，而求道者反不涉於事。孔孟之書僅傳，而學者莫得其門而入，生民不克睹乎三代之盛，可勝歎哉。

惟周先生崛起於千載之後，獨得微旨於殘編斷簡之中，推本太極，以及乎陰陽五行之流布，人物之所以生化，於是知人之爲至靈，而性之爲至善，萬理有其宗，萬物循其則。舉而措之，則可見先王之所以爲治者，皆非私知之所出。孔孟之意，於以復明。

張南軒曰：道之不明久矣，自河南二程先生，始得其傳於千有餘載之下。今二先生之言雖行於世，然識其真者或寡矣。夫二先生之言，凡以明孔孟之道而已。孔孟之道，其博厚高明，雖曰配二儀之無疆，然其端豈遠於人心而欲他求哉？人病不能推而充之耳。世之聞二先生之言而驚疑竊怪者，固不足道，而其間有慕高遠者，則又儻怳虚矜而不循其實，亦爲失其真而已。竊考二先生所以教學者，不越於居敬、窮理二事，取其書反復觀之，則可以見。蓋居敬有力，則其所窮者益精，窮理寖明，則其所居者益有地，二者蓋互相發也。爲人之要，孰尚於此？學而不知其要，則泛濫而無功。二者言之雖近，而意味工夫無窮，其間曲折精微，惟能用力者當漸知之耳。升高自下，陟遐自邇，務本循序而進，久自有所至。不可先起求成之心，起求成之心，則有害於天理。孔子之所謂「獲」，孟子之所謂「正」者，政此病也。

張南軒曰：二程先生唱明道學〔二〕，論仁義忠信之實，著天理時中之妙，述帝王治化之原，以續孟氏千載不傳之道。其所以自得者，雖非師友可傳，而論其發端，實自濂溪先生。

張南軒曰：龜山師事河南二程先生，得中庸「鳶飛魚躍」之傳於言意之表，踐履純固，卓然爲一世儒宗。

張南軒曰：東南之士受業於二程之門，見推高弟有三人焉，曰上蔡謝公、龜山楊公，而定夫游公其一也。伊川先生嘗稱其「德器睟然，問學日進，政事亦絶人遠甚」。而楊公亦謂公「心傳自到，誠於中形於外，儀容辭令粲然有文，望而知其爲成德君子也」。

張南軒曰：胡康侯公雖不及河南之門，然與游公及謝楊二君子游，而講於其説，自得之奥在於春秋。被遇明時，執經入侍，正大之論竦動當世，所以扶三綱、明大義、抑邪説、正人心，亦可謂有功於斯文矣。

張南軒曰：五峰先生自早歲服膺文定公之教，至於没齒，惟其進德之日新。故其發見於辭氣議論之間者，亦月異而歲不同。

張南軒曰：了翁忠義剛大之氣高出一世，及觀此帖，處事精密，不忽於細微，益知前輩工夫非苟然也。

張南軒曰：伯恭愛弊精神於閑文字中，徒自損，何益？如編文海，何補於治道，何補於後學？徒使精力困於翻閲，亦可憐耳。

張南軒傳心閣銘曰：惟民之生，厥有彝性。情動物遷，以隳厥命。惟聖有作，本乎天心。修道立教，以覺來今。孰謂道遠，始卒具陳。俾爾由學，而聖可成。鄒魯云邈，章句有師。一經皓首，語道則迷。惟子周子，崛起千載。孰探其源，以識其大。立象盡意，闡教明微。聖學有傳，不曰在兹。惟二程子，實嗣其徽。既自得之，又光大之。有渾其全，則無不總。有析其精，則無不中。曰體曰用，著察不遺。曰隱曰顯，莫問其幾。於皇聖心，如日有融。於赫心傳，來者所宗。有屹斯閣，尤溪之濱。翼翼三子，繪事孔明。儼然其秋，温然其春。揭名傳心，詔爾後人。咨爾後人，來拜於前。起敬起慕〔三〕，永思其傳。於味其言，於考其爲。體於爾躬，以會其歸。爾之體矣，循其至而。爾之至矣，道豈異而〔四〕。傳心之名，千古不渝。咨爾後人，無替厥初。

呂東萊曰：孔子防範寬，孟子嚴。孔子如覆幬，孟子拔本塞源。孔子只言「放於利而行，多怨」，孟子言「上下交征利，不奪不饜」。

呂東萊曰：子路、管仲孰賢，固是子路擇術正，管仲主功利。然須見得子路力量不同管仲，只孟子與明道特拈出來。古人論人，直是事理俱到。

呂東萊曰：從容則子房，而正大則孔明。

呂東萊曰：汲黯、蕭望之之不欲補外，蓋心在王室，發於至誠，非重内輕外之徒也。

呂東萊曰：伊川中夜以思，不知手舞足蹈。不是歡喜，正是生生之本。

呂東萊曰：論孟精義，可以見伊洛各人工夫。

黄勉齋曰：道原於天，具於人心，著於事物，載於方策，明而行之，存乎其人。聖賢迭興，體道經世，三綱既正，九疇既叙，則安且治。聖賢不作，道術分裂，邪説誣民，充塞仁義，則危且亂。世之有聖賢，其所關繫者甚大，生而榮，死而哀，秉彝好德之良心，所不能自已也。堯舜禹湯文武周公生而道始行，孔子、孟子生而道始明。孔孟之道，周程張子繼之。周程張子之道，文公朱先生又繼之。此道統之傳，歷萬世而可考也。

黄勉齋曰：聖賢之生斯世，盛德至善，血氣之屬莫不尊親者，豈自外至哉？秉彝好德，良心之不自已也。學者之於聖賢，思其居處而起敬焉，豈特聞風而悦之哉？尊德樂道，志於學者之不能已也。

黄勉齋曰：孟子當戰國之際，其告人者，不曰堯舜，則曰湯武。豈固勉人以其所不能哉？蓋人性皆善，聖神者亦全吾性之所固有爾，學者豈以不能爲患哉？患不爲也。

黄勉齋曰：或問，孟子道性善，而言必稱堯舜者何也？曰：性善者以理言之，稱堯舜者質其事以實之，所以互相發明也。其言蓋曰知性善，則有以知堯舜之必可爲矣；知堯舜之可爲，則其於性善也，信之愈篤而守之益固矣。曰：夫子之言性與天道，子貢猶有不得而聞者，而孟子之言性善，乃以語夫未嘗學問之人，得毋凌節之甚耶？曰：性命之理，若究其所以然而論之，則誠有不易言者。若其大體之已然，則學者固不可以不知也。蓋必知如此，然後知天理人欲有賓主之分，趨善從惡有逆順之殊。董子所謂「明於天性，知自貴於物，然後知仁義，知仁義然後重禮節，重禮節然後安處善，安處善然後樂循理」。

黄勉齋曰：秦漢以來，斯道晦蝕，天理不明，人心不正。事物當然之則，昧没而不彰；方策不刊之訓，殘闕而將墜。周程張子既推明其大端，而傳訛襲舛，浸失本真。迨我文公稟高明之資，厲强毅之志，潛心密察，篤信力行，精粗不遺，毫釐必辨。至其德盛仁熟，理明義精，歷代相傳之道粲然昭著，故雖窮鄉晚出，亦皆知有聖賢教人之旨。然則公之生於世，有功於斯道大矣。

黄勉齋曰：榦比讀東漢黨人事，每變易姓名爲人傭作以避禍，及往來京師多所營求，故一時善類全宥者多。如此等人物，已覺不甚滿人意。不行乎此心之正，而崎嶇以求苟免者，皆不樂天順命也。奴僕熏腐之餘〔五〕，竊弄人主之威福，天惡神怒，而豪傑之士恨不刺刃其腹，乃以士大夫而爲中常侍之弔客，豈但枉尋直尺而已哉？

黄勉齋曰：韓文公尋墜緒於支離駁雜之餘，而卓然有見，自比於聖賢，以冀斯道之傳，宜矣。公因以道自任，後之稱公者，亦以道歸之。約六經之旨，以起八代之衰；排二氏之非，以濟天下之溺。諫宫市貶，諫佛骨又貶，流離困躓，瀕死而不悔。公如鎮州，迓公者皆甲，人爲公危之，公以理開諭，皆俛首聽命。非有道，能若是乎？

黄勉齋作尹和靖祠堂記曰：嘗考先生之所學，篤於踐行，不爲虚語，未嘗求人之知，人亦莫能窺其所藴也。今其可見者，經帷進講、門人紀録耳。惟即其所遇於世者，觀其所取舍，然後知先生之於道，卓乎不可及矣。利害者人心之私，理義者道心之公，公私之間，迭爲勝負，一取一舍，而賢不肖可知也。至於歷險難之極而不變，處貴顯之驟而不動，抱仁履義，終其身而不悔，非盛德能若是乎？理義充於中，則禍福成敗榮辱得喪膠轕萬變日陳乎前，而此心自若也。程子之門，從遊之士皆閎博俊偉，極天下之選，而於先生亟稱之，其察之審矣。顔淵退然如愚，而夫子稱之，亦曰「簞瓢陋巷，不改其樂」，又曰「庶乎，屢空」。然則先生者，程門之顔氏歟？

黄勉齋曰：晦庵先生以道德爲學者師，榦少不自量，得與弟子列，竊窺其容貌端莊，儼然終日未嘗懈；玩索理義，片詞隻字未嘗忽；厲志聖賢，以身任道未嘗忘；誘掖後進，寸長片善未嘗棄〔六〕；端居一室，世之玩好無所嗜；安貧自樂，世之富貴無所慕；篤信善道，世之毁譽無所恤；臨事度義，世之利害無所擇。其精微高遠者，非末學所可知，其可知者，亦人所共知也。四方學者從遊者數百人，今其存蓋無幾。先生之書，則家藏而人誦之，讀其書者未必通其義，通其義者未必明諸心。凛凛乎微言之絶，大義之乖也！

黃勉齋曰：幹始受學於晦庵先生，首識西山蔡公。先生之門從遊者多矣，公之來，先生必留數日，往往通夕對床不暇寢。從先生遊者，歸必過公之門，聽其言論不忍去，去皆充然有所得也。蓋公負英邁之氣，蘊該洽之學，智極乎道德性命之原，行謹乎家庭唯諾之際，於先生之門，可謂傑然者矣。

黃勉齋曰：自先生講道武彝，學者紛然。迨今觀之，非俊偉卓犖、方嚴正直，亦何足以費夫子之雕鐫？彼頑鈍齷齪、脂韋軟美，雖曰聞善知慕，未有不見害則避、見利則遷者也。

黃勉齋撰林丕顯行狀曰：人之所以溺於利慾之私，而忘其天理之樂，資不美而學不足也。世之所謂學者，無不欲取科第夸聲名，則反以濟其利欲，而斲喪其良心。若君者，乃能於大海之濱、荒茁之隈，超然知以從師問道爲事，而不惑於世俗尋常之見，豈不賢於人乎哉？

許魯齋曰：傳記中人材傑然可觀，以道理觀之，只是偏才。聖人則圓融渾全，百理皆具。古今人材，多是血氣用事，故多偏。聖人純是德性用事，只明明德，便自能圓成不偏。

許魯齋曰：惟聖人言語萬世無弊。

許魯齋曰：陽貨以不仁不智劫聖人，聖人應得甚閒暇。他人則或以卑遜取辱，或以剛直取禍，或不能禦其勃然之勢，必不停當。聖人則辭遜而不卑，道存而不亢。或曰：孟子遭此如何？曰：必露精神。

許魯齋祭孟子辭曰：惟公之生，運適周衰。正途壅底，大道凌遲。分承三聖，力辨群疑。禽獸楊墨，妾婦秦儀。宜載於典，宜配先師。敢修庶品，敬薦於時。

許魯齋曰：不問利害，只求義理，孔明見得真。當時只以復漢討賊爲當然，至於成敗利鈍，歸之天而已。只得如此做，便是聖賢之心。

許魯齋七歲入學，授章句，問其師曰：「讀書何爲？」曰：「取科第耳。」曰：「如斯而已乎？」師大奇之。

薛敬軒曰：史臣首叙堯舜禹之事，有乾坤之道焉。堯曰「欽明」，舜曰「重華」，禹曰「祇承」，則堯舜爲乾、禹爲坤可見。帝降而王，殆以此歟？

薛敬軒曰：堯之「克明峻德」以至「黎民於變時雍」，舜之「慎徽五典」以至「烈風雷雨弗迷」，與孔子之「立之斯立，道之斯行，綏之斯來，動之斯和」，皆聖人作用神速功效。

薛敬軒曰：舜處父子兄弟之變，湯武處君臣之變，周公處兄弟之變。聖人處人倫之變而不失其正者，亦惟盡乎天理之當然而已。

薛敬軒曰：讀咸有一德之書，則知伊尹之學極其精密，成湯以「元聖」稱之，有以也夫。

薛敬軒曰：鄉黨一篇，皆聖人之時中。

薛敬軒曰：聖人未嘗有自聖之心。後世儒者未有所至，即高自品置。如揚雄之法言，王通之續經，皆以孔子自擬也。二子非特不知聖人，亦不自知其爲何如人矣。

薛敬軒曰：孟子之言光明俊偉，如答景春大丈夫章，讀之再三，直使人有壁立萬仞氣象。

薛敬軒曰：漢四百年，識正學者董子。唐三百年，識正學者韓子。

薛敬軒曰：宋道學諸君子，有功於天下萬世，不可勝言。如「性」之一字，自孟子以後，至於程子「性即理也」之言出，然後知性本善而無惡；張子氣質之論明，然後知性有不善者乃氣質之性，非本然之性也。由是「性」之一字大明於世，其功大矣。

薛敬軒曰：使堯舜禹湯文武周孔顔曾思孟周程張子之道昭然明於萬世，而異端之説莫能雜者，朱子之功也。韓子謂孟子之功不在禹下，予亦謂朱子之功不在孟子之下。

薛敬軒曰：魯齋出處合乎聖人之道。

薛敬軒曰：朱子之後大儒，真西山大學衍義，有補於治道。劉靜修，高士也，百世之下，聞其風者莫不興起。

薛敬軒曰：朱子門人，陳北溪論理切實。

胡敬齋曰：天地生人物，賴聖人爲綜理，然後能遂其性，得其所。聖人理人物，又必賴禮樂政教之施，然後風化美，治功成。然則成天地之功者聖人也，成聖人之功者禮樂政教也。或曰：聖人不得位，禮樂政教不可行，如何？曰：此聖人之功所以難成也。不得已，傳述先王之典而修明之，以垂教於後世，使後世之欲修己而治人者從此而學焉。故聖人代天而理物，禮樂政教代聖人而行事，經籍代聖人而傳道，事雖不同，其功一也。故曰：孔子賢於堯舜，孟子之功不在禹下。

胡敬齋曰：今人有小可才能，也幹些事。聖賢道理充足，如何不做出事來？達而在上如堯舜文武，窮而在下如孔子，得時行道如伊傅周召，不得時如顔孟程朱，德業事功侔乎天地。以此知黄憲之流，只是一箇善夫也〔七〕。

胡敬齋曰：顔子最好處，是「得一善則拳拳服膺而弗失」。孟子最好處，是善端之發，便能擴充以至其極。張横渠十五年做「恭而安」不成，是横渠持身謹嚴，少寬裕温柔之氣，亦可見其工夫親切，但未至自然，終是些病痛。

胡敬齋曰：朱子體段大似孟子，但孟子氣英邁，朱子氣豪放；孟子工夫直截，朱子工夫周遍。

胡敬齋曰：孟子、程子不曾枉做了工夫。如孟子擴充四端，程子主一無適，直在心境上做。

胡敬齋曰：自孟子後千四百年，無人見得此道分明。董子見其大意，孔明有天資暗合處，韓退之揣見彷彿，至程朱方見得盡〔八〕。自朱子後，無人理會得透徹，真西山庶幾。

胡敬齋曰：程子天資高，其於聖賢經義，優游涵泳以得之。朱子天資大，直索窮究到底，不肯放過。

胡敬齋曰：周子「不由師傳，默契道體」，是他天資高，然開示下學工夫，使聖學門庭曉然可入，二程全之。

胡敬齋曰：朱子行狀，學問道理本末精粗詳盡，吾每令初學讀之。明道行狀，形容明道廣大詳密，然渾化純全，非工夫積累久、地位高者領會不得。吾每欲學者先讀朱子行狀，有規模格局，方好讀明道行狀。

胡敬齋曰：行在知之後，故子路之强勇、司馬君實之篤行，皆有差。使致知之工夫至，則二賢何可及也，故程子以爲若達便是堯舜氣象。

胡敬齋曰：范文正公作事，必要盡其方，曰「爲之在我者當如是，其成與否，則有不在我者，雖聖賢不能必，吾豈苟哉」。此范公有脗合聖賢處，故其進退出處超然無累，行藏卷舒過於他人。

羅整庵曰：六經之中，言心自帝舜始，言性自成湯始。舜之四言未嘗及性，性固在其中矣。至湯始明言之，曰「惟皇上帝，降衷于下民，若有恒性，克綏厥猷惟后」。孔子言之加詳，曰「一陰一陽之謂道，繼之者善也，成之者性也。仁者見之謂之仁，智者見之謂之智，百姓日用而不知，故君子之道鮮矣」，又曰「性相近」。子思述之，則曰「天命之謂性，率性之謂道」。孟子祖之，則曰「性善」。凡古聖賢之言性，不過如此。自告子而下，初無灼然之見，類皆想像以爲言，其言益多，其合於聖賢者殊寡，卒未有能定於一者。及宋程、張、朱子出，始別白而言之，孰爲天命之性，孰爲氣質之性，參之孔孟，驗之人情，其説於是乎大備矣。

羅整庵曰：邵子因學數推見至理，其見處甚超，殆與二程無異，而二程不甚許之者，蓋以其發本要歸不離於數而已。其作用既別，未免與理爲二也，故其出處語默，揆之大中至正之道，時或過之。程伯子當語學者云「賢看某如此，某煞用工夫」。蓋必反身而誠，斯爲聖門一貫之學爾。

羅整庵曰：程叔子易傳已成，學者莫得傳授，或以爲請，則曰「自量精力未衰，尚覬有少進爾」。朱子年垂七十，有「於上面猶隔一膜」之歎。蓋誠有見乎義理之無窮，於心容有所未慊者，非謙辭也。

羅整庵曰：元之大儒，稱許魯齋、吴草廬二人。魯齋始終尊信朱子，其學行皆平正篤實。遭逢世祖，致位通顯，雖未得盡行其志，然當其時而儒者之學不廢，虞伯生謂魯齋實啓之，可謂有功於斯文矣。草廬初年篤信朱子，其進甚鋭，晚年所見乃與陸象山合，其出處一節，自難例之魯齋。若夫一生惓惓焉羽翼聖經，終老不倦，其志亦可尚矣。

羅整庵曰：劉靜修之譏許魯齋，頗傷於刻。苟能無失其正，雖進退無恒，未爲過也。竊謂魯齋似曾子，靜修似子路，其氣象既別，所見容有不同。

羅整庵曰：讀書録有云「韓魏公、范文正諸公，皆一片忠誠爲國之心，故其事業顯著，而名望乎動於天下。後世之人以私意小智自持其身，而欲事業名譽比擬前賢，難矣哉」。其言甚當。薛文清蓋有此心，非徒能爲此言而已。大抵能主忠信以爲學，則必有忠誠以事君。事君之忠，當素定於爲學之日。

羅整庵曰：蔡介夫中庸蒙引，論鬼神數段極精。其一生做窮理工夫，且能力行所學，蓋儒林中之傑出者。

羅整庵曰：邵國賢簡端録近始見之，於文義多所發明，性命之理，視近時道學諸君子，較有説得親切處。春秋論斷，其辭尤確，獨未知盡合聖人之意否也。然其博而不雜如此，可敬也夫。

羅整庵曰：邵二泉先生言願爲真士夫〔九〕，不願爲假道學。此言尤可敬也。

## 校勘記

〔一〕極萬化之所行　「所」字原脱，據南軒集卷十濂溪周先生祠堂記補。

〔二〕二程先生唱明道學　「唱」，同治重刊本作「倡」。

〔三〕起敬起慕　「慕」，同治重刊本作「恭」。

〔四〕道豈異而　「豈」原作「其」，據南軒集卷三十六南劍州尤溪縣學傳心閣銘改。

〔五〕奴僕熏腐之餘　「腐」原作「肉」，據勉齋集卷七與鄭成叔書改。

〔六〕寸長片善未嘗棄　「片」原作「一」，據勉齋集卷十九送方明父歸岳陽序改。

〔七〕只是一箇善夫也　「夫」，同治重刊本作「人」。

〔八〕至程朱方見得盡　「程朱」，原作「程子」，據居業録卷三改。

〔九〕邵二泉先生言願爲真士夫　「士夫」，同治重刊本誤「道學」。

朱子學文獻大系　歷代朱子學著述叢刊

# 近思録專輯

嚴佐之　戴揚本　劉永翔　主編

第四册　近思録集解

華東師範大學出版社

**圖書在版編目（CIP）數據**

近思録集解／［清］張伯行撰；羅爭鳴校點.—上海：華東師範大學出版社，2014
朱子學文獻大系·歷代朱子學著述叢刊·近思録專輯/嚴佐之　戴揚本　劉永翔 主編

ISBN 978-7-5675-1942-8

Ⅰ.①近…　Ⅱ.①張…　②羅…　Ⅲ.①理學-中國-南宋　②《近思録》-注釋　Ⅳ.①B244.72

中國版本圖書館CIP數據核字(2014)第056078號

# 近思録集解

（朱子學文獻大系·歷代朱子學著述叢刊·近思録專輯　第四册）

著　　者　張伯行
校 點 者　羅爭鳴
項目編輯　呂振宇
審讀編輯　陳　才
裝幀設計　高　山

出版發行　華東師範大學出版社
社　　址　上海市中山北路 3663 號　郵編　200062
網　　址　www.ecnupress.com.cn
電　　話　021-60821666　行政傳真　021-62572105
客服電話　021-62865537
門市（郵購）電話　021-62869887
地　　址　上海市中山北路 3663 號華東師範大學校内先鋒路口　郵編　200062
網　　店　http://hdsdcbs.tmall.com/

印 刷 者　上海中華商務聯合印刷有限公司
開　　本　890×1240　32 開
印　　張　15.375
字　　數　328 千字
版　　次　2015 年 1 月第 1 版
印　　次　2016 年 5 月第 2 次
書　　號　ISBN 978-7-5675-1942-8/B·843
定　　價　48.00 元

出 版 人　王　焰

（如發現本版圖書有印訂質量問題，請寄回本社客服中心調换或電話 021-62865537 聯繫）

本書爲
二〇一一年度國家社科基金重大項目
二〇一三年度國家古籍整理出版資助項目

# 朱子學文獻大系編輯委員會

# 朱子學文獻大系總序

從一九九三年起，至二〇〇七年止，我們先後策畫，相繼完成了朱子全書、朱子全書外編的編纂和出版，把朱子本人的撰述、編著與注釋之作，及其指導或授意門人弟子的撰著、纂述，作了一次元元本本的文獻清理和集成。而除此之外，這整整十五年來的收穫，還有我們對朱子學説及其歷史意義認識的不斷更新和逐步深刻。

朱子是繼孔子之後，儒家思想文化史上成就最卓越的學者和思想家。近半個世紀前，錢穆先生在朱子學提綱中提出：「在中國歷史上，前古有孔子，近古有朱子，此兩人，皆在中國學術思想史及中國文化史上發出莫大聲光，留下莫大影響。曠觀全史，恐無第三人堪與倫比。」朱子建構的理學思想體系，博大精深，不僅在儒學發展史上具有劃時代意義，而且對其身後長達七百餘年的中國，乃至日本、朝鮮等東亞諸國的思想、學術、社會、政治，都產生了深刻、巨大、恒久的影響。而此影響在思想學術史上留下的顯著印跡，就是後世學者鮮能繞開朱子説事，要麽尊朱、宗朱，要麽反朱、批朱，「與時俱進」的朱子思想研究，成爲貫穿數百年學術史無時不在的主題和主軸。於是，有學者甚至認爲，「在朱熹以後，理學就成了『朱子學』」，朱子就是「理學傳統中的孔子」。這樣的評價，雖然未必「真是」，卻亦庶幾「真事」。推而論之，則所謂「朱子學」，固然是指朱子本人的思想學術，卻又不止是其本人的思想學術。按照陳來先生的説法，朱子留下的豐厚著述與精緻學説，以及七百餘年來，他的同道學友、門人弟子與後世尊朱、宗朱學者，對朱子著述、學説的闡發與研究，即「整體地構成了現如今我們所研究的『朱子學』」。作爲整體、通貫的朱子學，其學術範疇不僅涵蓋易、詩、禮、四書等傳統經學領域，更涉及哲學、史學、文學、政治學、教育學、社會學、文獻學等諸多學科，既是一座内容廣闊、内涵精深的傳統思想寶庫，一份極富開掘意義和傳承價值的文化遺産，也是一門具有多學科交叉特色的名副其實的綜合性專學。

自上世紀八十年代以來，海内外學術界對朱子學研究表現出前所未有的興趣和關切，發展迄今三十餘載，已獲長足進步。但綜觀現狀，反思自省，我們的研究及取得的學術成果，與朱子學本身所應該享有的研究規模和研究程度，還很不相稱，若衡之以「整體、通貫」的要求，則該研究領域中的很大一部分，甚至還未曾涉及過。近年來，關於推進整體、通貫的朱子學研究的想法，逐漸成爲學界的一個共識。如以朱子學爲主題的國際學術研討會在大陸、臺灣、韓國等地數度舉辦，如朱子學通論等朱子學研究專著相繼問世。而「中華朱子學會」、「朱子學學會」等全國性學術團體的成立，則意味著一個「學術共同圈」的初步形成，以及作爲一門獨立學科的朱子學研究已進入一個新的歷史階段。學者們指出，新時期朱子學研究的任務，就是要規劃對宋、元、明、清各個朝代的朱子學，以及每位朱子學家的重要的見解進行分析，把他們流傳下來的書籍、文獻進行整理、研究。而後者，即對歷代朱子學文獻的整理與研究，無疑是前者的先行和基奠。

認識漸趨深刻，遂生自覺擔當。在完成朱子本人撰述的文獻集成之後，我們有意再接再厲，把歷代朱子學文獻整理研究工作繼續下去。先是在朱子全書外編書稿殺青之際，我們就曾醖釀用傳統的「學案體」來編纂歷代朱子學者的相關學術文獻。後來朱傑人教授主編影印朱子著述宋刻集成，又提出編纂出版「朱子學文獻大系」的構想。不過那幾年忙於編纂整理顧炎武全集，既分身無術，也分心不得，只能把研究計劃暫擱心頭。故而，當顧炎武全集一旦脱稿，此事也就順理成章地提上了議事日程。二〇一〇年末，我們開始循著「朱子學文獻大系」的思路策劃課題；翌年初春，確定以華東師大古籍研究所爲主體，組建科研團隊，以「朱子學文獻整理與研究」爲課題，擬訂科研規劃。是年初夏，課題被納入當年國家社科基金重大項目第二批招標目録；秋十月，經過競標面試，以嚴佐之教授爲首席專家的「朱子學文獻整理與研究」課題正式獲批立項；冬十二月，課題論證會在華東師大召開，經專家組評議審定，規劃通過論證，項目正式啓動。按照課題規劃，「朱子學文獻整理與研究」課題，凸顯文獻整理與研究並重的特色，旨在從理論和實踐二個方面，構建一個符合整體、通貫的「朱子學」學科内涵和特點的「朱子學文獻」分類體系，並從浩若煙海的歷代典籍文獻中，梳理出屬於「朱子學」學科範疇的基本文獻資料，打造一個集「朱子學文獻」大成的信息大平臺。爲此，課題設計了「歷代朱子學研究著述集萃校點」、「歷代朱子學研究文類輯録校點」、「歷代朱子著述珍本集成影印」、「朱子學專科目録編撰」和「朱子學文獻專題研究撰著」等項子課題。各項研究的最終成果，則將結集爲一部開放性的大型叢書朱子學文獻大系。

朱子學文獻大系下轄歷代朱子學著述叢刊、歷代朱子學研究文類叢編、歷代朱子著述珍本叢刊、朱子學文獻研究學術文庫四部不同類型的叢書，故稱之「大系」。其中歷代朱子學著述叢刊，擬按學科、著述或學術議題分編專輯，如「朱子經學專輯」、「朱子四書學專輯」、「朱子近思録專輯」、「朱陸異同專輯」等，以集中提供經過精選精校的歷代朱子學重要研究著述的閱讀文本。歷代朱子學研究文類叢編，擬按專題分類輯集散見於各種典籍的朱子學研究篇章，如序跋、劄記、語録、書信等，以集中提供經過遴選類編的歷代朱子學研究文獻散篇的閱讀文本。歷代朱子著述珍本叢刊，擬按時代分編朱子著述宋刻集成、元明刻本朱子著述集成等，以集中提供高仿真影印的朱子著述歷代各色珍稀版本。朱子學文獻研究學術文庫，擬收入具有文獻學研究屬性的各種撰述、編著，如朱子學古籍總目、朱子學史籍考、朱子與弟子友朋往來書信編年等。朱子學文獻大系下轄各叢書都已制訂基本收書書目，但不預設收書總數上限，倘日後發現宜收之書，則可隨時補編增入，故謂之「開放性」大型叢書。各叢書均自有編例，我們但在其下屬專輯或所收撰著前撰寫序言，以交代編纂宗旨與體例，如歷代朱子學著述叢刊之近思録專輯序，歷代朱子著述珍本叢刊之朱子著述宋刻集成序言，朱子學文獻研究學術文庫之朱子與弟子友朋往來書信編年序等，各叢書前則不再撰寫總序。至於歷代朱子學著述叢刊各書的校點體例，如底本、校本的遴選標準，專名號、書名號的使用規範，異體字、版別字的處理方法，舛誤衍闕的改字原則，以及校勘記的書寫格式等，皆一併延循朱子全書編纂陳例，在此不再贅述，若遇特殊需作變通，則在各書校點説明中予以交代。

朱子學文獻大系是我們按自己對整體、通貫的朱子學的認識，而爲之「量身定制」的一個朱子學文獻庫，囿於識見，必欠周詳而不能盡如人意。好在大系是「開放」的，可以隨時吸納同道高明之見，不斷補充，漸臻完善。朱子學文獻大系的規模、體量和難度，都超出朱子全書與外編許多，這樣的設計或許有些「自不量力」。編纂朱子全書、外編用了整整十五年，況且那時我們纔年過「不惑」，而今則已年屆「耳順」、「從心」之間，十年再磨一劍，能否一如既往，勝任始終，尚難卜知。好在整理與研究朱子學文獻並非心血來潮之念，更非趨時應景之計，而是建設與發展整體、通貫的朱子學的真切需要，是必須要做的學術事業，也好在我們有一個同心同德的學術團隊相依託，還有華東師大出版社的精誠合作。所以，朱子學文獻大系成果的不斷推出和最終成功，是必然可以期待的。

二〇一四年五月　嚴佐之

# 歷代朱子學著述叢刊・近思録專輯序

## 一　近思録的「被經典」與近思録後續著述

編纂於公元一一七四年的近思録，在經過七八百年傳播的層層累積之後，最終成爲最能代表中國古代主流學術思想的經典之一。這樣一個結果，應該是主編朱子及其合作者吕祖謙始料未及的。因爲朱子當時邀約吕祖謙在武夷山寒泉精舍「留止旬日」編纂此書的初衷，不過是想替那些僻居窮鄉而不能遍觀周、張、二程諸先生之書的讀書人，提供一部能比較準確、全面、系統概括四子思想，且又切近日用、便宜遵行的理學入門讀本。雖説書稿初成之後，他倆仍不斷書信往返，商榷編例，其取去不可謂之不審，互議不可謂之不勤，但近思録畢竟是「十日談」出來的「速成品」。雖説朱子也自以爲近思録詳於「義理精微」，堪稱「四子之階梯」，但畢竟還算不上他用力最勤最深的撰著，至少不能與其臨終仍念念不忘的四書章句集注相提並論。然而，就是這麼一部原初設定的學術思想普及讀本，卻在朱、吕身後，被後世學者一步步發掘出潛藏的巨大學術價值，一步步提升到顯要的理學經典地位。這樣的結果確實很有意思，而更有意思的還有那個漫漫長長的累積過程。

回溯歷史，早在朱子生前，就已有他的講友劉清之，取程門諸公之説，爲之續録。及其身後，近思録注解、續補之作更是紛至競出，弟子輩中有陳埴雜問、李季札續録、蔡模續録、别録和楊伯喦衍註，再傳弟子有葉采集解、熊剛大集解、何基發揮、饒魯注、黄績義類，以及三傳弟子程若庸注等。而由建安書塾刊行的無名氏文場資用分門近思録，則表明近思録已進入當時科舉讀物的榜單，讀者受衆勢必益多。是以近思録在南宋後期，就已被學者視爲「我宋之一經，將與四子並列，詔後學而垂無窮者」。繼之元世，又有趙順孫爲之精義，戴亨爲之補注，柳貫爲之廣輯，黄溍爲之廣輯，學者們注解、續補的熱情有增無減，皆並尊「近思録乃近世一經」。明初，永樂詔修性理大全，「其録諸儒之語，皆因近思録而廣之」，是知此書已對國家意識形態産生不小影響。只是明人注近思録者鮮少，明世盛行的讀本，大多是周公恕據葉采集解擅改的分類經進近思録集解。不過這樣的情勢，也多少能反映出王學時代朱子近思録的「社會生態環境」。明季清初，學風蜕變。於是，先有高攀龍朱子節要、江起鵬近思録補、錢士升五子近思録等陸續問世，其性質多屬續補仿編一類。易代之後，則有王夫之著近思録釋、張習孔作近思録傳、丘鍾仁撰近思録微旨等，内容更多反思和發揮。洎此以降，終清一代，近思録愈發大行於世，研讀成果更是層出不窮。據學者調查統計，清代近思録研究著述多達四十餘種。其中屬注解詮釋一類的，有張伯行集解、李文炤集解、茅星來集註、江永集註、陳沆補注、劉之珩增注、車鼎賁注析微、郭嵩燾注、張紹價解義等；屬續補仿編一類的，有朱顯祖朱子近思録、張伯行續録、廣録、汪佑五子近思録、施璜五子近思録發明、劉源渌續録、鄭光羲續録、嚴鴻逵朱子文語纂編、黄叔璥集朱、黄爽集説、管贊程集説、姚璉輯義、吕永輝國朝近思録等；屬隨筆札記一類的，則有汪紱讀近思録、李元綱隨筆、秦士顯案注、徐學熙小箋、陳階劄記、厲時中按語等。與此相應，是清人對近思録評價的一路抬升，稱此書「直亞於論、孟、學、庸」，以爲「救正之道必從朱子求，朱子之學必於近思録始」。如上所述，林林總總，蔚然大觀，爲便宜叙述起見，且以「近思録後續著述」概稱之。

據學者調查，歷代近思録後續著述總數多達百種以上。然竊以爲仍有佚著尚未計入，總量還有提升的可能。不僅如此，近思録還流布域外，在古代東亞的朝鮮、日本也得到廣泛傳播，非但屢屢重刻傳抄，爲之注釋者亦絡繹不絶。一部古代學術典籍，竟然獲得後世如此恒久的關注和衆多密集的研究！這樣的故事，自然只有儒、釋、道學的「核心」經典才會發生。無怪乎梁啓超、錢穆先生，皆奉近思録爲宋代理學經典之首選，以爲「後人治宋代理學，無不首讀近思録」。既爲古代學術思想之經典，近思録固然有其可以古今轉换、歷久彌新的思想意義和學術價值。然而，有意義、有價值的還遠不止於近思録本身，七八百年來廣泛流布於中土、東亞的衆多近思録後續著述，同樣是一大筆值得後世珍視的思想學術史寶貴資源。

## 二　近思「續録」彌補了近思録無朱子思想資料的缺憾

近思録是朱子的編著而非撰著，它與朱子學術思想的關係，主要在其爲近思録篇章分卷的結構設計，及其對四子語録的遴選審訂，體現了朱子對理學早期思想體系的宏大思考和縝密建構。至於近思録的内容，並不能真正、完全反映朱子本人的思想，因爲書中並無朱子思想資料的記録。陳來先生説「錢穆先生推薦的國學書目，近思録下面就接著王陽明的傳習録，跳過了朱子，這是我不以爲然的」，因爲「近思録所載的是理學奠基和建立時期的四先生思想資料，其中並没有理學集大成人物朱子的思想資料」。其實，錢穆先生並非學不知此情，在復興中華文化人人必讀的幾部書一文中，他是這樣説的：「這書把北宋理學家周濂溪、程明道、程伊川、張横渠四位的話分類編集，到清朝江永，把朱子講的話逐條注在近思録之下，於是近思録就等於是五個人講話的一個選本。這樣一來，宋朝理學大體也就在這裏了」。雖然，但陳先生指出近思録無朱子思想資料的意思没錯，而僅靠江永集註，也未能完全解決近思録無朱子思想資料的問題。

近思録無朱子思想資料的缺憾，其實是朱子後學早就深切關注的問題。清初朱顯祖就曾爲此大發感慨：「因思自孔、孟以後，歷漢、唐來千有餘載，始得有宋周、張、二程諸大儒，直追堯、舜相傳之意，其間精微廣大，賴先生近思一録爲之階梯，俾後學得以入門，而先生在宋儒中更稱集大成者，乃其生平格言實行，反未載於録内，豈非讀近思録者之大憾也乎！」可以説，在朱子近思録構建的理學框架中添置朱子語録，接續朱子思想資源，一直是近思録後續著述的「重頭戲」。我們看清張伯行續近思録序説：「自朱子與吕成公采摭周、程、張四子書十四卷，名近思録，嗣是而考亭門人蔡氏有近思續録，勿軒熊氏有文公要語，瓊山丘氏有朱子學的，梁溪高氏有朱子節要，江都朱氏有朱子近思録，星溪汪氏又有五子近思録，雖分輯合編，條語微各不同，要皆仿朱子纂集四子之意，用以匯訂朱子之書者。」幾乎就是對近思録「集朱續録」的「學術史回顧」了。只是嚴格來説，其中元熊禾文公要語、明丘濬朱子學的，並非「仍近思録篇目，分次其言」者，而名實相符的「集朱續録」，還另有元趙順孫近思録精義、明劉維深續近思録、錢士升五子近思録、清劉源渌近思續録、張伯行續近思録、孫嘉淦五子近思録輯要、黄叔璥近思録集朱等多種。不僅如此，近思録的注解也多以「集朱」爲旨。如宋楊伯喦衍註、葉采集解，清李文炤集解、陳沆補注等，都大量采集朱子文獻爲四子注解，而江永集註更是「取朱子之語以注朱子之書」的典型。

對於後世朱子學者在「集朱續録」這個學術議題上的執著追求，四庫館臣似乎有些不以爲然。他們認爲張伯行續近思録「因近思録門目，采朱子之語分隸之，而各爲之注」，實不足爲重，説「自宋以來，如近思續録、文公要語、朱子學的、朱子節要、朱子近思録之書，指不勝屈，幾於人著一編，核其所載，實無大同異也」。職是之故，像劉源渌近思續録、張伯行續近思録等，只能被打入存目。按説後世纂輯朱子思想資料，無非是從傳世的文集、語類、或問等著述中遴選摘取，各家續録内容有所重複，似亦在所難免，若就此而言，四庫館臣的訾議也不無道理。但若謂之「指不勝屈，幾於人著一編」，則似屬誇大之詞；而謂之「核其所載，實無大同異」，更有以偏概全之嫌。

其實，「集朱續録」在輯録條目總數、選録文獻内容、徵引文獻書目和輯録編纂體例等方面，是很有些差異的。例如最早編纂於南宋寶慶三年的蔡模近思續録，共選輯朱子語録四百三十八條。到清初汪佑編五子近思録，據明高攀龍朱子節要采録朱子語録五百四十八條，較蔡録多一百十條。至清康熙二十三年朱顯祖纂朱子近思録，又增至七百八十五條，多出蔡録三百四十七條，汪録二百三十七條。繼而康熙四十年劉源淥纂輯續近思録，更多至八百五十三條，庶幾最初蔡録之翻倍。可見「集朱續録」的規模體量，直是一路「水漲船高」。再如專論「性理」、「道氣」等形上議題的卷一道體篇，蔡録凡二十三條、汪録五十一條、朱録一百十四條、劉録三十五條、張録七十四條。專談「治具」、「治功」等形下議題的卷九治法篇，蔡録凡五十五條、汪録十六條、朱録一百十條，劉録一百條、張録二十四條。可見「集朱續録」的選項各有側重。張伯行尤喜高談性理學説，對治政實務反倒興趣不大。劉源淥恰好相反，論性理不及汪録之多，談實務卻是汪録六倍。朱顯祖則性理、治政二者並重，均采輯百條之多。究其原因，自當與續録者的治學趨向和學術水平相關。再説徵引文獻範圍之異。蔡録所用朱子文獻，有文集、語録、易本義、書傳、大學或問、論語或問、太極圖、四書章句集注、西銘解、易學啓蒙、經説、手帖、詩傳等。而朱録所取，既有「專刻」之朱子文集、朱子奏議與經濟文衡、年譜、語録諸書，還有「匯刻」之性理大全、儒宗理要、聖學宗傳與世憲編、證心録等書。再如編纂體例之異。如蔡録、汪録、朱録都是單純的「集朱」，而張録則「采朱子之語分隸之而各爲之注」。蔡録、朱録、張録等都是單一的「集朱」，汪録卻是朱子與四子的合一。一隅之證，雖不足窺其全，但已可知四庫館臣「核其所載，實無大同異」的訾議，有失武斷，不足爲訓。

近思録「集朱續録」之所以會不斷「再生産」，或有以下幾個原因可以考慮。首先，固然是朱子思想在理學傳承中不可或缺的重要性，使人不約而同地想到且做到一塊去。其次，是否還應考慮到當時圖書流通、信息傳播的局限問題。如高攀龍、錢士升、朱顯祖、汪佑、劉源淥等，他們在編纂續録時都没有提到蔡模近思續録，説明此書在明末清初並未通行。又如籍貫山東青州府安丘縣的劉源淥，「瀝盡心血二十餘年」編纂續録，卻不知十多年前江都朱顯祖就已編成朱子近思録行世。這都説明那個時代的學術信息不够靈通，以致造成研究課題的撞車。再者就是對既有「集朱續録」不稱意，自以爲需要重起爐灶。如清乾隆間孫嘉淦重纂五子近思録輯要，就是因其不滿汪佑五子近思録有「抑揚近似」之嫌。他説：「汪録雖使『濂洛關閩之微言燦然備矣，然而張子之言間有出入，二程之語多出於門人所記，朱子之學與年俱進，其早年所著，有晚而更之者矣。後之學者，目不睹五子大全，又恐泥其抑揚近似之辭，或有毫釐千里之謬。蓋非前人之書尚有未善，而吾所以憂後學之心至無已也。書有以多爲富，亦有以簡爲明，有語之而欲詳，有擇焉而欲精。因不揣固陋，即舊編而更審擇之。」可見孫氏之所以重整輯要，就是要表達自己對朱子思想的不同理解。

總而言之，「集朱續録」之所以長盛不衰、層出不窮，主要還在於傳世的朱子文獻承載著廣大精微的朱子學説，其數量和範圍，都遠遠超出朱、吕編纂近思録時所面對的北宋四子文獻，而後世「續録」者更無一能如朱子這般「一錘定音」者，於是就給後人騰出了盡己之見而去取編纂的發揮空間。這也恰好證明，歷代朱子學者接連不斷編纂出面目各異的近思録「集朱續録」，正是他們對朱子理學思想的認知差異和詮釋演化的一個絶佳縮影。而這樣的「縮影」效應，還存在於其他非純粹「集朱」的近思録後續著述中。

## 三　近思「補録」構築起宋元明清程朱理學史基本框架

近思録後續著述的另一類型，是在朱子近思録構建的理學框架中添置歷代程朱學者的思想資料。因其書名多用「别録」、「後録」、「補録」、「廣録」等，爲了與純粹「集朱」的「續録」相區别，且用「補録」概稱之。

最早編纂「補録」的是朱子講友劉清之。據朱子語類記載：「劉子澄編續近思録，取程門諸公之説。某看來其間好處固多，但終不及程子，難於附入。」「程門諸先生親從二程子，何故看他不透。子澄編近思續録，某勸他不必作，蓋接續二程意思不得。」是知劉清之續近思録是一部專「取程門諸公之説」的「補録」。不過劉清之的編纂熱情被朱子澆了一頭冷水，因爲朱子一向認爲程門弟子未能盡得乃師真傳，用「程門諸公之説」解釋近思録，很有可能與程子原意發生偏差，故「勸他不必作」。至於劉清之是否聽從朱子之勸而中輟編纂，確實是個問題，因爲宋史本傳所載劉清之著述，並無名「續近思録」或「近思續録」者，歷代公私藏目、史志補志也一無著録。不過巧合的是，在傳世的近思「補録」中，倒是有一部南宋末佚名編近思後録，專取「吕侍講」、「范内翰」、「吕正字」、「謝上蔡」、「游察院」、「楊龜山」、「尹和靖」、「侯仲良」、「朱給事」、「胡文定」等「程門諸公之説」。這部宋建安刻本近思後録未題編撰者姓名，但從其引録文獻的範圍和内容來看，似乎還是存在著與劉清之續近思録相關聯的想像空間。此外，編纂過近思續録的蔡模還編纂了一部近思別録。與佚名近思後録專「取程門諸公之説」不同，別録只取朱子道友張栻、吕祖謙二先生之語。這或許是因爲蔡模身受朱子親炙，比較領會乃師對程門後學的態度，也或許是因爲他知曉已有專「取程門諸公之説」的劉氏「補録」，故不事重複。但不管怎樣，別録的編纂，切實爲近思録補上了南宋理學思想資料的重要環節。

明萬曆間，江起鵬纂近思録補，首次汲取明四大朱子學者薛瑄、胡居仁、蔡清、羅欽順的言論，使近思「補録」的歷史延伸到了明代。江起鵬字羽健，萬曆二十三年進士，生於朱子闕里婺源，也是一位理學思想的信奉者。他自述「年十齡，先大夫授以近思録、薛文清公讀書録」，「年十三，授以程明道先生語略、王陽明先生則言」，「既而得胡敬齋先生居業録，益用嚮往」，復「亟求羅整庵先生困知記、蔡虚齋先生密箴二書讀之，實有啓發」。而這樣的知識背景，確實也在他的補録裏有所反映。江氏近思録補共涉及二程、朱子、張栻、吕祖謙、黄榦、李方子、真德秀、薛瑄、蔡清、胡居仁、羅欽順十二家之言，較之蔡氏別録、佚名後録，更構築起了自宋及明的近思録閱讀、詮釋史框架。

清人近思「補録」，有施璜五子近思録發明、張伯行近思廣録、吕永輝國朝近思録等數家。施璜是汪佑五子近思録的「合編參較」者，所謂「發明」，就是在汪氏五子録的基礎上再添補薛敬軒、胡敬齋、羅整庵、高景軒四位明代最重要朱子學者的思想資源。施璜認爲明四子乃宋五子之「羽翼」，「匯萃其精要者，以附於各卷之末」，就是「以四先生之言，發明五先生之旨」。張伯行廣録精萃張栻、吕祖謙、黄榦、許衡、薛瑄、胡居仁、羅欽順等宋元明七位大儒的語録，他説：「余於近思録所爲，既詮釋之，而又續之，而又廣之，冀有以章明義蘊，引進後人，而且儒書於不墮也。」可知寓朱子「詮釋」於近思「補録」，乃其有意識的「預謀」。此後，又有無錫鄭光羲編集續近思録，據四庫提要介紹：「是編前集十四卷，采薛瑄、胡居仁、陳獻章、高攀龍四人之説。後集十四卷，采王守仁、顧憲成、錢一本、吴桂森、華貞元及其父儀曾六人之説。」顯然，那是一部專收明儒語録，並輯録最多的近思「補録」，而其將陳白沙、王陽明這二位心學先進，以及東林諸儒也補録於中，更是「别具一格」，而大可深究。可惜鄭録今已難覓蹤跡。清光緒二十六年，吕祖謙裔孫吕永輝，精選清初陸桴亭、張楊園、陸稼書、張敬庵四位朱子學者的語録，編成國朝近思録一書，彌補了近思「補録」不及清人的缺檔，雖然收録有限，但畢竟在時間跨度上完成了近思録詮釋史清代部分的接續。吕永輝在自序中，吕永輝説了這麽一番話：「竊思一代則必有一代之聖賢，以綿道統於不墜。上古之世，堯、舜、禹、湯，爲開天明道之聖人。中古之世，孔、顔、曾、孟，爲繼世立極之聖人。宋之世，有周、程、張、朱五子，爲繼往開來之聖人。其後接其傳者，元有趙江漢、劉靜修、許魯齋，明有薛敬軒、胡敬齋、羅整庵、先司寇。當末世絶續之交、天地閉塞之時，則有陸桴亭、張楊園，養晦深山，獨延道統于一綫。逮我國朝，則陸清獻公、張清恪公出焉，恪守程朱，以開文明之運。嗚呼，尚矣！是近世之儒近思而有得之者，推二陸、二張四先生爲最純，悉具内聖外王之學，誠正齊治之略，得周、程、張、朱之的派，爲千古道統之正傳。因取四先生之書，讀而校之，擇其尤切近者若干條輯之，庶天下國家身心誠正之隆軌在是焉。學者近思而力行之，則入聖階梯不遠矣。」可見，對於近思録「續録」「補録」的思想學術史意義，清代學者已具有相當深切的認識。

## 四　近思録注解、札記及其思想學術史文獻價值

近思録後續著述的再一大宗，就是歷代學人對近思録的注解詮釋和閲讀札記。鑒於「續録」「補録」的思想資源多非直接應對近思録而言的文獻，相比之下，歷代注解、札記應該是與近思録關係更爲密切的學術文獻，理應更能體現近思録傳播、閲讀、接受史的意義。

近思録歷代注釋，今存宋楊伯嵒、葉采，清張習孔、李文炤、張伯行、茅星來、江永、陳沆、郭嵩燾、張紹價等十餘家。亡佚未見者，則有元何基發揮、明程時登贅述、程若庸注、清王夫之釋、劉之珩增注、車鼎賁注析微、秦士顯案注、陳大鈞集解等。近思録歷代札記，現有宋陳埴雜問、清汪紱讀近思録、李元湘隨筆、令狐亦岱摘讀、黑葛次佩氏復隅、陳階札記、厲時中按語、張楚鍾理話等。亡佚未見者，則有清丘鍾仁微旨、徐學熙小箋等。不難看出，近思録注釋者和札記撰者的學術地位和影響力，與「續録」「補録」收録的人物，總體上存在較大「級差」。就是説，被「續録」「補録」收入的人物，幾乎全是歷代程朱學派的領袖、主將，或宗朱一派學者的代表人物。從二程先生及其高弟吕希哲、范祖禹、吕大臨、謝良佐、游酢、楊時、尹焞、侯仲良、朱光庭、胡安國，到朱子及其道友張栻、吕祖謙，門人黄榦、

李方子，從元、明朱子學「大佬」許衡、薛瑄、蔡清、胡居仁、羅欽順、高攀龍，到清初名臣陸世儀、張履祥、陸隴其、張伯行等，無一不是在中國儒學史、理學史上數得著的重要人物。就此而言，由歷代「續録」「補録」貫串起來的，或可看做一部展現朱子學者「精英」學術思想的近思録詮釋史。這固然很有意義，但近思録本質上是一部普及性的理學初級讀本，它在一般讀者中如何傳播，又曾激起怎樣的思想反響，諸如此類的問題，其實也很有探究的意義，而這卻不是「續録」「補録」所能提供的。反觀歷代近思録注解、札記的作者，似乎僅有朱子高弟陳埴、清初名儒張伯行、乾嘉學者汪紱，堪稱朱子學名家。當然王夫之、江永、魏源、郭嵩燾等也聲名卓著，但王船山繼承的主要是張横渠一脈，江慎齋擅名經史考據而非義理發揮，魏默深、郭伯琛二人的思想影響力也不在其宗朱一面。至於宋葉采、楊伯嵒，清張習孔、茅星來、李文炤、陳沆、李元湘、陳階、徐學熙等，似乎都算不上伊、洛、閩學源流脈絡中的頂尖學者、代表人物。然而，恰是這些非一流學者的詮釋意見和閱讀心得，使我們能瞭解近思録在一般宗朱學者中的閱讀狀況和思想反饋，從而與「續録」「補録」互爲補充，體現出面向更爲寬闊的近思録思想學術史意義。

爲近思録作注釋、寫札記最多的，無疑是清代朱子學者。鑒於「續録」「補録」中清代思想資源的相對欠缺，存世的諸多清人近思録注釋、札記，無疑是研究清代近思録詮釋史的寶貴文獻。這裏且舉三個比較有意思的例證：汪紱讀近思録、陳沆近思録補注和郭嵩燾近思録注。

汪紱字燦人，號雙池，徽州婺源人，著有理學逢源等。傳稱汪紱治學，「研經則參考衆說，而一衷于朱子」，「述作博及兩漢、六代諸儒疏義，元元本本，而一以宋五子之學爲歸」。在新編中國儒學史中，汪紱與謝濟世、尹會一、陳宏謀、雷鋐、朱珪等，一道被列爲乾嘉時期宗程朱之學的理學代表人物。有意思的是，六人中的四位，尹會一、陳宏謀、朱珪、汪紱，都曾注釋或刊刻過近思録。汪紱讀近思録約撰於乾隆十九年，在此之前，他的同鄉江永已推出新注本近思録集註。汪紱與江永同爲宗朱一派，但兩人「只有書牘往來，而未嘗相見」，關係並不密切。從書信來看，汪紱對江永治學頗多異議，江永則覺得汪紱的意見「與鄙衷殊不相入」。江、汪都對近思録抱有濃厚興趣，只是江永集註多「采朱子之言爲注釋」，而汪紱讀近思録則盡是自己的解讀。倆人在問學路徑上的不同，及其學術觀點的碰撞，在汪紱讀近思録中多有展現。如近思録卷九收入程子論「井田制」二則，江永集註引用朱子之語，明確表示井田今不可行，汪紱讀近思録則針鋒相對，以爲「井田亦可因而行」。衆所周知，「井田」、「封建」、「郡縣」等問題，是清初顧炎武、黄宗羲、陸隴其等十分關心、經常討論的一個涉及當下土地制度乃至政治制度的議題。今從汪紱讀近思録可知，這個議題直至乾嘉時期還在繼續爭議之中。

陳沆字太初，號秋舫，湖北蘄水人，嘉慶朝狀元，「以詩文雄海内」，世稱「一代文宗」。陳沆補注的一個重要看點，就是其中收入了好友魏源的注釋，並在全書編例、材料取捨上，都很大程度地聽取、采納了魏源的意見。如修訂稿卷首原抄録孫承澤一段話：「孫北海曰：學有原委，原云端正則委自分明，如大學之『明德』，中庸之『天命』，論語之『務本』，孟子之『仁義』，皆自原頭説起，使學者有所從入。不然，原本不識，用力雖勤，而誤墮旁蹊者不少矣。故近思録首卷宜細爲體認，朱子『識個頭腦』四字，良非易事。」但這段孫北海語録，被魏源審稿時一筆勾删，並在欄上眉間批字曰：「孫氏姓名有玷此書，且其語亦支離之甚。今學者第從第二、三卷『存養』、『致知之方』作工夫，有誤落旁蹊者耶？且空識名目，亦未必遂能通道不惑也。」孫承澤是明末清初由王學轉向朱學的代表人物，他仿近思録例，輯周、程、張、朱之言爲學約一書，復以明薛瑄、胡居仁、羅欽順、高攀龍四家之語編撰學約續編，還撰寫考正晚年定論，逐條批駁陽明朱子晚年定論，這些都是朱子學史上有代表性的文獻。然其一味尊朱，乃至「字字阿附」，處處回護，幾乎到了「佞朱」的地步。以致後來遭四庫館臣詬病，譏評他「末年講學，惟假借朱子以爲重」。物極必反，「佞朱」實則「誤朱」，這就引起宗朱陣營反思，「痛聖人之道不晦于畔朱之人，而即毁于從朱之人」。所以，孫北海條目的收入和删去，都反映了清代朱子學者在如何傳承朱子學説問題上所持的不同態度。魏源注近思録在陳沆補注中雖僅十一條，卻是其傳世詩文著述之外的佚文。而讀者也可由此知曉，這位近代「睜眼看世界」的先行者，在接受西方新事物、新思想的同時，依然保持對程朱理學的傳統情懷。

無獨有偶，郭嵩燾這位清廷首任駐英、法使節、近代「洋務運動」幹將，在寫下使西紀程的同時，還留下一部他多年閱讀近思録的學術札記。根據郭嵩燾題識，知道他於近思録曾「瀏覽所及四十餘年」，更在同治七年至光緒十年的十多年裏，「前後四次加注」。就是説，在郭嵩燾罷官歸隱、出使英法、海外召回、二度貶黜的那段跌宕起伏的仕宦歲月裏，其案頭書架，一直都有近思録的存在。這就不免讓人想到一個問題，一般總説理學家守舊，是政治改良、社會革命的思想阻礙。按此推論，思想「與時俱進」、政治理念「開放」的郭嵩燾，如此熱衷近思録這部理學入門讀物，似乎有悖常理，那些唾他唾沫的守舊儒臣，才該是近思録的「粉絲」。其實，讀不讀近思録與一個人的政治理念没有太多關係。清初，無論是「明遺」王夫之、張履祥、吕留良，還是「儒臣」孫承澤、張習孔、張伯行，都曾注釋、仿編或刊刻過近思録，但「明遺」與「儒臣」對滿清新政權的政治態度是截然不同的。郭嵩燾爲什麽要長年閱讀、「四次加注」近思録？據其自述：「深味近思録所以分章之義，盡看得大，所録四子之言，亦多是從大處説，而於一言一動之微，依然條理完密，無稍寬假。是以流行七八百年，奉此書爲入德之門，而體例之博大，記録之精審，尚亦非淺學者所能窺見也。」由此看來，他是把近思録作爲自我修養的經典來反復奉讀的，而郭注正是他多年來研讀近思録的心得手札。郭注重在義理思辨，尤多獨特見解，對周、程、張四子思想，既有發明，亦有持疑；對朱子及張栻、黄榦、葉采、江永等人的詮釋，則頗多異議辨正。且其闡發議論，多聯繫世事，切近日常，時而感慨時政之患，時而抨擊世風之弊，讀來耳目一新。故此，郭注的發現和整理，無論對近思録在清代的傳播研究，還是對清代思想家郭嵩燾的研究，都有相當重要的參考價值。

總之，與近思録這部理學入門讀物「被經典」的歷史進程同步，産生了一大批續補仿編、注釋集解、閲讀札記等近思録後續著述；這批理學文獻的編者撰者，無不遵循朱子爲近思録架構的理學體系，針對近思録提出的理學話語、議題和思想，「與時俱進」地闡發各自的理解和見解，從而映畫出一幅七百年理學思想史的學術長卷。

## 五　近思録專輯的收書與版本

對近思録後續著述及其思想學術史意義的認識，是在執行「朱子學文獻整理與研究」

課題的過程中不斷深化的。從規劃初選七種近思録後續著述整理校點，到最終擴充爲二十一種，并獨立成歷代朱子學著述叢刊的一個專輯，就是爲了充分傳達我們的這一認識，並使之成爲有益於學者展閲、研讀這幅思想學術史長卷的基本參考文獻。

近思録專輯收入近思録後續著述凡二十一種，依次爲：宋楊伯嵒泳齋近思録衍註、宋葉采近思録集解、宋陳埴近思雜問、宋蔡模近思續録、宋蔡模近思别録、宋佚名近思後録、明江起鵬近思録補、清張習孔近思録傳、清李文炤近思録集解、清張伯行近思録集解、清張伯行續近思録、清張伯行廣近思録、清黄叔璥近思録集朱、清茅星來近思録集註、清施璜五子近思録發明、清江永近思録集註、清汪紱讀近思録、清劉源淥近思續録、清陳沆近思録補注、清郭嵩燾近思録注、清吕永輝國朝近思録。其中宋人著述六種、明人著述一種、清人著述十四種；若按著述類型計，則有註釋集解九種、研讀札記二種、續編補編十種。專輯的收書理念，是兼顧文獻的發展階段性和學術典型性，儘可能把握主脈，真切反映近思録後續著述及其學術演變的歷史面貌。譬如，出自宋元著述遺逸多、流存少的考慮，專輯把僅存的宋人二種注解、三種續補和一種札記「一網打盡」，悉數收輯。明人著述也不多，傳世更少，但專輯只收江起鵬近思録補一種，那是考慮到周公恕分類經進近思録集解，不過是改編葉采集解而成，錢士升五子近思録，不過是合刻高攀龍朱子節要與近思録而已，都缺乏獨自的思想學術價值，故寧缺而毋濫。清代著述最多，遴選最費思量，大致是循清學之變，分前、中、後三個時期，擇優取精。前期跨康、雍二朝，斯時朱子學最盛，共收書八種。其中四家注釋，張習孔是今存最早的近思録注家，李文炤是湖湘學派的領軍人物，張伯行是向康熙力推程朱學説的理學名臣，茅星來集註「於名物訓詁考證尤詳」，各具典型意義。「續録」「補録」四種，收施璜五子近思録發明，而不收汪佑五子近思録，是因爲前者可以兼容後者；收劉源淥續録而不收朱顯祖朱子近思録、嚴鴻逵朱子文語纂編，是因爲朱録、嚴編不如劉録精要而有影響；收張伯行續録、廣録，是因爲能與其集解合觀，完整反映他的近思録詮釋思想。乾嘉之世，理學式微，考據風行，相傳書坊中已難見程朱之書，但今觀其時近思録著述仍不絶如縷。專輯收江永集註、黄叔璥集朱、汪紱讀近思録三種，注釋、續録、札記各占其一，數量雖少，庶幾尚能對清中期之概貌，獲一管窺。至於前述孫嘉淦五子近思録輯要，雖亦不無存留意義，但畢竟囿於汪氏五子録的格局，學術價值稍遜，故而割捨不取。晚清同、光時期的近思録著述之多，出乎意外。作爲後期典型，專輯選取陳沆補注、郭嵩燾注、吕永輝國朝近思録三種，其文獻價值、學術意義已在前文交代，兹不贅述。至於未收的黄奭近思録集説、李元綱五子近思録隨筆、黑葛次佩氏近思録復隅、張楚鍾小學近思理話、管贊程近思録集説等，則因其學術性稍差，或尚欠細究而不敢卒定。

近思録專輯收書在版本遴選上也力求精善，且有重大收穫。所收二十一種書籍，有四庫全書、四庫存目叢書、四庫禁燬書叢刊、續修四庫全書影印本的十一種。而其他十種中，屬海内孤本的就占六種，分别是北京大學圖書館藏日本寬文年間刻本宋蔡模近思别録、臺北「中央圖書館」藏南宋末建安曾氏刻本宋佚名近思後録、無錫市圖書館藏明萬曆三十二年自刻本江起鵬近思録補、上海圖書館藏清康熙十七年飲醇閣刻本清張習孔近思録傳、國家圖書館藏稿本清黄叔璥近思録集朱、遼寧圖書館藏清抄本清郭嵩燾近思録注。需要指出的是，宋刊近思後録曾收入臺灣四庫善本叢書初編影印出版，但此叢書本今已難以尋覓。國圖藏黄叔璥近思録集朱稿本，在校點告竣後獲知又被新編子海（珍本編）收入影印，但那是一部修訂待定稿本，書葉行間塗抹勾畫，粘有許多浮簽，整理本根據原稿提示，對浮簽及其覆蓋的文字，都一一加以校理，是未作技術處理的影印本無法取代的。至於宋刊近思别録、明刊近思録補、清刊近思録傳和清抄本近思録注，都是别無他見的唯一遺存。此外，像清光緒刻本吕永輝國朝近思録，也僅有國家圖書館、新鄉市圖書館二處收藏，但二館藏本各有破損，整理本合而校之，始臻完善。至於有四庫系列叢書收入影印的十一種典籍，雖然較爲通行易見，但專輯整理本通過精校，也多有勝出之處。如四庫存目叢書本清李文炤近思録集解，是根據華東師範大學圖書館藏殘本影印，僅存三卷，整理本别據湖南省圖書館藏殘本校補，遂成全帙。又如續修四庫全書影印本清陳沆近思録補注，係出湖北省圖書館藏清陳氏白石山館稿本，但那也是一部修訂稿，增補删改，塗抹勾畫，閲讀極爲不便，整理本另取清華大學圖書館藏清道光間刻本爲底本，以稿本校之，更稱精善。再如收入四庫禁燬書叢刊的清張伯行近思録集解，是據乾隆元年尹會一揚州安定書院刻本影印，然而經過版本調研，發現該本與今存極少的康熙間正誼堂原刻本，竟有多處重要文字異同，爲後人重刻時故意删改，整理本遂以原刻爲底本，以重刻本對校，既保存原始真意，又可在先後改易之間，探其隱情。再如宋葉采近思録集解、清江永近思録集註，是二種最常用的近思録注本，但無論是四庫全書影印本，還是新版校點本，所用底本都不盡如人意，比如現存最早的元刻明修本葉解、清嘉慶婺源李氏刻本江註，就不及清康熙邵仁泓刻本、清同治江蘇書局刻本後出轉精。凡此，整理時都秉持精益求精的理念，實事求是地作了底本更换。

遵循歷代朱子學著述叢刊規定，近思録專輯各書大體遵照中華書局擬訂的校點體例，從嚴從難執行，個別處如專名號的使用等，則根據近思録後續著述的特點，稍作更趨細化的改動。作爲歷代朱子學著述叢刊這部開放性學術史叢書的第一種子叢書，近思録專輯的編纂整理具有一定的試驗性。雖然明知「盡善盡美」是爲不能，但我與我的同仁，仍願持守「爲所不能爲」的精神，勉力而爲。我們期盼對近思録後續著述的思想學術史意義的認識能得到學界同道的認同，也期待近思録專輯的整理出版能對推進朱子學史研究有切實的助益，更渴求賜讀此專輯的高明之士能糾其不逮，不吝賜教。

二〇一四年三月　嚴佐之

［清］張伯行 撰 羅爭鳴 校點

# 近思録集解

# 目録

# 校點説明

張伯行，字孝先，晚號敬庵，河南儀封（今蘭考）人，學者習稱儀封先生。生於清世祖順治八年冬十二月（一六五二），卒於世宗雍正三年（一七二五），年七十四歲。康熙二十四年（一六八五）舉進士，歷官江蘇按察使，福建巡撫，江蘇巡撫，直南書房，户部侍郎，終禮部尚書。張伯行歷官二十餘年，以清廉剛正知名天下，政績在福建及江蘇尤著。

張伯行一生勤勉有加，爲政之餘，著述不輟，自著及編纂類作品達百餘種，攬其要者有：困學録集粹八卷、正誼堂文集十二卷、正誼堂續集八卷、道統録兩卷附録一卷、道南源委六卷、伊洛淵源續録二十卷、近思録集解十四卷、續近思録十四卷、廣近思録十四卷、濂洛關閩書十九卷、小學集解六卷、性理正宗四十卷，等等。在濟寧道、福建、江蘇任職期間，張伯行又廣建書院，構置學舍，刊布先儒文集，受到清聖祖多次褒獎，雍正元年（一七二三）獲賜「禮樂名臣」匾。

在衆多理學著作中，張伯行對近思録尤爲推崇，其近思録序云：「伯行束髮受書，垂五十餘年，兢兢焉以周、程、張、朱爲標準，而於朱子是録，尤服膺弗失，間嘗纂集諸説，謬爲疏解。」在多年探研近思録的基礎上，康熙四十九年（一七一〇），張伯行完成近思録集解十四卷。張氏集解重在闡述義理，詳加疏注，行文務於精細，使讀者難生歧誤。尹會一重刻近思録集解序亦謂此書「致爲曉暢」，遂選作安定書院諸生講明、切究的教材範本。可以説，張氏集解對理學傳播與發展産生過深刻影響，在清代學術史上佔有一席之地。

張伯行近思録集解的初刻本尚存，藏於日本東京大學圖書館和吉林省圖書館，半頁九行，行十七字，小字雙行三十四字，白口，左右雙邊，單魚尾。西京清麓叢書續編著録的光緒間的馬氏存心堂刻本即翻刻自初刻本，今藏北京大學圖書館，可兹校勘。

初刻本之後，較早重刊者爲乾隆元年（一七三六）尹會一的揚州安定書院刻本（以下簡稱「尹刻本」）。此本半頁九行，行十七字，小字雙行三十四字，白口，左右雙邊，單魚尾。尹刻本重刻近思録集解序云：「惜版已漫滅，乃與太史商重鋟之。……按集解舊節四十餘條，先生當自有意，顧念後出晚進，未睹朱子原編，兹悉爲增列，採宋葉平巖先生輯注參補之。」尹會一所見的版本，是否康熙間的初刻本，不得而知，僅知此本已然「漫滅」，還節略四十餘條，遂據葉采本補全。尹刻本堪稱精審，後世翻刻多出於此，影響深遠。同治五年（一八六六），左宗棠刻正誼堂全書即翻刻於此，今中科院圖書館、華東師範大學圖書館、復旦大學圖書館等多家單位均有收藏，叢書集成初編所收亦是此本。

尹會一於乾隆元年重刻之後，乾隆十三年（一七八四）督學江蘇時，取安定書院所藏近思録集解舊版，重加修補，與小學並行刊刻，是爲尹刻本的重訂本，現藏復旦大學圖書館。另此重訂本還有影抄本，藏湖南省圖書館。

綜上，張伯行近思録集解的版本系統并不複雜，其版本流傳情況如左：

- **初刻本**（康熙五十年前後，吉林省圖書館、東京大學圖書館藏）
  - **尹會一重刻本** 乾隆元年（1736）
    - **尹會一重訂本** 乾隆十三年（1748）（復旦大學圖書館藏）
      - **影鈔尹會一重訂本**（湖南省圖書館藏）
    - 左宗棠刻 **正誼堂叢書本** 同治五年（1866）
      - **叢書集成初編本**
  - **馬氏存心堂刻本** 光緒年間

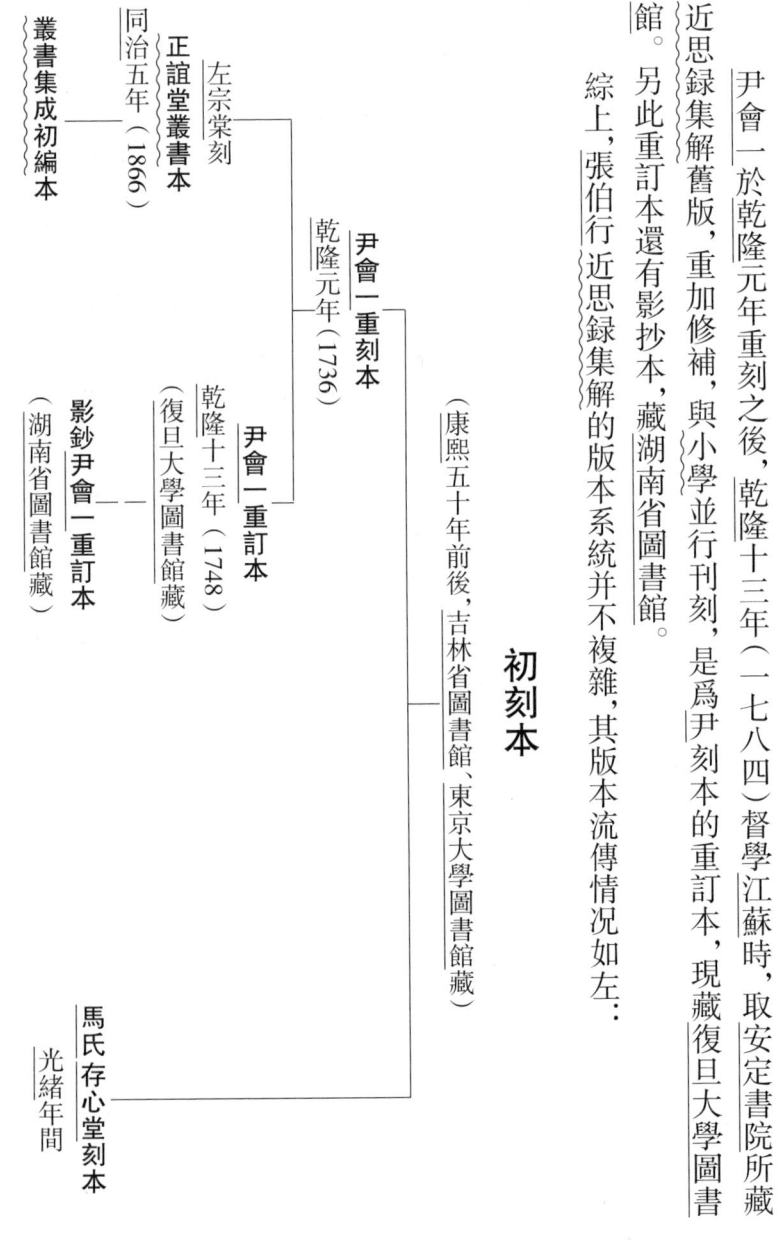

本次整理張伯行近思録集解，以東京大學圖書館藏康熙年間初刻本爲底本，校以乾隆元年尹刻本及光緒年間馬氏存心堂刻本（以下簡稱「存心堂本」）。凡他校，隨文標示所用書名及版本信息。

二〇一三年十月　羅爭鳴

# 近思録集解序〔一〕

集群聖之成者孔子也，删定往訓，垂爲六經，而道統治法備焉。集諸儒之成者朱子也，采摭遺書，作近思録，而性功王事該焉。夫堯、舜、禹、湯、文、武、周公之聖，使不得孔子繼起而紹述之，則詩、書、禮、樂，雖識大識小之有人，而殘缺滅裂之餘，誰爲闡聖言於來禩？以周子、程子、張子諸儒之賢，使不得朱子會萃而表章之，則微文大義，所與及門授受而講貫者，即未盡泯没於廬山之阜、伊洛之濱、關中之所傳貽，然而斯人徒與，寥落幾何？一脈綿延，安恃不墜？况其時又有介甫之堅僻，楊、劉之纖巧，佛、老之寂滅虚無，浸淫漸染，卒難剗除，其勢皆足爲吾道敵。惟子朱子承先啓後，崇正闢邪，振寰宇之心思，開一時之聾聵。亟取周子、二程子、張子各書，採其關於大體、切於日用者，輯爲是録，俾學者尋繹玩味，心解力行。庶幾自近及遠，自卑升高，而詖淫邪遁不能淆，訓詁詞章不得而汩没焉。此則許魯齋所稱「爲入聖之基」，而朱子亦謂「四子，六經之階梯；近思録，又四子之階梯」者也。噫！堯、舜、禹、湯、文、武、周公雖聖，得孔子而益彰；周子、二程子、張子雖賢，不亦得朱子而益著哉！我皇上德邁唐、虞，學配孔、孟，性功與王猷並懋，道統偕治法兼隆。故六經、四子而外，每於濂、洛、關、閩四氏之書，加意振興，以宏教育。近復特頒盛典，俎豆宫牆，躋朱子於十哲之次。誠以集群聖之成者孔子，用是師表於萬世；集諸儒之成者朱子，故能啓佑乎後人也。

伯行束髮受書，垂五十餘年，兢兢焉以周、程、張、朱爲標準，而於朱子是録尤服膺弗失。間嘗纂集諸説，謬爲疏解，極知淺陋無當，然藉是以與天下之有志者端厥趨向，淬厲濯磨，毋厭卑近而騖高遠，毋覬凌躐而遁虚無，然後優柔厭飫，有先後次序，所謂江海之浸，膏澤之潤，涣然冰釋，怡然理順，以不負先儒諄復誨誘之心也。於是乎士希賢而賢希聖，其以維持道脈，光輔聖朝，斯文之盛未艾矣。爰命李生丹桂、史生大範校梓，而書此以爲序。

康熙五十一年壬辰仲夏穀旦〔二〕，儀封後學張伯行題於姑蘇之正誼堂。

## 校勘記

〔一〕近思録集解序　「集解」二字原無，據尹刻本補。

〔二〕康熙五十一年壬辰　「五十一年壬辰」，尹刻本作「四十九年庚寅」。

# 近思録原序

淳熙乙未之夏，東萊吕伯恭來自東陽，過予寒泉精舍。留止旬日，相與讀周子、程子、張子之書，歎其廣大閎博，若無津涯，而懼夫初學者不知所入也。因共掇取其關於大體而切於日用者，以爲此編。總六百一十二條〔一〕，分十四卷。蓋凡學者所以求端、用力、處己、治人之要，與夫「辨異端」、「觀聖賢」之大略，皆粗見其梗概。以爲窮鄉晚進、有志於學而無明師良友以先後之者，誠得此而玩心焉，亦足以得其門而入矣。如此，然後求諸四君子之全書，沈潛反覆，優柔厭飫，以致其博而反諸約焉。則其宗廟之美，百官之富，庶乎其有以盡得之。若憚煩勞，安簡便，以爲取足於此而可，則非今日所以纂集此書之意也。五月五日，朱熹謹識。

近思録既成，或疑首卷陰陽、變化、性命之説，大抵非始學者之事。祖謙竊嘗與聞次緝之意，後出晚進於義理之本原，雖未容驟語，苟茫然不識其梗概，則亦何所底止？列之篇端，特使知其名義，有所嚮望而已。至於餘卷所載講學之方、日用躬行之實，具有科級。循是而進，自卑升高，自近及遠，庶幾不失纂集之指。若乃厭卑近而騖高遠，躐等陵節，流於空虛，迄無所依據，則豈所謂「近思」者耶？覽者宜詳之。淳熙三年四月四日，東萊呂祖謙謹書。

## 校勘記

〔一〕總六百一十二條　「一」，尹刻本作「二」。

# 近思録群書姓氏

周子太極通書
明道先生文集
伊川先生文集
周易程氏傳
程氏經說
程氏遺書
程氏外書
横渠先生正蒙
横渠先生文集
横渠先生易說
横渠先生禮樂說

# 近思録集解卷一

凡五十一條

## 道體

此卷論性之本原，道之體統，蓋學問之綱領也。

濂溪曰：無極而太極。此周子因「易有太極」之辭，默契道體之本原，立象盡意，而復著説以明其藴也。「無極」止言其無形；「太極」者，大而無以復加之至理也。言「上天之載，無聲無臭」，而沖漠無朕之中，萬象萬化，森然已具。蓋本無形迹可求，而實爲無以復加之至理。此其所以爲「造化之樞紐，品彙之根柢」也。太極動而生陽，動極而靜，靜而生陰，靜極復動。一動一靜，互爲其根；分陰分陽，兩儀立焉。太極者，理也。有理即有氣，有氣而機見矣。機一動即爲陽，是太極之動也，而已生陽矣。動無終動之理，故動極而靜。機一靜即爲陰，是太極之靜也，而已生陰矣。靜亦無終靜之理，故靜極復動。夫「動極而靜」，是動不一於動，即爲靜之根也；「靜極復動」，是靜不一於靜，即爲動之根也。一動一靜，交相爲根，循環無端，迭爲終始。然其中陰有陰之界，則分爲陰；陽有陽之界，則分爲陽。而陰儀、陽儀兩者，相對待而立焉。陽變陰合而生水、火、木、金、土；五氣順布，四時行焉。陰陽既分，兩儀既立，其中遂不能不相交，而生成之用著矣。陽趨乎陰，則主於施而爲變；陰迎乎陽，則主於受而爲合。於是陽一變生水，而陰以六合成之；陰二合生火，而陽以七變成之；陽三變生木，而陰以八合成之；陰四合生金，而陽以九變成之；陽五變生土，而陰以十合成之。是生水、火、木、金、土，而生成自然之序可見。且五行之質在於地，而氣運於天。其運也，又各自相生，而木、火、土、金、水之五氣，遂順布於天地間。而木氣行於春，火氣行於夏，金氣行於秋，水氣行於冬，土氣寄行於四季，則四時行焉，而順布亦有自然之序也。五行，一陰陽也；陰陽，一太極也；太極，本無極也。五行既有生成順布之妙，可見造化發育之具，錯綜變化，無有紀極。然推本言之，則五行雖清濁異質，而質不外陰陽；先後異時，而時不外陰陽；彼此異位，而位不外陰陽，推之無不皆然，是「五行一陰陽也」。若陰陽之散見，雖無物不有，無時不然，而實乃太極之動靜，是「陰陽，一太極也」。至於「太極」之所以然，則惟存其理，初無聲臭之可聞、形象之可見，是「太極本無極」也。五行之生也，各一其性。五行固同出於太極矣，而其生也有成質，則理隨氣質而具，遂各專於一，以成其性。如木以曲直爲性，火以炎上爲性，金以從革爲性，水以潤下爲性，土以稼穡爲性。是五行各具一太極，而性之無物不有可知也。無極之真，二五之精，妙合而凝。「乾道成男，坤道成女」，二氣交感，化生萬物。萬物生生，

**而變化無窮焉。**五行雖各一性，而其本實出於無極，蓋無極原是實有之理，所謂真也。至於二氣、五行，載理以出其中，無非粹然之氣，所謂精也。真實之理、精醇之氣，妙於會合而凝聚成形。則見其陽之健者，乾道也，實成爲男而父道以立；陰之順者，坤道也，實成爲女而母道以立。於是理宰乎氣，而二氣錯綜變化，以生萬物。是人物之以氣化而生者，原得理氣真精之妙，而萬物同出於太極也。既氣化成形，而萬物遂各以形氣交感，生生不已。而陽變陰化，靡有窮盡，是人物之以形化而生者，又各得理氣真精之妙，而萬物各有一太極也。夫合言之而萬物統體一太極，分言之而萬物各具一太極。則物之不能離性，而性之隨在各足，不又大彰明較著哉！**惟人也，得其秀而最靈。形既生矣，神發知矣，五性感動，而善惡分，萬事出矣。聖人定之以中正仁義，而主靜，立人極焉。**此承上文，言人爲萬物之靈，但衆人因物有遷，而聖人之教不得不立也。蓋萬物雖同具太極，同有其性，而人則得天地之秀，而心獨靈於凡物。夫陰之聚而成形者，既生而有其質矣；陽之運而爲神者，又發而有其知矣。於是仁、義、禮、智之五性〔一〕，感物而動。或得義理之正，進乎陽明而爲善；或任血氣之偏，入於陰暗而爲惡。善惡從此分。而遇事接物，萬變不同，萬事從此出矣。不有以定之，將欲動情勝，其不同於禽獸者幾希。幸有聖人出，氣質清明，尤爲秀中之秀，乃念人同此性，性同此理，於是修道爲教，而定之以大中之禮，至正之智，不忍之仁，合宜之義。凡此皆全體太極，無分動靜，其動處必如乎靜，然後爲陰陽合德，性量無虧，故一主乎靜，而人極因以立焉。然則同具動靜之理，而衆人失之於動者，聖人則以動亦定、靜亦定者，立人極以一天下之動，其成己、成物之功，抑何大耶！故聖人與天地合其德，日月合其明，四時合其序，鬼神合其吉凶。承上文，言聖人全體太極，表裏精粗，渾然天理，無往而不合也。故覆載者天地之德，而聖人之道德與之合其廣大；光華者日月之明，而聖人之睿智與之合其照臨。四時之代嬗，昭其序也，聖人合之而變通，皆出於自然。鬼神之禍福，見其吉凶也，聖人合之而彰癉，悉歸於至當。夫是以成位其中，而陰陽動静之理，直上下而同流矣〔二〕。君子修之，吉；小人悖之凶。故曰：「立天之道，曰陰與陽；立地之道，曰柔與剛；立人之道，曰仁與義。」又曰：「原始反終，故知死生之説。」此言太極之理，非獨聖人宜全，乃人品所以分〔三〕，吉凶所由係。兼三才者惟此，徹死生者亦惟此也。夫聖人主静立極，固不思不勉，全體太極而動静循環，皆從容而中乎中正仁義之道矣。未能如此，則必修之，修之豈徒然乎？敬以持之，而「作德日休」，君子所以吉也。不知有此，則相與悖之，悖之殊可悲耳。肆欲妄行，而「作僞日拙」，小人所以凶也。君子、小人之分，止在敬、肆。人可不勉力持敬，使静虚動直，以庶幾聖人之學乎！聖人所以能兼三才之道、通死生之説者，止是實體太極道理耳。故易説卦曰「立天之道，曰陰與陽」，陰陽者，太極之成象者也；「立地之道，曰柔與剛」，柔剛者，太極之成質者也；「立人之道，曰仁與義」，仁義者，太極之成德者也。隨處著見爲三才，則皆一太極也。繫辭曰：「原始反終，故知死生之説。」推原本始，乃「神」之「伸」，然亦祇陽耳剛耳仁耳，太極之動爲之也；反觀厥終，乃「鬼」之「歸」，然猶是陰耳柔耳義耳，太極之静爲之也。人能兼通乎此，則三才既備而參贊在我，死生順受而造化無違，吉凶又不足言矣。大哉易也，斯其至矣！結言，此圖乃所以明易之故也。蓋廣大悉備，易之書也，而此圖乃易中之至精至微，難以言盡而無以復加者也。既圖其象，復著爲説，其示人之意益深切矣。

濂溪曰：誠，無爲；此周子欲人全盡天理而先指未發之體，使人知本然之至善也。誠者，真實無妄之謂；無爲者，實理自然，不涉人爲也。蓋人生而静，此理真實無妄，何爲之有？寂然不動之中，但覺渾然至善，能守最初之静正，便是天地之全人，此即太極也。幾，善惡。此欲人之慎動也。幾者動之微也。自然之發則爲善，一有所雜即爲惡。其端甚微，辨之貴早。蓋人心不能無動，一有所動，則天理自此呈露，人欲亦自此潛萌。所謂「道心惟微，人心惟危」者也，此陰陽之象也。德：愛曰仁，宜曰義，理曰禮，通曰智，守曰信。此欲人知性中所具之理而盡之也。道得於身，謂之德。蓋幾雖有善惡之分，而善乃性中本然之理。所發見既得之於身，而體用從可知矣。體不可見，於用處見之。其心之惻隱能愛，而仁之理可指名也；心之裁制合宜，而義之理可指名也；心之秩序有條理，而禮之理可指名也；心之明哲能周通，而智之理可指名也；心之確實有操守，而信之理可指名也。此即五行之性也。性焉安焉之謂聖，性則得天獨優，安則自全天理，聖者大而化之之謂。蓋古今同此誠〔四〕，同此幾，同此德，而造詣各有不同。自其不思不勉，從容中道，性焉。而誠不待存而自存，安焉。而幾不待審而自明其德，亦純而無虧，渾然罔間，而爲大而化之之聖人矣。程子所謂「中心安仁，天下一人者」也。

復焉執焉之謂賢，復者，反其所固有；執者，持之而勿失；賢者，才德出衆之稱。未能至於聖人，則必盡其思誠之功而復焉，以返其性；殫其研幾之力而執焉〔五〕，以堅其所守，而後德日以進，而爲才德出衆之賢人矣。發微不可見、充周不可窮之謂神。賢人之復、執，固不能如聖人之性、安，而聖人之妙用，更有可想而像之者。一念方萌，至理已具，其發之微妙而不可見，可謂不疾而速也；隨其所寓，理無不到，其充之周徧而不可窮，可謂不行而至也。至是而至誠之不貳，直與天爲徒，爲不測，爲無窮，乃聖而不可知之神矣。夫聖神之極不易幾，而賢人之詣則可勉。士誠能存誠審幾，以成其德，則由希賢、希聖而希天，自有所不能已者矣。

伊川曰：「喜怒哀樂之未發謂之中」，「中」也者，言「寂然不動」者也，故曰「天下之大本」；「發而皆中節謂之和」，「和」也者，言「感而遂通」者也，故曰「天下之達道」。程子引易大傳之文，以證明中庸「未發」、「已發」之義。言喜怒哀樂皆性之動而爲情者，而未接於物，在未發之時，乃性體之本然也。以其渾淪無所偏倚，謂之「中」，即易所云「寂然不動」者。雖曰不動，萬事萬物皆從此出，正是源頭處，故爲「天下之大本」。及夫喜怒哀樂之發，道理流露，而適如其本然之節，則情之自然也。以其無過不及，無所拂戾謂之「和」，即易所云「感而遂通」者。隨其所感，有箇恰好準則，不待安排，而實天下古今所共由，故爲「天下之達道」。要而言之，中者和之體，和者中之用。寂即所謂體，以其静者言也，性也；感即所謂用，以其動者言也，情也。性、情非兩事，寂、感非兩理。易與中庸相發明，而程子示人之意切矣。

伊川曰：心一也，有指體而言者，有指用而言者，惟觀其所見如何耳。心統性情，故有體用。具衆理者其體，應萬事者其用；「寂然不動」者其體，「感而遂通」者其用。體即性，指其静存於中者言之；用即情，指其動見於外者言之。隨其所指，各有所見，亦惟觀其所見，故體用以分也。要之，言體而用在其中，言用而體亦於斯焉著矣。

伊川曰：乾，天也。天者，乾之形體；乾者，天之性情。乾，健也，健而無息之謂乾。夫天，專言之則道也，「天且弗違」是也；分而言之，則以形體謂之天，以主宰謂之帝，以功用謂之鬼神，以妙用謂之神，以情性謂之乾。此程子釋「乾」名義而從而分别之，以見名有不同，爲道一也。蓋乾之象爲天，天言其形體，乾言其性情，有是性情，則有是形體。乾之德爲健，健之體是性，健之用是情，惟其性情之健，所以無息。審此而天之爲天可推論矣。夫天非出於理之外，專而言之，即道也，易曰「天且弗違」是也。而分而言之，則有「天」與「帝」之名，有「鬼神」與「神」之名，復有「乾」之名。要之非有二也。形體之高大而無涯者，氣之爲；主宰之運用而有定者，理之爲。功用造化之有迹者，如日月往來，萬物屈伸之類，屬氣；妙用造化之無迹者，如運量之莫知其方，變化之莫測其端，屬理。性情則理與氣合，而健行乎其間。只是一箇道理，分别許多名目，會觀而體認之可也。

伊川曰：四德之元，猶五常之仁。偏言則一事，專言則包四者。人得天地之理以生，故在天爲元、亨、利、貞之四德，在人即爲仁、義、禮、智、信之五常。而「元」者，天地之生理也，猶「仁」者人心之生理也。生理不息，循環無端。是以偏而言之，則「元」者四德之一，「仁」者五常之一。若專言之，則「亨」只是生理之通，「利」只是生理之遂，「貞」只是生理之藏，一「元」可以包之。禮者仁之節文，義者仁之裁制，智者仁之明辨，信者仁之真實，一仁可以包之。易曰：「大哉乾元，萬物資始，乃統天。」謂統乎天，則終始周流，都是一「元」。孟子「四端」之説，亦以「惻隱」一端貫通乎「辭讓」、「羞惡」、「是非」之端而爲之統焉。觀此而程子之言，允爲不易之論矣。

伊川曰：天所賦爲命，物所受爲性。性命只是一理，不分看則不分曉，故伊川特辨析之。言天以陰陽五行之理，賦予萬物，猶命令然，故謂之「命」。人物得天地之理以生，各有禀受而全具於心，故謂之性。蓋命是造化流行之初，生這物便賦予這物，生那物便賦予那物，所謂「繼之者善也」。「性」是人物既生之後，得天地之氣以成形，便得天地之理以成性，所謂「成之者性也」。人物所以爲性者，理本無異，因氣有偏正，故理隨之而有通塞，不得不以盡性至命之責專屬之人也。

伊川曰：鬼神者，造化之迹也。天地間無物不具陰陽，陰陽無所不在，則鬼神無所不有。蓋以二氣言之，鬼是陰之靈，神是陽之靈。以一氣言之，神之爲言伸也，氣之方伸而來者，屬陽爲神；鬼之爲言歸也，氣之已屈而往者，屬陰爲鬼。其實二氣只是一氣，造化之迹，以陰陽流行著見於天地間者言之，自無而有謂之造，自有而無謂之化。非鬼神何以造化？非鬼神之屈伸往來，造化何以有迹？自其迹觀之，則實有是理，實有是氣，鬼神之不爲荒幻杳冥也明矣！

伊川曰：剥之爲卦，諸陽消剥已盡，獨有上九一爻尚存。如碩大之果，不見食，將有復生之理。上九亦變，則純陰矣。然陽無可盡之理，變於上則生於下，無間可容息也。聖人發明此理，以見陽與君子之道不可亡也。或曰：剥盡則爲純坤，豈復有陽乎？曰：以卦配月，則坤當十月。以氣消息言，則陽剥爲坤，陽來爲復，陽未嘗盡也。剥盡於上，則復生於下矣。此程子因剥上九一爻而發明之，以見陽無終盡之理也。蓋剥之爲卦，五爻皆陰，諸陽已消盡矣，獨一陽在上，有復生之機。譬之衆果俱落，尚有碩大一果，可復種而生也。如上爻亦變，則純陰而爲坤矣，然陰陽消息，循環不已，本無盡理，纔變而盡於上，則陽已生於下，不容有一間之息也。陽之道即君子之道，陽之道不可亡，即君子之道不可亡也。乃或疑純坤爲無陽者，豈知即以坤論之，陽亦何嘗亡乎？朱子曰：「凡陰陽之生，一爻當一月，須滿三十日，方滿那腔子，畫成得一爻。今坤卦非無陽，陽始生甚微，未滿那腔子，未成一畫耳。」以卦配月而言，則坤爲十月之卦，十月乃陽月。以氣消息而言，消之盡即息之始，陽方消剥爲坤，已息而漸長爲復。可知陰陽二氣之對待，語其流行則一氣，所謂「陽中有陰，陰中有陽」也。故十月謂之陽月，恐疑其無陽也。陰亦然，聖人不言耳。承上文而言。聖人之以十月爲陽月者，正恐人疑坤之卦有陰而無陽，故特以陽名之。陰於四月純乾之時，蓋亦如此。只是陽之類爲君子，所以聖人言之；陰之類爲小人，聖人不言耳。扶陽抑陰之意則然，其無間息一也。

伊川曰：一陽復於下，乃天地生物之心。先儒皆以靜爲見天地之心，蓋不知動之端乃天地之心也。非知道者，孰能識之？此釋復卦彖辭。言十月純陰，生意亦幾乎息，而一陽復生於下，乃天地生物，無時止息之心也。蓋天地之心，原無間於動靜，且動未始不根乎靜，然當其靜時，陽氣伏藏，天地之心既無端緒可見。及陽氣長盛，萬物繁茂，則又散漫而無由見。惟於將絶復續、靜極而動之時，所謂端也，天地之心正於此見耳。先儒皆以靜屬體，爲見天地之心，而不知其見於動之端也。苟誠知之，則知一陰一陽之謂道，道無止息矣。故程子曰：「非知道者，孰能識之？」

伊川曰：仁者，天下之公，善之本也。仁者，天理渾然，萬物一體，故曰「天下之公」；又統四端，兼萬善，故曰「善之本」。人若不爲私欲所累，而有以全其本心之德，則與天地同體，而萬事萬物皆得其理矣。故程子只教人求仁。

伊川曰：有感必有應。凡有動皆爲感，感則必有應。所應復爲感，所感復有應，所以不已也。感通之理，知道者默而觀之可也。繫辭於咸九四爻，明屈伸往來之理，而程子復因而釋之。言天地之間，感應而已。如氣機之消而屈也，則爲日月寒暑之往；氣機之息而伸也，則爲日月寒暑之來。其間來而復往，往而復來，屈之終即伸之始，伸之終即屈之始。自感自應，非有別物。凡有動皆爲感，感應於其間相爲循環，所以不已。此天道自然之常理，人能知此常理，嘿而觀之，則知天地之感無心。聖人亦以無心感之，斯爲盡道。否則，「憧憧往來」，有不勝其朋從之擾者矣。

伊川曰：天下之理，終而復始，所以恒而不窮。恒，非一定之謂也，一定則不能恒矣。惟隨時變易，乃常道也。天地常久之道，天下常久之理，非知道者，孰能識之？此釋恒卦。彖傳曰：「終則有始。」朱子本注曰：「久於其道，終也；利有攸往，始也。」終者靜之極，始者動之端，終而復始，動靜相生，天下之理所以恒久而不窮。」夫恒非一定之謂也，膠於一定，則無以神其變易之用，而不能恒矣。惟隨時變易，至變之中有不變者存焉，乃常道也。日月所以久照，四時所以久成，聖人所以久於其道而天下化成，天道人事皆是如此。非知其道之自然者，則亦孰能識其亘萬古而常然也哉！

伊川曰：人性本善，有不可革者，何也？曰：語其性則皆善也，語其才則有下愚之不移。此因革卦上六爻辭而發明之。言人性本善，固宜無待於革，而有不可革者，何也？蓋以性而言，性即理也，天所以與我之理，則皆善也。以才而言，人受天之理以生，而所生之氣質，有昏明强弱之異，故其性之發而爲才者亦異也。下愚不移，則昏弱之極者，然非不可移也，乃不肯移耳。所謂下愚有二焉：自暴也，自棄也。人苟以善自治，則無不可移者，雖昏愚之至，皆可漸磨而進。唯自暴者拒之以不信，自棄者絶之以不爲，雖聖人與居，不能化而入也，仲尼之所謂「下愚」也。因言下愚之不移者，有自暴、自棄兩種人。蓋人性本善，若肯以善自治，發憤向學，百倍其功，斷無不可移者。雖其氣質昏弱之甚，亦可漸摩而進，所謂「愚必明」、「柔必强」也。惟自暴者咈戾而不信乎善，乃自暴害其性，所謂「剛惡」是也；自棄者，雖知其善而怠廢不爲，乃自棄絶其性，所謂「柔惡」是也。

彼自處於不移之地，人安所施其移之之力，雖聖人無如之何也，此仲尼之所謂「下愚不移」也。然天下自棄自暴者，非必皆昏愚也，往往强戾而才力有過人者，商辛是也。聖人以其自絶於善，謂之「下愚」。然考其歸，則誠愚也。觀自暴自棄之所爲，以爲不移，真不移矣。然非必其生初之質，果皆昏愚之甚也。如史稱商紂，資辨捷敏，才力過人，手格猛獸，知足以拒諫，言足以飾非，則其天資固非昏愚，而終不免於愚之下者，聖人以其自絶於善，故謂之也。然既自絶於善，則亦真爲不善之歸矣。然則愚之下者雖屬氣質，而暴棄則屬人事。氣質之下愚，所謂困也。暴棄則困而不學者也，其愚尤下矣。既曰下愚，其能革面，何也？曰：心雖絶於善道，其畏威而寡罪，則與人同也。唯其有與人同，所以知其非性之罪也。夫既謂之下愚，而革卦上六乃曰「小人革面」。其所以能革者，何也？蓋暴棄之小人，心雖自絶於善，然未有不知威刑之可畏，而思自脱於法綱之外者，則即此畏威寡罪之一念，猶知所革而與人同也。惟與人同，所以知人性之本善，而其至於爲不善者，非性之罪也。非性之罪，亦安得專謂「才之罪」哉？

伊川曰：在物爲理，處物爲義。理、義一也。對舉言之者，「理」是在物當然之則，所謂「天生蒸民，有物有則」也。義是所以處此理者，所謂「心之制，事之宜」也。朱子曰：「理是此物上便有此理，義是於此物上自家處置合如此。」陳北溪曰：「理是體，義是用。」要之，能識是物之理，則知所以處之之義矣。

伊川曰：動靜無端，陰陽無始。非知道者，孰能識之？動靜者，陰陽之性；陰陽者，二氣之名。以太極圖説觀之，先動而後靜，若有端倪之可尋，而不知一動一靜，互爲其根，豈有端乎？以易大傳觀之，先乾而後坤，若有始初之可推，而其實一陰一陽之謂道，豈有始乎？蓋動靜陰陽之所以然者，道也。道循環而無間斷，有間斷斯有起頭處，無間斷則尋不出起頭處，故曰「無端無始」。惟知道者，始可與語此。

明道曰：仁者，天下之正理，失正理則無序而不和。仁者，人心所具之天理，故爲天下之正理。心存則理得，是以秩然而有序者，禮之所由生也；藹然而和樂者，樂之所由生也。若本心亡而正理喪，論語曰：「人而不仁，如禮何？人而不仁，如樂何？」所謂「無序而不和」也。

明道曰：天地生物，各無不足之理。常思天下君臣、父子、兄弟、夫婦，有多少不盡分處。天理本渾然於有生之初，而人多虧欠於有生之後。如君仁臣敬，父慈子孝，兄友弟恭，夫義婦順，皆天理也，取諸性分而各足。乃爲君、臣、父、子而不能盡仁、敬、慈、孝之理，爲兄、弟、夫、婦而不能盡友、恭、義、順之理，則是不盡分矣。分者，職分之所當爲；理者，性分之所固有。惟不知其爲性分之固有，故不能盡其職分之當爲。然則如之何而後盡？曰「擇善而固執」之者也。

明道曰：「忠信所以進德」，「終日乾乾」。君子當終日「對越在天」也。此言知道唯在進德。忠信，德之本也。從心發出，無一不盡，是忠。循乎物之實，而無違於其理，是信。越，於也。孔聖於乾卦九三文言直指「忠信所以進德」者，欲君子一言一動，守此忠信，終日之間，常瞻對乎上帝，不敢少有欺慢也。忠信便是立誠。誠，實也。忠信亦訓做「實」，但誠是自然實底，忠信是做工夫實底。誠則天理之實，人心之實，人事之實，皆在其中。忠信則專指人而言，所以存此實理者。君子見得此理本之乎天。若有一毫怠惰一毫欺僞之意，則無以立誠，而棄天之所以與我，是以「終日乾乾」如對乎天也。以下皆發明所以「對越在天」之義。蓋「上天之載，無聲無臭」，其體則謂之易，其理則謂之道，其用則謂之神，其命於人則謂之性。率性則謂之道，修道則謂之教。蓋其所以終日對越者，何也？理之在天與在人，一也。上天之載，無聲、臭〔六〕。所謂太極，本無極也。體，猶質也。陰陽變易者，太極之體也。易有太極，故其體謂之易。其所以變易者，乃循環自然之理，則謂之道。此理微妙，有不知其然而然者，但見其運用無方，則謂之神。此以天道言也。天道賦之於人，謂之性。循其性之自然，爲日用事物所當行之路，則謂之道。因其所當行之道，修明而品節之，則謂之教。此以人道言也。天道爲人道之所從出，故天者，道之統名，而君子所以「終日對越」也。孟子去其中又發揮出「浩然之氣」，可謂盡矣。有實理則有實氣可知。故孟子於其中又發揮出「浩然之氣」。「浩然」者，盛大流行之貌。蓋氣之盛大而流行者，本天地之氣而人得之以生，則天人之氣一。故得養而充，即有以養其剛大，而復其浩然之本體；失養而餒，即無以配夫道義，而不能全浩然之大用。孟子發揮到此，可謂盡天人之蘊而無餘事矣。君子安得不察乎是而「終日乾乾」也！故說神「如在其上，如在其左右」，大小大事而只曰「誠之不可揜如此」。夫徹上徹下，不過如此。大小，猶多少也。理也，氣也，天人無間，即誠也，即忠信之實體也。故子思論鬼神之盛，至於「如在上」、「如在左右」，流動充滿，多少大事，而卒曰「誠之不可揜」。言天人之所以相通者，四方上下，往古來今，無少空隙，無少間斷，不過此誠而已。則君子忠信以立誠，安得不乾乾對越哉？形而上爲道，形而下爲器，須著如此説。器亦道，道亦器。徹上徹下，只是一誠。可見日用之間，無非自然實理之流行。特以其無迹象之可窺，形而上者爲道；以其有事物之可指，形而下者爲器。須著如此説耳。其實道寓於器，器以載道，本不相離，一而二，二而一者也，人亦敬循乎道而已。但得道在，不繫今與後、己與人。「不繫」，猶不拘也。人能終日忠信，「對越在天」，則不違天而道在我矣。但得道在，不拘人己、古今，無往而不合。蓋道本無間，知道者進德而已。

明道曰：醫書言手足痿痹爲不仁，此言最善名狀。仁者以天地萬物爲一體，莫非己也。認得爲己，何所不至？若不有諸己，自不與己相干。如手足不仁，氣已不貫，皆不屬己。人心之天理，周流無間。少有間隔，便是不仁。如手足有痿痹之病，醫書謂之「不仁」，此言最好咀味。蓋手足痿痹，外邪間之也；物我扞格，人欲間之也。仁者視天地萬物本屬一體，莫非己身内事，人能認得親切，則此心之仁何所往而不至。惟有私欲以間之，則天地是天地，人物是人物，而不屬於己，自不相干涉。如身與手足，豈非一體？而氣不貫，則謂之不仁。其形雖具，不屬之乎己矣。然則藥四體之不仁，而貫通於身與手足之間者，醫必有方。治心體之不仁，而貫通於身與天地萬物之間者，聖人豈無其方乎？故博施濟衆，乃聖人之功用。仁至難言，故止曰：「己欲立而立人，己欲達而達人，能近取譬，可謂仁之方也已。」欲令如是觀仁，可以得仁之體。承上文而言。「恕」者，乃聖人示人求仁之方也。「博施濟衆」，就事上説，乃仁之極功。德與位並而爲聖人者，始有此功用，至難言也。所以夫子止就心上指仁之本體而告之。立者，扶持之使植其生；達者，通達之使復其性。隨時隨地，觸念而發，取之己而至近，譬之人而可通，求仁之方，莫切於此。於此觀之，可以得仁之體，而天地萬物皆屬於己矣。

明道曰：生之謂性。性即氣，氣即性，生之謂也。此是程子兼理與氣以言性，正與孟子性善之旨互相發明，而非如告子「生之謂性」之説也。生是氣，生之理是性。然氣非理不立，理非氣不行，人生而成形，氣與理俱，而受之以爲在我之性，則言性離不得氣，性即氣也；言氣離不得性，氣即性也。而總皆生之謂也。若告子所云，則遺理言氣，專以有生之知覺運動者爲性，詞同而意懸矣。人生氣禀，理有善惡，然不是性中元有此兩物相對而生也。理本有善而無惡，自人禀陰陽五行之氣以生，其中交感錯綜，參差不齊，則不能無清濁偏正之分，而理斯有善惡。惡亦謂之理者，本非惡，但流而或過或不及，便是惡，是亦理之所有也。雖曰理之所有，而性之本然則善而已，其爲惡者乃氣禀爲之，而非性中元有善惡二者相對而生也。有自幼而善，有自幼而惡。惟理有善惡，故有「自幼而善」者，如后稷克岐克嶷之類。有「自幼而惡」者，如子越椒始生，人知其必滅若敖氏之類。同一生也，而性之不同如是。是氣禀有然也。善固性也，然惡亦不可不謂之性也。是氣禀之清濁偏正，其不同有然也。氣禀即是性矣。由是觀之，善固爲性，惡亦不可不謂之性。蓋雖非性之本，然亦是氣禀生出來的，所謂「論性不論氣，不備」也。蓋生之謂性，「人生而靜」以上不容説，才説性時便已不是性也。此釋「生之謂性」之意。「人生而靜」以上，是人物未生時，其有善無惡不容説，但只可謂之理，不可謂之性。理是天地人物公共底道理，性是人生以後此理具於我而爲我所有者。「性」字從生從心，才説性時，此理已附於形氣之中，便兼氣禀而言，不全是性之本體。張横渠曰：「形而後有氣質之性，善反之，則天地之性存焉。」天地之性，乃性之本體也。其實天地之性亦不離氣質之中，只就其中認出不相雜者而爲之言焉已耳。凡人説性，只是説「繼之者善也」，孟子言「性善」是也。夫所謂「繼之者善也」者，猶水流而就下也。皆水也，有流而至海終無所汙，此何煩人力之爲也？有流而未遠固已漸濁，有出而甚遠方有所濁。有濁之多者，有濁之少者。清濁雖不同，然不可以濁者不爲水也。此釋「善固性也，惡亦不可不謂性」之意。夫子繫易，有曰「繼之者善也」，是就造化源頭處，言其氣之方動之初，流行賦予，更無别物，只個渾然至善之理。今人説性，正説此一句。蓋造化之賦予者本善，則我之受於造化而爲性者，亦無不善。可知孟子言「性善」，意本於此。此語極精，然性之原固善，麗乎氣便有善有惡，猶水之源本清，流出去便有清有濁。所謂「繼之者善也」者，是專就原本上説來，猶以水就下之性言之，水無有不下者，若於流而未下之時，勘驗其遠近清濁之分，則固不同矣。有流而至海，終無所汙，此無煩人力，源清而流亦清者。有流之未遠，已爲沙塵所溷而漸濁。有流之甚遠，然後沙塵溷之而有所濁。又於溷之之中，亦有濁多濁少。此皆源清而流不清者，猶人之氣稟，昏明純駁，各有淺深也。水之清濁不同，不得以濁者爲非水。故性之善惡不同，亦不得以惡者爲非性也。如此則人不可以不加澄治之功。故用力敏勇則疾清，用力緩怠則遲清。及其清也，則却只是元初水也。不是將清來換却濁，亦不是取出濁來置在一隅也。水之清，則性善之謂也。故不是善與惡在性中爲兩物相對，各自出來。此釋「不是性中元有兩物相對而生」之意。蓋人之氣稟雖不同，而性之本善則一，非其本體之善，將於何處用功？非其氣稟之有時陷於惡，則亦可無所用其功矣。惟其如此，是以宜加澄治之功。澄治者，擇執是也，所以用吾力也。用力敏勇，人一己百，人十己千，則其清速，而愚必明、柔必强矣。若用力緩於前，怠於後，則其清遲矣。況不用力者乎？夫性之惡者，有以澄治之而復其本然之善，則只是元初理也。猶水之濁者，澄治之而及其清，却只是元初水也。固不是此濁彼清，將清來換濁，亦不是既清之外另有濁，取其濁者置在一隅。可見水元來清，性元來善，此孟子以性爲善之謂也，豈有善與惡並在性中，對立而並行也哉？前曰「相對而生」，此曰「相對各自出來」。前就其涵於中者，以體言也；此就其見於外者，以用言也。此理，天命也。順而循之，則道也。循此而修之，各得其分，則教也。自天命以至於教，我無加損焉，此「舜有天下而不與焉」者也。此又以中庸性、道、教之旨明之。言此理之有善無惡，乃天道流行而賦於物者，所謂「在天曰命」也。我受天之命以爲性，順而循之，因其自然之理，以爲日用事物當由之路，則道也。道無過不及，而人不能無過不及之偏，聖人於是循其道而制爲禮、樂、刑、政以修之，俾各得其本然之分，則教也。教屬人事，而其所以修之者，出於天命之本然。則自天命以至於教，非人私智所得加損於其間，而要惟聖人爲能盡乎性而至乎命也。故以舜事明之，舜有天下而不與，依然「人生而静」之初，渾然一理在中，所謂「性之」者也，無煩人力之爲也。人未能如舜之「性之」，則濬其源，澄其流，烏可以不用其力哉？

明道曰：觀天地生物氣象。天地間天理流行之妙，隨處發見。故萬物之生，渾是一團太和元氣，充塞遍滿於上下之内，而不静觀不知也。周子謂：「窗前草不除，與自家意思一般」，正見得天地氣象在我，而我之生機流行，亦初無一息之或停矣。

明道曰：萬物之生意最可觀，此「元者，善之長也」，斯所謂仁也。此程子欲人於萬物生意起時，體驗仁理也。生理周流，固無一時間斷，而於其初生之時，萌芽發露，直達懇切，所謂「生意」也。此處尤最好看。蓋萬物之生意始於元，元即仁也。易曰：「大哉乾元，萬物資始，乃統天。」謂之「統天」，則貫通乎亨、利、貞之德，徹終始都是一個元。然曰「資始」，則其生意勃發，正自此始。前此物猶伏藏而未可觀，後此物已散漫而不易觀，唯觀於此，而知元爲衆善之長。所謂仁者，觸處呈現矣。所以程子嘗説雞雛可以觀仁，切脉可以觀仁。雞雛是生意淳粹處，切脉是生意貫通處。而朱子亦云：「見孺子入井，皆有怵惕惻隱之心，只這些子，便見得仁。到他發政施仁，其仁固廣，然却難看。」皆與此意互相發也。

明道曰：滿腔子是惻隱之心。腔子，猶言軀殼，滿腔子即渾身也。惻者傷之切，隱者痛之深。惻隱之心，即天地萬物一體之心，充塞於人之身者。故程子就人身上指出，見人身是「小腔子」，天地是「大腔子」。人身渾是惻隱之心，所以可塞天地。天地亦渾是惻隱之心，所以品物流行，各正性命。胡敬齋曰：「滿腔子是惻隱之心，則渾身都是此心。如刺着便痛，非心而何？然要知痛是人心，惻隱是道心耳。」

明道曰：天地萬物之理，無獨必有對，皆自然而然，非有安排也。每中夜以思，不知手之舞之足之蹈之也。天地萬物之理，不外陰陽，陰陽判而兩儀立，其間動静屈伸，往來消長，寒暑晝夜，上下左右，推而至於方圓枘鑿，善惡邪正，君子小人之類。或以類而相對，或以反而相對，總未有兀然獨立而無對者。此皆真精妙合、自然而然之理，非人力所安排者。即所謂「惟道無對」，然以形而上下論之，則亦未嘗不有對也。反覆思之，真令人手舞足蹈，能會於意言之表，而不能知其所以然之故也。

明道曰：中者，天下之大本。天地之間，亭亭當當，直上直下之正理。出則不是，唯敬而無失最盡。此言未發之中，勉人當敬而無失也。萬物莫不本於天，萬事莫不本於性。喜怒哀樂未發之時，天命之性即此而在，不偏不倚，無過不及，恰在中間，故曰：「中者，天下之大本。」程子體認既久，灼然如一物之在目，見得天地間「亭亭當當，直上直下之正理」。「出則不是」者，蓋中便正，「正」便一毫不容走作，稍違其正，則出乎中，而不是自然之理矣。然使心有放逸，此理安能無失？必如中庸上文所云戒慎、恐懼，乃是主敬工夫。學者存養此心，果無須臾之離，則大本克立，而天下萬事萬物各得其理矣，故曰「唯敬而無失最盡」。

伊川曰：公則一，私則萬殊。人心不同如面，只是私心。人心公私之别，天理人欲之分也。蓋天理流行之初，天地萬物本皆一體，自牿於有我之見，而以人欲參之，斯與天地萬物睽隔。故人之心惟公，則天理渾然，雖有親疏遠近差等之分，而胞與無間，未有不一者也。若人心一私，各分彼此，則朋從憧擾，而有萬殊之勢，不能使之一矣。語云：「人心不同如面」，正言人各一心，只是私意起而天理亡耳。然則存理遏欲之功，烏可須臾間斷乎哉？

伊川曰：凡物有本末，不可分本末爲兩段事。「灑掃應對」是其然，必有所以然。統天下之物論之，莫不有本末之辨。然即一物之末，而本亦具乎其中，不可分本末爲兩段事。蓋理，形而上者也，本也；事，形而下者也，末也。然事必有理，則即末不能遺本。如「灑掃應對」，末矣。是其然，事也；必有所以然，理也。事有本末，理無本末，故不可分爲兩段。

伊川曰：楊子「拔一毛不爲」，墨子又「摩頂放踵」爲之，此皆是不得中。至如「子莫執中」，欲執此二者之中，不知怎麽執得？識得，則凡事物上，皆天然有箇中在那上，不待人安排也，安排著則不中矣。此言事物之中，出於天理之自然，而非人力所可安排也。蓋中無定體，權乎事物之大小輕重而可否焉。可爲則爲，爲之是中；不可爲則不爲，不爲亦是中。奈何有楊朱者，不知有仁，但知爲我，推其心至於「拔一毛而不爲」。又有墨翟者，不知有義，但知兼愛，推其心至於「摩頂放踵」而爲之。此二者之非中，易知也。乃至有徘徊於爲、不爲之間，如子莫者，其「爲我」不敢如楊朱之刻，其「兼愛」不敢如墨翟之過，而於二者之間，執其中間以爲中。不知「惟精惟一，允執厥中」，聖人義精仁熟，自然「無過不及」，而實未嘗有意於執之也。若胸無權衡，膠於一定，則中無形狀，怎麼執得？是徒泥乎中之迹，未識乎中之義者也。識得，則事事物物皆有恰當不易道理，非移彼以就此，非截長以補短，所謂天然之中，即在那事那物之上，不必安排著意。稍著意焉，則雜以人心臆度之私，而失天理本然之妙矣。此子莫之非中難知，而孟子所亟欲闢者也。總之，三聖所執之中，中是生活的。子莫所執之中，中是硬煞的。生活之中，無定而有定，惟其宜而已矣。故中庸曰「時中」，又曰「時措之宜」。硬煞之中，當變而不變，則所謂權者安在？故孟子曰：「執中無權，猶執一也。」知子莫執中之非中，則庶乎識所謂中矣。

伊川曰：无妄之謂誠，不欺其次矣。此二語因李邦直云「不欺之謂誠」，徐仲車云「不息之謂誠」，故或以問程子，而程子答之。其所謂誠，蓋就人言也。无妄者，實理自然，無一毫之妄。不欺者，真知實理之當然，無一念之欺。則无妄乃自然之誠，聖人地位，在人適如其在天，所謂「誠者天之道也」。

「不欺」是着力去做工夫。善未明不敢自謂已明，必求其明而後已；身未誠不敢自謂已誠，必求其誠而後已，所謂「思誠者人之道也」，故曰「其次」。若李邦直以「不欺」爲誠，是指工夫爲本體，遺却「誠」字正面；徐仲車以「不息」爲誠，是將功用做道理，亦與「至誠無息」之解異矣。得程子分別出來，「誠」字之義始明。

問：時中如何？伊川曰：「『中』字最難識，須是默識心通。且試言一廳，則中央爲中。一家則廳中非中，而堂爲中。言一國，則堂非中，而國之中爲中。推此類可見矣。如『三過其門不入』，在禹、稷之世爲中，若『居陋巷』則非中也。『居陋巷』在顔子之時爲中，若『三過其門不入』則非中也。」道之所貴者中，中之所貴者時。故有問「時中」之義於程子者，程子因而詳告之。蓋中「最難識」，非難識也，不先明乎善，以究事物之當然，而欲執一求之，則此事之中移之彼事而已非，前日之中遲之今日而又非矣。須是默審其理，識之於心，而變通其所以然。且試以淺而易見者言之。一廳則有廳之中，一家則有家之中，一國則有國之中。不可執廳之中以爲家之中，不可執家之中以爲國之中。推此類求之，持身處世，莫不皆然，而所謂中者可見矣。即如禹、稷之三過不入，何以如是其急也？當平世則然也。設以禹、稷之世而若顔子之居陋巷，則非中也。顔子之居陋巷，何以「不改其樂」也？當亂世則然也。設以顔子之時而若禹、稷之三過不入，則非中也。此正所謂「時中」也。熊敬修曰：「恰好是中，件件恰好是時中。」又曰：「中是經，時中是權，有物有則是中，因物付物是權。」愚謂，中以在物之理言，權以處物之義言。處之之義，各因其物之理，而時之用神焉，故「可與權」之難也。

伊川曰：冲漠無朕，萬象森然已具。未應不是先，已應不是後。如百尺之木，自根本至枝葉，皆是一貫。不可道上面一段事無形無兆，却待人旋安排，引入來教人塗轍。既是塗轍，却只是一箇塗轍。此言寂之與感，分體用不分先後。體即用之存，用即體之發，無二致也。泉之未發曰冲，沙地曠遠曰漠，物之始生曰朕。「冲漠無朕」，總以形容本體之渾然耳。渾然之中，而森然者已具。蓋無其象，有其理，即體而用在其中，所以應之之用，無加於未應之體，如何分得先後？夫所謂未應者，寂然不動之時也，静也。所謂已應者，感而遂通之時也，動也。動静非兩端，猶木之根本枝葉，上下非兩物，枝葉是自根本中來者，根本是自能生枝葉者。皆是一貫也，豈可謂未應上面一段事，空虚無有，及至已應之時，待却安排引入，教人去尋塗轍乎？轍，車跡也，「塗轍」猶言路脉也。朱子曰：「如父之慈、子之孝，只是一條路，從源頭下來。即伊川所謂『只是一箇塗轍』也。」若以塗轍待人安排引入，則已應之時，千條萬緒，亦必有千萬塗轍矣。如塗轍之出於一，則未應已應，一以貫之，而不可分先後也明甚。

伊川曰：近取諸身，百理皆具。屈伸往來之義，只於鼻息之間見之。屈伸往來，只是理，不必將既屈之氣，復爲方伸之氣。生生之理，自然不息。盈天地間皆氣也，而其所以運是氣者，理也。理生生而無窮，則氣流行而不息。即以近取諸身言之，人身與天地通，故一身而百理具焉

〔七〕。鼻息呼吸之間，即可以驗屈伸往來之義。蓋氣之往者已屈，氣之來者復伸，只是造化之理則然，非是既屈之氣轉爲復伸之氣也。如人之鼻息，呼出則散，不能轉吸入來，後此之呼，又是氣至則呼耳。亦如既謝之花蕋，再開定非此蕋；既涸之海水，再盈定非此水。但「生生之理，自然不息」，所以氣有往來，無間斷。若謂後此「方伸之氣」，仍是前此「既屈之氣」，則是天地間翻來覆去人物，只有許多定數，造化之理亦幾乎窮矣。朱子曰：「程子此段，爲横渠『形潰反原』之説而發也。」此説不明，尤流入於釋氏死生轉流輪迴因果之謬，其不達於理氣之故也甚矣。

如復卦言「七日來復」，其間元不斷續，陽已復生。「物極必返」，其理須如此。有生便有死，有始便有終。以易之復卦明之。易言「七日來復」，非謂既退之陽，倒轉復來，正言其間陰陽循環，元無斷續。剥盡於上，陽已復生於下，物極則反之理如此也。理通古今而無斷續，氣隨人物而有生死始終，知其所以生則知其所以死，知其所以始則知其所以終。天地間無有伸而不屈、來而不往者。學者先看天地二氣之流行，若寒暑晝夜古今消息之故，大段既得，反而驗之吾身，自父母生育之始，及少長壯老之變，寢興作息，熟體精察，則必洞然於理氣之説而無疑矣。

明道曰：天地之間，只有一個感與應而已，更有甚事？天地間消長變化，循環無端，只是一個感應之理。如屈以感伸，則伸爲應；伸以感屈，則屈爲應。至於屈又感伸，伸又感屈，而屈伸之相應者，充塞而不可窮，昭著而不容掩。無非此理，尚復何事？明乎此，則人當以天地之理，體之於身，使其表裏内外之間，無所拂戾，無所虧欠，而後得感應之正也。薛敬軒曰：「感應之理，於太極圖陰陽互根見之。」

問仁，伊川曰：此在諸公自思之，將聖賢所言仁處類聚觀之，體認出來。孟子曰：「惻隱之心，仁也。」後人遂以愛爲仁。愛自是情，仁自是性，豈可專以愛爲仁？孟子言：「惻隱之心，仁之端也。」既曰「仁之端」，則不可便謂之仁。退之言「博愛之謂仁」，非也。仁者固博愛，然便以博愛爲仁則不可。程子恐人之論仁者，不知性情之別，故因問而使體認聖賢之言，以辨韓子之非也。蓋仁道甚廣大精微，聖賢隨時言仁，各有所指，若不類聚觀之，單執一説，則既失之偏，而前後亦相枘鑿。如孟子言「惻隱之心仁也」，是以惻隱知其有仁，就外面之可見者，驗其中之所有耳。後人遂以愛爲仁，不知仁是此心，生理從心中萌動發出，自是惻然有隱，因心之惻隱推到那人物上，遂成個愛，則仁爲愛之根，惻隱乃根之萌芽，而愛又萌芽之長茂已成者也。愛是情，仁是性，猶曰「仁是愛之性，愛是仁之情」云爾。若專以愛爲仁，是以情爲性矣。須合孟子「仁之端也」一節，體認出來，便能得之〔八〕。端，緒也。物在其中而緒見於外也。「既曰仁之端，則不可便謂之仁」，而退之乃「以博愛爲仁」，舉其用而遺其體，其説非也。蓋仁未嘗不博愛，博愛乃仁之用見於外者，豈可便以爲仁乎？夫子答樊遲問仁，亦曰「愛人」，而朱子解之曰：「愛人，仁之用。」下一「用」字便明。

問：仁與心何異？伊川曰：心譬如穀種，生之性便是仁。陽氣發處，乃情也。學者得孟子「仁，人心也」一語，便認心即是仁，不知仁之與心，正自有異，故程子因問而辨之。蓋孟子恐人懸空去討仁，故言仁之切於人。其實心是形之載理者，不過血氣做成，猶穀種是殼實結成的，但其中具有生理耳。穀之所以纔播種而便萌蘖者，以其有生之性，而即以穀種爲生之性則不可。人心之所以自然惻怛慈愛者，亦以其有生之性，而即以人心爲生之性亦不可。蓋生之性便是仁也，惟仁具於心，觸着便動，猶穀種遇陽氣之發，自生萌芽，此乃所謂情也。他日謂「自性之有形者謂之心，自性之有動者謂之情」，説可參互。而其於仁也，庶爲得之矣。

伊川曰：義訓宜，禮訓別，智訓知，仁當何訓？説者謂訓覺、訓人，皆非也。當合孔、孟言仁處，大概研窮之，二三歲得之未晚也。仁、義、禮、智，皆吾心之天理，而仁包乎三者，其道至大，故三者易訓，而仁難訓。訓，猶解也，以此字之義通乎彼字之義而得其解也。義者，天理之裁制，所以決斷事物而得其當然之宜，故訓「宜」。禮者，天理之節文，所以別親疏貴賤之分，故訓「別」。智者，天理之明睿，所以知可否是非之辨，故訓「知」。「仁」則非可以一字訓也，有以「覺」訓仁者，謂仁無物欲之蔽，疾痛痾癢，觸之即覺。夫「覺」自是智之用，仁可兼智，故仁者無所不覺耳，究不足以盡仁之藴也。且仁之知覺純是理，若專以知覺言仁，恐流入於佛氏「作用是性」之説，其説非也。又有以「人」訓「仁」者，謂天地生生之理，以人體之，則惻怛慈愛之意，自無間斷。夫仁固以人爲體，然人是氣，仁是理，理從氣上識取，認氣爲理便不是，其説亦非也。當合孔、孟之言仁處，類聚而觀之，或以體言，或以用言，或以體用兼言，得其所以言之意。說開說合，沿流溯源，研窮之久，必有所得，勿慮晚也。

伊川曰：性即理也。天下之理，原其所來，未有不善。喜怒哀樂未發，何嘗不善？發而中節，則無往而不善。發不中節，然後爲不善。故凡言善惡，皆先善而後惡；言吉凶，皆先吉而後凶；言是非，皆先是而後非。此程子決言性之所以善也。性者，人之生理，即所禀於天之理也。斯理也，造化流行之初，則爲「繼之者善」；人生禀受之後，則爲「成之者性」。在天在人，一也。然所以不謂之理而謂之性者，理是泛言天地間人物公共之理，性是自家受這理於天而爲我所有之理，故「性即理也」一語，朱子謂「自孔子後，惟伊川說得真實精切」。天下無不善之理，安有不善之性？原其所自，從無夾雜，只有仁、義、禮、智四者而已。當其喜怒哀樂之未發也，仁、義、禮、智之性渾然在中，何嘗不善？及其發也，仁、義、禮、智之性自然有是，惻隱、羞惡、辭讓、是非之情隨應而出，適中其節，何往而不善？無他，節本具於性之中，其所以爲節者，理也，惟無以養其性而守其理，故或過或不及，而不中其節，然後爲不善，而非性之有不善也。善則吉，惡則凶，善者爲是，惡者爲非，自後而論，是對待的，從本原看來，是分先後的，不可以並提例論也。觀程子此言，而孟子性善之旨定矣。

問：心有善惡否？伊川曰：在天爲命，在義爲理，在人爲性，主於身爲心，其實一也。心本善，發於思慮則有善有不善。若既發則可謂之情，不可謂之心。此因心而推本言之，見心無不善也。以天道流行，賦予萬物言之，謂之命；以日用事物各有當然之義言之，謂之理；以人得是理以生言之，謂之性；以性具於中、虛靈知覺爲一身主宰言之，謂之心。其實性者心之本體，理者心之所具，命者心之原頭，非有二也。則寂然不動之中，渾全天理，心之本善可知。及至事物一觸，思慮忽萌，那時天理呈現，人欲亦乘間而入，方有善有不善。蓋善其本然，而不善者外誘之私也。人非盡能去其外誘之私，以充其本然之善，是以發而爲喜怒哀樂者，未必無過不及，而天命之性之具於心者，或失當然之理而不自知矣。然既發則可謂之情，不可謂心，蓋情乃心之用，而非心之體也。愚謂：「心統性情」，情亦何嘗非心？但情之善者，是任天而動之情，心善故情亦善；情之不善者，是因物有遷之情，情有不善而心無不善。孟子曰：「乃若其情則可以爲善矣。」又曰：「故者以利爲本。」詳玩「可以爲」三字及「利」字，便見分曉。

譬如水，只可謂之水。至如流而爲派，或行於東，或行於西，却謂之流也。

曷不觀之水乎？水雖有必流之勢，而當其渟注淵涵，未見其流，只可謂之水。猶心有必發之情，而當其「沖漠無朕」，未見其情，只可謂之心。至於水流而爲派，東西分行，有未必安其就下之性者，何嘗非水，却謂之流。猶心發而爲情，善惡錯出，有未必合於自然之中者，何嘗非心，却謂之情矣。程子言此，欲人反求而得所謂心，蓋不知心之本善，則不識天理流行之妙，有莫之爲而爲者；不知心之流而有不善，則必不致謹於思慮之微，以至離道之遠。故綜源流而言之。愚謂思慮之發，正天人之交，所謂幾也，所謂獨也。學者喫緊關頭在此。

伊川曰：性出於天，才出於氣。氣清則才清，氣濁則才濁。才則有善有不善，性則無不善。「才」字兼二義：一訓「才質」，猶言材料質幹，以體言；一訓「才能」，猶言他會做事，他不會做事，以用言。性善則才亦宜善，而有不盡然者。蓋性即天理之本然，出於天者，安有不善？若人自受形以後，天地之性，已爲氣質之性矣。才出於氣，氣有清濁，則才亦有清濁，而善不善因之以分。雖氣所從出，亦理之所爲，固非天地之性之外，另有所謂「氣質之性」，而性是形而上者，全是天理，氣是形而下者，陰陽雜揉，便有參差不齊。是以人隨所值，或值陽氣多者，則其才剛；或值陰氣多者，則其才柔；或值陽氣之善者，則其才嚴毅貞固；或值陽氣之惡者，則其才躁暴忿戾；或值陰氣之善者，則其才巽順愿謹；或值陰氣之惡者，則其才狡譎奸險，種種如此。至於得天地真元會合之氣，以爲清明純粹之才者，其唯聖人乎！此其所以有善有不善，而性則無不善也。孟子謂「非才之罪」，及「天之降才非殊」等語，直把才都做善看，是從性善大本處發來，不兼氣質之性言之也。必欲全備，須如程子之言方密。

伊川曰：性者自然完具，信只是有此者也。故四端不言信。性者，人心中之天理，完全畢具，無所虧欠。其大目不外仁、義、禮、智、信五者，謂之五常。蓋就造化上推，原來即是五行之德。然所謂信，只是實有此仁、義、禮、智而已，非仁、義、禮、智之外，別有所謂信也。如木、金、火、水，定位於東西南北，而土無定位，只寄旺四位之中，各配春夏秋冬，而土無專配，只分旺四季之間。木、金、火、水而無土，都無所該載；仁、義、禮、智而無信，便都不實了。故對五行而言，則謂五常；對四時而言，則謂四端。「四端不言信」者，信已立於四端之中故也。

伊川曰：心，生道也。有是心，斯具是形以生。惻隱之心，人之生道也。天地以生物爲心，而人得之以爲心。心含理與氣，有虚靈知覺，是箇活底物，故曰「心生道也」。有是心斯具是形以生，此就生人之道言之。惟心之全體，生生不息，所以其端緒觸動出來，便有惻隱之心。如在天之元，於時爲春，萬物於此萌芽發露，故曰「惻隱之心，人之生道也」。此就人身上指點言之，蓋身猶牿於形氣，心則通於神。身行一日，不過百里，所歷不過十二時，心則一思便思到千萬年，頃刻可歷千萬里。故胡敬齋曰：「天下神速莫如心。」所以然者，心具是理，理無不在，千萬年共此理，千萬里亦共此理，是以思無不到，氣速不如神速，神速由於理一。故曰心是箇活物也，心之靈如此，可不知所以養乎？

横渠曰：氣坱然太虚，升降飛揚，未嘗止息。此虚實、動靜之機，陰陽剛柔之始。浮而上者陽之清，降而下者陰之濁。其感通聚散，爲風雨，爲霜雪。萬品之流行，山川之融結，糟粕煨燼，無非教也。此張子極言氣之用，以見即氣即理，與「虚空即氣」之説合也。「坱然」者，盛大氤氲之義。蓋形而下者是氣，形而上者是理，氣實理虚，而實者不離於虚之中，一而無二，故曰「坱然太虚」。以下正言氣之「坱然」處，句句皆有太虚意。末結「無非教也」，仍合到「坱然太虚」上。言理都從氣見得也。大意謂天地之氣，坱然充满於太虚無聲無臭之中，其升降飛揚，所以生人生物者，亘古窮今，無時止息。此虚實動靜之妙用，由是而形，其機之所在乎！陰陽剛柔之定體，由是而立，其始之所由乎！分陰陽之清濁，判而爲上浮下降；因感遇之聚結，合而爲風雨霜雪。人物萬有不齊，森然流布其形，山川萬古流峙，昭然融結其質。即至小而酒之糟粕，火之煨燼，皆氣之渣滓，統而觀之，無非上天之以理示人，所謂教也。然則氣在而理具，理具而教彰，形上即在形下之中，有無混一，所言「虛空即氣」者，於此尤可想見矣。

横渠曰：游氣紛擾，合而成質者，生人物之萬殊。其陰陽兩端，循環不已者，立天地之大義。「游氣」者，流行之氣也。「紛擾」者，參錯不齊也。合而成質者，絪緼交合，凝成人物之形質也。陰陽兩端者，以動静言之，動屬陽，静屬陰；以始終言之，始爲陽，終爲陰；以先後言之，先爲陽，後爲陰；以屈伸言之，屈爲陰，伸爲陽也。循環不已者，陽而陰，陰而復陽，陽中有陰陽，陰中亦有陰陽也。惟天地之大義由此立，故人物之萬殊由此生。游氣亦不外陰陽，游氣是用，陰陽是體。陰陽之循環，即所云乾道之變化；生人物之萬殊，即所云各正其性命也。

横渠曰：天體物不遺，猶仁體事而無不在也。「禮儀三百，威儀三千」，無一物而非仁也。「昊天曰明，及爾出王。昊天曰旦，及爾遊衍」，無一物之不體也。此見天、地、日在人中〔九〕，人當順理而行也。凡言體者，猶云做他骨子也。「出王」者，出而有所往。「旦」，亦明也。「衍」，從容之意。此四語，大雅板詩辭。蓋天者，理而已矣，仁正人心所具之天理〔十〕。物物皆有天理，是天爲物之體而不遺；事事皆從吾心之天理做出，是仁爲事之體而無不在。試思經禮、曲禮，三百三千，燦然畢陳，無非愛敬懇惻之心，發見於大綱細目之間，而非繁文縟節之爲，則仁之體事而無不在可知矣。若夫人之往來游息，而天皆與之俱，豈真有物在上，日監在兹哉？理無往而不在，人無在而非天。由詩言觀之，則天之體物不遺，尤可見矣。是故人而不仁，必無一事可爲，而稍有戲渝馳驅之心，即爲獲罪於天。知天則知仁，全盡乎仁，即爲全盡乎天。張子之言，極其真切，所以朱子曰：「此數句從赤心片片説出來，豈荀、楊所能到也！」

横渠曰：鬼神者，二氣之良能也。程子以鬼神爲造化之迹，而朱子謂横渠此語尤精。蓋造化只是陰陽之二氣，陰陽非鬼神，陰陽之能屈能伸、一往而一來者乃鬼神也。「良能」是其靈，處氣機自然，有莫之爲而爲者。蔡虚齋曰：「不待使之然，而亦不能遏其然，乃所謂自然也，乃所以爲靈也。」分言之，則鬼爲陰之靈，神爲陽之靈；合言之，則陰陽相爲動静，一氣之靈如此耳。〔一一〕

横渠曰：物之初生，氣日至而滋息；物生既盈，氣日反而游散。至之謂神，以其伸也；反之謂鬼，以其歸也。此言天地生物之氣，至而伸，反而歸，動物植物皆然也。張子言動植之聚散，有本天本地之異，而要而言之曰，聚散皆氣也。物生之初，自穉至壯，乃氣之日至而滋潤生息以至於盈也。盈則必反，物之自壯至老，乃氣之日反而游蕩離散以至於盡也。以其日至而伸謂之神，以其日反而歸謂之鬼。物理如斯，夫人則亦有然者也。然其伸其歸，於人物見之，而非人物之所自爲，此則天地造化之妙，所謂二氣之良能也。

横渠曰：性者，萬物之一源，非有我之得私也。惟大人爲能盡其道。是故立必俱立，知必周知，愛必兼愛，成不獨成。彼自蔽塞而不知順吾理者，則亦末如之何矣。此示人以性之當盡。盡性即是盡道，盡道即是順理，而非大人不能盡也。蓋性即理也。理爲天地間人物公共之理，本是一源，豈我所得私？私我而遺人者，不能盡其性者也。徇物而喪己者，亦不能盡其性者也。惟與天地合德之大人，爲能盡己性以盡人物之性而無歉於其道。道者何？仁、義、禮、智之道也。立者，禮之幹也；知者，智之用也；愛者，仁之施也；成者，義之遂也。四者皆性之理而人物與我所同得者。惟其同得，所以成己，必須成物，成己亦自能成物。大人之立必俱立，知必周知，愛必兼愛，成不獨成者，雖各因其分之殊，而要皆順其理之一耳。彼不知理爲吾性之固有，而昏蔽壅塞以不順天命之本然者，則亦無怪其道之不盡，而不足與語大人明明德於天下之學矣。此節乃張子作西銘之本質。

橫渠曰：一故神。譬之人身，四體皆一物，故觸之而無不覺，不待心使至而後覺也。此所謂「感而遂通」，「不行而至，不疾而速」也。氣本一物而分陰陽兩體，如屈伸往來上下，任他十百千萬物事，只是一個氣。觸之於此而在，觸之於彼而亦在，以爲專在此不得，以爲專在彼亦不得，何等神妙不測。所以張子自註曰：兩在故不測。而朱子謂此語極精也。專有所在則可測，可測則不得爲神矣。即以人身言之，四體之用雖分，而皆一物。一物即一氣之謂也。惟其一氣，故疾痛疴癢，觸之即覺，不待思慮擬議有心使之而後覺，使非一氣之神，何以感通如此？所謂「感而遂通」，不行而自至，不疾而自速者。葉平巖曰「天地之爲物不貳，故妙用而無方；聖人之心不貳，故感通而莫測」是也。

橫渠曰：心，統性情者也。此一句語約而意備。蓋心具仁義禮智之性，發而爲惻隱、羞惡、辭讓、是非之情。性情皆出於心，故心能統之。統，猶兼也，亦有主宰之意，言兼之而爲之主也。自其寂然不動之體言之，仁義禮智自然完具，是心統性；自其感而遂通之用言之，惻隱、羞惡、辭讓、是非端見於外，是心統情。故朱子曰：「性者心之理，情者心之用。心者性情之主。」學者欲於心上用功，最須涵養性情也。

橫渠曰：凡物莫不有是性。由通蔽開塞，所以有人物之別；由蔽有厚薄，故有智愚之別。塞者牢不可開，厚者可以開，而開之也難，薄者開之也易，開則達於天道，與聖人一。此言人爲萬物之靈，可以希聖而達天也。天下無性外之物，則凡物莫不有是性，所謂萬物一太極也。但人得氣之正，物得氣之駁，正者通徹而開明，駁者昏蔽而壅塞，所以不同，均之乎人也，而亦有不同者，蓋雖得氣之正，而氣不能皆清而無濁，則各有所蔽。得清氣多濁氣少者，其蔽薄；得清氣少濁氣多者，其蔽厚。於是又有智愚之殊。然則物之蔽而至於塞者，填實闇昧，其不可開，無庸則也。若人則皆可加以開之之功，只是蔽之厚者，須百倍其功，開之也難；蔽之薄者，如水本清稍澄其滓，如鏡本瑩稍拭其塵，開之不亦易乎！要之，開無論難易，盡人皆可達天。所以然者，天道本在於我，我與聖人異氣質而不異其性。不學則氣質用事而性以虧，學則人性皆善而氣質以化。人奈何不自力學，而甘以人而下同於物哉？

## 校勘記

〔一〕於是仁義禮智之五性　「之」，尹刻本作「信」。

〔二〕直上下而同流矣　「而」，尹刻本作「與」。

〔三〕乃人品所以分　「以」，尹刻本作「由」。

〔四〕蓋古今同此誠　「古今」，尹刻本作「人」。

〔五〕殫其研幾之力而執焉　「力」，尹刻本作「學」。

〔六〕無聲臭　「聲」下，尹刻本有「無」字。

〔七〕故一身而百理具焉　「身」，尹刻本作「息」，誤。

〔八〕便能得之　「能」，尹刻本作「自」。

〔九〕此見天地日在人中　「見」，尹刻本作「言」。

〔一〇〕仁正人心所具之天理　「正」，尹刻本作「即」。

〔一一〕「程子以鬼神爲造化之迹」至「一氣之靈如此耳」　此段注解以下五條，尹刻本參照葉采近思録集解重予補注。

# 近思録集解卷二　　凡一百一十一條

## 爲學

此卷總論「爲學」之要。蓋尊德性矣，必道問學，明乎道體，知所指歸，斯可究「爲學」之大凡矣〔一〕。

濂溪曰：聖希天，賢希聖，士希賢。此周子欲學者立志以幾於有成也。希，期望也。道無窮極，學貴上達。聖人生安之質，地位儘高，猶不自滿足，孜孜矻矻，思爲法天之學。是有心無爲之聖，猶望無心成化之天以爲期若斯也。自聖而降則有賢，是才德過人者也。然亦不敢自怠其功力，必朝夕勤苦，以聖人爲歸。是學知利行之賢，亦望生知安行之聖以自勵若斯也。況號爲士，乃人中之秀，方入學問之途，可不厚自期待，求致其知，勉其行，以庶幾賢人之詣乎？蓋能刻勵向前，則可漸進不已，由賢以希聖、希天而無難。若不能立志，頽廢其功，不惟不可以進於聖賢，并不可以言士矣，學者可不勉乎！伊尹、顔淵，大賢也。伊尹恥其君不爲堯、舜，一夫不得其所，若撻於市；顔淵不遷怒，不貳過，三月不違仁。承上文「賢希聖」而言。商之時有伊尹，聖門之中有顔淵，皆大賢也。伊尹耕於莘野，樂堯、舜之道，其應成湯三聘而出也，惟欲堯、舜其君民。使其君不爲堯、舜之君，則伊尹必恥之。天下之大，有一夫失所，則伊尹以爲辱。觀書言而知其心之惓惓，止以堯、舜爲期，是伊尹之希聖也。顔淵居於陋巷，樂仲尼之道，其承夫子「克復」之教，遂能純養其心性，至於「不遷」、「不貳」，懲忿深而改過勇，何私欲之淨耶！三月不違，歷時久而心理純，何天德之剛耶！讀論語而見其孜孜好學者，止以夫子爲歸，是顔淵之希聖也。志伊尹之所志，學顔子之所學，又即上文所謂希賢者以策士也。士固當希賢，而欲希賢必先端所志而審所學。蓋志必取乎高，而千古事業之高，孰有如堯、舜乎？學必求其正，而古今學術之正，孰有如孔子乎？伊尹之志，志堯、舜也，堯、舜未可幾，而伊尹之志獨不可志乎？顔子之學，學孔子也，孔子不易追，顔子之學獨不可學乎？故伊尹之志，不必其治亦進，亂亦進也，授受取予之嚴，即是天下不與之家法，乃伊尹所志，而士之當志者也。顔子之學，不必其聞一知十，不違足發也，語不惰而進未止，即是不厭不倦之真傳，乃顔子所學，而士之當學者也。士能以此爲志，以此爲學，其所造又何可量耶！過則聖，及則賢，不及則亦不失於令名。過、不及，指用力而言。蓋同此所志所學，而用力有淺深，則所至之遠近隨之。用力精勤，有進而上之之量，則便越於賢而造聖人地位。或用力稍遜，僅得追而隨之，則但得與之齊量，而爲賢人之詣。即用力不足，瞠乎在後，而有爲善之實，亦自有表見，而不失於令名。此皆工夫之旋至而有效者，士亦何憚而不奮然於所志，而殷然於所學乎？噫！周子論志學而遞降以求之如此，其所望於士者切矣。世之爲士者，若能知此志此學，乃本天之道，而爲聖賢相傳之業，自將反其所以希榮射利、好異矜才者，而一歸於正大。則志學交進，不患無成，出則爲王佐，處則爲純儒，唐、虞之風，尚可復覩，而洙、泗之澤，庶幾再振也夫！

濂溪曰：聖人之道，入乎耳，存乎心，藴之爲德行，行之爲事業。彼以文辭而已者，陋矣。此周子欲人爲有用之實學，勿爲無益之虚詞也。學以聖人之道爲大，平日講習討論，入乎耳必有欣然於所聞者。求之至精，辨之至當，便可存之於心，而涵泳思繹，令其純熟而浹洽。由是藴蓄既深，油然自得，美在其中，遂有根心生色之妙。而凡日用動静，無非以心得者，見之躬行，而德行俱極其純粹矣。至於德行既充，作而見之施行，自能以其日新者著爲富有，而莫大之事業皆從此出焉。如是乃爲有體有用之學也。雖有德必有言，有時英華之發，亦垂載道之文，然德行爲本，文藝爲末，已非聖人之所重矣。況乎無實之辭，既無當於身心性命之旨，復無益於家國天下之務，君子何取焉？彼工於華麗，徒以悦人耳目而已者，其識趣之卑陋甚矣！學者尚其務修德而求之聖人之大道也乎！

或問：聖人之門，其徒三千，獨稱顔子爲好學。夫詩、書六藝，三千子非不習而通也，然則顔子所獨好者，何學也？伊川曰：學以至聖人之道也。聖人可學而至歟？曰：然。此篇見程子所學之正，而其得力於濂溪者深，故其文無一字不從太極圖説流出也。當今世儒，劈頭一箇「學」字便不識，向下東走西作，都無是處。不知學乃本天道理，聖人學天，故人欲求天理之學，舍聖人其誰與歸？今人若聽見學聖人，便相與嗤而怪之，不想儒者不學聖人，將學箇甚？勿論發策決科，希榮逐利，怪誕異端之學，弊謬種種，即從事詩、書六藝，而不切實爲己，傚效聖人之爲，縱朝夕記誦，作一場話説，無益也。程子始冠，游太學，胡安定以「顔子所好何學論」試諸生。先生據問以答之，而設爲辨難之詞，謂：「聖門弟子三千，獨顔子稱好學。竊意詩、書六藝，三千子所時習者，未必顔子獨也。顔子默然無以異於衆人，而夫子獨稱之，則其所好者果何學也？曰：學者非他，凡以求至於聖人之道也。而或以聖人之道亦高矣，豈後之人所可學而至歟？曰：然。人特患不學耳，不學則不可至，學則無不可至也。」此開篇第一義，正程子喫緊之言也。**學之道如何？曰：天地儲精，得五行之秀者爲人。**承上文，更設問所學之道而應之也。蓋學原所以學其爲人，未知學，當先知人所從來。人本之天地者也，天地儲藏陰陽之精，會合冲和，以成變化，遂有水火木金土，而五行雜揉，生生之用以著。於是所生之中，得五行之最秀者爲人，人乃天地之精英所萃也。無論智愚賢不肖，皆當思其理氣之固有，以盡其日用之當然。使徒醉生夢死於天地間，其所以爲人者安在乎？此學之所以貴切己也。**其本也真而静，其未發也五性具焉，曰仁、義、禮、智、信。**此繼善成性之事。人生之初其本粹然無妄而真，淡然未紛而静。其未發也，冲漠無朕，而中涵變化生成自然之氣，以妙變化生成實然之理，而五性已備具，而無少欠缺焉。五性之目，曰仁、義、禮、智、信，是即所謂性善也，學之所以貴有盡心知性之事也〔二〕。形既生矣，外物觸其形而動其中矣。其中動而七情出焉，曰喜、怒、哀、樂、愛、惡、欲。又言由性而情之事。人生而靜，有靜則不能無動，而動未有不因乎形者也。蓋氣雖載理以成形，然形既生矣，便有五官四體之器。有時在外之物，感觸其形器而相交相引，遂不能無動於其中。其中一動，心志亦因之有所繫，而二五之性，流爲七情，遂紛然有雜出之勢矣。七情惟何？曰喜、怒、哀、樂、愛、惡、欲，所謂發而必有其節者，學所以有因性治情之功也。情既熾而益蕩，其性鑿矣。是故覺者約其情使合於中，正其心，養其性；愚者則不知制之，縱其情而至於邪僻，梏其性而亡之。情出於性者也，而亦足以亂性。蓋七情之出，本有相牽日甚之勢。若火之然，既炎而不可撲滅，則將放蕩而難救。至於放蕩難救，滿腔子都是情欲用事，此心不能自主，而其性之本根即爲鑿害而不固矣。是故明覺之人，知有此病，當情之初動，必約束之，使合於無過不及之中而中其節，然後有以正其心而使之無偏，養其性而使之不害。彼昏愚之人，則不知其弊，無以制遏其流，反縱而恣之，使其情之所之，流蕩忘返，不至於邪侈放辟不止。蓋至是則所以梏害其性者已深，勢將舉其所謂仁、義、禮、智、信而盡亡之矣。學所以貴有存心養性之事也。自此以上，論其所以當學之故。然學之道，必先明諸心，知所往，然後力行以求至，所謂自明而誠也。言學之道，固當實求諸天人性情之間，然未有不真知之而能好之者也。故必此理先明白了然於心，知其所從入之途，與其所歸宿之地，下學上達，自有先後而不可紊，然後循序漸進，力而行之，以求至於私欲淨盡、天理流行之域，若子思子所謂「自明而誠，由教而入」是也。

此學所以必先致知，而好之情從此生矣。誠之之道，在乎信道篤。信道篤則行之果，行之果則守之固，仁義忠信不離乎心，造次必於是，顛沛必於是，出處語默必於是。久而弗失，則居之安，動容周旋中禮，而邪僻之心無自生矣。承上文「明誠」而言。既知必好〔三〕，而好必至於樂，而後爲好之深也。蓋思誠之道，在乎實見斯道不遠於人，而學必可以進乎道，方謂信之篤。信之篤，則所以行乎道者，必果決而不惑；行之果，則所以持守乎道者，自堅固而不揺。由是而仁義忠信之道，念念不忘，不使一刻或離於其心，好之切於内者然也。心乎好之，至於急遽苟且之時，必於是，傾覆流離之際，亦必於是，而好無見於常變矣。極之或出或處，或默或語，而無不於是，而終身之好又可知矣。好之既久而弗失，則處之愈安而常貞，即一舉動容貌之間，周旋進退之節，無不適中乎禮。如是則行純者志愈密，外熟者中愈堅，邪僻之心無自而生，幾幾乎有從容自得之樂矣！此一節深明好學者之情也〔四〕。

故顔子所事，則曰：「非禮勿視，非禮勿聽，非禮勿言，非禮勿動。」即顔子所事「克復」之目，以明顔子之所學也。顔子深潛純粹，而博約功多，竭才已久，一聞「四者」之教，遂坦然信之而無疑。蓋視聽言動，止絶其非禮之緣，而天理便可渾然無間。顔子終身爲學，親切工夫，莫過於此。四「勿」字乃是好學之基，四面掣斷而中心自堅也。仲尼稱之，則曰：「得一善，則拳拳服膺而弗失之矣」；又曰：「不遷怒，不貳過。有不善未嘗不知，知之未嘗復行也。」此其好之、篤學之之道也。顔子之學，在於事者易見，而顔子之好，在於心者難明，則惟於仲尼之所稱者求之而已。如中庸引子之稱其爲人也，則曰「得一善，則拳拳服膺而勿失」，是其「好之」精神，已見於能擇能守矣。而其稱之以告哀公也，又曰「不遷怒，不貳過」，即繫易而稱其「庶幾」，亦曰「有不善未嘗不知，知之未嘗復行」，非其好有深於中者，安能懲忿窒慾、改過遷善之勇若此也！此其所好之篤、所學之道有歷歷不誣者，又何怪乎聖人之稱之不置，而聖人之道之不從此而幾也乎！

然聖人則不思而得，不勉而中；顔子則必思而後得，必勉而後中，其與聖人相去一息。所未至者，守之也，非化之也。以其好學之心，假之以年，則不日而化矣。

此又言聖人、顔子之所以分，見顔子所學乃聖人之道，而聖必可學而至也。夫顔子得聖人爲依歸，固學之而日期其至者也。然聖人則生而知之，不待思而自得；安而行之，不待勉而自中。顔子則由於學，必待思而後能得其理，必待勉而後能中於道，其與聖人勞逸之相去，止在一息之間。所未能一蹴而至者，特得其道而守之勿失，非與道爲一，渾然而化之，忘其思勉之迹者也。惜乎其得於氣數者薄，無以究其所學耳。以其好學之心，若幸而加以年歲之長，則極其思勉，不日亦將進於能化，而聖可幾矣！又誰謂學聖如顔子而不可至於聖耶？

後人不達，以謂聖本「生知」，非學可至，而爲學之道遂失。不求諸己而求諸外，以博聞强記、巧文麗辭爲工，榮華其言，鮮有至於道者。則今之學與顔子所好異矣。

末言後人所學之非，故去聖日遠，非聖不可學也。蓋聖如孔子，嘗自言好學，而顔子亦以好學見稱，此正顔子之善學聖人者也。後人不達其故，以爲聖乃絶人之詣，本是生而能知，原非學力可至，遂相與震其名而忘其實，絶口不敢言學聖人，則當其爲學之始，而其道固已失矣。舍自己身心，不知其可以爲聖，偏求之外物，執其不可爲聖者而好之，日從事於詩、書，廣博見聞，勉强記誦，徒以供其弄筆墨之資。於是巧飾其文，富麗其詞，以悦人耳目爲工，雖使光榮華采，衆人群服其言，而大本已非，求所學之至於道者鮮矣！然則今之儒者，亦非無所學，而與顔子所好之學自不同耳。夫學非所學，即有所好，一齊差却，徒令聖人之道架漏千載。且謂天地精英，歷久不一發其奇，何多誣也！抑又思之，程子之學得於周子者，今觀所論宗旨次第，與太極通書處處吻合。其學周子，與顔子學孔子，若出一轍。濂溪有云「學者當尋孔、顔樂處」，又曰「士當學顔子之所學」。方今學人豈無作聖之資乎？願與尋周、程之所好，而欲學聖人之道者，請自學程子始。

横渠問於明道先生曰：定性未能不動，猶累於外物，何如？明道曰：所謂定者，動亦定，静亦定，無將迎，無内外。此見程子知性之學，即周子所謂「静而無静、動而無動」之理也。通篇就「累於外物」折辨，而此先論「定性」之義。蓋横渠亦知吾所得於天之理，本自寧一無累，而此中究不能不動〔五〕，一動而外物即有紛擾之病，故問如何而使之無累。亦是其刻苦意多，於性之自然上少理會也，不知性即理也。天下無不定之理，則無不定之性，纔説求定，便已不是性，程子所以先與之論性之定也。所謂定者，非能使之不動，亦非必離動而後定。順理而動，動亦定也。即静時，不過是此理，故静亦定也。天下無性外之物，何所送於事之往？何所迎於事之來？吾心非無物之性，吾性即是外物之理，何所分爲在内之性？凡物即是性内之理，何所分爲在外之物？如是方可語「定」矣。苟以外物爲外，牽己而從之，是以己性爲有内外也。且以性爲隨物於外，則當其在外時，何者爲在内？是有意於絶外誘，而不知性之無内外也。既以内外爲二本，則又烏可遽語「定」哉？姑以己性與外物交接時言之。苟以在外之物，止屬爲外應之者，必牽己性以從乎物，是以己性爲有内外，必在内方謂之性，外此即非性，而天下無是性也。且以應物之性，即將隨物而之於外，則當其在外應物時，性必不在内矣。然何嘗無在内之性，亦何嘗另有箇在内之性？今必專就内以求定，是有意於絶外誘之物，而不知性與物理通一無二、原無内外也。今既以内爲性、外爲物，不相管攝，是性在内爲一本，物在外爲一本，則感應之際，便有之彼之此之紛，又烏可遽謂之定哉？若性則未嘗不定者也。夫天地之常，以其心普萬物而無心；聖人之常，以其情順萬事而無情。故君子之學，莫若擴然而大公，物來而順應。夫未知己性，獨不觀之天地乎？性命於天地，天地之常理，即性理也。天地何嘗不妙萬物乎？雖不可以心言，而所以爲主宰，爲運用，即其心也。然不過以其心順動，而此理此氣，已普徧乎萬物，而化工寂然，一如其無心焉。是天地之定也。又不見夫聖人乎？聖人渾然天地之性，其常性即我之性也。聖人固亦應萬事矣，雖不可以常情論，而所以爲感通，爲孚洽，亦其情也。然不過以其情因應，而隨機隨宜，已周浹乎萬事，而措施恬若，亦如其無情焉。此聖人之定也。故君子之學，學聖人以順天地者也。莫若涵養其心，使擴然無一私之存，而大公以待天下之來。正不必求其不動，即物之來也，亦隨其自然，因其當然，而順以應之，又何必以之爲累，而慮其不定哉？此固性之自定，而定性之功亦莫切於此也。易曰：「貞吉，悔亡。憧憧往來，朋從爾思。」苟規規於外誘之除，將見滅於東而生於西也。非惟日之不足，顧其端無窮，不可得而除也。又引易以見外誘之難除也。易咸卦九四曰：「貞吉，悔亡。憧憧往來，朋從爾思。」言感物之情，得正則吉而悔亡，若繫於私感，憧憧然往來不絕，則物各以朋類從爾所思。可見人心之感應，原有牽引無窮之勢，苟規規焉惟外物之誘是除，恐除則除矣，而一物方去，一物復來，此念纔消，轉念又然，將見滅得東邊火，西邊又發烟矣。不但日時不足，那得許多除滅工夫！且其端緒紛紜無窮，亦未易以盡去其根而除絕也。人之情各有所蔽，故不能適道，大率患在於自私而用智。自私則不能以有爲爲應迹，用智則不能以明覺爲自然。今以惡外物之心，而求照無物之地，是反鑑而索照也。此又言人情之常蔽，以明其不能大公而順應也。人情見理不明，故各有所蔽，而難與入道。大率所患在於自挾一己之私，而欲用其察察之小智。自私則出而應物，凡有所爲，皆欲以己御物，而不肯應乎事物當然之迹，安得有順應之妙？用智則當其存主於中，自負明覺，皆是機心用事，而不能任其本體自然之哲，安得有大公之休？今也以外物爲累而惡之，是謂物與性不相關也，私甚矣！是謂性中本無物，欲於無物之性求見其所以定也，不幾於用智乎！此猶反其鑑之明，而於背之昏者索其照焉，不可得也。不惟不足以絕外物之來，并與其性之定者而蔽之矣，如之何其可也！易曰：「艮其背，不獲其身；行其庭，不見其人。」孟子亦曰：「所惡於智者，爲其鑿也。」引艮卦彖辭及孟子之言，以証「自私」、「用智」之不可也。易艮彖曰：「艮其背，不獲其身；行其庭，不見其人。」言人心止於所當止，內不見有己象。「艮其背，不獲其身」，外不見有人象；「行其庭，不見其人」，明此心之不可自私也。孟子曰：「所惡於智者，爲其鑿也。」言世之以其私智，言性所可惡者，以其穿鑿之見，不出於自然，亦足見小智之不可自用矣。與其非外而是內，不若內外之兩忘也，兩忘則澄然無事矣。無事則定，定則明，明則尚何應物之爲累哉？夫自私用智，則便以物之在外者爲非〔六〕，而以性之在內者爲是矣。豈知性固無內外乎？與其以外爲非，而以內爲是，則不若不存內外之見，一以理通之，而是非俱可兩忘也。兩忘則在內秖是萬物之理，在外俱爲性理之推，而內外澄徹貫通，可無多事矣。無事則無彼此膠轕紛擾，而泰然自定矣。定則以理爲主，內外昭灼，無蔽而明矣。明則因物付物，隨在皆宜，尚何應物之爲累哉？如是則廓然大公，物來順應，一以貫之。定性固未嘗不可動，而遇物之時，亦未嘗不如其靜者矣。又朱子曰：「內外兩忘，非忘也。一循乎理，不是內而非外也。」學者不可不知。聖人之喜，以物之當喜；聖人之怒，以物之當怒。是聖人之喜怒，不係於心而係於物也。是則聖人豈不應於物哉？烏得以從外者爲非，而更求在內者爲是也。今以自私、用智之喜怒，而視聖人喜怒之正爲何如哉？此就聖人喜怒，以明定性之不爲物累也。喜怒，情也。情本於性，最足以驗性。聖人何嘗無喜？然聖人之喜，以物之當喜，何嘗自私其喜？聖人何嘗無怒？然聖人之怒，以物之當怒，何嘗自私其怒？是聖人之喜怒不係於心，適以喜怒見性之定也。而喜怒原係於物，亦不得以喜怒於物爲物之累也。是聖人固未嘗自用其喜怒之智以應，而又豈必性之不動而不應於物哉？夫物之當喜當怒，聖人且不以喜怒爲非，又烏得以從外之物爲非，而更求在内之性乃爲是也？如必謂性以靜而定，動則多爲物累。今試以自私用智者之喜怒，其累於物者多矣。視聖人之大公順應，得其喜怒之正者，相去爲何如哉！則定者自定，不定者自不定，而性之不必離物以爲定也明矣。夫人之情，易發而難制者，惟怒爲甚。第能於怒時遽忘其怒，而觀理之是非，亦可見外誘之不足惡，而於道亦思過半矣。末就怒之一節，使平心觀理，自見内外之可兩忘也。蓋人之情，易發動而難制滅者，惟怒爲甚。自非定性，必不能無累於物。然第於怒時，平其心，和其氣，忘其所怒，使之廓然大公，因而返觀乎理之是非，以求物來順應之則，則當怒者怒之，不當怒者自不怒。物定而性亦定，亦可見外物之誘不能累性，而惡而絶之，多見其膠於内外之見也。如是則定性之全體於此可驗，其於適道亦思過半矣。夫自性術之不明也，庸愚逐外忘内，日爲物累而不返，而異端者流，每托於清淨以自私，自謂内能見性，而不知其遺外者適以滅性。達如横渠，尚有却物求定之意，賢智之過將不免矣。豈知性爲吾心之理，推之酬酢萬變，無非此理之用。人但能廓然大公，物來順應，則内外合一，動靜胥宜。吾自若其性，物各止其所，天地之無心成化，聖人之有心無爲，皆是如此。言天下之至動而不可亂，極天下之至賾而不可厭。善乎濂溪之言：「聖人定之以仁義中正，而主靜立人極。」又曰：「無欲則靜虚動直。」蓋亦逆知天下必有厭動求靜之弊，故於動靜之交屢切言之。程子此書之旨，實本濂溪。其言定性也，反覆詳明，但見滿腔渾然，遇物灑落，正足以藥張子力索之病，然而其有功於後學亦豈淺鮮哉！

伊川先生答朱長文書曰：聖賢之言，不得已也。蓋有是言，則是理明；無是言，則天下之理有闕焉。如彼耒耜陶冶之器，一不制則生人之道有不足矣。聖賢之言雖欲已，得乎？然其包涵盡天下之理，亦甚約也。朱長文以書通伊川，欲立言以自表見，而伊川戒之，欲其務爲實學，勿徒事無益之虚詞，以蹈好名之失也。言君子爲學，將以明理致用。言，本非所貴，自古聖賢亦有垂世之言，然皆其有感於世道人心，不得已而然。蓋其心以爲有是言以闡發是理，則是理之精微曲折，乃可顯明於天下，使天下得有所考究，以盡其用；無是言則身心固有而不識，日用當行而不知，天下之理必有闕失而不能盡其用焉。譬之器皿，如農夫之耒耜，食用之陶冶，其器皆不可少，有一件不制，則生人飲食服御之道必有欠缺而不足矣。如是則聖人之言雖欲已而不著，其可得乎？然雖不得已，猶必寧實無華，其言已包涵盡天下道理，而其卷帙亦甚約，如聖經賢傳是也。然則聖賢亦豈苟於立言乎哉？後之人始執卷，則以文章爲先，平生所爲，動多於聖人。然有之無所補，無之靡所闕，乃無用之贅言也。不止贅而已，既不得其要，則離真失正，反害於道必矣。此言後人之言，無益於世而反害乎道也。後之人不知求道，當其始執卷讀書，便以作文章爲頭一着事，生平刻苦用功，風雨不廢，寒暑不輟，所爲文連篇累牘，動輒多於聖人。然取其書觀之，不切於人心，不關於世道，有之無所補益於人，無之靡所闕失於用。徒煩人耳目，愈多愈可厭，乃無用閒話，若贅疣之物耳。且不止贅而無用，其繁而愈泛，離心

性之真，支而愈岐，失事理之正，反爲道害。有必然而無疑者〔七〕，學者又烏可不戒乎！來書所謂欲使
後人見其不忘乎善，此乃世人之私心也。夫子「疾没世而名不稱焉」者，疾没身無善可稱
云爾，非謂疾無名也。名者可以厲中人。君子所存，非所汲汲。長文來書又云：「欲使後人
見其不忘於善〔八〕。」噫！「不忘乎善」，原學者爲己事，乃欲作文見意，使後人知而稱之乎？此乃衰世
好名之私心，其失亦甚矣！或者曰：「夫子嘗言：『君子疾没世而名不稱焉。』」名，原非聖人所禁，然
夫子所云者，乃疾此身既没，無實有諸己之善可以爲後世稱道耳，非空疾其無名也。如以爲名者可以鼓
舞人爲善之心，好名何必不足爲君子？顧此，第爲中人説法耳。君子欲學聖賢，心之所存，自有務實工
夫。若虚聲所著，又非所當汲汲者矣。蓋實行若立，則有德必有言，言爲世則，名亦隨之。徒欲以言留
名於後，竊恐浮詞害道，愈貽後人擬議之端，又何名之與有？程子之於長文，抑何愛之深而詞之切也！

伊川曰：内積忠信，所以進德也；擇言篤志，所以居業也。此程子釋易乾卦九三文言之
辭。文言曰「忠信所以進德」，乃言實心是爲學之基，人能盡心而信實，何行不可立？故存於中者，無念
不實，使此心充積極盛，則無虚假，無間斷，而德性遂日進於高明，此所以進德也。又曰「修辭立其誠，
所以居業」，乃謂樸質者，載道之器，人能恬默敦篤，何事不可受？故見於事者，修省言辭，擇可言而言
之，使此志篤實輝光，則無浮僞，無游移，而學業亦可居之以爲安，此所以居業也。内外交養，君子進修
之功誠大矣。知至至之，致知也。求知所至而後至之，知之在先，故可與幾，所謂「始條理者，

知之事也」。夫德業必由知入也，其曰「知至至之」，乃「致知」之事。言欲有所至者，必求知其所由至之途，與其所以至之域，然後循序竭力以至之。知之者必在於未事之先，則志有定而心亦豫，故「可與幾」。如孟子論孔子，而以樂之「始條理」喻其智者，亦此之謂也。知終終之，力行也。知所終，則力進而終之，守之在後，故可與存義，所謂「終條理者，聖之事也」。此學之始終也。德業又以行而成，其曰「知終終之」，乃力行之事。言既知其所終成之業，則必不留餘力，勇往進前，而敬謹持循以終之。守之者在已事之後，自能使工夫有着落，道理有歸宿，故「可與存義」。即孟子論孔子，而以樂之「終條理」喻其聖者，亦此之謂也。此乃學中知行並進，徹始徹終工夫，故文言以此明君子進德修業之道。人能法乾九三以進修，而德不患不崇，業不患不廣矣。

伊川曰：君子主敬以直其内，守義以方其外。敬立而内直，義形而外方。義形於外，非在外也。此程子發明易坤卦六二文言之辭。文言論六二之直，而謂「敬以直内」者何也？人之内心不直，以其中無主也。敬則心一而有主，故君子之主敬，所以直其内也。文言論六二之方，而謂「義以方外」者何也？人之外行不方者，以行無所守也。義則事宜之可守，故君子之守義，所以方其外也。有主而敬立矣，敬立便能約之使中，持之以健，而内志順理，自直遂而無回曲之患也。有守則義立矣，義立而形於事物之間，皆有整齊畫一之軌，則外行有則，自端方而無防檢之踰矣。然義雖形於外，而所以形者皆定於心之裁制，究非在外也。程子恐人因「方外」而有「外義」之見，故特指而言之。敬義既立，其德盛矣，不期大而大矣，德不孤也。無所用而不周，無所施而不利，孰爲疑乎？敬義特患不立耳。敬義既立，夾持而進，其德日新而盛矣。但見篤實輝光，不期大而自大矣。至於内直外方而又盛大，則内外交養，左右逢源，德便不孤。而自此發越推行，無所用而不周通，無所施而不順利，孰見其所行之窒礙而以爲疑乎？人能法坤之六二以爲學，則體立而用行矣。

伊川曰：動以天爲无妄，動以人欲則妄矣。无妄之義大矣哉！此程子釋易无妄卦象辭也。无妄，内震外乾，震，動也；乾，天也。動以天，則所發純是天心，故爲「无妄」；若動以人而有物欲，則是妄矣。存得「无妄」之心，則順理而動，無所不通。「无妄」之義豈不大矣哉？占曰「元亨」，洵不誣也。孟子云「大人者，不失其赤子之心」，亦正以「无妄」爲可貴耳。雖無邪心，苟不合正理，則妄也，乃邪心也。既已无妄，不宜有往，往則妄也。故无妄之彖曰〔九〕：「其匪正有眚，不利有攸往。」无妄既曰「大亨」矣，而必利於貞者何也？「无妄」之心，雖無人欲之私而不出於邪，然苟無精義之學，所行或不合於大中至正之理，則亦妄也，即此便是邪心也。且心既已无妄，則但當保其純一之意，不得别有他岐而有所往，往則離其真而爲妄也。故无妄彖辭曰「其匪正有眚，不利有攸往」，皆戒之之辭。可見學雖以存誠爲大，而居敬窮理，亦工夫之最切要者也。

伊川曰：人之藴蓄，由學而大，在多聞前古聖賢之言與行。考跡以觀其用，察言以求其心，識而得之，以畜成其德。此程子釋易大畜卦象之辭也。凡人藴蓄之大者，莫大於畜德。然非由學問之道，則無以大其畜，故君子體大畜之象以爲學，在多讀詩、書，聞前古聖賢所垂之言，與其所行之事。此非徒資博覽也，欲考其行事之迹，以觀其利用之道，察其立言之旨，以求其心理之同。默識紬繹，使浹洽而得之於心，自然充積極盛，融徹貫通，蓄成其德。如乾之剛健，艮之篤實輝光，日進於崇隆而不自知矣。君子之畜，何大如之！

咸之象曰：「君子以虛受人。」伊川易傳曰：中無私主，則無感不通。以量而容之，擇合而受之，非聖人有感必通之道也。咸之爲卦，兑上艮下，爲山上有澤，其氣以虛而通。君子體其象，務使此心虛公無我，以受人之感，則亦無有不通之理矣。伊川作易傳以解之曰：「凡人中有所主則實，無所主則虛，皆不足以言感通之妙。惟聖人中無私主，實而能虛，一片天理公心，而未嘗先立意見。如是則人感我應，我感人孚，無感而不通。若未能忘私，其相感也，或示寬深之量以容納之，恐貌結而心不洽也，或擇其可合而承受之，恐得其同而或遺其異也，非聖人大公無我、有感必通之道也。聖人則無所不感，無所不通，如山上之有澤而已。」其九四曰：「貞吉，悔亡。憧憧往來，朋從爾思。」傳曰：感者，人之動也，故咸皆就人身取象。四當心位而不言咸其心，感乃心也。感之道無所不通，有所私係則害於感通，所謂悔也。聖人感天下之心，如寒暑雨暘，無不通、無不應者，亦貞而已矣。貞者，虛中無我之謂也。感以正而通，九而居四，不中不正，不能無私係者也。故其辭曰：「得正則吉而悔亡」，若「憧憧往來」，則但其朋類從爾所思而已。程傳解之曰：人之有所感，乃其由静而動之機也，故咸諸爻皆以人一身之形取象，四居股之上，脢之下，正當心位。辭不依例言咸其心。蓋以感乃此心爲之，可不言心也。感之道，必無所不通，方見感之大。有所私係，則偏着雜亂，害於感通之正理，所謂「悔」也。故戒之以「貞」，言聖人感天下之心，至公至正。如天地寒暑之氣、雨暘之澤，無不有以通於物，而物亦無不化其氣，而應者亦惟得其貞而已。「貞」者，虛中無我，所謂普萬物而無心者也。若往來憧憧然，用其私心以感物，則思之所及者，有能感而動，所不及者，不能感也。以有係之私心，既主於一隅一事，豈能廓然無所不通乎？一隅，猶言一處也。言感既必以正矣，若物我之間，往來憧憧然牽纏不絶，用其私心以感乎物，則意思所及之物，或有被其感而動者，意思所不及，則不能感之使動也。蓋以有所係着之私心，在我既偏倚沾滯，而主於一隅之隘、一事之小矣，豈能廓然洞達，順而能孚，虛而能受，而無所不通乎？合咸之象辭與九四之爻辭而參觀之，可見聖人之善感，止是「公正」二字。人能虛公正大，以存其心，其於感通之道，亦思過半矣。

伊川曰：君子之遇險阻，必自省於身，有失而致之乎？有所未善則改之，無歉於心則加勉，乃自修其德也。此程子解易蹇卦象辭也。蹇象，内艮外坎，山上有水，則見險當止而不進。君子體蹇之象，以爲遇險而止者，豈徒止而已哉？君子之遇險阻之來也，必反而自省其身。凡存心行事，或有所失而致此遇乎？如果有失，是在我有所未善，於逆境乎何尤，則當速改其失焉。如果無所失，是在我無歉於心，又何困厄之不可安？則當加勉而使之無失。此乃自修其身心之德者也。如是則安蹇之善術，亦無非濟蹇之要道也。

伊川曰：非明則動無所之，非動則明無所用。此知行並進之道也。行以知爲先，知以行爲據。非此心之明，早知事物之所以然，何以循其所當然之道？則此身之動，亦將無所往矣。非此身之動，有以體其所當然之則，雖知其所以然之理，而此理亦終無安頓處，則此心之明，畢竟無所用耳。明動相資，德業自能進於盛大之休，此亦豐卦彖辭「明以動，故豐」之義也。

伊川曰：習，重習也。時復思繹，浹洽於中，則説也。以善及人，而信從者衆，故可樂也。雖樂於及人，「不見是而無悶」，乃所謂君子。此程子釋論語首章之義也。學而言習者，重復而習熟之也。時習何以能説？時時詳復思繹，使義理浹洽於中，心則説也。何以言朋來而樂？蓋我之學既有所得之善，便可推之以及人，而使之皆善，於是同有是善者莫不興起而信從於我，則講習日衆，意氣日孚，故可樂也。然又言「不知不愠，乃爲君子」，何也？雖樂於及人，而同我者則知之，異我者或未必知之，未知則難免於謗毁，而我恬然處之，絶不生愠怒之意，是即易所云「不見是而無悶」者也，乃所謂「成德之君子」。然則夫子之言，蓋謂學之成己，而成己即有以成物，乃成物之後，猶然爲己之心而已。此豈不學者所能知乎？

伊川曰：「古之學者爲己」，欲得之於己也；「今之學者爲人」，欲見知於人也。學所以明理，非欲以博名。古之學者，凡致知力行，皆視爲身分内事，故有所學，不過盡乎己之當然，而外此皆所不計，惟欲此理實得之於己也。今之學者，凡讀書談道，秖以爲門面好看事，其有所學，不過求乎人之稱道，而實理俱可不問，乃欲見知於人，以虚名爲事而已。程子解論語「爲己」、「爲人」之意如此，學者可不知所務哉！

伊川謂方道輔曰：聖人之道，坦如大路，學者病不得其門耳。得其門，無遠之不可到也。求入其門，不由於經乎？今之治經者亦衆矣，然而買櫝還珠之蔽，人人皆是。經所以載道也，誦其言辭，解其訓詁，而不及道，乃無用之糟粕耳。此程子欲道輔之窮經以求道也。道輔，名寀，程子門人也。言學以求道，道以聖人爲歸。聖人之道，平易正直，坦如大路。學者欲行道，所病在未知路頭，不得其門而進耳。若得其門，循其序，不息其程，無遠之不可至也。夫聖人之道不可見，聖人傳道之文則可讀也。六經者，聖人之傳道者也。欲求入道之門，不由於經，其可得乎？即今之爲學，自號治經者，亦不乏人，然而不得其所以治之之要，譬如買珠者空買其藏珠之櫝，至其中之珠則不知取而棄還之。此弊人人皆然，豈不大可笑乎？曾不思經所以載道也，徒誦其言辭以資記覽，解其訓詁以便傳説，而不能融會旨歸，以求聖人之道，雖遺文具在，乃無用之詞。如酒之醖釀無存，特襲其糟粕耳，將何所益於食飲乎？此治經者之所當戒也。覬足下由經以求道，勉之又勉，異日見卓爾有立於前，然後不知手之舞、足之蹈，不加勉而不能自止矣。世間學者有治經之名，無治經之實，雖曰治經，與荒經何異？故望道輔由經以求道，庶幾有得於經，至於勉勉不已，沉酣既久，宗旨可悟。異日見聖人之道，卓然如有立於目前而不可移，然後歡欣向慕，有不自知其手舞足蹈者。此時不必加意勉勵，亦有不能自止之趣，而聖人之道，亦將沛然行之而有餘地矣。程子之策道輔者如此，亦經學之要道也。

明道曰：「修辭立其誠」，不可不子細理會。言能修省言辭，便是要立誠。若只是修飾言辭爲心，只是爲僞也。此程子因易中「修辭立誠」一語，恐人誤認爲修飾言辭之意，故切指而言之也。言易中「修辭立其誠」，最是切實工夫，不可輕易放過而不子細理會其立言本意。蓋易之所言，乃謂人能修省在外之言辭，便是要立心中之誠意。凡人多言而躁，總爲心中誠意少耳。果念念誠實，那得許多閒言泛語。若錯認「修」字爲修飾之義，只是以修飾言辭爲心矣。以此爲心，即當其修飾之時，已是爲僞，誠何處立乎？學者不可不猛省也。若修其言辭，正爲立己之誠意，乃是體當自家敬以直内、義以方外之實事。「體當」者，體認使之貼合也。言若修省其言辭，正爲立己之誠意而然，將日用間凡有所言，便當斟酌，恐心口或有相違，内外未能如一。此乃是「體當自家」平日主敬守義，無念不實，無事不方底工夫。有此實事而不敢苟，則此中之辭不期省而自省，而當其言辭之省時，即是誠意之立時矣。道之浩浩，何處下手？惟立誠纔有可居之處，有可居之處，則可以修業也。夫君子之所以從事於身心内外者，無非欲以求道耳。道之全體，精深廣大，浩浩然何處着下手工夫？惟是此理本實，則吾心亦必積於實，纔有根基而爲可居之處，既有可居之根基，則漸而積之，推而廣之，雖富有之大業，亦不外是，故可以修業也。「終日乾乾」，大小大事，却只是「忠信所以進德」爲實下手處，「修詞立其誠」爲實修業處。然則合乾九三之君子觀之，「終日乾乾」，何故著忙乃爾？無論大的事、小的事〔一〇〕，别無他法，却只是在内存一點盡心信實之意，以日進厥德，爲工夫下手處。而在外又不過修省言辭，以立此心之誠意，爲修業要緊處。蓋忠信内積，則無念不實；修辭外謹，則無言不實。内外交迫，止養得一箇「誠」。天下惟樸實頭，爲可以載道之器。此進德、修業之君子所以不得不於此用功也。

伊川曰：志道懇切，固是誠意；若迫切不中理，則反爲不誠。蓋實理中自有緩急，不容如是之迫，觀天地之化乃可知。此程子欲學者知寬以居之之道也。言人之於道，原以篤志爲期，果能有志求道，而勤懇切實爲心，豈不是爲學之誠意？然若忙迫急切，無寬舒之氣，則急遽無序，不中乎道理之次第。此欲速之心，即是私意而不誠矣。蓋實理中自有緩急相兼之用，如健順動静，皆迭爲終始，故人雖實心向道，亦必優游涵泳，盡其自然之妙，不容如是急迫，反有所害也。獨不觀之天地乎？天地之化，寒暑晝夜，亦是漸移默運，未嘗不循序有常也。觀之而爲學之道乃可知矣。

伊川曰：孟子才高，學之無可依據。學者當學顔子，入聖人爲近，有用力處。此程子教人希賢以希聖之事也。學之準的，以聖人爲歸。而欲希聖者，必自希賢始。然賢人之學，各從其資分爲工夫，又不可不知所擇，以爲效法之要。如孟子、顔子，皆大賢也。孟子才氣高邁，凡立論行事，多據其巔以爲見。如言不動心，言仁義，以及辨異端，明王道之類，皆磊磊落落，規模正大，而貼實工夫或少及之。學者欲學孟子，一時尋不着下手處，必無可依據。顔子則從博文約禮上用工夫，隨擇隨守，沉潛切實。學之者以之入聖人之道，其途轍較近。但看聖人平日論學論仁，皆從切近做起，即其自言，亦第云「下學上達」，則顔子所事工夫，與聖人約略相類，而工夫有所持循，學者亦不患無用力之地矣。又曰：學者要學得不錯，須是學顔子。古來學者，何人不可學。然氣象廣大者，學之恐有疏曠之失；繩墨謹守者，學之恐有狹隘之失。學之而可以無失者，須是學顔子。蓋顔子天資純粹〔一〕，見得頭路已不差，而質性深潛，既入門又能親切行之，極正大，極細密。人若依顔子做工夫下梢，那有走作處？謝上蔡亦曰：「顔子工夫，真百世軌範，舍此應無入路、無住宅。」故學者須是學顔子。

明道曰：且省外事，但明乎善，惟進誠心。其文章雖不中，不遠矣。所守不約，泛濫無功。此亦明道教人重内之學也。凡事雖無不是學，然畢竟心性工夫爲大。學者用功，莫若且省外面繁縟之事，但專心致其知，以明乎吾心本然之善。及善既明，而真妄已分，惟務進此心之誠，使所存無非真實無妄之理，則知至意誠，心德有日新之樂。至於充積極盛，自能發見而當其可。凡其見之威儀，發爲文辭，雖不中乎道理，亦所差不遠矣。不然，沾沾惟文章是習，而無明善誠身工夫，則所守無實而不約，徒見泛濫，失所依據，終歸無功而已，學者可不戒哉！

明道曰：學者識得仁體，實有諸己，只要義理栽培。如求經義，皆栽培之意。此程子教人居仁之學也。爲學工夫，莫切於求仁。蓋仁者，天地生物之心，而人得以生者。此理體物而不遺，體事而無不在，至公至純，至大至密，最難辨識。學者若能認得這箇道理，全體明白，有得於心，方謂實有諸己，則私欲淨盡，天理流行，何所往而不通。如此則根柢已全，只要把事物上所得之義理，時時來栽培，使之充長堅固。即窮經而求其義，無非是要栽培此理之意。則甚矣仁道之大，學者不可不求，而求之者又不可以無養也。

明道曰：昔受學於周茂叔，每令尋顏子、仲尼樂處，所樂何事？周子善陶鑄人，故常使學者認取孔子、顏子所謂樂者，所樂的是何事？思而得之，便能自見道也。程子既有得之後，乃知周子接引之善，故追而述之，欲人共領此意也。蓋仲尼、顏子之樂，乃是人欲淨盡，天理流行，身心所值，隨處洞達，故能灑落無礙。此一段意趣，懸想不得，執着不得，必工夫到時，泰然有以自得，方能領其大意。故朱子教人以從事博文約禮之誨，以至「欲罷不能」而竭其才，則庶乎可以得之。愚謂就境與道上尋，不如就孔、顏身上尋；就孔、顏身上尋，又不如就自己身上尋。尋亦不是空尋其故，須見其有所以樂之實在也。

明道曰：所見所期，不可不遠且大，然行之亦須量力有漸。志大心勞，力小任重，恐終敗事。學者所見，每患其智不周而僅明於小，而所期許，亦病其安於近而趣或不廣。然行之亦須量才力之所勝，與次序之有漸。若不量其力，進不以漸，則立志雖大，不能如其所願，徒爲勞苦其心。力量既小，而妄受艱鉅之任，其不至於困頓而阻喪、顛越而傾覆者幾何？亦終見其敗事而已。故明道重以爲戒，欲學者隨力自盡，循序漸進，而毋蹈騖遠好大之弊也。

明道曰：「朋友講習」，更莫如「相觀而善」工夫多。此欲交友者知其所以取益之大也。人之有朋友，總以求其有益，故易曰「君子以朋友講習」，此致知事也；禮曰「相觀而善之謂摩」，乃力行事也。均之益也，然講習討論，以辨其義理工夫之益猶少，更莫如相觀感化，而有以善其身心者功夫之益爲多〔一二〕。此亦在取友者之能自得益而已。

明道曰：須是大其心使開闊。譬如爲九層之臺，須大做脚須得。學者所志不大，語以聖賢之學，則諉而不敢爲；語以心性之事，亦怠而不能盡。故須是大其心，使根基開闊，方載得重遠之道，即曾子所謂「弘」是也。譬如人欲爲九層至高之臺，其基址亦須開闊，故必大做起脚方好。不然，無以承載上面積累之勢，雖極經營，其高亦有限矣。有志聖賢者，總要拓開心胸，使規模廣大，以爲後來進德修業之地也。

明道曰：自「舜發於畎畝之中」至「孫叔敖舉於海」，若要熟，也須從這裏過。人生境遇之來，閱歷之故，皆足爲鍛鍊身心之資，而至於處困，則其淬礪也更深。蓋其操心慮患，揆幾觀變，動忍增益，無所不有。如古來聖賢豪傑，多從此中出頭。故孟子所序「舜發於畎畎」一節，都是鍊成聖賢去處。學者若要身心道理爛熟，亦須從這裏過。蓋大要鍛鍊一遭，性情方能處處有下落也。朱子曰：「曾親歷過，方認得許多險阻去處。」

明道曰：參也，竟以魯得之。學者喜言才華，多謂高明乃造道之資，而不知惟篤實之志氣，其任道爲有力。如聖門曾子，省身常若不及，才華未嘗一露，夫子亦以「魯」稱之。然真積力久，聖人終以一貫之道呼而告之。其後傳孔子之道以衍其宗者，惟曾子之澤爲最長，故曰「竟以魯得之」。程子又曰：「曾子之學，誠篤而已。聖門學者，聰明才辨不爲不多，而卒傳其道者，質魯之人爾。故學以誠實爲貴也。」與此意同。

明道先生以記誦博識爲「玩物喪志」。「玩物喪志」，周書旅獒篇語也。言人躭玩外物，便喪失胸中之志氣也。着意記誦博識，而無得於大道，則心局於此，而書亦物矣，故爲「玩物喪志」。按本註云：「時以經語録作一册。」鄭轂云：嘗見顯道云：「某從洛中學時，録古人善行，别作一册。明道見之曰：『是玩物喪志。』」蓋言心中不宜容毫髮事。胡定國云：謝先生初以記問爲學，自負該博，對明道舉史書，成篇不遺一字。明道曰：「賢却記得許多，可謂玩物喪志。」謝聞此語，汗流浹背，面發赤。及看明道讀史，又却逐行看過，不蹉一字，謝甚不服。後來省悟，却將此事做話頭，接引博學之士。

明道曰：禮樂只在進反之間，便得性情之正。禮記曰：「禮主其減，樂主其盈。禮減而進，以進爲文；樂盈而反，以反爲文。」程子因其進反之故，而明禮樂之妙用也。言禮樂所以陶淑人之性情，用禮樂無俟他求，但即記之言禮，而以「進爲文」思之，是謂禮。以謙退爲體，或非人之所樂，必進前做去，方有當於禮。更即記之言樂，而以「反爲文」思之，是謂樂。以暢滿爲體，每易至於流蕩，須收轉向裏，方有當於樂。則是用禮樂者，不過於禮一進，而用禮之性情已得；不過於樂一反，而用樂之性情已得。

故曰「只在進反之間，便得性情之正」也。

明道曰：父子君臣，天下之定理，無所逃於天地之間。安得天分，不有私心，則行一不義，殺一不辜，有所不爲。有分毫私，便不是王者事。父子君臣，乃生人莫大之倫。其道實天下一定不易之理，是天之經也，地之義也。中處天地間者，即欲脱離乎此而有所不能。然倫出於天，理亦本於天，而有其不容紊之分際。若循天理，安得自然之分際，而不雜以一毫人欲之私心，便能父盡父道，子盡子道，君盡君道，臣盡臣道。如此理得心安，即「行一不義，殺一不辜」而可以得天下，亦有所不爲。蓋所以爲父子君臣者，其天定也。若有分毫私意之起，其中自有多少不可知之處，便不是王者之事矣。此堯、舜所以爲人倫之至也。

明道曰：論性不論氣，不備；論氣不論性，不明。二之則不是。天地生人，氣以成形，而理亦賦焉。論其所受，則性只是理，至有所成，則性已兼氣質矣。故論性而不即氣以兼論之，則氣稟不同，或有不可盡概以理者，將不謂之性乎？是於性之義有不該之理，故曰「不備」。論氣而不推原乎所性之理，則受中以生，自有不雜夫氣者，將謂性本無所謂善乎？則性之原有所未徹，故曰「不明」。蓋爲理與爲氣，皆性中所有，離而二之，其説便不是。若合而論之，則養性可以御氣，治氣亦足以復性，是爲得性之全者也。朱子曰：「『論性不論氣』，孟子言『性善』是也；『論氣不論性』，荀子言『性惡』，揚子言『善惡混』是也。要之，孟子猶是因人之不明而推本言之，荀、揚之論，不惟不備，直是誣性而已，學者宜細思之。

明道曰：論學便要明理，論治便須識體。此明道先生示人以内聖外王之要也。儒者修己，必端所學。然所學何事？將以全吾所得於天之理也。道理不明，不可言學，故必先窮理，務使天人性命洞見其原，人倫日用皆知其則，然後所學一歸於正也。王者宰世，必隆治道，然治無他術，惟當不失乎立政之體而已。大體不知，何足言治？故必持體要，務使井田學校大定規模，風俗人心勿忘化導，然後所治不流於雜也。不然，記誦詞章，非聖賢之學；權謀術數，非帝王之治矣。

明道曰：曾點、漆雕開已見大意，故聖人與之。學者所見不大，終日營營，無灑脱處，或少有得，旋又自足，均之病也。聖門曾點、漆雕開，俱能見其大，故一則「春風沂水」，隨在自得，一則「吾斯未信」，輕試實難。將所謂人欲淨盡，天理流行，隨處充滿，無少欠缺，曾點已見及之，開亦同此意焉，故聖人均與之。蓋斯理之大，上天下地，亘古亘今，無處不足，無時或窮。能徹乎此，則觸處悦心，物胥得所。而凡理欲公私、義利善惡，更無不瞭然目前。此是何等境界！或見得及，或難自信，志趣總皆可用。抑又聞之，朱子謂點規模大，開更縝密，欲學聖人者，須求切實，難希灑落。更當知朱子喫緊爲人處也。

明道曰：根本須是先培壅，然後可立趨向也。趨向既正，所造淺深則由勉與不勉也。此欲人務本立志，用力勉學也。學必知根本之所在，如一身爲萬物之根本，一心爲萬事之根本，皆當居敬窮理。若種植然，先加培壅，使其根本堅固，然後可立志向前。必以聖賢爲期，則趨向正矣。趨向既正，便好用力。須知後來所造之淺，乃由於力之不勉；所造之深，實由於力之能勉耳。苟能惟日孜孜，何患心之不正，身之不修，而有志之不竟成哉！

明道曰：敬義夾持，直上達天德，自此。此示人下學而可以上達之功也。居敬則心有主，和義則事皆宜，動静相維，無瞬息之間斷，則工夫自當直前而上行。敬以守之而内直，義以裁之而外方，表裏交密，無毫釐之走作，則心思只得專直而上往，日進高明。天德之達，不自此可信哉？

明道曰：懈意一生，便是自棄自暴。道原於天，體道者必與天相似，方全盡此天理。「天行之健」，無時或息，「君子自强不息」，乃所以法天。懈意一生，便與道隔，豈非自暴自棄乎？且一有懈意，勿謂後來將不得與於道，即懈一時便暴一時，懈一事便棄一事。學者所當猛省也。

明道曰：不學便老而衰。天下無不衰之人，而有不衰之學。學者，學乎義理者也。義理無窮，豈有衰時？不學則理不足以養心，志不足以帥氣，至老而倦於勤，凡事漸有衰謝之意矣。獨不思聖人「憤樂相尋」，直不知「老之將至」，即吾衰有歎，死而後已，尚留此不衰之學，以振勵萬古〔一三〕，安可以不學者自墮吾精神乎！然則無可奈何者，我日斯邁；不能自已者，至理日新。老當益壯，其必由學也夫。

明道曰：人之學不進，只是不勇。學期日進，然既學矣，自當有進境，而亦有學而不進者，或諉諸氣質，或託之時勢，皆非也。原其故，非懦而無志，則餒而因循，直不勇耳。若勇往直前，則食可忘，憂可忘，何論時勢？愚必明，柔必强，何論氣質？有不進者，斷無是理也。

明道曰：學者爲氣所勝，習所奪，只可責志。學以明理，亦以盡性。然理不足，則爲血氣所使，而理爲所勝矣；性不定，則習俗能移人，而性爲所奪矣。然此只可責志。若能勇往向前，則能持其志，而志以帥之，氣質可變也。志必於道，而志以道寧，習俗無權也，夫寧得而勝之奪之乎？學者可知所策勵矣。

明道曰：内重則可以勝外之輕，得深則可以見誘之小。凡人内有不足，方見在外之有餘；中無實得，始覺紛華之可悦。若心性爲重，則富貴利達儻來之境，皆在所輕，其榮無加也；所得於學問者深，則物欲攻取繫戀之私，自覺其小，其樂不改也。學者亦知所重而求有得焉耳。

明道曰：董仲舒謂：「正其義不謀其利，明其道不計其功。」儒者之立心，貴光大而不雜，而用心當專一而不紛。漢儒董仲舒有云：「正其義不謀其利，明其道不計其功。」蓋義者事理之所宜，利者人情之所欲，道者日用之當行，功者效驗之自至。正其心以要乎義理之歸，絶無一毫私利自便之謀，致其知以求乎道理之當，總不敢有預期速效之計。此心何等磊落！何等光明！處則爲儒術之醇，出則爲王道之大。若董子所言，真邪正之大閑，而學者居心之要道也。孫思邈曰：「膽欲大而心欲小，智欲圓而行欲方。」可以爲法矣。凡人畏葸者不可與任事，而果敢則又或出於粗疏；拘固者不可以應務，而通方則又流於詭隨。立心行己若斯之難也。唐孫思邈曰：「膽欲大而心欲小，智欲圓而行欲方。」誠哉，是言也！蓋膽壯則遇事能斷，故欲其大，心細則處事周密，故欲其小。智周則酌理無滯，故欲其圓；行端則威儀可則，故欲其方。人能體此，則果決而出之以精細，明通而持之以莊重，何事不可濟乎？此孫子之言，所以可與董子並傳而爲法者也。愚謂：養氣者壯膽之方，讀書者細心之要，窮理者益智之訣，而居敬者操行之原。又學者所當知也。

明道曰：大抵學不言而自得者，乃自得也；有安排布置者，皆非自得也。此欲學者心領神會，實得斯理之所以然也。蓋學期有得，而所謂得者，豈偶然有得而即以爲是乎？又豈勉强得之而可據以爲安乎？大抵默而識之，深而造之，融會貫通，至於氷釋，理順自然，心契其妙，油然有得，乃自得也。否則安排推測，牽合布置，終是影響附會，心與理未能浹洽，非自得也。豈能實見其精蘊所存，歷久而無失乎？是以君子惟自得之爲貴也。

明道曰：視聽、思慮、動作，皆天也，人但於其中要識得真與妄爾。此即所謂省察之功也。天以理與氣賦予於人，而人得其秀以生，則一身之五官百骸，皆與天爲體。故目之視，耳之聽，心之思慮，四體之動作，皆天之靈也。然既屬乎人，則形之踐者必全乎天性，而物之交也，未必悉合於天則。蓋其中循理而發則爲真，從欲而發則爲妄。必於此識得不爽，然後能知所存，知所遏，而動静可以無違。然則何以識之？惟静會於未發，以見其本原之正；更體察於已發，以驗其感應之宜。而真妄之分，亦思過半矣。

明道曰：學只要鞭辟近裏著己而已。故「切問而近思，則仁在其中矣」。此示人切己之學也。學所以求道，而道即在身心之中，所謂仁是也。鞭辟，猶言警策。近裏著己，猶言貼身也。言爲學之功，若著一毫虛浮騖外之意，便與道離。只要反求諸身心，著實理會，自然能有所得。如子夏言「切問近思，則仁在其中」者，胥是道也。蓋問必求其切實，思勿忽於淺近，則聰明内斂，志意真摯，心存而理從此得矣。此致知之功，近裏著己者也。

「言忠信，行篤敬，雖蠻貊之邦，行矣。言不忠信，行不篤敬，雖州里，行乎哉？立則見其參於前也，在輿則見其倚於衡也，夫然後行。」只此是學。

進學固在致知，而所以實體諸躬者，力行尤其重矣。顧行遠原必自邇，而騖爲高遠者，便有難行之病。昔夫子告子張之「問行」，秖就言行爲教，如言必忠信而誠實，行必敦篤而恭敬，則「近裏著己」，雖遠而蠻貊之邦，亦必可行。若言不忠信，行不篤敬，即是不「近裏著己」，雖州里之近，其可行乎哉？且所以求其忠信篤敬者，更須念念不忘，隨其所在，常若有見。如立則參前，在輿則倚衡，然後信其可行。此豈非力行之功，「近裏著己」者乎？夫學莫大乎得仁，而道莫難於可行，乃「切問近思」而仁在，「忠信篤敬」而行通，則即此便是學，而又奚事他求？信乎學不可不「近裏著己」也。

質美者明得盡，查滓便渾化，却與天地同體。其次惟莊敬持養，及其至則一也。

承上文。言同此知行，而氣禀不同，苟能用力，而成功自一也。蓋求仁求行，既不外切問、近思、忠信、篤敬而得之，學者亦可知所用力矣。但用力亦關氣質，氣質美者得天清明，見地容易透徹，當其一了百了，私欲淨盡，自然不雜，其剛健和順，自與天地同體。其次未易渾化，則惟端莊恭敬，操持涵養，以俟其熟而自至耳。然及其真積力久，亦自消融明淨，與天地同體，其造詣固歸於一也。苟能切實爲己，何人不可以勉學哉？

明道曰：「忠信所以進德，修辭立其誠，所以居業」者，乾道也。「敬以直內，義以方外」者，坤道也。此兩引乾、坤文言之詞，以明爲學之道也。乾健而動，一而實，有清明强固之意，故文言於乾九三之學問，言其主於心者，無一念之不誠，德之所以日進；見於外者，無一言之不實，業之所以可居。凡此皆就乾之道而論也。坤順而靜，二而虛，有恭謹整齊之意，故文言於坤六二之學問，言其主於內者，敬以守之，乃有正直之衷；見於外者，義以裁之，自有端方之概。此就坤之道論之也。大抵人之氣質清明者，可以用乾道，而氣質簡重者，可以用坤道。至於德崇業廣，則爲忠信立誠，爲敬直義方，無不同條而共貫矣。

明道曰：凡人才學，便須知著力處。既學，便須知得力處。此示學者以有事勿忘之功也。著力者，身心切要工夫；得力者，所以進德之由也。才學之時，中未有主，若不識工夫要緊所在，則泛然無所持循，非紛而無當，則躐而罔功。既學之後，詣當有進，若不辨功效所從來，則悠然任其蹉跎，勢必擇焉而或不能守，忽焉而無以永其趣。故必知著力處，然後能竭才以底於成；亦必知得力處，然後可習復以至於熟。大學之「知所先」、「知所後」，亦是此意。

有人治園圃，役其知力甚勞。先生曰：蠱之象：「君子以振民育德。」君子事，惟有此二者，餘無他焉。二者，爲己、爲人之道也。此程子引蠱卦象辭，示人以知所務也。園圃之役，細務也，治之而至於智力甚勞，其人之識趣卑陋甚矣，故先生誦蠱之象辭以戒之。振民者，振起其民，使之自新也。育德者，涵養吾德，以期大成也。蠱壞之象，在民爲舊染之污，在己爲天德之喪。君子觀此而有事，其治民則必振而作之，使民去其舊染之污以自新；其自治則必培而養之，使吾德復其本體之明而不至昏昧。蓋新民者，所以全明德之量；明德者，所以爲新民之本。君子所當有事，惟此而已，餘可無他及矣。夫道貴謀其大者遠者，二者乃爲己爲人之道，所謂大人之事也。若園圃之役，其細已甚，智力之勞何爲乎？此與孔子答樊遲稼圃之學同意。

伊川曰：「博學而篤志，切問而近思」，何以言「仁在其中矣」？學者要思得之。了此，便是徹上徹下之道。學所以求仁。然求仁者，非一箇仁在彼，而切切求之也。仁即在吾心，亦即在日用事物之間，隨時隨事，博以學之，窮其理也，立志誠篤，專其務也，所問至切，辨其真也，近以爲思，繹其要也。必有事焉，勿忘勿助，則心常存而私不雜〔一四〕，功無間而理自熟。仁即此而在矣。學者日讀子夏之言，試思博學篤志切問近思，何以不言求仁而言仁在其中？若能了悟乎此，便知是徹上徹下之道。蓋形上即具形下之中，下學即是上達之事功。與心純熟無累，便謂之仁，無内外精粗，一以貫之也。

明道曰：弘而不毅，則難立；毅而不弘，則無以居之。此程子因西銘而教人以求仁之學也。仁者，天地萬物爲一體。西銘所言，可謂極其廣大而周通，故曰「言弘之道」。然言「弘」，實包曾子「弘毅」二字之義。蓋弘而不毅，則心力或懈，而廣大之量何能有所植立而持之以永久？毅而不弘，則度量室狹〔一五〕，而周通之意何能寬以居之，使其恢廓而無外？此弘毅之所以不可偏廢也。

伊川曰：古之學者，優柔厭飫，有先後次序。今之學者却只做一場話説，務高而已。此程子辨古今爲學之異，而歎今之不古若也。優柔，從容自得也；厭飫，沉酣而飽滿也。學無古今，一也。而古之學者，當其爲學，未嘗敢以矜浮出之，亦未嘗敢以淺嘗置之。常從容於存省，以俟其動静之安；沉酣於詩、書，以博其義理之旨。故其工夫有先後之不紊，其條目有次第之可循，所學何其漸而深也。今之學者則不然，亦嘗妄希性命，而探索秖資談柄，亦嘗不憚涉獵，而雜博徒供口實。「却只做一場話説」，務爲自高而已，其用功已與古人異矣，能怪其所得之不同乎〔一六〕？常愛杜元凱語：「若江海之浸，膏澤之潤，涣然冰釋，怡然理順，然後爲得也。」此引杜預之言，以証古人之優柔厭飫也。元凱，杜預之字也。江海之浸，漬之深也；膏澤之潤，濡以漸也。冰釋者，融解無痕之謂。理順者，曉暢條達之謂。元凱有言，讀書當若江海之浸，淵涵渟蓄，膏澤之潤，漸濡默化。久之便能道理融徹，涣然如冰漸之紛解，節目疏通，怡然見條理之直達，然後爲深造而自得也。古人之爲學大都如是，宜乎其功深而得實也。今之學者，往往以游、夏爲小，不足學。然游、夏一言一事，却總是實。後之學者好高，如人游心千里之外，然自身却只在此。又承上文學者之務高而直指今人之病也。言今之學者，大抵輕浮淺露，妄肆譏議，雖以聖門文學之游、夏亦小視之，以爲不足學，而欲駕而上之。獨不思游、夏之文學，原不是徒飾虛詞，凡一言一事，却是實見實聞，傳其中之所得。後之學者，不肯實用工夫，虛夸騖外，了無所得。或影響其辭以云深，或張皇其說以爲大，徒好高耳。譬如坐馳之人，游心千里之外，精神亦若飄然遥寄，然總屬虛妄，自身却只在此處，未嘗實到彼也。用心無益，亦足悲已。然則較量古今之學，正是爲己爲人之分，學者可不知所警哉？

伊川曰：修養之所以引年，國祚之所以祈天永命，常人之至於聖賢，皆工夫到這裏，則有此應。此欲人之爲聖爲賢，而即引年永命以見例，明工夫之可恃也。學者不以聖賢自待，皆謂聖賢不可學而至，即勸之以聖賢之功，亦以爲徒虛語耳。不知天下事止問工夫何如，工夫到時，有志竟成。即如人之年壽至不可知，然修鍊其精神，充養其元氣，屈伸吐納，工夫既久，亦自有延益之效，是所以引年者不虛也。國之享祚，似非可人力致，然積功累仁，工夫既至，亦可以格天而獲寧長之命〔一七〕，是所以祈而永者不虛也〔一八〕。若常人之於聖賢，同是人也，第氣禀異而習染分耳。苟百倍其功，自能變化氣質，長其聰明而堅其才力，其成功之一可以勉而致者，又豈虛哉？三者皆有足信，可知有工夫必有效驗，工夫到極至處，則便有極至之應，無足怪者。學者第患因循怠棄，不肯實用工夫耳，不怕不到聖賢地位也。

伊川曰：忠恕所以公平。造德則自忠恕，其致則公平乎。此見忠恕爲立心之本，故反覆言之，欲人之自勉也。盡己謂忠，推己謂恕，人能盡己之心，則此所盡者，乃合乎天理，而爲天下之公心。自此推之，使人各如己心，而分願各得，何平如之？故忠恕乃所以公平之道也。人之爲學莫重乎成德〔一九〕，而德不外此心；心之體用，不外乎忠恕。則欲造其德，必自忠恕始，而忠恕之極致，則自能公平。至於公平兩得，是外内合一，人己孚洽，而性之德全矣。忠恕顧不重乎哉！

伊川曰：仁之道，要之只消道一「公」字。公只是仁之理，不可將公便喚做仁。公而以人體之，故爲仁。仁之道至大而難明，故程子别言之，使人知所體驗也。蓋仁之爲道，取數多而旨各有當，若總而論之，只消説一箇「公」字，而仁之旨已無餘藴。然公者，止是仁之理如此耳，非即仁也。理者，其中之條理也。其理無所不同，無所不統，無所不貫，無所不純，無所不覺，無事不在，無時或息，皆有公之義。故謂仁之道至公則可，以公，而當作仁則不可。惟其本公而以人體之，則身心之間實有所以同，所以能統而貫，所以能純而覺，所以能體事，能不息，方喚做仁。故孟子亦曰「仁也者，人也」。就人身認取所以公，使得其所以爲仁之旨，學者當細思之。只爲公則物我兼照，故仁所以能恕，所以能愛。恕則仁之施，愛則仁之用也。承上文。仁之公而實指其所以推行之妙，即所謂體仁也。言惟仁爲至公之理，所以能體之，則於物我之同然者，兼照無遺。故仁則此心本如彼心，即當使彼心適如此心，所以能恕。仁則一體之懷有感，關切之情輒動，所以能愛。然則恕者，彼我如一，因其可推之理，達其能推之才，則仁之施也。而愛者，滿腔惻隱，不忍抑遏其情，不能不直遂其願，則仁之用也。朱子有云：「仁譬泉之源，恕則泉之流出，愛則泉之潤澤，而公則疏通而無壅塞之謂。」惟其疏通而無壅塞，故能流而澤物也，狀仁之道，亦可謂深切而著明矣。

伊川曰：今之爲學者，如登山麓。方其迤邐，莫不闊步，及到峻處便止。須是要剛決果敢以進。此言有志爲學者，不可以無勇也。迤邐，山勢坦緩處也。峻，陡急也。人之求道，務造其極，如人之登山，必至其巔，所謂有志者也。然欲至巔，必須直上；欲造極，則必須勇行。今之爲學者，譬如登山麓，方其平緩處，莫不宏闊其步，及到峻險處，則遂住步畏阻而不前，多是趨易而避難，進鋭而退速耳。故須剛決而必往，果敢而無畏，然後進進不已，以至於極也。學者若能如是，將學聖賢必至聖賢，猶之登山麓者必至山巔云爾。

伊川曰：人謂要力行，亦只是淺近語。人既能知見一切事皆所當爲，不必待著意。纔著意便是有箇私心。這一點意氣，能得幾時子？此亦爲急行而不灑落者發也。「非知之艱，行之惟艱」，古人有言矣。故人口頭傳説，動曰要力行。然須知人謂要力行者，猶是尋常淺近話，至於所以行之，則又不可不知。蓋人苟能知一切事皆所當爲，即時爲之可也。但爲之亦自要當平常事，方行得灑落可久，不待另著箇要緊意思。一著意要緊，便少自然，而成一箇私心矣。此一點急迫不洪意氣，能支撐得幾時子？不提防，遂休歇，而所行終廢矣。故當行則隨時隨力行之，不必汲汲徒謂要力行也。

伊川曰：知之必好之，好之必求之，求之必得之。古人此箇學，是終身事。果能顛沛造次必於是，豈有不得道理？此與孔子「知不如好」節同意。但孔子歷言進境以示勸，程子則歷決其必然以示勉也。學以必得爲歸，如進學在於致知，豈徒然乎？蓋知得此理之妙，則自不能已，必中心喜好，而覺天下之物無以尚焉。既不能已於好，便要刻苦用功，而汲汲以求之。既不憚工夫以求之，則必能順其所當然，會其所以然，而實有以得之。須知古人此箇學，乃是終身離不得、行不盡底事。設若不得，即負却終身。然果能知而好，好而求，無論變故急遽，皆必於是，豈有不得道理？奈何甘自暴棄，而以必得者讓聖賢獨得耶？

伊川曰：古之學者一，今之學者三，異端不與焉：一曰文章之學，二曰訓詁之學，三曰儒者之學。欲趨道，舍儒者之學不可。此程子歎道術之日分也〔二〇〕。言古之時，學重爲己，務求實得，止有儒者一途，舍儒而外，有異端而已。今之學者，多務爲人，弊遂日滋，學術已分爲三，而異端尚不與焉。其一溺於文詞，徒富麗爲工，務以悦人，曰文章之學；其二牽於注釋，尋章摘句，不覯其大，曰訓詁之學；其三乃爲言坊行表，求修己治人之要，而曰儒者之學。夫自文章、訓詁之弊興，而儒學幾於闇淡無色，拘迂而不概於時矣。然欲趨大道之歸，舍儒者之學斷斷不可。吁！學術多岐，今日之所當辨者，又不徒異端矣。有志衛道者，可不卓然以振興儒術自命乎？

問：作文害道否？伊川曰：害也。凡爲文不專則不工，若專意則志局於此，又安能與天地同其大也？書曰：「玩物喪志」，爲文亦玩物也。文以載道也。後人習氣太盛，富麗相誇，而不知其去道已遠。故程子每言詞章之病，或者疑文章亦儒者事，因問「作文害道否」，而伊川直應之曰「害也」。蓋斯道之大，洋洋優優，包含無外，充塞無間。學者日用性情，當使廓然大公，無息不是天理流行，方能與道爲體，何沾沾文詞之足云？凡作文之法，心思不專於其中，則不能極其工巧。若專一著意於是，則氣拘神滯，志趣已局限於此，卑隘甚矣，又安能剛健含弘，與天地同其大？雖有詞章，亦當前快意，適觀而已。故尚書曰「玩物喪志」，言玩弄外物，精神馳逐，心志便不寧而喪失矣。文亦物也，爲之而字飾句雕，留戀不舍，非玩物而何？夫以覆載同量之性情，而遂以文詞自小之，是亦可笑之甚也已！

呂與叔有詩云：「學如元凱方成癖，文似相如始類俳。獨立孔門無一事，只輸顔氏得心齋。」古之學者，惟務養情性，其他則不學。今爲文者，專務章句悦人耳目。既務悦人，非俳優而何？

與叔，名大臨，程子弟子。因上文言爲文亦玩物，遂引與叔詩以明其不誣也。癖，偏滯之病也。俳，俳優，伶人之屬也。心齋，澄其心若齋時也。莊子言顔子心齋坐忘，與叔實用其語。與叔有詩云：「學如元凱方成癖，文至相如始類俳。」蓋學如元凱，稱博洽矣，而義理不充，物而不化，方成結癖之病。文至相如，豔麗極矣，而道德無關，華而鮮實，始類俳優之輩，均無足貴也。繼之曰：「獨立孔門無一事，只輸顔氏得心齋。」言爲學而立聖門中，別無要緊事，所愧未能涵養性情，只輸顔子之心齋而養到耳。與叔之詩如此，可見古之學者，性情爲重，惟中和之養是務，其他雜博藻麗，皆不屑學。今爲文者，舍自家性情不養，專務尋章摘句，塗飾美觀，以媚悦人之耳目。既掩抑其性情，而粧綴以博觀聽，其與俳優之修飾聲容，取憐於人者，相去幾何？夫人而爲俳優，喪志已甚，爲文者類是，宜其爲與叔所譏也夫！

曰：「古者學爲文否？」曰：人見六經，便以爲聖人亦作文，不知聖人亦攄發胸中所藴，自成文耳，所謂『有德者必有言』也。」問者曰：「文既若是之弊，是亦不足學矣。古之人亦曾學此否？」伊川曰：「文者道之華也，道乃文之實也。有其實而華自見，故美而可傳，如六經是也。人但見六經皆聖人所定，便以爲聖人亦作文，不知聖人全體皆道，其見之文者，亦描寫發揮其胸中所藴蓄之理，而性情流露，自然有條理次第，而成文章耳。」孔子有云「有德者必有言」，蓋和順積中，英華發外，理固然也。六經之文，聖人豈必先學之，而後作而傳之哉？曰：游、夏稱文學，何也？曰：游、夏亦何嘗秉筆學爲詞章也？問者又曰：「文苟不足學，則古來當無復以文擅長矣。而聖門子游、子夏獨以『文學』著稱，何也？」伊川曰：「游、夏之稱文學，乃其天資英秀，學問淹通，凡所著述，皆斐然可觀，不覺其才華之長乎此耳，亦何嘗秉筆構思，計工拙，追時好，欲以詞采表見於當世耶？」其不得以游、夏藉口亦明矣。且如「觀乎天文以察時變，觀乎人文以化成天下」，此豈詞章之文也？此又引易賁卦彖傳之詞，以明所謂文者，非必如今人所學也。蓋天下之燦然有章者，同謂之文。如陰陽交錯，自然之理，乃天之文也。君子觀之，而可以察四時之變，文之變化孰加焉？人倫條理，各止其分，乃人之文也。君子觀之，而有以成天下之化，文之整齊孰加焉？此豈詞章之文所可同日而論哉？蓋大文不假安排，至文非關粉飾，即六經之文亦是如此，故能與天地爲昭，與人道終始也。自非知道者，烏足語此？自非知文者，亦烏足語此？彼沾沾著作，爭奇於字句間者，亦徒勞矣。志氣既卑，意旨亦薄，支辭愈多，義理愈晦。願當世學者，慎毋輕弄筆墨，而以文害道也。

明道曰：涵養須用敬，進學則在致知。此示學者以徹始徹終工夫也。凡人爲學，先求其静，然後其心思纔可用。然徒主於静，而不亹亹於學，恐無以盡天下之無窮，而本然者亦無所據以爲安。此涵養、進學二者之功，廢一不可也。但涵養非守寂之謂，須秖畏以一其内，端莊以肅其外，則此心常存，而可以爲事物之主。進學亦非憑虚可得，在乎即物以究其極，隨物以會其通，則此心漸徹，而有以全其本明之量。此君子所以大居敬而貴窮理也。居敬窮理，相須並進，中庸「尊德性而道問學」，亦是如此。

伊川曰：莫説道將第一等讓與别人，且做第二等。才如此説，便是自棄。雖與不能居仁由義者差等不同，其自棄一也。言學便以道爲志，言人便以聖爲志。天地間道只有一箇道，無不當盡之理。人亦只是此等人，無可以不全之量。故學者切莫將「第一等」三箇字，看得敻絶不可到，甘讓與别人，我不妨做第二等。此無論後來能做第二等與否，才如此説，便早將本分第一等丟却了，非自棄而何？雖其欲做第二等，猶與自謂不能「居仁由義」者迥别〔二二〕。然試思此第一等，誰做得誰做不得，讓而不做，即是自謂不能，其果於自棄一也。故言學便當以道爲志，道原人人所當盡也；言人便當以聖爲志，聖乃人人所可爲也。夫道者，第一等事也；聖者，第一等人也。然道之於人，不論等也，聖而盡道亦曰人也，何多讓焉？有志者其勉諸！

問：「必有事焉」，當用敬否？明道曰：敬是涵養一事。「必有事焉」，須用集義。只知用敬，不知集義，却是都無事也。此程子恐人以敬爲專是主静，而流爲寂守之學也。或問：必有事焉，當用敬否？是疑孟子言「必有事」者，或是當用敬以持之，便是有所事也。程子言：敬者主一無適，乃是涵養一邊事，有事雖不離敬，而必有事焉者，須用集義工夫。蓋隨事合宜積累，以獲此心裁制之安，方是有事。若只知用敬，空洞洞把持在此，不知就事物上體察其所當然之理，却是都無一事也，何以言「必有事」乎？問：義莫是中理否？曰：中理在事，義在心。此程子懼人以義爲在外，故因問義而分别言之。或疑義之得名，莫是凡事所行，皆中乎理之謂否？程子言：所行中理，乃是就事上論。若第以此爲義，不將有外義之意乎？須知義者，吾性中本有之理，故事得宜而心安。心有所以宜之，則然後能裁而制之。使得其宜，則義實在心。然則以心之義處事，事乃無不中理，似可合内外以言義。而究竟中理處，止可言事，而所以中理之義乃在心也。問：敬義何别？伊川曰：敬只是持己之道，義便知有是有非。順理而行，是爲義也。若只守一箇「敬」，不知集義，却是都無事也。此與明道先生之言敬義意同。或問：敬與義，其用既不同，則二者必有分别而後見其不同也。伊川言：敬與義原自不同，安得無别？敬乃用力字，是吾身心本當斂束，持己之道則然耳。義則凡事原有是非，吾心處之，便知有是有非。順乎至是之理而行，是乃所以爲義也。若只守一箇「敬」字，以爲學問之道已盡，不知去事上更用集義工夫，則是身心間都無一事，何所著落？不將與致虚守寂者等乎？學者當早辨之。且如欲爲孝，不成只守著一箇「孝」字。須是知所以爲孝之道，所以侍奉當如何，温清當如何，然後能盡孝道也。承上文守敬不可不知集義，而就孝一事，以明其當然也。蓋言敬者，乃所以爲集義地，非敬而集義即在其中也。且如子之事父當孝，是子所當敬守者，孝道也，然孝自有孝之所宜，亦隨事有義也。不成只敬守一箇「孝」字，便可以事父而無憾，須是知吾所以行乎孝者，自有道焉。於是隨時隨處，小心體貼，凡所以隨侍奉養者，當如何盡物，如何盡志；所以冬温夏凊者，當如何得宜，如何無曠，方有所循，以敬行吾孝焉。如此之類，皆孝中之義所當集者，體之然後孝道可無愧也。即一孝道而敬義之辨已明，集義之功，顧不重乎？

伊川曰：學者須是務實，不要近名方是。有意近名，則是僞也。大本已失，更學何事？爲名與爲利，清濁雖不同，然其利心則一也。此程子欲人務實，而戒人以慕名之失也。學期有得，不務實則浮而無據，安能有得？故須是專務著實，而無半點爲名意思，方是聖賢之學。蓋務實則心皆實心，行皆實行，工夫皆實工夫，著著爲己，乃能上達，而處則有真學問，出則有真事功。一有近名之意，亦僞焉而已。立意既差，大本已失，勿謂不學，即學亦一齊差却，更濟得甚事？人多謂名原是清潔一途，還屬好的，與利之汙濁不同，不知爲名與爲利，意象之清濁雖分，而有所爲而爲，總以便其人欲之私，立心則一也。此與莊子「爲善無近名」，詞若相類而旨實不同。此欲人之務實，彼第欲免人之忌而已。本領既差，立言亦别，又不可以不辨。

明道曰：回也其心三月不違仁，只是無纖毫私意。有少私意便是不仁。此因孔子稱顔回不違仁而切言所以爲仁之體也。仁者，天理渾然，無雜無間。孔子稱回「三月不違仁」，乃其克復功深，故此心能歷久純粹。所謂「不違」者，只是私欲淨盡，無纖毫之爲累耳。若有些少私意，則心德不純，則非渾然之本體，去仁便遠。蓋甚矣，仁道之難言也！

明道曰：仁者先難後獲。有爲而作，皆先獲也。古人惟知爲仁而已，今人皆先獲也。

此因論語「仁者先難後獲」而嘆今昔用功之不同也。仁，純德也。學者求仁，未論造詣，且論用功。孔子言「仁者先難後獲」，乃謂仁人用功，無所爲而爲，止先盡其事之當然，絶不敢有畏難之意。至於效之所得，則放在後着，聽其自至，全不生計較想。若有所爲而然，則是未作之先，必計其有效方纔下手，著著希冀，所謂先獲者也。試觀古人，原不如是。但見其朝乾夕惕，爲致知，爲力行，爲靜存，爲動察，孜孜矻矻，滿腔切實精神，知爲仁而已，他不遑計也。若今人則大異矣！詩書只爲科第而讀，文章亦因聲望而作，即有矯語心性、浮慕聖賢者，或亦捷得爲期，庶幾一蹴而至，皆先獲也。志趣既不古若，工夫亦自此殊，則其去仁道也亦遠，可慨也夫！

伊川曰：有求爲聖人之志，然後可與共學；學而善思，然後可與適道；思而有所得，則可與立；立而化之，則可與權。學莫先於立志，而志必以聖人爲歸。有志求爲聖人，則與之共學，便能相引於光明，而不至流於汙下。故必如是然後可與共學。道由思通，而思必求其善。善思則能專於所入，慎於所往。與之適道，自不至躐等爲高，半途而廢，故必如是然後可與適道。至於能用其思，則心力日進而有功矣。然聖道高深，未易言得。或恍惚失所據依者有之。惟有所得，則中有定主，乃能不惑於他岐，不奪於外誘，與之言立，其亦可矣。若夫立則所守已固，德性亦自堅定，然而執而不化，抑亦入而未優也。惟進於能化，則有所持以得其中，復有所通以適其宜，與之權輕重，而化裁可以利用，變通可以盡神，竟是聖人之能事矣。此皆徹始徹終工夫，故孔子因其未可與，而歷指造聖之候以期之。程子亦因其可與，而歷言作聖之功以實之也。

伊川曰：古之學者爲己，其終至於成物；今之學者爲物，其終至於喪己。學所以盡性，而性合內外，通物我，不可相遺者也。然得其實功，成則兼成；役其浮志，喪亦兼喪。故古之學者，知實功在於一己，於是爲之不懈，務窮天下之理，以盡天命之性，其終也，己之性盡，物之性亦盡，遂至於成物，而萬物遂各得其所焉。今之學者浮氣盛而日役於物，亦復爲之不置，務工一人之術，以爭人世之權，其終也功名不可知，而心術已難問，遂至於喪己，而俯仰亦覺其自慚矣。由是觀之，古之人成物，以完其爲己之量，今之人喪己，即在於爲物之私。孰得孰失？何舍何從？學者必能辨之。

伊川曰：君子之學必日新。日新者，日進也。不日新者必日退，未有不進而不退者。惟聖人之道無所進退，以其所造者極也。此勉人以自强不息之功也。學必造乎其極，而造之以漸，自有月異而歲不同之境。故君子之爲學也，必刻勵其功，濯舊見以來新機，使其所得有日新之益。日新者，學既上進，則所見聞非復舊日境界也。然學無中立之理，念念不忘，自當進進不已。若不日新，便是心有間斷，私欲相乘，非昏則倦，日退必矣。未有半上落下，能站得住，不進而不退者。惟有聖人之道，仁至義盡，窮神達化，純之又純，既無可進，自不能退，以其所造者，已盡乎天理之極也〔二二〕。學固以聖爲期，然未至於聖，其可忘日進之功乎？

明道曰：性靜者可以爲學。天下無人不可學，然浮動之人，心思既不能入，才氣亦易以怠。惟賦性沉静者，其所得於天也較醇，其所以盡人也亦易。蓋静則生明，而有以用其體察之功；静則淡定，而有以盡其持守之力；静則從容，而有以深其涵泳之致。皆爲學之所取也，故可以爲學。然則未能静者，當思變化其氣質；自能静者，又當涵養其本原也乎！

横渠曰：弘而不毅則無規矩；毅而不弘則隘陋。曾子有云「士不可以不弘毅」，二者固有兼重之意，而不知二者尚有相維之功。蓋「弘」者并包之量，然無謹嚴之心，則或騖外以爲高，浮夸以自大，而防檢廢矣，故無規矩。「毅」者强忍之力，然無寬廣之概以居之，則堅確或流於急迫，拘守或入於鄙吝，而規模狹矣，豈不隘陋？是二者原缺一不可也。

明道曰：知性善以忠信爲本，此「先立其大者」。人之果於自暴棄者，皆是於自家性善信不及，故醉生夢死，甘虚過一生而不恤，然欲治其性情而不尋主腦，亦恐無著落處，乃所謂不知務者也。惟真知吾得天之性，原純粹而至善，自不忍自暴其身，以喪吾心本來之良；亦不敢自棄其身，以負上天賦予之意。則由是存心養性，求切實爲己工夫，莫若以忠信爲主，然後能以實心行實事，而身心人己，皆可無憾。此即孟子所謂「先立其大者」。蓋大本既立，向後都爲有用工夫。工夫到時，固能極誠无妄，以全其盡性至命之量。即工夫未到，而不昧其心，不欺其志，猶不失其真性之本然。故羅整菴謂程子此條「説得頭腦分明，工夫切當，始終條理。」概於三言之中也。

伊川曰：人安重則學堅固。凡人輕浮，則氣虚而見識不定，亦神散而操守不力。故人能安静厚重，則氣實神完，識力自確然不移，而所學因以堅固。此即論語「重威」節意也。

伊川曰：「博學之，審問之，愼思之，明辨之，篤行之」，五者廢其一，非學也。此即中庸所謂「誠之」之目也。五者有實義，有實功，有次第，有緩急。如人不可不學，不可不問，不可不思，不可不辨，不可不行，此實義也。學必博，問必審，思必愼，辨必明，行必篤，此實功也。乃學然後問，問然後思，思然後辨，辨然後行，則有次第也。若學問思辨在先，篤行在後，當其始則以學問思辨爲從入之門，及其終則以行之篤爲歸宿之地，則又其緩急處也。古今爲學工夫，不能出此五者，故曰「廢其一非學也」。

張思叔請問，其論或太高，伊川不答。良久曰：「累高必自下。」學不可躐等，而問必切問，乃爲善學。思叔請問而持論太高，其凌躐不切可知。此而答之，非其所及知，既恐滋其所疑；强之以必知，又恐愈以生其妄。故程子不答。然程子雖不答，而所以不當躐等之故，思叔未能自克，則所問終未釋然也。故良久第曰「累高必自下」，示天下之至高者，皆由積累而成，且其累必有基，基則自下者也。此便可知太高之論，皆君子所不答，而不切之問，真可無庸也。至於所問之旨，終未嘗言及，是不答者乃所以深於答，而所答者乃其所以不答者也。此伊川之善教也。

明道曰：人之爲學，忌先立標準。若循循不已，自有所至矣。此欲學者循序漸進，以至於成也。標，表也；準，的也。言人之爲學，固以聖賢爲歸，以道理爲的，然先立一箇表的，則希冀欲速之念生，而下學之功廢矣。若能循循博文約禮，不已其功，勿忘勿助，以漸而進，自必有所至。雖以之希賢希聖，無不可也，又何必私意期望爲哉？

尹彦明見伊川後，半年方得大學、西銘看。此亦教不躐等之意也。大學明内聖外王之道，西銘通事親事天之理，規模廣大，意義精微，初學見之，未必能無逆於心。即告知曰：此天地大道、聖賢公心，而中未有主，思未能細，不惟無以得其綱領條目之全，通其理一分殊之旨，直以啓其好大欲速，而膠膈紛紜，終未有已。故尹焞來見伊川之初，二書猶不與讀，至半年後方得看。蓋前半年所聞於師者，未嘗有放言高論；所見於師者，秖是循規蹈矩。主敬窮理，未有涯涘；反身修己，未得歸宿。知必有所以然者，一旦看此二書，乃知平日循循下學，只是求此道理，則内外合一，而萬物同原，吾身真不可自小也。其豁然猛省，奮然精進，當何如矣。伊川之善誘也如是。

有人説無心。伊川曰：「無心」便不是，只當云無私心。心者，身之主宰，具衆理而應萬事者也。此身一刻無主，則官骸皆爲虚器；遇事一刻無主，則動作皆違物則。如之何其無心！「有人説無心」，不問可知爲禪學矣。伊川即辨之曰「無心便不是」。蓋説無心者，似乎活潑而無滯碍，不知心一言無，便不是聖學，此正佛氏無心意、無受想之説。若聖學，則言心便有性，但能純乎天理，廓然大公，便能順應乎物，而盡此心之用。何嘗多心？亦何得言無心？故「只當云無私心」而已。

謝顯道見伊川，伊川曰：「近日事如何？」對曰：「天下何思何慮？」伊川曰：「是則是有此理，賢却發得太早在。」謝顯道，程子門人，名良佐，上蔡人。平日有志聖學，而所見過高，其來見也，伊川欲發其病而藥之。因問：近日所事工夫如何？彼即據所見對曰：天下事任其自然，何必思慮以滋紛擾？蓋亦實見得道如此，故引繫辭以見意也。然義精仁熟之後，而順其自然，乃是至誠之無事。進學求道之時，而矯語自然，恐類異端之强制，故伊川戒之曰：「是則是有此理，賢却發得太早在。」蓋明是聖人之言，論理何嘗無此境界？但未至其地，如何説得？即果見及，而此語無乃發得太早乎？所謂談何容易是也。伊川直是會鍛煉得人，説了又道，恰好著工夫也。此因上文戒顯道之詞，又詳記伊川一時之語，以明其善教也。鍛煉，猶言陶鑄也。言伊川先生最能隨時誘人，既戒其發言太早，又欲乘機策其下工夫，曰「恰好著工夫」。蓋上蔡亦是涵養得有些端倪，見得無欲之妙，但未有著實工夫，後來終成捕風捉影。故戒以輕易自足，復勉以及時下學，便能循循向上去也。勸戒有加無已如此，宜其成就人之速也。

顯道云：「昔伯淳教誨，只管著他言語。伯淳曰：『與賢説話，却似扶醉漢，救得一邊，倒了一邊。』只怕人執著一邊。」此上蔡見地明白後，因悟當日受教之難融，并述明道之言，見其善發人之病也。學者中未有主，一聞警戒，把持不定，東走西作，真似不奈何。往往支吾逃遁，多著閒話，譬如酒醉人，顛三倒四，纔扶起這邊，已倒那邊，既不自在，猶自矯强，怕人扶持。此段光景，真覺可笑。故顯道承先生教，只管著他言語，而明道因以醉漢形容之也。顯道至此猶追憶其言，其猛省於師教者已久，而得力亦有自來矣。朱子謂上蔡因有發於明道「玩物喪志」一言，故其所論每每過高，如「浴沂御風」、「何思何慮」之類，皆是墮於一偏。故學者不可執著，道理方中正也。

横渠曰：「精義入神」，事豫吾内，求利吾外也；「利用安身」，素利吾外，致養吾内也。

此言内外之交養互發，以明繫辭所言爲學自然之機也。天下之理，本無内外，故爲學之道，不離屈伸。易曰「精義入神」，乃精於研究義理，以通乎神妙之極，可謂屈矣。然凡事斂其精神，刻入深思，使義理素定於心，則推之於身，無不順理而裕，如是乃求利吾外也，伸何如乎？又曰「利用安身」，乃利於推行事理，使吾身各適其所安，可謂伸矣。然凡事沛然肆應，從容恬適，則吾心之德，愈覺光明而日休，是所以致養吾内也，無非屈之機也。然則寂守而不足以利用，是遺外也，非所謂學也；徇物而不足以養心，是遺内也，亦非所謂學也。

「窮神知化」，乃養盛自至，非思勉之能强。故崇德而外，君子未或致知也。

承上文。精義利用，交養互發，日進不已。至於窮極神妙之理而無方，深知化育之機而不測，乃充養之盛，純熟自至，豈勤思勉力之所能强？易所以言「德之盛」也。然神化之盛德，總由精義利用以幾之，則君子惟盡崇德之功，而外此未嘗致意求知，以生妄希之念也。故易又言，「過此以往，未之或知也」，是不知者屈之意也，自至者伸之義也。學之道，何一非屈伸之自然乎？

横渠曰：形而後有氣質之性。善反之，則天地之性存焉。故氣質之性，君子有弗性者焉。此張子欲人變化其氣質也。形，形體也。得天地之氣，生而成質，故謂之氣質。性止是理耳，既成形而理亦賦，則有氣質而性亦不能離矣。於是有形質之性，程子所謂兼氣質是也。然人雖不能無氣質之性，而天地之性乃吾之正性，惟氣質不能無偏，而天地之性亦隨之而失。故必深自濯磨，反其偏者，使歸於正，然後人欲去而天理見，天地之性自存於吾焉。彼氣質雖吾所有，而其性不可恃，君子終不敢以爲此亦吾性，而徇之以滅天地之正也。然則變化氣質者，復性之要務也，是所望於善反者矣。

横渠曰：德不勝氣，性命於氣。德勝其氣，性命於德。窮理盡性，則性天德，命天理。氣之不可變者，獨死生修夭而已。此欲人修德以全性，即所謂「善反之」者也。性命於天，出於無爲者也。德成於人，可力而勉者也。人不能修德，則性情難以堅定，使爲血氣所使，而德不足以勝乎氣。如是則我之所受與天之所賦，專職其權於氣，而滿腔皆是氣用事矣。既成其德，則理義已極充盈，血氣亦自退聽，而德遂有以勝乎氣。如是則我之所受與天之所賦，皆主其權於德，而滿腔盡是德用事矣。故窮天下之理，盡人物之性，則我之所受皆天之德，而所賦於我皆天之理，遂成爲有德矣。至是而氣亦不自知其變矣。所不變者，獨生死修夭，爲氣之有定數而不可移者耳。

横渠曰：莫非天也，陽明勝則德性用，陰濁勝則物欲行。「領惡而全好」者，其必由學乎！此明變化氣質，非學不爲功也。「領惡而全好」，見戴記〔二三〕。好，善也。理與氣同禀於天，故曰

「莫非天也」。理足則陽明勝而德性用事，故日進於高明；氣偏則陰濁勝而物欲肆行，故日流於汙下。德性用事，志潔行芳，天下之善孰加焉？物欲肆行，神昏行殆，天下之惡孰甚焉？無以治之，將終於惡也；無以體之，亦難以有其好也。治之體之，惟有學之一道耳。蓋學則格物致知以明其理，閑邪存誠以去其私，氣質之變實由於此，夫然後靜虚動直，清明純粹，直與天而爲徒矣。

横渠曰：大其心，則能體天下之物。物有未體，則心爲有外。世人之心，止於見聞之狹。聖人盡性，不以見聞梏其心，其視天下無物非我。萬物皆備於我，故心具衆理而應萬事，本自至大。况天下之物，皆實理所爲，豈能出吾心之外？然必一私不存，使此心廓然大公，乃能入乎物之中，而體認其理。若物理有所未體，則物猶與心隔，而心爲有外矣。世人之心，私欲蔽塞，故内外扞格，止能於所見所聞者知之，狹隘甚矣。惟聖人全盡天理，覺吾性中所藴，無一不與天下之物相通。原非推測而知，藉見聞爲事，故不以見聞梏限此心之量。而其視天下之大，直無一物不在性中，即無一物而非我也。其心之大，又寧有外也耶？孟子謂盡心則知性知天，以此。天大無外，故有外之心，不足以合天心。承上文聖人之盡性而言。人心與天爲一，聖人盡性便是盡心，盡心便可以合天。孟子謂盡心則知性知天，亦以此。蓋盡此心之量，而於所具之理明徹無蔽，則其所從出之原可推矣。天大無外，則其心亦無外，故有外之心與天殊不相似，何足以合天心？蓋人即天心也，心不能如天之大，非人也。彼遺物者，抑何其自小之耶！

橫渠曰：仲尼絶四，自始學至成德，竭兩端之教也。意，有思也；必，有待也；固，不化也；我，有方也。四者有一焉，則與天地爲不相似矣。此橫渠體會聖人身教之妙也。意、必、固、我四者是常情，自始學至成德，皆不可有此累。「兩端」猶言兩頭。四者常爲終始，中邊前後，未易淨盡，惟聖人渾然天理，絶無意、必、固、我之累，則自始學以至成德，聖人直以身作則，不啻即大小事，前前後後之病，節節指示出來，竭盡其教而無餘焉。所謂「叩兩端而竭」者，即此可想也。蓋意、必常在事前，固、我常在事後。意者，應事接物，先著計較，是有思也；必者，預作主張，做時便要如此，是有待也；固者，守其成見，執而不變，是不化也；我者，顧己地位，意趣不融，是有方也。常人多是四者之病，循環纏擾，豈知天地無心成化，往過來續，無期待，無留滯。人於四者，若有一焉，安能與天地相似？惟聖同天，學之者即未能絶，尚思所以「毋」之乎〔二四〕！

橫渠曰：上達反天理，下達徇人欲者歟！此張子明論語「君子上達」節意也。達只是向前直去之意，上達是向上去，乃復反乎天理者也。天理清明，上升之象，循理則日徹一日，進而不已，即上極乎高明矣。下達是向下去，乃徇乎人欲者也。人欲重濁，下墜之象，多欲則日溺一日，流而難返，便究極於汙下矣。此君子小人之分，所以有天淵之異也。

橫渠曰：知崇，天也，形而上也。通晝夜而知，其知崇矣。知及之而不以禮性之，非己有也。故知禮成性而道義出，如天地位而易行。此會易繫與論語所言知禮之意，以見其互相發明也。易言「知崇」、「禮卑」。知崇者，窮理則見識高明，日進而上，殆如天也，形而上之象也。必如何方可言「知崇」？如易言「通乎晝夜而知」是也。研究事物之理，已徹乎陰陽動靜之故，乃能通乎晝夜而知其理，其知可謂崇矣。然既已知之而不能行之以禮，使中正在躬，若出天性之固然，尚非己有也。此易言「知崇」，必繼以「禮卑」，而孔子言「知及」亦曰「不以禮，未善也」。故人能知明禮安以成其性，則知行並進，天下之道義皆從此出，如天高地下，而陰陽之理行焉。是以易言「天地設位，而易行乎其中」，「成性存存，道義之門」也。蓋知崇如天，禮卑如地，道義如陰陽，原無二理也。

橫渠曰：困之進人也，爲德辨，爲感速。孟子謂「人有德慧術智者，常存乎疢疾」，以此。此合易與孟子之言，以明處困之可進德也。辨，別也。大抵人情困厄，則能激發感悟，故困之時，人之德性學問最易進益。易曰：「困，德之辨也。」言人當困時，憂深慮遠，審擇乎吉凶之幾必詳，而慎持乎險阻憂虞之界者必預。用心苦則窮而能通，用力貞則鍊而能敏。爲德辨、爲感速，洵不誣也。即孟子亦云「人之有德慧術智，常存乎疢疾」者，以此之故。蓋人之德性所以靈慧，操術所以多智者，常出於遇災罹患之人。彼其明生於刻苦，而識長於艱難，是以德不病其迂，慧不入於小，術不至於疏，智不流於鑿也。凡此皆困之進人者也，此即孟子之深有契乎易者也。

橫渠曰：言有教，動有法。晝有爲，宵有得。息有養，瞬有存。此示人以無息之學也。故就一言君子自一身以至於一日一刻，皆當操存省察，無少間斷，然後能進進不已，以幾於聖賢之學。

身而論，不能無言也，言則必繫世道人心而後爲有教；不能不動也，動則必中乎規矩準繩而後爲有法。自一日而論，必有事於晝也，晝則勤其功而有爲，「終日乾乾」是也；不可廢於夜也，夜必澄其慮以驗有得，「夕惕若」是也。至於密之又密，如一息之間，一瞬之頃，天理自覺常存，道義不使去心，而終食不違，參前倚衡，不是過也。學者用功，不當如是乎！

橫渠先生作訂頑曰：乾稱父，坤稱母。予兹藐焉，乃混然中處。此橫渠先生頂天立地，深契本原，已見大意，故推生人所由來，與此身所自生，融會而參同之，因事親以明事天，合並而言，交暢其旨，作銘自訂，欲使胸中洞達，不致頑而不化也。乾，健也，陽之性，而天之所以爲天也；坤，順也，陰之性，而地之所以爲地也。天以至健位於上，爲萬物所資始，有父道焉，稱父可也；地以至順位於下，爲萬物所資生，有母道焉，稱母可也。資始資生，得天地之氣以成形者，其間則有予也〔二五〕。藐然此身，形氣與天地混合無間，而位乎其中，有子道焉。父天母地，倘不知天下一家道理，恐無以爲子，無以爲人，天地父母其將謂我何？故下文遂歷言其所以然云。故天地之塞，吾其體，天地之帥，吾其性。承上文「混然中處」而言。人既處天地中，則此氣此理，直與天地通一無二。故陰陽二氣，充周遍滿，乃天地之塞也，吾實以之爲體，是此身氣血稟受於父母者也。健順合德，主宰默運，乃天地之帥也，吾實得之以成其性，是此心精爽，遞傳於父母者也。然則吾以此身爲天地之分氣分形，天地亦以吾身爲一脉一氣也。混然中處者，其可自小其體，自薄其性乎？民吾同胞，物吾與也。此即並生於天地者，推其共本同原，以明父乾母坤者之不容以自私也。人物同得天地之塞以爲體，同得天地之帥以爲性。但所稟之清濁不同，則體不能無偏正；所賦之純駁不一，則性不能無昏明。故惟得其秀而最靈者，乃與我同類之民也。其形氣與我同其正，性命與我同其全，是形生之最貴者。此如吾之兄弟，屬毛離裏，同顧復於父母者，雖同胞視之可也。至於生質之蠢而爲物，乃與我不同類者也。其形氣之偏，已與我異；性命之雜，亦與我分。然同是含生負性之倫，亦猶我之儕輩，往來交接，同關情於父母者，即徒與通之不爲過也。體同胞之意，則必由親親以仁之念；吾與之誼，則必推仁恩以愛之。天下一家，兄弟翕也；庶類咸若，儔侶孚也。天地之所以位，非即父母之順者乎〔二六〕？

大君者，吾父母宗子；其大臣，宗子之家相也。尊高年，所以長其長；慈孤弱，所以幼其幼。聖其合德，賢其秀也。凡天下疲癃殘疾、惸獨鰥寡，皆吾兄弟之顛連而無告者也。

此又即同胞之中，別其貴賤尊卑，賢否窮達，明其皆爲乾坤所子，皆吾兄弟，而與共事父母者也。天下之人，固皆父乾母坤，爲天地之子矣。然天地之大統不得不歸一人，如一家之統系不可不屬之嫡長，則承天地統人物者，大君是也，是爲父母百世不祧之宗子也。降而有大臣，則左右大君以整頓乾坤，殆猶諸子之有幹才，宗子委以家事，則亦宗子之家相而已。至於天地間有高年焉，理當尊也。而體天地而引年，與推親親以敬長，無二道也。天地間有孤弱焉，情當慈也。而承天地而恤孤，與順父母以撫幼，無二理也。若夫聖人與天地相似，則亦同氣中之合德於二人者也。賢人鍾天地之英，則亦式好中之挺秀於鴈行者也。况曠觀天下，或所受不完，或所遺不偶，窮苦難言，如疲癃殘疾、惸獨鰥寡，亦不乏人，類而推之，皆吾兄弟。彼特承受世澤不起，俯仰乾坤，顛連無告耳。然父母之心未嘗不念之，有兄弟情者，諒不得而恝視之也。**於時保之，子之翼也；樂且不憂，純乎孝者也。**上言天下一家、萬物一體。自此以下，乃言事天之功，不異於事親也。蓋知天地爲大父母，則事之敢不敬乎？敬之斯畏之矣。詩云「畏天之威，於時保之」，乃子之敬親，翼翼奉持，恐失者也。又安得不愛乎？愛之斯樂之矣。易曰「樂天知命，故不憂」者，乃子之愛親仁孝，純篤而無間者也。**違曰悖德，害仁曰賊。濟惡者不才，其踐形惟肖者也。**由是而天人父子之際，逆者自逆，順者自順，俱可參觀矣。如日用當行之理，乃天之德。不循理而徇欲，是禮所云「不愛其親而愛他人，謂之悖德」者也。生生不已之心，而人得以生者，天之仁也。戕害天理之仁，是傷其親之甚者也，故謂之賊。天之降才，本可爲善，長惡不悛，不可教養，與古之言「不才子」者何以異？若夫天予以形，皆有天性，能盡性以踐其形，則與天地合其德，亦若子之克肖其父母而已。**知化則善述其事，窮神則善繼其志。**此即能踐形者而極言之，乃上文樂天之事也。化育之故，著於萬物，乃天之事也。盛德之知化，則紹天之事，而推行盡利焉。孝子「善述人之事」，其是之謂乎？神妙之機，運於無形，乃天之志也。盛德之窮神，則體天之志，而成性存存焉。孝子「善繼人之志」，非此之謂乎？**不愧屋漏爲「無忝」，存心養性爲「匪懈」。**又即求踐行者而實言之，亦上文畏天之事也。事天者當使「仰不愧，俯不怍」，故中庸引詩言「不愧屋漏」，與孝經引詩言「無忝爾所生」，可相發明也。事天者當使此心不舍，此性不害，故孟子言「存心養性」，與孝經言「夙夜匪懈」，又可互証也。惡旨酒，崇伯子之顧養；育英才，潁封人之錫類。自此以下三節，乃舉古來之善事親者，以証事天之功也。事天者必絶嗜欲以養性，養性者不忘天也，猶之養身者不可忘父母。人之遏欲，能如禹之「惡旨酒」，而不忘天之養，則與孟子言「好飲酒而不顧父母之養」者，大懸絶矣。事天者必有以成物，然後完其成己之量，猶之事親必能以孝感化人，然後爲孝道之純。人能本天爲教，如孟子所云「得英才而教育」，則與潁考叔之推純孝之類以錫及莊公者，又彼此同揆矣。不弛勞而底豫，舜其功也；無所逃而待烹，申生其恭也。事天者必至能格天，方見盡人之隆，亦如事親者必順親，方見盡孝之大。事天之道若得致天心豫順，則與舜盡事親之道而瞽瞍底豫者，其功一也。事天者必當修身以俟，惟天所置，亦如事親者先意承志，罔敢有違耳。事天之道，若能安命奉行，則與申生之被讒，無所逃而待烹，其恭一也。體其受而歸全者，參乎！勇於從而順令者，伯奇也。人受天地之中以生，當無虧乎賦予之良，是即父母全而生之，全而歸之之義也。不見夫啓手足而知免，體其所受於親者而歸其全，曾子之事親然乎！人能不褻天棄天，保其全受者而全歸之，不亦事天之曾子乎？人知天地之命難移，當無拂乎氣數之常，是又「子於父母，東西南北，惟命是從」之義也。不見夫履霜鼓琴以從令，伯奇之事親然乎！人能於吉凶禍福，勇決聽從，而順受其正，則又一事天之伯奇也。富貴福澤，將厚吾之生也；貧賤憂戚，庸玉汝於成也。此又言人能忘遇以事天，則見天之處我者，無非父母之心也。富貴福澤，任人之自取之，無異飽煖安佚，必欲爲子謀之。

然此豈私奉我哉？將厚資吾生，使之爲善，而非以養驕也。貧賤憂戚，雖至偉人而不免，無異艱難刻責，欲寬令子而不能。然此豈私困我哉？蓋以玉必琢而後成，拂亂乃所以增益，而勞苦即所以全愛也。夫是以事天之君子，得志則與民由之，不得志則修身見於世，所謂「愛之喜而不忘，惡之勞而不怨」者，凡以此也。存，吾順事；没，吾寧也。結言事天事親，皆必至於生順死安，無復遺恨，而後爲至也。孝子之事親也，身存則順乎親而事之，心與之一而未始有遺〔二七〕，身没則返之吾心而安寧，有以爲子無忝所生也。仁人之事天也，身存則順乎天而事之，理與之通而無所或逆，没則問之吾性而亦安寧，可以爲人無愧兩大也。學者誠能存此心，則知藐然此身，其生也有自來，其死也無所負。天下一家，萬物一體，精而求之，歸諸天德；推而大之，無非王道。卓然效參贊之能事，天地以我爲孝子；恬然盡繼述之善圖，父母亦樂我爲仁人。至於理一分殊之旨，横看直看，俱是可以盡仁，可以精義，廣大精微，程子論之已詳。抑愚嘗思之：自乾父坤母，推至兄弟無告，乃言盡心知性而知天之事。自「於時保之」，至「潁封人之錫類」，乃言存心養性以事天之事。自「不弛勞而底豫」，以至末，乃言修身俟死以立命之事。天人性命之理，先賢先儒言之，同條共貫，若合符節，亦可知斯道之四達而不悖也已。

又作砭愚曰：戲言出於思也，戲動作於謀也。發於聲，見乎四支，謂非己心，不明也。欲人無己疑，不能也。過言非心也，過動非誠也。失於聲，繆迷其四體，謂己當然，自誣也。欲他人己從，誣人也。或者謂出於心者，歸咎爲己戲；失於思者，自誣爲己誠。不知戒其出汝者，歸咎其不出汝者。長傲且遂非，不知孰甚焉？橫渠既作訂頑，以明萬物一體之學，又恐日用間，言、動偶有過差，亦是進德修業之累，因作銘以砭治其愚，蓋亦省察之功也。言學貴内外如一，則思誠慎動，改過不吝，最是親切工夫。如日間偶然戲謔之言，乃出於心有所思想而然也；或有戲謔之動，乃起於心有所謀慮而然也。蓋言乃心之聲，四支亦爲心之役。明明有言發於聲，有動見乎四支，謂非己心爲之，是不明於内外相因之道也；明明言、動有所出入而不中節，欲人無疑乎己之不是，勢不能也。如是而不速悔，試思此過差之言，本非吾心所固有也，過差之動又非吾心誠實當如是也，既失錯於聲而爲戲言，紕繆迷亂其四支而爲戲動矣。若謂己本當如是，是自誣其本心也。因之欲人不以爲非，順從乎我所爲，是誣人無是非之公心也，抑已惑矣。或者又轉一念曰：吾之言、動雖出於心，而所以過失處乃是己之戲耳。且以爲戲，故失於思，而吾本然之心未嘗不真實无妄也。夫思而有失，即是不誠，由心而出，又將誰諉？乃不知戒其言、動之出於心，而日恣其戲，且歸咎於戲言、戲動，以爲不出汝者，原非真實之過。如是，則戲可不戒，而傲慢之氣將日長。既屬於戲，即過亦不妨，而非道之心，亦日自遂而不知所終矣。過惡日深，是非回惑，不知孰甚焉！凡此種種病痛，展轉相因，其弊在於省察不嚴，謹獨無功。學者誠以爲戒，則言、動必誠，身心如一，日用動静無息而非天理之流行矣。

橫渠曰：將修己，必先厚重以自持。厚重知學，德乃進而不固矣。忠信進德，惟尚友而急賢。欲勝己者親，無如改過之不吝。此橫渠因論語「不重則不威」一章，而明其貫串相因之功也。欲修己者，輕浮便非任道之器，故必先厚重以自持。厚重而不知學，則拘固之病不免也。厚重而又知學，德自日進而不固滯矣。夫知學者，必以忠信爲進德之基。然徒有忠信而無進德之輔，如之何其可也？則必尚友而急於親賢。賢乃勝於己者也，欲勝己之賢與我相親，而聞過而不能改，則賢人亦將離而去之，故無如改過之不吝。此與論語本義不相合，而道理自有可取，亦采之以資學者之益云。

橫渠謂范巽之曰：吾輩不及古人，病源何在？巽之請問。先生曰：此非難悟。設此語者，蓋欲學者存意之不忘，庶游心浸熟，有一日脱然如大寐之得醒耳。巽之，名育，張子門人也。學者患在終日悠泛，無警覺處，故張子設此語以問巽之，而巽之未悟，因再請其旨，其意以不及古人之病源，一時難以認取，故先生發之曰：此無甚難悟。其所以設此語，乃欲學者時時存此不及之意而不忘，自能游心省察，積久浸灌純熟，必有一日自得病源而去之，脱然如沉睡之得醒耳，非即今便欲苦求所謂病源也。

橫渠曰：未知立心，惡思多之致疑；既知所立，惡講治之不精。學者立心未定，而泛用其思，則紛紜多故，反致疑惑。故此時且求立心，而惡多思之爲累。既知立心，而徒循講求克治故事，則粗疏可慮，不能得其精微之蘊。故此時更求刻入精細，而惡講治之淺略。講治、致思，莫非術内，雖勤而何厭？所以急於可欲者，求立吾心於不疑之地，然後若決江河以利吾往。「可欲」對「惡」字看，承上文「思多」、「講治」而言。講治之功，致思之多，莫非吾學術分内之事，雖勤勤於此，亦所不廢，何必厭之而有所惡？顧君子爲學，自有所欲之功耳。所以急於可欲者，求志向堅定明白，立吾心於不疑之地，自無多思之可惡。然後沉潛講治，優游厭飫，沛然有得，若江河之決，條達流行，任吾所往，無不氷釋理順，而講治亦無惡其不精矣。如是乃君子之所貴耳，亦非謂講治、致思之可不事也。「遜此志，務時敏，厥修乃來。」故雖仲尼之才之美，然且「敏以求之」。今持不逮之資，而欲徐徐以聽其自適，非所聞也。此又引書辭與孔子之學，以明講治、致思之勤，未嘗有厭也。書言：「學求遜志，務時敏，厥修乃來。」言爲學當遜順其志，務時時敏勉其功，所修之學乃進而來會。遜志者，立心已定也。時敏者，講治之功也。立志講學，自古重之，故雖仲尼以聖人之才之美，猶必敏皇以求之。今持不及之資質，而欲不思不講，徐徐以聽其自至，亦非吾所聞也。蓋所惡於思多與講治者，惡其多與不精也，非惡其講治而致思也。

橫渠曰：明善爲本。固執之乃立，擴充之則大，易視之則小。在人能弘之而已。此張子合中庸、孟子、論語之言以明爲學之功也。學貴知行並進，乃能盡道之量，而入手必自知始。故必先明乎至善之所在，然後用力以求其至，則明善爲學之本。知之既明，則必固而執之，其德乃植立而不移。守之既固，則必推廣而擴充之，其德乃能光大而不隘。若忽以爲易，便是不能明善，而所見亦卑狹，而不足語夫道之大全矣。然則由知而行，由行而大，皆所以盡乎道之量，而不可以自畫其功者也。人心有覺，道體無爲，弘道之力豈不在乎人哉！

橫渠曰：今且只將「尊德性而道問學」爲心，日自求於問學者有所背否？於德性有所懈否？此義亦是博文約禮，下學上達。以此警策一年，安得不長？學者詣業不進，皆由不曾實用工夫，故悠悠泛泛，年復一年，觀其志意，一似無可下手處。爲今之計，且只將中庸所言「尊德性而道問學」存之於心，常常省察，看日間講習之功於「問學」果有所背否？背，如不精微、不中庸、不知新、不崇禮之類。看日間靜存之功於「德性」果有所懈否？懈，如不廣大、不高明、不溫故、不敦厚之類。似此意義，即是夫子教人博文約禮，由下學而可進於上達工夫。果能以此自警省策勵，便當有益。未論久後何如，即此不作不輟，著實用得一年，則問學必漸以充，而德性亦漸以隆，安有不長進之理。人亦盍於所以存心致知者加之意乎？每日須求多少爲益。知所亡，改得少不善，此德性上之益；自此以下，示其求益工夫。言每日既以違背懈怠自警策，又須於德性問學上實得求益工夫，方爲有用。知吾心中有所未知，涵泳久而心體自瑩徹，便知其所亡。吾心中未能滿其本然之善，即是不善，磨礪深而不善亦漸少，是謂「改得少不善」。此乃德性上之益，而每日所當知者也。讀書求義理，編書須理會有所歸著，勿徒寫過，又多識前言往行，此問學上益也。聖賢之書，皆義理所寓，不徒文辭而已。讀聖賢書，必講求其義理，了然心目，不僅佔畢字句之習。古人之書，有關於日用倫常者，吾欲採録而編輯之，則必理會其綱領條目，先後次序，使有所歸著，勿雜亂湊集，泛然寫過，以資博洽而已。又必多識前人之嘉言以廣其識，前人之善行以昭其鑑。此乃問學上之益，而每日之所當知者也。勿使有俄頃閑度，逐日似此三年，庶幾有進。末復以工夫之無間者，勉其有成也。言求益工夫，當勿使有頃刻虚閒度過，逐日似此周密用功，至於三年之久，庶幾進進不已，學日充、德日純，能底於成。不然，一有間斷，終爲頽廢之歸而已。前言警策一年，便有所長，以誘其志；此言求益三年，方能有進，以堅其力。要之存心致知，總是徹始徹終，工夫純熟後則亦至誠而無息矣。

横渠曰：爲天地立心，爲生民立道，爲去聖繼絶學，爲萬世開太平。儒者須知此身爲三才倚屬之身，亦爲古今係賴之身，則必自愛而不敢棄褻，必公正而不敢自私。故天地以生生爲心，變化萬物，而性命因之各正。儒者亦以此爲心，而參贊位育，必實全其盡性之能事。生民以倫常爲道，愛親敬長，而好德即洽於秉彝。儒者爲之植立，而修道爲教，必不虚其知覺之先民。乃若此心此道，聖人修之於身，未必後人皆傳其緒，有其繼之，道統乃不中絶。故崇正道，闢異端，只爲先型已往，難忘纘述之苦心。此心此道，今日即親見之行事，未必利澤之傳於永久，故闡心傳，昭治法，亦爲有王者起，不患取法之無徵。凡此皆先聖先賢畢生之命脉，所俯仰乾坤，縱觀萬物，上下古今，而難以告人者。張子數語，老實指出，思深言偉，真是儒者氣象！學者於此拓開心胸，子細思量可也。

横渠曰：載所以使學者先學禮者，只爲學禮則便除去了世俗一副當習熟纏繞，譬之延蔓之物，解纏繞即上去。苟能除去了一副當世習，便自然脱灑也。又學禮則可以守得定。此張子教人學禮，以消世累也。「載」，張子自呼名也。習熟，謂習熟周旋世故套禮也。言我所以使學者先學禮者，只爲學者世累太甚，難與入道。學禮則自有中正節文，便能除去世俗一套周旋世故繁文，省得糾纏紛擾之病也。譬之延長蔓生之物，解却旁邊纏繞之物，即易順直向上去。故學者苟能除去了一副合時習套繁文，心胸便自然超脱灑落，不患係累而進道無難也。且禮又有法度可據，學之則身心以有守而得堅定，更爲有益。此禮之所以不可不學也。

横渠曰：須放心寬快，公平以求之，乃可見道。况德性自廣大。易曰「窮神知化，德之盛也」，豈淺心可得？道在天地之間，而實具於吾心之内。自其得乎道而爲心之所藴者，則爲德性。道無由見，惟心能見之。心何以見道？惟德性能體之。道本不隘，道本不滯，道本無私而無陂，惟人心爲物累，故與道隔耳。須是放開此心，使寬容快利，公普平易，以求斯道，乃可以明其體而著其用。况吾心中所受之德性本自廣大，而與道爲體，安可不盡此心之量，以爲載道之地乎？易曰「窮神知化，德之盛也」，蓋謂窮神妙之理，知變化之道，乃德之極盛者能之也。浩浩斯道，豈淺狹之心所可見得乎？

横渠曰：人多以老成則不肯下問，故終身不知。又爲人以道義先覺處之，不可復謂有所不知，故亦不肯下問。從不肯問，遂生百端，欺妄人我，寧終身不知。此言好問乃爲學之益也。凡人耳目心思，不能無所不知，不知而問，固其宜也。人多以年紀已長，既屬老成，則欲自尊大，不肯下問於後輩，故終身無以解其惑而終不知。又或爲人平日以道義相推重，以先覺相稱許，自當無所不知，若一旦問人，是見理不明，而有愧乎其名也，故亦不肯下問。獨不思不知而問，何妨於老成？何傷於道義先覺？且我既實有不知，又何必以之爲諱？因此不肯下問一端，遂不得不掩飾回護，要瞞得人，種種病痛，皆從此出，自甘做箇奸詐之人，寧終身不知而不恤也，不亦愚之甚乎？

横渠曰：多聞不足以盡天下之故。苟以多聞而待天下之變，則道足以酬其所嘗知，若劫之不測，則遂窮矣。學貴實有所得，乃可以泛應不窮。若徒求多聞，謂可以博洽爲周知之資，則耳目有限，而天下之故無窮，何足以盡之？苟欲以多聞待天下事變之來，則其道僅足以應其所嘗知者，一旦舉其所未嘗聞者而試之，便足以奪其所恃，而使之証據無從，則胸無真識，遂窮而無以應之矣。然則多聞雖學者事，而亦非君子之所貴也。

横渠曰：爲學大益，在自求變化氣質。不爾，皆爲人之弊，卒無所發明，不得見聖人之奥。人生所賦之理，原自至足，而氣質不能皆純，故不得不思所以變化之。學也者，所以矯偏反正，爲變化之要者也。人之爲學多端，其莫大之益，只在自求變化其氣質。若不能變化，則口耳之功，辭章之爲，何與自己事？皆是爲人之弊。於學中親切之故，茫然無見，將安所發明乎？如是則聖人奥妙之旨，終不能得矣。夫聖人千言萬語，無非爲學，無非所以變化氣質者耳。

横渠曰：文要密察，心要洪放。密，詳細也；察，明辨也；洪，寬廣；放，舒展也。密察則見理精細，洪放則志氣從容。如是而外粹美而内安和，文與心洽，純是天理之流行而已。

横渠曰：不知疑者，只是不便實作。既實作，則須有疑。有不行處，是疑也。此言學必有疑，方是實工夫也。人之不知所疑，只因未嘗著實用工夫。若既實用工夫，則必有所可疑之處。難道所作之事，俱無一節行不去？時有不行處，即是當疑處也。故無疑之中，忽然有疑，則其實作可知。有疑之後，更得無疑，然後無所行而不順矣。

横渠曰：心大則百物皆通，心小則百物皆病。心大則虚公朗徹，藴蓄多而意旨融，故百物遇之皆豁然而無所不通。心小則狹隘昏塞，包容少而神思亦滯，故所見百物皆窒礙而無所不病。何以大其心？亦在居敬窮理而已。〔二八〕

横渠曰：人雖有功，不及於學，心亦不宜忘。心苟不忘，則雖接人事，即是實行，莫非道也。心若忘之，則終身由之，只是俗事。此言心存則無不是學也。人或有他事之工夫，一時不暇及於爲學，然此心亦當不忘所以爲學之道。心苟不忘，何必誦讀詩書乃可謂之學？雖接人應事亦是吾日用當然之實行，莫非道之所寓也。道在，即留心於道，亦莫非學也。心若忘乎所以學，即同是道之當學，有終身由之而不知者，只見是俗事而已。蓋學不論事，秖在乎心。心乎爲學，事即是學。因事廢學，終身安能離事？吾恐心以事移，則心爲俗心，學亦爲俗學焉耳。

横渠曰：合内外，平物我，此見道之大端。道無間於身心，道不分乎人己，故人能看得内外合一，則事物之理即通性命之原，而道之在一身者，其大端徹矣。人能看得物我無間，則成己即當成物，成物即所以成己。而道之通於天下者，其大端得矣。故曰「此見道之大端」也。

橫渠曰：既學而先有以功業爲意者，於學便相害。既有意，必穿鑿創意，作起事端也。德未成而先以功業爲事，是代大匠斲，希不傷手也。學術、事功，原非兩途，而兼營則妨，預期亦病。故君子既有志於學，則止得求學。而乃先以功業爲意，是一心爲學，一心爲功業，其爲學之心必不專，而於學便有相害處。蓋功業雖本於學術，然必時至事起而後見之，非可意爲也。既屬有意，必以私智穿鑿，創造意見，生出事端，則是架虛鑿空，未有見功之時，而學已先雜也。且功業亦是德成之後，方能舉而措之裕如耳。德未成而妄期功業，是以未成之資而先爲已成者之事，猶之人欲代大匠而斲木，未能運斤，鮮不自傷其手者，安能期功業之有成哉！

橫渠曰：竊嘗病孔孟既没，諸儒囂然，不知反約窮源，勇於苟作，持不逮之資，而急知後世。明者一覽，如見肺肝然，多見其不知量也。方且創艾其弊，默養吾誠。顧所患日力不足，而未果他爲也。此爲無知而妄作者戒也。學貴務本，不必騖外以求知。竊嘗病孔、孟既没，諸儒紛紛雜出，不知反身而求切己要約工夫，以窮究心性之本源，獨勇決而敢於苟且著作，持其不及古人之資，而急欲見知後世。不知有識者一覽觀其所作，而其胸中之鄙陋、道理之未明，歷歷如見，亦多見其不自知限量也。自我觀之，方且創深，懲治其浮夸之弊，以默養吾誠心之不暇，正恐日力不足，無以爲養誠之地，那有閒工夫而果於他爲以苟作乎？

橫渠曰：學未至而好語變者，必知終有患。蓋變不可輕議，若驟然語變，則知操術已不正。此見權之未可輕言也。天下事行權不離乎經，而未能守經，又安可語權？學未至則論其常，且未必能守經，而即好語達變之事，此必知其後之終有弊矣。蓋變以權通，乃義精仁熟者能之，豈可輕議？若驟然語此，則知其必有依回遷就之心，而操術已先不正，又安能權乎事理之中，而輕重各得其宜乎？故君子之學，雖不自限其所至，亦未嘗躐等以爲高也。

横渠曰：凡事蔽蓋不見底，只是不求益。有人不肯言其道義所得所至，不得見底，又非於吾言無所不説。此爲護短而不求益者發也。凡人有志進學，自當直明其所造，以爲就正之實。故凡事掩蔽遮蓋，不使人見底者，只是無志，不思求進益耳。即謂得意忘言、才華不露，聖門如顔子者，何嘗不足多？然吾見有人不肯自言其道義之所得所至，故爲隱藏，人竟不得見其底裏，却又非如顔子之深潛默契，於聖言無所不説之謂，只是掩蔽人耳目，怕人非笑而已，何從而得進益乎？

横渠曰：耳目役於外，攬外事者，其實是自惰，不肯自治，只言短長，不能反躬者也。凡人有志爲學，則必聰明内斂，謝絶閒事，然後心思静專而有用。若耳目逐於外好，收攬外邊俗事以示其才者，其實是自怠本領工夫，不肯自治其身心，只管好言人之短長，至於己之是非得失，竟置勿問，乃不反求諸躬以自驗者也。故人欲觀其才，吾直薄其志；人或謂其有觀人之識，吾謂其無自知之明也。夫堂堂之子張、曾子，猶難其爲仁，方人之子貢，夫子亦警以不暇。學者可不知所勉哉！

橫渠曰：學者大不宜志小氣輕。志小則易足，易足則無由進；氣輕則以未知爲已知、未學爲已學。學者動言「志氣」兩字，亦知志與氣固有所當戒乎？學以聖人爲歸，志甚不宜小也；學以重遠爲務，氣甚不宜輕也。志小則局量褊淺，少有得則自以爲足，易足則懈怠之心生，何由而可進於極？氣輕則神情浮誕，見識不求其實得，强以未知爲已知；功力不期於實殫，强以未學爲已學。人能尚其志，持其氣，則以之任重道遠而進於聖賢之學，其庶幾也夫。

## 校勘記

〔一〕斯可究爲學之大凡矣　「凡」，葉采近思録集解作「方」。
〔二〕學之所以貴有盡心知性之事也　「貴」，原作「質」，據尹刻本改。
〔三〕既知必好　此四字，尹刻本作「既由知而好」。
〔四〕此一節深明好學者之情也　「也」字，原爲墨丁，據尹刻本補。
〔五〕而此中究不能不動　「動」下，尹刻本有「心」字。
〔六〕則便以物之在外者爲非　「便」，尹刻本作「是」。
〔七〕有必然而無疑者　「而無疑」三字，尹刻本無。
〔八〕欲使後人見其不忘於善　「於」，尹刻本作「乎」。

〔九〕故无妄之象曰　「无妄」，原作「無妄」，「無」字後起，易、周禮等均用「无」，又據上下文意径改。
〔一〇〕無論大的事小的事　「大的事小的事」六字，尹刻本作「多少大的事」。
〔一一〕蓋顔子天資純粹　「資」，尹刻本作「性」。
〔一二〕而有以善其身心者功夫之益爲多　「者功夫」三字，尹刻本無。
〔一三〕以振勵萬古　「萬古」，存心堂本作「萬世」。
〔一四〕則心常存而私不雜　「私」，尹刻本作「思」。
〔一五〕則度量窒狹　「窒」，尹刻本作「窄」。
〔一六〕能怪其所得之不同乎　「能」，尹刻本作「曷」。
〔一七〕亦可以格天而獲寧長之命　「命」，尹刻本作「佑」。
〔一八〕是所以祈而永者不虚也　「祈而永」，尹刻本作「祈永命」。
〔一九〕人之爲學莫重乎成德　「之」，尹刻本作「知」。
〔二〇〕此程子歎道術之日分也　「道術」，尹刻本作「學術」。
〔二一〕猶與自謂不能居仁由義者迥別　「迥別」，尹刻本作「有別」。
〔二二〕已盡乎天理之極也　「盡」，尹刻本作「進」。
〔二三〕見戴記　「記」下，尹刻本有「領猶治理也」五字。

〔二四〕尚思所以毋之乎　「毋」，原作「母」，據尹刻本改。

〔二五〕其間則有予也　「予」，尹刻本作「子」。

〔二六〕非即父母之順者乎　「之」下，尹刻本有「所以」二字。

〔二七〕心與之一而未始有遺　「遺」，尹刻本作「違」。

〔二八〕「心大則虛公朗徹」至「亦在居敬窮理而已」　此段以下九條，尹刻本以爲原刻缺，遂參據葉采近思録集解補注。

# 近思録集解卷三

凡七十八條

## 致知

此卷論「致知」。知之至，而後有以行之。致知之方，莫大於讀書。讀書之法，而以書之先後爲序。始於大學，使知爲學之規模次序，而後繼之以論、孟、詩、書。義理充足於中，則可探大本一原之妙，故繼之以中庸。達乎本原，則可以窮神知化，故繼之以易。理之明，義之精，而達乎造化之藴，則可以識聖人之用，故繼之以春秋。明乎春秋之用，則可推以觀史，而辨其是非得失之致矣。横渠易説以下，則仍語録之序，而周官之義因以具焉。〔一〕

伊川答朱長文書曰：心通乎道，然後能辨是非，如持權衡以較輕重，孟子所謂「知言」是也。學莫要於致知。致知云者，辨其孰爲是、孰爲非也。然必心通乎道，而後是非有所準，如物有權衡，而後輕重有所較。蓋權者，錘也，所以往來於一衡之上而取其中；衡者，秤也，所以承載乎一權之用而得其平；道者，當然之理也，所以揆度乎事物之宜而歸於正道，即是非之權衡。心通乎道者，盡心知性，於天下之理有以究極於心，而識其是非之所以然也。孟子之「知言」，正心通乎道者。物之輕重，以權衡較之則自明，非以意爲那移；言之是非，以道裁之則自見，非以意爲測度也。心不通乎道，而較古人之是非，猶不持權衡而酌輕重，竭其目力，勞其心志，雖使時中，亦古人所謂「億則屢中」，君子不貴也。不通乎道，則是非無所折衷矣。而欲較量古人，安知是者不以爲非，非者不以爲是乎？輕重在物，而權衡不在我，鮮不淆矣。徒自竭其目力，精神耗而愈眩；勞其心志，私意起而反惑。其不中也，宜也。雖有時而中之，亦是揣度之偶合。夫子所謂「億則屢中」，非致知而知至者，豈君子所貴哉？然則君子亦明理而已矣。欲明理者必自格物始。

伊川荅門人曰：孔孟之門，豈皆賢哲？固多衆人。以衆人觀聖賢，弗識者多矣。惟其不敢信己而信其師，是故求而後得。今諸君於頤言纔不合，則置不復思，所以終異也。不可便放下，更且思之，致知之方也。此程子欲人因疑求信，傳而能習，以致其知也。闇者求於明，而師道立焉。人之樂有師者，所以明道解惑也。孔孟門人多矣，其初豈皆什伯庸衆之賢哲？固亦無以異於衆人也。未至聖賢地位，欲觀聖賢道理，其不識者諒自不少，而卒能相信以進於道者，惟不敢信己而信師也。夫信師者，非一意欽承之謂，將師之言，苦心極力，深探妙契，求而後得，得則未有不信者矣。

今諸君於問答之言，注意思之，始雖智識之淺，或見爲不合，終有會悟之期，必知其不異也。惟纔不合，便置不復思，不思則不求，不求則不得，不得則異者終異，卒爲衆人之歸，而不識聖賢在何處着力矣，豈致知之方乎？程子諄諄命之，且重望之，其所以廣孔孟之傳者至矣。

伊川答横渠曰：所論大概，有苦心極力之象，而無寬裕温厚之氣。非明睿所照，而考索至此，故意屢偏而言多窒，小出入時有之。此程子規切張子，抉微洞髓，而知朋友之取益爲多也。張子志道精思，既得於心，則修其辭。觀其所論大概，集引古人之言，貫串己意以斷事，從雜博中過來者，故有苦心極力之象，而無寬裕、温厚和平之氣。蓋非從本心之明睿畢照，即始見終者，乃由零碎考索湊合如此。故以己之意釋古人之意，則屢偏；以古人之言附己之言，則多窒。雖本原不差，大段皆是，而小有出入，亦時不免也。本註云：明睿所照者，如目所覩，纖微毫髮，盡識之矣。考索至此者，如揣料於物，約見髣髴而已。更願完養思慮，涵泳義理，他日自當條暢。張子不患其不能思慮，患其苦心强索而精神失完養；不患其不察義理，患其急進勇敢而意味少涵泳。故以此深望之。蓋有精思力踐之勇，加以完養涵泳之功，優而柔之，使自得之，則明睿自生，他日自當條暢也。張子見二程後，涣然自信，盡棄異學，淳如也。則其受切偲之益，顧不大哉！

伊川曰：欲知得與不得，於心氣上驗之。思慮有得，中心悦豫，沛然有裕者，實得也。思慮有得，心氣勞耗者，實未得也，强揣度耳。此言學貴實得，實有所得，則義理足以養心，不患心疾也。學道必由思慮，思慮皆可有得，而欲驗其得與不得之候，只須自家心氣上體勘便分曉。蓋從容厭飫而自得者，胸中道理浹洽，無制縛，無拘礙，心安氣順，如論語之言時習而說，如孟子之言資深逢原，皆實得之驗也。若苦思力索，略見彷彿，亦自以爲得之矣，而勞心耗氣，精神不條暢，守着這一事，未見觸處洞然，則實未得之驗也，特勉强揣度已耳。更須涵養到熟，熟則自得之，自得之則不患心氣之勞耗矣。嘗有人言：「比因學道，思慮心虛。」曰：人之血氣，固有虛實。疾病之來，聖賢所不免。然未聞自古聖賢因學而致心疾者。承上而言。有謂近因學道，遂致心虛之疾者，此無是理。蓋心虛之疾，大抵是氣虛。人之血氣不能無虛實，虛則疾病因之，聖賢或亦不免，然未聞有學道而致心疾者。疑思慮能致心疾，必非能學道者也。或謂前云「心氣勞耗」，得毋虛乎？愚謂勞耗是思慮未熟，覺心中無受用處，久後自條暢，恁地快樂，那會虛！虛則疾病，不能思慮矣。程子前恐人於勞耗時認做實得，不更求進；後恐人以爲勞耗易致心虛，並廢思慮，故云然也。垂訓之義大矣。

伊川曰：今日雜信鬼怪異説者，只是不先燭理。若於事上一一理會，則有甚盡期？須只於學上理會。儒者之學，將以明理也。理所有者，雖無其事，亦可以其理信之。若無其理，則斷無其事。如鬼怪之談，總屬異説，今人不察，多雜信之。只因燭理不精，不向大源頭上體究，胡亂就事上理會。事無盡期，憑空臆度，則展轉游移，邪説易入。是以君子貴窮理之學也。學則通乎陰陽、晝夜、死生之道，可以知幽明之故，而鬼怪異説何足以惑之哉！

伊川曰：學原於思。洪範曰：「思曰睿，睿作聖。」夫子曰：「學而不思則罔。」孟子曰：「思則得之。」周子曰：「思者聖功之本。」自古聖賢言學，未有不以思爲要者。是知學原於思，不思則口耳之學，茫無實得，知行都無由進矣。故程子言此以示人也。

伊川曰：所謂「日月至焉」與「久而不息」者，所見規模雖略相似，其意味氣象迥別。學聖人者，將以求進乎仁也。仁有生熟之分，聖門諸賢所謂「或日一至，或月一至」者，方其至時，亦是着實造於其域，窺見堂奥。故視「三月不違」、「久而不息」者，當場所見，其規模亦略相似，然有内外賓主之辨，意味氣象，總是迥別。蓋「不違」者，意味浹洽，則氣象渾成。若「日月至焉」，不免勉强痕迹。如一座宅子，安置器用物件，日在家中者，種種習熟，起居自覺便適。久客纔抵家，雖用得着，到處終見生疏耳。須潛心默識，玩索久之，庶幾自得。學者不學聖人則已，欲學之，須熟玩味聖人之氣象，不可只於名上理會，如此只是講論文字。於其别處，正須潛心默玩，使其淺深厚薄之氣象，一一融會，則所見者大，庶幾自得，此之謂善學聖人者也。蓋學者不學聖人則已，欲學之，須知其氣象。氣象非一時摸擬得出，熟復玩味，便覺明白親切。若只於名上理會，究竟「不違」是如何？「至」是如何？茫不知分曉，則爲講論文義之末耳，非心得也。愚謂熟玩氣象，是從聖人文字上以心體之，而察其所以然，非資談柄而已。

問：忠信進德之事，固可勉强，然致知甚難。此章問答，見行由於知，未知而欲勉强行之，不唯躐等，亦不能久也。易云：「忠信所以進德。」忠信，存誠也；進德，力行也。問者之意，以爲行可勉强而進，知不可勉强而致，似致知爲甚難，學者但從事力行可耳。不知天下有既知而未能行者，未有不知而即可以行者也。伊川曰：學者固當勉强，然須是知了方行得。若不知，只是覰却堯，學他行事，然無堯許多聰明睿知，怎生得如他動容周旋中禮？程子正其不致知之非，以爲進德力行，固學所貴，然知行相因，必先知而後行。如堯，聖人也，其行事可學也，然無堯之聰明睿知，而遽欲學其動容周旋中禮也，得乎？雖堯之聰明睿知，由於天授，不易幾及，然循循由格物窮理漸向上去，則聰明睿知自生，否則正墻面而立，如何行得？如子所言，是篤信而固守之，非固有之也。倘以致知爲難，而欲勉强力行，如或人之所言，則未辨是非，但知篤信，擇之未精，遽言固守，所信恐未必正，而所守亦僅出於矯制，非默識心融，從容自得而固有之者也。所謂固有之者，知得此理，不從外求，不得不信而守之耳。未致知，便欲誠意，是躐等也。勉强行者，安能持久？忠信是誠意之事，「欲誠其意者，先致其知」，大學知所先後之序也。未致知，便欲誠意，則凌躐其等級，而先後之序紊矣。且勉强行之，安能久而不變乎？欲學堯之動容周旋中禮，蓋亦難矣。除非燭理明，自然樂循理。性本善，循理而行，是順理事。本亦不難，但爲人不知，旋安排着，便道難也。此以下又正其言勉强之非。勉强則不樂，不樂則覺其難。所以然者，燭理未明故也。欲求其樂，須先明理。蓋理是性中自具，合下便善，循之而行，本無拂逆。如動容周旋間，知手容之宜恭，自然以恭爲樂；知足容之宜重，自然以重爲樂。非待安排而使之然也。恁地快活，曷見其難？人只於理有所未知，不免私意穿鑿，臨事安排布置，便覺難耳。唯其難也，所以不能久也。知有多少般數，煞有深淺。學者須是真知，纔知得是，便泰然行將去也。由是見致知之爲要。而所謂知者，非可一概論也。有多少般數，因其多少以爲深淺。知得一分則行得一分，知得十分則行得十分。如徒就外面理會，却於裏面未理會得瑩淨，便是知之未真。真知者，知之至也。學者須是真知，纔知得是，忠便會盡，信便會立，泰然行之，日進無疆，雖不無篤信固守之功，而亦何待勉强乎？夫子謂半途而廢，吾不能已。朱註謂：「顔子蓋真知之，故能擇能守如此。」此可以見矣。某年二十時，解釋經義，與今無異，然思今日，覺得意味與少時自別。此又自言其致知之漸，以身示教也。程子少時解釋經義〔二〕，已是用許多格致工夫，但年益進則知益進，知益進則行益進，故文義無異而意味自别，知之有真有不真也。此見程子進德之實，可爲學者之師。而學以致知爲先，不可不亟講耳。

伊川曰：凡一物上有一理，須是窮致其理。窮理亦多端：或讀書講明義理，或論古今人物别其是非，或應接事物而處其當，皆窮理也。此示人以格物致知之功也。理具於物之中。從統體上推出，萬物同此一理；從散殊上看來，一物各有一理。須是一一窮究其理，方有以順性命之正，處事物之當。而窮理之目，亦不一其端，或讀書，或論人物，或處事皆當，隨寓而窮之。其從讀書講明開示本原而得之者固多，從討論古今分别是非而得之者最捷，從應接事物處置各當而得之者最實。

無時無處不用其功，而窮理之方始盡也。

或問：格物須物物格之，還只格一物而萬理皆知？曰：怎得便會貫通？若只格一物便通衆理，雖顔子亦不敢如此道。須是今日格一件，明日又格一件，積習既多，然後脱然自有貫通處。此又因或人之問，示以用功次第也。學者務博，要盡窮天下之理，固不是；其務約者，謂窮得一理便到，亦無此容易法門。故答或人曰「怎得便會貫通也」。蓋到了貫通時候，難道有個異理？但方格之之時，則雖明睿如顔子，亦不敢如此説。只要積累多，後自然見。故朱子一日一件者，次第功夫也。脱然貫通者，知至效驗極致也。不循其序而遽責其全，則爲自罔；但求粗曉而不期貫通，則爲自畫。又訓「格」曰「至」。格物而至於物，則物理盡，意向俱到，不可移易。「天生蒸民，有物有則。」物者形也，則者理也，人有是物，即是有理，故必即是理以求之。知求其理矣，而不至乎物之極，則事之理有未窮，而吾之知亦未盡，故必至其極而後已也。吕東萊訓「格」字，則以爲「通徹無間」。吴敬菴曰：「通徹無間」，亦「至」字之義，然比之「至」字較明白而深長，合而觀之可也。〔三〕

伊川曰：思曰睿。思慮久後，睿自然生。此欲人善用其思也。「思曰睿」，洪範篇文。睿，通微也。人心本自虚靈，靈則通。故致思以窮理，久自通微也。若於一事上思未得，且别换一事思之，不可專守著這一事。蓋人之知識，於這裏蔽著，雖强思亦不通也。能通微則無不通。而或於一事思未得者，固要弗明弗措〔四〕，權將此事放下，别换他事思之，不可拘守此事勉强求得。蓋人心是活物，而知識有偏暗處者，是於這處被物遮蔽，且暫置之，後來觸類旁通，蔽自然去，睿自然生。若强思力索，則滯於一隅甚矣，人不可不思，尤不可不善用其思也。

問：人有志於學，然知識蔽固，力量不至，則如之何？伊川曰：只是致知。若知識明，則力量自進。人之爲學，固要識力並進，然識高則力勇，力量未至，還是知識未明，而知識之所以蔽固者，則推致之功未盡也。故或以爲問，而伊川答之曰：「只是致知。」蓋真知事理之當然，則力量所進，自有不容已者矣。

問：觀物察己，還因見物反求諸身否？伊川曰：不必如此説。物我一理，纔明彼即曉此，此合内外之道也。理散於物，而實管於吾心。故物之理即己之理，天下無二理也。若分觀物察己而二之，謂見物還須反求諸身，則以物我爲二致矣，故伊川曰「不必如此説」。蓋以其迹觀之，雖有彼此之分，以其理論之，則明乎彼即曉乎此。無分彼此，只分内外〔五〕。内外之道皆爲性之德，本是渾成合一的，無内之非外，亦無外之非内也。又問：致知先求之四端，如何？曰：求之情性，固是切於身。然一草一木皆有理，須是察。欲致知者，近取諸身，先求之惻隱、羞惡、辭讓、是非之四端，固可即己之理以通萬物之理。然一物各具一理，即如一草一木，亦勿放過。須是潛心體察，積累久後，融會貫通，方筭得物格而後知至。故不能合内外之道，則無以知天下之理之一；不能察物物之理，則無以知天下之分之殊。而或厭乎觀理之煩，遽希一貫之妙，或專滯文義之末，終昧上達之旨，皆不足有見

於斯道也。〔六〕

「思曰睿」，「睿作聖」。致思如掘井，初有渾水，久後稍引動得清者出來。思慮始皆溷濁，久自明快。復引洪範之言，以明致思之效。思能通理，聖人是全盡此理，故充其思之睿，可以作聖。譬若掘井，漸漸由渾得清。初用其思者，疑慮方生，心地雜亂，亦不免有溷濁之病。到久則是非判而疑慮消，自然明快而作聖有基矣。掘井不及其清者而止，則爲棄井也。

問：如何是「近思」？伊川曰：以類而推。此示人以「近思」之方。物各從其類，因吾所已知者，以類推之則心路易通，而思有條理。故他日又曰：若是真箇劈頭理會，得一件分曉透徹，便逐件如此理會去，相及亦不難〔七〕。故「近思」者，致知之要，而「類推」者，又「近思」之方也。若遠去尋討，便不切己。朱子以「近思」名篇，厥旨深哉！

伊川曰：學者先要會疑。疑者，悟之階也。會疑便是用功於學，或於理上推不去，或平時見理以爲如此，於這理却又不合，便要反覆求解〔八〕，弗知弗措矣。若不會疑，必未嘗用功者，是亦不知其何以是，非亦不知其何以非。故朱子曰：「書始讀未知有疑，其次漸有疑，又其次節節有疑。過了此一番後，疑漸漸釋，以至融會貫通，都無可疑，方始是學。」至哉言乎！

横渠答范巽之曰：所訪物怪神姦，此非難語，顧語未必信耳。此言正道明則怪妄自消。學者當堅守其正也。訪，問也。物異爲怪，神妖爲姦。張子以巽之問及於此，此固無難爲語者，但灼理未精，則語未必信。君子貴先窮理耳。孟子所論「知性」、「知天」，學至於知天，則物所從出，當源源自見。知所從出，則物之當有當無，莫不心諭，亦不待語而後知。任天下之至奇至變，總不外於此理。性即理也，天即理所從出也。故孟子之言「知性」、「知天」，反始窮源，通徹無間之學也。學至知天，則有以探其從出之源，而知一本之所以萬殊。理所當有，便有此物；理所當無，便無此物。了然明白，返求諸心而自諭之，亦不須提命告語而後知矣。豈有語之而顧不信者乎？諸公所論，但守之不失，不爲異端所刦，進進不已，則物怪不須辨，異端不必攻，不逾期年，吾道勝矣。若學未至於知天，則知有或昧，而異端之徒往往創爲姦怪之説，以刦奪吾道之正，所以諸公今日亦不免談論及之。但當堅守其正，勿爲所奪，就日用倫常光明正大物事，漸漸上進，久而不已，則馴至於知性、知天。而所謂怪異者不必攻辨，自然識破。約略其功候，不過一歲之間，吾道勝矣。朱子云：「是真難滅，是假易除。但當力行吾道，使益光明，不必深與之辨。」與此意互相發。若欲委之無窮，付之以不可知，則學爲疑撓，智爲物昏，交來無間，卒無以自存而溺於怪妄必矣。若不能堅守吾道，作騎墻之見，以爲物理無窮，姦怪容或有之，只付之變幻不可知而已，是胸中懷着疑貽。吾學有可以撓之隙，外物亦易昏我之明。將所謂姦怪之來，交錯迭見，而我卒無所折衷以自存其是，其溺也必矣。是豈天下真有怪妄之事哉？亦我之不達於理而已矣。

横渠曰：子貢謂：「夫子之言性與天道，不可得而聞。」既言「夫子之言」，則是居常語之矣。聖門學者以仁爲己任，不以苟知爲得，必以了悟爲聞，因有是説。此因論語之言，見學者當領會實得，勿徒以性命資談論也。性者人所得於天之正理，天道則造化流行之妙。性與天道，是一是二，惟仁可以該之。子貢既明説夫子之言，則其言雖罕，亦時於平居常言之矣。而以爲不可得聞者，蓋聖門學者實以仁爲己任，期於身體自得，不徒以苟知爲聞也。苟知者，徒竊其説，未曾了悟，了悟則深達其理，幾乎自得矣。子貢是知至之後，得悟一貫之傳，因有是説。而張子恐後之學者高談性天，實無領會，故引子貢言以發之。

橫渠曰：義理之學，亦須深沉，方有造，非淺易輕浮之可得也。義理之具於物者，莫不有表裏精粗。今人都從外面覷得粗淺，便自以爲義理之學，是獵取而非有造也。須深心沉力，窮究到底，方有造耳。淺易看過，輕浮用事，豈有得乎？善乎，朱子之言曰：「聖人言語，一重又一重，須入深處看方有得。若只見皮膚，便有差錯。」

橫渠曰：學不能推究事理，只是心麄。至如顔子未至於聖人處，猶是心麄。心具衆理，必於衆理推究全盡，方完得心之本體，而此心細入無間矣。故不特大段空疏者，筭做心麄，即至顔子優入聖域，而不能不違仁於三月之後，猶有未達之一間。則此一間心理未融，猶是心麄。直須義精仁熟，全體不息，而後可謂不麄，此則聖人之事也。

橫渠曰：博學於文者，只要得「習坎心亨」。蓋人經歷險阻艱難，然後其心亨通。習，重也。坎，險也。上下皆坎，爲重險之象。而其彖辭曰「維心亨」，亨，通也。張子借「習坎心亨」之義，以明博學於文者，只要悟得此意。初聞義理未明，有所齟齬，胸中疑難，如歷重險。積習既久，自脱然有貫通處，則心亨也。人可以險阻艱難自疑畏，而不求進於心亨之地哉！

横渠曰：義理有疑，則濯去舊見，以來新意。此合下節，即日知所亡、月無忘所能之意也。義理有疑於心者，只緣執而不化，心有所係吝，不能推而廣之，是以知識爲之蔽塞。須濯去舊見，如去其渾水，引動出清者來，便覺新意活潑流動，而疑可釋矣。今學究家固滯不通，多爲舊見不濯之病。張子此言，其示人之意切矣。心中有所開，即便劄記，不思則還塞之矣。新意既來，舊障盡撤，則前所未知者而今知之，是「心中有所開」也。隨手筆劄記録，以時觀省，則已知者可以不忘。若不記，則旋得旋失，安能思憶得起？猶山徑之蹊間，不用則茅塞之矣。張子處處安置筆硯，有得則識之，或中夜起坐，取燭以書。其生平用功正是如此。更須得朋友之助，一日間朋友論著〔九〕，則一日間意思差別〔一〇〕，須日日如此講論，久則自覺進也。此又言朋友講習之益也。學既勉於自進，更須得朋友之助。若於一日間剖析疑難，覺意思有些差别，即須日日如此。蓋會聚一番，精神便收斂一番；講習一番，義理便開發一番，其進無涯也。張子見二程，共語道學之要，遂涣然自信。此亦自以其得力者語人乎？

横渠曰：凡致思到説不得處，始復審思明辨，乃爲善學也。若告子則到説不得處遂已，更不復求。此言不得於言，當求於心也。思到説不得處，心中不開，正鬱而將通之候，最好用力。若天下事都容易得，更何用思？思之思之，思之不通，鬼神將通之。此時復審思明辨，自然至於有得，乃爲善學。若冥然悍然，如告子之更不復求，則亦終於不得而已矣。此其所以不知性不知義，而見斥於孟子也，豈善學乎〔一一〕？按孟子書謂不得於人之言，此云説不得，則已心之塞而有不得也。釋文少異，但當審思明辨則一耳。

伊川曰：凡看文字，先須曉其文義，然後可求其意。未有文義不曉而見意者也。讀書是格物第一義，則看文字不可不求作者之意。然必先曉其文義，而後意看得出。所以訓詁之學，亦不可不用心。若於文義有所未曉，謂可略觀大意，必至穿鑿附會，失立言之本指矣。或謂：「尋章摘句，反成學究者，何也？」曰：「正坐不曉文義耳。古人立言，各有所指，須看他前後文義如何，或一字分數解，或一義分數類，或斷或續，或單或合，或緩讀或急讀。學究家不潛心理會，誤執舊見，拘泥不通，遂使作者之意不明，豈云曉文義者乎？」

伊川曰：學者要自得。六經浩渺，乍來難盡曉。且見得路徑後，各自立得一箇門庭，歸而求之可矣。讀聖賢書，須要自得於心，非以徇外誇多爲務。如六經，聖人明道經世之書，學者所當玩索而涵泳者也。然其言浩渺，驟而讀之，有難以盡曉者，且於六經之中，各認得其路徑，如詩以理情性、書以道政事之類。既知所趨向矣，就中自立一箇門庭，如詩之貞淫正變、書之帝升王降之類。先定其規模，而後從事，則浩渺之難曉者，漸次求之，胸中當有灑然處。此在善學者反求而自得之可耳，不務自得，即遺書所謂「遊騎無歸」矣。

伊川曰：凡解文字，但易其心，自見理。理只是人理，甚分明，如一條平坦底道路。詩曰：「周道如砥，其直如矢。」此之謂也。此欲人平心觀理，不必强生穿鑿也。文字皆理之所寓，理在目前，凡解文字，不可以崎嶇委曲之心解之，但平易其心，就現成話看現成事，自然見理。所謂理者非他，只是爲人之理，著乎日用之間甚分明，如一條平坦大路，易知而可行者。小雅大東之詩曰：「周道如砥，其直如矢。」周，大也；砥，礪石，言其平也；矢，言其直也〔一二〕。平而且直，豈不甚分明乎？或曰：聖人之言，恐不可以淺近看他。曰：聖人之言，自有近處，自有深遠處。如近處，怎生强要鑿教深遠得？聖人之言，正所以明理也。或震聖人之名，而謂其言必深遠，豈得徒以淺近測之？故程子曉之曰：「聖人非能有越於理之外，其發而爲言，亦有時就近處説，有時就深遠處説。其實深遠處，亦是此理。如近處，更自明白切實。强要看做深遠，則是以私意窺測，而失之鑿矣。豈所以爲聖人之言乎？」楊子曰：「聖人之言遠如天，賢人之言近如地。」頤與改之曰：「聖人之言，其遠如天，其近如地。」楊子雲「惟不達於聖人之言」，故其著爲法言，以聖人之言爲「遠如天」，而以「近如地」者爲賢人之言。豈知聖人包蘊無所不盡，語遠而不遺乎近，語近而不遺乎遠，其遠如天，其近如地，不必分遠近而二視之也！自賢人以下，則不免所見之偏，而言或滯於一隅耳。按此條正爲强鑿深遠者發言。聖人只是明理，言雖近而指則遠也。

伊川曰：學者不泥文義者，又全背却遠去。理會文義者，又滯泥不通。如子濯孺子爲將之事，孟子只取其不背師之意，人須就上面理會事君之道如何也。又如萬章問舜完廩、浚井事，孟子只答他大意。人須要理會浚井如何出得來，完廩又怎生下得來，若此之學，徒費心力。此於孟子書中以偶舉以見例，欲人識讀書之法也。讀書貴識大意，有背理之遠而以爲不泥文義者，固大害事；若滯泥不通而以爲理會文義，則亦徒費心力。如孺子侵鄭，及舜完廩、浚井二事，孟子只是就事言事，一取其不背師，一取其善事父，書中文義，不過如此。太泥字句，反生支節。以事君之道來律庾斯，以井、廩得脱之故詰虞舜，此中便有枘鑿處，窒礙不通，故格物窮理，必歸之通儒也。

伊川曰：凡觀書，不可以相類泥其義，不爾，則字字相梗。當觀其文勢上下之意，如「充實之謂美」與詩之美不同。學固以類而推，然有不類而實類者，有相類而實不類者，義各有所指耳，安可徒以相類之故而泥爲一義？如泥爲一義，不知變通，則字字相梗矣。梗，猶格也〔一三〕。惟當觀其文勢上下之意，意別則義自別，義別則文之類者亦不類者，如「充實之美」是説在己，詩稱美刺是説在人，同一「美」字，非同一解，即此可見。竊怪今人解書，借彼影此，徒知掠字句之形似，模糊那撮，反於本處意指如風馬牛，急當以是言正之。

問：瑩中嘗愛文中子：「或問學易，子曰：『終日乾乾』可也。」此語最盡。文王所以聖，亦只是箇不已。此言説經者要周遍精密，窮其旨歸，勿好高守約也。陳忠肅公名瓘，字瑩中。隋王通，字仲淹，號文中子。其稱「子曰」者，王通答或人學易之問也〔一四〕。「終日乾乾」者，乾九三爻詞。文中子取此一句以蔽全易，而瑩中愛之，謂其説最盡。又推到文王之所以聖，亦只是箇「不已」，若有合於夫子一言蔽三百之義也。伊川曰：凡説經義，如只管節節推上去，可知是盡。夫「終日乾乾」，未盡得易。據此一句，只做得九三使。若謂「乾乾」是不已，不已又是道，漸漸推去，自然是盡。只是理不如此。程子以爲凡經義之中，每章有每章道理，不可儱侗通融。如不論文義之所指，只管借其一語，故意節節推上去，則隨手拈取，那一語不可通得？而其實非也。夫易之道廣大悉備，非「終日乾乾」句便謂完盡無餘，據此一句是説九三憂懼之地，重剛不中，欲使占者玩其象，及時進德修業耳。硬將此句推到「不已」一層，又推到「道」一層，推廣言之，究極其義，自然是盡。只是論乾之九三，則有九三一爻的道理，論全易則有全易的道理，不得如此模糊混看也。今人看書心麄，獵取大意，終成廓落，正坐此病。

伊川曰：「子在川上曰：逝者如斯夫」，言道之體如此，這裏須是自見得。此取論語之言「逝者」，示學者當切己體察也。「逝者」是説天地之化；「斯」是説水。水是逝者之一端，然逝者之可指而易見，莫如川流，故夫子發以示人，亦可以見聖心「純亦不已」之妙，實與道體契合。而學者所當時時省察，無毫髮之間斷也。故這裏須自見得。張繹曰：此便是無窮。先生曰：固是道無窮，然怎生一箇「無窮」便道了得他？繹，字思叔，程子門人。因程子之言，故有見於無窮之義。程子又云：不可以「無窮」二字便了此義。蓋往過來續，必有以宰乎往來之中，不二而不息者，反之於身而得，推之天地而準，若只道一箇「無窮」，莽莽蕩蕩，終沒巴鼻。故朱子亦曰：固是無窮，須見所以無窮始得。

伊川曰：今人不會讀書。如：「誦詩三百，授之以政，不達；使於四方，不能專對，雖多，亦奚以爲？」須是未讀詩時，不達於政，不能專對，既讀詩後，便達於政，能專對四方，始是讀書。此言讀書之法，當反之於己，致其實用，方爲有得也。今人徒事口耳，了無心得，名爲讀書，其實不會讀書。如夫子之言誦詩者，不可鑒乎！未讀詩時，不曉風俗之盛衰，政治之得失，未能温厚和平，長於諷諭，則其不達於政，不能專對四方，固其宜也。若既讀之後，須是一面於風、雅、頌中思索義理，一面反到自己身上體驗力行。確然如此，方筭讀詩之益，否則三百篇中並無一句受用，何益之有？「人而不爲周南、召南，其猶正墻面。」須是未讀詩時如面墻，到讀了後便不面墻，方是有驗。又引夫子之訓伯魚者以例之。未讀周南、召南，則於修身齊家道理不曾理會，固無怪於「正墻面」也。到讀了後，王道風化之本既已體認精察，自可見之躬行，何至一物無所見，一步不可行？故必不爲昔日之面墻，方是讀二南之有驗也。以此推之，讀書之非尚口耳也明矣。大抵讀書只此便是法。如讀論語，舊時未讀是這箇人，及讀了後來，又只是這箇人，便是不曾讀也。看來讀書無他法，只是既讀之後，非同未讀之前，此便是法。如論語中教人做聖賢，變氣質，所以爲人之道盡矣。學者着實理會，務要穿透入去，凑到身上來，自然長進。若未讀是這箇人，讀了又只是這箇人，便與不曾讀一般，枉費工夫，豈不可惜？反乎此，則以我觀書，可處處得益，而有日新不已之功矣。

伊川曰：凡看文字，如「七年」、「一世」、「百年」之事，皆當思其如何作爲，乃有益。聖人之言，無一字無下落處，故凡看文字，要逐字研究。如論語言教民可即戎而約以七年，言王者仁天下而定以必世，言勝殘去殺而期於百年，都非虚語。當思其治效之遲速淺深，以究其規模之設施次第，了然胸中，方爲明體達用之儒，而所讀之書實見其益。此亦致知之一事也。

伊川曰：凡解經，不同無害，但緊要處，不可不同爾。解經可以不同者，謂文義也；緊要處不可不同者，謂道理也。如心性理命之旨，道德綱常之要，本領一差，則學術都差。若止字句之訓詁，意見各殊，固無甚害。夫子云：「詩三百，一言以蔽之。」孟子云：「吾於武成，取二三策。」朱子取胡氏春秋，謂其「明天理，正人心，扶三綱，叙九法」，皆於緊要處留意也。

焞初到，問爲學之方。伊川曰：公要知爲學，須是讀書。書不必多看，要知其約。多看而不知其約，書肆耳。尹焞，字和靖。約，要也。爲學最重讀書，書是聖賢做過工夫，開示後人，使享現成〔一五〕，讀之，體驗到身上來，豈不受用？然不必貪多務博，須得其要。蓋義理根原，本自貫通，聖賢議論，若合符節。苟得其要之所在，此處透得過，别處亦透得過，書雖多，無異道也。若多看，而不知其要，則如藏書之肆而已，與書中意味有何交涉？頤緣少時讀書貪多，如今多忘了。須是將聖人言語玩味，入心記著，然後力去行之，自有所得。因自道其生平之學以教之。蓋讀書貪多，有刻苦迫切之病，有涉獵鹵莽之病，自然記不得。故程子謂少時如此，今都忘了，是從前所學者非我有也。須將聖人言語熟復玩習，記之於心，令其意味浹洽，然後力行以驗其所知，則所學在我，而由約可以觀多。朱子謂陳正之「初極魯鈍，後却無書不讀」，其知約也夫！

伊川曰：初學入德之門，無如大學，其他莫如語、孟。此教人讀書之序。大學三綱領八條目，於千聖之書，無不括盡，而孰者先，孰者后，混淆不得，倒置不得，初學者最有依據，故爲入德之門。蓋其規模雖大，然首尾該備而綱領可尋，節目分明而工夫有序，無非切於學者之日用。論語一書多就事言，而理在其中。蓋天理人事，精粗無二致，下學人事，即所以上達天理也。孟子言學宗旨只是性善，言王政之要只是教養。二書自有要約處。故朱子亦謂：不先乎大學，無以提綱挈領而盡論、孟之精微；不參之論、孟，無以融會貫通而極中庸之指趣。須先讀大學，次讀論、孟。

伊川曰：學者先須讀論、孟。窮得語、孟，自有要約處，以此觀他經甚省力。論、孟如丈尺權衡相似，以此去量度事物，自然見得長短輕重。孔子折衷六藝以立言，而孟子得孔子見知之傳。凡所言者，皆切於人倫事物當然之理，而本於天命之性，故天下道理盡於語、孟。學者先讀其書，得其要領處，則道理爛熟。以之推明他經，本末精粗，無不洞曉，如持丈尺以較長短，用權衡以稱輕重，其於事物必無差錯。若未嘗讀論、孟，而遽欲窮他經，猶無量之衡，無寸之尺，亦何所據以取正乎？

故朱子用四十年工夫逐字稱等，不教偏些子，訂定論、孟集註，正要學者仔細讀也。

伊川曰：讀論語者，但將諸弟子問處，便作己問，將聖人答處，便作今日耳聞，自然有得。若能於論、孟中深求玩味，將來涵養，成甚生氣質。論語所載，多聖人與諸弟子問答之辭，大約因其氣質，而進之以涵養之功也。讀者能設身處地，於所問者如己之求釋其疑，於所答者如己之親聆其益，則自然玩味有得。推之以讀孟子，亦用此法。意味淡洽，涵養之久，將來成一個絶好氣質。甚生，猶言絶好也。蓋學之不能變化氣質者，爲其讀書不見真切耳。虚心細心，熟讀而體之於身，當自見功。

伊川曰：凡看語、孟，且須熟玩味，將聖人之言語切己，不可只作一場話說。人只看得此二書切己，終身儘多也。大凡讀書而終身無所得者，以書自書、我自我也。今人看語、孟，且須讀之甚熟，入心記着〔一六〕，玩味之久，咀嚼出意義來。直將聖人言語爲切己之事，勿作空言看過，則方爲善讀語、孟者。蓋二書備詳致知力行之事，大而君臣父子，小而日用事物，那一句話不切於學者之身心！學者看得二書切己，便終身受用不盡，否則只作聖人說話，震之諉之，唇舌應付，釋卷而茫然矣。

伊川曰：論語，有讀了後全無事者，有讀了後其中得一兩句喜者，有讀了後知好之者，有讀了後不知手之舞之、足之蹈之者。一部論語，幾樣讀法，只因用功有淺深，故其所見不同。全無事者，全無所得也。得一二句喜者，這一二句是入頭處，從此着實理會，便知聖賢格言句句好矣。好之者，真知其味而必欲得之也。手舞足蹈，則自得而樂之矣。學者由喜而好，以至於樂，庶乎聖人之意可得而見也歟？

伊川曰：學者當以論語、孟子爲本。論語、孟子既治，則六經可不治而明矣。非謂治語、孟便可不治六經，然六經之要旨，備於語、孟。先以語、孟爲本，胸中有個丈尺權衡，以此權度事理，自是容易。不治而明者，猶言易明也。讀書者，當觀聖人所以作經之意，與聖人所以用心，與聖人所以至聖人，而吾之所以未至者，所以未得者。因概論讀經之法。蓋聖人作經之意，總以明道；聖人之用心，總以先覺覺後覺；聖人之所以至聖人，總是能盡其性而無損於天命之本。然吾之所以未至者，必行之未盡；吾之所以未得者，必知之未精。就聖人身上一一體究，又反於吾身一一推勘，當有悟其所以然者，勿作説話混過也。句句而求之，晝誦而味之，中夜而思之，平其心，易其氣，闕其疑，則聖人之意見矣。句句而求，則字辨句析，不失之鹵莽，晝誦而味，則熟復不厭，不失之淺嘗；中夜而思，則心理浹洽，不失之扞格。又平其心，不爲艱險崎嶇之見，只於明白正大上尋討；易其氣，不爲好高浮囂之習，即在切近着實中涵泳；闕其疑，不爲穿鑿附會之解，俟其融會貫通時發明。如是，則聖人之意可得而見矣。聖人之意即道也，得聖人之意即知道也。道者，吾身自具之道，亦天下事物當然之道，有以知而得之，則亦將至之矣。是在乎善讀經者。

伊川曰：讀論語、孟子而不知道，所謂「雖多亦奚以爲」。論、孟二書，自日用倫常至於天人性命，自灑掃應對至於精義入神，體用兼明，精粗畢備，乃斯道之統會也。讀之而不知道，則章句訓詁之學而已，雖復博涉乎簡編之多，終何益矣。有志知道者，宜盡心焉！

伊川曰：論語、孟子只剩讀著，便自意足，學者須是玩味。若以語言解著，意便不足。某始作此二書文字，既而思之又似剩。只有些先儒錯會處，却待與整理過。剩，餘也，猶言多也。聖賢語意，包含完滿，後人一偏之見，則未免有破綻處。故讀論、孟者，只熟讀而精思之，則義理本周密，而其意自足。若出己見，以語言自爲詮釋，恐於聖賢言中言外之意，不能包括無遺，而反失之疏漏。程子因自言昔日曾作論、孟解，後來思之又似剩。剩者，本旨尚有餘於所解之外也，故卒不復爲，只將先儒舊解其中有些錯會處者，待與整頓，使勿復錯而已，其餘不敢復贅。古人之慎於解經如此，世之管窺蠡測，妄竄古書者，其不大失聖賢之意也幾希！

問：且將語、孟緊要處看，如何？伊川曰：固是好，然若有得，終不浹洽。蓋吾道非如釋氏，一見了便從空寂去。聖人之道，隨處皆有妙義，都要一一理會，俟其融貫，觸處洞然，自有條理。若欲於語、孟中擇其緊要者去看，固亦是好。然揀擇鬭湊，未免有得此遺彼之病，義理單薄，縱有所得，終不浹洽。如喫飲食者擇味下筯，腹必不充。惟釋氏徒主空寂，一見了便無剩義可再推求，吾道則不爾也。朱子曰：「此是程子答呂晉伯之問，其後晉伯終身坐此病，説得孤單，入禪學去。」

伊川曰：興於詩者，吟詠情性，涵暢道德之中而歆動之，有「吾與點也」之氣象。詩三百篇，抑揚反覆，皆出於人情之不容已，而感化之自然者，最可以興起人之善心〔一七〕。學者吟哦諷詠，使其性情油然勃然，涵養條暢於道德之中，而歆慕鼓動而不自知，便有曾點浴沂詠歸之意。蓋曾點是見得性分之内，萬理畢具，其樂無窮，故夫子與之，學詩而有所感發興起，則天地之大，品物之細，寓之於目、觸之於心，汪洋浩大，活潑潑地〔一八〕，豈不有此氣象〔一九〕？

謝顯道云：明道先生善言詩，他又渾不曾章解句釋，但優遊玩味，吟哦上下，便使人有得處。「『瞻彼日月，悠悠我思。道之云遠，曷云能來？』思之切矣。終曰『百爾君子，不知德行。不忮不求，何用不臧！』歸於正也。」此以明道之善言詩，爲學者讀詩之例也。詩之爲教，將詩中文義從容玩味，恬吟密咏，自有天動神解之妙。即如衛風雄雉之篇所云瞻日月而憂道遠者，彼往往以有盡之言寓不盡之意。拘其義類，泥其字句，便少滋味。故明道先生善言詩，不在逐處解釋，但第將四句吟哦一番，徐曰「思之切矣」。所云勸德行而戒忮求者，彼第用個「終」字，又將四句吟哦一番，遂曰「歸於正也」。「矣」字、「也」字呼應頓挫，而發乎情、止乎禮義之意，悠然自見於言外。學者當就其神思遐曠、意象渺茫之中，想見其所以言詩之妙。不然，此二句盡人曉得，非先生創解也。又云：伯淳常談詩，並不下一字訓詁，有時只轉却一兩字，點掇地念過，便教人省悟。又曰：古人所以貴親炙之也。此亦上段之意。多着訓詁，非鑿則滯。明道不下一字訓詁，只轉換一二字，於血脉疾徐、唱歎高下之間拈掇出來，便使作者之精神與讀者之精神，兩兩活現，忽然省悟這段妙境。親炙其下者，聞其謦欬，真覺有書不盡言、言不盡意之趣，雖極魯鈍，亦能領取。謝上蔡蓋真有得於親炙者，故不覺又欣然曰「古人所以貴於親炙之也」。親炙，言親近而薰炙之也。愚謂凡讀書者，曉用明道點掇之法，便是會讀書。凡作文者曉用明道點掇之法，便是好文字。何獨説詩爲然乎！

明道曰：學者不可以不看詩，看詩便使人長一格價。興、觀、群、怨，詩之益備矣。看詩則己之真性情流露，必能變化氣質，長一格價。故不可以不看詩。

明道曰：不以文害辭。文，文字之文。舉一字則是文，成句是辭。詩爲解一字不行，却遷就他説，如「有周不顯」，自是作文當如此。孟子言説詩者，「不以文害辭」，恐單泥一字之解，有害全句之義也。程子因申其説。蓋詩有律有韻，句法字法，長短難以參差，多有暗藏曲折處。故解詩者不得耑拈一字解之，却須遷就其説，始行得也。如大雅文王之篇曰「有周不顯」，言周家豈不顯乎？是言其顯也。苟直謂之不顯，則是以文害辭矣。諸如此類可以例推。

明道曰：看書須要見二帝、三王之道。如二典，即求堯所以治民、舜所以事君。書以載帝王行事，而道即存乎其間，不可徒作文字觀也。看書者，須如親當其時，親爲其事，要見帝王之道之所以異，又見帝王之道之所以同。如堯典、舜典二篇，其文無多，而堯之治民、舜之事君，已具見矣。必於讀之之時，詳察其所以然，則異日之事君、治民，自可本所學以應之。至於讀謨、誥、訓、誓，皆當如此。此家修廷獻之資也。

明道曰：中庸之書，是孔門傳授，成於子思、孟子。其書雖是雜記，更不分精麄，一滚說了。今人語道，多説高，便遺却卑；説本，便遺却末。道之體用相涵，本末高卑，原自一以貫之，安有精粗之間乎？故惟中庸一書，乃孔門傳授心法，而子思述之，以傳於孟子者。其書所言，雖多雜記，非出一時渾成，説話却更不分精粗，一滚説了。始言一理，中散爲萬事，末復合爲一理。其言天命之性，則推之於修道之教。言中和，則極之於天地位、萬物育。言政，則本之於達道達德。言治天下國家，則合之於誠。可謂高卑畢陳，本末兼該，令讀之者想見斯道本然流行之妙。非如後人之書，語高而遺其卑，語本而遺其末，淪於空虛而不識天下之大本達道者也。故學者必會其極於中庸焉。

伊川易傳序曰：易，變易也，隨時變易以從道也。此程子自序易傳之所以作，欲人由辭得意而盡乎變易之道也。陰陽變易而生萬化，聖人則之而畫卦爻，故名其書爲易。見所以變易之故，皆出於陰陽之道之當然，而此書之所由作，總以教人體卦爻之變，爲隨時從道之方耳。朱子曰「如乾初則潛、二則見之類」是也。若非天地間本有許多底道理，易何爲而作乎哉！其爲書也，廣大悉備，將以順性命之理，通幽明之故，盡事物之情，而示開物成務之道也。聖人之憂患後世，可謂至矣。天下之理，散入六十四卦三百八十四爻之内。是以其爲書也，就中所含蓄言，則極其廣矣；就外所包括言，則極其大矣。廣大悉備，皆本於太極兩儀、繼善成性之自然，是「順性命之理」也。仰觀天文，俯察地理，而得其晝夜上下、南北高深之所以然，是「通幽明之故」也。有以見天下之賾，而擬諸其形容，是「盡事物之情」也。先天下而開其物，使知之明；後天下而成其務，使行之就，是「示開物成務之道」

也。惟順，故通；通，故盡；盡，故有以示之。聖人恐後世不順其理，不通其故，不盡其情，而物無由開，務無由成，故數聖相承而共爲一書，其憂患後世可謂至矣。後之讀是書者，其可不加意乎！去古雖遠，遺經尚存。然而前儒失意以傳言，後學誦言而忘味。自秦而下，蓋無傳矣。予生千載之後，悼斯文之湮晦，將俾後人沿流而求源，此傳所以作也。今之時，去羲、文、周、孔雖遠，而其遺經固在也。神而明之，吾儒之責。然而前之儒者不得其意，妄爲詮釋，使後之儒者徒誦其言，反失真義。自秦以來，蓋斯道之不傳久矣。道無終息，天生程子，千載傳燈，斯文在兹。故心焉悼之，不忍其湮没沉晦，後人無從講習，用是不能已於其故〔二〇〕，將使後人循流而至於源，因作爲傳，以發明之，蓋心聖人之心者也。沿流求源，即下文所謂「由辭以得意」是也。「易有聖人之道四焉：以言者尚其辭，以動者尚其變，以制器者尚其象，以卜筮者尚其占。」吉凶消長之理、進退存亡之道，備於辭。推辭考卦，可以知變，象與占在其中矣。約言作傳大意，無非與聖人之道相發明。聖人之道四者，即下辭、變、象、占也。辭者，聖人所繫之辭；變者，陰陽老少之變；象者，天、地、山、澤、雷、風、水、火之類；占者，吉、凶、悔、吝、厲、无咎之類。尚，取也，謂尊用之也。辭者，言之則，故以言者尚其辭；變者，動之時，故以動者尚其變；象事知器，故制器者尚其象；占事知來，故卜筮者尚其占。是辭、變、象、占皆有所尚，而天道之吉凶消長，人道之進退存亡，繫辭焉而命之，動在其中矣。故推辭可以知變，而象非辭則象無由明，占非辭則占無由決。是象與占亦皆不外焉。讀易而不得其辭，聖人之意，其不可得而見乎！「君子居則觀其象而玩其辭，動則觀其變而玩其占。」得於辭，不達其意者有矣，未有不得於辭而能通其意者也。玩，習也，謂觀之詳也。惟其變與象、占，皆具於辭，是以君子之於易也，在平居則觀其象而玩其辭，以求盡乎卦之理，統全體而言之也。到臨事則觀其變而玩其占，以各盡乎爻之用，指一節而言之也。觀象玩辭，學易也；觀變玩占，用易也。學易則無所不盡其理，用易則因一時所值之爻究之，動由於居，占視乎辭，故辭不可不得也。既得其辭而不達聖人作易之意者，猶或有之；若不得其辭而通其意，則斷乎無矣。人當逐卦逐爻，句句尋討，務使其辭可以見之行事應接之間也。至微者，理也；至著者，象也。體用一源，顯微無間，觀會通以行其典禮，則辭無所不備。蓋有象斯有辭，有理斯有象。理至微，未形未見者也；象至著，已形已見者也。自理而觀，則理爲體，象爲用；自象而觀，則象爲顯，理爲微。而理中有象，是「體用一源」也；象中有理，是「顯微無間」也。知其一源無間，則觀於理可以得其會，觀於事可以得其通，而日用之常，於以流行矣。蓋理之所聚，易生窒礙，於會處得通，故可行也。典禮者，典常之禮也。其理則於辭無不備，六十四卦三百八十四爻，仔細理會，俱有下落，而不善學者昧昧也。故善學者求言必自近，易於近者，非知言者也。予所傳者辭也，由辭以得意，則在乎人焉。學之善者，必須自用以觀體，自顯以推微。是欲求聖人之言者，未有不自其辭之近也。若以其辭爲近而易之，則不可以學易，非能知聖人之言者也。故今日所傳，正不敢忽近而務遠，祗因聖人所繫之辭而發明之。若夫由辭得意，擬之議之，以成其變化，則在乎人焉，雖聖人不能舉以詔天下後世也。夫聖人憂後世之耳目心思，不知天地萬物之情，而爲卦爻之辭以開示之。程子又憂後世之章句訓詁，多失聖人設卦觀象之辭，而作爲易傳以發明之。其同一憂患之深心也夫。

伊川答張閎中書曰：易傳未傳，自量精力未衰，尚覬有少進爾。來書云「易之義本起於數」，則非也。有理而後有象，有象而後有數。易因象以明理，由象以知數，得其義則象數在其中矣。此言理爲象數之本，不可尋流逐末也。張閎中，程子門人。易傳既作，而其書猶未傳。閎中必有勸使速傳者，故言易理難盡，自度己之精力尚健，日就月將，學與年長，冀有進益，再可改訂。又來書之意，以爲卦爻由圖畫而設，易之義起於數，而不知非也。易有太極，太極者，形而上之理也。是生兩儀，兩儀生四象，四象生八卦，而極數知來之道備焉。理無可見，聖人作爲易象者，以明理也。理既見乎辭矣，則可由象以知數，是理居象數之先，而爲易義所由起，得其義則象數俱在中矣。故以易之義爲起於數者，其説非也。必欲窮象之隱微，盡數之毫忽，乃尋流逐末，術家之所尚，非儒者之所務也。若以爲義起於數，則耳目有限，思慮未周，懸斷臆測，而必欲窮其隱微，盡其毫忽，是不務求其本，而爲尋流逐末之見，如京房、郭璞之流，乃術家所尚，豈吾儒所務哉？要之，理、象、數三者原不相離，探其本則末不能外，測其末則本恐有遺。此程子意也。

伊川曰：知時識勢，學易之大方也。時有盛衰，勢有强弱，知時識勢，唯變所適，此學易之大法。蓋時勢皆道之自然，知時識勢，則變易以從道，正所謂時中也。

伊川曰：大畜，初二乾體剛健而不足以進，四、五陰柔而能止。時之盛衰，勢之强弱，學易者所宜深識也。此取大畜卦爻以明識時勢之義也。乾下艮上爲大畜。大，陽也；畜，止也。乾之三爻皆爲艮所畜，故以四畜初，以五畜二，初、二雖剛健而不足以進者，時不利於進，勢又必不能進也。四、五兩爻皆柔，所應初、二皆剛，似當以初、二爲善，四、五爲邪。乃謂陰柔足以止剛者，蓋畜之時主乎止，而四、五位據乎上，又有可以止之之勢，則其象爲以柔善而止夫剛惡也。學者不識此意，必昧進止之宜，至於犯災取尤，而不足以得喜集慶矣。故時勢爲學易者所當深識也。

伊川曰：諸卦，二、五雖不當位，多以中爲美；三、四雖當位，或以不中爲過。中常重於正也。蓋中則不違於正，正不必中也。天下之理莫善於中，於九二、六五可見。葉平巖曰：「二者内卦之中，五者外卦之中，皆中也。三者内卦之上，四者外卦之下，皆不中也。六爻之位，初、三、五爲陽，二、四、上爲陰。以陽爻居陽位，陰爻居陰位，則爲當位，反此者爲不當位。當位者正也，不當位者非正也。坤六五非正也，而曰『黄裳元吉』；泰九二非正也，而曰『得尚於中行』，蓋以中爲美也。蠱之三、四皆正也，而三則有悔、四則往吝；既濟之三、四亦皆正也，而三則有三年之憊，四則有終日之戒，蓋以不中爲歉也。正者，天下之定理；中者，時措之宜。正者有時而失其中，中者隨時而得其正，故中之義重於正。」而於九二、六五觀之可見也。葉説備矣。

問：胡先生解九四作太子，恐不是卦義。先生云：亦不妨，只看如何用。當儲貳則做儲貳使。九四近君，便作儲貳，亦不害。但不要拘一。若執一事，則三百八十四爻，只作得三百八十四件事便休了。胡瑗，字翼之，號安定先生。五爲君位，四近君，故解作太子，而程子云「亦不妨」。然易之爲用，無所不該，無所不徧，只看人如何用之耳。若占者所處之地當此爻，則可以此爻做此地位。如當儲貳，則做儲貳使也，如此亦不害。但聖人作易，稽實以待虛，一卦一爻，足包無窮之事，不要只以一事拘定説。若太拘執，則三百八十四爻，難道只做三百八十四件事，其餘都推不去？蓋他書是元有這事，方説出這理，易則未曾有此事，先假託都説在這裏。故曰「不可爲典要」，又曰「惟變所適」。

伊川曰：看易且要知時。凡六爻，人人有用。聖人自有聖人用，賢人自有賢人用，衆人自有衆人用，學者自有學者用，君有君用，臣有臣用，無所不通。因問：「坤卦是臣之事，人君有用處否？」先生曰：「是何無用？如『厚德載物』，人君安可不用？」奇偶數畫，該盡天下萬物之理，只是陰陽錯綜，交換代易，而所處之時既異，其用亦因以異。故看易且要知時，知時則隨各樣人、隨各樣用，不能强同，而無所不通，非謂一爻只當得一人用也。即所問坤卦，固是爲臣之事，難道「厚德載物」人君不用得着？推之六十四卦皆可相通，在人神而明之耳。

伊川曰：易中只是言反覆、往來、上下。反覆、往來、上下者，陰陽之義，在卦有之，在爻亦有之。在卦，則反復者如姤、復之類，往來者，如賁、无妄之類；上下者，如咸、恒之類。在爻，則反覆者，如陰陽之變、各得其位之類；往來者，如陰陽自某卦往、某卦來之類；上下者，如承乘、比應之類。蓋反復往來者，變易也；上下者，不易也，易中只有此二義。

伊川曰：作易自天地幽明，至於昆蟲草木微物，無不合。天地間别有甚事？只是陰陽兩個字，看是什麽物事，都離不得。故聖人作易以示人，大無不包，細無不該。自乾天坤地、離明坎幽之類，以至於説卦中稱名取類，如昆蟲草木之微物，莫不有合者，陰陽根於太極，其理本一貫也。

伊川曰：今時人看易，皆不識得易是何物，只就上穿鑿。若念得不熟，與就上添一德，亦不覺多，就上減一德，亦不覺少。譬如不識此兀子，若減一隻脚，亦不知是少，若添一隻脚，亦不知是多。若識，則自添減不得也。天下事，變易之中，有不易底道理。蓋有這理，方有這事，不是人力穿鑿來者，自是添減不得。今人不識此意，只於易之卦象辭義，巧爲穿鑿，空作一場念過。若念不熟，以意爲之添減，竟不知多少〔二二〕，如不知兀子之方圓平直，易其常制，都不知覺矣。若識得，則一物有一物制度，如此則合，不如此則不合〔二三〕，事理更有一定恰好，必的然見其不可易，而後爲得也。事可添減，理那可添減得！

游定夫問伊川「陰陽不測之謂神」。伊川曰：「賢是疑了問，是揀難底問？」「陰陽不測之謂神」，易大傳文。張子曰「兩在故不測」，而朱子本義引之。言即陰而道在於陰，即陽而道在於陽，此其所以無方而變化不測也。當日未經張、朱之解，義本精深，故以此爲問。伊川微窺定夫之心，或有未曾深思，而率爾請問者，故不答而直攻其心，欲其反己致思也。賢即指定夫也〔二三〕。蓋疑了後問，用過心力〔二四〕，一與之語，鬱而能通，便涣然冰釋，怡然理順〔二五〕，久必不忘，自是切問。若揀擇來問，心没緊要，口頭搬弄，縱與之言，過輒忘了，那有實得。

伊川以易傳示門人曰：「只説得七分，後人更須自體究。」易理無窮，雖有得焉，未可據自足也〔二六〕。易經數聖人而後成書，包含天地萬物在内。今雖熟讀精思，作爲易傳，豈遂了無餘義？可俟後人之推求，故只説得七分。蓋理本生於人心，加一番體究，必更一番明透，亦是虚心，亦是實話。

伊川春秋傳序曰：天之生民，必有出類之才，起而君長之。治之而爭奪息，導之而生養遂，教之而倫理明，然後人道立，天道成，地道平。此程子自序春秋傳之所以作，欲學者因此以極聖人之藴，復三代之治也。春秋一書，即人事以明天理，本天理以行王道。故程子從「天之生民」説起，見「天生蒸民」，篤生一「首出庶物」之才，畀以君長之任，則必無歉於君長之道，而後無負於天生民之意。故爲之制節謹度，以息其相爭相奪之風，道在有以治之；爲之播植佃漁，以遂其相生相養之業，道在有以導之；爲之庠序學校，以盡其人倫物理之常，道在有以教之。三者具矣，建極秉彝而人道立，五氣順布而天道成，山川奠位而地道平。三極之道盡焉，非甚盛德，孰克當之。二帝而上，聖賢世出，隨時有作，順乎風氣之宜，不先天以開人，各因時以立政。溯自洪荒之世，其時草昧初開，而天知生民之道，不可不著爲政也。是以堯舜而上，代有聖賢，漸次開闢，相繼爲治。夫以聖賢之姿，得一人焉已可盡生民之道，而必待相繼而始備者，風氣各有所宜，聖人亦順其宜而已。誠以人事準於天道，不先天以開人，而當其可之謂時，各因時以立政也。是故平地成天，六府三事，萬世之治，自堯舜始。

暨乎三王迭興，三重既備，子、丑、寅之建正，忠、質、文之更尚，人道備矣，天運周矣。

風氣日開，規模亦日廣矣。故自堯舜以下，帝降而王，夏后商、周，聖人迭興。議禮、制度、考文三重之事，既已備具。如天開於子，而周建子爲天正；地闢於丑，而商建丑爲地正；人生於寅，而夏建寅爲人正。皆本三才爲更始，則天運周矣。夏尚忠，商尚質，周尚文，皆本仁義爲致用，則人道備矣。此以上言二帝、三王順天應時，盡其君長之道，而道在於上，則其事行者也。

聖王既不復作，有天下者雖欲倣古之跡，亦私意妄爲而已。事之繆，秦至以建亥爲正；道之悖，漢專以智力持世。豈復知先王之道也？

若夫三代而下，王者之迹熄，世遠言湮，文獻不足徵〔一二七〕，雖有鋭意復古之君，無所考証，未免出於私意妄爲，而於先王之道，未必其有當也。其尤繆者，秦建亥爲歲首，自謂水德，欲以勝周，則於三才之更始者謂何？而天運失其序矣。其尤悖者，漢以智力把持天下，謂漢家自有制度，則於仁義之致用者謂何？而人道失其正矣。世變日甚，彼豈復知二帝、三王之道？有心斯世者，不得不引爲己責矣。

夫子當周之末，以聖人不復作也，順天應時之治不復有也，於是作春秋，爲百王不易之大法，所謂「考諸三王而不謬，建諸天地而不悖，質諸鬼神而無疑，百世以俟聖人而不惑」者也。

夫子生當周季，有出類之才，無君長之任，不得已作春秋，假魯史舊文立興王新法〔一二八〕，上接將墜之緒，下開無窮之治，中庸所謂不謬、不悖、無疑、不惑者，於是乎在。蓋天地鬼神同此理，三王贊百世同此心，而道在於下，則其説長者也。先儒之傳曰「游、夏不能贊一辭」。辭不待贊也，言不能與於斯耳。斯道也，惟顔子嘗聞之矣。「行夏之時，乘殷之輅，服周之冕，樂則韶舞」，此其準的也。贊，助也。游、夏於聖門擅文學之科，而不能贊一辭者，胡文定所謂「筆則筆，削則削，皆裁自聖心，而游、夏不能與焉者也」。顔子幾聖人之道，故嘗聞之。朱子曰：「不是孔子將春秋大法向顔子説，蓋三代制作大備矣，不可復作，告以四代禮樂，只是集百王不易之大法。其作春秋，要亦明聖王之大法而已，故程子引以爲據。」後世以史視春秋，謂褒善貶惡而已，至於經世之大法，則不知也。春秋大義數十，其義雖大，炳如日星，乃易見也。惟其微辭隱義，時措從宜者爲難知也。或抑或縱，或與或奪，或進或退，或微或顯，而得乎義理之安，文質之中，寬猛之宜，是非之公，乃制事之權衡，揆道之模範也。未筆削之春秋，一國之史也，既筆削之春秋，天下萬世之經也。後世不察，亦僅以史視之，謂義主褒貶而已，而不知其爲經世大法也。春秋之大義可炳見者，誅亂臣，討賊子，尊内攘外，貴王賤霸，扶陽抑陰，如此之類，不過數十，乃易見耳。唯其迹有所嫌，不得不微其辭，辭微而未嘗不顯；事有所諱，不得不隱其義，義隱而愈所以彰。以時措之，悉合乎宜。此非明曉通貫，不能深知其意也。蓋春秋史外傳心之要典，或有功宜揚而反抑之，或有罪宜誅而反縱之，或功猶未就而先予之，或惡猶未著而先奪之，或本尊也而故退之，或本卑也而故進之，或婉其辭，或章其實。要以酌義理之安，而無偏無陂；參文質之中，而不華不俚；劑寬猛之宜，而無過不及；存是非之公，而無毁無譽。

一時輕重之權衡，由此而準，萬世軌則之模範，由此而立，豈非經世大法〔二九〕，而僅以史視之也，其可乎哉？夫觀百物然後識化工之神，聚衆材然後知作室之用。於一事一義而欲窺聖人之用心，非上智不能也。故學春秋者，必優遊涵泳，默識心通，然後能造其微也。由是觀之，春秋殊未易讀。二百四十二年之間，比事屬辭，必合全經，始見精義。如測化工者，統觀百物然後知其神；欲作室者，先聚衆材然後備其用。徒執一事，徒拘一義，欲盡得聖人之心於千載之上，難矣。故學者必優游而不迫，涵泳而有餘，默識心通，然後可以造其微焉。未及此而治之，則其説多鑿也。後王知春秋之義，則雖德非禹、湯，尚可以法三代之治。自秦而下，其學不傳。予悼夫聖人之志不明於後世也，故作傳以明之，俾後之人通其文而求其義，得其意而法其用，則三代可復也。是傳也，雖未能極聖人之藴奧，庶幾學者得其門而入矣。夫子作春秋之意，欲使後王知折衷也。後王苟知此義，則經文具在，善惡分明，依而行之，即非禹、湯之德，亦可成三代之治。而秦焰一厄，斯學不傳，以至於今〔三〇〕，千有餘年，及今不講，則聖人之志，終没於後。是以慨然作傳，發揮聖意。蓋不通其文，則不能明其義；不得其意，則不能法其用。惓惓之心，正爲此耳。古今作春秋傳者，始自程子，而胡傳祖之，簡當精切，可謂極聖人之藴奧矣。而猶謙言未能，只使學者得門而入，亦猶夫子自言其義竊取焉爾。蓋聖人作經，以明王道，王道即天理也。程子作傳以翼聖經，聖經即道統也。守先待後，功豈淺哉！

伊川曰：詩、書，載道之文；春秋，聖人之用。詩、書如藥方，春秋如用藥治病。聖人之用，全在此書，所謂「不如載之行事深切著明」者也。道將見之用，用皆本於道，其揆一也。然詩、書即道以推用，主道而言，故曰「載道之文」；春秋即用以明道，主用而言，故曰聖人之用。譬之於藥，詩、書恐人病不知醫，製爲藥方以備不時之需；春秋隨人之症投以藥劑，可試國醫之手。夫子云「我欲托之空言，不如載之行事之深切著明也」。此其所以任「知我」、「罪我」之責乎！有重疊言者，如征伐盟會之類。蓋欲成書，勢須如此，不可事事各求異義，但一字有異，或上下文異，則義須别。春秋之義，有要分别觀之者，亦有不必分别觀之者。其間言之重、詞之複，如記盟會征伐之類，或詳舉列國君大夫，或贅衍年月日時，與其地其事。蓋欲成書以便後人之觀覽，其勢不得不如此。必欲各求異義，則鑿矣。至於字法之有異，及上下文之有異者，予奪褒貶，義例存焉，則須分别看耳。是在學者神而明之也。

伊川曰：五經之有春秋，猶法律之有斷例也。律令唯言其法，至於斷例，則始見其法之用也。詩以正情，書以制事，易以明變，禮以正行。猶律令，然律令者，製爲刑書，禁人勿爲惡。春秋則某事用某律，某罪用某法，斷例分明，其中之輕重大小，實見之用者也。前以用藥譬之，此以用律譬之，俱是一般意思耳。

伊川曰：學春秋亦善。一句是一事，是非便見於此。此亦窮理之要。然他經豈不可以窮理？但他經論其義，春秋因其行事，是非較著，故窮理爲要。此言春秋爲窮理之要，然必識得義理分明，而後可以窮理也。人而不學春秋，守經事不知宜，遭變事不知權，故學春秋亦善。春秋一句爲一事，是非存於一句中，乃窮理之要。若論他經，亦可窮理，只是論義當如此，不當如彼〔三一〕，不若春秋有事迹可按，是非較然著明，尤爲易決。以爲窮理之要，洵非無故矣。嘗語學者，且先讀論語、孟子，更讀一經，然後看春秋。先識得箇義理，方可看春秋。然欲窮理，必須識理。未識理而讀春秋，則理無有窮也。讀語、孟後，似可窮理矣。程子言：「我平居嘗語學者，教他先讀語、孟，謂語、孟如丈尺權衡，好以此度量事物也。而此中尚有幾微疑似之辨，未易分曉，更須讀一經，然後可看春秋。」所謂一經，即下文言中庸是也。總要識得義理精微之極，然後可察人事是非之機，故其先後讀法如此。春秋以何爲準？無如中庸。欲知中庸，無如權。須是時而爲中。若以手足胼胝、閉户不出二者之間取中，便不是中。若當手足胼胝，則於此爲中；當閉户不出，則於此爲中。蓋事之是非，固準乎春秋，而春秋以何者爲準？其無如中庸乎！春秋之法，即中庸之中也。中不是鉄板一定的，要量度以取中，故無如權。須權乎時，而不失義理之中，始爲能讀中庸之書。若以禹、稷、顔子較之，謂禹、稷手足胼胝，未免太急，顔子閉户不出，未免太緩，較於二者之間，不緩不急而以爲中，便非義理之宜，不當乎時而非中矣。唯當急時則急，禹、稷胼胝中也；當緩時則緩，顔子閉户亦中也。此中庸之時中，惟可與權者知之。學者必先讀此一經，然後可與看春秋也。權之爲言秤錘之義也。何物爲權？義也，時也。只是説得到義，義以上更難説，在人自看如何。因釋「權」字之義，而言當以何物權之，總不離個「義」字。義者，所以酌乎時措之宜，往來於事物之間者也。此就用上説。一事各有一義，只好説到此。若義以上，則自用渊體，處物之義，本於在物之理。在物之理，一實萬分，不可以言盡，在人切己體認，自看如何耳。要之，當其可之謂時，隨時處宜之謂義，義不膠於一定之謂權，權於過、不及之間而得其中之謂中。中庸明其理，春秋見其事，反覆言之，示人之意切矣。

伊川曰：春秋，傳爲按，經爲斷。孔子作春秋，每事只舉其大綱，而以一字斷是非，若其詳則具於史。朱子謂左氏曾見國史，考事頗精。羅整庵謂左氏作傳，皆有來歷，雖難盡信，終是案底，此所謂以「傳爲案，經爲斷」也。他日又云：「某年二十時看春秋。」或曰：「如何看？」答曰：「以傳考經之事迹，以經别傳之真僞。舍此兩言，無以讀春秋矣。」

伊川曰：凡讀史，不徒要記事跡，須要識其治亂、安危、興廢、存亡之理。且如讀高帝紀，便須識得漢家四百年終始治亂當如何。是亦學也。史所以載一代之事也，讀者非徒要記事，須要明理。蓋治亂、安危、興廢、存亡之事，特其迹耳，而所以然者，有其理也。如讀漢史，觀高帝寬大長者，能用三傑，除秦苛法，與民更始，則知漢所以立四百年基業。若其輕儒嫚罵，不定儲嗣〔三二〕，僞游雲夢，械繫相國，以叔孫通制禮樂，以張蒼定律令之類，則規模遠遜三代，諸侯王次第皆叛，大臣不克保終，皆由於此。以此讀史，致知之方也。昔者伯禽封魯，吕伋封齊，三年報政，而其始終强弱，明驗不爽，亦理有固然者。君子格物窮理，豈誇博涉云爾哉？

伊川曰：先生每讀史，到一半，便掩卷思量，料其成敗，然後却看。有不合處，又更精思，其間多有幸而成，不幸而敗。今人只見成者便以爲是，敗者便以爲非，不知成者煞有不是，敗者煞有是底。先生，謂明道也。古今事，善者當成，惡者當敗，理數感應，自然之符。故先生讀史到一半，看其行事如何，便掩卷以思，據理懸斷，然後看到終局，大約不出所料者十居六七。其有當成而敗，當敗而成，不如吾料，則吾之所謂善惡者，恐認不真，須更再三精思，灼見其理之所以然。至於氣機不齊，人事難定，幸不幸之間，理亦果有不能料者。先生究以理爲衡，此先生格致之學也。今人無識，但據見成，豈知幸而成者，奸雄不得藉口；不幸而敗者，聖賢不以易節。論是非不論成敗，成者不必皆是，敗者不必皆非。以此讀史，方是胸有千古。

伊川曰：讀史須見聖賢所存治亂之機，賢人君子出處進退，便是格物。古今治亂，必有其機。機者，治亂雖未至，而動於幾微之間。聖賢存之於史，以爲千古得失之鏡，讀史者須於此處加意。如賢人君子出而在朝，則世將治之機也；若退而在野，則世將亂之機也。有以見其機，便是格物，若不能格物，無貴讀之矣。

元祐中，客有見伊川者，几案間無他書，惟印行唐鑑一部。先生曰：「近方見此書，三代以後無此議論。」元祐，宋年號。范祖禹，字淳夫，作唐鑑。按外書，淳夫嘗與伊川論唐事，及爲唐鑑書，用先生之説。先生謂門人曰：「淳夫乃能相信如此。」蓋歷代史學議論之卑，不知王道爲何物。程子之説，得淳夫表章之，不是三代下人議論，王道藉以復明，所以几案間常寘此部，惓惓不釋也。

横渠曰：序卦不可謂非聖人之藴。今欲安置一物，猶求審處，况聖人之於易？其間雖無極至精義，大概皆有意思。觀聖人之書，須徧布細密如是。大匠豈以一斧可知哉！伏羲之序六十四卦，以卦畫生成爲次，乃自然之用也。文王周易以序六十四卦，則取其名義以爲次所乘，教於世者實深。夫子作序卦傳，發明其義，安置審處，不可謂非聖人之藴。今人安置一物，於中邊前後，猶必審處停妥，况聖人序易，豈無意思？雖易之爲道，廣大悉備，其極至精義，不耑在乎此，而即此亦足見聖人徧布細密。如大匠作室，規爲布置，胸有尺度，非拙工可擬。若徒欲以一斧知之，未極其能事也。

横渠曰：天官之職，須襟懷洪大方看得。蓋其規模至大，若不得此心，欲事事上致曲窮究，凑合此心，如是之大，必不能得也。周之綱紀法度詳於周禮一書，其最重者無如天官之職。天官，太宰也。必須心量廣大，方於其職看的周悉通貫。蓋太宰統百官，均四海，凡内外之政，小大之事，無所不總，其規模至大矣。若心處於狹隘，則與規模不相稱，逐事逐件，欲各就其一偏處推測，窮究鬬凑，合攏上來，使此心統理兼綜，如是之大，必不能得之數也。横渠嘗云：大其心則能體天下之物，物有未體則心爲有外。準此意以看天官可也。釋氏錙銖天地，可謂至大，然不嘗爲大，則爲事不得。若畀之一錢，則必亂矣。所謂大者，體用兼該之謂也。若釋氏之學，則有體而無用，其溺志於虚空之大也，且以錙銖視天地，可謂至大矣，然於人世之理，不能究其所從，未嘗爲其大者，則爲一事不得。故平日好説大話，當局付以一錢，儘是錙銖，心反爲亂，醜態畢現。其視致曲窮究者，不知理尤甚矣，何足與語天官之職哉？又曰：太宰之職難看，蓋無許大心胸包羅，記得此，復忘彼。其混混天下之事，當如捕龍蛇、搏虎豹，用心力看方可。其他五官便易看，止一職也。此亦是前段之意。太宰包羅許多事，則必有許大心胸，方能包羅得來。蓋心具衆理，應萬事，其量本大。不大者，心未盡也。未盡，則彼此萬端，紛糾錯亂，零星記憶，安能記得無遺？惟其於混混天下之事，湧出不竭者，如捕龍蛇、搏虎豹，用十分心力去看方可。然用心力，亦非致曲窮究之謂，即孟子云「盡心而知性知天」者，不以見聞牿其心，知之至也。看得太宰之職，心融理貫，其他便易看。所以然者，五官分屬，止是一職，太宰宅揆兼領庶職也。〔三二〕

横渠曰：古人能知詩者唯孟子，爲其以意逆志也。夫詩人之志至平易，不必爲艱嶮求之。今以艱嶮求詩，則已喪其本心，何由見詩人之志？詩困於小序之牽强，晦於諸儒之穿鑿，故張子以爲古人能知詩者惟孟子。蓋「以意逆志」之一言，是讀詩要法也。人之情性本不相遠，以今人之意迎取作者之志，自能得之。但作詩者之志，發於性情之自然，本自和平樂易，即有時事拂着他性情而發爲悲鬱哀痛之辭，究是情性中流出，有自然而然者，不必以艱嶮求之。若以艱嶮之心求詩，已先失吾情性之自然而無所謂和平樂易之意矣，又何能「以意逆志」而得之耶？朱子亦謂：讀詩之法，只是熟讀涵泳，自然和氣從胸中流出，不待安排措置，務自立說也。

横渠曰：尚書難看，蓋難得胸臆如此之大。只欲解義，則無難矣。二帝心法、三王治道，盡在尚書，故難看。其所以難者，難得心胸中包得數千年之盛衰升降，管得數聖人之學問政事，如此之大也。今人讀尚書者，只爲佶屈聱牙，文義難曉，不知訓詁文義，諸儒亦略得其解，此有何難？朱子曰：他書却有次第，尚書只合下便大，如堯典「克明峻德，以親九族」至「黎民於變時雍」，展開是大小大，分命義、和定四時成歲，便是心中包一箇三百六十五度四分度之一底天，方見得恁地。若不得一箇大底心胸，如何看得？

横渠曰：讀書少，則無由考校得義精。蓋書以維持此心，一時放下，則一時德性有懈。讀書則此心常在，不讀書則終看義理不見。古今義理多在書中，讀書少則見聞固陋，考校不精，故格物窮理，以讀書爲要也。蓋義理可以養心，讀書正以維持此心。心一放逸，無所歸着，則一時之德性懈矣。懈則必昏，何由得義精？須是讀書則心存，心存則理得。不然者，終看義理不見也。朱子曰：「存心與讀書，爲一事方得。」

横渠曰：書須成誦，精思多在夜中，或静坐得之。不記則思不起，但通貫得大原後，書亦易記。讀書之法，在熟讀而精思，然必讀之熟方能思之精。先須成誦，到成誦後，或中夜，或静坐，隨時精思，自得之矣。若不能成誦，不能記憶，思何由起而又何由得之乎？六經浩渺，乍來難記。時時讀，時時思，便貫通得大原。既得大原之後，千流萬派，脉絡分明，亦自易記也。朱子曰：「書須成誦，少間不知不覺，自然觸發曉得。蓋一段文義，横在心中，自是放不得，必曉得而後已。今人所以記不得思不去，心下若存若亡，皆不精不熟之故也。」又曰：「横渠作正蒙，時或夜裏默坐徹曉，他直是恁地勇方做得。」所以觀書者，釋己之疑，明己之未達，每見每知新益，則學進矣。於不疑處有疑，方是進矣。書以釋疑尤貴。有疑所以觀書，有初間懷着疑胎，義理未達於心，一與古人披對，涣然氷釋，自是以往，每見每知新益，則日知其所亡而有日新之功，則學有長進處矣。然天下無一覽而盡之理，自以爲無疑，終得其粗，不能通微，所謂進者，非進也。須於不疑處有疑，用心剖析，毫芒一層剥入一層，方是進境矣！

横渠曰：六經須循環理會，義理儘無窮。待自家長得一格，則又見得别。古者以易、詩、書、禮、樂、春秋爲六經，宋以易、詩、書、周禮、禮記、春秋爲六經，總皆囊括天地間義理，而切於自家之身心，非可一涉即止，略曉文義也。周而復始，循環理會，箇中義理，儘供尋味，無有窮盡，所謂温故而知新也。待自家知識日增長得一格，又覺今日所見之六經與前日所見之六經境地迥别，蓋義理無窮，心思亦與爲無窮也。張子親歷之，故能言之。

横渠曰：如中庸文字，輩直須句句理會過，使其言互相發明。中庸建立大本，經綸大經，其文字如二典、三謨，却又枝枝相對，葉葉相當。厥後，朱子分爲三十三章，支分節解，脉絡貫通，詳略相因，擺布得如此細密，正是句句理會過，使其言互相發明耳。「輩」指當時門人也。朱子嘗謂：此言真讀書之要法，非但可施於中庸。

横渠曰：春秋之書，在古無有，乃仲尼所自作，惟孟子能知之。非理明義精，殆未可學。先儒未及此而治之，故其説多鑿。古者列國各有史官，掌記時事而已。故魯之春秋，初亦與乘、檮杌等，無有關於王迹之大義者。一經聖筆，明天理，正人心，扶三綱，大一統，皆自仲尼作之。是以他經止云「删定」、「贊修」，未嘗言「作」，而獨春秋一經，孟子直斷之曰「作」也。張子以爲惟孟子能知之者，孟子所論，皆檃括春秋大意，深諒不得已苦心。如曰「五霸假之也」、「春秋無義戰」、「春秋，天子之事」之類，洞見本原，非理明而義精者，其孰能與於斯？即游、夏亦未聞有此語也。諸儒學未至而强治之，宜不能窺聖人之意，故其説多鑿。薛敬軒曰：「今説春秋者，惟孟子、程子精切，亦深得聖人之意。」蓋其學鄰於聖人，故能得聖人心事。

## 校勘記

〔一〕底本此段節自葉采近思録集解，略有删節，而尹刻本照録葉采原文。

〔二〕程子少時解釋經義　「程子」，尹刻本作「言」字。

〔三〕合而觀之可也　句下尹刻本有「又曰」一段，原爲近思録本注文字。

〔四〕固要弗明弗措　此六字，尹刻本無。

〔五〕無分彼此只分内外　此八字，尹刻本無。

〔六〕「而或厭乎觀理之煩」至「皆不足有見於斯道也」　此三十六字采自葉采近思録集解。近思録卷三此條有「又曰：自一身之中，以至萬物之理，但理會得多，胸次自然豁然有覺處」句，各本有以爲近思録本注，有以爲正文，葉采近思録集解即作正文并加註解，尹刻本從此，但底本則以此句爲近思録本注，故删去，僅取葉采註解一句。

〔七〕相及亦不難　「相及」，尹刻本作「自」。

〔八〕便要反覆求解　「要」，尹刻本作「自」。

〔九〕一日間朋友論著　此七字原闕，據尹刻本及朱子全書整理本近思録補。

〔一〇〕則一日間意思差别　「則」，底本無，據尹刻本及朱子全書整理本近思録補。

〔一一〕豈善學乎　此四字，尹刻本無。

〔一二〕「周大也」至「言其直也」　此十五字，尹刻本無。

〔一三〕梗猶格也　此四字，尹刻本無。

〔一四〕「其稱子曰」至「或人學易之問也」　此十五字，尹刻本無。

〔一五〕使享現成　此四字，尹刻本無。

〔一六〕入心記着　此四字，尹刻本無。

〔一七〕而感化之自然者最可以興起人之善心　此十六字，尹刻本無。

〔一八〕汪洋浩大活潑潑地　此八字，尹刻本作「洋洋洒洒」。

〔一九〕豈不有此氣象　此句下，尹刻本有近思録本註及註解文字。

〔二〇〕用是不能已於其故　「已於其故」四字，尹刻本作「自已」。

〔二一〕竟不知多少　此五字，尹刻本無。

〔二二〕如此則合不如此則不合　此十字，尹刻本無。

〔二三〕賢即指定夫也　此六字，尹刻本無。

〔二四〕用過心力　此四字，尹刻本無。

〔二五〕怡然理順　此四字，尹刻本無。

〔二六〕雖有得焉未可據自足也　此十字，尹刻本無。

〔二七〕文獻不足徵　以上五字，尹刻本無。

〔二八〕假魯史舊文立興王新法　「興王新法」，尹刻本作「百王大法」。

〔二九〕豈非經世大法　「豈非」，尹刻本作「乃真」。

〔三〇〕以至於今　此四字，尹刻本無。

〔三一〕不當如彼　此四字，尹刻本無。

〔三二〕不定儲嗣　此四字，尹刻本作「不事詩書」。

〔三三〕「横渠曰天官之職」條　此條以下八條，尹刻本以爲原刻缺，遂參據葉采近思録集解補注。

# 近思録集解卷四　凡七十條

## 存養

此卷論存養。蓋窮格之雖至，而涵養之不足，則其知將日昏，而亦何以爲力行之地哉！故存養之功，實貫乎知、行，而此卷之編，列乎二者之間也。

或問：「聖可學乎？」濂溪曰：「可。」「有要乎？」曰：「有。」請問焉，曰：「一爲要。一者，無欲也。無欲則靜虚動直。靜虚則明，明則通；動直則公，公則溥。明通公溥，庶矣乎！」此論學聖之要，在心之一也。誠者，聖人之本。聖人只是誠，故或問「聖可學與否」，而周子應之曰「可」也。學之之要，一而已矣。天理誠而无妄，其具于人心者本一，緣人心有人欲之私以雜之，便是二三。無欲則此心純一不雜，而復乎天理之本然。是以内外俱一。靜而未發之時，渾然在中，邪不能入而虚内，一故也。動而將發之頃，惟理是循，物不能撓而直外，一故也。靜虚則心無障蔽而明，明則於事物之理無不融徹而通；動直則心無偏陂而公，公則於遠邇之間無不周徧而溥。通者明之極，溥者公之極。明通静而動，公溥動而静，則又無時不一也。聖人誠無不一，學者求其一以至於誠，其亦庶幾於聖人乎？信乎，聖人可學，而學之有要也。朱子曰：「此章之旨，最爲要切。學者能深玩而力行之，則有以知無極之真，兩儀四象之本，皆不外乎此心。」蓋一即太極，無欲即無極之真。静虚，陰之體；動直，陽之用。明配木，屬仁元；通配火，屬禮亨；公配金，屬義利；溥配水，屬智貞。合之即兩儀四象之本。而静是性，動是情，明、通、公、溥是性情之德，故云「皆不外乎此心」。聖人之心，自然無欲。學聖人者，寡之又寡，以至於無。則必戒慎恐懼於心之至静之地，而後静無不一；慎獨謹幾於心之將動之時，而後動無不一。未有動静不實致其存養省察之功，而自能無欲者。既能無欲，則與聖人同一至誠無息，而天道亦不外於吾身矣。

伊川曰：陽始生甚微，安静而後能長。故復之象曰：「先王以至日閉關。」此釋復卦象義也。至日，謂冬至也。冬至之日，積陰之下，陽始生而甚微，不安静以養之，則其氣不固，而無以爲發生之本。故先王以是日閉道路之關，使商旅不行，取安静以養微陽之義，而易象以之爲訓也。月令是月齋戒掩身，以待陰陽之所定，亦即此意。夫天地之陽，何藉於閉關之養？而理可相通，所謂天道人事自爲流貫也。要知天地有大冬至，人心有小冬至，人當雜念既退，惡極而善，平旦初復之時，正此心冬至之關。主一無適，居敬涵養，閉關之義也。過過此關，漸漸善端發見。過天地冬至之大關，方能見天地復本以動見之心，否則反覆梏亡，如萌蘗生而牛羊牧，良心能無夭閼？其於天地之心終亦不得而見矣。天地之心，却又言静以養之者，主乎静以慎其動，尤動根於静之義也夫！

伊川曰：動息節宣，以養生也；飲食衣服，以養形也；威儀行義，以養德也；推己及物，以養人也。此釋頤象傳意也。頤卦，震下艮上，外實内虚，上止下動，故爲頤之象，而以養爲義。養有自養、養人二意，程子歷言之，見人兼所養而養不可不得其正。動息節宣之際，血脉周流，無劬瘁鬱滯之病，豈非所以養生？飲食衣服，口體安適，無饑飽寒暑之傷，豈非所以養形？威儀著於容貌，不剛不柔而具中和之象；行義見於事業，無過不及而合禮義之宜，豈非所以養德？己有所欲，推以及物，則立俱立，達俱達；有痛癢之關，己有所惡，推以及物，則不傷財，不害民，有撙節之道，豈非所以養人？故養得其正，則吉，而學者當於此觀之也。按，頤之卦體，下三爻象自養，上三爻象養人，故程傳以養生、養形、養德，釋象中「觀其自養」意，以養人之義釋象中「觀其所養」意。而朱子本義則以養德、養身釋之，是對大象「慎言語，節飲食」而配言之，其義小異。

伊川曰：慎言語以養其德，節飲食以養其體。事之至近而所繫至大者，莫過於言語飲食也。此釋頤卦象辭也。禍從口出，慎之者，時然後言；病從口入，節之者，勿爲饑渴所害。二者日用之常，人以其近而忽之，易於縱恣情欲，敗德害身而不自知，所繫至大。故朱子本義云：「養德，養身之切務。」而程子亦嘗云：「能盡言語飲食之道，則可以盡去就之道；能盡去就之道，則可以盡死生之道。」是知養德、養身雖不止此，而二者其切務也。

伊川曰：震驚百里，不喪匕鬯。臨大震懼，能安而不自失者，惟誠敬而已。此處震之道也。此釋震卦彖辭也。匕，所以舉鼎實；鬯者，以秬黍酒和鬱金，所以灌地降神者也。震爲雷，爲長子。「震驚百里」，取象于雷，以遇變而言也。「不喪匕鬯」，取義於長子，以有主而言也。雷之奮也，百里之内，人皆震驚，獨主祭者所執之匕鬯，不因而喪失焉，豈非臨以大可震懼之事，而不失所主之常者乎？蓋長子身當主祭，誠敬中存，交於神明，不敢懈惰。故動亦定如此。此以見君子於大患難、大恐懼之來，能處之安泰而不至改越常度者，亦惟誠敬而已。誠敬則中心有主，外物自不得而摇亂之，所謂卒然臨之而不驚，然後可以盡處震之道也。

伊川曰：人之所以不能安其止者，動於欲也。欲牽於前而求其止，不可得也。故艮之道當「艮其背」。所見者在前，而背乃背之，是所不見也。止於所不見，則無欲以亂其心，而止乃安。此釋艮卦彖辭也。艮以一陽止於二陰之上，有止於極而不進之意，故爲止。人之所當止者，義理也，反乎義理則爲欲。今人所以不能安於義理而失其止者，動於欲心之萌也。欲心一動，則意有所牽，只管前面追逐，那能安於其止？故止之道，當主于至静無欲之地。因取其義於背，蓋物在前面，有所見斯有所牽。背之爲言背也，物欲之來，我無從而見之，止於其所不見，則冲漠無朕[一]，一理渾然，以不動爲衆動之本，此心清明純一，無人欲之亂，而後乃安於所當止之地而不遷矣。此「艮其背」之義也。「不獲其身」，不見其身也，謂忘我也。無我，則止矣，不能無我，無可止之道。何謂「不獲其身」?身者，情慾嗜好所由生。是人因身而有欲，止于當止之地，則無欲。無欲則只見理，而不見其身之所欲，故曰「不獲其身」。是之謂內不見己，而忘我之私者也。忘我之私，則理常存而止矣。苟不能無我之私，「憧憧往來，朋從爾思」，無可止之道也。此「不獲其身」之義也。「行其庭，不見其人。」庭除之間，至近也。在背，則雖至近，不見。謂不交於物也。何謂「行其庭，不見其人」?庭除至近，而未嘗無紛華利欲之集，是爲有人之地矣。見其身，斯見其人；在背而不見其身，則雖至近之處，人之紛華利欲，交集當前，而亦不見。是之謂外不見人，而不與物欲交也。此「行其庭，不見其人」之義也。外物不接，內欲不萌，如是而止，乃得止之道，於止爲「无咎」也。承上文。言外不見人則外物不接，內不見己則內欲不萌，如是則止而止，行而亦止，動靜不失其所，而皆主夫靜焉，乃得止之道。此所謂「无咎」之義也。要之，背非塊然無用之物，徒以枯守爲靜者。鍼灸書云：人之五臟皆係于背，故雖不動而爲衆動所由係。艮背之學，非定性者不能。「不獲其身」，靜亦定也；「行其庭，不見其人」，動亦定也。苟不能定性而欲忘己忘物，非告子之强制，則莊生之齊物矣。

明道曰：若不能存養，只是説話。存養者，存其心、養其性也。存謂操而不舍，養謂順而無害。學問之道，固在致知，然非操存涵養，使其講習之義理實有以得于己，則所知者只爲口耳之資，豈非只是説話乎?故人必存養，而後天理本原在內，學問思辨之事，皆有諸己而不失。而要其所謂存養者，不外一敬。朱子謂：「未知者，敬以知之；已知者，敬以守之。」敬之所以成始成終也。

明道曰：聖賢千言萬語，只是欲人將已放之心約之，使反復入身來，自能尋向上去，下學而上達也。此程子發明孟子「求放心」之言，而曲盡其旨者也。有身即有心，心本在腔子裏，纔私便放，放了愈私，最難收拾。故聖賢開示學者，不啻千言萬語，要其指歸之所在，無非欲人將已放之心，檢束收斂，使反復入身來。心既在此，則進學有基，聰明日長，義理日熟，自能節節尋向上去，循下學知行之功，以上達于神聖之域而無難也。蓋心之體至足，心之用至神。知求放心者，求着仁便仁在，求著義便義在。所以孟子教人戰戰兢兢，最爲切要，而程子發明之，又極其詳切如此。學者所宜服膺勿失也。

李籲問：「每常遇事，即能知操存之意，無事時如何存養得熟？」明道曰：「古之人，耳之於樂，目之於禮，左右起居，盤盂几杖，有銘有戒，動息皆有所養。今皆廢此，獨有理義之養心耳。但存此涵養意，久則自熟矣。『敬以直内』，是涵養意。」李籲，字端伯，程子門人也。學問原兼動静，則操存之功不宜忽於無事之時。今李籲以爲遇事知操存，而無事時不能存養得熟，是謂無可着力下手處，恐學問功夫有所間斷，乃切問也。故程子以「敬」字開示之。言古人無時不敬，無時不養，故其所以養之之方，甚詳且密。樂以平心，使耳聞之而有所敬；禮以節性，使目習之而有所敬。左右起居，不敢忽也；盤盂几杖，不敢略也。勒之爲銘，使有所觸而敬心起；著之爲戒，使有所懲而敬心存。凡其一動一息，皆有以預養此心，而使之存而勿失，則雖無事而心存，是以馴至于熟也。今皆將其所爲禮樂銘戒而廢之〔二〕，則失其所以養心之具。但人心不容泯滅，古今惟此義理。古之禮樂銘戒，皆爲義理而設，則爲今之計，惟有以理義養其心耳。理義如何養？但常存此涵養意，勿坐馳，勿妄想，優遊漸漬，久自會熟，而其工夫要不外于一敬。敬以直内，志慮精專，無所放逸，不須禮樂而自知肅，不待銘戒而自知警，即涵養意也。古人設養之之具以生其敬之心，今人苟能操敬之之心以存其養之意〔三〕，即此便是着力下手處。動静之間，何適而非義理之發見哉！

呂與叔嘗言患思慮多，不能驅除。明道曰：此正如破屋中禦寇，東面一人來未逐得，西面又一人至矣。左右前後，驅逐不暇。蓋其四面空疏，盜固易入，無緣作得主定。又如虚器入水，水自然入。若以一器實之以水，置之水中，水何能入來？蓋中有主則實，實則外患不能入，自然無事。此言人心中有主，則思慮自静，否則日事驅除而有所不能也。呂與叔，程子門人。所患思慮之多者，以閒思雜慮，憧憧往來耳。但言驅除，則是日與外物爲敵，費盡氣力，思所以攻之之方，未得所以守之之本，故程子以破屋禦寇、虚器入水喻之。破屋、虚器，猶言心中之無主；寇來、水入，猶言思慮之多事。蓋寇之所以東逐西至，左右前後，周防不及者，緣屋之破，四面空疏，顧此失彼，回惑徬徨，做不得主，是我授盜以易入之隙也。水之所以浸灌漸漬于器之内者，緣中空外溢，水因虚而入。若先以水實於器之内，飽滿充足，則雖寘之水中，無能再入是器，當予水以無可入之地也。所以人心定而後能静，必須中有專主，整齊嚴肅，使義理之心充實於内，則外之非僻不得而干之，那有閒思慮之多耶？程子嘗云「有主則虚」，此云「有主則實」者，蓋彼是言有主則人心退聽，而虚以受理義之來；此是言有主則道心常定而實，以袪外誘之入，其實一而已矣。

邢和叔言：吾曹常須愛養精力，精力稍不足則倦，所臨事皆勉强而無誠意。接賓客語言尚可見，况臨大事乎？邢恕，字和叔。「吾曹」，猶言吾輩。人之精力，須是愛惜保養，凡事方幹辦得來，承當得去。若不愛養而致不足，則于體有所不充，萎靡廢弛，必至之勢，故臨事只皆勉强支持，不能徹首徹尾，一意做到底。即如接賓客時，精力稍有不足，應對語言之間，尚且散緩忽略，不能炤管，此其淺而可見者，况臨大事，安能配道義而塞天地乎？蓋精力，氣也；愛養精力，所謂養氣也。勉强無誠意，則志亦爲之累矣。世有以聲色臭味，日肆斧斤，憂傷病沮，坐致銷耗者，豈不可痛？然則宜奈何？曰：涵養主敬，最是愛養精力第一義。

明道曰：學者全體此心。學雖未盡，若事物之來，不可不應。但隨分限應之，雖不中，不遠矣。此言存心爲應事之本也。心所以應萬事，學所以求盡乎事物之理。但事物在外，而其來不窮，必盡天下之事物，而一一學之，則有所不給，而應之者紛。故學者惟全體此心，以爲因應之主，雖學有所未盡，而於事物之來，不可不應之時，各隨其分限而處置之。雖不能悉中于理，亦必不甚相遠也。所以然者，理具于心，而散見於事物，事物之理，即吾心之理，隨其事之常變。物之大小，莫不各有分限。分限者，理之當然也。全體此心，則心無偏倚，隨其分限應之，所謂心存而理得。若以事物爲學，失爲學之本矣。

明道曰：「居處恭，執事敬，與人忠。」此是徹上徹下語，聖人元無二語。此程子發明論語所言之意也。恭、敬、忠只是一心，隨時而異其名。朱子謂：「此三句便是存心之法。」蓋心存于居處之時，則要動容中禮；心存於執事之時，則要主一無適；心存于與人之時，則要中心不欺。自始學以至成德，止有安勉之分，而理無二致，故程子曰「此是徹上徹下語，聖人元無二語」也。

伊川曰：學者須敬守此心，不可急迫，當栽培深厚，涵泳於其間，然後可以自得。但急迫求之，只是私己，終不足以達道。此言敬非强持之謂也。學者存心主敬，正所以爲達道之本，非可急迫求之。要將義理浸灌深透，使此心有所持循，不爲事物所摇奪，所謂栽培深厚也。優焉遊焉，勿忘勿助，涵泳於其間，然後可以涣然氷釋，怡然理順，而謂之自得。自得則達於道矣。若但急迫求之，着意硬持，矯語鎮静，虚無枯寂，只是私己而已，其何足進於道乎？當時異學，亦常言敬，彼其所以爲敬者非也，故程子辨之。

明道曰：「思無邪」，「毋不敬」，只此二句，循而行之，安得有差？有差者，皆由不敬不正也。此程子撮詩、禮之要以示人也。「思無邪」，魯頌駉篇之辭；「毋不敬」，曲禮篇文。撮此二句，詩、禮之大旨盡矣。學者循此而行之，則邪念不作，而所以揆度皆出于正；存心有主，而所以操持一本于敬。日用之間，物來順應，安得有差？大凡人之有差者，心無檢束，客感紛之，不敬不正故也。朱子謂：

『思無邪』是心正意誠，『毋不敬』是正心誠意。」然則無邪由於敬，而敬尤要也。

明道曰：今學者敬而不自得，又不安者，只是心生，此程子爲恭而不安者發也。敬固是嚴謹意思，然非出於勉强拘迫之爲，故雖戰戰兢兢之中，未嘗不優遊自得，且覺如此則安，不如此則不安，此學者所以貴居敬也。今有敬而不自得，乃是勉强爲之。又神拘意迫，若有所不便於中者，何也？大概是存于心者尚生，未到純熟時候，此中尚有扞格處耳。亦是太以敬來做事得重，此「恭而無禮則勞」也。恭者，私爲恭之恭也。禮者，非體之禮，是自然底道理也。只恭而不爲自然底道理，故不自在也，須是「恭而安」。且非獨心生之爲患也，亦是把一「敬」字，着力做事，未免作意太過。此論語所云「恭而無禮則勞」者也，蓋恭合於禮，宜恭而恭，則恭爲天理之公，何患其勞？惟恭而無禮，則私爲恭之恭，而非天理之公矣。夫所謂禮者，豈徒升降揖遜之間，鋪筵設几之際，有形體可象者之謂哉？乃是非體之禮，自然而然底道理。人只私爲恭，而非出於自然，是以勞而不安。須是行乎吾心之恭，合乎非體之禮，乃是恭而安者，豈有不自在之理？今容貌必端，言語必正者，非是道獨善其身，要人道如何，只是天理合如此。本無私意，只是箇循理而已。何謂「恭而安」？今如容貌必端，言語必正，恭也，即禮也。非謂吾之獨善其身者，要人說我好容貌好言語，是以作意爲之，只是天理合如此，有不端不正而不可者。天理正非體之禮，禮則天理之節文也。本無私意，惟知循理，因其自然，循乎當然，何不安之有？由是言之，心生者持之久而不懈，則自熟矣。否則私爲恭者，矯飾作爲，終悖天理，豈不失之遠哉？

明道曰：今志於義理而心不安樂者，何也？此則正是剩一箇「助之長」。雖則心「操之則存，捨之則亡」，然而持之太甚，便是「必有事焉」而正之也。亦須且恁去，此爲助長者戒也。義理足以養心，人患無志，何患不安樂？今有志焉而於心不安樂者，此無他故，正孟子所謂助長之害。蓋見識分明，涵養純熟之後，此心便是會安樂。若無真實積累功用，而遽有求安樂之心，則是只剩一箇助長也。雖心要操不要捨，然而頻頻提醒，便是操之之法。若持之太甚，不得安閒自在，一心方爲其事，一心預期其效，則非所以操之之法，便是「必有事焉」而正之，正之則必助長矣。凡志於義理者，須是恁地節節做，自能尋向上去，勿持之太甚，以致助長之害也。如此者只是德孤。「德不孤，必有鄰。」到德盛後，自無窒礙，左右逢其原也。夫人之所以助長如此者，只是涵養未充，義理單薄，於吾心中之德，猶覺孤立無靠，故思有所以助之長者。若勿忘其所有事，工夫純熟，則義理充積於中，而德不孤矣。夫子云「德不孤，必有鄰」，正謂到德盛後，觸處天理。東海北海，此心此理之同；百世而上，百世而下，亦此心此理之同。中無滯礙，有左右逢原之妙。此時心不待操而自存矣，何不安樂之有！愚謂德者，人所同得，斷無患孤，此云孤者，就其人之初志義理者言之。「鄰」則對「助」而言。見德盛之後，頭頭是道，何須作爲以助之長也〔四〕。

明道曰：敬而無失，便是「喜怒哀樂未發謂之中」。敬不可謂中，但敬而無失，即所以中也。中者，天命之性。敬者，存養之心。心所以載性，故心常能存養而不失。則于寂然不動之時，主乎一而無他適，便是無偏無倚，渾然未發之中。蓋中屬本體，敬屬工夫，敬不可即謂之中，然有此工夫方養得此本體，是敬乃所以中也。按，敬之爲言，原兼動静。然動時之敬，非有加於静時之敬，猶已發之和，仍不外于未發之中也。故言静可以該動。

伊川曰：司馬子微嘗作坐忘論，是所謂「坐馳」也。司馬子微，名承禎，唐天寶中，隱居天台之赤城，嘗著論八篇，言清淨無爲、坐忘遺照之道。「坐忘」，字見莊子。司馬子微蓋學莊子之學者也。殊不知有意于坐忘，即是「坐馳」。蓋不能操存此心，以爲一身之主，而徒厭思慮之多，欲一切驅除屏息，即此欲忘之心，便已不能忘。故程子又曰「有忘之心，乃是馳也」，與此處相發明。學者苟能主敬，則自無此患矣。

伊川曰：伯淳昔在長安倉中閒坐，見長廊柱，以意數之，已尚不疑。再數之，不合。不免令人一一聲言數之，乃與初數者無差。則知越著心把捉，越不定。心爲虚靈之物，惟虚故靈，着意把捉，便有所憧擾，而失其虚靈之本體。明道倉中閒坐，數長廊柱，初間心虚，虚則主一，故數之不疑。及有所疑而再數之，是心不主于一而有他適矣，所以不合。至使人一一聲言數之，乃與初數者不差。可見心非把捉物事，越把捉越不定。須是止於事，則自定。能止於事者，其居敬之學乎！

明道曰：人心作主不定，正如一箇翻車，流轉動摇，無須臾停。所感萬端，若不做一箇主，怎生奈何？張天祺昔嘗言：「自約數年，自上著床，便不得思量事。」不思量事後，須强把他這心來制縛，亦須寄寓在一個形象，皆非自然。君實自謂「吾得術矣，只管念箇『中』字」，此又爲「中」所繫縛，且「中」亦何形象？張天祺，名戩。司馬君實，名光。此要人以敬持志，而爲心作主也。蓋心者身之主，敬又能做心之主。若中無操存，作主不定，翻來覆去，正如翻水之車，流轉動摇，無刻停息。夫物之所以感于心者，紛紜萬端，而我之所以應之者，無能做得一箇主宰，何以握要御煩乎？然所謂作主者，非强制其心，而繫縛之之謂也。張天祺自約數年，上牀不思量事，是患心之流轉動摇，而思有以定其心者。畢竟此心何所安頓？必須把心制縛，寄寓一處，必偏倚於一處。所謂欲息思慮，便是思慮，皆非自然。此天祺之作主不定也。司馬温公自謂得存心之術，只管念個「中」字，是又患心有偏倚制縛之弊，而欲以中之理定之者。畢竟「中」字何處捉摸？有心求「中」，即爲「中」繫縛，不多着此一念乎？且中有一定之理，無一定之形象，懸空設想，此心究是動摇。温公之術，亦未見作主之定也。有人胸中常若有兩人焉：欲爲善，如有惡以爲之間；欲爲不善，又若有羞惡之心者。本無二人，此正交戰之驗也。持其志，使氣不能亂，此大可驗。要之，聖賢必不害心疾。蓋人止一心，若制之係縛之者一心，而爲所制、所係縛者又一心，是兩心也。一人而兩心，則是胸中常若有兩人焉：一心欲爲善，又如有爲惡之一心以間之；一心欲爲不善，又如有羞惡之一心以沮之。本無二人，而反覆如是，此正作主不定，胸中交戰之驗也。防其交戰，須先持志。持之云者，義理爲主，涵養爲功，如尸如齋，勿忘勿助，使神明自定而氣不能亂，則雖所感萬端，物來順應。天下自紛，吾心自一；天下自動，我心自静。此大可明驗者。若患心之流轉動摇，而欲强制係縛之，是害了心疾矣。聖賢順此心之自然，因物付物，必不使心之爲累，而自害心疾。所以然者，敬以持志而已。

明道曰：某寫字時甚敬，非是要字好，只此是學。此見存養工夫，無一息可間斷。即寫字時，心便當存于寫字之中。非屑屑欲字之工也，不誠無物，一息不存其心，天理即便間斷，推之事事皆然。夫子所謂「執事敬，不可棄」者，正此意也。故曰：「只此是學。」不然，所學何事乎？

伊川曰：聖人不記事，所以常記得。今人忘事，以其記事。不能記事，處事不精，皆出於養之不完固。此言心貴涵養。蓋心者，神明之舍，虚則明，明則通。聖人胸中不着一物，無心記事，所以虚而能受，常能記事。今人遇事便横着心中，物而不化，是先有事以窒之，所以昏滯不通，不能記事。然則事已往而記之不真者，固由不能養其心；事方來而處之不精者，亦由不能養其心也。嘗驗之平旦矣，日間所思不得，及不知所以處置之者，到那時分外記憶，分外精細，豈非夜氣之完固而心虚明乎？此處最可想見。

明道在澶州日，修橋少一長梁，曾博求之民間。後因出入，見林木之佳者，必起計度之心。因語以戒學者，心不可有一事。不滯于已往，不逆於將來，事至而應，心如止水，是謂主敬之學。程子因修橋少長梁，博求而後得之，後遂留心林木，見其佳者，輒生計度。固非私意之爲，亦覺有些沾滯，故言之以爲戒，見心不可有一事。無事則定，定則能止于其事，否則心爲之擾矣，豈主敬之謂哉？

伊川曰：入道莫如敬，未有能致知而不在敬者。應事須要致知，而非存心則無以致知，故入道者當先持敬。能持敬則澄心觀理，專精之至，是非不淆，而知乃可得而致也。安見有格物窮理，而不從操存涵養中來者？今人主心不定，視心如寇賊而不可制，不是事累心，乃是心累事。當知天下無一物是合少得者，不可惡也。今人不能以敬存心而心不定，因恐心爲事動，被他牽糾紛擾〔五〕，遂欲屏棄一切，自家繫縛其心，不肯思量，則是視心如寇賊不可制，而惡外物之爲累也。此豈真事能累心哉？乃自桎梏其心，寘心于無用之地，使天下事無所整頓，是心累事也。夫心爲應事之主，萬物皆備于我，天下之物，無論大小精粗，皆有其當然與其所以然，那一件是合少得？知其不可少，便當知所以應之，如何以爲累而惡之？此惡之之心，便是不敬，所謂害心疾也。然則主敬以致知，物來而順應，豈非入道之要務哉？

伊川曰：人只有一箇天理，却不能存得，更做甚人也？合下生來無別物，只是所得于天之正理，與生俱來。却自不能存得，則其違禽獸不遠矣。故曰「更做甚人也」，詞旨痛切極矣！然則如之何而後能存？曰「戰兢惕厲，是存之之法」。

伊川曰：人多思慮，不能自寧，只是做他心主不定。要作得心主定，惟是止於事，「爲人君止於仁」之類。如舜之誅四凶，四凶已作惡，舜從而誅之，舜何與焉？人心不能無感，必無屏絶思慮之理，只是當思慮而思慮，何至憧擾不寧？其所以不寧者，心主不定故也。如何做得心主定？凡事莫不各有所當止之地，隨其所當止者，而我從而止之，不虚於事之中，不溢於事之外。如大學言「爲人君止於仁」之類。仁者，君之所當止也，止於仁，則止於爲君之事矣。又如舜誅四凶，誅惡者，天子之事也，舜以其可誅而誅之，而非有私意于其間，則止於誅惡之事矣。事之未來，心何所馳？事之既往，心何所滯？此之謂「做得心主定」，而思慮自寧也。人不止於事，只是攬他事，不能使物各付物。物各付物，則是役物。爲物所役，則是役於物。「有物必有則」，須是止於事。今人不止於所當止，只管包攬他事，如事之所不可爲、不必爲，非我所得爲，非今日所宜爲者，皆是也。如此則思出其位，心爲所紛，不能使物各付物矣。物各付物者，心爲主，物爲客，居中以御，各聽處分，則是御物。不如是，而爲物所役。心一而已，物號有萬，雜揉紛沓，日不暇給，則是役於物。夫有物必有則。物，事也；則，理也。則具於物，其所當止者也。因物付物，止其所當止。而止於事者也，須是止於事，則所以治事者，即所以定心，那有思慮不寧之患？否則欲屏其所謂思慮者而空之，只是添得許多雜亂。

伊川曰：不能動人，只是誠不至。於事厭倦，皆是無誠處。此言接人處事皆要誠也。誠能動物，如獲上、治民、信友、順親之類。不能動人，只是誠不至。誠則無息，如學自不厭、誨自不倦之類。於事厭倦，皆是無誠處。何以存誠？曰敬而已矣。

伊川曰：静後，見萬物自然皆有春意。天地生物之心，逐時逐物，發見呈露，無間於大小、精粗，皆自然而然者，是謂春意，非獨以四時之首春爲春也。人在大化鼓動之中，爲萬物中之一物，不免雜感紛紜，所以不見天地生物之心。若涵養得久，凝神定慮，静與天通，隨處體驗，覺飛躍蠕動，碧緑青黄，眼前看底，耳邊聞底，自然皆有勃勃生機之發，昭昭天理之行。明道詩云「萬物静觀皆自得」，即此意也。

伊川曰：孔子言仁，只説「出門如見大賓，使民如承大祭」。看其氣象，便須「心廣體胖」，「動容周旋中禮」，自然。惟慎獨便是守之之法。此明體信達順之道，而約其止于敬也。

仁體事而無不在，而非敬無以存仁。所以孔子爲仲弓言仁，只説「出門如見大賓，使民如承大祭」。夫見賓、承祭，心之形也。一出門，一使民，便要如此。就此看其氣象，有無時無事之不宜存仁者。蓋仁根於心，施于四體，見於動容周旋之間。有一毫人欲之僞，則心必不廣大寬平，體必不安舒自得，動容周旋必不合于天理自然之節文。孔子舉出門、使民以爲言，要見無適不然意，所以常守此仁也。然非慎于未出門、未使民，人所不知而己獨知之地，則倏忽之感，必有持之不及持者。惟慎獨便是守之之法。蓋敬貫動静，而由静而動之幾，正天理人欲之關，故慎獨是主敬第一義。

聖人「修己以敬，以安百姓」，「篤恭而天下平」。惟上下一於恭敬，則天地自位，萬物自育，氣無不和，四靈何有不至？此「體信達順」之道。夫敬之爲功甚密，而敬之爲用甚弘。故聖人言「修己以敬」，而所以「安百姓」即在其中。中庸言君子自篤其恭，而天下之平即在其中。曰安、曰平，則盡乎位育之理，而天地萬物，和氣休徵，統攝乎吾心之内矣。惟上下一於恭敬，便能如此。此體信以達順，其道固有然也。禮運曰：「鳳凰、麒麟皆在郊藪，龜、龍在宫沼。」所謂四靈畢至。又曰：「體信以達順。」朱子曰：「信是實理，順是和氣，體信是無一毫之僞，達順是發皆中節，無一物不得其所。」

聰明睿智皆由是出，以此事天饗帝。蓋學者之患，惟在不敬。敬則耳目自會聰明，心思自會睿知，以之體天地萬物之實理，而達天地萬物之和氣，未有不由此出者。此無敢戲渝馳驅之心，自可以對越於日明日旦之際，則是事天饗帝，亦以此而已矣。天以理言，故曰事，動静語默無非事也。帝以主宰言，故曰饗，如郊祀之類。朱子曰：「非程子實因持敬而見其效，何以語及此！」學者誠能從自己身上體驗，何患聰明睿知之不長進哉？

伊川曰：存養熟後，泰然行將去，便有進。凡人於日用之間，所行未免拘礙者，皆存養未熟之故也。熟則心安乎理，發便中節，所以泰然行將去，便覺學問有進益處。胡敬齋曰：「涵養得本心熟，到清明和暢處，仁可得矣。」

伊川曰：不愧屋漏，則心安而體舒。屋漏，室西北隅，蓋不睹不聞之時也。於此而不密其存省之功，則天理間於一息，自家覺有愧歉。愧便不安，愧便不舒。故惟自反無愧，則心安而體舒，與大學「心廣體胖」意合。

伊川曰：心要在腔子裏。此言心之不可放也。腔子，猶言身子。心本在身中，那有不在？只爲物欲牽引，思慮纏擾，有牿于形象，滯於方隅，而並游於無何有之鄉者，無一刻在腔子裏矣。殊不思人之一心，至虚至靈，所以具衆理而應萬事者，豈可聽其放而不在？若要他在，須有操存工夫，操得此心，便覺天地萬物皆吾度内，無事静坐，有事應酬，都是心之運用神妙，所以心要在腔子裏。而朱子又教人在腔子裏之法，曰「敬」也。

伊川曰：只外面有些隙罅，便走了。心不可放，而放之最易，只外面有些隙罅，便縱逸奔馳而不可羈。夫視、聽、言、動，何一非隙罅處？隙罅雖在外面，實是内面，工夫疏漏，故乘間走出耳。操存完固，打成一片，隙何自生乎？

伊川曰：人心常要活，則周流無窮，而不滯於一隅。心本活，纔繫於物便不活，不活則滯矣。一隅，猶言一處。大學言「有所」則「不得其正」，「有所」二字正是「滯」字病根。常要他活，必須涵養不息，則自然周流不滯，無適而非其心體之流行矣。

明道曰：「天地設位，而易行乎其中」，只是敬也，敬則無間斷。此即易之言天地者，以推明人心之當敬。易，謂陰陽之變易流行也。天地亦是有箇主宰，故天設位於上，地設位於下，中間會恁地變易，生生無窮。天地只是敬也，就人心言之，唯敬然後流行不息，而義理無間斷。若不敬，則所謂「不誠無物」，安能使「成性存存」，而爲道義之所從出乎？故觀於天行之健，而知敬固健也。君子不以人欲害其天德之剛，而後可法天之不息。觀於地勢之順，而知敬固順也，君子必無所處而不安，無所安而非正，而後可應地之无疆。天地人同歸於一敬而已矣。

明道曰：「毋不敬」，可以對越上帝。此即禮之言「毋不敬」者，以推明事天之義。「毋不敬」，該動静内外而言之。齋坐端嚴，静而敬也；隨事簡點，動而静也；思慮湛一，敬於内也；容貌莊正，敬於外也。帝者，天之主宰。天日在于人之中，「出王、游衍」，而天在焉；「爾室、屋漏」，而天亦在焉。一息不敬，無以安于心，即無以對於天，故又云「終日乾乾」，君子當「對越在天」。而孟子則云：「存其心，養其性，所以事天也。」

明道曰：敬勝百邪。邪與正不兩立，而有相倚伏之勢。如寇從外來，周防不密，彼將乘間竊發，與我爲敵，故必有以勝之。惟常常提醒此心，如主人做得主定，只管精神不寐，群盜自退，故曰「敬勝百邪」也。邪言百者，人心只一個義理是正底，反乎義理，不獨嗜慾爲邪，即五官七情，爲人所不能無者，而邪亦各以類潛滋暗長於其間，其黨甚夥，安得不戰戰兢兢，主一以守耶？

明道曰：「敬以直内，義以方外」，仁也。此取易坤卦六二文言之辭而發明之。直者，心無私；方者，事當理。「敬以直内」者，凡人能敬則心自正，正則以循理爲念，胸中洞然，自無纖毫私意。「義以方外」者，凡人遇事有裁制，則是的決定必如此，不是的決定必不如此，自截然方正，不可那移。仁者，無私心而當於理之謂。今自内以達於外，徹表徹裏，人欲淨盡，天理流行，豈不是仁？故於此決言之。而他日亦曰：「把捉不定，皆是不仁也。」若以敬直内，則便不直矣。「必有事焉而勿正」，則直也。易不曰「以敬直内」，而曰「敬以直内」者，敬只是此心，合得收斂，合得操存，非有意於以之而欲直其内也。有意求直，則其心便有所爲而爲之，已偏倚而非直矣。「必有事焉而勿正」者，頻頻提醒，爲所當爲，而無期必計效之意，則不求直而自直也。若夫「義以方外」之意，可不煩言而解矣。

明道曰：涵養吾一。「一」者，誠也，無欲也。無欲則一，有欲則二三。其謂之「吾一」者，人心一太極，太極本具於吾心，所以不自外面捉搦個一來，只好涵泳持養，勿貳以二，勿參以三，則此心純乎天理，而無人欲之私矣。要其所謂涵養者，非一朝一夕之事也。

明道曰：「子在川上曰：『逝者如斯夫！不舍晝夜。』」自漢以來，儒者皆不識此義。此見聖人之心，「純亦不已」也。「純亦不已」，天德也。有天德便可語王道，其要只在慎獨。

此程子見聖心與道爲體，而因取論語之言以明之，欲學者知所以體道而慎其獨也。蓋川流不舍，逝者之一端。天地之化，往過來續，無非逝者。而其所以然之故，乃天命之流行不已，有不容一息間斷者。衆人不識天命之本然，是以不能默契而有得。唯聖人全體此心，與天爲一，故以心中之逝者，觸乎目中之逝者；以目中之水之逝者，會乎天地全體之逝者，而不覺於川上有感焉。自漢以來，儒者不曉此義，則以爲在川言川已耳。不知天地之逝者，天地之至誠無息，聖人之有感於逝者，聖心之「純亦不已」也。「純亦不已」者，渾然天理，無私意之間斷，是即所謂天德也。王道必本于天德，蓋王道貴純，不純即爲雜霸，可以行於一鄉一邑者，不可行於天下，可以施於一時者，不可施於百年，便自有間斷，故有天德斯可語王道，而要非無自而能純也。學者必由慎獨之功，兢兢然恐吾心有人欲之私，而少有不謹，則天理爲之間斷，然後可以漸底於純。天德王道，一以貫之，而天命之流行不已者在我矣。不然，我生在逝之中，我心不知逝之理，當前錯過，一生醉夢，安能與道爲體也哉？

伊川曰：「不有躬，無攸利。」不立己，後雖向好事，猶爲化物。不得以天下萬物撓己，己立後，自能了當得天下萬物。此取易蒙卦六三爻辭而申其意，見人不可不立己也。易以「見金夫，不有躬」爲徇欲喪心之譬，程子謂此「不有躬」者，是不立己之故。大凡人不立己，則人化物而滅天理，必不能向好事。即有所爲之事偶合於善，亦非己之心以爲當爲而决然爲之者。究竟爲物之所化，而不能以我御物也。化物者，見化於物，則物得而撓之。學者靜虛動直，居己於無欲之地，不得以天下萬物撓己。蓋一己之中，萬物皆備己。以義理爲主，「天地之塞吾其體，天地之帥吾其性」，孰得而撓之？不撓故立。己立之後，忘乎物累，順乎性命，旁行貫通，其應在我，自能了當。得天下萬物，又奚至於徇欲喪心，而有「不有躬，无攸利」之戒哉？

伊川曰：學者患心慮紛亂，不能寧靜。此則天下公病。學者只要立個心，此上頭儘有商量。學須靜也。心慮紛亂，不能寧靜，則東奔西馳，無歸着處，那會進益？此天下學者之公病。只爲這心整頓不起，守不定，不能以義理勝其利欲之心，而思慮因從而紛亂之耳。苟先立箇心，安頓定着，積累上去，儘有商量。朱子曰：「學者不先立箇心，恰如作室無基址。今正要立得基址，使此心有箇存主處，爲學便有歸着，可以用功。」得程子之意矣。

伊川曰：閑邪則誠自存，不是外面捉一誠將來存著。今人外面役役於不善，於不善中尋個善來存著。如此，則豈有入善之理？只是閑邪則誠自存。此言敬爲閑存之要，須由敬以入誠也。人心本來誠，誠則有善無不善。緣心不主一，則有二三，有二三則邪得以入，而不善之事，憧憧往來，於是本來之誠，梏之反覆，至于不足以存。而内而妄思，外而妄動，蕩然不知有以閑之。此人欲所以日長，天理之所以日消。學者終身於其中執捉不定，無下手處者也。程子拈出「敬」字，喚醒學者，開口説「閑邪則誠自存」，便見邪之與誠不是對待物事。閑之即所以存之，無兩層工夫，亦無兩樣道理，又不是外面捉一誠將來存著。蓋誠非待外求，我生之初，天理渾然，真實无妄，則其當爲善而不當爲不善也，深切著明矣。今人之患，平日無涵泳持養之功，栽培深厚於其中，以致外面役役爲不善，而乃欲於不善之中尋箇善來存着，是以善爲外鑠耶？不然，善何處尋？此尋之之心，正是不能存著之心，豈有入善之理？殊不知善在于心，不須尋，只須存。如之何而存之？只是閑邪，則誠自存。少一分人欲，便長一分天理。豈閑之者一心、存之者又一心哉？故孟子言性善皆由内出，只爲誠便存。閑邪更著甚工夫？但惟是動容貌、整思慮，則自然生敬。既言存誠之由于閑邪，恐人别求所以閑之之法，莽莽蕩蕩，究無交涉，又推其故而言之。以爲誠者性也，以其實有是理言之謂之誠。以其實理具于心言之，謂之性。孟子揭性宗旨，斷爲性善，則善皆内出，即誠非外鑠，本不待存而自存者。今云閑邪以存之，豈「閑邪更著甚工夫」？然外之容貌，不有以閑之，則易以惰慢而即於邪；内之思慮，不有以閑之，則易以紛亂而入于邪，而誠不可得而存矣。學者但惟是提醒於容貌思慮之間，使此心有所持定，則自然生敬，而閑邪工夫莫過此矣。又豈外此别有所謂存誠之方也哉？敬只是主一也。主一則既不之東，又不之西，如是則只是中。既不之此，又不之彼，如是則只是内。存此則自然天理明。學者須是將「敬以直内」涵養此意，直内是本。既言敬爲閑邪工夫，恐人以敬爲别是一事，另以一個敬來主此心，故又言敬非他，只要此心常自整頓而耑主乎一也。耑主乎一，則不之東、不之西，湛然静虚，無所偏倚，只是中；不之此、不之彼，止於所止，不出其位，只是内。於以關防外邪，洞見本性，自然性中之天理，惺惺了了，如日之方升而無不明，那有閑思雜慮，私而不直之爲，是之謂「敬以直内」也。學者須是「敬以直内」，常常整頓其心，將此意涵養久之，心在腔子裏，邪無由入，即是閑之妙法，故曰「直内是本」也。未能直内，則亦安得謂之敬哉？今由程子之言而總論之：人生有性，性中所具無他物，只一個理。此理原之于天，本是真實无妄的，故謂之誠。閑邪而外，别無存誠之法，然所以閑之者，究不外于吾心。心放故邪，纔收斂便有一個主宰，無許多雜亂邪念，則内直矣。内直誠便存。誠是一，敬是主一。未能誠者，由敬以入誠。誠不是外面捉來存着，敬亦不是另外捉來主著。心要如此，便耑主乎此而不適乎他，是之謂敬。時時事事固要從此做去，大段總是收斂入來，所以「直内是本」。朱子曰：「程子有功後學，最是拈一『敬』字有力。」學者其可不盡心乎哉？

伊川曰：閑邪則固一矣，然主一則不消言閑邪。閑邪而誠自存，則心固一矣。然心惟不一故邪，邪故思所以閑之。若耑主乎一，則許多放蕩底心都收了，許多雜亂底心都靜了，自然無邪，何消説個閑邪耶？則甚矣，主一之要也。有以一爲難見，不可下工夫，如何？一者無他，只是整齊嚴肅，則心便一。一則自是無非僻之干。此意但涵養久之，則天理自然明。夫一有甚形影，視之不可得而見也。故有疑其難見，未知如何下工夫者。而不知一非他也〔六〕，只是要心在這裏，外面整齊嚴肅，以養其內，則心便一，一便無非僻之犯也。人惟涵養未久，心有二用，天理因有間斷。但涵養久之，心一乎理，而理之具于心者自然明無不照，不患邪之爲累也，故曰「不消言閑邪」。此承上章之意也。

有言：「未感時，知何所寓？」伊川曰：「『操則存，舍則亡，出入無時，莫知其鄉』，更怎生尋所寓？只是有操而已。操之之道，『敬以直內』也。」人心神妙不測：動而應事之時，隨事而存，而非爲事所繫縛。靜而未感之時，所以應事者自在，而非有所偏倚而寄寓於一處。今人不達其理，有言「未感時，知何所寓」者。夫心有所寓，則墮落那一邊去，有定時，有定處，不算是活物矣。伊川引孟子之言心者，見操便存、舍便亡。倏存倏亡，則出入無時；一出一入，則莫知其鄉。孟子言心之虛活如此，更何處尋其所寓？只是有操勿舍而已。操亦不是太拘束他，略收拾來，即在這裏。易言「敬以直內」，所以操之也。能敬則未感之時，胸中有個主宰，洞洞屬屬，義理昭著，雖無所寓，亦何在不寓哉？

伊川曰：敬則自虛靜，不可把虛靜喚敬。程子恐人誤認周子主靜之旨，故言此以示學者。蓋周子説主靜，正要人靜定其志，自作主宰，所謂靜中須有物始得也，所謂敬也。敬則無閒思雜慮，自虛而靜。人若只管求靜，空却一切欲，與事物不交涉，是把虚靜唤做敬，其不流于窈冥昏默之異學也幾何哉？

伊川曰：學者先務，固在心志。然有謂欲屏去聞見知思，則是「絶聖棄智」；有欲屏去思慮，患其紛亂，則須坐禪入定。如明鑑在此，萬物畢照，是鑑之常，難爲使之不照。人心不能不交感萬物，難爲使之不思慮。此言人心無不思慮之理，只思其所當思，則其所不當思者不能亂之。此聖賢主敬之功，所以不同異學也。蓋學者先務，固在心志之定，紛擾膠結，此誠大病，然不得持心之要，而徒求虚靜之道，遂有謂耳目之聞見，心志之知思，皆非自然，欲屏去一切，清靜無爲者，則是老氏之絶聖棄智，而不識吾心之本體也。又有謂心雖能思，而多思多亂，不如遏絶制縛，看住心在這裏者，則須如釋氏之坐禪入定，而不知吾心之大用也。夫心如明鑑，其體光明洞達，其用自足以照物。是以懸之于此，而萬物妍媸，隨來畢照，鑑無與焉，此鑑之常。今有是鑑而使之不照，既虚此鑑之本體，而妍媸之異其形，又何所持以顯其照之之用？亦見其難爲也已。況人不能不感於物，物不能不感于心，心與物交感而思慮起焉。心爲思之體，思爲心之用，乃以爲心無所用思，而棄絶其心之聖智，又患思慮之足以累心而枯守寂坐，以學佛氏之所謂定者。將求靜反不得靜，欲息思慮反添思慮，豈非難之又難乎哉？若欲免此，惟是心有主。如何爲主？敬而已矣。有主則虚，虚謂邪不能入；無主則實，實謂物來奪之。夫思慮必不可却，而欲免思慮紛擾之患，惟當思者思之，不當思者不思，心有所主，自不至爲所紛。然如何爲心有主？則曰只是敬而已矣。敬者，心之體所以立，心之用所以行。無事時不教心空，有事時不教心亂，是以有主也。有主則虚。虚者，心中若無一事，事來便可否分明，邪何能入？若無主則實。實者，不以義理養其心，滿腔都是私意，所以物來奪之。觀有主、無主之分，可知主敬爲學者先務，豈以事物之來，漠然不應，爲能持其心耶？

大凡人心不可二用，用於一事，則他事更不能入者，事爲之主也。事爲之主，尚無思慮紛擾之患。若主於敬，又焉有此患乎？承上文，極言有主之效。大凡人心不可二用，今人爲一事而耑用其心。如讀書時心在書，寫字時心在字，執玉捧盈時心在執玉捧盈，干戈戰鬭時心在干戈戰鬭，則他事更不能入者，事爲之主也。事爲之主，不過一時之心之耑，尚不爲他事紛擾。若時時主敬，則時時皆主于事，又焉有紛擾之患？而必爲屏去思慮之見，則亦可謂不察矣。

所謂敬者，主一之謂敬；所謂一者，無適之謂一。且欲涵泳主一之義，不一則二三矣。至於不敢欺、不敢慢、「尚不愧於屋漏」，皆是敬之事也。此又詳解「敬」字之義，使人深思而自得之也。夫所謂敬者，隨動隨靜，專致其心，勿貳以二，勿參以三，主一之謂也。所謂「一」者，當事而存，止於其事，勿東以西，勿南以北，無適之謂也。無適即是主一，主一即是敬，非無適之外別有所謂主一，主一之外別有所謂敬，且當就主一之義，玩味而涵泳之，察其所以必主一之故。蓋不一則二三矣，二三之憧憧思慮，豈不成紛擾乎？所以不必遏絶思慮，不必屏去聞見知思，只要主一。至於實致其主一之功，隨時隨事，無非持養用力之地。「不敢欺」，有惕然畏慎意思。「不敢慢」，有肅然整頓意思。「尚不愧于屋漏」，有卓然精明、湛然純一意思。皆所以實致其主一之功，而爲敬之事也。敬不求靜而自無不靜，聖賢教人只有此法。異學絶天理、害人心之教，豈儒者所可爲哉？

伊川曰：「嚴威儼恪」，非敬之道，但致敬須自此入。禮記：「嚴威儼恪，非所以事親。」謂是以上臨下之敬，即正其衣冠，尊其瞻視，儼然人望而畏之者也。程子既以爲「非敬之道」，而又謂致敬自此入者，蓋不齊其外無以養其內，外端則內自肅，胡敬齋謂「端莊整肅，嚴威儼恪，是敬之入頭處」是也。

伊川曰：「舜孳孳爲善。若未接物，如何爲善？只是主於敬，便是爲善也。以此觀之，聖人之道，不是但默然無言。」程子恐人專要去靜處求，便以默然無言，謂可明心見性，不知靜中要有個存主，故拈孟子言「舜孳孳爲善」。當雞鳴之時，未與物接，如何爲善？蓋天理無間，聖人爲善之心亦無間，雖未接物，而惺惺存存，必主于敬。使吾心之內，天理流行，便是孳孳，勉而不已，便所以爲之也。以此觀之，聖人豈但是默然無言？其所以戒慎恐懼者，蓋無時無處而不用其力也已。

問：「人之燕居，形體怠惰，心不慢者，可否？」曰：「安有箕踞而心不慢者？昔呂與叔六月中來緱氏，閒居中某嘗窺之，必見其儼然危坐，可謂敦篤矣。學者須恭敬，但不可令拘迫，拘迫則難久也。」形體者，心之徵也。怠惰見於燕居之形體，即此便是不敬。而以心有不慢爲問，亦未達於內外交養之義矣，故程子告之以此。盤坐曰箕，蹲跱曰踞，皆怠惰之形。蓋外面嚴肅整齊，則中自然寧一，豈有外箕踞而心不慢者？呂與叔，程門高弟也。六月盛暑之時，在緱氏閒居中，非見賓承祭之地，猶必儼然危坐，不見怠惰。則其整齊嚴肅，終身守敬之敦篤可知矣。夫發於外之謂恭，存諸中之謂敬，只是一般意思。學者須内外交養，而後可以進於道。但亦有勉爲恭敬，而卒不能久者，以其把捉太重，覺有拘苦急迫之意，故始嚴終怠而不能久。如呂與叔之儼然危坐，彼若有拘迫意，豈能鎮常如此？此是索性從整齊嚴肅做上來，久成自然者。胡敬齋曰：「人之昏困，是氣也，持其志則昏困去矣。」

「思慮雖多，果出於正，亦無害否？」伊川曰：「且如在宗廟則主敬，朝廷主莊，軍旅主嚴，此是也。如發不以時，紛然無度，雖正亦邪。」此即君子思不出其位之意也。思以位爲準，位以時爲定。日用間一言一動，莫不各有其則，故其發之思慮者，稍違乎時，便是出位。或問思慮苟出於正，雖多似不爲害，而程子告之以此。蓋思慮不失其時，方是不失其正。如時在宗廟，則愾見僾聞，以敬爲主；時在朝廷，則嚴威儼恪，以莊爲主；時在軍旅，則介胄不可犯，以嚴爲主。所謂時也，即便是正也。若移宗廟之敬於朝廷，移朝廷之莊於軍旅，移軍旅之嚴於宗廟朝廷，豈得謂之不正，而發不以時？胸中紛然無有限度，則不必邪思妄念乃是爲邪，雖正亦邪，甚害事也。學者平時但當涵養本原，澄然無事，主敬之功既至，發必中節，而自無此患矣。

蘇季明問：喜怒哀樂未發之前求中，可否？伊川曰：不可。既思於喜怒哀樂未發之前求之，又却是思也。既思即是已發。此程子辨别心之動静，極明極細，足以闢異端主静之非，與〈易理相發明，使人有着力下手處者也。蓋論道理自有動時自有静時，論工夫亦兼動静。静時即已涵動時之理，動時正以密靜時之功。靜時道理多於動時見，動時工夫要於靜時做。此動靜之體用，原自無間，而據其地頭言之，則有辨别。靜是無思無慮，才有思慮便是動。故中庸言「喜怒哀樂之未發謂之中」，是因既發之後，推原未發之前。就其地頭，認其名狀，見人心確有此未發道理。這道理確是亭亭當當、直上直下，無少偏倚。雖未喜怒哀樂，而所以當喜當怒當哀當樂之節，全具其中，出之則不是〔七〕。人若涵養得好，則發便中節，與未發之中無異。其立言本意，欲人認識天地間無處不是道理，事物之來，當隨處以道理應之，乃無虧於天命之中。非欲人只管向靜處求，舍日用現成物事，去無形迹處尋討。毫釐之差，必有謬以千里者。故程子因蘇季明之問而詳辨之。蘇季明，名昞，程子弟子。其以「求」字爲問，求非出於思不可，思與喜怒哀樂一般，即是已發。蓋未發是性體，性體無形象可見，無方所可尋。子思即喜怒哀樂之可見可尋者，體貼出不可見不可尋者，使知性體即此而在，仍須于喜怒哀樂上識取，不可於未發之前求中也。求必思，思必有喜怒哀樂，豈非即是已發乎？其後羅、李二先生教人靜坐觀氣象。觀者，思慮未萌，與「求」字不同。而朱子以爲説終有病，不如程子之説得平，學者宜細察之。纔發便謂之和，不可謂之中也。人之思慮纔發，便謂之和者，如思其所當喜，則心已向喜一邊；思其所當怒，則心已向怒一邊。雖其喜怒中節，無過不及而和，和亦是得喜怒之中，然算做喜怒一邊底中，非渾然包涵全體畢具之中。是以謂之和，不可謂之中，推之哀樂亦然。然則中和一理而異名，不可不辨也。又

問：吕學士言當求於喜怒哀樂未發之前，如何？曰：若言存養於喜怒哀樂未發之前則可，

若言求中於喜怒哀樂未發之前則不可。知和不可謂中，則欲求喜怒哀樂之中，便是求和，不可言求中。故季明又舉呂學士之言爲問，欲以折衷其可否也〔八〕。呂學士即與叔。程子以爲呂學士之言自是不可〔九〕，只可言存養，不可言求，言求則太着力也。夫存養豈非所以求之？且亦是人心要如此，亦算做已發。而程子以爲可者，蓋有是本體，必有是工夫。工夫都屬動，而動中仍分動靜，必從靜處做工夫起，以爲動處之用。存養正是靜處做起，非一意求靜。謂工夫即此完備，了無餘事，故可言存養，不可言求也。

又問：學者於喜怒哀樂發時，固勉强裁抑。於未發之前，當如何用功？曰：於喜怒哀樂未發之前，更怎生求？只平日涵養便是。涵養久，則喜怒哀樂發自中節。夫未發雖只言存養，而存養亦有工夫。故季明因問學者於發時，用得勉强工夫，以裁抑其過不及，使之中節而和；若未發時，如何用存養之功？程子以爲：存養云者，非但此一時未發，從此一時存養，便求得這個中在，尚是未發，更怎生求〔一〇〕？只是平日虛心平氣，體察玩索，主宰分明，義理昭著。所謂涵養云者，便是所以存養之也。涵養既久，則中隨事而見，喜怒哀樂發皆中節，亦豈待于勉强裁抑之爲哉？

曰：當「中」之時，耳無聞、目無見否？曰：雖耳無聞、目無見，然見聞之理在始得。聞程子涵養平日之説，亦可曉然于存養與求之辨矣。而季明之意，又以爲明説一個「中」字，便是有可指名者。有名斯有象，有象斯有聞見，有聞見斯有思。今謂思而求之，便是已發，則當中之時，耳目無聞見否？程子以爲事物未接，思慮未起，自是無聞見。然心具衆理，雖未有聞見，而聞見之理自在。如未遇孺子之入井，怵惕惻隱之心未發，難道便無此心？未見牽牛于堂下，不忍觳觫之心未發，亦難道便無此心？學者須體會此心原不落空，于中之理始得。蓋惟有其理，是以謂之中，非中可得而聞見也。聞見又是已發，不是靜。賢且說靜時如何？曰：謂之無物則不可，然自有知覺處。程子恐季明於靜時境界尚未分明，故復設問「靜時如何」，欲因其蔽而開曉之也。賢，指季明。謂之「無物則不可」者，朱子曰：『「無物」字恐當作「有物」。』季明蓋謂靜時未與物接，固不可謂之有物，然自有知其當然，覺其所以然處，似不得謂全無聞見，仍欲於未發之前求中之意也。曰：既有知覺，却是動也，怎生言靜？人說復，其「見天地之心」，皆以謂至靜能見天地之心，非也。復之卦下面一畫，便是動也，安得謂之靜？程子以爲季明之言靜者非也。没說言求言思是動，即言有知覺，却亦是動。蓋以心體論之，固是具有知覺之理，所謂虛靈不昧、如鏡本來明是也。謂之明則可，謂之照物則不可。明是體，屬靜；照是用，屬動。中是體，屬靜；有知覺是用，屬動，故曰「怎生言靜」。因以易理明之。易於震下坤上之復卦曰：「復其見天地之心。」人皆以爲靜然後見，不知積陰之下，天地生物之心幾於滅息，至此陽氣始生而復，可見陽氣始生是動也。其卦五畫皆陰，唯下面一畫，從剥盡復生爲陽爻，豈不是動？安得謂之靜？蓋天地之心，動靜無端，何處不在？而人之見之，則於動之時最爲著明者。前此伏藏收斂，無端倪可尋；後此流行亨通，盡散在萬物上去。惟此冬至之時，萬物未生，一元之氣纔動，故其生生之心可見。知動爲見天地之心，則人心之知覺，人心之動也，不可以言靜也明矣。蓋天地一大人心也，人心一小天地也。天地着在人心上，即是天地以知覺之用屬之於人，故人心中自具有知覺之理。而人心未着事物上，則知覺之用尚寂，固不謂無知覺，而要不可以知覺言中也。或曰：莫是於動上求靜否？曰：

固是。然最難。釋氏多言定，聖人便言止。如「爲人君止於仁，爲人臣止於敬」之類是也。易之艮言止之義曰「艮其止，止其所也」。人多不能止，蓋人萬物皆備，遇事時，各因其心之所重者，更互而出，纔見得這事重，便有這事出。若能物各付物，便自不出來也。

以下三條，皆在旁者設問，而程子答之之辭。或見程子與季明問答，悟靜時之體，因動而見，而動時之用，須如靜時方可，故問是于動求靜否。程子以爲其理甚是，而工夫却最難也。因論儒、釋之分，使人知所以實用其功者。釋氏多言定，定亦吾儒所常言。然吾儒之所謂定，以理言；釋氏之所謂定，以忘物言。忘物而無所爲，自謂求靜，不知天下之物，是那一物合少得？有一物即有一物所當止，故聖人惟言止。止無定而有定，無定者其事，有定者其理，雖動而未嘗動。如文王「爲人君止於仁，爲人臣止於敬」之類。當止則止，初不以己意與乎其間，乃真能于動上求靜者，說又見於易之艮矣。易於謙山之艮，取極上而止之義，而其彖傳之辭曰：「艮其止，止其所也。」所者，就事上言，則爲無過不及之和。而此無過不及之和，原天命之自然，即是喜怒哀樂未發之中。人多於平日不能涵養，故遇事不能止於其所，所謂發不中節也。所以然者，人心萬物皆備，寂然之時，不偏不倚，本無偏重。因遇事時，心繫於事，便有偏重之弊。各因其心之所重者，更互而出。如偏於喜則喜心重，偏於怒則怒心重，偏於哀則哀心重，偏於樂則樂心重。纔見得這事重，便有這事之或過或不及，而出於其所矣，故多不能止也。若聖人之言止者，因物付物，各得其所。如其喜也以物之當喜，其怒也以物之當怒，其哀樂也亦然，則便不出來而止其所止矣。止其所止，動亦静也。然非從涵養中來，那能如此？豈不最難。或曰：先生於喜怒哀樂未發之前，下「動」字？下「静」字？曰：謂之静則可，然静中須有物始得。這裏便是難處。學者莫若且先理會得敬，能敬則知此矣。或又問：「既於動上求静，則存養於未發之前，亦是動工夫。先生今將以未發爲動乎，爲静乎？」先生應之曰：「這地頭是静，謂之静則可。然静非空也，此中須有物始得。有物者是常有個操持主宰，無虚寂昏塞之患。這裏太着力不得，便是難處。蓋有物方要存養，無物則存個甚？養個甚？却又非臨時存得此物，來養得此物來。學者不用求静，且先理會得敬。敬該動静，時時整頓，其動也知此心之所以動，其静也知此心之所以静，則已發一如其未發，而所謂中者灼然無遺藴矣。朱子曰「只是敬，則常惺惺在這裏」，是也。或曰：敬何以用功？曰：莫若主一。季明曰：昞嘗患思慮不定，或思一事未了，他事如麻又生，如何？曰：不可。此不誠之本也。須是習，習能專一時便好。不拘思慮與應事，皆要求一。以程子之言思之，言静恐做病，言敬則無偏，其説精矣。或又問「敬何以用功」，蓋敬是大總括，須有使人依法力行可見功效者。而程子以主一之義蔽之。主一猶言專一，朱子所云「無事則湛然安静而不騖於動，有事則隨事應變而不及乎他」者是也。季明聞程子主一之言，自媿不能主一，常恐思慮不定，一事未了，他事復生如麻。問何如而後能一之。程子戒其不可如此，因言此爲不誠之本。誠自無不一，不一所以不誠。不誠則發爲喜怒哀樂者，皆勉强不和，而中之本然者，不可得而識矣。欲去不誠之患，須是習。習者，覺得不當思慮，便莫思慮。初時繼續未能遽斷，漸習漸定，久之打成一片，自然無閒思慮，故曰「習能專一時便好」也。思慮在應事之先，應事在思慮之後，思慮者動於心，應事者見於言行，總要敬，總要求一。一則誠，動静之間，無非天理之流行。程子反覆辨論極其詳盡如此，此以見人心皆有未發之中，即不主敬之人，此理亦未嘗無，但在嗜慾日紛之中，無由知之。知其中者，是平日主敬，方會曉得。敬正是存養，存養不耑在静，即對省察而謂之静，亦是從工夫中對舉言之。其實有工夫即都是動，都是已發，不可言未發之前求中也。「求」字有冥心以耑求之之意，耑求于静，必遺却動，伊川所以力辨其差。而朱子亦云：「若以世之紛擾人觀之，會静得固好，講學則不可有毫髮之偏也。」

伊川曰：人於夢寐間，亦可以卜自家所學之淺深。如夢寐顛倒，即是心志不定、操存不固。人志定則氣清，志不定則氣昏。即一夢寐間，而旦晝之操存，於此驗焉，故曰「可以卜所學之淺深」。朱子曰：「魂與魄交而成寐，心在其間，依舊能思慮，所以做出夢。若心神安定，夢寐亦不至顛倒。」蓋寐者心之静也，夢者静中之動也。人不及知，而已獨知之，此亦睹聞之隱微也。自家静體而默識之，亦庶乎其知所慎矣。

問：人心所繫著之事果善，夜夢見之，莫不害否？伊川曰：雖是善事，心亦是動。凡事有朕兆入夢者却無害，捨此皆是妄動。此言人心常操則定，有所係着，則妄動也。周禮六夢，一曰思夢。蓋人之夢，多由于思日間所思之事，或已往而未忘，或當事而偏重，則心有係着，而夢爲之擾，是害也。或問若係着之事果善，夜見于夢，未始非拳拳不忘之意，莫是不爲害否？程子以爲心當靜時，總不要動，雖夢善事，亦動也。蓋心中若無一事，便是敬；有所係戀，却是私意。以心之有所着而夢，則非無一事而有係戀者矣。惟事未至，心未嘗動，而吉凶云爲之朕兆，先發於夢，此却無害。所以然者，人心常操則存，存則天理自然明。天地之氣復于子，人心之氣息於夜，夜之所夢，氣方靜而忽動，正虛靈不昧之本體，先事而呈者，固不爲害。捨此則皆意、必、固、我之爲累，而動爲妄動，雖善亦害矣。人心須要定，使他思時方思乃是。今人都由心。曰：心誰使之？曰：以心使心則可。人心自由，便放去也。承上文，而言人心要定。定者，以義理定其心也。定自無妄動，使他思時，是心有所感而動，不得不思，方用其思，則動亦定也，如此乃爲有主之心。今人心中無主，如不繫之舟，妄動不定，是都由心耳。因設問曰：心誰使之思？隨應之曰：以心使心則可。夫人那有兩心？非以一個心使一個心。常操常存，則心爲義理之心。以義理之心，用其知覺之心，故曰「以心使心」，其實非二心也。然則義理者心之體乎？知覺者心之用乎？以心使心者分心之體用而言之乎？今人不能操存，便放去，宜其夢亦顛倒也。

伊川曰：「持其志，無暴其氣」，内外交相養也。孟子曰：「持其志，無暴其氣。」蓋志者心之所之，不持則馳騖泛駕；氣者心之輔，暴則動止乖慾。持，守也；暴，害也。朱子曰：「横渠以『不戲虐』爲持志之一端，是真能主敬者。」又曰：「凡人多動作，多笑語，做力所不及底事，皆是暴其氣也。」持志則有所主於中，無暴氣則無所縱於外。中有主則氣愈充，外無縱則志愈固，故曰「交相養」。要之只是内無妄思，外無妄動焉耳矣。

問：「『出辭氣』，莫是於言語上用工夫否？」伊川曰：「須是養乎中，自然言語順理。若慎言語，不妄發，此却可著力。」曾子曰：「出辭氣，斯遠鄙倍矣。」辭氣者，辭之氣也。或問：曾子是教人於言語上用工夫否？程子窮本之論，以爲辭由中出，中得其養，發之詞者，自然有典有則，雅而不鄙，是彝是訓，正而不倍。所謂言不妄發，發必中理，有德者之言也。若於言語上用功，此固學者事，然却可着力，未爲涵養純熟之後〔一一〕，是以君子貴涵養也。

伊川謂繹曰：「吾受氣甚薄，三十而浸盛，四十、五十而後完。今生七十二年矣，校其筋骨，於盛年無損也。」繹曰：「先生豈以受氣之薄，而厚爲保生耶？」夫子默然曰：「吾以忘生徇欲爲深恥。」此見聖賢守身之道，非同修養引年之術也。受氣甚薄，而由少而壯，由壯而老，年彌高，筋骨彌固，蓋由持志養氣之功，充積完滿，故睟然有道之氣象，不與日月爲遷流。張繹以爲因受氣薄之故，厚自保生，此言何嘗不是？而不知程子保生之學，非徒斤斤養其血氣之軀而已。此生中處乾坤，受形父母，如何可忘？忘生而徇聲色嗜好人之欲，至於斧斤交伐，酖毒日損，何以儲五行之秀，稱萬物之靈？

故深以爲恥。恥之云者，臨深履薄之意，朝乾夕惕之心也。旨哉，張南軒之言曰：「他人養生要康强，只是利。伊川説出來，純是天理。」學者敬體此言，可以守身矣。

伊川曰：大率把捉不定，皆是不仁。仁者，純乎天理，其心存而不放，固不須着力把捉，自安所止，而有定者也。把捉不定，則是理不勝欲，而心爲物奪，故程子以爲皆是不仁。有志於仁者，只理會一個「敬」，庶幾捉得定耳。不然，越把捉，心越不定也。

伊川曰：致知在所養，養知莫過於「寡慾」二字。致知、存養雖兩事，而功實相因。蓋人心之靈，莫不有知，緣爲物欲所昏，則無以窮理，而理之既窮者，亦不能得于己而不失。如鏡本是光明物事，塵染污之則昏，故在乎有以養之。而養之之道，莫過於寡慾。寡慾則心境清而天理著，精神完而明睿生，知何患不致乎？此與大學「致知在格物」意互相發。大學實指其功，此窮探其本。不得其本，功無由致，不盡其功，本無由擴。學者宜盡心焉。

伊川曰：心定者，其言重以舒。不定者，其言輕以疾。言者，心之聲，故因其言可知其心。重，審慎也；舒，和緩也；輕，淺易也；疾，躁急也。人有操存涵養之功，則中有所主而其心定，言必不妄發，發之必鄭重審確，而又安舒自得，無急遽躁率之病。其不定者反是。學者非必於言上着力，但須養於中耳。

明道曰：人有四百四病，皆不由自家。則是心須教由自家。「四百四病」，見內經。其言曰：

「四大不調，四百四病，一時俱動。」四大謂地、火、水、風。一大不調有百一種病，合四大則爲四百四種病，而宿食爲病根。程子引此以爲喻，言凡病之來，皆由外感，非自家所能計度。若心則人之神明，所以爲此身之主者，在内不在外，其操舍全由我，不可聽其若存若亡，而自家放去也。噫！在外之病易醫，在心之病難醫。心不操存，吾恐其在於膏肓，而倉、扁無如何矣。

謝顯道從明道先生於扶溝。明道一日謂之曰：「爾輩在此相從，只是學顥言語，故其學心口不相應，盍若行之？」請問焉。曰：「且静坐。」伊川每見人静坐，便歎其善學。此見静坐之法，爲涵養入門之要也。扶溝，地名。謝上蔡從明道有年，乃程門高弟，而明道謂「其學心口不相應」者，蓋學之而不養，養之而不存，是空言也。故欲其捨言語之學，行存養之道。及上蔡請事斯語，而問行之之要，則曰「且静坐」者，初學之心，雜念膠結，諒所不免，且學静坐，收住此心，使無他適〔一二〕，可以補小學培養一段工夫，滋夜息清明之氣，故詔之以此。而伊川每見人静坐，亦便歎爲善學。夫心以定而静，理以静而明，静坐之爲用大矣。朱子曰：「收拾得精神定，道理方有湊泊處。」至哉言乎！或以伊川平日謂只用敬，不用静，朱子亦以明道教人静坐，爲學終是小偏，與此條似有礙，而不知非也。伊川恐人專要去静處求，則遺却日用現在道理，故言「敬則無偏」，而朱子從之。若欲制其飛揚之心，消其麤厲之氣，非静坐不可。蓋以静坐爲敬之入門，非以静坐爲敬之全功也。

横渠曰：始學之要，當知「三月不違」與「日月至焉」内外賓主之辨，使心意勉勉循循而不能已。過此幾非在我者。此勉學者以求仁爲要也。夫子稱顏子「三月不違仁」，其餘日月至焉，而張子舉以示人，使當知不違與至之辨。蓋仁，人之安宅也。居之三月不違，是在内而爲主；日月至焉，是在外而爲賓。學者之始，專其心意，由日月之至，以馴致於三月之不違，勉勉焉盡其功，循循焉致其漸，以是欲罷不能。過乎此，則大而化之之事，有非可勉强而至者，故曰「幾非在我」。然不已而底於熟，則亦將至之而不自知矣。朱子曰：「不違仁者，仁在内而爲主，然其未熟，亦有時而出於外。日月至焉者，仁在外而爲賓，雖有時入于内，而不能久也。」按，朱子之説，是言仁不違於己，前説是言己不違於仁。説有不同，其實一也。

橫渠曰：心清時少，亂時常多。其清時，視明聽聰，四體不待羈束而自然恭謹。其亂時反是。如此何也？蓋用心未熟，客慮多而常心少也，習俗之心未去而實心未完也。此張子涵養熟後，體驗精切，因言心清心亂之辨，復自道其所得以示人也。心爲天君，耳目四肢之所聽命，而載生初本來之義理。義理是純粹至善底，本清者也，心存義理，故清；爲物欲所擾，物欲是昏濁底，本亂者也，義理之心不足以勝之，故亂。人往往清時少、亂時多。嘗驗之矣。當其清時，視自明，聽自聰，四體自恭謹。蓋天君澄肅，而百體從令，清時之驗如此。及其亂時，非無心于視也，而視不能明；非無心於聽而聽不能聰；非無心於覊制拘束其四體也，而四體不能恭謹。亂與清時相反之驗如此。如此者何也？用心於義理者，不可以不熟也。用心不熟，在外之慮，足以勝吾本然之心，則客慮多而常心少；氣習之染，足以勝吾真實之心，則習俗之心未去而實心未完。故清時少，亂時多也。朱子曰：「客慮是泛泛底思慮，習俗之心是從來習染偏勝之心，實心是義理之心。」

人又要得剛，太柔則入於不立。亦有人生無喜怒者，則又要得剛，剛則守得定不回，進道勇敢。載則比他人自是勇處多。

承上文。言人之心固貴於清，而氣又要得剛。剛，天德也，不剛做不得事來。故太柔則入於不立。不立者，遇事委靡，操持不定也。人生而有喜怒，人情之常，乃亦有無喜怒者，是其本質得柔之氣多者，則又要得剛以變化其氣質。蓋剛者堅强有力，物不得而撓之，故「守得定而不回」，於以求進乎道，勇猛敢爲。勇猛者，氣之迅；敢爲者，膽之决。載，張子自稱名也，張子既言人要如此，因遂以身示教，謂我「比他人自是勇處多」。夫勇，所以成知仁而盡擇守，所謂剛也。剛柔之氣，稟於陰陽，雖不偏廢，然人生而後、靜極而動之時，其動也剛，故剛爲進道之資。觀天地之春，萬物勾萌，四德之仁，生意流動，皆以剛爲用者，則人之要剛也審矣。張子積累功深，不以人欲害天德之剛，故比他人勇處多。而言之親切如此，總欲人涵養於義理之中，操持不息，則心自會清，氣亦自會剛，於以消融其客慮習俗之心，進進於道而不已。否則心清氣柔，其如道何哉？

横渠曰：戲謔不惟害事，志亦爲氣所流。不戲謔亦是持氣之一端。

戲謔雖小，往往至於害事，且心無誠實，而氣多輕浮，氣壹則動志，故志亦爲所流。若不戲謔，則出於心、作於謀者，無過言過動而要於誠，雖持志工夫不止乎此，此亦其一端也。朱子曰：「横渠學力過人，尤勇於改過，獨以戲謔爲無妨。一日，忽曰：『凡人之過，猶有出于不知而爲之者，至戲謔則皆有心爲之也，其爲害尤甚。』遂作東銘。」

横渠曰：正心之始，當以己心爲嚴師。凡所動作，則知所懼。如此一二年守得牢固，則自然心正矣。人惟無戒慎恐懼之心，故肆欲妄行，無所忌憚，而不得其正。以己心爲嚴師，則一動一作，自知自懼。知是心之明，懼是心之誠，明與誠合，愈知愈懼，愈懼愈知。心常在腔子裏，至於一二年之久，堅牢貞固，無少走作，心自然正矣。夫所師之心，與其所欲正之心，無二心也。只要提撕警覺，亦臨亦保，所謂誠意以正心者，而豈如佛氏本心觀心之學哉？

横渠曰：定然後始有光明。若常移易不定，何求光明？易大抵以艮爲止，止乃光明，故大學「定」而至於「能慮」。人心多則無由光明。此張子合易與大學之義而言明生於定也。定者，心專無移易。專便精，精便明，故定然後有光明。若常移易，何求光明？如水之止者可鑒，而流者不可鑒，亦其驗也。觀之於易，易以艮爲止，而曰：「動静不失其時，其道光明。」「不失其時」者，不失其止也。止乃光明，蓋止於其所止而後定，正所謂定則明。故以大學之義參之，「定」而至于「能慮」。慮者，處事精詳，豈非明乎？所以人心貴定，不定則有二三之紛而心多矣，心多無由光明。旨哉！張子之言乎。讀書心多，則不能窮理；處事心多，則不能精義；接人心多，則不能先覺。或云明不足則疑生，未明烏能定？曰：此又大學「知止而後有定」之意也。明在定先者，將以求其所當止之地；定在明先者，

將漸次於得所止之候。此所以知止之後復言慮也。〔一三〕

横渠曰：「動静不失其時，其道光明。」學者必時其動静，則其道乃不蔽昧而明白。今人從學之久，不見進長，正以莫識動静，見他人擾擾，非關己事，而所修亦廢。由聖學觀之，冥冥悠悠，以是終身，謂之光明可乎？此舉艮卦彖傳之辭以歎今人之不知所學也。人生不静則動，動静必有其道。若不當動而動，是昧於其道，學者學此而已。此艮之彖傳所謂「動静不失其時，其道光明」者，學者當取而繹之，以準于時而不失，則宜動宜静之道，可得而識，而學亦因以日進日長也。今人爲學有年不見進長者，正由動静之道蔽昧不明白。其於他人之動静失時者，既以爲人之擾擾，非關己事，不留心體察其所以然，而於己之動静所宜修之道亦廢置不講，則是冥冥悠悠以終其身而已。自以爲從學之久，而由聖學觀之，苟且因循，其蔽昧而不明白亦甚矣，謂之光明可乎？宜其不見進長也，盍亦於易三致意乎？程、張諸賢多引艮卦以垂訓，正得周子主静之意而暢發之者，心法相印，先後一揆，學者其可忽諸？

横渠曰：敦篤虚静者，仁之本。不輕妄，則是敦厚也。無所繫閡昏塞，則是虚静也。此難以頓悟。苟知之，須久於道實體之，方知其味。「夫仁，亦在乎熟之而已。」敦，厚也；篤，實也；虚，不雜也；静，不紛也；繫，偏繫也；閡，閉礙也。仁道至大，然非敦、篤不能勝其重，非虚、静不能充其量。故張子以此四字爲仁之本。何謂敦厚？言動不輕妄是也；何謂虚静？心無偏繫、閉礙以昏塞其本體是也。是其所以爲仁之本，而有不敦、篤、虚、静而不可者，亦難於旦夕之間而遂豁然頓悟。但苟知其爲本，則須常存此心，久於爲仁之道，以敦、篤、虚、静四者實體而力行之，越久越親切，方知其味。孟子所謂「仁在乎熟之」者是也。不久則不熟，不熟則味不甘。至於能熟，本立而日新其德，將天地萬物之仁皆我之仁，何一非敦、篤、虚、静之擴而充者哉！

## 校勘記

〔一〕則冲漠無朕　「無朕」原作「之來」，據尹刻本及存心堂本改。

〔二〕今皆將其所爲禮樂銘戒而廢之　「將其所爲禮樂銘戒而」九字，尹刻本無。

〔三〕以存其養之意　「養之意」，尹刻本作「養之之意」。

〔四〕頭頭是道何須作爲以助之長也　「頭頭是道」，尹刻本作「義理充足」；「何須」，尹刻本作「無事」。

〔五〕被他牽糾紛擾　「牽糾紛擾」，尹刻本作「糾牽」。

〔六〕而不知一非他也　「而不知」，尹刻本作「夫」。

〔七〕出之則不是　此五字，尹刻本無。

〔八〕欲以折衷其可否也　此八字，尹刻本無。

〔九〕程子以爲呂學士之言自是不可　「呂學士之言自是不可」，尹刻本作「未發時」。

〔一〇〕「程子以爲」至「更怎生求」　尹刻本句作「程子以爲這個中尚在未發更怎生求」。

〔一一〕未爲涵養純熟之後　「後」，尹刻本作「候」。

〔一二〕使無他適　「適」，底本及存心堂本不清，據尹刻本録。

〔一三〕「横渠曰定然後始有光明」條　此條以下三條注解文字，尹刻本以爲原刻缺，遂參據葉采近思録集解補注。

# 近思録集解卷五

凡四十一條〔一〕

## 克治

此卷論力行。蓋窮理既明，涵養既厚，及推於行己之間，尤當盡其克治之功也。

濂溪曰：君子乾乾不息於誠，然必懲忿窒慾，遷善改過而後至。乾之用，其善是。損、益之大，莫是過。聖人之旨深哉！此合乾、損、益三卦發明聖人之藴，而示人以思誠之方也。乾乾，健而又健之意。乾卦九三爻辭言「乾乾」，大象言「不息」，文言言「修辭立其誠」。周子則總其意而曰「乾乾不息於誠」，蓋修德之本。朱子所謂「乾乾不息者，體也」。損大象「君子以懲忿窒慾」，益大象「君子以見善則遷，有過則改」，周子又括其辭而曰「必懲、窒、遷、改而後至」〔二〕，蓋修德緊要中事，朱子所謂「去惡遷善者，用也」。非體則用無以行，非用則體無所措，故合而言之。言君子終日乾乾，健而又健，自强不息，以存无妄之誠。然其所以用力之要，則固有在也，必治其難制之忿而懲之，遏其易流之慾而窒之。善者人心之天理，遷之不可不亟；過者人心之私欲，改之不可不勇，而後可以至於誠。是則懲、窒、遷、改者，正乾乾之用，莫此爲善。而損其所當損，益其所當益，亦莫有過於是者也。聖人之蘊，因卦以發，而其教人思誠之方，著於三卦之中者，其旨不亦深哉！吉、凶、悔、吝生乎動。噫！吉一而已，動可不慎乎？又引易辭以見人之誠不誠，皆於動處見之，而歎其不可不慎也。繫辭下傳有云：「吉凶悔吝生乎動。」蓋人之動也，忿慾與善過形焉，而吉、凶、悔、吝四者所由以生。四者之中，吉居其一，凶、悔、吝居其三。是人之所值，福常少，禍常多。可不於方動之時，審之而致其慎乎！慎動則必盡懲窒遷改之方，以得損益之道，而去其不誠以歸於誠，斯能善乾乾之用者，於聖人作易之旨，庶乎其有得也！所以然者，「人生而靜」以上本皆誠也，動而爲忿，如火之燎原，而誠於是掩；動而爲慾，如水之潰隄，而誠於是蕩。見有善則姑待之，見有過則姑恕之，其動於意者，不自慊而自欺，而誠於是虧。所以君子思誠要於慎動。周子綜厥易辭，歸結大意，至於發爲嗟歎而不能禁也，讀之能無惕然！

濂溪曰：孟子曰：「養心莫善於寡欲。」予謂養心不止於寡而存耳。蓋寡焉以至於無，無則誠立明通。誠立，賢也；明通，聖也。此周子因孟子之言而推擴其量，見無欲之即爲聖賢也。孟子恐人不上聖賢之路，且只教人寡欲，以求此心之存。周子恐人不盡養心之功，故言須至無欲，以幾聖賢之域。其意以爲學者之心，可聖可賢之心也。千病萬病，只是欲爲之根。孟子言「養心莫善於寡欲」者，謂欲寡則心存，洵學者克治之要也。然以予觀之，所謂養心者非止於欲之寡，而致其存焉已耳。蓋欲之不能寡，則流於不肖之歸者無論矣，能寡則人心日消，道心日長。必寡之又寡，以至於無。無欲者，誠也。誠則明，明則通。實理具於人心之中者，其體用原是如此，則實心不雜以人欲之私者，雖聖賢豈外乎此？由無欲而誠立，由誠立而明通。朱子曰：「誠立謂實體安固，明通謂實用流行。立如三十而立之立，明通則不惑，知命而向乎耳順矣。」故曰：誠立，賢也；明通，聖也。聖賢非有異心，亦盡其所以養之者而已。

伊川曰：顏淵問克己復禮之目，夫子曰：「非禮勿視，非禮勿聽，非禮勿言，非禮勿動。」四者身之用也，由乎中而應乎外，制於外所以養其中也。此程子學顏子之學，實做克己復禮工夫，約其大意，著爲訓辭，而引學者使至於聖人之域也。夫有身則有視、聽、言、動，有視、聽、言、動，則非禮之私得而干之，所謂「己」也。故顏淵問克復之目，夫子以「四勿」示之。勿者，禁止辭，拔本塞源之意，非窒流斷港之謂，乃真克己工夫也。蓋四者身之用，確有所謂當視、當聽、當言、當動之則，是之謂「禮」。「己」與「禮」常相敵，不克其非禮之己，無以復乎禮之本然。故視、聽、言、動爲此心之形見處，固「由乎中而應乎外」。而勿視、聽、言、動，是就視、聽、言、動上克治，必制於外所以養其中。上二句言其理，下二句言其功也。顏淵請事斯語，所以進於聖人。後之學聖人者，宜服膺而勿失也。因箴以自警。「四勿」之功，非至明無以察其幾，非至健無以致其決。顏淵聞夫子之語而以請事爲己任，有一番真精神，真力量，是明而健者，所以進於聖人。後之欲學聖人者，亦要從「四勿」做去，奉持而著之心胸之間，固守而勿失也。於是作箴以自警。蓋繼顔子而事斯語者，舍伊川其誰？今讀其箴，句句皆制外養中意。朱子謂「此箴發明親切，學者最宜深玩」。視箴曰：「心兮本虛，應物無迹。操之有要，視爲之則。蔽交於前，其中則遷。制之於外，以安其内。克己復禮，久而誠矣。」此發明「非禮勿視」之要旨也。視與見異。色突然而入目，何能不見？但我不可有欲視之之心。故程子之箴，以爲心體本虛，可以應物，而無迹可尋，則難得其要。欲求操之之要，先謹視之之則。則，猶準也。心之準在於内，爲天理；視之準見於外，爲天理之節文。天理向明，萬象無隱。物交乎前，顧影斯蔽，不去其蔽，心隨以遷，是外之失其準，即爲中之失其準矣。惟制其外，目不妄視，以安其内，心泰神定，所謂克以復之以求其誠者。日日克之，不以爲難，動容周旋，真理流行。禮即誠也，誠即仁也。「四勿」之功，故視爲先。聽箴曰：「人有秉彝，本乎天性。知誘物化，遂亡其正。卓彼先覺，知止有定。閑邪存誠，非禮勿聽。」此發明「非禮勿聽」之要旨也。聽與聞異。聲突然而入耳，何能不聞？但我不可有欲聽之之心。故程子之箴，以爲人生之初，秉執五常之德，是皆原之於天，所性皆善者也。情感意紛，知誘其外，漸而忘返，如響斯應。聲入心動，物化其内，久而神移，有聽斯受，於是天理之正，日就牿亡。常人皆然，賢者不免。惟卓然精明之先覺，知心所當止而有定。不爲知誘，不爲物化，外閑其邪，内誠斯存，聽德惟聰，非禮勿聽，則秉彝全乎天，而克復盡乎人矣。繼視而有所事者，以是爲次焉。言箴曰：「人心之動，因言以宣。發禁躁妄，内斯靜專。矧是樞機，興戎出好。吉凶榮辱，惟其所召。傷易則誕，傷煩則支。己肆物忤，出悖來違。非法不道，欽哉訓辭。」此發明「非禮勿言」之要旨也。言者，心之聲。心感物而有動，何能不言？但我不可不慎所以言之之心。故程子之箴，以爲心無由宣，言以宣之。由其發之也易，必其禁之也嚴。躁者輕肆，囂而不靜；妄者虛謬，紛而不專。雖曰内能靜專，可以慎其所發，尤必發禁躁妄，斯以安其内存。況乎人之有言，猶物之有樞機。樞，扉臼也；機，弩牙也。戶之闔闢由於樞，弩之張弛由於機。言之惡者，可以興戎；言之善者，可以合好。得則爲吉爲榮，失則有凶有辱。皆言之所召致，如之何不謹？故言不可躁，躁者傷易，易則誕而不審；言不可妄，妄者傷煩，煩則支而不實。肆者，縱情之謂。肆於己者，必忤於物，躁之致也。悖者，乖理之謂。悖而出者，必悖而入，妄之致也。是皆非法之言，總不克己之由。惟非禮勿言之戒，與非法不道之語，同爲切要之訓辭，必致欽敬之至意。程子於此箴尤諄且嚴矣。動箴曰：「哲人知幾，誠之於思。志士勵行，守之於爲。順理則裕，從欲惟危。造次克念，戰兢自持。習與性成，聖賢同歸。」此發明「非禮勿動」之要旨也。動者心之符。五性感動而萬物出，何能不動？但我不可不慎所以動之之心。故程子之箴，以爲動於心而有思，則思是動之微。惟明哲之人，克灼幾先，思而誠之，一念之動不敢妄也。動於身而有爲，則爲是動之著。惟立志之士，勉勵其行，敬以守之，一事之動不敢忽也。凡思與爲，以理爲主，順理而動，必得安裕。苟違乎理，則欲易縱，從欲而動，必致危殆。是以俄頃之間，常存此念，雖極造次，勿之敢忘。明旦之際，持守不失，一於戰兢，勿之敢斁。其習之於己者，久而漸熟，與得之于天者，合成自然。則原其本然之性，聖賢固與我無異。全其繼起之修，我亦可與聖賢同歸。此克己之全功，復禮之歸宿也。合而觀之，非顔子不能事斯語，非程子不能作斯箴。聖人原可學而至，唯當以「四勿」爲進學之要；「四勿」難一蹴而成，唯當以四箴爲力行之實。敬用釋文，勖哉同志〔三〕。

復之初九曰：「不遠復，无祇悔，元吉。」伊川易傳曰：陽，君子之道，故復爲反善之義。初，復之最先者也。是不遠而復也。此釋復卦初九爻義，及夫子繫辭之言。見惟顔子能不遠復，人當學顔子之學也。剥之一陽，窮上返下而爲復。復者，陽既去而復反，以陽爻居卦初，故有不遠之象，而無至於悔，爲大善而吉。祇，抵也，至也。程子釋之，以爲聖人扶陽抑陰。陰爲小人，陽爲君子。前乎此者，自姤而剥，陰主於内，陽行逆境。今自剥而復，一陽復生，義取去不善以反於善。又初之爲爻，復之最先者也，失之未遠，能復于善，是不遠而復也。此釋「不遠復」句意。失而後有復，不失則何復之有？唯失之不遠而復，則不至於悔，大善而吉也。夫人有所失，則必有所悔。今既失而復，而易以爲「无祇悔，元吉」者，蓋失者人所時有，只以復爲貴耳。不能無失而後貴於復，如無所失，則何待復乎。但恐失之既遠，是以悔不能免。惟未至於遠，則不至於悔，而有以全其元善之道而吉也。此釋「无祇悔，元吉」意。顔子無形顯之過，夫子謂其庶幾，乃「無祇悔」也。過既未形而改，何悔之有？

復之初九，惟顔子足以當之。顔子地位高，平日從克己復禮用功，偶有無心之過，不待形於身、顯於事，而後能復於無過。故夫子謂其「庶幾」，乃「無祇悔」也。庶幾，近辭，言近道也。夫過而能改，即爲無過，况既未形而改，何悔之有？此釋繫辭傳「顔氏之子，其殆庶幾」意。既未能不勉而中，所欲不踰矩，是有過也。然其明而剛，故一有不善，未嘗不知；既知，未嘗不遽改，故不至於悔，乃「不遠復」也。學問之道無他也，惟知其不善，則速改以從善而已。天下惟聖人無過之可改，彼蓋不待勉强而自中乎道，從心所欲而不踰乎法度之則者。下此則雖未達止一間，亦不能無過也。然其辨於非禮之介者，明足以察其幾；而從事於「四勿」之間者，剛又足以致其決。明則有過而即知，剛則既知而即改，此其所以不至於悔，乃「不遠復」之學問，非顔子莫能然也。此釋「有不善，未嘗不知」三句意。今人何者不可學？何者不當學？學問之道，豈有他哉？惟知其不善，則速改以從善而已。結言人當學顔子意。夫善無終息之理，即極牿亡，亦有來復之期。責人無過，則爲過刻，若過可以改，改即爲善，拓充前去，並得元吉。乃始爲「頻復」之厲，終爲「迷復」之凶。千百年來，「無祇悔」之學，僅有一庶幾之顔子。是以陰陽言之，天運無不復；以盛衰論之，世道無不復；而以善惡言之，人心竟一往而不復也，亦獨何哉？

晉之上九：「晉其角，維用伐邑。厲吉，无咎，貞吝。」伊川易傳曰：人之自治，剛極則守道愈固，進極則遷善愈速。如上九者，以之自治，則雖傷於厲，而吉且无咎也。嚴厲非安和之道，而於自治則有功也。此釋晉上九爻義也。晉，進也。角之爲物，剛而居上者。伐，治也，削去之謂，非征伐之謂也。邑，私邑也。蓋晉之上九，以陽居上，剛之極也；處晉之終，進之極也。剛極則過猛，進極則躁急，動多爲害，故只用之以自伐其邑。自伐其邑者，是内自治之事。自治者，守道要固，遷善要速。剛進之極，愈固愈速，則雖過於嚴厲，亦吉且无咎。蓋嚴恐不和，厲恐不安，道固以安和爲貴，而以之自治，則有守道遷善之功也。有功故吉而无咎。雖自治有功，然非中和之德，所以貞正之道爲可吝也。既曰「吉且无咎」，而又曰「貞吝」者，蓋以之自治雖得其正，然而中和之德，則有剛克、柔克相濟之美。今則剛進之極，乖於中和，故可羞吝。夫功高無震主之嫌，禄厚無焚身之懼，上下一德，處剛進而不極，猗歟休矣。今因過極其分，懼不免焉，深自貶損，冀倖無罪，終非臣道之光。然世之人往往盈滿招損，傾覆是災，不知危厲以内自治，則亦昧於晉卦上九之旨矣。

伊川曰：損者，損過而就中，損浮末而就本實也。天下之害，無不由末之勝也。峻宇雕墻，本於宫室；酒池肉林，本於飲食；淫酷殘忍，本於刑罰；窮兵黷武，本於征討。凡人欲之過者，皆本於奉養。其流之遠，則爲害矣。先王制其本者，天理也；後人流於末者，人欲也。損之義，損人欲以復天理而已。此因損之卦義以垂戒也。損，減省也。天下有當損而損者。凡事起初皆是天理應當如此，本無過不及而得其中。後來私意日增，遂流於過，過則皆爲人欲之私矣。故程子以爲損者，損過而就中正，是「損浮末而就本實也」。末未有不浮者，本未有不實者，故並言之。因極推末盛之害，如宫室、飲食、刑罰、征討之類。先王知天下之不可無居也，於是宫室之制興，取其可以蔽風雨而已，而其末流則高峻其宇，雕飾其墻，是本於宫室而過焉者，其害一也。先王知天下之不可無食也，於是飲食之制興，取其可以免饑渴而已，而其末流則有酒如池，有肉如林，是本於飲食而過焉者，其害二也。先王知天下之不可無法也，制爲刑罰以馭天下，蓋刑期無刑也，而其末流則有淫刑以逞，酷虐爲政，殘民之生，忍民之死者矣，是本乎刑罰而過焉者，其害三也。先王知天下之不可無威也，制爲征討以一天下，蓋兵期無兵也，而其末流則有窮盡民力以事兵革，貪黷無節以侈武功者矣，是本乎征討而過焉者，其害四也。諸如此類，難更僕數，大凡人心之欲，日生日熾，過其限度而不自知者，其要皆本於奉養之私，求便其身，圖而流則爲害矣。夫先王之制，皆民生日用之常，治道之不可缺者，其本無非天理之當然。後人不知合乎理之中，反藉先王之制，以恣一己之欲，遂使人欲肆而天理亡。末勝之害，一至於此，奈之何不損？故損之爲義甚大。大要損人欲以復天理，使之適得其中而已。此聖人作易意也。

伊川曰〔四〕：夫人心正意誠，乃能極中正之道，而充實光輝。若心有所比，以義之不可而決之，雖行於外，不失其中正之義，可以无咎。然於中道未得爲光大也。蓋人心一有所欲，則離道矣。夫子於此示人之意深矣。此釋夬卦九五爻象也。莧陸，今馬齒莧，感陰氣之多者。夬夬，決而又決也。夬之卦體，下乾上兑，五陽決一陰，而九五又以剛居剛，爲夬之主，必不係累於陰柔者。但與上六切近，如莧陸得陰氣之多，恐不能無所比。雖迫於衆陽之合力，且己有陽剛中正之德，必能決而決之，不失中行之道，可以无咎，而象謂「中未光」者，程子釋其意，以爲人必心正無私昵，意誠無勉强，乃能極大中至正之道，充實於内而光輝於外。今九五比於上爻，狎習親昵，心未必正，特以迫於義之不可而勉强決去之，則其意亦非盡出于誠。雖所行中正，有无咎之道，然勝人之邪者，必先自勝其邪。邪念一分未盡，天理便一分未光。何也？人有所欲，則離道矣。夫子於此發以示人，欲人正心誠意，無一毫係累，而後中正之道得光大也。聖人於夬之九五，蓋有深望焉。

伊川曰：方説而止，節之義也。此釋節之卦義也。節，有限而止也。其卦，兑下坎上。兑，説也；坎，險也。見險則止矣。人情説便易流，惟説而能止，方無放縱淫佚之失，而合於天理，當於人情，此節之義也。非勇於自克者，其孰能之？

伊川曰：節之九二，不正之節也。以剛中正爲節，如懲忿窒欲，損過抑有餘是也。不正之節，如嗇節於用，懦節於行是也。此釋節九二爻義也。九二曰：「不出門庭，凶。」蓋九二位居人臣，當可行之時，而有不出門庭之象，則知節而不知通，不正之節也。夫節之爲義，知時識變，要於中正。故有當節而節者，有不當節而不節者，如「懲忿窒慾，損過抑有餘」，是當節而節者，非剛健不能致其決，所謂「剛中正爲節」也。若太節用則爲吝嗇，太巽怯則爲柔懦，是不當節而節者。九以陽居二陰，失剛不正，有嗇與懦之病，所謂不正之節而凶也。蓋當禹、稷之任，欲守顔子之節，則反爲失節。故曰「當位以節，中正以通。」

伊川曰：人而無克伐怨欲，惟仁者能之。有之而能制其情不行焉，斯亦難能也，謂之仁則未可也。此原憲之問，夫子答以知其爲難，而不知其爲仁也。此聖人開示之深也。此因論語夫子答原憲者而發明之也。克，好勝；伐，自矜；怨，忿恨；欲，貪欲。四者之情，皆生於人欲之私。仁則純乎天理，而自無私欲。若未能無而制使不行，斯其克治懲窒之功，亦難能也。然病根未除，潛藏隱伏於胸中，有制之不勝制者，且不久又生於心，謂之仁則未可也。此夫子答原憲意也。蓋開其蔽而示之，使由勉强以進於自然則仁矣。須知不行工夫與克己異。朱子曰：「克己者，從根原上便斬截了，更不復萌。不行者，但禁制其末，不行於外耳。若其本則着於心，而不能去也。」

明道曰：義理與客氣常相勝，只看消長分數多少，爲君子、小人之別。義理所得漸多，則自然知得客氣消散得漸少。消盡者是大賢。義理者，天命之本然；客氣者，形氣之使然。天命牿於形氣之私，其勢常相勝而迭消長。義理長則爲君子，客氣長則爲小人。學者須辨二者相爲消長之數，兢兢集義，循理而行，使義理之得於心者積累漸多，則知形氣之私，在外爲客，有以勝之而禁其方長之勢。消了一分，義理愈長一分。散得漸少，便爲君子。至於私欲淨盡，消無可消，則氣質變而學問成，渾身都是義理，有以復其天命之本然，豈非大賢之事！若聖人則合下無欲，不煩消散矣。

或謂：人莫不知和柔寬緩，然臨事則反至於暴厲。明道曰：只是志不勝氣，氣反動其心也。學以持志爲本。志，帥氣者也。人之氣，和而不乖，柔而不迫，寬而不褊，緩而不急，豈不是好？或謂人皆知之，臨事則不能然者，其故云何？程子以爲是皆志不勝氣之故。蓋知和柔寬緩之爲美者，志也。臨事反暴厲者，不勝其氣也。不勝其氣，則心反爲氣動。所以反動其心者，不持其志也[五]。不持其志，則無以帥氣。平居氣未用事，心尚分曉，臨局倉卒忙迫，只憑氣質做去，躁暴亢厲，俱所不免。事過又悔，悔後臨事又是如舊。此變化氣質之難，而持志涵養之功所不可一日斷者也。

明道曰：人不能祛思慮，只是吝。吝故無浩然之氣。吝者，氣歉，常爲私意小智纏繞。故人有閑思雜慮而不能祛者，只是吝。惟其吝也，浩然正大之氣餒而不充，是以不能祛思慮。若克治功深，養得浩然之氣，遇事劈成兩畔，何至如此纏繞！

明道曰：治怒爲難，治懼亦難。克己可以治怒，明理可以治懼。七情皆人所有而不可不治者，怒與懼，其最難也。怒者，氣盛不能自遏；懼者，氣歉不能自立。故一朝之忿，有忘身及親者，有怒於室而色於市者，有獨行而懼心者，有見蛇蝎而股慄者。總之，不克己故怒多，不明理故懼生。己私既克，則躬自厚而薄責於人，即可怒而怒，亦以物之當怒也，而我何與焉？窮理既明，則浩然之氣，配義與道，雖千萬人吾往矣，何懼之有哉？

明道曰：堯夫解「他山之石，可以攻玉」：玉者，温潤之物，若將兩塊玉來相磨，必磨不成，須是得箇粗礪底物，方磨得出。譬如君子與小人處，爲小人侵陵，則修省畏避，動心忍性，增益豫防，如此便道理出來。邵康節先生，名雍，字堯夫。「他山之石」二句，詩小雅鶴鳴篇。程子蓋有所感而引堯夫解詩之言也。夫玉之温潤，天下之至美也。然質美未完，不能不有以磨之。兩玉相磨，不可成器，必得粗礪之石磨之，礲錯功深，倍加精瑩。玉固如此，於人亦然。如君子之與小人，薰蕕自不同類，學問反資進益。蓋與小人處，小人易肆侵陵。惟慮其侵陵也，則修省其身者必謹，畏避其禍者必嚴。動其仁、義、禮、智之心，不敢苟安；忍其聲、色、嗜、慾之性，不敢妄發。增益其才智之所不能，預防其患害之所未至。至於德日崇、慝日修、惑日辨，如此於天下事必知之明、處之當，而道理便出來矣。讒搆擠排，詎非玉汝于成？艱難險阻，正將以利吾器。常存此心，何處非學？乃有一遇小人，而憂傷病沮，不能自振者，亦未聞堯夫解詩之義，而不足爲君子也已。

明道曰：目畏尖物，此事不得放過，便與克下。室中率置尖物，須以理勝他。尖必不刺人也，何畏之有？此即明理可以治懼之意也。天下不乏可畏之事，吾心自有不畏之理。循理而行，卒然臨之而不驚。即如此物之尖者，易以刺人，目之所畏者也。當於此事思其所以刺人者如何，求其所以不至於刺者如何，不得放過，便與克去其畏之之心，使此心直可放下。遇室中率然置有尖物，須以理勝他。如動容周旋中禮，行安節和，坐作進退，皆有常度，物雖當前，心泰神定，尖必不刺人也，何畏之有？若夫舉趾高，心不固者，蹶趨以自暴其氣者，一跬步便是荆棘，雖無尖物，開目便錯，能無畏乎？克己之功，類當作如是觀也。葉平巖訓「率」字爲「常」字，言明道教人於室中常置尖物，習見既熟，則不復畏，是所謂「袵金革」之强，北宫黝不目逃之勇，近世抄化僧之坐針龕，豈可云以理勝者乎？愚謂畏自在境，不畏自在心。心亦非强制也，義理明透，定靜安慮，震驚百里，不喪匕鬯，夫何畏？不然，天下豈少刺人之尖物哉？

明道曰：責上責下，而中自恕己，豈可任職分？以責人之心責己，則「盡道」。蓋己之職分，所當任者，盡不容恕。己不自責，而暇爲人責，是憂上下之憂，而不知憂己之憂者，豈可謂能任職分哉？職分所該者廣，不必耑以居位守官言也。

明道曰：「舍己從人」，最爲難事。己者，我之所有，雖痛舍之，猶懼守己者固，而從人者輕也。孟子稱大舜「舍己從人」，蓋其大公之心，善與人同，成見忘而形迹化者也。若學者，則未免人、己之見，最爲難事，胸中爲一「己」字罣礙，斤斤以爲我之所有，雖痛舍之，猶有沾濡。懼其守己者，固執而不化；從人者，勉强而輕緩也。然聞義能徙，由勉幾安，則亦無難於舍而從之矣。

明道曰：九德最好。虞書：「皋陶曰：『亦行有九德：寬而栗，柔而立，愿而恭，亂而敬，擾而毅，直而温，簡而廉，剛而塞，强而義。』」栗，壯栗也；愿，朴也；亂，治也。恭著乎外，敬守乎中也。擾，馴也；廉，有廉隅也；塞，實也。每上一截，是説所稟之性；每下一截，是説學問之功。學問以化其氣稟而德成焉。列之爲九，要不外以剛濟柔，以柔濟剛之義焉。蓋天下惟聖人生而清明純粹，大中至正，渾然無所偏倚。其餘有氣稟之拘，則皆不免滯於一隅，必加學問之功，矯揉以歸於正。此後世之學問皆本於唐、虞，而程子以爲「九德最好」也。

明道曰：「饑食渴飲，冬裘夏葛。」若致些私吝心，便是廢天職。飲食衣服，本天地間公共道理，而爲人生所不可缺者。天固盡人而授之以職，雖有富貴貧賤之不同，而莫不各有當然之分。循其當然，纔是不廢天職。若沾沾有所私于己，而致一貪吝之心，如欲獨享其膏腴，欲獨侈其奢華之類，便廢當然之職分，徇一己之私欲而爲克治者，不可不謹也。意與孟子「口之於味」節互相發。

明道曰：獵，自謂今無此好。周茂叔曰：「何言之易也？但此心潛隱未發，一日萌動，復如前矣。」後十二年因見，果知未也。此程子以身示教，見治心之不可不密也。本註云：「明道年十六七時，好田獵。十二年，暮歸，在田野間見田獵者，不覺有喜心。」蓋病症雖治，病根未除，潛藏隱伏，有所觸時，不免復發。故程子自謂「今無此好」，而周茂叔窺其隱而示之。非周子用功之深，不知其不可易言；非程子治心之密，亦不能隨在省察。學者所當警也。

伊川曰：大抵人有身，便有自私之理。宜其與道難一。耳目口鼻，四肢之欲，人身之私也。不能無私，便不能合天理之公，宜其與道難一。唯聖人爲能盡其性以踐其形，下此則必有賴于省克之功也。

伊川曰：罪己責躬不可無，然亦不當長留在心胸爲悔。有過自責，君子克治之學也，豈可無乎？然有不是處便改，改後不復行，心胸向前上去，儘好商量。若已往之失，長留爲悔，則應酬之間，反爲繫累，是甚學問？

伊川曰：所欲不必沉溺，只有所向便是欲。所欲如口目耳鼻四肢之欲，豈人所能無？然多而不節，未有不失其本心者，故不必沉溺於其中深而且久。始爲非理之正，只一念之差，偏有所向，被他牽惹，即已是欲，不可不克治也。

明道曰：子路亦百世之師。本註云：「子路，人告之以有過則喜。」蓋聞過而喜，則其改也速。子路以兼人之勇，而速於改過，其進德庸可量乎？故周子曰「仲由喜聞過，令名無窮焉」，而程子亦以爲百世師。夫人情畏難苟安，遂非文過，聞子路之風，足令傲心恭，怠心奮，亢心消，吝心釋。豈非與夷、惠同足興起百世者哉？

明道曰：人語言緊急，莫是氣不定否？曰：此亦當習。習到言語自然緩時，便是氣質變也。學至氣質變，方是有功。心定者，其言重以舒。語言緊急，自是氣不定。設問而隨以應之，見氣之不定，是氣質使然。惟當以學問之道變之，故教他漸漸習，習之既久，覺語言間自然和平而緩，無復緊急之病，便是氣質變也。氣質無不可變化者，學問之爲功於氣質亦匪一端，即「語言」一節可以觀矣。

問：「不遷怒，不貳過」，何也？語録有怒甲不遷乙之説，是否？伊川曰：是。曰：若此則甚易，何待顔子而後能？曰：只被説得粗了，諸君莫道易，此莫是最難，須是理會得因何不遷怒。此見顔子之心，即是聖人之心，所謂因物付物者也。「不遷怒，不貳過」，本夫子稱顔子之辭，語録舊有發明。其釋「不遷怒」句，則謂怒於甲者不遷於乙，甲乙借言彼此也。或問其説是否，程子答之曰「是」。又言誠如此説，稟性和平者，似皆能之，無甚難事，夫子何以獨稱顔子？程子反覆示之，以爲語録之説，説得粗淺，令人易曉耳。箇中却有意義可尋，諸君不曾細察，便見爲易，不知能如此者最難。須是潛心理會其所以不遷之故。苟非此心至虚至明，物來順應，而無一毫私意者，殆未易勉能也。程子又嘗曰「不在血氣則不遷」。朱子曰：「顔子見得道理透，故怒於甲者，雖欲遷於乙，亦不可得遷也。」如舜之誅四凶，怒在四凶，舜何與焉？蓋因是人有可怒之事而怒之，聖人之心本無怒也。譬如明鏡，好物來時便見是好，惡物來時便見是惡，鏡何嘗有好惡也？苟知其所以不遷之故，便知顔子已近聖人地位。如舜，大聖人也，誅四凶者，怒四凶也。其實舜非有心於怒之，可怒在彼，己無與焉。蓋聖人之怒，不自心作，因其人有可怒之事而怒之，則雖有怒而無怒也。譬如鏡之照物，妍媸在物，鏡未嘗自有妍媸。謂鏡不没人之妍媸則可，謂鏡有好惡則不可。此聖人心如明鏡，而唯顔子爲能庶幾近之也。世之人固有怒於室而色於市。且如怒一人，對那人説話，能無怒色否？有能怒一人，而不怒別人者，能忍得如此，已是煞知義理者。若聖人因物，而未嘗有怒，此莫是甚難！若以常人論之，怒氣一發而難制，有不自知其遷怒之甚者。夫室與市，不相涉也，怒於其室而作色於市，甚無謂也。氣不能定者，固亦有之，況且怒在這人，對那箇人説話，辭色之間，能無遷怒及之乎？蓋其怒以己，不以物，物遷而怒與俱遷，常人大概然也。然則有能怒一人，而不以餘怒之辭色加於別人者，已是能自禁持，不爲血氣所使，而知以義理制之者，算是難事。矧夫聖人之怒，因物而生，不以己意與乎其間，豈不甚難？彼顔子之不遷，亦是内外相忘，澄然無事之候，非止謂怒一人不怒別人，即足以盡「怒甲不遷乙」之旨也。蓋怒一人不怒别人者，胸中猶著箇怒意在；怒甲不遷乙者，發中其節，過而忘之，不曾繫著於心，即使復見其人，非如前日之可怒，則亦不復怒之矣。君子役物，小人役於物。今見可喜可怒之事，自家著一分陪奉他，此亦勞矣。聖人之心如止水。由是而知君子、小人之分矣。君子以我御物，心有主而物聽命，役物者也；小人逐物而往，心無主而爲物所引，役於物者也。夫喜怒原在事，不在己，今人客氣横溢，胸中勞擾，見一可喜可怒之事，自家先着一分沾灒，是物爲主，我爲陪，往迎而奉之，不得活潑潑地。此段神情，亦見其勞矣。惟聖人之心不勞，湛然如水之止。蓋止水喻其静，明鏡喻其虚。虚故静，静愈虚，二義相須，故本文兩言之。聖人乃自然而然者，顔子皆由平日實致其克復之功，以至於此。學者涵養未深，理會未熟，正未可輕易視之也。

明道曰：人之視最先。非禮而視，則所謂開眼便錯了。次聽、次言、次動，有先後之序。人能克己，則心廣體胖，仰不愧，俯不怍，其樂可知。有息則餒矣。人之視、聽、言、動本乎心，見乎體，一般要緊。然人心纔感而動，便是目與物接，而耳次之，隨後方言動，故有先後之序。而要之，己之宜克則一也。當夫己之未克，心有所係累，那能廣大光明？其體逐物而馳，那見安舒自得？不能合乎天理之本然，俯仰自有愧怍，愧怍便不得樂。樂之真不流行於心體之間，而有一息之間斷，則以行之不慊，致氣不充而餒矣。當日顔子實能於視、聽、言、動上約之以禮，故簞瓢陋巷，不改其樂。程子又於中分别出先後來。蓋從體驗之後，得其用功次第，而深知克己之效，真有與天地同其廣大，與萬物同其安舒，無自欺而自慊，俯仰從容，浩然常伸者。所以朱子曰：「此數語極有味，當初亦知是好語，今看來直是恁地好。」愚按，周茂叔每令尋孔、顏樂處，此是程子尋着説出也。

明道曰：聖人責己感也處多，責人應也處少。人己之間，有感有應，然必我先有以感乎彼，而彼乃有以應乎我。若徒責人之應，而不自責其所以感之之道，薄於本而厚望於末，無是理也。所以聖人之責己處多，責人處少，亦非故爲長厚之行也，揆之感應之理當如是耳。是故「己所不欲，勿施於人」，行有不得，反求諸己，自盡其所爲感，不問其應不應。及其歸也，其應如響矣。

謝子與伊川別一年，往見之。伊川曰：「相別一年，做得甚工夫？」謝曰：「也只去箇『矜』字。」曰：「何故？」曰：「子細檢點得來，病痛盡在這裏。若按伏得這箇罪過，方有向進處。」伊川點頭，因語在坐同志者曰：「此人爲學，『切問近思』者也。」謝子，即謝上蔡。師弟一年之別，相見即以工夫爲問，可見昔賢汲汲於學。上蔡謂「去箇『矜』字」，實據其工夫以對，有難之之意。伊川又問「何故」者，將以驗其工夫之實有所得與否也。矜者，誇張務大，是爲人之學不知省察者。看做没要緊，仔細檢點，百般病痛，都從此處掛根。須着實克治，按得此心住，伏得此心下，免這箇罪過，纔是爲己不爲人，可以向進上去。上蔡言之痛切，而伊川即點頭心契。又恐在坐同志者未悉此意，急爲稱許，欲人以上蔡爲法。蓋「切問近思」，爲己之學，矜心未伏，問那肯切？思那肯近？能切而近，方按伏得「矜」字。按，胡文定問上蔡：「『矜』字罪過，何故恁地大？」謝曰：「今人做事，只管要夸耀别人耳目，渾不關自家受用事。有底人食前方丈，便向人前喫，只蔬食菜羹却去房裏喫，是甚恁地？」由謝子此言觀之，中庸尚絅，大易藏密，何莫非此去矜之心乎哉？

思叔詬詈僕夫，伊川曰：何不「動心忍性」？思叔慚謝。明道嘗曰「治怒爲難」，其答横渠定性書亦曰「惟怒爲甚」。蓋人爲血氣所使，往往偶然之怒，發於不及覺而不能制。故以張思叔之賢，亦不免有詬詈僕夫之舉也。僕夫，愚狠固執，不識事體，其足起人惱怒者甚多。伊川教以動忍，動忍則義理爲主，彼之無知姑恕之，我之不便姑安之。知世間原有多少拂亂之事，知此身本無恣意順適之期，則心性定而怒自消。思叔聞言，即自慚謝，亦可謂勇於自治者矣。

伊川曰：「見賢」便「思齊」，有爲者亦若是。「見不賢而内自省」，蓋莫不在己。論語言「見賢思齊」者，以賢皆可爲也。他當初是從有爲來的，思而爲之則齊矣。故復引孟子之言爲證。論語言「見不賢，内自省」者，以不賢雖在人，而不可不反之己也。世間儘有知人則明、自知則暗者，内省則莫非切己工夫，故曰「莫不在己」。總之，未見之先，原有一箇爲善去惡之實心，則隨所見皆是爲學，否則悠悠泛泛，日見賢不賢，何益？

横渠曰：湛一氣之本，攻取氣之欲。口腹於飲食，鼻口於臭味，皆攻取之性也。知德者屬厭而已，不以嗜欲累其心，不以小害大，末喪本焉爾。此即孟子所謂「性也有命焉，君子不謂性也」之意。湛者不動，一者不雜。朱子曰：「湛一是未感物之時，故爲氣之本也。攻取那物，必欲得之，便是氣之欲也。」攻取，而亦曰性者，氣質之性也。屬，足也；厭，飽也。屬厭而已者，適可而止，無貪心也。大而本者即心也，小而末者即嗜慾也。人生之初，氣以成形，有氣則有欲，如口腹於飲食，鼻口於臭味之類。然從其本而遡之，湛然純一，未嘗有此，乃是後來攻取於外，感物而始有之者，雖亦人所不能無，然任此爲性，而不知有以制之，則義理之性反爲所累，而無以全其本心之德矣。故惟知德者爲能盡其性，不以氣質之性爲性。其於飲食臭味，取足而已，攻取之嗜欲，不足以累之也。蓋心，大也本也；嗜欲，小也末也。不以小害大、末喪本，則氣亦可驗性，欲亦可徵理，雖在攻取之中，不失湛然之體。非知德者，其孰能知之？

横渠曰：纖惡必除，善斯成性矣。察惡未盡，雖善必粗矣。此「去惡莫如盡」之意也。性之由來者本善，而不除其惡，無以成其善。除者，拔其根而去之；成者，復其初而完之也。不除由於不察，察之未盡，即云爲善，亦粗而已，安能純粹至善，以復其本然之天乎！甚矣，人之省克，不可一日已也。

横渠曰：惡不仁，故不善未嘗不知。徒好仁而不惡不仁，則習不察、行不著。人心之中，只有一仁。而學者欲成其德，確有好仁、惡不仁兩段工夫。「好仁」是慈愛意思多，「惡不仁」是斷制意思多。好屬仁，惡屬義。人能惡不仁，故其察己也精，見不善之事，非己所能姑容，而一有不善，必知之矣。苟徒知仁之當好，不知不仁之當惡，則所習之理，所行之事，皆將以爲是而不及察其所以然，著明其所當然，雖有好仁之心，或陷於不仁而莫之覺。此夫子所爲以「好仁」、「惡不仁」並言之。是故徒善未必盡義，徒是未必盡仁，好仁而惡不仁，然後盡仁義之道。蓋仁爲元善，而仁之中有義，義所以裁決是非者也。若徒好仁而不惡不仁，則雖有向善之心，而無裁決之明，豈能盡義？不盡義則無以別其爲非，徒見爲是，此心未必悉當乎理，豈能盡仁？仁與義合一，而後仁之道盡；好與惡並用，而後仁義之道盡。世有含糊做好人，苟且行好事，終無着落，反成害道者，始知張子之言至精切也。

橫渠曰：責己者，當知無天下國家皆非之理。故學至於「不尤人」，學之至也。不責己者，多要非人，苟知所以責己，則不惟可以情恕，可以理遣，實自家有不是處，斷無天下國家皆非之理。將惴惴求免人尤之不暇，而敢尤人乎哉？故學至於「不尤人」，真能密操存、公物我，而爲學之至者也。

橫渠曰：有潛心於道，忽忽爲他慮引者，此氣也。舊習纏繞，未能脱灑，畢竟無益，但樂於舊習耳。此言人之志道貴專也。專始獲益。世亦有潛心於道者，庶幾知所志矣，然而閒思雜慮不能自禁，此心忽忽如有所失，反被他事牽引，則不專矣。此無異故，志不勝氣也。氣用事則誘於習染，習染深則積新成舊，交相纏繞，於是心爲所掣，不能脱然無累，灑然自得。本欲求益，畢竟無益。但覺吾道之拘，反樂舊習之誘，宜其引之而去也。古人欲得朋友，與琴瑟簡編，常使心在於此。惟聖人知朋友之取益爲多，故樂得朋友之來。欲勝其氣，究在先定其心。夫心何由定乎？必得朋友相與觀摩，則有所以輔吾心矣。而由是琴瑟以調養之，使心得其和；簡編以涵泳之，使心得其正。常使其心專有所在，而不及乎他，則思慮自除。古人之欲爲此具者，皆將以求益耳。惟聖人知三者之益，朋友最多，故有朋自遠方來，是以樂也。樂在乎此，必不在乎舊習，而講習責善，以爲潛心於道之助，其益豈不大矣哉！

横渠曰：矯輕警惰。輕，浮躁也；惰，馳慢也。學之不進，多爲此。二病却又相因，輕者必至於惰。矯之使有所斂抑，警之使有所戒惕。「君子耻其言而過其行」，即矯輕警惰之意也。薛敬軒曰：「只當於心智言動上用功。」胡敬齋曰：「只一敬字可以治之。」敬乃矯之、警之之道也。

横渠曰：「仁之難成久矣！人人失其所好。」蓋人人有利欲之心，與學正相背馳。故學者要寡慾。仁者，人心之天理，生而有之，而不可不知所以成之者也。學者不知内求仁之難成亦已久矣。自家所好自家失之，至於盡人而皆然。蓋中於形氣之私，利欲得而間之。則義理之好不勝利欲之好，與學正相背馳。故學者必有以勝利欲而復天理，寡之又寡，以至於無，而仁庶可得而成也。

横渠曰：君子不必避他人之言，以爲太柔太弱。至於瞻視亦有節，視有上下，視高則氣高，視下則心柔，故視國君者，不離紳帶之中。學者先須去其客氣，其爲人剛行音項，終不肯進。「堂堂乎張也，難與並爲仁矣」。此欲人以恭遜温柔爲進學之基，不可視高氣傲，無受益處也。蓋傲是客氣，惟恐人加於我之上。一味賢知先人不能自爲仁，亦不能有以輔人之仁，是欲速成而非求益者。故張子謂：人説我太柔太弱，此却無妨，君子可無恤於人言而急欲避之也。人心惟傲不可長，當隨時斂抑，至於瞻視之間，亦必不越其節。蓋視有上下，寧下毋上，上則氣高，下則心柔。故紳帶之垂在下者也，視國君者不離紳帶之中，禮也，所以視柔也。豈惟視國君當然？凡爲學者皆以柔爲道，先須去其客氣。苟其人太剛而有行行氣象，則粗暴不免，安能遜志務學？知其終不肯進也。子張聖門高弟，特以高亢，少誠實收斂之意，曾子謂其「難與並爲仁」。可見仁是心細氣靜人做的，着不得一毫客氣。客氣未去，必越其瞻視之節而不能下也。蓋目者人之所常用，且心常托之，視之上下，且試之。已之敬傲，必見於視。所以欲下其視者，欲柔其心也。柔其心，則聽言敬且信。所以然者，人不可一日不視。視爲人所常用，且心之神寓於目，是心托視以見也，故視之上下，所以試驗其心之存。存心敬，則視必下；存心傲，則視必高。所以不欲其高而欲其下者，非故自卑而尊人，正欲柔其心也。柔其心則心不怠慢，聽人之言必敬且信，人得以並與爲仁，而己之學於是乎進矣！人之有朋友，不爲燕安，所以輔佐其仁。今之朋友，擇其善柔以相與，拍肩執袂以爲氣合。一言不合，怒氣相加。朋友之際，欲其相下不倦。故於朋友之間，主其敬者，日相親與，得效最速。夫柔非善柔之謂，相下而敬之謂也。學者所貴乎朋友，原不爲燕昵自安之私，是我欲爲仁，朋友亦欲爲仁，所賴以陶淑觀摩而相與輔佐者，如何傲他？無如今之朋友，始則氣輕而易於苟合。善柔相與，非輔仁之資也；拍肩執袂，是燕安之私也。終則負氣而不肯相下。一言遽怒，向之所謂相與者，安在乎？欲其相下不倦，蓋亦難矣。要不主敬之故，以敬爲主，柔其心，下其視，聽其言，而敬且信，則與相親、相與之意無厭，何至有所不合？而其得效最速，有不輔我而爲仁者乎！仲尼曰：「吾見其居於位也，與先生並行也，非求益者，欲速成者。」則學者先須温柔，温柔則可以進學。夫朋友主敬，則效不期速而自速，否則輕浮欲速，夫子之所以益闕黨童子也。童子不居隅坐之位，與先生長者並行，傲而簡於禮，故夫子以爲非求學問之進益，乃欲躐等而速躋成人之列者。觀於此言，學者當以温柔爲先，温，和也；柔，順也。温柔而和順，則與朋友相親與，必不高視長傲以生客氣，而可以進學，其益何如也！詩云：「温温恭人，惟德之基。」蓋其所益之多。末引詩以結之，見人言不足避也。詩大雅抑之篇。基，本也。詩稱：「温温恭人，如集于木。惴惴小心，如臨于谷。」是心也，何其敬也！何其柔也！蓋其爲仁之本，受益弘多，君子不可不勉者此也。豈必以柔弱之言爲避哉？張子嘗曰：「人要得剛，太柔則入於不立。」而此又云然者，前所云「剛」以强毅言，此云「剛行」以粗暴言；前所云「柔」以怯懦言，此云「温柔」以恭謹言。詞同而意異也。

横渠曰：世學不講，男女從幼便驕惰壞了，到長益凶狠。只爲未嘗爲子弟之事，則於其親，已有物我，不肯屈下，病根常在。又隨所居而長，至死只依舊。爲子弟，則不能安灑掃應對。在朋友，則不能下朋友。有官長，則不能下官長。爲宰相，則不能下天下之賢。甚則至於徇私意，義理都喪。也只爲病根不去，隨所居所接而長。人須一事事消了病，則義理常勝。此推究病根，欲人以義理勝氣質也。古者小學之教所以豫養善心，裁抑客氣，蓋當爲子弟之初，而義理固已行乎其間矣。後世俗學不講此意，男女從幼恣其驕慢惰廢。父母愛踰於禮，把他本根壞了，到長時益凶惡暴狠，莫能禁止，只爲他平日未嘗爲子弟之事。勿説他人不肯屈下，就是生我之親，亦且視若隔膜，忘此身之自來，有物我之異視。病根既固，隨寓隨長，至於牿亡良心，死而不變。隨其所居所接，無一可者。在家爲子弟，出門交朋友，仕卑而有官長，仕尊而爲宰相，俱以驕惰之心行之。又其甚者，徇私任意，盡失義理。夫豈其性惡哉？只爲自幼受病，中入膏肓，根深不去，人事多涉，私意愈長。一時難以盡消，須是逐時省察，一事不放過，便與克下，漸漸消除，消到此病盡了，則本然之心復生。義理勝其氣質，可以變驕惰凶狠之習，爲温柔謙遜之風，隨其所居而無不盡道也。

## 校勘記

〔一〕凡四十一條　此五字原無，據存心堂本及尹刻本補。

〔二〕周子又括其辭而曰必懲窒遷改而後至　「懲窒遷改」，尹刻本作「懲忿窒欲遷善改過」。

〔三〕敬用釋文勖哉同志　此句尹刻本作「學者所當勖也」。

〔四〕伊川曰　句下，尹刻本有「易傳曰」三字；句上有「夬九五曰莧陸夬夬中行无咎象曰中行无咎中未光也」二十二字。

〔五〕不持其志也　「不」上，尹刻本有「此由於」三字。

# 近思録集解卷六

凡二十二條

## 家道

此卷論齊家。蓋克己之功既至，則施之家，而家可齊矣。

伊川先生曰：弟子之職，力有餘則學文。不修其職而學文，非爲己之學也。易曰：「蒙以養正，聖功也。」弟子之職，乃作聖之基。故必端其本行，如孝弟謹信，愛衆親仁，皆日用倫常之所當盡者。隨時隨處，力而行之。或有餘裕，而當閒暇之時，則留心於詩、書六藝之文，以博其義理之趣。然亦正所以廣其見識，養其性情，爲力行地耳，非别有他事也。苟不修其弟子之職分，而汲汲於辭章記覽之學，適足以長其浮誇驁外之習，便非切實爲己之學矣。後世教弟子者，本行未敦，即以科舉之文期之，是當成童而志趨已教壞了，何怪乎聖學之日遠也！程子即論語之教弟子而重致其叮嚀，朱子於家道中首列此義〔一〕，無非以聖賢望人。誰無弟子，而使之競逐時趨，以汩没其根器，則亦非盡弟子之咎也。

伊川曰：孟子曰：「事親若曾子可也。」未嘗以曾子之孝爲有餘也。蓋子之身所能爲者，皆所當爲也。此因孟子稱曾子之孝而申言其義，明孝道乃人子盡分之事也。古來善養志者必推曾子，然孟子稱之，祇云「事親若曾子可也」，則雖以曾子之孝，孟子未嘗謂其於孝有餘量也。蓋人子之身，即是父母之身。人之自養其身，未嘗以所能爲者，爲身不當爲之事。以子事親，又安得以子身所能爲者，爲事親不當爲之事？所以古來之純孝，祇有事父未能之心，初無當然已盡之意。誠以孝道之大原，無處説得起也。然則如曾子，然後可以事親，而未能如曾子，皆其不可爲子、不可爲人者也。普天下子，舍中所當爲者何事？所能爲者何事？但求盡其分内亦足矣。

伊川曰：「幹母之蠱不可貞。」子之於母，當以柔巽輔導之，使得於義。不順而致敗蠱，則子之罪也。此釋蠱卦九二爻辭也。九二曰：「幹母之蠱不可貞。」蓋言子之於母，本以恩勝，平日當柔婉巽順，輔佐而開導之，使合於事理之當然，乃爲善事母者也。若不能巽順，而反致敗壞乎事，則是子不善輔導之罪也。此九二之於六五，爲子幹母蠱之象，而聖人不能不爲之斟酌其宜者也。從容將順，豈無道乎？若伸己剛陽之道，遽然矯拂，則傷恩，所害大矣，亦安能入乎？在乎屈己下意，巽順將承，使之身正事治而已。剛陽之臣，事柔弱之君，義亦相近。子於母蠱，其不得不思所以幹之者，理也，亦情也。然將奉而順承之，亦豈無道以善其後乎？若直行己志，恃其剛陽之道，遽然矯制而拂逆之，則傷母子之恩，而所害於倫理固已大矣，亦安能入母心而化之？是在乎屈抑自己之氣，低下其意，思巽順相承，潛移默化，有以喻之於道，總使之感悟，而身終處於正，事究歸於治，而後此心乃安耳。子之於母，所當盡者如此而已。彼剛陽之臣，事柔暗之君，其不可直遂，而務盡其婉轉匡救之道者，義與此正相近。九居二，上承六五而得中失正，故取象如此，而戒以不可貞也。

伊川曰：蠱之九三，以陽處剛而不中，剛之過也，故小有悔。然在巽體不爲無順。順，事親之本也。又居得正，故無大咎。然有小悔，已非善事親也。此釋蠱九三爻義也。蓋幹父之蠱，當以承順爲主。九三以陽之德，處剛之位，而在下之上，不得其中，乃剛之太過者也。過剛則爲拂逆之病，其小悔所必有也。然猶在巽卦之體，不可謂無巽順之意。巽順者，所以事親之根本也。且以陽居剛爲得正位，故无大咎。但既小有悔，則與下氣怡色，柔聲以諫，心與之一，而未始有違者，不相侔矣。幹蠱若九三，亦非可謂善於事親者也。

伊川曰：正倫理，篤恩義，家人之道也。古今莫難於齊家，而家之所以齊者，分與情耳。分之不嚴，則尊卑長幼不能各安其所，而家道紊矣。情之不親，則愛敬綢繆，不能相通無間，而家道乖矣。故必正倫理，使父父子子、兄兄弟弟、夫夫婦婦，有秩然不敢干之名分。然後大小相畏，上下相維，而家道以正，家之運以興。又必篤恩義，使父慈子孝，兄友弟恭，夫和妻柔，有肫然不可解之至情。然後天合者不拂，人合者無違，而家之道以和，而家之聲亦日振。家人之道，孰有踰於此乎？

伊川曰：人之處家，在骨肉父子之間，大率以情勝禮，以恩奪義。惟剛立之人，則能不以私愛失其正理，故家人卦大要以剛爲善。此見處家之道，不可無剛方之意也。人之處家，所與朝夕者，無非至親之人。其在骨肉父子之間，大抵動於情之不能已，而禮法之嚴，在所不拘，是以情勝禮也。大抵出於恩之不忍薄，而義理之正，或所不計，是以恩奪義也。惟剛方卓立之人，自能至公無私，不以一偏之愛，失其至正之理。故家人一卦之爻，大要以剛陽爲善，觀聖人所系之辭可見矣。

伊川曰：家人上九爻辭，謂治家當有威嚴，而夫子又復戒云，當先嚴其身也。威嚴不先行於己，則人怨而不服。此釋家人上九爻辭及小象之義也。上九爻辭：「有孚威如，終吉。」是謂治家之道，當有威嚴之意以行之，則整齊嚴肅而終吉。而夫子繫象又曰：「威如之吉，反身之謂也。」乃言欲嚴以治家，當先嚴其身。如視、聽、言、動，與應事接物，皆必恭敬自持，以爲一家之率。然後一家之人畏而服之，而家可齊。若威嚴之意不先行於一身，則一家將怨其拘束之嚴，而不服其整齊之教矣。大學言「欲齊其家者先修其身」，孟子亦言「家之本在身」，正是此意。

伊川曰：歸妹九二，守其幽貞，未失夫婦常正之道。世人以媟狎爲常，故以貞靜爲變常，不知乃常久之道也。此釋歸妹九二及小象之義也。歸妹九二爻辭，言「利幽人之貞」者，乃陽剛得中，能堅守其幽閑貞靜之德，未失夫婦常正之道耳。世之人以媟褻玩狎，習爲故常，故以貞靜之德爲異，而反目之以變常。不知貞靜乃夫婦常久不易之道，故孔子繫象，特表而出之，曰「未變常也」，所以明幽貞之可貴也。

伊川曰：世人多慎於擇壻，而忽於擇婦。其實壻易見，婦難知，所係甚重，豈可忽哉？夫婦，人倫之始，而天地之大義。父母爲兒女擇婦擇壻，亦人情之常。但世人往往欲嫁其女，則必鄭重詳慎，擇其快意者而許之；至於爲兒娶婦，又多因循苟且，忽於選擇，竟有不知其賢否而遂訂之者，何其昧於難易輕重之分耶！夫男子在外，言辭晉接之間，其品行猶易見；女子居内，閨門幽邃之中，其德性則難知。且娶婦，所以承宗祧，古人有以婦之賢否而卜其家之興廢者，其所係甚重，寧可輕易而不擇乎哉？此伊川所以重爲之戒者也。

伊川曰：人無父母，生日當倍悲痛，安忍置酒張樂以爲樂？若具慶者，可矣。具慶，舊注謂「父母俱存也」。言人子初生時，正是父母鞠育艱難之日。人若既無父母，則此日更是人子念親彌切之日，故當倍加悲傷痛悼，更安忍置酒高會，張樂娱賓以自博快樂乎？此惟父母俱存而謂具慶者，或假此日爲嬉戲娱親之事，則庶乎可耳。

問：行狀云：「盡性至命，必本於孝弟。」不識孝弟何以能盡性至命也？伊川曰：後人便將性命别作一般説了。性命、孝悌，只是一統底事，就孝弟中便可盡性至命。行狀，明道先生之行狀，伊川先生所作者也。行狀言明道「盡性至命，必本於孝弟」，或人不識其義，故以爲問，而伊川答之也。蓋性命者，天人賦受之理；孝弟者，人倫全盡之稱。性命無處見，原於倫物上見之。後人不知其同條共貫，便將性命看得太深，别作一般道理説了。其實人所受謂性，天所賦謂命，徵之於事，則爲事親從兄之道，而謂之孝弟，只是合一統貫底事。就孝弟中盡到無憾，即是盡性至命。如仁義，本性中所具，而命於天之理也。親親即所以盡仁，敬長即所以盡義。故曰：「仁之實，事親是也；義之實，從兄是也。」又誰謂盡性至命，不自孝弟中見之哉？如灑掃應對與盡性至命，亦是一統底事，無有本末，無有精麤，却被後來人言性命者別作一般高遠説。故舉孝弟是於人切近者言之。此又類而推之，以明此理之通一無二也。如灑掃應對，乃事之至粗淺者，論其道理，却與盡性至命亦是一統事。雖性命是本，灑掃應對是末，而本即寓於末之中，末即通乎本之原，無有本末也；雖性命爲精，灑掃應對爲粗，而精必由粗以見，粗亦得精以傳，無有精粗也。却因此理不明，被後來之人穿鑿言之，便把性命別作一般窮高極遠話説，使人竟謂性命無處窺尋，故舉孝弟以示之，是就人最切近者言之耳。若論道理統貫，即灑掃應對，亦無不本於性命，何況孝弟乃爲人根本事乎？然今時非無孝弟之人，而不能盡性至命者，由之而不知也。盡性至命，既本於孝弟，則有孝弟之人，宜無不盡性至命矣。然今時非無善事父母善事兄長，而可稱爲孝弟之人，而究不能盡全所受之性，以徹乎所賦之命者。此由其天性本厚，學問功疏，故行不著，習不察，由之而不知其道，有如孟子之所云耳，其實與性命之理，未嘗不暗爲合也。

問：第五倫視其子之疾與兄子之疾不同，自謂之私，如何？伊川曰：不待安寢與不安寢，只不起與十起，便是私也。父子之愛本是公，才著些心做，便是私也。第五倫，漢時人，字伯魚，爲人長厚誠篤。人有問之曰：「公有私乎？」對曰：「吾兄子嘗病，一夜十起，退而安寢。吾子有病，雖不省視，而竟夕不眠。豈可謂無私乎？」或疑其自謂私者，未必是私也。伊川據理答之曰：公私之辨甚微。純乎天理，而無一毫私意較計，方謂之公。如倫所言，不待論其安寢與不安寢方謂之私，只就其有意不起，有意十起，便是私也。子疾既關切，何得不起？不起者，畏人議其私也。兄子之疾，亦同關切，又何必十起？十起，欲人見其公也。即此畏人議私，欲人見公，便是私意。蓋父子之愛，本是天理人情之至，才著些少意見周旋做去，即是私，即與渾然天理之公不合也。又問：視己子與兄子有間否？曰：聖人立法曰：「兄弟之子猶子也。」〔二〕或又疑倫之異視己子與兄子，亦未謂不是，因問人情之視己子與視兄子，原亦有間，而不必渾同否？伊川曰：聖人立人倫之法曰「兄弟之子猶子」。既謂猶子，則亦何得以有間視之乎？蓋分形雖微有間，而視之之情，其親愛原不當以有間分也。又問：天性自有輕重，疑若有間然。曰：只爲今人以私心看了。孔子曰：「父子之道，天性也。」此只就孝上説，故言父子天性。若君臣、兄弟、賓主、朋友之類，亦豈不是天性？只爲今人小看，却不推其本所由來故爾。己之子與兄之子，所爭幾何？是同出於父者也。只爲兄弟異形，故以兄弟爲手足。人多以異形故，親己之子異於兄弟之子，甚不是也。又問：孔子以公冶長不及南容，故以兄之子妻南容，以己之子妻公冶長。何也？曰：此亦以己之私心看聖人也。凡人避嫌者，皆内不足也。聖人至公〔三〕，何更避嫌？凡嫁女，各量其才而求配。或兄之子不甚美，必擇其相稱者爲之配。己之子美，必擇其才美者爲之配。豈更避嫌耶？若孔子事，或是年不相若，或時有先後，皆不可知。以孔子爲避嫌，則大不是。如避嫌事，賢者且不爲，况聖人乎？或又疑父子主恩，原屬天性，即視兄子有間，雖私亦不害其爲公，故問天性自有輕重不同，疑若有間，是有差等。伊川曰：天性本是至公的道理，只爲今人滿腔是私意，遂以私心看却天性〔四〕，謂雖私不害，其實不然也。孔子曰：「父子之道，天性也。」此只就孝上説，見得子之事親，乃由於天性而不容自已，故言父子天性耳，若統論道理，即若君臣、兄弟、賓主、朋友之類，亦是本天而出，即有此數倫，豈不是天性？只爲今人無廓然大公之心，小看却這些倫理，不能推其本原所由來，故不知其皆出於天，皆性中所固有，故如此分别爾。且如己所生之子，與兄所生之子，所爭差曾有幾何？固同出於父，均爲父一氣之親也。只爲兄弟不能無分形之異，故以兄弟爲手足，而究之手足亦合而爲一身者也。人多以形既有分，故親愛乎己之子，更篤於兄之子，不知己子爲父之一脉，兄子亦爲父之分脈。既知天理之愛，其爲當愛則一耳，異而視之，甚不是也。又問：「若己子兄子之愛不容有間，則聖人必不有分於間矣，乃孔子以公冶長之賢不及南容，故以兄之子妻南容，擇其賢者以避薄兄之嫌；以己之子妻公冶長，取其稍遜者，以遠自私之嫌。若非有間，何必委曲如是？」伊川曰：此亦在己先有私心，故以此窺測聖人，遂看差了當日情境耳。在聖人固無此意也。凡人行事畏人譏議，遂存避嫌之見者，以在内之道理未真知實得而有所不足，故自己信不及，恐他人亦不之信。是以不能不費周旋也。若聖人至公無我，如青天白日，人人共見，何嫌何疑，而更有所避乎？大凡嫁女亦自有嫁女之道，當各量其才之高下而求配。設或兄之子才不甚美，則必擇其才之相稱者以爲之配，必不盡取於賢可知。或己子之才原爲甚美，則必擇其才美之配，方爲相稱，又不妨擇取於賢者可知。豈必委曲周旋，求免口實以避嫌，而礙於嫁女之公耶？避嫌即私意矣。今試懸而度之，若孔子事，或是年歲之多少不相同，或是議配之時有先後之異，皆不可知。何可執其事迹，以泥其親疏，較其厚薄。如以孔子之妻己子與兄子謂避嫌而然，不惟無當於當日事情，并大不是觀聖人見識矣。如避嫌之事，稍有學問，若賢人之詣且不屑爲，況聖人天理渾然，意見盡融，而乃有如此惉滯乎？知聖人之無私而不避嫌，則第五倫之不起與十起皆太著意矣，其不得謂之無私也明矣。

問：孀婦於理似不可取，如何？伊川曰：然。凡取，以配身也。若取失節者以配身，是己失節也。孀婦，寡居之婦也。孀婦本當守節，取之是奪其志也，於理殊爲不可。或者之問，乃正問也，故伊川然之。蓋凡取婦，乃陰陽配合之義，使此身有所助而成。彼從一而終者，孀婦之節也，更爲人妻，是失節者也。我若取之以爲配，是我與失節之人合而爲一身，己亦一失節之身而已。故取之者，不惟有妨於理，亦甚自辱其身者也。安可不重以爲戒乎？又問：或有孤孀貧窮無託者，可再嫁否？曰：只是後世怕寒餓死，故有是説。然餓死事極小，失節事極大。婦人從一而終，正理也。然或有孤單寡守，貧窮不能自存而寄託又無其人，勢不免於再嫁。或問其可否。蓋亦以其嫁爲可諒者也。伊川曰：婦人夫死稱「未亡人」，以其身可死而節不可奪耳。貧窮無託，其極不過一死，謂可再嫁者，只是後世之人怕寒餓死，故有是説。豈知從道理起見，則誰無一死，餓死之事，所關極小，而一失其節，則生理盡喪，故失節之事，所關極大。然則爲孀婦計，只欠一死耳，何必藉口於貧窮無託乎？

伊川曰：病卧於床，委之庸醫，比之不慈不孝。事親者亦不可不知醫。此戒人以敬身謹疾之道也。人以敬身爲重，節飲食，慎起居，勿致有病，此其要也。不幸病卧於床而不知醫道，委之庸醫之手，則脈理不明，症候不的，必至誤治而有傷生之患。夫此身上承父母，下係子孫，乃以病體輕寄之庸俗之醫，而死生存亡俱未可知，承先啓後之謂何乎？故「比之不慈不孝」，亦未爲過也。若事親者，以親身爲重，亦不可以不知醫。蓋知醫則朝夕奉侍，於寒暑陰陽，必能時其衣服飲食。設或有病，亦能斟酌良醫，以善其調理，而不至爲庸醫所誤者也。然則以醫書爲人子之須知，豈誣也哉？

程子葬父，使周恭叔主客。客欲酒，恭叔以告。先生曰：勿陷人於惡。此見程子之於葬禮有以自處，亦有以處人也。周恭叔，程子弟子。主客者，主待賓客之事也。葬父，凶事也。人子方在哀戚之時，客之來會，必其皆有關切之誼者也。此時但當修弔奠之儀，安可爲宴飲之事？乃有向主客之人而欲酒者，其悖禮亦甚矣！故恭叔以告，而先生曰：「勿陷人於惡。」蓋彼不知禮法，而自蹈于非禮之惡，已爲可憫也。我知而順彼之欲，則彼之惡乃我陷之也。故不與之酒，而主客俱兩無憾矣。世之人有事於葬親，乃置酒高宴以侈美觀，而爲客者亦習爲固然焉。風俗移，人莫知其悖。聞程子之言，亦可以少警矣。

伊川曰：買乳婢多不得已。或不能自乳，必使人。然食己子而殺人之子，非道。必不得已，用二子乳食三子，足備他虞。或乳母病且死，則不爲害，又不爲己子殺人之子，但有所費。若不幸致誤其子，害孰大焉？人家生子而置乳婢以養之，大抵皆出於不得已之事。或自己不能自養，必使人代養，亦所不免。然以一母養二子，勢不能無所妨。若使專食己子，恐至殺害其子，此大非道理之宜。必不得已，當再置乳母，以二子之乳養三子，則以一子分給於二子之餘，彼此兩全，足以備他端不虞之事。即或乳母有病且將死，亦有他婢，而不爲害，又不至以食己子之故，而殺他人之子。但此中當多有所費耳。如此則於不得已之中，善全其道，亦所謂「幼吾幼及人之幼」者。仁人君子之用心，固宜若是。若不思所以善全之，設不幸以己子之食，殺他人之子，其害於仁道孰大焉？

先公太中諱珦，字伯温。前後五得任子，以均諸父子孫。嫁遣孤女，必盡其力。所得俸錢，分贍親戚之貧者。伯母劉氏寡居，公奉養甚至。其女之夫死，公迎從女兄以歸。教養其子，均於子姪。既而女兄之女又寡，公懼女兄之悲思，又取甥女以歸嫁之。時小官禄薄，克己爲義，人以爲難。公慈恕而剛斷，平居與幼賤處，惟恐有傷其意，至於犯義理，則不假也。左右使令之人，無日不察其饑飽寒燠。娶侯氏。侯夫人事舅姑以孝謹稱，與先公相待如賓客。先公賴其内助，禮敬尤至。而夫人謙順自牧，雖小事未嘗專，必禀而後行。仁恕寬厚，撫愛諸庶，不異己出。從叔幼孤，夫人存視，常均己子。治家有法，不嚴而整。不喜笞扑奴婢，視小臧獲如兒女，諸子或加呵責，必戒之曰：「貴賤雖殊，人則一也。汝如是大時，能爲此事否？」先公凡有所怒，必爲之寬解。唯諸兒有過，則不掩也。常曰：「子之所以不肖者，由母蔽其過而父不知也。」夫人男六人，所存惟二，其愛慈可謂至矣，然於教之之道不少假也。纔數歲，行而或跲，家人走前扶抱，恐其驚啼，夫人未嘗不呵責，曰：「汝若安徐，寧至跲乎？」飲食常置之坐側，嘗食絮羹，即叱止之，曰：「幼求稱欲，長當何如？」雖使令輩，不得以惡言罵之。故頤兄弟平生於飲食衣服無所擇，不能惡言罵人，非性然也，教之使然也。與人爭忿，雖直不右，曰：「患其不能屈，不患其不能伸。」及稍長，常使從善師友游。雖居貧，或欲延客，則喜而爲之具。夫人七八歲時，誦古詩曰：「女子不夜出，夜出秉明燭。」自是日暮則不復出房閤。既長，好文，而不爲辭章，見世之婦女以文章筆札傳於人者，則深以爲非。此程子所作大中公及侯夫人合傳也。大中公至公無我，前後以恩例，五得任子，皆以均諸父之子孫。又盡力嫁遣孤女，俸錢則分贍親戚之貧乏。奉養伯母，甚恭且至。至其從女兄之寡，亦迎以歸，並教養其諸甥甚篤。即其寡甥女，亦體女兄意，取歸而嫁之。其於内外周親，亦極恩意之備至矣。官卑禄薄，而克去己私以爲義，可不謂難歟？既慈恕，復剛斷，故雖幼賤之人，猶欲體恤其心，而過犯之舉，則未嘗寬焉。他如左右使令之輩，其饑飽寒燠，體察必周，古之所謂寬嚴互濟、恩威並至者，先生有焉。夫人侯氏，孝於舅姑，必敬必戒，以相夫子，故相待如賓客，亦賢内助也。觀其謙順自牧，事必稟而後行，殆所謂「地道無成而代有終」者。至於仁恕寬厚，撫庶子如己出，視孤叔均於己子。治家整肅，遇奴婢以恩，不爲子掩過，不以愛慈而有姑息之教。是以謹其步趨，戒其飲食，嚴其惡言，懲其爭忿，無非教子嬰孩之意，使之習慣以成其自然。而又擇師友以教之，延賓客以成之。若夫人，可謂善於教子者也。乃若閨房之出入維謹，筆墨之流傳是戒，尤其律身以禮法，而揆諸内則，無一而不合者也。夫是以相夫子以齊其家，而家道以正焉。其養成明道、伊川之德器，以繼孔孟之傳也，宜矣。

横渠嘗曰：事親奉祭，豈可使人爲之？事親所以盡子之道，奉祭所以達己之誠，此二事豈是人可以代的？事親必親爲之，而後飲食起居，得竭其承歡之情；奉祭必親爲之，而後僾見愾聞，得致其如在之意。若使人爲之，則孝心不能以自達，誠敬不能以自通，此孝子所以有「不遑將父」之悲，聖人所以有「祭如不祭」之憾也。

横渠曰：舜之事親有不悦者，爲父頑母嚚，不近人情。若中人之性，其愛惡略無害理，姑必順之。此見爲子之道，當以順親爲要也。不順乎親，不可以爲子。順親者，悦親者也。古今惟舜爲盡事親之道。而有不悦者，只爲父頑母嚚，不近人情之故，非舜無以悦之也。若中人之性，其愛惡未必大拂乎人情，苟略無甚害於義理，亦尚有可從之道。姑必順其志而爲之，不必過執己見，以傷親之心也。親之故舊，所喜者，當極力招致，以悦其親。凡於父母賓客之奉，必極力營辦，亦不計家之有無。然爲養，又須使不知其勉强勞苦，苟使見其爲而不易，則亦不安矣。順親之道非一，即親之朋友往來，亦足以爲悦親之端矣。如親之平日故交舊友，有意氣相投而爲所喜者，時常聚首談心，亦晚景之快事。爲子者當極力招而致之於家，以悦親之志。凡於父母賓客之來者，其奉之也必極盡其力，經營而取辦，亦不可計家中之有無，以貽吝嗇之羞。然所以盡其奉養者，又須委曲行之，示以優裕，使不知其出於勉强之艱，勞苦之力。苟使見其子之所以爲此奉者，原有不易備之數，則親之心亦有所不安矣，不安則烏能悦乎？此養志者所以必盡其道也。

横渠曰：斯干詩言："兄及弟矣，式相好矣，無相猶矣。"言兄弟宜相好，不要相學。猶，似也。人情大抵患在施之不見報，則輟，故恩不能終。不要相學，已施之而已。此釋詩斯干之辭也。斯干之詩有曰："兄及弟矣，式相好矣，無相猶矣。"乃言凡人之爲兄弟者，宜相和好，不要相學而效其不和之所爲。猶者，相似之義也。凡人之情，大抵所患者，在我如是以施之，而彼未必如是以相報，則因之而輟其所施，故恩愛之情不能終篤而不衰。豈知兄弟之恩，本出於性情之自然而不容已，當然而不可易。不要彼此相視，學其所爲。其報不報，俱可勿計。但盡其在己，而以式好之情施之而已。朱子曰："如兄能愛其弟，弟却不恭其兄，兄豈可學弟之不恭，而遂忘其愛？但當盡其愛而已。如弟能恭其兄，兄却不愛其弟，豈可學兄之不愛，而遂忘其恭？但當盡其恭而已。"故"式相好，無相猶"之詩，張子甚喜其言之有味而釋之也。

横渠曰："人不爲周南、召南，其猶正墻面而立。"常深思此言，誠是。不從此行，甚隔著事，向前推不去。蓋至親至近，莫甚於此，故須從此始。論語言：「人而不爲周南、召南，其猶正墻面而立。」張子以爲常深思此言之旨，甚切當而不可易，人不從此實用工夫，則不能修身齊家，未出門庭，於事便多阻隔，向前許多事皆推行不去。蓋至親至近，莫如夫婦居室之間，此而能盡其誠敬，何處不是此誠此敬之推？非然，則無以對至親，何論及疏？無以通至近，何論及遠？故最要緊者，莫甚於此。而存誠主敬，須從此著脚。程子所謂「有關雎、麟趾之意，然後可行周官之法」，亦是此意。

横渠曰：婢僕始至者，本懷勉勉敬心。若到所提掇更謹，則加謹；慢則棄其本心，便習以成性。故仕者入治朝則德日進，入亂朝則德日退，只觀在上者有可學無可學耳。此言御婢僕者，須時常警策，使之勿怠勿惰也。提掇者，提醒而點掇之也。婢僕初來之時，本欲自獻其忠勤，以示可用，故常懷勉勉敬慎之心。若在上之人所提掇更嚴，則彼亦愈加勤謹。或縱而慢之，則彼將棄其初來之本心，久之便習懶以成性。若出仕之人，亦是如此。入治朝，則在位多君子，紀綱整肅，不得不勉勉以赴功，故德日進；入亂朝，則在位多小人，法度廢弛，遂亦因循而自墮，故德日退。然則德之爲進爲退，只觀在上位者有可學與無可學之人耳。仕者且然，況婢僕輩乎！

## 校勘記

〔一〕朱子於家道中首列此義　「義」，尹刻本作「條」。

〔二〕兄弟之子猶子也　句下，朱子全書整理本近思録卷六有「是欲視之猶子也」七字。

〔三〕聖人至公　「人」下，朱子全書整理本近思録卷六有「自」字。

〔四〕遂以私心看却天性　「性」，尹刻本作「理」。

# 近思録集解卷七

凡三十八條

## 出處

此卷論出處之道。蓋身既脩，家既齊，則可以仕矣。然去就取舍，惟義之從，所當審處也。

伊川曰：賢者在下，豈可自進以求於君？苟自求之，必無能信用之理。古人之所以必待人君致敬盡禮而後往者，非欲自爲尊大，蓋其尊德樂道之心不如是，不足與有爲也。程子釋蒙彖傳意也。蓋蒙卦九二上應六五之童蒙，是爲人君純一不雜，虛中以受之義，時亨而行，爲得其中，非干進也。賢者之進，將以行其道耳，豈可自求於君？苟自求之，則君不求我，而我輕身以枉道，彼且將有所挾以傲我，安有信用之理？古人所以守不見之義，必待人君内致其敬，外盡其禮，而後往見之者，非故自尊大也。道在我，則我爲有德者。人君欲有爲於天下，必需道德之佐，而不致敬盡禮，如是則其尊德樂道之心未至，安足與有爲哉？故惟蒙九二爲剛中，而孟子亦云：「大有爲之君，必有所不召之臣。」欲賢者知所以自處也。

伊川曰：君子之需時也，安靜自守。志雖有須，而恬然若將終身焉，乃能用常也。雖不進而志動者，不能安其常也。此程子釋需初九象義也。需，須也。君子藏器於身，待時而動，道之常也。初九以陽剛在下，安靜自守，雖有上進之志，而遠居於郊，其心恬然，若將終身，是謂能用其常久之道。彼未進而志先動者，躁也妄也，豈能安其常哉？孔子曰：「我待賈者也。」其對哀公曰：「儒有席上之珍以待聘。」與此意互相發。

比：「吉，原筮，元、永、貞，无咎。」伊川易傳曰：人相親比，必有其道，苟非其道，則有悔咎。故必推原占決其可比者而比之，所比得「元」、「永」、「貞」，則无咎。元，謂有君長之道；永，謂可以常久；貞，謂得正道。上之比下，必有此三者，下之從上，必求此三者，則无咎也。此程子釋比彖辭也。比，親輔也；原，推原也；筮，占決也。「原筮」云者，指來筮之人而借言之，令自推原占決也。大凡人相親比必有其道，不可妄從。苟非其可比者而比之，則爲非道，而有悔咎，故必自爲推原占決，得有「元」、「永」、「貞」三者之德，乃所謂可比者也。元，有君長之道，言可以宗而主之也。永者，可常久，言其終始如一，無凶終隙末之禍也。貞者，得正道，言以道相合，而非邪媚諛説之私也。有是三者則得其道；無是三者則非其道。上之比下，下之從上，皆要審度，然後可以無咎。否則，有不勝自失之悔者矣，人可不慎所比也哉？

履之初九曰：「素履，往无咎。」伊川易傳曰：夫人不能自安於貧賤之素，則其進，乃貪躁而動，求去乎貧賤耳，非欲有爲也。既得其進，驕溢必矣，故往則有咎。此程子釋履初九爻辭也。履之爲卦，有往進之義。初九陽爻得正，素行之脩可知，故發軔之初，率其素而行，即可无咎。而程子發明之，以爲人當貧賤不能自安，則諂屈媚人，違道苟合，必不能守其非仁無爲、非禮無行之節，其進乃貪躁而動，求去乎貧賤耳。倖而得之，量淺則驕，器小則溢，必至之理。蓋貧賤而移者，未有不富貴而淫也，所以「往則有咎」。賢者則安履其素，其處也樂，其進也將有爲也，故得其進則有爲而無不善。賢者則不然。夫賢者之學，出處二端而已。當其處也，安其貧賤之素，不貪躁而妄動。莘野之樂〔一〕，陋巷之樂，若將終身。及其進也，則將以堯、舜其君民，爲禹、稷之饑溺，所謂達不離道者，驕溢之志於何而生？故得其進，則利有攸往而无不善也，何咎之有哉！若欲貴之心與行道之心交戰於中，豈能安履其素乎？蓋賢者之進，爲行道計，非爲欲貴計也。人止一心，心無兩用。若欲貴之心與行道之心交戰胸中，則欲貴之心居其勝，而道必不可行，豈能安履其素？每見近世士大夫，初終作兩截人，論者譏其變節，而不知其素履然也，向特未有驕溢之具耳。

伊川曰：大人於否之時，守其正節，不雜亂於小人之群類，身雖否而道之亨也。故曰：「大人否亨。」不以道而身亨，乃道否也。此程子釋否六二爻象也。身之否亨隨乎時，道之否亨由乎已。大人以道自重，故當否之時，小人群集，而能守其正節，不入其黨，身雖否而道無否，此大人之所以否亨也。若不以道自重，惟身是謀，枉道以進其身，則道否矣。雖身之亨，曷足貴乎？

伊川曰：人之所隨，得正則遠邪，從非則失是，無兩從之理。隨之六二，苟係初，則失五矣。故象曰：「弗兼與也。」所以戒人從正，當專一也。此程子釋隨六二象義也。人之所隨，邪正是非無兩從之理。隨之六二曰「係小子，失丈夫」，蓋初陽在下，小子之象；五陽在上，丈夫之象。初於二爲近，五雖正應而遠，六二陰柔，則見理不明，持守不固，又陰性躁急不能自守，將苟且以自比，其勢必遺五之遠而就初之近，安能兼與之乎？易之取象如此，以此戒人，當擇其正者而從之，專一靡他，得此則失彼，不能兼亦不可兼，非苟焉而已也，垂戒深矣。

伊川曰：君子所貴，世俗所羞；世俗所貴，君子所賤。故曰：「賁其趾，舍車而徒。」此程子釋賁六二爻義也。君子不以富貴在外之物爲榮，而以守節處義爲榮。世俗則反是矣。故易於賁之初九曰「賁其趾，舍車而徒」。蓋賁之爲卦，離下艮上，初九剛德明體，自賁於下，爲賁其趾，取居下之義。所以行也，寧舍非分之車而安於徒步者，由其取舍審於義利，不以世俗之所貴爲貴耳。

蠱之上九曰：「不事王侯，高尚其事。」象曰：「不事王侯，志可則也。」伊川易傳曰：士之自高尚，亦非一道：有懷抱道德，不偶於時，而高潔自守者；此程子釋蠱上九爻義也。蠱之上九，以陽剛之才超然人世之外，有不事王侯之象，高尚其事，如孟子言尊德樂道之意。程子取而發明之，以爲高尚亦非一道，各隨其時各因其品，其有道德積躬，懷抱非常，而與時未合，且高潔以自守者。朱子註云：如伊尹耕於莘野，太公釣於渭濱之時是也。此非終欲隱而不出者。藏器於身，待時而動，達可行於天下而後行之者也，此一道也。有知止足之道，退而自保者，其有知止不殆，知足不辱，功成身退，明哲保身者。朱子註云：如張良、疏廣之類是也。此非役役於富貴、老死不暇者，所謂見幾而作，不俟終日者也，此一道也。有量能度分，安於不求知者，其有量在己之能，度爲下之分，自安貧賤，不求聞達者。朱子註云：如徐孺子、申屠蟠之類是也。此非未至望若神明，既至咄咄書空，純盜虛聲者，所謂量而後入，不入而後量也，此又一道也。有清介自守，不屑天下之事，獨潔其身者。其有清風介節，於天下事，一切不屑，而以潔身爲主者。朱子註云：如嚴陵、周黨之類是也。此身在事外，强欲爲委重而不可得者。所謂不資其力而利其有，則能忘人之勢者也，此又一道也。所處雖有得失小大之殊，皆自高尚其事者也。象所謂「志可則」者，進退合道者也。之數者，時地不同，品格亦異，如可以守而守，可以退而退，其人固無遺議。若一意不求知，不屑天下事，亦未免所見者小，而不能無失。然雖有得失小大之殊，要皆高尚其事者也。象所謂「志可則」者，以其進退合道，不爲事物勢分所侵亂，而有事於道德，是可法而則耳。若夫潔身亂倫以爲高尚，則聖人亦何取乎爾！

伊川曰：遯者，陰之始長。君子知微，故當深戒。而聖人之意，未便遽已也。故有「與時行」、「小利貞」之教。此程子釋遯象傳意也。遯，退避也，爲卦乾上艮下，二陰浸長。君子固當知微深戒，見幾而遯，以避小人之禍。然乾剛在上，九五當位，而下有中正六二之應，若猶可以有爲。故聖人之意猶未遽已，而有與時消息、欲行其道之心。但未能大正，而利於小而貞耳。按朱子本義：「小，指陰柔小人而言，謂小人利於守正，不可以浸長之，故其勢將盛而侵迫於陽也。」説與程子異。然易不可爲典要，二説兼存而義始備。聖賢之於天下，雖知道之將廢，豈肯坐視其亂而不救？必區區致力於未極之間，强此之衰，難彼之進，圖其暫安。苟得爲之，孔孟之所屑爲也。王允、謝安之於漢晉是也。聖賢之於天下，未嘗一日忘也。遯雖非可以有爲，而爲道將廢之日，然天下事苟非大敗壞而不可救，安有坐視之理？必區區致力，幸陽之未盡消，陰之未盡長，而思所以維挽之。此，謂陽也；彼，謂陰也；强此之衰，扶陽而伸君子也；難彼之進，抑陰而遏小人也。凡以圖其暫安，如孔子當周之衰，浮海興嗟，思遯早矣，而東西南北，轍不停軌，卒老於行。孟子於齊、梁之君，屢惓惓焉，至於三宿出晝，交際不卻，豈非苟得爲之，即屑屑欲爲者乎？三代而下，如王允、謝安，雖非聖賢之比，而允值漢之季，董卓擅政，安值晉之亂，王敦、桓温相繼叛逆，力任其艱，盡心匡扶，皆略得聖賢「小利貞」之教者也。

伊川曰：明夷初九，事未顯而處甚艱，非見幾之明不能也。如是則世俗孰不疑怪？然君子不以世俗之見怪，而遲疑其行也。若俟衆人盡識，則傷已及而不能去矣。此程子釋明夷初九爻義也。夷，傷也，爲卦離下坤上，離火之明，入坤之地中，明而見傷，曰「明夷」。初九傷猶未顯，人不及察，處之甚難，非見幾之明者，不能避之早而去之決。故其爻曰：「明夷于飛，垂其翼；君子于行，三日不食。有攸往，主人有言。」蓋以初之德而言，則爲陽剛之君子；以初之時而言，則爲明而見傷之始；以初之位而言，則爲有可遠避之義。故寧三日不食，不可以不行；寧主人有言，不可以不往。處人之所難而不疑也。所謂俗之疑怪者，指爻中主人言之。主人謂四爻，初與四應而先去，故四必怪其潔身之太早。然君子不因其有言而遲疑其行者，衆人多見於事後，君子獨炳於幾先。若俟衆人盡識，則已傷而不能去。如醴酒不設而穆生去楚，以申公、白公之賢，猶且非之，況衆人乎？其後卒有受胥靡之辱，欲去而不得者，豈非明證？

伊川曰：晉之初六，在下而始進，豈遽能深見信於上？苟上未見信，則當安中自守，雍容寬裕，無急於求上之信也。苟欲信之心切，非汲汲以失其守，則悻悻以傷於義矣。故曰：「晉如摧如，貞吉，罔孚，裕无咎。」此程子釋晉初六爻象也。晉，進也，爲卦坤下離上，當明盛之時，可以出而仕矣。然初六以陰居下，筮仕新進之始而應不中正，必有從而擠排之者，豈遽能深見信於上？苟上未見信，則當安於中心，尊德樂義，盡其在我之守，以雍容寬裕處之，而無急於求上之信。此君子處進退之道也。若求信之心切，則其始也將汲汲以失其守，而行己未必守其正；其繼也且悻悻以傷於義，而居心未必處於裕矣。故爻辭曰：「晉如摧如，貞吉罔孚，裕无咎。」摧，挫折也。貞，正也。孚，信也。裕，寬裕也。貞以行言，裕以心言，所行者正，庶乎見信於上，而可以獲吉矣。設猶不信，亦當處以寬裕之心，然後進退不失其正而无咎也。然聖人又恐後之人不達寬裕之義，居位者廢職失守以爲裕，故特云初六，裕則无咎者，始進未受命當職任故也。若有官守，不信於上而失其職，一日不可居也。聖人垂教之切如此，讀其辭可以知其義矣。又恐後之人有所不達，而以爲爲仕者概宜寬裕，則在位必將怠慢廢職，反失事守，故特叮嚀之，曰「裕无咎」者，未受命也。言初在晉始，未有官守之命，則未仕其職〔一〕，所以進退綽有餘裕。若有官守而上不見信，動多猜嫌，事輒掣肘，安能不失其職？則不可一日居，以速曠官之罪，此又爻辭言外之意也。然事非一概，久速唯時，亦容有爲之兆者。要而言之，未受命則以寬裕爲无咎，當職任則以廢職爲失守，固理之常。然事非可一概論也。可久可速，不失其時，亦容有爲之兆者，所貴知幾之君子，神而明之，以變通乎大易之教則善矣。

伊川曰：不正而合，未有久而不離者也。合以正道，自無終睽之理。故賢者順理而安行，智者知幾而固守。此程子釋睽六三象義也。爲卦兑下離上。水火之性既已相違，中女少女之志又不相同，是以易至於睽，如三之應上，志非不專，而介於前後二陽之間，後爲二所曳，前爲四所掣，以致上九之猜狠，致有髡劓之傷。然天下惟以不正合者，其始雖合，久亦必離。若正應則有終合之理，故其象曰「无初有終」，言邪不勝正，事久則疑自釋也。是故賢智之處於世，惟順其理之自然，而安行無事，知其幾之必然，而固守不惑，則心安者身亦必安，有守者人亦必不能奪其守。否則違乎理，昧乎幾，毋論必不得合，即合亦非其正，而必至於離，則何益矣！

伊川曰：君子當困窮之時，既盡其防慮之道而不得免，則命也，當推致其命以遂其志。知命之當然也，則窮塞禍患不以動其心，行吾義而已。此程子釋困卦大象之辭也。象曰：「君子以致命遂志。」蓋困之爲卦，坎下兑上，水下漏則澤上枯，正困窮之時。君子於此，苟盡防慮之道，而得免於困焉，則亦幸矣。如不得免，亦命之當然也，則當推致其命以遂其志，方爲善處困之君子。蓋無一毫計私避害之心，雖死亦所不恤，而一以行義爲主。身安道泰，志固遂也；殺身成仁，志亦遂也。何則？命者，氣數之適然；義者，天理之當然。志不在沽名，志不在任性，義所當行則必行，斯爲義命合一之學乎？苟不知命，則恐懼於險難，隕穫於窮厄，所守亡矣，安能遂其爲善之志乎？隕穫，顛隮也。不知命則不能行義。禍患方來，逡巡退却，彼夫中情回惑，其初止爲恐懼於險難，而繼且前跋後疐，隕穫於窮厄之中，所守亡矣，安能遂其爲善之志乎？故遂志惟君子能之。

伊川曰：寒士之妻，弱國之臣，各安其正而已。苟擇勢而從，則惡之大者，不容於世矣。此程子因困九四象傳而概言之，以爲寒士之妻，無再嫁之理〔三〕，弱國之臣，無遠去之義，惟當各安其正而已。蓋困之初六，乃九四正應，但九四以陽處陰，爲不當位而不能濟物，有寒弱之象。究是正應，於義在所當與，不可不從。故象傳曰：「雖不當位，有與也。」若以其寒弱棄之，貪慕九二之剛中，喜其近己而有欲從之志，則是擇勢而從，乃惡大莫容，人人得而誅之者也。昔曹爽之妻夫亡，父母欲奪而嫁之，誓曰：「仁者不爲盛衰改節，義者不爲存亡易心。」可不謂賢乎！

伊川曰：井之九三，渫治而不見食，乃人有才智而不見用，以不得行爲憂惻也。蓋剛而不中，故切於施爲，異乎「用之則行，舍之則藏」者矣。此程子釋井九三爻義也。渫，水不停汙也。九三以陽剛之德，居下之上，未爲時用，爲井已渫治清潔而不爲人食之象。猶人有才智不見用者，以不得行於時爲憂惻也。夫君子出處，當以時爲權衡，乃合乎道之中。三有剛德而不得中，但知切於施爲，而以不行爲憂，則與聖賢行藏無心，得用舍之宜者異矣。按朱子本義，「行惻」指行道之人言，説與程子異。蓋九三自惻，則爲躁切，若以行道之人言之，則好善自有同心，故不勝其扼腕歎望也。

伊川曰：革之六二，中正則無偏蔽，文明則盡事理，應上則得權勢，體順則無違悖。時可矣，位得矣，才足矣，處革之至善者也。必待上下之信，故「巳日乃革之」也。此程子釋革六二爻辭也。君子欲出而有爲，必須内度其才德，外度其時勢與其所居之位，然後可以行其德。今革卦離下兑上，水火相息而爲革。而六二一爻居中得正，則無偏蔽之病，又當離體，其内文明，則盡事理之實。五爲正應，有應於上，則得權勢之資；爻位皆陰，其體柔順，則無違悖之嫌。是故以其時言之，當變革之世，則其時可；以其位言之，應上得權，則其位得；以其才言之，中正文明而柔順，則其才足。無一不善，故曰「處革之至善者也」。然必巳日而後革者，臣之於君未可自擅，必待上下盡信，然後革之，謹之至也。卦曰「巳日乃孚」，謂變革之初，人猶未信，須巳革之日而後信。爻曰「巳日乃革」，謂可革之日足以自信，而未必上下之信，須巳信之日而後革也。如二之才德，當進行其道，則吉而无咎也；不進則失可爲之時，爲有咎也。居心固不可不謹，而行道尤不可以後時。如二之才德，當進而進，乘時勿失，故爻曰「征吉，无咎」，言進則吉而无咎也。若當此時而不進以行其道，豈非失可爲之時乎？其咎將安所歸哉！

伊川曰：鼎之「有實」，乃人之有才業也。當慎所趨向。不慎所往，則亦陷於非義。故曰：「鼎有實，慎所之也。」此程子釋鼎九二象義也。九二以剛居中，爲有實之象，如人之有才業，固足貴也。然鼎以有實爲貴，尤以不雜爲美。初爲陰爻，與二比近，恐其雜以疾惡之味，乃非我之正應，而爲我之仇者。二能剛中自守，以上從六五之正應，而初之陰邪不得而雜之，是能慎所趨向。人之有才業者當如是也，不如是而昧於所往，則必陷身不義，反爲才業所累，故其象傳曰：「鼎有實，慎所之也。」之，往也。荀彧之類，豈非殷鑒乎？

伊川曰：士之處高位，則有拯而無隨。在下位，則有當拯，有當隨，有拯之不得而後隨。此程子釋艮六二爻象也。拯，救正也。隨，從也。艮之六二，居中得正，爲「止其腓」之象。腓，足肚也。而以過剛不中之九三，止於其上，二體柔弱，不能往而救正之，不得已而隨從，所謂「拯之不得而後隨」者也。位有上下，出於君相之措置；義當拯隨，行乎吾心之可安。如處高位者，以正君定國爲任，則有拯無隨；在下位者，職之所在，則以拯爲義，職之所不及，則以隨爲義。亦有不得拯而後隨者，謂本欲行道，道既不行，而身猶未可去，不得不委曲隨從，以爲可拯之地。如魯人獵較，孔子亦獵較，請討陳恒而不可，則亦隨之。非依阿苟合也，所居之位然也。

伊川曰：「君子思不出其位」。位者，所處之分也。萬事各有其所，得其所則止而安。若當行而止，當速而久，或過或不及，皆出其位也，況踰分所據乎？此程子釋艮卦象辭也。艮爲山，兩山並立，有各止其所之象。位者，所處之分，即所謂「所」也。天下萬事，各有其所，常人思在位外，而反遺乎位之理。君子思不出其位，則能致專一之思，以精求至善之用，是謂「得其所則止而安」者也。如行止久速，皆有一定不易爲所當止之位，或過或不及，則非止於其所而爲出位矣。況踰越常分，據非所據，又爲出位之尤者，可不慎諸！人之止，難於久終，故節或移於晚，守或失於終，事或廢於久，人之所同患也。艮之上九，敦厚於終，止道之至善也，故曰「吉」。此釋艮象上九爻傳也。敦，厚也。上九以陽剛居止之極，有敦厚於止之象。大凡人之止，難於終如其始，故節移於晚則喪其節，守失於終則奪其守，事廢於久則虛其事，皆不篤實之故。艮體篤實，上爻居終，愈久不變，見精守定止至善之極功也，何吉如之！

中孚之初九曰：「虞吉。」象曰：「志未變也。」伊川易傳曰：「當信之始，志未有所從，而虞度所信，則得其正，是以吉也。志有所從，則是變動，虞之不得其正矣。」此程子釋中孚初九爻象也。孚，信也。虞，度也。相信之道，當審於始。初九居中孚之始，志未有他歧，中懷无妄，於此度其所以可信者，必能詳審而得其正，是以爲吉。若志有所從，則恐牽於偏繫之私，而好惡成於中，是非淆於外，必易變動而失其所度之正矣，何吉之有？故象曰「志未變」者，堅之之詞，亦危之之詞也。

伊川曰：賢者惟知義而已，命在其中；中人以下，乃以命處義。命者，窮達屈伸，主之於天；義者，是非可否，斷之於己。賢者唯知已有當然之理，本乎心，達乎事，而因以决吾身之去就取舍，如斯焉而已。命非所計也，究之所以立命者，即在盡義之中。若中人以下，於義未能真知，而以安命之説制之。謂命定於有生之初，非我所能爲，則亦不敢越義妄行，乃是以命處義也。語有之曰「義所以責賢者，命所以安中人」是也。如言：「求之有道，得之有命，是求無益於得。」知命之不可求，故自處以不求。唯命爲中人言之，是以聖賢教人，勿求富貴利達，未與論義不義，但與計益不益。曰求有道，則不可妄求矣；曰得有命，則不可必得矣。求之無益如此，則人亦知以命處義，而求之之心，庶乎其自止也。若賢者則求之以道，得之以義，不必言命。若夫知義之賢者，則固不必信於命而後决也。內重則外輕，何嘗有意於必求？借曰求之，其求亦以道耳。禄在其中，亦或有時得之，然必無不當得而得者，其得蓋以義耳。道即義。道屬天理之自然，義兼人心之裁制。故對求與得而分言之，其實求以道，則得便是以義，無兩意。此所謂「道」，與上文「求之有道」意異。上言不可妄求，此言揆之於理。

伊川曰：人之於患難，只有一箇處置，盡人謀之後，却須泰然處之。有人遇一事，則心心念念不肯捨，畢竟何益？若不會處置了放下，便是「無義無命」也。此言素患難行乎患難，而不願其外也。人不幸而遇患難，皆天所命，只有一個處置之方，所謂義也。義有當趨者，義有當避者，義有當維持調護者，須盡人事之所當謀。既謀之後，在我無闕，成敗利鈍，泰然安之於命可也。若遇此等事，脚忙手亂，只管怨天尤人，横著胸中，念念不捨，究歸何益？夫遇事而不會處置，是無義也；既處置而不放下，是無命也。豈所以處患難之道哉？

伊川之門人有居太學而欲歸應鄉舉者。問其故，曰：「蔡人尠習戴記，決科之利也。」先生曰：「汝之是心已不可入於堯舜之道矣。尠，甚少也。此言人之應舉，不可有利心也。朝廷設科，固以開功名之路；士子應舉，止自盡學問之長。伊川之門人，蓋蔡人而來居太學者，則於此處就試，亦可見知，豈京師無賓興之期，而欲歸蔡鄉舉耶？伊川問其故，乃以蔡人尠習戴記，爲決科之利，故不憚僕僕欲歸耳。抑思窮經將以致用也，聖賢所垂經世之書，祇爲僥倖梯榮之階，是不知義命而工於謀利者，此心豈可以入道？道者，堯舜以來相傳之道，純乎天理而無一毫人欲之私者也。兹則滿腔都是人欲，故伊川斥言之。夫子貢之高識，曷嘗規規於貨利哉？特於豐約之間，不能無留情耳。且貧富有命，彼乃留情於其間，多見其不信道也，故聖人謂之『不受命』。有志於道者，要當去此心而後可語也。」因引夫子之論子貢者以罪之。夫以見識之高如子貢，豈如今之規規計錙銖者？一心謀道，復一心謀食，特於豐約之見未忘，不免留情耳。夫財之豐者富也，財之約者貧也，命定之矣。子貢留情其間，便非篤信於道者。故聖人謂之「不受命」。命非人所得爲，不怕他不受，只著些計較安排，便是不受。有此心事，志趣不高，把持不定，故有志於道者，要當去了此心也。集註謂子貢聞性天後，必不爲此，大約是早年事耳。夫以家計貨殖，即不爲聖人所許，況功名儻來，何所加損？沾灕即士品之卑，貪躁更儒行之賤。近世夤緣巧鑽，蠅營狗苟，奔走若狂，以視歸應鄉舉，較量難易者何如？尚可與之入道哉！

伊川曰：人苟有「朝聞道，夕死可矣」之志，則不肯一日安於所不安也。何止一日，須臾不能。如曾子易簀，須要如此乃安。此程子欲人心安義理，而勿安於所不安也。因引論語「朝聞道，夕死可」之句，以爲道者義理之當然也，聞者真知義理之當然，而造次顛沛必於是也。人苟積平昔研索涵養之功，至於一旦沛然有得而聞乎道，則一切事理見真守定，全生全歸，夕死可矣。存得此志，必不肯一日安於所不安也。蓋棄義悖理，是所不安；偷生苟榮，是安於所不安。聞道之後，無論一日安之，有所不可；即須臾安之，亦有所不能。如曾子病革易簀之夕，只須臾耳，必要得正而斃，不肯安於華皖之簀，非矯也，如此乃安耳。是曾子之聞道也，人何不以曾子爲法耶！人不能若此者，只爲不見實理。實理者，實見得是，實見得非。大抵人之不能如曾子而安於所不安者，非有他故，只爲未聞道而於實理不曾見得耳。見即聞也，聞則實見其是非而得之於心矣。凡實理，得之於心，自別。若耳聞口道者，心實不見。若見得，必不肯安於所不安。人之一身，儘有所不肯爲，及至他事又不然。若士者，雖殺之使爲穿窬，必不爲，其他事未必然。至如執卷者，莫不知說禮義。又如王公大人，皆能言軒冕外物，及其臨利害，則不知就義理，却就富貴。如此者，只是說得，不實見。及其蹈水火，則人皆避之，是實見得，及有「見不善如探湯」之心〔四〕，則自然別。昔曾經傷於虎者，他人語虎，則雖三尺之童，皆知虎之可畏，終不似曾經傷者神色懾懼，至誠畏之，是實見得也。自此以下，反覆推明，皆言人有實見則得於心，其不得於心者，不見者也。凡實理得之於心，自有一段磊落俊偉之象，光明正大之氣，與徒耳聞口道者不同。蓋耳聞口道者，不過道聽塗説，心裏終欠明白，所以謂之不見。若見得則心必安於是，必不安於非，那肯安於所不安乎？夫人無論智愚，當身儘有所不爲者，所謂羞惡之心是也，但不能達於所爲，故至他事又未必然。如士嘗讀書識義理〔五〕，一旦使爲穿壁窬墻之盜行，吾知雖殺之亦必耻而不爲矣。此心正無穿窬之心，義之所當充者也。奈何爲他事，則有類於穿窬而亦爲之者，此何説也？又如執卷讀書者，禮義是口頭慣説的；爲王公大人者，軒冕已極，亦會説是没緊要的。就其言觀之，似能了然於義理富貴之際，及其利害關心，不就義理，却就富貴，此又何説也？凡如此類，總是心無實見耳。所謂實見云者，如蹈水火而畏傷，避之惟恐不速，語云「見不善如探湯」是也。誠能如是，見地自別。譬如猛虎，三尺童子皆知畏之，然曾有經傷於虎者，則與徒聚談虎者，又另有一様神色。何則？實見與未實見之殊也。實見水火，不避不能；實見虎，不懼不得；實見道，不安不肯。甚矣，實見之者之鮮其人也。得之於心，是謂有德，不待勉强。然學者則須勉强。古人有捐軀隕命者，若不實見得，則烏能如此？須是實見得生不重於義，生不安於死也，故有「殺身成仁」，只是成就一箇是而已。苟有其人，是行道而有得於心者，則謂「有德」。有德之人，不待勉强，自安於是，不安於非。然此乃學問純熟之後，非可爲始學例也。

學者之初，必須從事擇執，用勉强工夫，以求所謂道者而實見之，方不爲富貴利害所移。古人有輕生不惜死者，若非實見，烏能如此？彼實見得義爲重而生爲輕，則生不安而死爲安也。故有殺身成仁，豈以仁爲美名而市之哉？只成就一個是而已。反乎是，則爲非。是非之關，道之大閑，聞者聞此而已，見者見此而已。人雖不肖，必無甘蹈於非而自以爲是之理，不能察識其本心而擴充之，汩没一生，空死無聞，得罪天地。程子諄諄提醒，其如人心之聾聵何哉？可慨也！

伊川曰：孟子辨舜、跖之分，只在義利之間。言間者，謂相去不甚遠，所爭毫末爾。義與利，只是箇公與私也。纔出義，便以利言也。只那計較，便是爲有利害。若無利害，何用計較？利害者，天下之常情也。人皆知趨利而避害，聖人則更不論利害，惟看義當爲不當爲，便是命在其中也。此辨義利於心術之微，以發明孟子之意也。無所爲而爲之者，義也；有所爲而爲之者，利也。分，以地位之相懸言；間，以彼此之初判言。初判只毫釐之差，而相懸有千里之謬，只爭「公」、「私」兩個字。公是天理，私是人欲。天理、人欲中間，站立不得，纔出此便入彼，故同一事也。著那計較念頭，便是私心，爲利害起見，而不循天理之安者。若無利害，物來順應，獨往獨來，則計較何用？大抵利害者，人之常情也。常情爲此二字掛搭，不肯放下，是以趨避之術生，有日流於跖而不自知者。聖人則惟見義而已。義所當趨，雖害不避；義所當避，雖利不趨。蓋知利不可茍得，害不可茍免，便是命在其中。此聖人定命之學，即聖人精義之學也。舜之爲舜，何以加兹？

伊川曰：大凡儒者，未敢望深造於道，且只得所存正，分別善惡，識廉耻。如此等人多，亦須漸好。此程子望人漸進於道，而以其所存決之也。大凡心爲學問所從出，彼深造於道而不已其功者，此好學之儒，未敢遽望。且只得存心端正，好善惡惡，知廉識耻。雖致知力行，尚須察識擴充之功；循序漸進，必假歲月積累之久。但如此等，人到底漸好。蓋心正則無邪念，無邪念則無岐趨，無岐趨則無倦志，以之深造不難矣，能無於斯人有惓望哉！

趙景平問伊川曰：「『子罕言利』，所謂利者，何利？」曰：「不獨財利之利，凡有利心，便不可。如作一事，須尋自家穩便處，皆利心也。聖人以義爲利，義安處便爲利。」趙景平，程子弟子。景平亦心知聖人之「罕言利」者，必不獨財利之利，故以爲問。蓋財利之利，淺而易曉也。程子就人心上剖析，其旨微矣。蓋存一利心，便只知有己，徇己之欲。即如作一事，要尋自家穩便處，便於己者，即未必便於人，亦未必便於理，豈非利心？豈不害義？聖人惟知有義而已，義安處便爲利。所謂利者，義之和也。事理得宜，處之而安，乃義之和，利莫大焉。單言義，則利在其中，可以不言所利。若對義而言，則爲害甚大。夫子所以罕言之也。如釋氏之學，皆本於利，故便不是。釋氏空諸色相，似非言利，而不知其爲自私自利之尤者也。以人倫爲可滅絶，以山河大地爲見病，皆是要尋自家穩便處。且念佛是要求福，佈施是要免災，得道是要超脱苦海，豈非皆本於利？說愈精，害義愈甚，儒者所當力闢也。

問：「邢恕久從伊川先生，想都無知識，後來極狼狽。」先生曰：「謂之全無知則不可，只是義理不能勝其利欲之心，便至如此。」邢恕事見國史及語録。他且勿論，即如洛黨禍興，盡棄所學，又從而讒搆之。程子編管涪州，謝良佐以爲族子公孫及邢恕之所爲，狼狽極矣。或問：從學已久，何至於此？想其從學時都無知識，教無所施，故有後來之狼狽耳。程子謂非全無知，緣他知得不真切，易爲利欲所汩没，而本來義理之心不足以勝之。是以天理日消，人欲日長，便至如此。聖門所以重克治也。

謝湜自蜀之京師，過洛而見程子。子曰：「爾將何之？」曰：「將試教官。」子不答。湜曰：「何如？」子曰：「吾嘗買婢，欲試之，其母怒而弗許，曰：『吾女非可試者也。』今爾求爲人師而試之，必爲此媪笑也。」湜遂不行。謝湜，程子弟子。儒者有席上之珍以待聘。往京就試，自衒自媒，卑陋已甚，況求爲人師乎？程子買婢之喻，其所以諷之者切矣。噫！「女非可試」，媪猶能爲此言，乃今有求試而不得者，有試輒見斥而易術詭遇者，又有全無可試之具，而鑽請干謁、巧於營進者，蓋不勝江河日下之感矣。謝湜紆其途以見師，聞師言而遂止，豈非篤學君子，可爲今世之儀刑者乎？

伊川先生在講筵，不曾請俸。諸公遂牒户部，問不支俸錢。户部索前任曆子，先生云：「某起自草萊，無前任曆子。」遂令户部出券曆。此見程子之出處，無非以道自重，而不效人世「請乞」之陋習也。即如官之有俸，國家養廉之大典。舊例：初入京官時，下狀出給料錢曆，與户部支領，户部存留開銷。曆，猶履曆也。先生在講筵不請者，意謂朝廷起我，便當廩人繼粟，庖人繼肉，何待於請？同事諸公代爲牒移請給，而户部以索前任曆子爲辭，蓋以常人之例例先生也。先生謂起自草萊，無前任曆子，固是據實以對。言外見得莘野、磻溪三聘而來，後車而載，豈是循例領給之比？其抱道自重如此，迨後户部自出券曆，則禮士之意自上出，而已非干禄，亦可受斯受之而已矣。又不爲妻求封。

范純甫問其故，先生曰：「某當時起自草萊，三辭然後受命，豈有今日乃爲妻求封之理？」

問：「今人陳乞恩例，義當然否？人皆以爲本分，不爲害。」先生曰：「只爲而今士大夫道得箇『乞』字慣，却動不動又是『乞』也。」因問：「陳乞封父祖如何？」先生曰：「此事體又别。」再三請益，但云「其説甚長，待别時説」。近世士大夫有陳乞封廕之例，先生又不爲妻求封，因門人范純甫之問，而言其所以不求之故。蓋先生元祐初，以大臣薦，除校書郎，三辭不聽，除崇政殿説書，未幾除侍講，故「三辭然後受命」也。己則辭之，而爲妻求之，於理可乎？范純甫以乞恩似無妨義。今人皆以爲本分事，不爲害，不知「乞」之一字，敗名喪檢，回面汙行，豈可萌於士大夫之心，出於士大夫之口？只緣淪胥日甚，而今道得慣了，公然敢説，靦不知愧，動不動又是「乞」也。純甫又問乞封父祖，於義如何？先生以封親與封妻事體不同答之，而不言其當否，至於再三請益，終不明白説破。需以「别時」者，蓋顯榮其親，亦人子之至情。謂之不當求則不可，謂之當求則先生特召，當有隆賚，與常人異，何須陳乞？别時泛論道理，可以顯説，此時難爲言也。然則由前之不請俸觀之，可見先生以禮自處；由不與妻乞封觀之，可見先生以義自裁；由不答封親之問觀之，可見先生斟酌於禮義之中。而不以義掩恩，亦不以恩掩義，總一重道之心也。洵可爲天下後世法矣。

伊川曰：漢策賢良，猶是人舉之，如公孫弘者，猶强起之，乃就對。此言士君子出處宜正也。三代以上，言揚行舉，旁求俊乂，君求士，士不求君。秦漢而下，已非三代之舊，然漢武帝初即位，策四方賢良文學之士。是時，菑川人公孫弘以賢良徵爲博士，使匈奴，還報不合上意，移病免歸。後元光五年，復徵賢良文學，菑川復推弘，弘曰：「前已西用，以不能罷，願更選也。」菑川又固推弘，則是强起之乃就對耳。雖弘之爲人姦詐無足取，而其始進之初，猶知自重如此。至如後世賢良，乃自求舉爾。若果有曰「我心只望廷對，欲直言天下事」，則亦可尚已。若志在富貴，則得志便驕縱，失志則便放曠與悲愁而已。世風日靡，士隕厥守，其所謂賢良者，非上以是加之也，交相標榜，自求舉耳。至於求舉，其出處已非正矣，且試問其求舉之志何爲也哉？若果經濟爲心，欲以忠言讜論對於天子之廷，策天下事直言無隱，則志猶可嘉。竊見今人之志，徒在富貴耳。若志富貴，則自家氣節，與國家大利大害，一切丢置，只曉争名逐利，患得患失，得則驕奢縱恣，失則放曠悲愁。以是而自號賢良，亦輕朝廷而羞當世士矣。然則周貴秦賤，非士自爲之耶？

伊川曰：人多説某不教人習舉業，某何嘗不教人習舉業也！人若不習舉業而望及第，却是責天理而不脩人事。但舉業既可以及第即已，若更去上面盡力，求必得之道，是惑也。

此言舉業無累於人，人不當爲舉業累也。當時有以程子爲不肯教人習舉業者，故程子言：某何嘗如此？方今朝廷以及第取士，應舉者便當以是爲事，廷獻之資，致澤之階，坐言起行，於是乎在。若不習舉業而望及第，是閉門叉手，謂福可從天降，責天理而不修人事，如之何其可也？但習之者，度其可以明聖賢之旨趣，合功令之科律，無媿及第，則亦已矣。本領工夫，身體力行，尚有别可盡力處。若只求工舉業，耑去上面盡力，而求所以必得之道，則必有以鬬奇誇豔爲尚者，有以循聲習吻爲精者，有以耑説吉祥、避嫌遠忌爲工者，有以尋行數墨、比字櫛句爲訣者。又其甚者，締結聲氣，彌縫主司，借决科名目爲終南捷徑者，得失關情，身心廢棄，種種弊竇，豈非大惑？言念及此，舉業直如敝帚矣！

問：「家貧親老，應舉求仕，不免有得失之累，何脩可以免此？」伊川曰：「此只是志不勝氣。若志勝，自無此累。家貧親老，須用禄仕，然『得之不得爲有命』。」曰：「在己固可，爲親奈何？」曰：「爲己爲親，也只是一事。若不得，其如命何？孔子曰：『不知命，無以爲君子。』人苟不知命，見患難必避，遇得喪必動，見利必趨，其何以爲君子？」此言知命之君子，必不以得失累其志也。人生爲「得失」二字，汩没多少精神？而况家貧親老，其於應舉求仕之際，以得失累心者，賢智不免，故或以爲問，而疑其免此之難也。不知人貴定志，志者以理義爲主，心一於是，而氣從之者也。志不勝，則不識義理，都是血氣用事，所謂「氣壹則動志」，所謂「不慊於心則餒」，故爲得失所累。若志勝，則得失置之度外，而自無此累矣。不是説家貧親老不用禄仕，然盡其在我，聽其自至，得之不得，有命存焉。知其爲命，何累於心？或又以爲親念重，不比爲己功名，可得可失，奈何便能脱然？程子又應之曰：不要看爲己、爲親是兩件事。親者己所從出，爲親正是爲己；己者親之所生，爲己正是爲親。故守身便能事親，不能守，烏能事？若仕之不可得，無害於事親也。命也，人其如命何哉！孔子言：「不知命，無以爲君子。」蓋患難、得喪、利害，一切皆命。人不以此惑志，見真守定，然後可以著力做君子。否則，志不勝氣，爲累多矣，何以爲君子？竊怪今之恬退守拙者，不汲汲於富貴，則群嗤爲無志，奴顔婢膝，終日奔競，倖邀升斗，衆共夸耀焉。吾不知所謂志者，何志也？

或謂科舉事業，奪人之功，是不然。且一月之中，十日爲舉業，餘日足可爲學。然人不志於此，必志於彼。故科舉之事，不患妨功，惟患奪志。古人之學，是志道德，今人却志功名。科舉事業，功名之階梯也。然道德因功名而顯，舉業本是闡發聖賢義理，或必以爲奪人之功，是大不然。人患不肯著實用功耳，且如一月之中，分十日爲舉業，餘日尚多，何患妨功？只是我輩所志何志，須把持得定。纔以得失爲心，則理會文字意思都别了。蓋不志於此，必志於彼，故不患妨功，唯患奪志。苟志之不奪，自家工夫用得到，那邊得失便看輕，舉業何能累人耶？

横渠曰：世禄之榮，王者所以録有功，尊有德，愛之厚之，示恩遇之不窮也。爲人後者，所宜樂職勸功，以服勤事任，長廉遠利，以似述世風。而近代公卿子孫，方且下比布衣，工聲病，售有司。不知求仕非義，而反羞循理爲無能，不知蔭襲爲榮，而反以虚名爲善繼，誠何心哉！此爲世家子弟不務循理者戒也。自古以來，仕有世禄之典。蓋念其上世功德在民，故恩遇及於子孫，以見其愛之厚之，而思所以報之不窮也。爲人子孫者，席祖宗之積累，受國家之寵眷，正宜樂職勸功，以服習其所當爲之事，勤效其所現居之任，長廉遠利，以比似於先世之人，嗣述於閥閲之風，方爲守義而循理者也。奈何近代公卿子孫，不知自貴重，而下比布衣營升斗者之所爲。如詩賦之學，有四聲八病之説，轉相倣效，以望售於有司，此布衣之求仕也。既食世禄，猶沾沾然耑工此技，投牒覔舉，終日求售，則亦陋矣。不知求仕之非義，而反以安分循理爲拙而無能；不知廕襲之光榮，而反以詩賦虚名爲賢而善繼。此義理之心，不勝其名利之心，上負朝廷，下玷祖父者。噫！張子之言切矣！顧今之時，去張子又加遠矣。裘馬淫戲，熏灼逼人，誇張門户，武斷鄉曲。間有敲詩論文者，便是翩翩佳公子。安望守義循理哉？

横渠曰：不資其力而利其有，則能忘人之勢。人所以不能忘人之勢者，非資其力以爲汲引之階，則利其有以爲肥潤之計。若無所資利，則何所歆羡？是以忘也。忘之云者，非羞稱富貴，驕語貧賤也。心中不設此念頭，眼底不著些渣滓耳。

横渠曰：人多言安於貧賤，其實只是計窮、力屈、才短，不能營畫耳。若稍動得，恐未肯安之。須是誠知義理之樂於利欲也，乃能。此勘破世俗矯語貧賤之人，而爲誅心之論也。安，是心安，非勉强排遣，其所以能安者，樂在其中，義理足以養心故也。俗人亦動説安貧賤，推原其由，只是計窮、力屈、才短三者，營求無門，區畫無路耳。若計有所出，力有可爲，才有足濟，稍會轉動，未有不趨走如鶩者，恐未肯安之也。必其真知義理之可樂，内重者外自輕，一切利欲無足以動其心，乃能安乎貧賤耳。朱子曰：「人須是讀書，洞見此理，知得不求富貴無損本分，求著便是罪過，不惟不可有求之之迹，亦不可有求之之心也。」無求之之心，纔筭是安。

横渠曰：天下事大患只是畏人非笑。不養車馬，食麄衣惡，居貧賤，皆恐人非笑。不知當生則生，當死則死。今日萬鐘，明日棄之；今日富貴，明日饑餓，亦不恤，「惟義所在」。懦夫不能自立，只管畏人非笑，滿天下都是這般病痛。殊不知今之非笑人者，皆其自可非笑；而以人之非笑爲畏者，正其大不足畏也。如不養車馬，粗惡衣食，所居貧賤，乃分之常，何損於我？卑俗心腸，或相非笑，自家没見識，遂惴惴以此爲恐，正坐不見有義耳。義之所在，可生可死，可萬鍾，可富貴，亦可棄之而饑餓，只當如此便如此，倏忽轉移，惟義之適。大丈夫心事無愧怍，奚恤人言？有意要人服，便是僞；有意畏人誚，便是俗。試觀今之高車駟馬，紈袴膏粱者，或從攘竊而來，或由朘削而得，寡廉鮮耻，何等可非可笑！自不知畏，旁觀亦或艷而羨之，吾不知於義何居？此又今日之大患也！

## 校勘記

〔一〕莘野之樂 「莘」上，尹刻本有「如」字。

〔二〕則未仕其職　「仕」，尹刻本作「任」。

〔三〕無再嫁之理　「再嫁」，尹刻本作「慕富」。

〔四〕及有見不善如探湯之心　「及」，尹刻本作「須是」。

〔五〕如士嘗讀書識義理　「士」原作「上」，據存心堂本及尹刻本改。

# 近思録集解卷八

凡二十五條

## 治體

此卷論治道。蓋明乎出處之義，則於治道之綱領不可不求講明之。一旦得時行道，則舉而措之耳。

濂溪曰：治天下有本，身之謂也；治天下有則，家之謂也。本必端，端本，誠心而已矣；則必善，善則，和親而已矣。家難而天下易，家親而天下疏也。家人離必起於婦人，故睽次家人，以「二女同居」而「其志不同行」也。堯所以釐降二女於嬀汭，舜可禪乎？吾茲試矣。是治天下觀於家，治家觀身而已矣。身端，心誠之謂也。誠心，復其不善之動而已矣。

此篇綜論治體，而首引周子之論易卦者以發明之。言治天下者，不求之於天下也，有其本焉。本者，萬事之根本，而本非他，身之謂也。有本斯有則焉。則者，天下所視以爲法，而則非他，家之謂也。惟身爲天下之本。本欲其端，而心不誠則身不正，故端本在誠其心；惟家爲天下之則，則欲其善，而親不和則家不齊，故善則在和其親。和親，猶親親也。和有二義，不「嘻嘻」而狎，不「嗃嗃」而離也。綜天下之大勢論之，家於身爲近，而齊之最難；天下於身爲遠，而治之較易。所以然者，家親而天下疏耳。親者義難勝恩，疏者公易制私。天下未有不先其難而可及其易者。而要其難齊之故，大都起於婦人。故易卦之序，睽次家人，而其彖傳之辭曰：「二女同居，其志不同行。」蓋睽卦兑下離上，兑爲少女，離爲中女，合成一卦，以人事言，則是同居。離火炎上，兑澤潤下，水火異性，以人事言，則是志不同行。婦人陰柔之性，外和悦而内猜嫌，一切如此。此家人之所以多離也。不離則家齊，而治天下有則矣。昔者堯將禪天下於舜，而未知舜之可否，所以下嫁二女以試之也。釐，治也，謂治粧也；降，下也，天子之女下嫁曰降也。嬀，水名；汭，水北，舜所居也。試者，試其能刑於二女，則可禪以天下也。由是言之，治天下必先觀於家，審矣。然家之本在身，故治家尤先觀於身。身之所以端，由其心之誠。心者，身之主也。而心何以誠？在復其不善之動以爲善而已。復，反也。心本善，而動有不善，故君子慎動。此修身之要，而治天下之本也。不善之動，妄也。妄復則无妄矣，无妄則誠矣。故无妄次復，而曰：「先王以茂對時，育萬物。」深矣！不善之動，徇人欲，違天理，乃私僞之妄也。今有以反其妄，則人欲去，天理存，而无妄矣。无妄則實理不虧而心誠矣。夫心亦莫難於誠耳，誠則能動物，以之修身而身端者此也，以之齊家而親和者亦此也。舉而措之天下，直易易耳。而特患吾心之妄，有以間之，斯誠之難也。

故易卦之序，以无妄次復，而其大象曰：「先王以茂對時，育萬物。」茂，盛大也。對，猶順也。順時育物，治之至也。言惟先王至誠無妄，故能盛大其順時育物之功，而天下無不治也。大象之意，不亦深哉！合易四卦之言而融會其意義，無非聖人之藴，示人以爲治之體。有志於治天下者，未有不得其本與則，而可以復三代之盛者也。

明道先生嘗言於神宗曰：得天理之正，極人倫之至者，堯舜之道也；用其私心，依仁義之偏者，霸者之事也。此程子嚴王霸之辨〔一〕，而舉堯舜以爲治天下之準也。天理即仁義之理，仁義之理何由見？即見於五品人倫之間。衆人氣拘物蔽，鮮有得其正者，故於仁義或過或不及，而不能盡人倫之至耳。極，盡也。聖人得其正，則有以全天命之性；極其至，則有以盡修道之教。此所謂堯舜之道也。堯舜之道，豈有他哉？亦曰仁義而已矣。若夫不得天理之正，而用其私心，以依倚乎仁義之偏，則其不盡乎人倫者多矣。蓋不正故私，私故偏，此霸者之事，非堯舜之道也。王道如砥，本乎人情，出乎禮義，若履大路而行，無復回曲。霸者崎嶇反側於曲徑之中，而卒不可與入堯舜之道。夫堯舜之道，王道也。無偏無陂，有如砥石之平，是皆本乎人情之同然，出乎禮義之不得不然者。無他，人情即天理，禮義即仁義，若履大路而行，無回邪私曲之爲也。彼五霸者，舍大路而由曲徑，既崎嶇而不直，且反側而不安，準於人情而失其平，衷以禮義而違其則，非復天理之正，而卒不可與入堯舜之道矣。王霸之霄壤如此。故誠心而王則王矣，假之而霸則霸矣。二者其道不同，在審其初而已。易所謂「差若毫釐，繆以千里」者，其初不可不審也。

推原其故，只在誠僞之分而已。堯舜之於仁義，性之也，徹内外，貫始終，實心實政，無少間斷，以是而興道致治，則王道之宗而爲王矣。霸者之於仁義，假之也，市美名，行小惠，始以欺人，終且自欺，以是而取威定霸，則王道之賊而爲霸矣。欲知其道之所以不同，在審其一念之初而已。初之誠僞，差若毫釐，而道之王霸，繆以千里。古易辭所深以爲戒者〔二〕，今之人主不可不審也〔三〕。審乎此，而知治天下之本，本，莫要於誠其心也，明矣。

惟陛下稽先聖之言，察人事之理，知堯舜之道備於己，反身而誠之，推之以及四海，則萬世幸甚。

夫心之誠與不誠，非他人所得與也，惟在乎人主耳。誠能稽於易而思先聖立言之意，察於治而思人事盛衰之理，則知堯舜可爲，而其道皆備於己。何也？堯舜之道，仁義之道也。仁義命乎天，具乎性，足乎内，無待乎外，反求之身而已矣。反身而誠，則存養克治之功深，粹然無復計功謀利之念；仁民愛物之意切，坦然皆成蕩平正直之規。舉斯加彼，推及四海，中外禔福，遐邇蒙休，萬世之後，以爲堯舜復生，豈不幸甚！觀程子此言，真所謂「堯舜其君」者，而辨王霸於心術之微〔四〕，抑亦深切而著明矣。

伊川曰：當世之務，所尤先者有三。一曰立志，二曰責任，三曰求賢。今雖納嘉謀，陳善算，非君志先立，其能聽而用之乎？君欲用之，非責任宰輔，其孰承而行之乎？君相協心，非賢者任職，其能施於天下乎？此三者，本也；制於事者，用也。三者之中，復以立志爲本。所謂立志者，至誠一心，以道自任，以聖人之訓爲可必信，先王之治爲可必行。不狃滯於近規，不遷惑於衆口，必期致天下如三代之世也。此程子告君以爲治之本，而尤以人君之立志爲責任、求賢之本也。蓋治當世之務，必期於事治，而後即安，而不相其所尤先者而急務之，則事不可得而治。故主治者君也，君志宜先立；輔治者宰也，宰宜先責任；分治者賢也，賢宜先求。不然者，嘉謀善算，下非無欵欵之愚誠，而君志不立，則聽用不專。君有聽用之志，而不責其任於宰輔，則奉行不力。君相協心，號稱一德矣，而非賢者分布庶職，則亦孰與施於天下？此三者，當世之先務也，所謂本也。本立則事治，由是而臨時之宜，酌而應之，皆制於事之用也。未有本不先而用可理者，而三者之中，則尤以立志爲本。志者，宰輔視之以爲從違，賢才視之以爲進退。故其所謂立志者，非好事喜功、偏聽獨任之謂。示人以誠，使人不疑；自任以道，使人知準。黜百家之權謀術數，而以聖人之訓爲必可信；遠霸術之智名勇功，而以先王之治爲必可行。力圖乎久大，不狃於近規而有滯心；嚴絶乎二三，不遷於衆口而有惑志。此志一立，股肱宣力，群材輻輳，三代可期而致，其本計得也。愚按：程子此言乃大人格心之要論。蓋君非無勵志鋭治者，往往計目前之利害，狃近忘遠，而衆論異同又從而惑之。故雖有嘉謀善算，亦始用之，終棄之，病根總在不誠。不誠者，信道不篤故也。「至誠一心，以道自任」，偉哉言乎！

比之九五曰：「顯比，王用三驅，失前禽。」伊川易傳曰：「人君比天下之道，當顯明其比道而已。如誠意以待物，恕己以及人，發政施仁，使天下蒙其惠澤，是人君親比天下之道也。如是，天下孰不親比於上？此程子因比九五爻辭而發明比道也。蓋有意求比而比之，則人未必比，而其比之也私；無意求比而比之，則人皆來比，而其比之也公。故以人君比天下之道言之，但當顯明其比之道，非以私恩小惠要結百姓也。如積誠實之意以待物，示天下以不欺；推恕己之心以及人，示天下以無私；發於政者皆仁之施，示天下以所欲與聚，所惡勿施，而惠澤之遠暨。此人君拊循教養，所以親比天下之道，應如是也。故天下皆在德洋恩普之中，如萬物覆幬於天地，則人孰有不親比於上者？若乃暴其小仁，違道干譽，欲以求下之比，其道亦已狹矣，其能得天下之比乎？若以一念一事之小仁，竊竊然恐人不我知，而故爲表暴之；又或違於當好當惡之道，沽名市惠，干求百姓之譽己，此則有意於下之比者也。其所謂道，私而不公、隘而不廣，亦已狹矣，非易所謂「顯比」之道也，天下之人早已窺其心而見之矣，又安能得其比乎？王者顯明其比道，天下自然來比。來者撫之，固不煦煦然求比於物。若田之三驅，禽之去者從而不追，來者則取之也。此王道之大，所以其民皞皞，而莫知爲之者也。王者則不然，凡其紀綱法度之施，悉皆蕩平正直之規。蓋自以顯明其比道，而群心懽欣悦服，自然來比。來則如赤子投於父母之懷，須鞠育而撫字之，固非欲物之比我，而我先煦煦然求比於物也。如田獵之際，開一面之網，不合圍而用三驅，任彼前禽之失，縱之不追，惟其自來，則不拒而取之，而非期於必得也。王道之大如此，此所以政立於上，化成於下，道德一，風俗同，皞皞而莫知爲之者也。爲人君者，烏可不知易乎？非唯人君比天下之道如此，大率人之相比莫不然。以臣於君言之，竭其忠誠，致其才力，乃顯其比君之道也。用之與否，在君而已，不可阿諛逢迎，求其比己也。在朋友亦然，修身誠意以待之，親己與否，在人而已，不可巧言令色，曲從苟合，以求人之比己也。於鄉黨親戚，於衆人，莫不皆然，「三驅，失前禽」之義也。又因人君比天下之道而推言之。見人有求比之私心，則無往而可也，如臣比於君者也。然内盡其心，而忠誠有所必竭；外盡其職，而才力有所必致。顯比之道則然，用否在君，非所計也。若阿順面諛，逢迎君意，庶幾君之暱我，是容悦也，其可乎？又如朋友亦有相比之義。然修身以正，而言動嚬笑之不苟；誠意以接，而忠告善道之不欺。亦顯比之道則然，親否在人，非所計也。若巧令湠涊，曲從苟合，以冀友之親我，是狎客也，其可乎？至於鄉黨有相友相助之道，親戚有同災共患之道，衆人有一視同仁之道，莫不皆然，要非有意於人之比己，此易所謂「三驅，失前禽」之義也。凡爲人者，又烏可不知易乎！愚謂人生無孤立之理，尊卑貴賤，親疏遠邇，情涣義暌，則人道息。比之時義大矣哉！只是出乎中心之誠，便合天理之公，蓋光明正大，顯之義也。若有一毫私意，即曖昧不可告人，我愈欲求比於彼，適足以增彼之怨怒忿恨，遑言比乎？人情物理，曠古如斯。子曰：「君子周而不比。」朱子釋之曰：「周公而比私。」比非私也，有意求比，則爲私耳。程子發明易理，示人之意切矣。

伊川曰：古之時，公卿大夫而下，位各稱其德，終身居之，得其分也。位未稱德，則君舉而進之；士修其學，學至而君求之，皆非有預於己也。農工商賈，勤其事而所享有限，故皆有定志，而天下之心可一。後世自庶士至於公卿，日志於尊榮；農工商賈，日志於富侈。億兆之心，交騖於利，天下紛然，如之何其可一也？欲其不亂，難矣！此言爲治在定民志也。古人情莫不慕尊榮而羡富侈，無以品節限制之，則人心貪欲無窮，志不定而難治，今之所以不古若也。古之時，使人循循然，皆有以自效，而無僥倖苟得之心，故自公卿大夫而下，度德授官，終身居於其職，而無分外之營求。其位不稱德者，舉而進於上僚，則君自舉之，而非有預於己也。其學修於家者，不求聞於人，而君自求之，亦非有預於己也。如是，則自庶士至於公卿之志定矣。等而下之，以及農工商賈，各事其事，則各食其食，皆不敢舍業以嬉，而所享之利，必稱其事之勤惰，則農工商賈之志亦定矣。志之定者心自一，三代而上，久安長治，蓋以此也。後世則不然，位不稱德而妄希超擢，有小人貽羞負乘者矣。學求人知而夤緣干謁，有終身奔走形勢者矣。此輩志在尊榮，既汲汲老死而不暇，而農工商賈則又自傷卑賤，徒以貨財相夸尚。既富者越分踰涯，敢於恣肆而罔憚；未富者摩頂放踵，羞爲寒素而乞憐。此輩志在富侈，尤隨波而靡，而不知其所底，則是自上及下，利之所在，趨走如騖，億兆其人，亦將億兆其心，熙熙穰穰，孰能一之？夫亂之所由生也，由言利以爲階。未有天下之人皆志於利，而心可得而一，世可得而治者。程子所以望古之時而慨然也。

泰之九二曰：「包荒，用馮河。」伊川易傳曰：人情安肆，則政舒緩，而法度廢弛，庶事無節。治之之道，必有包含荒穢之量，則其施爲寬裕詳密，弊革事理，而人安之。若無含弘之度，有忿疾之心，則無深遠之慮，有暴擾之患。深弊未去，而近患已生矣，故在「包荒」也。自古泰治之世，必漸至於衰替，蓋由狃習安逸，因循而然。自非剛斷之君，英烈之輔，不能挺特奮發以革其弊也，故曰「用馮河」。或疑上云「包荒」，則是包含寬容；此云「用馮河」，則是奮發改革，似相反也。不知以含容之量，施剛果之用，乃聖賢之爲也。

此程子因泰九二爻辭而發明聖賢保泰之道也。蓋聖賢之治天下也，量欲其寬，不寬不足以容物；用欲其決，不決不足以幹事。時當泰運，稱極治矣。然人情狃於安肆，則震動恪共之意少，因舒緩而廢弛，因廢弛而無節，亦其弊之必至者。九二以剛居柔，上應六五，正以綱紀政教，而爲法度所由出，庶事所由裁者。則治之之道，不可不亟講也。必以柔爲用，而有「包荒」之義焉。包，含也。荒，穢也。夫荒穢雖在必去，而急則擾，擾則殘，故其量主於包含。則夫見之施爲者，寬而不偏，裕而不迫，詳而不略，密而不疏，既無舒緩廢弛之弊，從容事理，而人亦循循相安於教化。否則，躁心淺慮，反成暴擾，弊未去而患已生，故在包荒也。又必以剛爲用，而有「用馮河」之義焉。馮河，徒涉也。夫馮河似乎氣猛，而自古泰極而衰者，往往狃於安逸。逸則怠，怠則玩，自非其君有剛斷之資，而復得英烈之臣以輔之，則舊習難改，必不能挺然特立、奮然發動，以革其因循之積弊，故「用馮河」也。或者不察，以馮河之奮發改革，似與上文包荒之含宏寬容義有相反。不知用柔所以善其剛，用剛所以濟其柔。有含容之量，則剛果不至於躁迫；有剛果之用，則含容不至於委靡。二者相資，而後保泰之道成。古聖君賢相，靜以養天地之元氣，動以振宇宙之人心，其作爲有如此者也。

觀：「盥而不薦，有孚顒若。」伊川易傳曰：君子居上，爲天下之表儀，必極其莊敬，如始盥之初，勿使誠意少散，如既薦之後，則天下莫不盡其孚誠〔五〕，顒然瞻仰之矣。此程子發明觀卦彖辭。見上以誠感而後下以誠應也。盥，將祭之始，用水以潔手也。薦，奉酒食以祭也。孚，誠也。顒若，誠敬積中，仰而畏之之象也。觀之九五，以陽居陽，居中得正，四陰群仰，是君子在上位而爲天下之表儀，必外之容貌極其莊，內之心思極其敬，如郊天格祖，方盥之初，有嚴有翼，勿使誠意少散，如既奉酒食以薦之後，禮畢而怠。蓋表正則影端，有儀斯可象，君以孚誠感其下，下敢不以孚誠應其上？莫不顒然而瞻仰之，固其宜也。否則，雖帝天之尊，雷霆之威，亦貌承而心不服矣。夫子曰「臨之以莊」，又曰「莊以涖之」，雖單言「莊」而實兼「敬」字之義，蓋此意也。

伊川曰：凡天下至於一國一家，至於萬事，所以不和合者，皆由有間也，無間則合矣。以至天地之生，萬物之成，皆合而後能遂。凡未合者，皆爲有間也。若君臣、父子、親戚、朋友之間，有離貳怨隙者，蓋讒邪間於其間也。去其間隔而合之，則無不和且治矣。噬嗑者，治天下之大用也。此釋噬嗑之義，以發明治天下之大用也。頤中有物，曰「噬嗑」。噬，囓也；嗑，合也。囓之而後合，去間之義也。間也者，隔斷於其間也。凡天下有天下之間，一國有一國之間，一家有一家之間，一事有一事之間。蓋物必合而後和，有以間之，則中生釁隙而不合，不合則攲斜杌棿，那能得和？若無間則自合，而和不須言矣。以至天地之生，萬物之成，莫非二氣訢合，是以能遂其生成之功。凡陰陽舛錯，五行僭忒，其有未合者，皆爲戾沴乘之而有間也。若人之五倫，交相維繫，何等親切？乃有情愛離貳，積成怨隙者，豈其天性異人哉？良由讒邪乘間，浸灌滋潤，積微成鉅，墜其術中而不之悟也。去其間隔而合之，則以恩合者動於情之不容已，以義合者聯於分之相比屬，無不和且治矣。此易於噬嗑正所以明治天下之大用也。何也？離上震下，噬嗑之卦也。離，明也；震，動也。非明無以致其辨，非動無以致其決，明動相資，嚴於去間，雖有大奸邪，敢睥睨於其間哉！

大畜之六五曰：「豶豕之牙，吉。」伊川易傳曰：物有總攝，事有機會，聖人操得其要，則視億兆之心猶一心。道之斯行，止之則戢，故不勞而治，其用若「豶豕之牙」也。豕，剛躁之物，若强制其牙，則用力勞而不能止。若豶去其勢，則牙雖存而剛躁自止。君子法豶豕之義，知天下之惡不可以力制也，則察其機，持其要，塞絶其本原，故不假刑法嚴峻，而惡自止也。且如止盜，民有欲心，見利則動，苟不知教，而迫於饑寒，雖刑殺日施，其能勝億兆利欲之心乎？聖人則知所以止之之道，不尚威刑而修政教，使之有農桑之業，知廉耻之道，「雖賞之不竊」矣。此釋大畜六五爻辭，而言聖人止惡之道，不在威刑而在政教也。天下事非得其要而操之，則令不行，禁不止，勞而不可爲治。所以物有總攝，總攝者，總其柄而攝持之也；事有機會，機會者，弩之發而赴於其的也。皆所謂要也。聖人操得其要，則億兆雖紛，視之如一，欲使之行則行，欲使之戢則戢。道，猶引導也；戢，亦止也。不勞而治，即易所云「豶豕之牙」之義也。豶，豕之去勢者。豕性剛躁，牙足爲害，而不可以强制。惟去其勢，則有以柔其性，故牙雖存而剛躁自止。君子觀此爻之象，而知止惡之義矣。夫暴横强禦，性之桀驁而不可馴者，不啻豕也。嚴刑峻法，民之狃於犯上而不忌者，非可以力制也。察其機而持其要，以塞絶其本原，有不假於區區刑法之間者。且即以止盜言之。盜之起也，起於欲心之生。利者，人所同欲也，平昔無禮義之教，恒心既失，又況飢寒驅之，不得不迫而爲盜。不知其本，徒執三尺之刑法以繩其後，刀鋸死也，飢寒亦死也，死刀鋸者十之一，死飢寒者十之七，激而愈甚，其能勝億兆利欲之心乎？以是止惡，惡不可得而止也。聖人知止之之道，不在威刑而在政教。威刑，强而制之之道也；政教，操得其要之道也。於是修其政，使有農桑之業以遂其生，則民有所賴而不爲惡；又修其教，使知廉耻之道以復其性，則民皆觀感而樂於爲善，雖賞不竊。以「止盜」一節類推之，莫不皆然。然則察其機、持其要，以塞絶其本源，是所望乎有天下之責者。

解：「利西南。無所往，其來復，吉。有攸往，夙吉。」伊川易傳曰：西南，坤方。坤之體，廣大平易。當天下之難方解，人始離艱苦，不可復以煩苛嚴急治之，當濟以寬大簡易，乃其宜也。既解其難而安平無事矣，是「無所往」也。則當修復治道，正綱紀，明法度，進復先代明王之治，是「來復」也，謂反正理也。自古聖王救難定亂，其始未暇遽爲也，既安定，則爲可久可繼之治。自漢以下，亂既除則不復有爲，姑隨時維持而已，故不能成善治，蓋不知「來復」之義也。「有攸往，夙吉」，謂尚有當解之事，則早爲之，乃吉也。當解而未盡者，不早去，則將復盛；事之復生者，不早爲，則將漸大，故夙則吉也。此釋解卦彖辭，言難之方解，宜與民休息也。蓋蹇難之後，元氣初復，多一紛更，則多一苦難，所以解之爲言「解」也，其卦震上坎下。坎，險也；震，動也。取險以動，動而免乎險之義，謂苟可以免乎險，則不必復有所動，須與天下相安於無事。故程子釋之之意，以爲「利西南」云者。利，宜也；西南屬坤陰，靜之方也。其體廣大平易，象政之寬大簡易也。人始離於艱苦，不可復以煩苛嚴急之治治之，則西南乃其宜耳。然天下雖安，不可忘治。苟其既解之後，安平無事，是免乎險而可無動矣，則爲「無所往」者也。便當振作廢墜，修明治道，使先代明王之盛復見於今日，是「來復」之義也。復，反也，反乎理之正，而非有新法之變也。自古聖王當其戡定禍亂之始，紀綱未暇遽正，法度未暇遽明，以時未安定故耳。既已安定，則立典則，以示可久，如周官周禮之爲；昭垂統緒，以示可繼，如卜洛定鼎之世，守治所以稱善也。自漢而後，補偏救弊，隨時維持，而不能成善治於除亂之後，蓋昧於易所云「來復」之義也。其又云「有攸往，夙吉」者，謂「無所往」固宜相安於無事，有所往則亦不可忘其所有事。如難雖既解，而或尚有當解之事，是猶險而宜動，則當早爲解之，乃吉也。蓋去惡務盡，無使滋蔓。故其未盡者，不早去之，勢將復盛；其櫱芽之復生者，不早爲之所，久將漸大。是以宜夙不宜遲也。要之，無往之復，所以培養血脉，而非擾也；有往之夙，所以誅鋤稂莠，而亦非暴也。寬以濟猛，靜而毋動，聖人首係之曰「利西南」，而程子又詳言之，其旨微矣。

伊川曰：夫有物必有則。父止於慈，子止於孝，君止於仁，臣止於敬。萬物庶事，莫不各有其所。得其所則安，失其所則悖。聖人所以能使天下順治，非能爲物作則也，唯止之各於其所而已。此言聖人因物付物之治也。物必有則，則者理也，即至善之所在，而爲物所當止者也。以其各有是當然之理言之，謂之則；以其當然之理一定不可易言之，謂之所；以其適合於一定不易之理言之，謂之止。如父子君臣，物也；慈孝仁敬，則也。止於慈孝仁敬，止於其所也。推之萬物庶事皆然，得之則安，失之則悖。所以然者，天命人心所自具，非可意爲得失也。聖人自盡其則，而因以盡天下之則，其修道以品節之，而能使天下順治者，非能爲物作則，而有加於其物之外也。物自有其當止者，而我因而止之。物物止於其所，即物物各當其則，所謂因物付物，而已不與，即以其人之道還治其人之身者也。夫天生物而各正其性命，聖人治天下而萬物各得其所，聖人亦順乎天而已矣。

伊川曰：兑，說而能貞，是以上順天理，下應人心，說道之至正至善者也。若夫「違道以干百姓之譽」者，苟說之道，違道不順天，干譽非應人，苟取一時之說耳，非君子之正道。君子之道，其說於民，如天地之施，感之於心而說服無斁。此釋兑卦彖辭，而言君子說民之道，順乎天，應乎人也。兑之爲卦，柔在外而剛得中，柔有「說」之義焉，剛有「貞」之義焉。說而能貞，是上順天理之正，以下應人心之公，爲至善之正道也。正，故善耳。夫君子之於天下也，固無咈百姓以從己欲之理，然道所當然，順之而行，不令人怒，亦不令人喜。若有意於百姓之譽己，而違道以干之，則是苟焉而已。詎知道出於天，違道則不順天；天理即人心，干譽則不應人。雖一時或能取說於人，究非君子之正道。天地以正道説萬物，君子以正道説萬民，天地不言恩，君子不市德，而受天地之施者，感之於心，説服無有厭斁，民於君子，亦若是焉已矣。

伊川曰：天下之事，不進則退，無一定之理。濟之終，不進而止矣，無常止也，衰亂至矣，蓋其道已窮極也。聖人至此奈何？曰：惟聖人爲能通其變於未窮，不使至於極，堯舜是也。故有終而無亂。此因既濟象傳之辭而釋之，欲人以義理挽回氣數也。蓋既濟之卦，水火既得其性，陰陽各順其序，六爻又各當其位，以人事言之，可謂極盛極治矣。然天下之運，不能有盛而無衰；生民之道，不能有治而無亂。故夫子釋既濟之象傳有曰：「終止則亂，其道窮也。」而程子復發明之，以爲天下之事，不進則退，無一定之理。蓋盛治之猶言進也，衰亂之猶言退也。既濟終爻，無復可進而止矣。凡事無常止而不遷者，常人苟安於既濟，而不知盛治之不可以爲常，則衰亂至矣。何也？其道已窮極也。因設一辨，以爲所貴乎聖人者，謂能使天下永無衰亂耳。若聽其窮極，亦諉之氣數，而無奈何已乎？則應之曰：惟聖人爲能以義理通其變於未窮，而不使至於極。如堯舜值中天之運，念切平成，修府事之和，時廑咨儆，惟恐一物不得其所，不敢自謂已治已安。是其「猶病」之心，正有以持既濟之終，而通其變於未窮者。故可以繼五帝之後，開三王之始，有終治而無亂也。然則制治于未亂，保邦於未危，賴有學堯舜之道者。而聖人繫易，必以未濟終焉，豈非思深慮遠乎哉！

伊川曰：爲民立君，所以養之也。養民之道，在愛其力。力足則生養遂，生養遂則教化行而風俗美，故爲政以民力爲重也。春秋凡用民力必書，其所興作，不時害義，固爲罪也，雖時且義，必書，見勞民爲重事也。後之人君知此義，則知慎重於民力矣。然有用民力之大而不書者，爲教之意深矣。僖公修泮宫，復閟宫，非不用民力也，然而不書。二者復古興廢之大事，爲國之先務，如是而用民力，乃所當用也。人君知此義，知爲政之先後輕重矣。此程子因春秋書「城中丘」而統論人君養民之道，當慎重於用民力也。魯隱公城中丘而以夏，夏之時，正「俶載南畝」之時，奪民時以有事於城，非養民之道，故春秋書之。而程子原上天立君之意，以爲不養民，則無以興教化而美風俗，不重民力，則無以使民力足而得其養，爲政者不可不知所重也。春秋凡用民力必書，其書「不時」者，如城中丘、城郎之類；書「害義」者，如丹桓宫楹、新作南門，及城虎牢、城費、新作雉門及兩觀之類；其書時者，如城向、城防之類；其書義者，如築王姬之館之類。蓋不時害義，輕於勞民，固當書以示罪；雖時且義而亦書者，蓋以人君養民之心視之，則勞民皆爲重事。春秋之意，總欲後之人君知此義，即於不能不用之時，尚當凛一不敢用之之心，而況於必不當用之時，奚忍輕於一用之理？然僖公嘗修泮宫、復閟宫矣，豈非用民力之大者？而春秋不書，則蓋有深意焉。泮宫所以教育人才，閟宫所以尊事祖先。尊祖者，生人之本也；育材者，國家之用也。二者之興廢所關甚大，皆爲國先務，以是而用民力，故春秋無譏焉。人君知所以不可用，又知所以當用，則先後輕重各得其宜，而養民之道出其中，教民之道亦出其中矣。

伊川曰：治身齊家以至平天下者，治之道也。建立治綱，分正百職，順天時以制事。至於創制立度，盡天下之事者，治之法也。聖人治天下之道，惟此二端而已。治道即大學之道，治法即周官之法，二者不可以偏廢。然道爲制治之本，法爲輔治之具，必有關雎、麟趾之意，然後可以行周官之法度是也。若外道以爲法，徒恃其具而不探其本，則亦三代以下之法，而非聖人之治矣。

明道曰：先王之世，以道治天下；後世只是以法把持天下。言治天下當以道爲主也。先王之世，躬行仁義，凡其紀綱制度，無非勸民爲仁義之事，則是以道治天下，而法亦在其中，然非以是爲把持之具也。若後世秖以法持天下，則是控馭之，束縛之，權驅勢壓，而法亦非其法矣。毋怪乎唐、虞、三代之治，不可復見於後世也。

明道曰：爲政須要有紀綱文章，先有司，鄉官讀法，平價，謹權量，皆不可闕也。人各親其親，然後能不獨親其親。仲弓曰：「焉知賢才而舉之？」子曰：「舉爾所知。爾所不知，人其舍諸？」便見仲弓與聖人用心之大小。推此義，則一心可以喪邦，一心可以興邦，只在公私之間爾。此言爲政者自用則私，用人則公，推此公心，可以興邦也。蓋政有大體，必斤斤自爲，不唯勢所不給，此心亦私而不公。只須要有紀綱文章，使之條理不紊。故夫子所云「先有司」者，誠以有司之中，分職課功，不一而足。如鄉官讀法、平價、謹權量諸事，皆政之不可闕者，而賤者職詳，貴者職要，下有申詳，上有稽查，次第以考其成，即是紀綱文章之所在。凡若此者，總爲一人耳目，心力有限，必因天下之人，幹辦天下之事。如人各親其親，然後可統天下之治，合成一人之治，不獨己之得親其親，而政於是乎成矣。夫子「先有司」一語，雖與「舉賢才」分兩件事，而大公無私之意已寓於其中。及仲弓有「焉知賢才」之疑，是以賢才爲必己知己舉，則亦私之乎見矣。故夫子告以「爾知」、「爾舉」，「人知」、「人舉」，一片公心，豈非不獨親其親者乎？即此見仲弓與聖人用心之大小。蓋私則小，公則大也。推此義也，功皆不必自己出，名皆不必自己成。私智自用，邦之喪也由於斯；廣思集益，邦之興也由於斯。只在公私之間而已，爲政者其知之。

明道曰：治道亦有從本而言，亦有從事而言。從本而言，惟是格君心之非。「正心以正朝廷，正朝廷以正百官。」若從事而言，不救則已，若須救之，必須變。大變則大益，小變則小益。此言人臣因時行道，有從本、從事之分，而其爲輔治一也。蓋君心爲萬化之原，君心正，則朝廷百官一歸於正。故必積誠以感孚之，納牖以開導之，格其非心，而非僅適間於用人行政之失。此從其本而言之也。若以事言，其爲事之可不救者則已，倘利害所係，國步民生所關，必須救之者，則當振刷精神，釐奸剔弊，勿牽於旁撓，勿惑於浮辭，而力爲變更之。蓋不變則所損必多，大變獲大益，小變獲小益。此從事而言之也。君子當從容講幄之時，則以正本清源爲先，而本不可不知；當隨事補救之時，則以剛果勇決爲主，而事亦不可坐視。至於出入承弼，有格心之責；兵農分曹，司補救之方。職有不同，道亦各異。此皆輔治者之所宜講明也。

明道曰：唐有天下，雖號治平，然三綱不正〔六〕，無君臣、父子、夫婦。其原始於太宗也，故其後世子弟皆不可使。君不君，臣不臣，故藩鎮不賓，權臣跋扈，陵夷有五代之亂。漢之治過於唐。漢大綱正，唐萬目舉。本朝大綱正，萬目亦未盡舉。此綜論漢、唐、宋，而嘆爲治之難也。本朝，程子自謂當時也。君臣、父子、夫婦之倫，謂之三綱；禮、樂、政、刑、制度、文爲之屬，謂之萬目。唐、虞、三代之治，綱舉目張，尚矣。自此以後，皆不能。及如唐太宗，亦三代以下英主，其有天下，號治平矣，而喋血禁門，則父子、君臣之義乖，納巢剌王妃，則兄弟夫婦之道苦。三綱不正，實自太宗始之。是以後世氣習相仍，子弟皆不可使。如明皇使肅宗，至靈武則自立矣。使永王璘使江南，則遂反矣。卒至藩鎮割據於外，閹豎擅權於内，凌夷衰替，馴致五季之亂。是唐之治較之於漢，覺漢爲過之。然漢大綱正而萬目不舉，唐大綱不正而萬目舉，各有優劣。宋亦綱正，而目未盡舉者，所以治不復古。愚謂三綱者，天地之經紀，宇宙之元氣，不容一日泯没於人心。一有不正，則餘皆具文。唐太宗語及禮樂，房、杜有媿，目豈盡舉？只以智力劫持天下耳。漢高治家以私昵，微四皓之力，惠帝幾廢，其於父子夫婦之間，慚德亦多。宋藝祖洞開重門，心事光明，而燭影摇紅之跡，於太宗亦不能無疑焉。程子謂漢、宋大綱之正，亦方諸唐朝，覺彼善於此耳。〔七〕若大綱果正，則動循天理，人倫明而禮樂興，豈有萬目不舉之理？求天下之治者，須要以正三綱爲本。

明道曰：教人者，養其善心而惡自消。治民者，導之敬讓而爭自息。此爲教人治民者發探本之論也。人性本自皆善，其爲惡者，習染之污耳，善心未嘗息也，養其善心，則惡自消，有潛奪默移而不自知者。何也？善與惡正相反也。人情莫不知讓，其有爭者，不敬之積耳，敬意未嘗忘也。導之敬讓，則爭自息，有終身媿悔而不敢出諸口者。何也？敬與爭正相反也。養有涵育薰陶之意，導有躬先倡率之意。養主教而導主治者，教本於心，治見於事也。

明道曰：必有關雎、麟趾之意，然後可以行周官之法度。此言徒法不能自行也。關雎、麟趾，皆周南之詩。文王后妃有幽閒貞静之德，故宫人作關雎以美之；文王之子孫宗族有仁愛忠厚之性，故詩人詠麟趾以比之。周官，周禮之六官。法度，禮樂制度也。德化爲治之本，法度爲治之具，二者交致，則治業盛。然必先有其意而後可以行其法，否則内多欲而外施仁義，未見其能行也。朱子亦曰：「須是自閨門衽席之微，積累到薰蒸洋溢，然後可行以周官之法度。」説與此合。

明道曰：「君仁莫不仁，君義莫不義。」天下之治亂，繫乎人君仁不仁耳。離是而非，則「生於其心，必害於其政」，豈待乎作之於外哉？昔者，孟子三見齊王而不言事，門人疑之。孟子曰：「我先攻其邪心。」心既正，然後天下之事可從而理也。夫政事之失，用人之非，知者能更之，直者能諫之。然非心存焉，則一事之失，救而正之，後之失者，將不勝救矣。「格其非心」，使無不正，非大人其孰能之。此見君心爲萬化所從出，而唯大人能格君心之非也。孟子有言曰：「君仁莫不仁，君義莫不義。」仁義者，心之理，有是無非，循之則安而天下治，悖之則危而天下亂。故君心所繫爲甚重。單言仁者，全乎天理之公，使合乎事物之宜，言仁而義在其中也。如君心一念私邪，離是而非，則生心害政，豈待形迹著見作之於外，而後知不仁不義之爲害大哉？是以聖賢正君之道，必先正其邪心。如孟子於齊王是已。當其時，三見王而不言事，以致門人之疑，孟子乃解之曰：我固未暇言事，唯以攻其邪心爲先，心正而後事可理也。今讀孟子書，觀其與王言仁術，言反本，言「是心足王」，又因其好貨好色之心〔八〕，而推之以「與民同」，無非攻心妙劑。大抵政事之失，用人之非，雖亦國家大體，而智者直者，皆可以施補救之力。不正其本，清其源，以致非心猶存，則事不勝救，知者安能盡更？直者安能盡諫而使之無不正乎？故必隨其非心而格之。君心之非不一端，有忿心，有慾心，有驕心，有吝心，有怠心，有忌心，而總皆不仁不義之非心。格之之道，亦不一端，有以誠格，有以忠格，有以學格，有以言格，有以直格，有以巽格，而總必自正其心始可以正君之心。故曰：「非大人其孰能之。」大人者，正己而物正者也。吁！當此者，其伊尹之輔太甲，周公之輔成王乎！

橫渠曰：「道千乘之國」，不及禮樂刑政，而云「節用而愛人，使民以時」，言能如是，則法行。不能如是，則法不徒行。禮樂刑政，亦制數而已耳。道，治也；乘，車數也。周制，一乘步卒七十二人，甲士三人。禮曰：「制國不過千乘。」故諸侯之國，其大者曰千乘，言其地可出兵車千乘也。論語載夫子言治國之要，只言其所存，未及治法，而張子發明之，以爲法不徒行。禮樂刑政，所云法也。而法皆本於君心，必人君有不敢傷財之心，而用則節焉；有不忍害民之心，而人則愛焉；有不妨民自使之心，而凡所役使必以農隙之時焉。此治本也。能如是，則見於禮樂刑政之間者，實心美意，不令而行。否則亦制數而已，徒法不能自行也。制，品制；數，條件。夫子首言敬信，而張子略之者，敬信彰於節愛，時使之間，舉其尤顯見者言之也。

横渠曰：法立而能守，則德可久，業可大。鄭聲、佞人，能使爲邦者喪所守，故放遠之。鄭聲，鄭國之音。佞人，讒佞之人。論語載夫子告顔子爲邦之言，而張子發明之。以爲夫子舉虞、夏、商、周之治，誠帝王之德業也。而又以「放遠」爲戒者，蓋爲治不可喪其所守。法立而能守，斯可以持心德之全，終如其始而可久；建事業之弘，遠無不該而可大。若夫淫靡邪僻之聲，口給面諛之人，二者蕩心之原，敗法亂紀之要〔九〕，皆能使人喪其所守。故以「放遠」終焉。誠千秋之金鑑也。

横渠答范巽之書曰：朝廷以道學、政術爲二事，此正自古之可憂者。巽之謂孔孟可作，將推其所得而施諸天下耶？將以其所不爲而强施之於天下歟？大都君相以父母天下爲王道，不能推父母之心於百姓，謂之王道可乎？所謂父母之心，非徒見於言，必須視四海之民如己之子。設使四海之内皆爲己之子，則講治之術必不爲秦漢之少恩，必不爲五霸之假名。巽之爲朝廷言：「人不足與適，政不足與間。」能使吾君愛天下之人如赤子，則治德必日新，人之進者必良士。帝王之道，不必改途而成，學與政不殊心而得矣。此言道學、政術之出於一，而二之者非也。張子答巽之來書，以爲道學明其理，政術行其事，非有二也。朝廷分而二之，正自古之可憂者。彼蓋以道學非爲政之急務，而不知孔孟之學即孔孟之政，不可不熟思明辨也。因設一問，謂起孔孟於今日，必推其學之所得而施諸天下之政，必無以平昔學術所不爲者而强欲施其政術於天下。巽之可深思而自得之矣。何則？孔孟之學，王道也。大都君相以父母天下爲王道，則政即學耳。苟不能推父母之心於百姓，非政之善者矣，而以爲王道之學，可乎？學與政，只在空言、實事之別，然所謂父母之心者，原非欲托空言也，必須行之於政，視民如己子。設使其政之行，真能視民如己子，則其平居講治之學術，必以王道爲準，而不爲秦漢之慘覈少恩，五霸之假仁義以沽名也明矣。由是言之，道學、政法，豈誠二事也哉？故巽之而欲爲朝廷計，不在規規適間於用人行政之間，但能以王道導其君，使君盡父母斯民之道，則治必日新，而何政之可間？進必良士，而何人之可適？以是行五帝、三王之道，不必改途易轍而政術成矣。而要不外於平昔之道學而得之，非有殊心也。否則學之不明，政於何出乎？慎勿謂道學爲迂闊不適用也。

## 校勘記

〔一〕此程子嚴王霸之辨　此句尹刻本作「此論治道醇雜之辨」。

〔二〕古易辭所深以爲戒者　「深」原作「一」，據存心堂本及尹刻本改。

〔三〕今之人主不可不審也　「今之人主」，尹刻本作「論治道者」。

〔四〕而辨王霸於心術之微　「王霸」，尹刻本作「誠僞」。

〔五〕則天下莫不盡其孚誠　「孚」原缺，據尹刻本及朱子全書整理本近思録卷八補。

〔六〕然三綱不正　「然」下，近思録原有「亦有夷狄之風」六字，但底本及尹刻本等清刻本删。

〔七〕「及如唐太宗」至「覺彼善於此耳」　此段尹刻本多有不同，現過録如下，以備研討：「如兩漢之治，莫盛于高、光，當時政尚寬平，黎民醇厚，其光明正大之氣象，猶有三代餘風，豈非以三綱克正之故乎？其萬目之未及舉者，經嬴秦之後，一時改制立法，未暇復古，於封建井田、庠序禮樂，概多疏略。唐之太宗，三代下號稱英主。觀其晉陽建議，義旗伐隋，奮揚武功，足以安内攘外；增修文德，用能致治保邦。霽顔納諫而言路宏開，眚災肆赦而霖雨大沛。遣囚縱獄，囹圄爲之空虚；給復蠲租，生民藉以休息。立府兵之法，使耕戰兼修；定租庸之制，使賦役皆平。貞觀二十餘年之治，自漢以還，不能數見。然而後儒猶有遺議者，蓋律以古帝王正心、修身、齊家、治國之道，未能表裏如一耳。程子所以稱其萬目舉而不取大綱也。宋自藝祖開基，真、仁繼序，政體皆務寬仁，而柄權多歸宰輔。其時聲容盛而武備衰，議論多而成功少。大綱粗正，其萬目未盡舉者，誠爲確論矣。愚按，三綱者，天地之經紀，宇宙之元氣，不容一日泯于人心。」

〔八〕又因其好貨好色之心　「好貨好色」，尹刻本作「一時嗜好」。

〔九〕敗法亂紀之要　「要」，尹刻本作「尤」。

# 近思録集解卷九

凡二十七條

## 治法

此卷論治法。蓋治本雖立，而治具不容缺。禮樂刑政有一之未備，未足以成極治之功也。

濂溪曰：古聖王制禮法，修教化，三綱正，九疇叙，百姓太和，萬物咸若。朱子通書本註云：「綱，網上大綱也。三綱者，夫爲妻綱，父爲子綱，君爲臣綱也。疇，類也。九疇，見洪範。若，順也。此所謂理而後和也。」此濂溪通書樂上篇文也。濂溪言古聖王之宰世也，制爲禮法，使人有可循，修教化之道，使風俗歸於淳厚。三綱之在天地間者，既正而不紊；洪範之所謂九疇者，既順而有叙。天下之百姓莫不時雍而太和，兩間之萬物莫不並育而咸若。此可謂治定而功成者矣。乃作樂以宣八風之氣，以平天下之情。朱子通書本註云：「八音以宣八方之風，見國語。宣，所以達其理之分；平，所以節其和之流。」言聖王治平之後，乃作樂以象功德，所以宣通八方之風氣，使順時有節，因以平天下之情，使之各適其性，自若其天也。故樂聲淡而不傷，和而不淫，入其耳，感其心，莫不淡且和焉。淡則欲心平，和則躁心釋。朱子通書註：「淡者禮之發，和者樂之爲，先淡後和，亦主靜之意也。然聖賢之論樂，曰和而已，此所謂淡，蓋以今樂形之，而後見其本於莊正齋肅之意耳。」惟樂爲可平天下之情，故先王作之必求其至，而理取乎至正，氣本乎大中。聲之出由於至正之理，便淡而不至於傷；樂之發得乎大中之聲，便和而不至於淫。以其淡且和之音，入於人之耳，感於人之心，則人心亦將莫不淡且和焉。夫人心特患不能淡耳，淡則天真流而人欲消，欲心有不平者乎！特患不能和耳，和則正性定而浮念止，躁心有不釋者乎？優柔平中，德之盛也；天下化中，治之至也。是謂道配天地，古之極也。朱子通書註云：「欲心平故平中，躁心釋故優柔，言聖人作樂，功化之盛如此。或云『化中』當作『化成』。」夫人躁心既釋，則性情便優容柔順；欲心既平，則襟懷便平易而中正。此乃德之充積美盛者然也，而樂有以使之。至天下之人咸化而協於中道，此又治之至極而不可加者也，而樂有以致之。若是者，樂本於禮，而禮樂無非易簡之道，故其功效之盛如此。是謂道配天地，而古聖人之作樂，可謂至極而無以復加者矣。後世禮法不修，政刑苛紊，縱欲敗度，下民困苦。謂古樂不足聽也，代變新聲，妖淫愁怨，導欲增悲，不能自止。故有賊君棄父，輕生敗倫，不可禁者矣。朱子通書註：「縱欲敗度，故其聲不淡而妖淫；政苛民困，故其聲不和而愁怨。妖淫，故導欲而至於輕生敗倫；愁怨，故增悲而至於賊君棄父」〔一〕。○此言後世治法頹壞，故淫樂遂作。淫樂既布，則聽之者淫心日長，而害有不可勝言者矣。嗚呼！樂者，古以平心，今以助欲；古以宣化，今以長怨。朱子通書註云：「古今之異，淡與不淡、和與不和而已。」○此因古今作樂之異而嘆之也。由是觀之，同一樂也，古人習舞審音，原欲以平其心；今人嫚舞嬌聲，只欲以助其情欲；古人調氣流和，原所以宣雅化；今人幽悽愁嘆，祇以長人之怨恨。用意一差，其謬至此，甚可慨也！不復古禮，不變今樂，而欲至治者，遠哉！朱子通書註云：「復古禮，然後可以變今樂。」禮樂不可斯須去身，豈可聽其流而不變乎？故樂本於禮，變樂當由於變禮。不復古禮，不變今樂，其所爲治，皆苟而已。欲求如古至治之隆，豈不相去甚遠也哉！

明道言於朝曰：治天下，以正風俗、得賢才爲本。宜先禮命近侍賢儒及百執事，悉心推訪有德業充備、足爲師表者，其次有篤志好學、材良行修者，延聘敦遣，萃於京師，俾朝夕相與講明正學。其道必本於人倫，明乎物理。其教自小學灑埽應對以往，修其孝弟忠信，周旋禮樂。其所以誘掖激勵、漸摩成就之道，皆有節序。其要在於擇善修身，至於化成天下。自鄉人而可至於聖人之道，其學行皆中於是者爲成德。取材識明達、可進於善者，使日受其業。擇其學明德尊者爲大學之師，次以分教天下之學。擇士入學，縣升之州，州賓興於大學，聚而教之，歲論其賢者、能者於朝。此仿周禮鄉大夫賓興、司馬論士之制〔二〕。凡選士之法，皆以性行端潔，居家孝弟，有廉耻禮遜，通明學業，曉達治道者。此程子論朝廷取士之法，以端治原也。治天下有法，而法必以正風俗、得賢才爲本。欲得賢才，非有以教育之不可。故宜先隆其禮遇，命親近輔侍之賢儒，及在外百執事之職，使盡心訪問有德性學業充足全備、足爲人觀法而無愧師表者，若而人，其次有實心篤志、好修學問、材質循良、品行修潔者，若而人，咸致恭而延聘之，隆重而敦遣之，萃聚於京師首善之地，使朝夕勤勤相與講明聖賢之正學。所講之學，其道必本於生人五倫之常，明乎事物同然之理。其學中之教，必有切實工夫，自小學之節，如灑掃應對，循循以進，修其入孝出弟之行，忠誠信實之心，與夫周旋進退之儀，禮樂中和之旨，無不習熟而切究之。其所以立教之術，必誘而掖之，以一其趨；激而勵之，以堅其力。又必漸摩之，以俟其自化；成就之，以底於純全。凡其養育之道，莫不皆有節目次序焉，而其要歸在於致知格物以擇乎善，而誠意正心以修其身。然後自家及國，教成而化，可通於天下。斯道也，何道也？自鄉人而可循序漸進，以至於聖人之道也。學之已久，其所學所行，有中於是道者，方是實得於己，而爲有成之德。更取材識之明敏通達、可進於善者，使朝夕受其學業。學業既成，則就中擇其學術通明、道德尊崇者，爲大學之師以表率之。而其次亦分而任之，以教天下各府州縣之學，以廣其傳。又如學中選擇士子入學之法，則自縣而升之於州，自州而舉賓興之典，送之於大學。於是聚四方所貢之士而教之，教成而材爲可用。一歲之中，又論其有德而賢、有才而能者於朝，以待人主之用焉。此皆依仿周禮中鄉大夫賓興士子，與司馬辨論官材之制度，無不歷歷行之而有效者。至於選士之法，則所取者皆以性行端方清潔，居家孝親弟長，立志有廉耻、威儀能禮遜，内則通明乎聖賢之學業，外則曉達乎帝王之治道者，然後得與是選。如是，則賢才得而風俗正，天下安有不治者哉！

明道先生論十事：一曰師傅，二曰六官，三曰經界，四曰鄉黨，五曰貢士，六曰兵役，七曰民食，八曰四民，九曰山澤，十曰分數。十事，經國治民之事也。師傅者，教導之職，自天子至於庶人，皆不可缺，所以成就德業者也。六官者，天地四時之官，二帝、三王以來皆有之，所以分理庶政者也。經界者，經畫溝塗、封植之界，乃井地之分限，制民常産之規模也。鄉黨者，比、閭、族、黨、州、鄉、酇、遂聯屬之法，所以使民親睦而易治也。貢士者，養秀民於學校，由縣而升於州，由州而賓興於太學，所以明人倫，化成天下者也。兵役者，寓兵於農，講武以備不虞，而不至驕兵毒民，耗匱國力，以貽大患者也。民食者，耕三餘一，耕九餘三，均民田，豐積儲，以備荒歉者也。四民者，士農工賈，各有常職，通財用，警游惰，重本抑末，以業其民，使衣食易給者也。山澤者，山虞澤衡，各有常禁，長養之，使可長久，以阜萬物而豐財用者也。分數者，冠、昏、喪、祭，車服器用，各有差等分別，所以辨上下、定民志，使有所檢飭，莫敢僭踰者也。十事，皆國家治體之切務〔三〕，故程子歷陳之，欲詳其利弊者，尚取全文而觀之。

其言曰：無古今，無治亂，如生民之理有窮，則聖王之法可改。後世能盡其道則大治，或用其偏則小康，此歷代彰灼著明之效也。苟或徒知泥古而不能施之於今，姑欲徇名而遂廢其實，此則陋儒之見，何足以論治道哉？然儻謂今人之情皆已異於古，先王之迹不可復於今，趣便目前，不務高遠，則亦恐非大有爲之論，而未足以濟當今之極弊也。因論十事而反覆言之，明古治之可復也。蓋此法度無論古今，無論治亂，其規模措置，皆不可一日不講。若此者乃聖王之法，亦即生民當然之理也。於此而或有所致疑，除是生民之理有窮盡斷絶之時，則聖王之法乃可改易，而生民之理固未嘗窮也。故後世有能舉其規模，善其措置，則紀綱明於上，風俗成於下，而時雍可期，稱大治矣。即或粗得大概，行其一二，亦可補苴罅漏，小致其康安。此皆歷代以來彰明較著之效驗，載在史册可考者也。蓋古法所遵，固宜通權而達變，而良規可守，無不可準古而宜今。苟或徒拘泥古法，而不能隨時變通以施之於今，或姑欲徇復古之名，而良法美意不能力行，而遂廢其實，此則鄙陋之儒，見識迂淺，何足以論致治之道？然若反是，而謂今人之俗情皆已變遷而大異於古人，先王之事迹斷難拘守而再行於今日，只得趨自便之私，苟安於目前，而不必務崇高之治，遠大之模，則亦因循苟且，非大有爲之論，未足以革薄從忠，而濟當今流極之弊政者也。

伊川上疏曰：三代之時，人君必有師、傅、保之官。師，道之教訓；傅，傅之德義；保，保其身體。此先生除崇政殿説書，首上之疏，先明師、傅、保之名義也。蓋三代之時，人君必有三公、三孤之官者，人各有司而義各有取。謂之師者，所以開導而誘掖之以教訓之旨也。謂之傅者，所以傅佐而附益之以德義之行也。謂之保者，所以保護而安全其身體者也。因其義而官以名，居其官者，可不思盡其職乎？後世作事無本，知求治而不知正君，知規過而不知養德。此言後世之輔君者，不知自盡其職也。師、傅、保之官，固所以輔其君，而輔之之道，當先知其要緊者而圖之。後世之人，所見不明，不知先後輕重之分，故作事皆無根本之計。如出輔吾君，只知求致治之務，而不知致治之本在於正君；只知規君之過，而不知規過之本，莫先於養德。蓋君正則事莫不正，而致治不難矣。德養則差處自少，亦將無過之可規矣。奈何不求其本務，而徒爭之於末乎？傅德義之道，固已疏矣；保身體之法，復無聞焉。惟不知輔佐之本，則教訓之要，所失不待言。即傅德義之官，徇名失實，其道固已疏而鮮當矣。至保身體之官，亦依違從事，而切要之法復無聞焉。又何以朝夕左右，使君之身心俱淑，以爲興道致治之原乎？臣以爲，傅德義者，在乎防見聞之非，節嗜好之過；此即傅德義之本也。德義之愆，多因外誘之乘而私欲之萌。故傅德義者，於外之所見所聞，或有非禮，則必防之；於內之嗜欲好樂，或有過差，則必節之。如是則德日純而義日熟矣。保身體者，在乎適起居之宜，存畏慎之心。此保身體之本也。身體之虞，又因日用起居之不謹，輕忽暴慢之日滋。故保身體者，外而起居之宜，不可不求其適；內而畏慎之心，亦當使之常存。如是則身範愈端嚴，而氣體愈舒泰矣。今既不設保傅之官，則此責皆在經筵。欲乞皇帝在宫中，言動服食，皆使經筵官知之。又言經筵實類公、孤之任，當以權委重之，以收匡正之益也。蓋今日既不設保傅之官，則人主之左右親近，皆乏正人。惟有經筵時常講讀，不但教訓之道所由係，即保傅之責皆惟其人是屬矣。故欲乞皇帝在宫禁之中，凡一言一動，與夫衣服飲食，皆明示經筵官，使經筵官得與知之，則所謂見聞之防、嗜好之節、起居之宜、畏慎之心，無時不謹，而處深宫無異乎對大廷矣。有剪桐之戲，則隨事箴規；違持養之方，則應時諫止。剪桐之戲，按史記：成王與叔虞戲，削桐葉爲珪，曰：「以此封若。」史佚曰：「天子無戲言。」遂請封叔虞於唐。持養之方，謂持身養身之法也。言經筵既事事與知，則設有失錯之事，如剪桐之戲，則經筵聞之，得隨其事而陳箴規之言以正之，而不至於闕誤。或違持養之方，則經筵聞之，又可應其時進諫以止其欲而不至於損傷。此今日之經筵，其責甚重，而不可徒視爲勸講之具文也。

伊川看詳三學條制云：舊制，公私試補，蓋無虚月。學校，禮義相先之地，而月使之爭，殊非教養之道。請改試爲課，有所未至，則學官召而教之，更不考定高下。設教之道，禮遜爲先〔四〕。制尊賢堂，以延天下道德之士，及置待賓、吏師齋，立檢察士人行檢等法。此伊川欲使學中士子，知禮讓、勵行檢也。公私試補者，公私皆有試，第其高下而補之也。言舊制，公私皆有試補之法，殆無虚曠之月，是欲以試之高下，示奬勵也。程子言學校之中，乃禮義相推尊之地，而乃高下其名次，每月使之相爭，是教讓者適以教爭，大非教養人才之道。自今請改試爲課。課者，課其功以知學問之淺深而已。學問有所未至，則學官召而教之，更不考定其名次之高下，使知設教之道，原以習禮遜爲先，而不必沾沾於爭名爲也。更制尊賢堂，以延天下道德之士。有道德，所謂賢者也，尊之，使學中有所矜式。若四方之士有行能可敬者，賓而待之；有通於治道可爲吏之師者，舘而隆之。故於尊賢堂而外，更置待賓、吏師二齋，以廣其教。至於士人之行檢，務期端方，不可不有以檢察之，故立檢察等法，使不得飾節而沽名。凡此皆所以養育人才之良法也。又云：自元豐後，設利誘之法，增國學解額至五百人，來者奔湊。捨父母之養，忘骨肉之愛，往來道路，旅寓他土，人心日偷，士風日薄。又慨後來取士之弊也。自元豐以後，設取士之法者，欲以利祿誘之，使知所勸。增國學解士之額，多至五百名。來者奔競鬬湊，捨棄父母之養而不顧，遺忘骨肉之愛而不恤。僕僕道路之間，寄居異鄉之遠，以求進取。而功名念重，天性情輕，人心從此日習爲苟得，士風從此日就於衰薄，豈非利誘之法誤之哉？今欲量留一百餘人〔五〕，餘四百人分在州郡解額窄處，自然士人各安鄉土，養其孝弟之心，息其奔趨流浪之志，風俗亦當稍厚。又云：三舍升補之法，皆案文責迹，有司之事，非庠序育材掄秀之道。舊制以不犯罰爲行，試在高等爲藝，按其文而不考其實，責其跡而不察其心，教之者非育才之道，取之者非掄秀之法〔六〕。蓋朝廷授法，必達於下。長官守法而不得有爲，是以事成於下，而下得以制其上，此後世所以不治也。解額太多，輕薄日長，非良法也。今欲酌量于解額五百人中，止留一百餘人在國學，其餘四百人則分在各州郡解額窄少處安置之，自然士人得就近肄業，各安鄉里，得遂其父母兄弟之心，並消其奔趨營爲、流浪輕浮之志，風俗亦當漸漸淳厚矣。又曰：三舍生升補之法，皆按其詞章之文，責其行事之迹，以爲去取。此乃有司任役之事，非庠序之中養育人材、掄選俊秀之道也。舊制：三舍諸生以不犯罰條者，爲有行之士；考試列於高等者，爲才藝之士。徒按其所作之文，而不考其品行之實；徒責其行事之迹，而不察其誠實之心。

平日所以預教之者，既非養育人才之道；臨時所以取用之者，又非掄選俊秀之法。則安所得良士而升之乎？至於朝廷之取士也，授以一定之法，自上達之於下，有必然之規，無隨宜之制。官長守其所授之法而遵行之，曾不得主張其間，以有所爲。是以事局既成於下而有定例，則多寡高下，下之人得以必然之法脅制其上，雖乏賢能，亦不免徒取充選。此後世之政所以不治也。或曰：「長貳得人則善矣。或非其人，不若防閑詳密，可循守也。」殊不知先王制法，待人而行，未聞立不得人之法也。苟長貳非人，不知教育之道，徒守虛文密法，果足以成人才乎？或有辨者曰：解額不必一定，取士難執成法，是固然矣。然如此，必爲之官長佐貳者，本是賢明之司，而得其人，方能盡教育之道，得取士之公，可謂善矣。倘或非其人，反不若有定例成法，使防禦閑衛之術詳明周密，爲可循途守轍而不至於壞也。殊不知凡事無治法而有治人，先王制法原待人而行，正爲有人而制法，未聞立一不待得人之法，使人依法而無弊也。苟長貳既非其人，而不知所以教育之道，爲問徒守空虛之具文，詳密之法制，果遂足以成就人才乎？吾有以知其不能矣。

明道行狀云：先生爲澤州晉城令，民以事至邑者，必告之以孝弟忠信，入所以事父兄，出所以事長上。伊川作明道行狀有云：先生嘗爲澤州晉城縣令，凡民以公事至邑者，必告之以居家須盡孝弟之道，爲人須存忠信之心。蓋孝弟者，人倫之大；忠信者，立心之本。人入知所以事其父兄，出知所以事其長上，則本行既敦，風俗從此日厚矣。度鄉村遠近爲伍保，使之力役相助，患難相恤，而奸僞無所容。此防奸詐之法也。量度鄉村道里之遠近，設爲伍保之法。五家爲伍，五伍爲保，參伍而保守之，使之遇力役之時，則交相爲助；遭患難之事，則交相憂恤。如是則群情既親，友愛孚洽，雖有奸邪詐僞之人，亦無所容於其間矣。凡孤煢殘廢者，責之親戚鄉黨，使無失所。行旅出於其塗者，疾病皆有所養。此體天地之仁，以補生成之憾，而濟遭遇之窮者也。凡邑中有孤獨而困瘁，與夫殘疾而廢棄者，彼既無所依倚，不能經營，責其親戚鄉黨之人，時常賙恤，使無失所。或有行旅出於其塗者，不幸而有疾病，則隨其所在之人，皆當照管調理，而使之各得所養。諸鄉皆有校，暇時親至，召父老與之語。兒童所讀書，親爲正句讀。教者不善，則爲易置。擇子弟之秀者，聚而教之。鄉民爲社會，爲立科條，旌別善惡，使有勸有耻。此又其教民之事也。諸鄉村之间皆立有學校，每閒暇時，先生親至其中，召鄉間父老與之語，以示優渥。兒童所讀之書，則親爲之較正其句讀，使不至差訛。其教兒童之師，或有不善，則爲之更易而置其善者。選擇鄉中子弟之秀者，聚於學校而教之。鄉間之民，歲時使爲社會，又爲立社會之科等條目，以旌別其孰爲善孰爲惡。善者則旌而褒之，使有所勸而樂於爲善；惡者則別而戒之，使有所耻而不敢爲惡。皆先生化民成俗之善政也。

萃：「王假有廟。」伊川易傳曰：群生至衆也，而可一其歸仰；人心莫知其鄉也，而能致其誠敬；鬼神之不可度也，而能致其來格。天下萃合人心、總攝衆志之道非一，其至大莫過於宗廟，故王者萃天下之道，至於有廟，則萃道之至也。此釋萃卦彖辭。假，至也，萃道之大，莫如王者至於宗廟以承祖考之時。伊川傳曰：宗廟之禮者，所以聚一己之精神而祭祀之。禮達於天下，亦所以聚天下之精神也。天下之群生至衆多，而可立宗廟，使之一其歸仰。凡人之心，出入莫知其定處，而能以祭祀之故，使之致其誠敬，以致其如在，亦能使之來享而來格。蓋天下萃合生人之心，總攝衆人之志者，其道固非一端，而其至大者，莫過於宗廟祭祀之際。故王者萃聚天下之道至於廟中，以承祖考，其萃道可謂至極而無以復加者也。夫木本水源之思，人所同然，誠敬感通之理，幽明無間。先王以此萃之，其盛爲何如耶！祭祀之報，本於人心，聖人制禮以成其德耳。故豺獺能祭，其性然也。蓋祭祀之義，以云「報」也。此報本之意，實本於人心之不容自已，聖人制爲禮文以達之，乃所以成人心之德，而使之各遂其隱耳，非先王多爲是禮以勉强人也。蓋此祭報之情，非獨人心有然，物亦有之。故豺有時而祭獸，獺有時而祭魚。其所以能祭者，非有所使之也，其本性則然也。

伊川曰：古者戍役，再期而還。今年春暮行，明年夏代者至，復留備秋，至過十一月而歸。又明年中春遣次戍者。每秋與冬初，兩番戍者皆在疆圉，乃今之防秋也。此見古戍邊之法之善也。古者戍邊之卒徒，每閱再期而後還。再期，兩周年也。如今年春暮三月中行，明年夏代者方至戍所，前之戍卒復留而未還，以備秋時之警，至過十一月而歸還家，却是再期。又明年二月中春，即遣次番之戍者。如此週而復始，是每秋與冬二季，初兩番戍卒皆在疆埸之上。蓋一番留以備秋，一番歸而在道，正值冬月。如此更番戒備，乃與今之另設秋防者無異也。所以然者，秋風凛烈，弓弩可用，故北狄易侵，每留戍以防之，然後無患也。

伊川曰：聖人無一事不順天時，故至日閉關。此釋復卦大象之辭。至日者，冬至之日也。冬至一陽復生，其氣甚微，未可以有爲。先王於此日閉其關塞，安静以養之。蓋聖人所爲之事，無一端不順承天之時令。故當此天心復見之候，必順養無害，以爲後來發達之基。此亦「後天奉天」之一節也。

伊川曰：韓信多多益辦，只是分數明。分數者，管轄之分與多寡之數也。用兵須有統紀，如漢韓信對高祖言「臣多多益善」者，彼只是有法度以經紀之，使其分數明白，各有條理而不紊耳。夫分數明則臂指之勢相承，指揮之柄在我，人雖多而法則一，無呼應不靈之患，亦無糾察不及之虞。寧有紛紜蒙蔽，而不適於用者乎？故多多亦可以自信也。

伊川曰：管轄人亦須有法，徒嚴不濟事。今帥千人，能使千人依時及節得飯喫，只如此者亦能有幾人？管轄者，管束而統轄之也。大凡統管軍人，須有法度方善。若徒恃其禁令之嚴，總不濟事。苟不論法，試問當今管兵者，勿論其多，亦勿論他事，即以帥千人言之，又即於千人中而以飲食言之，求其能依蚤晚之時，及遲速之節，千人一齊得飯喫，只能如此者，亦曾有幾人？豈非以能用法者之不易得乎？嘗謂軍人夜驚〔七〕，亞夫堅卧不起。不起善矣，然猶夜驚何也？亦是未盡善。漢景帝時，七國反，遣周亞夫將兵擊之。軍中夜驚，擾至帳下，亞夫堅卧不起，有頃遂定。伊川論之曰：

軍人夜驚，而亞夫鎮靜，堅卧不起，其所以處倉卒之變，固云善矣。然誰爲主將，猶使軍中不肅而至於夜驚，何也？則是亦有疏漏處而未盡善故也。然則住軍之道，欲求盡善而不至於夜驚，必自有詳明謹慎之法，而不徒恃有倉卒之操持矣。

伊川曰：管攝天下人心，收宗族，厚風俗，使人不忘本，須是明譜系，收世族，立宗子法。譜者，氏族之册籍也；系者，宗派之聯屬也。宗子之法，有大有小。古者諸侯之適子適孫，繼世爲君，其餘庶子不得禰其先君，因各自立爲本派之始祖，其子孫百世皆宗之，所謂大宗也。族人雖五世外，皆爲之齊衰三月。大宗之庶子又别爲小宗，而小宗有四：其繼高祖之適長子，則與三從兄弟爲宗；繼曾祖之適長子，則與再從兄弟爲宗；繼祖之適長子，則與同堂兄弟爲宗；繼禰之適長子，則與親兄弟爲宗。蓋一身凡事四宗，與大宗爲五也。言在上者欲統攝天下人心，收拾宗族親愛之情，以厚風俗之化，使人不遺忘其根本所由來，須是修明譜牒，以辨其支派之系屬，收世代族氏之人，而立宗子之法。庶幾人人知尊祖敬宗，各有所統，而情意不至於涣散也已。

伊川曰：宗子法壞，則人不自知來處，以至流轉四方，往往親未絶，不相識。今且試以一二巨公之家行之，其術要得拘守得，須是且如唐時立廟院，仍不得分割了祖業，使一人主之。宗子之法，所以使人知木本水源之思者也。此法既壞，則人心離散，不自知其宗派所由來之處，以至輕去其鄉，流轉四方而不恤。往往有親愛之誼未絶，遂爾不相識若路人者，深可慨也！今欲使天下盡行其法，亦難卒行。且試以一二公卿士夫家行之，亦足以風示天下，但其術要得拘謹堅守得定方可。須是且如唐時故事，世族立宗廟院宇，以爲棲神承祭之所。子孫仍不得分割祖宗所遺之業，於族中擇一能幹之人主管其事。夫有廟院，則人心有歸屬而不散；不分祖業，則衆志知所保守而不遷。宗法之善，凡以此也。

伊川曰：凡人家法，須月爲一會以合族。古人有花樹韋家宗會法，可取也。每有族人遠來，亦一爲之。吉凶嫁娶之類，更須相與爲禮，使骨肉之意常相通。骨肉日疏者，只爲不相見，情不相接爾。凡宗族之人，須時常相見，則志意親熟。故人家之法，每月須立爲一會之規，此乃所以合族衆而使之敦睦也。古人中相傳有「花樹韋家」宗族聚會之法甚善，可取而行之也。其法，每有族人自遠方而來者，亦爲之合族人而一會，使之交相熟識也。或有吉凶事及嫁娶之類，族人更須相與問遺爲禮，使親親之情時常相貫通。蓋從來骨肉之親所以日漸疏薄者，只爲久遠不相見，遂至篤摯之情彼此不相接，不再傳，而與行道之人無異爾。

伊川曰：冠、婚、喪、祭，禮之大者，今人都不理會。豺獺皆知報本，今士大夫家多忽此。厚於奉養而薄於先祖，甚不可也。某嘗修六禮，大略家必有廟，廟必有主，本註云：「庶人立影堂。」又云：「高祖以上即當祧也。主式見文集。」又云：「今人以影祭，或一髭髮不相似，則所祭已是別人，大不便。」伊川言冠、昏、喪、祭四者，乃禮之大關係者。今人都不料理體會，使其名義各有所當。

夫豺獺皆知祭以報其本，今士大夫號稱禮義之家，偏多忽略於此，豐於奉養其身，而薄於享其先世之祖宗，忘背根本，莫此爲甚，大不可也。故嘗修六禮之書，其制則凡人家必立有廟，以爲奉先之所；廟必有主，以爲棲神之位，而祭禮可自此而行矣。月朔必薦新，本註云：「薦後方食。」月朔，每月之朔也。子孫之於祖宗，月必勿敢忘焉，因思每月各有物之新出者，供而薦之，而未薦則爲子孫者不敢先食，所以示尊敬也。時祭用仲月，本註云：「止於高祖。旁親無後者，祭之别位。」時祭者，四時之祭也。天道三月而一變，時既易而念其祖，亦人情也，故四時必祭，而祭必用仲月者，蓋亦以其時之中也。冬至祭始祖，本註云：「冬至，陽之始也；始祖，厥初生民之祖也。無主，於廟中正位設二位，合考妣享之。」冬至，陽氣始生之時；始祖，子孫所從生之始。祭以此時者，取報本返始之義也。立春祭先祖，本註云：「立春，生物之始也。先祖，始祖而下，高祖而上，非一人也。亦無主，設兩位分享考妣。」立春者，天地生物之氣方長。凡祭始祖以下諸先祖，必於此時者，亦取其生生不已之意也。季秋祭禰，本註云：「季秋，成物之時也。」季秋者，天地成遂萬物之候。禰者，生成吾身之人，故祭禰者必取此時。蓋以萬寶告成之意，寓吾顧復鞠育之思也。忌日遷主祭於正寢。凡事死之禮，當厚於奉生者。人家能存得此等事數件，雖幼者可使漸知禮義。忌日，當死之日而子孫所忌諱者也。忌日必祭，祭則遷其所祭之主，安置於正寢而祭之。凡事死亡之禮儀，當加厚於奉養生人之數，方爲盡乎誠敬之道。凡人家能存此等重祀報本之事，數件常行於歲時之間，則雖家中幼小無知者，亦可使習見其事而知生人禮義之不可無也。

伊川曰：卜其宅兆，卜其地之美惡也。地美則神靈安，其子孫盛。然則曷謂地之美者？土色之光潤，草木之茂盛，乃其驗也。而拘忌者，惑以擇地之方位，决日之吉凶，甚者不以奉先爲計，而專以利後爲慮，尤非孝子安厝之用心也。惟五患者不得不慎：須使異日不爲道路，不爲城郭，不爲溝池，不爲貴勢所奪，不爲耕犂所及。此論葬地之宜，以解當世之惑也。葬埋，大事也，何可不慎？而卜其墓宅塋兆者，卜其地之醇美與醜惡也。地土若醇美，則死者之神靈安，而所生之子孫亦充盛，其理然也。然則曷爲地之純美而可用乎？其土之色有光輝潤澤，其地所生之草木又秀茂美盛，乃其吉氣之徵驗也。而昧於其理，而多所拘忌者，爲世俗所惑，必欲擇地之方向坐位，占决日辰之吉慶凶咎，以爲去取。其甚謬者，不以安奉先人之體魄爲計，而專以利益後人之福澤爲心。孝子之安厝其親，其用心固宜若是乎？惟有所謂五患者，不得不謹慎以避之也。五患維何？須是使異日其地不至爲人所行之道路，不至爲人築城郭，不至爲人開溝池，不至爲貴家勢豪所侵奪，不至爲耕田之犂耜所傷及。此皆有切於墳墓之患而不可忽者。又本註云：「一本所謂五患者：溝、渠、道路、避村落、遠井窑。

正叔云：某家治喪，不用浮圖。在洛，亦有一二人家化之。佛教之溺人已深，人家居喪，盡用浮圖之説，非深知其謬，卓然有得於聖賢之道者，其孰能不爲所累乎！伊川自言其家不用浮圖，在洛之鄉人，觀感已久，亦有一二人家知佛教之謬，化而不用者，此可見天理人心終不泯滅，有其醒之，蓋未有不悟者也。司馬公曰：「世俗信浮圖誑誘，飯僧，設道場，捨經，造像，建塔廟，曰爲此者滅彌天罪惡，必升天堂，不爲者必入地獄，受無邊波吒之苦。殊不知人生含血氣、知痛癢，或剪爪剃髮，從而燒研之，已不知苦，况於死者形神相離，形則入於黄壤，朽腐消滅，與木石等，神則飄若風火，不知何之。借使剉燒舂磨，豈復知之？安得有天堂地獄之理。」

伊川曰：今無宗子，故朝廷無世臣。若立宗子法，則人知尊祖重本。人既重本，則朝廷之勢自尊。宗子之法，有禄者世襲其禄，則有世臣。今無宗子，故朝廷無世禄之法而無世臣。若使宗子之法既立，則人知其所從來之祖而尊之。尊宗子者，尊祖也，因祖所正出之本而重之；重宗子者，重本也。既知重本，則人心定於一尊，推之何處不有本之當重？宗子者，一族之本，朝廷者，又天下之本也，此意不言而喻，而朝廷之勢自尊矣。古者子弟從父兄，今父兄從子弟，由不知其本也。且如漢高祖欲下沛時，只是以帛書與沛父老，其父兄便能率子弟從之。又如相如使蜀，亦移書責父老，然後子弟皆聽其命而從之。只有一箇尊卑上下之分，然後順從而不亂也。若無法以聯屬之，安可？古之時宗法鄭重，故人知尊尊親親，而子弟之卑幼，一惟父兄之尊長是從。今則尊尊親親之意蔑如，父兄之衰邁，反當從子弟之壯盛而不能違。如此者由於宗法已壞，人不知重本故也。且如漢高祖時，去古猶未遠，當其欲下沛郡時，只是以帛爲書，與沛中諸父老勸諭輸誠，其父兄便足以服其衆，而率子弟順而從之。又如司馬相如使蜀之時，亦必移書責備蜀中之父老，然後子弟皆降心聽其命而歸化從善焉。由此觀之，只有一箇尊卑上下之分，然後人人有和順親長之心，乃易於順從而不亂也。若無法度以聯屬其情意，安可以化民而成俗乎？此宗法之所以不可不立也。且立宗子法，亦是天理。譬如木必有從根直上一幹，亦必有旁枝。又如水，雖遠必有正源，亦必有分派處，自然之勢也。此見宗子之法，乃出於自然，而非强立也。蓋宗子之法，不惟關繫甚大，不可不立，且立之亦是本天之理，原有如此之不可易者。譬如木之生長也〔八〕，必有從根柢直上一幹，亦必有從旁而分出之枝。其直上者本也，其分枝則附於本者也。又如水之流行也，必有正出之源頭，亦必有分析爲别流之派者，其正出者一源相承也，其别流則同其源者也。此其分由於一而統於正，皆自然之勢，而非故有所區别於其間也。然而又有旁枝達而爲幹者，故曰古者「天子建國」，「諸侯奪宗」云。正本偏枝，不容混視，是固然矣。然而有旁出之枝，後來亦可直達而爲幹者，故曰古者天子建立侯國，則天子爲一宗；諸侯既主其國，則諸侯亦得别自爲宗。無非以其有大功德故也。

邢和叔叙明道先生事云：「堯、舜、三代帝王之治，所以博大悠遠，上下與天地同流者，先生固已默而識之。至於興造禮樂，制度文爲，下至行師用兵、戰陣之法，無所不講，皆造其極。外之各國情形，山川道路之險易，邊鄙防戍、城寨斥候控帶之要，靡不究知。其吏事操决，文法簿書，又皆精密詳練。若先生，可謂通儒全才矣。此見明道之才全而德備也。邢恕敘明道先生之事云：自古二帝、三王之治，所以廣博浩大，悠長久遠，上下之間，直與天地同其流通者，其治法道法，先生固默契融會，而識之於心矣。至於興造而有所創作，禮樂而本於中和，制度文爲而品節條目之繁，下至行師之紀律、用兵之機括、戰陣之規模，其法無所不講明，而皆造其至極。他如外方諸國之人情形勢，山川道路之險阻與平易，邊鄙絶遠之區，防守戍禦之重，城郭營寨之地，與斥候警報之所，山原之控引，流水之係帶，其要害之處，無不窮究而知其宜。其出而爲官也，凡吏治之事，操持决斷之才，文移法律之間，以及簿書期會之務，又皆精細而周密，詳明而諳練。凡此皆先生之肆應咸宜，體明而用達者也。謂之通儒全才，豈虚譽哉！

伊川曰：介甫言律是八分書，是他見得。律者，刑書也。八分，言其道理未滿足也。王介甫言律乃是八分之書，未能於所以治人者，全備無欠缺處也。伊川謂介甫此言，乃是他見得律中分際明白者也。朱子曰：「律是刑統，歷代相傳，至周世宗命竇儀註解，名曰刑統，與古法相近，故曰『八分書』。」又曰：「律所以明法禁非，亦有助於教化，但於根本上少有欠缺耳，是他見得，蓋許之之辭。」

横渠曰：兵謀師律，聖人不得已而用之。其術見三王方策、歷代簡書。惟志士仁人，爲能識其遠者大者，素求預備，而不敢忽忘。用兵必有謀略，行師必以法律。然師旅之興，不能無擾於天下，聖人乃不得已而用之。其爲術見於三王方策之所垂，歷代簡書之所載。惟有志之士、仁愛之人，爲能知其計謀法律，乃行軍遠大之道，平素必精求其理，預爲戒備，而不敢輕忽遺忘。蓋詭詐殘酷，皆狃近小之見；而臨時無備，或貽疏略之失。皆非用兵之所貴也。

横渠曰：肉辟於今世死刑中取之，亦足寬民之死。過此，當念其散之之久。肉辟，即書所謂五刑是也。漢文帝時始罷墨、劓、剕、宫之刑，止留死刑。横渠欲取死刑中情輕者，用肉刑以代之，亦庶幾足以寬民之死。過此以往，又當念教化無術，民心涣散已久，故多犯法，亟思所以正其本，而不徒區區有以緩其死而已也。

吕與叔撰横渠行狀曰：先生慨然有意三代之治，論治人先務，未始不以經界爲急。嘗曰：「『仁政必自經界始』。貧富不均，教養無法，雖欲言治，皆苟而已。此見井田之當復也。吕與叔撰横渠先生之行狀曰：先生自命不苟，慨然有志，欲復三代之治。以爲三代之所以治者，根本只在井田，故論整理人民之先務，未嘗不以井田之經界爲要緊。嘗曰：「孟子言『仁政必自經界始』」，此語誠切當不易。蓋經界正，然後田業無紛争之病。若不定其經界，使民貧富不均，而教養俱壞，雖欲矯言致治之道，皆是苟且而已，豈足與語至治之要乎？世之病難行者，未始不以亟奪富人之田爲辭。然兹法之行，悦之者衆，苟處之有術，期以數年，不刑一人而可復〔九〕，所病者特上之人未行耳。」乃言曰：「縱不能行之天下，猶可驗之一鄉。」方與學者議古之法，共買田一方，畫爲數井，上不失公家之賦役，退以其私正經界、分宅里、立斂法、廣儲蓄、興學校、成禮俗，救菑恤患，敦本抑末，足以推先王之遺法，明當今之可行。皆有志未就。世之病井田之治，以爲難行於今者，大抵以今日之田多歸富人，欲行井田，勢必奪之後可，故不能無所阻也。不知此法一行，處處均平，悦之者衆。苟處之得其道，期以數年之間，不用刑罰一人而便可復矣。所病者特上之人，未有實心爲政，而决然行之耳。豈真有妨於富人而不可行哉？張子思治之切，乃更立一言曰：「縱井田之法不能行之天下，然有志之士猶可即其美意而驗之一鄉。」於是欲與學者擬議古井田之法，共買田一所，經畫爲數井，聚數十家以分耕之。上不失公家之賦税差役，退則自以其私地正經界、分屋宅里居，立收斂之法，廣積儲之備，興學校於其中，教之使成禮讓之風俗，因之相親相愛，可以共救菑患之至，相率而敦其本務，抑其逐末之思。如是足以推見先王之遺法，明示當今以井田之可行而無難也。此皆先生卓然有志復古，惓惓而不忘者。惜乎未就而賫志以没耳。

横渠先生爲雲巖令，政事大抵以敦本善俗爲先。民不敦本則浮華逐末，皆足以爲治之病。風俗既漓，家鮮孝弟之行，邑無禮讓之化，不有以善之，治道如何可成？故先生之爲雲巖縣令也，政事大抵以此爲先，其爲治也亦可謂知所重矣。每以月吉具酒食，召鄉人高年會縣庭，親爲勸酬，使人知養老事長之義。因問民疾苦，及告所以訓戒子弟之意。月吉，月朔也。會高年而親爲勸酬之禮，所以風示老老之典，使民知所尊也。問民疾苦而告以訓戒子弟之意，所以明親民之情，而使知官長之以教化爲重也。如是而民安有不遷善而遠罪乎？

横渠曰：古者有東宫，有西宫，有南宫，有北宫，異宫而同財。此禮亦可行。古人慮遠，目下雖似相疏，其實如此乃能久相親。蓋數十百口之家，自是飲食衣服難爲得一。此横渠欲存古異宮之法也。古者一家之中，東、西、南、北宮室，各有間隔，而財物則相爲通。横渠謂此禮亦有所取，尚可以行於今日。蓋古人計慮深遠，其所以異宮者，眼前雖似相離而疏闊，其實必如此立，防閑乃能不至於習玩，久久亦自相親。大抵人家若有數十百口之衆，則衣服飲食自是難齊，終日聚首，耳目之間，微有忿争，轉生乖離，故不如於同中稍異，爲可以養其和氣也。〔一〇〕又異宮乃容子得伸其私，所以避子之私也，子不私其父，則不成爲子。古之人曲盡人情。必也同宮，有叔父伯父，則爲子者何以獨厚於其父？爲父者又烏得而當之？且異宮之法，不惟所以防弊，并亦可以達情。如一家之中，雖當同愛，而親疏畢竟有别，惟異宮乃使爲子者得伸其愛父之私，而亦所以避爲子者私致其父之情景也。夫子不私其父則無以全至親之道，不成其爲子。古之人委曲體貼，灼盡生人之情，故立是法。若必使之同宮，是一宮之中，有父焉，亦有叔父伯父焉，終日聚首，則爲子者當叔父伯父之前而獨厚致於其父，即爲父者當兄弟之前又烏得獨受子之厚，而當之無嫌乎？〔一一〕父子異宮，爲命士以上，愈貴則愈嚴。命士，一命之士也。古有父子亦異宮者，此乃爲命士以上者而言也。蓋身愈尊貴則分制愈嚴密，理勢所當然也〔一二〕故異宮，猶今世有逐位，非如異居也。逐位，猶言間一位也。蓋古之所謂異宮，猶今世有逐一設位之意，亦非如世間另異分居之説也。〔一三〕

横渠曰：治天下不由井地，終無由得平。周道止是均平。周道，文、武、周公所以治天下之道也。治天下者，平天下而已，然欲平天下，必自井田始，蓋分疆畫井，上下公私兵賦教養之事皆盡其中。不由井田，天下何由得平？故古來惟周家稱久安長治，然亦只是均平而已。〔一四〕

横渠曰：井田卒歸於封建，乃定。此見井田封建，皆聖王至公無我之道，故二者之行，未有不相爲終始者。欲行井田，必有聖明在上，普大公之道，以天下之地分封有功德之人，衆建其國，以共撫其民人，使仕者皆有世禄，然後以天下之田與天下人民共之，使分耕其地，如是，則上下皆有均平之心，皆樂其制之善而法乃可定。所謂有關雎、麟趾之意，乃可行周官之法是也。不然，未易以遽定也。葉平巖曰：「國有定君，官有定守，故民有定業。後世長吏更易不常，相仍苟且，縱復井田，不歸於封建，則其欺蔽紛爭之患，庸可定乎？」此論第據其利弊而言耳，未及道理之公也。〔一五〕

## 校勘記

〔一〕故增悲而至於賊君棄父　「賊君棄父」，尹刻本作「後君遺親」。

〔二〕此仿周禮鄉大夫賓興司馬論士之制　此十五字，朱子全書整理本近思録卷九及程氏文集無。

〔三〕皆國家治體之切務　「治體」原作「治禮」，尹刻本作「治法」，據存心堂本改。

〔四〕設教之道禮遜爲先　此八字，尹刻本及朱子全書整理本近思録卷九無。

〔五〕今欲量留一百餘人　「餘」字，尹刻本及朱子全書整理本近思録卷九無。

〔六〕「舊制以不犯罰爲行」至「取之者非掄秀之法」　以上四十六字，尹刻本及朱子全書整理本近思録卷九無。

〔七〕嘗謂軍人夜驚　「軍人」，朱子全書整理本近思録卷九作「軍中」。

〔八〕譬如木之生長也　「木」原作「本」，據尹刻本与存心堂本改。

〔九〕不刑一人而可復　「復」原作「服」，據存心堂本及朱子全書整理本近思録卷九改。

〔一〇〕「此横渠欲存古異宫之法也」至「爲可以養其和氣也」　此段尹刻本以爲集解闕，另照原編補爲：「此言宗族異宫，正所以善全其睦族之情也。古者，族大人衆，則所居之宫，有東、西、南、北之分。異其宫室而同其財用，此禮亦可行於今。夫古人之異其宫者，其思慮深遠。自目下論之，迹似於疏，不相親愛：，以具實言之，必異其宫室，乃得猜嫌不作，而久益相親。蓋數十百口之家，嗜好各殊，豐儉各異，飲食衣服，畫一爲難。惟異宫而處，故彼此不至於相形。使同宫合居，則爭怨之端漸起，而親愛之情反有不復終者矣。」

〔一一〕「且異宫之法」至「而當之無嫌乎」　此段尹刻本以爲集解闕，另照原編補爲：「此言諸父異宫，正所以得盡其爲子之情也。諸父雖同一本，親疏原自有分。惟異宫，乃使爲子者得伸其愛親之私。私則不必使人共知，故異宫者所以避之也。使子不致其私于父，則子職有虧，不得成爲子。此古人異宫之制，正所以曲盡夫人情。若居必同宫，則叔父伯父皆所當愛，爲子者何以獨厚于其父?·爲父者獨受其子之厚，於心必不安，又烏得而當之乎?·蓋諸父皆在所愛，情之公也。其父獨在所厚，情之私也。子誠能盡其私，則合乎天理人情之至當，而亦不害其爲公矣。」

〔一二〕「命士」至「理勢所當然也」　此段尹刻本以爲集解闕，另照原編補爲:·「此言父子異宮，因其分而有殊也。父與子亦異宮者，自一命爲士，等而上之，其位愈貴，則分制亦愈密。蓋愛親之心，原人子之所同，而爲所得爲，又宜隨在而自盡也。」

〔一三〕「逐位」至「亦非如世間另異分居之説也」　此段尹刻本以爲集解闕，另照原編補爲:·「此又言異宮之制，不同于異居也。蓋所謂異宮者，猶今世之有逐位，非遂分析而居也。夫異宮則得各盡愛親之情，不異居則不失其敦倫之意。仁之至，義之盡，其兼得之矣。」

〔一四〕「周道」至「然亦只是均平而已」　此段尹刻本以爲集解闕，另照原編補爲:·「理民之道，地著爲本，故必建步立畝，正其經界。六尺爲步，步百爲畝，畝百爲夫，夫三爲屋，屋三爲井。井方一里，是爲九夫，八家共之，各受私田百畝，公田十畝。田有定分，豪强不得以兼並，自各得其平。治天下之法，使不由井地，則田里不均，遊惰姦宄不軌之民得容於其間，而不平甚矣。詩曰『周道如砥』，正言其均平也。此井地之制，聖王所以均天下之田里，政立仁施，匹夫匹婦，各得其所。爲治者可不法乎?·」

〔一五〕「此見井田封建」至「未及道理之公也」　此段尹刻本以爲集解闕，另照原編補爲：「封建之法，聖人所以制天下之命。法天而不私己，盡制而不曲防。分天下之地以爲萬國，而與英才共之。大小相制，内外相維。自黄帝、堯、舜迄於三代，皆因之而不變。故欲行井田之制，終歸於封建，其勢乃定。蓋國有定君，君有定守，故民有定業。後世長吏更易不常，相仍苟且，縱復井田，不歸於封建，則其欺蔽紛爭之患，庸可定乎？此與上條合觀之，張子經濟之學可見，學者其深玩焉！」

# 近思録集解卷十　　凡六十四條

## 政事

此卷論臨政處事。蓋明乎治道而通乎治法，則施於有政矣。凡居官任職，事上撫下，待同列，選賢才，處世之道具焉。

伊川先生上疏曰：夫鐘，怒而擊之則武，悲而擊之則哀，誠意之感而入也。告於人亦如是，古人所以齋戒而告君也。此程子疏中之語。見人臣告君，當積誠意以感動之〔一〕，爲講官者，不可兼以他職也。夫鐘，金器，無心之物也，而隨擊而應，若可以心通之者。如人懷怒心以擊之，則鐘亦應之以武毅之聲而有怒意；人懷悲心以擊之，則鐘亦應之以哀慘之聲而有悲意。是何也？真誠之意有所感，雖金器亦可以入也。告語於人者，其誠意之感而善入亦若是耳。此古人所以必宿齋預戒以養誠心，而後敢以告君，亦欲善其所以感之也。臣前後兩得進講，未嘗敢不宿齋預戒，潛思存誠，覬感動於上心。若使營營於職事，紛紛其思慮，待至上前，然後善其辭説，徒以頰舌感人，不亦淺乎？頰，口頰也。頰舌感人，徒以言語動人者也。伊川言：臣前後兩次進講於君前，當其未進時，未嘗敢輕泛爲心，不宿齋預戒，外潔其身，内潔其心，沉潛思惟，以静存吾誠敬之意，覬望有所感動於上心，庶幾其言之易入也。若使不專其任，兼委他政，營營焉謀計於職事，紛紛然日役其思慮，則此心無積誠之日。待至進而講於上前，然後斟酌善其辭説，徒欲以口頰唇舌之間感動於人，則其所言取辦一時，而無精誠之積，亦淺之乎其告君矣，安望其言之能入乎？

伊川答人示奏稾書云：觀公之意，專以畏亂爲主。頤欲公以愛民爲先，力言百姓饑且死，丐朝廷哀憐，因懼將爲寇亂可也。不惟告君之體當如是，事勢亦宜爾。此言臣之奏牘，當以愛民爲急，時勢之説，又其後着也。有示奏稾者，大要以民饑必致寇亂爲言。伊川欲其得立言之本，故爲書答之。言觀公奏中之意，專以民饑致亂，其勢可畏，據此爲主，使人君聞之，或知所警也。自我觀之，不若以愛民之生爲先務，言百姓之饑且將至於死亡，其勢甚急，而其情甚可憫。冀朝廷聞言而生哀矜憐恤之念，則既有以動其本心之仁，因而懼之以將爲寇亂之漸，如此然後可以有益於時也。此不惟人臣告君之體，立言有本，固當如是，即以事理情勢論之，亦宜如是之有先後緩急爾。公方求財以活人，祈之以仁愛，則當輕財以重民；懼之以利害，則將恃財以自保。蓋公方以民饑而爲求散財於上以活之，若能祈之以仁愛斯民爲心，則君知民之當仁愛，自輕視乎財而重視乎民，財之發也自易。苟第懼之以寇亂之利害，則君存禦亂之計，將謂惟財可以集事，而欲儲財爲自保之圖，而吝嗇意生，財更不可求矣。進言者可不計及此乎！古之時，得丘民則得天下，後世以兵制民，以財聚衆。聚財者能守，保民者爲迂。惟當以誠意感動，覬其有不忍之心而已。此又言古人知本計，而後世恃富强。君子惟在引君以當道而志仁而已。古之時，能得乎丘民之心，則可以得天下，故民爲邦本，此義甚重。後世每欲以兵節制乎民，以爲雖不得民，民亦無奈何。第欲聚兵之衆，則非糧食不可，於是欲恃財以聚衆，若財既聚便謂有所恃而能長守其天下，一言保民，則目爲迂疏寡當之論。世俗之相沿久矣。惟當竭其誠意，以感動上心，冀望其知民疾苦，而有以發其不忍人之本心而已。若區區以將亂激之，恐無以開其軫民之思，而益以堅其聚斂之謀也。奏事者當知所重矣。

明道爲邑，及民之事，多衆人所謂「法所拘」者，然爲之未嘗大戾於法，衆亦不甚駭。謂之得伸其志則不可，求小補，則過今之爲政者遠矣。人雖異之，不至指爲狂也。至謂之狂，則大駭矣。此見明道爲政之善也。明道爲邑令時，凡所以及民之事，皆衆人所謂世法所拘，不可行於今者。然明道爲之，未嘗過亢，以大戾於法度，而衆亦相忘而安之，不甚有駭異之見。此而謂明道已得伸其志而大有爲則不可，第就目前論之，求其少補於治，則比今日之爲政者過之遠矣。人雖異而視之，亦不至指爲狂妄而無當也。至謂之狂妄無當，則將大爲駭異，而不能一日安矣，然人之於明道固不爾也。可見王道不遠乎人情，而政教之未始不可行也。盡誠爲之，不容而後去，又何嫌乎？人之不肯行先王之政者，多諉爲當今之世，若太執古，必至不容於時。不知我盡其當然，誠心爲治，人亦未必不容。若果不容而後去之，總不失其在我之所守，又何嫌而不肯爲乎！

明道曰：一命之士，苟存心於愛物，於人必有所濟。此見實心愛物者，不可有所諉而不自盡也。爲官便當以愛物爲心，愛物則隨時隨處皆能見惠。即如一命之士，至卑也，苟存諸心者，實能慈愛乎物，則欲與聚而惡勿施。其於人也，必能實有所濟。然則爲官者，何人不當以愛物存心？而存心愛物者，又安得曰「我位猶卑，未可以有爲」乎？

伊川曰：君子觀天水違行之象，知人情有爭訟之道。故凡所作事，必謀其始。絶訟端於事之始，則訟無由生矣。謀始之義廣矣，若慎交結、明契券之類是也。此釋易訟卦大象之辭也。訟之卦象，天上水下，其行相違。君子觀天水違行之象，知人情不一，安能無上下相違之時？故必有爭訟之道。既不能免於訟，當先有以絶訟之端。故凡所作爲之事，必於未爲之始而謀之使極其盡善。能謀其盡善，則興訟之端已絶於作事之始，而訟之弊亦無由而生矣。夫最難無者，訟也，而實得諸謀始之道，則其義可謂廣大而無以加矣。天下何者爲興訟之由？大抵交結、契券之事爲多。若能於初而致其謹慎，求其明白，所謂謀始者，即此類是也，而訟亦不禁而自絶矣。

伊川曰：師之九二，爲師之主。恃專〔二〕，則失爲下之道；不專，則無成功之理，故得中爲吉。此釋師卦九二爻義。以九居二，在師之中；一陽統乎群陰，爲師之主。以陽居陰而又得中，故爲恩威並行、隨宜制勝之良將。蓋在師之中，恃權專制〔三〕，則失爲下卑遜之道；不能專制，則威不立於閫外，而無成功之理。故得中爲吉。辭曰「在師中，吉」者，此也。凡師之道，威和並至，則吉也。又即所謂得中者申言之也。二之所以得中而吉者，何也？凡行師之道，紀律固在於嚴，然必有寬洪之意以行之，則將卒一心，乃爲善也；情意固當藹惻，然必有約束之令以肅之，則步伐不愆，乃爲得也。能使威和並至，則得剛柔相濟之義而吉矣。

伊川曰：世儒有論魯祀周公以天子禮樂，以爲周公能爲人臣不能爲之功，則可用人臣不得用之禮樂，是不知人臣之道也。夫居周公之位，則爲周公之事，由其位而能爲者，皆所當爲也。周公乃盡其職耳。成王以周公有大勳勞，賜魯祀周公得用天子禮樂。孔子曰：「成王之賜、伯禽之受，皆非也。」世儒好爲附會之論，以爲周公之勳勞，不比常人，夫惟能爲衆人臣所不能爲之功者，則可用人臣不得用之禮樂，則以周公而用天子禮樂，似不爲過。伊川嚴辨之曰：「爲是論者，皆不知人臣之大義者也。」夫居周公之位，則當爲周公之事，然周公之位乃人臣之位，周公之事亦人臣之事，由其位而有其事，凡其所能爲者，皆其所當爲，非於職分之外有所加也，在周公亦不過自盡其職之當然耳。人不能爲者，不能盡人臣之道也，爲所當爲而又用所不得用之禮樂，其非人臣之道則均也。故以天子禮樂祀周公，其非周公之志，亦明矣。

大有之九三曰：「公用亨於天子，小人弗克。」伊川易傳曰：三當大有之時，居諸侯之位，有其富盛，必用亨通於天子，謂以其有爲天子之有也，乃人臣之常義也。此釋大有九三爻義。九三居下之上，公侯之象，當大有而能忘其私以奉上，故曰「公用亨於天子，小人弗克」。伊川傳曰：「三當大有之時，居諸侯之位，各君其國，各子其民，有其富盛，雖因天地之運，無非天子之澤。必出其所有，而用亨以通於天子，若謂我國之所有，乃爲天子之所有，而非己所得私也，此乃人臣公爾忘私之常義也。若小人處之，則專其富有以爲私，不知公己奉上之道，故曰「小人弗克」也。小人昧於公私之義，貪鄙成性。使之處大有之時，則專擅其富有之入，以爲一己之私。不知己固天子之臣，正當致其身，而公己以奉上，乃爲人臣之當然。然此豈貪鄙之小人所能乎？故曰「小人弗克」也。

伊川曰：人心所從，多所親愛者也。常人之情，愛之則見其是，惡之則見其非。故妻孥之言，雖失而多從；所憎之言，雖善爲惡也。苟以親愛而隨之，則是私情所與，豈合正理？故隨之初九，出門而交，則有功也。此釋隨初九爻義也。人心之私，凡有所從，多出於所親愛之人。蓋常人之情溺於所向，每不加察，愛之則不問其所爲之合理與否，而祇見其是；惡之亦不問其所爲之合理與否，而祇見其非。故如妻孥者，所愛者也，凡有所言，雖出於失，而往往多從之。至於所憎者之言，雖出於善，亦以爲惡而不從也。夫從違自有當然之理，苟徒以親愛之故，而隨而從之，則祇是私情之所交與，豈合乎是非得失之正理？故隨之初，未有私主，若能出門而交，不私其隨，則有功也。蓋人能忘好惡之私，以合於是非之公〔四〕，則擇善而從，其集益之功夫豈淺鮮哉？

隨九五之象曰：「孚於嘉吉，位正中也。」伊川易傳曰：「隨以得中爲善。隨之所防者，過也。蓋心所説隨，則不知其過矣。」此釋隨九五小象之義也。言隨五之「孚於嘉吉」，而象謂其「位正中」，何也？隨之道，以得中爲善。己得其中，乃能孚人之中。嘉者，中也。隨之所防閑而不可失者，恐其過也，過則不中。蓋人心既有所悦而隨，則易繫於一偏，偏則不自知其過矣。五所以能「孚於嘉」者，以其中正而不偏故也。

坎之六四曰：「樽酒、簋貳，用缶，納約自牖，終无咎。」伊川易傳曰：此言人臣以忠信善道結於君心，必自其所明處乃能入也。此釋坎卦六四爻義。樽酒者，一樽之酒；簋貳者，二簋之食也；用缶，以瓦缶爲器，質樸之極，所謂約也，喻人之忠信善道也。牖，室之所受明處也。伊川言坎四之辭，乃言人臣欲以忠信之心，善道之術，固結於君心，必自其君心所明白之處而開導之，則聽從自易，而吾言乃能入而格君之心也。此人臣進諫之善術也。人心有所蔽，有所通。通者，明處也，當就其明處而告之，求信則易也，故云「納約自牖」。能如是，則雖艱險之時，終得无咎也。承上文「所明處」而言。人心大約有所蔽處，亦有所通處。蔽者氣拘物累，遂至於昏。而通者本體之明，未嘗或息，乃其所必有者也。當就其明處而告之，以充其量，求信吾言，則易爲力。蓋其理之所不昧者，易使之通曉也，故云「納約自牖」。人臣能如是以告君，則隱而善入，聞者足戒而言者無罪，雖艱險之時終能有濟而得无咎也。且如君心蔽於荒樂，唯其蔽也故爾，雖力詆其荒樂之非，如其不省何？

必於所不蔽之事推而及之，則能悟其心矣。自古能諫其君者，未有不因其所明者也。故訐直强勁者，率多取忤，而温厚明辯者其説多行。此即「納約自牖」者而反覆言之也。蓋人臣於君，誰不欲開其所蔽？而蔽豈易開乎？且如君心蔽於荒遊佚樂，勢固不得不有所諍，然唯其有所蔽，故至於荒樂若是。苟不思善啓之，雖盡力詆諫其荒樂之非義，其如君之不省察何乎？必也於其所不蔽之事，爲之開陳其是非邪正，然後推類而逮及之。則既明於此，便有通於彼，而能啓悟其心，而使之知返矣。自古能諫諍其君而相與有成者，未有不因其一節之所明而納之以歸於正道者也。故納誨無術，徒恃其訐直不回、强勁不屈者，率多觸犯而取君之忤。而温柔渾厚，明白辨析，以善其規諷之道者，其説多聽從而得行其志，豈非「納約自牖」之明驗也乎？非唯告於君者如此，爲教者亦然。夫教必就人之所長，所長者，心之所明也。從其心之所明而入，然後推及其餘，孟子所謂「成德」、「達財」是也。此又推「納約自牖」之義以通於教也。蓋凡心之明處易通，人人皆然，非惟告於君者其道當如此，即推之設教之道，亦自有必然者。夫教之術，豈漫無所因而教之哉？必就其人之有所長處而啓發之，故其教爲易入。所長者，即其心之明處也。從其心之所明而引而入之，了然不惑，然後推類以及其餘，使之亦皆曉暢而條達，此即孟子所謂「成德」而「達財」是也。成德者，因其德而成就之；達財者，因其材而通達之。皆就其明而通之也。教者如是，餘又可推矣。

恒之初六曰：「浚恒，貞凶。」象曰：「浚恒之凶，始求深也。」伊川易傳曰：初六居下，而四爲正應。四以剛居高，又爲二三所隔，應初之志，異乎常矣。而初乃求望之深，是知常而不知變也。此釋恒初六爻辭及小象之義。恒之初六，所以言「浚恒」而戒其「貞凶」，而象又謂其「始求深」，何也？蓋初六陰柔居下，而四爲正應之爻，其必應者，乃理之常也。但四以剛性居高，震動上行而情不下接，又爲二、三兩爻所間隔，其應初之志意，已異乎平常相應之道矣。而初以其巽入之情，乃求望之深，欲盡其歡，欲竭其忠，是徒知常理之應爲不可解，而不知人情之變已不可測也。如是則所求雖正，而期望太深，易生怨隙，故爻、象皆謂其不免於凶也。世之責望故素而至悔咎者，皆浚恒者也。又以世之不善處友者，証「浚恒」之失也。故素，故舊之素交也。言交友之道，不可相求太深。世之責備期望於故舊素交之人，極其無已，而終至於拂情逆勢，致悔取吝而不能全者，皆深求於常理之中，而不知其過者也，亦「浚恒」而已。

遯之九三曰：「係遯，有疾厲，畜臣妾，吉。」伊川易傳曰：係戀之私恩，懷小人女子之道也，故以畜養臣妾則吉。此釋遯卦九三爻義。當遯之時，便要果決而退，安可有留戀觀望之意？一或留戀觀望，則敗名喪節，病痛百出，不危何待？故占者所深戒也。伊川言「係戀之私恩」，沾沾然以要結爲意，此乃懷念小人女子之道。如僕妾之輩，稍示以眷戀，或能得其歡心而用之，故以畜臣妾則吉。爻辭亦非教人畜臣妾也。明此意餘無可用，惟畜臣妾或不妨耳。然君子之待小人，亦不如是也。此又即畜臣妾之占而反之，以見係戀之私，無一而可也。蓋小人雖或可以恩結，而近之則不遜。果其當去，亦必决然去之。君子之待小人，亦未嘗必以係戀者，貽姑息之悔也。

睽之象曰：「君子以同而異。」伊川易傳曰：聖賢之處世，在人理之常，莫不大同，於世俗所同者，則有時而獨異。此釋睽卦大象之辭。睽之象，上火下澤，水火合體而性不同。君子觀火、澤之象，凡事不故爲立異，而亦不混然從同，故以同而異。伊川言：聖賢之處世，總以理爲衡，在人理之常，若綱常倫理之大共，日用事物之固然，君子莫不與人大同而無忤。至於世俗所同者，或風俗之流弊，好尚之偏私，則有時毅然持獨異之見，而不從俗以傷義也。不能大同者，亂常拂理之人也。不能獨異者，隨俗習非之人也。要在同而能異耳。此言異同之見不可偏主也。天下之理本出於同，然若先立己見，必欲立異以鳴高，而不能大同者，此乃悖亂常經、拂逆義理之人，其乖戾亦甚矣。然天下之理，又不容以混同。若不求其是，只思與時爲俯仰，此又隨乎流俗相習爲非之人，其詭隨亦甚矣。聖賢之道，要在與人同其道，而不至於流，又能異乎衆人之所爲耳。然其異也，乃所以爲同也。

伊川曰：睽之初九，當睽之時，雖同德者相與，然小人乖異者至衆，若棄絶之，不幾盡天下以仇君子乎？如此則失含弘之義，致凶咎之道也，又安能化不善而使之合乎？故必「見惡人，則无咎」也。此釋睽初九爻義。睽之初九，本無正應，徒以陽剛同德，有相與之誼。然當睽之時，小人乖異而不相合者亦至衆矣。若盡棄絶而不與之交，不幾盡天下之人皆相率而仇怨於君子乎？如此則失含容寛弘之量，致使小人有戕害之意，是取凶咎之道也，又安能感化乎小人使悔其不善以歸於善，而於我有相合之一日乎？故必稍示優容而見惡人，使知君子未嘗不可親，則可無嫉惡太嚴之咎矣。古之聖王，所以能化奸凶爲善良，革仇敵爲臣民者，由弗絶也。蓋頑惡雖當不齒，而悔罪或有同心。惟絶之太過，則彼亦將果於自棄耳。古之聖王，自曲盡人情，善爲挽回。所以能化奸惡凶暴之人，使之回心嚮道，轉爲善良之行；革仇讎抗敵之輩，使之納欵輸誠，樂爲臣民之歸者，由於自新有路，弗深惡而痛絶之也。

伊川曰：睽之九二，當睽之時，君心未合，賢臣在下，竭力盡誠，期使之信合而已。此釋睽九二爻義。人臣欲出而濟睽，當先得乎君，而後可以有爲。九二當睽之時，君心未能孚合，則身居下位，祇宜竭其股肱之力，盡其忠敬之誠，期使吾君信其才之可用，心之勿欺，庶幾有一心合德之日而已。至誠以感動之，盡力以扶持之，明義理以致其知，杜蔽惑以誠其意，如是宛轉以求其合也。人臣求合於君，亦非易易。必也積其至誠之心，以感動之於内；盡其勤敏之力，以扶持之於外。講明義理之所以然，以致吾君之知；杜絶其遮蔽惑亂之端，以誠吾君之意。如是宛轉奉承，無事不盡，無念不摯，然後可望其有合也。故爲「遇主於巷」之象。「遇」非枉道逢迎也，「巷」非邪僻由徑也。故象曰：「遇主於巷，未失道也。」此言人臣求合於君，原有當然之理，而非邪媚之小人所得藉口也。蓋爻辭所云「遇」者，乃從容積漸以有合，非枉屈其正道以逢迎君意也。所云「巷」者，乃委婉曲折以相通，非偏邪險僻由乎小捷之徑也。故象曰「遇主於巷」者，猶未失乎人臣格君之道也。若營鑽以進無所不至。乃其所以致悔辱、取災咎也。此釋旅初六爻義。旅之初六，陰柔居下。當旅之時，凡事過爲瑣屑，斯其所以取災禍也。伊川言：陰柔志卑之人，見地不朗，度量不弘，既處旅境困苦之時，身，阿徇以爲容，則非「遇主於巷」之道矣。

損之九二曰：「弗損益之。」伊川易傳曰：不自損其剛貞，則能益其上，乃益之也。若失其剛貞而用柔説，適足以損之而已。此釋損卦九二爻義。九二剛中，志在自守，不肯損其名節，委屈以干進，而君實受其益而不知。伊川傳之曰：人臣出圖吾君，惟不自損其堅剛貞正之德，則能砥廉隅，助雅化，有益其上。雖其不能承順君志，若無所益，而其不自損者，實乃所以益之也。若失其剛貞之德，而務爲柔媚容説，在己既自損以求進，在君亦若樂得而用之。而驕君之志，逢君之惡，適足以損之而已，又何益之與有？世之愚者，有雖無邪心而惟知竭力順上爲忠者，蓋不知「弗損益之」之義也。夫誰非人臣？誰不求益於君？然欲益君，非可以損己者爲之，所謂枉己者，未有能直人者也。乃世之愚昧者流，不明於致君之大義，往往有人焉。其事上雖無邪僻之心，而止知竭一身之力以順主上之意，謂此即是盡忠報國之道。殊不知徒以趨走承順爲恭，其自輕也甚矣。自輕者安能有濟於君？若是者蓋不知「弗損益之」之義者也。

益之初九曰：「利用爲大作，元吉，无咎。」象曰：「元吉，无咎，下不厚事也。」伊川易傳曰：在下者本不當處厚事。厚事，重大之事也，以爲在上所任，所以當大事，必能濟大事而致元吉，乃爲无咎。能致元吉，則在上者任之爲知人，己當之爲勝任。不然上下皆有咎也。此釋益初九爻辭及小象之義也。初九當益下之時，受上大益，當大有作爲以爲報效，必

大善而後得无咎。故象曰「元吉，无咎」者，以在下不當任厚事，既任厚事，則必如是乃可塞咎也。伊



中孚之象，上巽下澤，風感水受，貞信可通。君子體此以詳議犯罪之獄，寬緩其當死之刑。伊川言：獄者，天下之大疑也，出入即關輕重。君子之議之，惟務盡其忠心，而不敢苟簡以至於冤人也。死者，刑法之最重也，頃刻即關存亡。君子之決之，惟務致其惻怛，而不敢躁急以貽輕易之悔也。夫天下之事，何在不當盡吾心之忠？而至於議獄緩死，則所關係最大，而尤其所當盡心者也。

伊川曰：事有時而當過，所以從宜。然豈可甚過也？如過恭、過哀、過儉，大過則不可。所以小過爲順乎宜也。能順乎宜，所以大吉。此釋小過大象之辭。言事原不可或過，至有時而當過者，所以從權而爲，隨時之宜也。然亦祇可小過，豈可甚過乎？如行過乎恭，喪過乎哀，用過乎儉，三者皆小過，所以猶可。若大過，則爲足恭，爲滅性，爲鄙吝，則不可矣。所以小過猶可者，謂順乎時宜，不妨於過也。過而能順乎時義之宜，是謂得中之權，所以爲吉之大者也。

伊川曰：防小人之道，正己爲先。小人之于君子，志趣不同，而行事遂分。本有妨害君子之意，不可不有以防之。然防之之道無他，只在正己而已。己既正，則在我無取誣之由，在彼亦無可乘之間故。其它防備之道，雖當隨時知戒，而大要以正己者爲先着。何以正己？存誠寡過，循分盡職，以無失此己而已。

伊川曰：周公至公不私，進退以道，無利欲之蔽。此言聖人之心，公平無欲，所以爲持身應事之本也。古今稱任大責重而當危疑之地者，莫如周公。然周公之心，却是至公無我，未嘗有一點自

私之見。是以爲進爲退，一以當然之道爲歸，而無財利物欲之端，足以蔽其心思而亂之。此其所以爲聖人之心體，而後人莫得而及之也。其處也，夔夔然存恭畏之心；其存誠也，蕩蕩然無顧慮之意。所以雖在危疑之地，而不失其聖也。夔夔，戒謹恐懼之貌。存誠者，志意無他也。蕩蕩，坦易明白之貌。言周公以大聖人而遭流言之謗，其居處也敬謹自將，夔夔然存恭慎畏懼之心。其自信此心之誠而無私妄也，蕩蕩然總無瞻顧疑慮之意。所以內信於己，外信於人，雖在危疑之地，終覺光明正大，不失其爲聖人也。詩曰：「公孫碩膚，赤舄几几。」又引詩以証周公之端重而正大也。詩之美周公者，言公之性情，遜順而虛，碩膚而大，故其赤舄之容几几然，進退安重，無不自得若是也。可見大聖人之處憂患也，無欲而存以恭畏之心，小心而出以鎮重之度。噫！此其所以爲周公也與。

伊川曰：採察求訪，使臣之大務。此見使臣非無當務之急也。使臣奉命而往，所重者固在使事，而一路長征，虛閱歲月，豈無使臣所宜留心之處？是必於所過地方，采察其風土民情，求訪其賢人君子，庶幾周知風俗之不同，斟酌衆論之盡善。而周旋應對間，亦足以補其不逮，而不辱乎王命也。故使臣雖無兼權，而必以二者爲大務，亦可知人臣循分稱職，無時無處不當盡心如此也。

明道先生與吴師禮談介甫之學錯處，謂師禮曰：爲我盡達諸介甫，我亦未敢自以爲是，如有説，願往復。此天下公理，無彼我。果能明辨，不有益於介甫，則必有益於我。此見明道立心忠誠公普，故其論事和平，待人懇至，無人不聞而生感也。先生嘗與吴師禮談論王介甫之學所差錯之處，未嘗不盡其忠告之意。故更謂師禮曰：可爲我將所談之説，盡述而通之介甫，言我之所論，亦未敢自信，以爲一出於道理之是，而無可易。如介甫有説，欲辨質是非，願更以其説，往復折証。此乃天下公共道理，原不是彼私的，亦不是我私的，果能講明辨别以歸於是，彼我皆當有益，若不有益於介甫，則必有益於我。總求得益耳，非欲爭勝也。似此和平之語，雖介甫之執拗亦安得而不服乎！

天祺在司竹，常愛用一卒長，及將代，自見其人盜筍皮，遂治之，無少貸。罪已正，待之復如初，略不介意。其德量如此。天祺，即張天祺也。司竹，司竹木之任也。張天祺在司竹時，常愛一卒長而任用之。及將移任交代之時，天祺親見卒長盜取筍皮，遂以法處治之，無少假貸。至於其罪已正了，天祺待之復如初時之渥，略不介介於意中，其德量之和平如此。可見天祺之自治其性情者已深，故能不以溺愛流爲姑息之恩，又能不以遷怒存其滋濆之見，喜怒幾乎中節矣。

明道因論「口將言而囁嚅」云：若合開口時，要他頭也須開口。囁嚅，吞吐不敢直言也。要他頭，如荊軻於樊於期之事是也。明道因與人論「口將言而囁嚅」一句，云：如此情狀，最是不濟。所言只論該不該耳，若合開口時，雖要用他頭，如樊於期事，也須開口直説，何故作囁嚅不開口之態？樊於期事，非理之正，先生特借之以見至難言者猶言之耳。須是「聽其言也厲」。承上文。當言則言，須使人聽其言也嚴厲而有不可犯之氣方是。蓋理明義直，無不足於内。合開口，即據理言之，乃成箇大丈夫辭氣。彼囁嚅者，又何爲乎！

明道曰：須是就事上學。蠱：「振民育德。」然有所知後，方能如此。「何必讀書，然後爲學？」此見君子之學，必求有用，非徒事佔畢而無當也。蓋學所以明理應事，須是就事上學，最爲親切。如易蠱卦大象言「君子以振民、育德」，此二者，皆修己治人切要工夫。然必習熟既久，有所真知之後，方能振之、育之，如此則即此是學。「何必讀書，然後爲學乎？」此二句，子路所見斥於孔子者也，然子路欲以仕爲學，則天下無躐等漫試之理，固是强言。明道以學問而論，則即事是學，而道理自有閱歷愈進之境，又是正論，非可一例觀也。

明道先生見一學者忙迫，問其故，曰：「欲了幾處人事。」曰：「某非不欲周旋人事者，曷常似賢急迫？」此言急迫非所以處事之道也。先生見一學者慌忙急迫，殊少從容之意，問其故，曰：欲料理幾處人事之繁，故不得不爾。明道化之曰：某非不欲周旋處置人之事者，然處之亦必有序，應之亦自有節。從容料理，亦足了人之事，曷嘗如賢輩着急迫如此也。此不惟性情有所未安，即事體亦當有錯也。然則先生之應事從容，亦可想見矣。

明道曰：安定之門人，往往知稽古愛民矣，則於爲政也何有！安定，胡瑗字也，嘗爲湖州教授，置經義、治事二齋以教學徒，故其門人皆知明體適用之學。沉潛於經義便是稽古，實體於治事便能愛民。稽古、愛民者，政事之根本也。安定之門人既能知此，則其教成矣。於以從政也，何難之有？明道蓋實見其門人多有如此者，非虚譽也。

門人有曰：「吾與人居，視其過而不告，則於心有所不安。告之而人不受，則奈何？」明道曰：「與之處而不告其過，非忠也。要使誠意之交通，在於未言之前，則言出而人信矣。」此見朋友之誼，當誠意交孚，然後可以有言也。明道之門人有問曰：吾與人同居，若明見其過，而隱而不之告，則於吾心有所不安而過意不去。然告之而人不聽吾言，不受吾規，則言者、聽者俱難釋然矣，將奈之何？明道曰：與之處則爲親熱之交，而不肯告之過誤之事，非盡心交友之道也。然告之，亦自有所以善其告之之方耳。要使真誠之意，彼此交通，有在於未出言之前者，則此心之相諒已久，一言之出而爲吾友者亦信其無他，而受之不逆矣。又曰：「責善之道，要使誠有餘而言不足，則於人有益，而在我者無自辱矣。」且真誠之意，非徒積於言先也，并當使此意充積極盛，方爲無憾也。故又曰：責善者，朋友之道也。要使此心之相孚，真誠實意，常覺有餘，而所告之言，乃是不容以已，常若不足，則言者重而聞者感，於人有聽受之益，而在我無見疏之辱，斯爲善矣。

明道曰：職事不可以巧免。居一官則有一官當盡之事，所謂職事也。若欲求免其事，則必巧爲智計以善其規避之術〔五〕。在爲之者方自喜其用心之巧，而不知其不可也。職有未盡，則爲曠官；事或旁諉，則爲不誠。勿論其不可倖免，即使免焉，此心何以對上下乎？比之溺職，其情更可惡矣！可不戒哉，可不戒哉！

明道曰：「居是邦，不非其大夫。」此理最好。此見士君子立言宜凛輕薄之戒也。好言人過，已非忠厚之道，况大夫者，天子所命以父母是邦者也。居是邦則有尊親之誼，其所云「不非」者，有不敢非、不忍非之道焉。通其義，即爲尊者諱、爲親者諱之意。既安分誼，亦存厚道，故曰「此理最好」。

明道曰：「克勤小物」，最難。勤，猶言謹也。小物，小節目之事也。大節所關，人多矜持，至於細行，則多忽略。能於此敬謹，勿有過差，最是難事。蓋非存省功深，義精仁熟，動容周旋中禮者，不能也。

明道曰：欲當大任，須是篤實。欲當大任者，人多取才，而其實取才不如取德。故須是操行醇篤、立心信實之人，乃可以當之。蓋篤實則事不虚假，有詳審精密之識；篤實則氣能鎮静，有堅忍不拔之操。故能克勝其任，而鮮有敗事也。

明道曰：凡爲人言者，理勝則事明，氣忿則招怫。爲人言者，與人辨其是非得失也。以理爲主，而反覆開陳以喻之，則其事易於曉暢明白。若以氣爲主，而動多激烈以争之，則彼亦將尚氣相加，而反以招怫逆之病矣。是以事理通達而心氣和平者，爲能言之人。而義理相孚、客氣咸消者，亦無不可以感人而使之悟也。

明道曰：居今之時，不安今之法令，非義也。若論爲治，不爲則已，如復爲之，須於今之法度内處得其當，方爲合義。若須更改而後爲，則何義之有？此亦「爲下不倍」之義也。一王必有一王之法令，士君子居今之時，不安守今時之法令，便非尊王之義也。若論居官爲治之事，不出而爲則已，如復出而爲之，須就今時之法度内，斟酌便宜，處置得其停當，方爲合於義理。若以時制爲非，須更易改變而後爲之，則是自用自專，此意已爲倍理之甚矣，又何義之與有？

明道曰：今之監司，多不與州縣一體。監司專欲伺察州縣，州縣專欲掩蔽。不若推誠心與之共治，有所不逮，可教者教之，可督者督之。至於不聽，擇其甚者去一二，使足以警衆可也。此言上官須體念下屬，協心爲治也。今之爲監司官者，多自恃其權柄，不與州縣官聯爲一體之情。爲監司專欲窺伺密察州縣之所爲，以苛求其罪，故爲州縣者遂欲掩飾遮蔽，以瞞上官之耳目。是上下交相病也。然則爲監司者，不若推真誠虚公之心，與州縣共襄政治。或州縣有所不及之處，其未至於敗壞尚有可教者，則從而教之；其已錯過不可挽回者，可督責之，以懲其後，則督之可也；至於始終蒙蔽不聽教督者，擇其尤可惡者，去一二人，用以警戒衆人，勿復如彼之所爲而已。若以察爲明，以刻爲公，亦非上下同心協力之道也。

伊川曰：人惡多事，或人憫之。世事雖多，盡是人事。人事不教人做，更責誰做？此警厭事者之非也。易曰：「言天下之至賾，而不可厭也。」奈何人有因事之多而惡之者？或者不察，以其所惡爲無可奈何之思，且相與憫之。不知世間事雖極其多，何一不是關係生人之事？既係生人之事，不教人去做爲，問這些事，誰是能做？誰是當做？將更責備誰人而使之做乎？

伊川曰：感慨殺身者易，從容就義者難。殺身皆足以成仁，舍生皆所以取義，而死之難易亦有不同者。如人有所感忿慨慕，遂至殺其身而不顧者，其死也乃激於一時血氣之事，猶屬易能者也。至若分在當死，從容淡定，無激昂慷慨之迹，以死之所在，乃吾義所當然，恬然而就之以爲安者，此乃義理之勇。非天性醇厚、學問精熟者，不足以與此，豈不難哉！

人或勸伊川以加禮近貴，先生曰：「何不見責以盡禮，而責之以加禮？禮盡則已，豈有加也？」人之相接，自有當然之禮。因近貴而有所加，此側媚之態，豈伊川所肯爲乎？或人不知此義，而以爲勸，先生亦難明言，第曰：何不見責以盡禮而反責以加禮？若以盡禮相責，則恐禮文未盡，在己或不及知，猶可言也。以加禮相責，則禮有定分，原不容加，不可言也。蓋禮至於盡，則亦已矣，豈有可加乎？有所加則非禮矣。此亦不惡而嚴之意也。

或問：「簿，佐令者也。簿所欲爲，令或不從，奈何？」伊川曰：「當以誠意動之。今令與簿不和，只是爭私意。令是邑之長，若能以事父兄之道事之，過則歸己，善則唯恐不歸於令，積此誠意，豈有不動得人？」此見積誠乃服事官長之道也。或問：縣中有主簿之職，所以佐令者也，佐令則當依令而行，或簿有所欲爲之事，而其令執己見不從，則奈之何？伊川曰：此亦無他術，只當以忠誠之意感動之，使之降心相從而已。凡今之令與簿所以不和，只是爭私家客氣之意，不知令是邑之長，有父兄之道焉，簿所以佐之，有子弟之道焉。若能以事父兄之道推而事之，事有過差，則歸己之失，政有美績，則必推讓其功，惟恐不歸於令。積此誠懇之意以事長上，豈有不感動得人之理？孟子曰：「至誠而不動者，未之有也。」又何患夫令之不可事而簿之不可爲乎？

問：「人於議論多欲直己，無含容之氣，是氣不平否？」伊川曰：「固是氣不平，亦是量狹。」此見器量之所關匪淺也。或問：人於議論事理之間，大抵多欲直自己之所見，無肯存包含容受之氣者，此或未能養氣，故多忿争而不能平否？伊川曰：固是爲氣所使，不能和平，然亦不盡關氣，總是度量淺狹，故只知有己，自覺己之是耳。人量隨識長，亦有人識高而量不長者，是識實未至也。承上文量有廣狹，而推本言之，以爲量由於識也。蓋凡人之量，固出於性生，而大要亦隨見識而長。見地高一層，則度量亦廣似一層。顧亦有識見則甚高曠，而度量偏不見其長者，究竟是識力所及尚有影響之處，實於道理之無窮有所未盡也。大凡別事人都强得，惟識量不可强。此見識量必由養到而然也。大凡人於他事，猶可勉强見長，惟識與量不可以勉强爲也。識未到，則其中之理必不能了然而透徹；量未廣，則偶有所觸便不能廓然而有所包涵。蓋一毫粧飾不得也。今人有斗筲之量，有釜斛之量，有鐘鼎之量，此言人之量各不同，而皆如其器以爲量者也。斗，量名，容十升；筲，竹器，容斗二升；釜，六斗四升；十斗爲斛，十釜爲鐘。鐘、鼎大於釜、斛，釜、斛大於斗、筲，皆未離乎器者也。有江河之量。江河之量亦大矣，然有涯，有涯亦有時而滿，惟天地之量則無滿。故聖人者，天地之量也。聖人之量，道也；常人之有量者，天資也。此又即量之大者極言之也。離乎器而言量，則又有如江河之量者。江河之量亦可謂至大矣，然尚有涯涘可尋，是有邊際也。有邊際者，有時雨積水多，亦自滿溢矣。惟天地之量，則無邊際可限，故無滿溢之時。聖人無滿溢之量，則亦天地之量也。聖人之所以與天地爲量者，道爲之也。常人之以有量見稱者，天資爲之也。天資有厚薄，則量亦隨而大小矣。

天資有量須有限。大抵六尺之軀，力量只如此，雖欲不滿，不可得也。如鄧艾位三公，年七十，處得甚好，及因下蜀有功，便動了。謝安聞謝元破苻堅，對客圍棋，報至不喜，及歸，折屐齒，强終不得也。

此言量有限必滿，因引古人之矜持不得者以爲証也。鄧艾，三國時人，魏之將也，與鍾會入蜀，艾請從陰平由邪徑奇兵取勝，後以恃功爲鍾會所殺。謝安，晉大傅，謝元，其姪也。武帝時，爲車騎都尉，率衆八萬擊秦苻堅，大敗秦兵於淝水。伊川言：人之天資，有其本量。既有本量，須是有所限。大抵六尺之軀，一身力量只是如此，徒以軀體而論，雖欲不滿足，不可得也。如魏鄧艾位至三公之尊，年登七十之壽，所處之爵齒俱優，器量亦自甚好。及因下蜀有功，便爲功所動，不免自恃以取禍。又晉謝安，爲太傅，風度自重，聞其姪謝元已破苻堅時，對客圍棋，報至不喜，强自持重如此。及歸入門，不覺屐齒之折，究竟勉强不得。何也？以其量有限也。然則如艾與安者，可謂天資之量而已。

更如人大醉後益恭敬者，只益恭敬便是動了，雖與放肆者不同，其爲酒所動一也。又如貴公子，位益高，益卑謙，只卑謙便是動了，雖與驕傲者不同，其爲位所動一也。

又以醉人、貴公子明矜持之量非可以言量也。人之量狹者，往往欲矜持恃以自廣，不知矜持即是不能忘矣。此如人大醉之後，心知不可放肆，故益自持恭敬。只此益恭敬之意，便是爲酒所動了，雖與放肆者敬肆不同，而其爲酒而動心則一也。又如貴家公子，地位益崇高，心知其不可驕慢，故益卑下謙退，只此益卑謙之意，便是爲貴所動了，雖與驕傲者謙傲不同，其爲位而動心則一也。然則量之狹者，原矜持不得，越矜持越覺其淺陋耳。然惟知道者量自然宏大，不勉强而成。今人有所見卑下者，無他，亦是識量不足也。」天資之量，固不可强之使廣，然量豈終不可學乎？惟知得道理無窮，此心亦當與道理爲無窮，則量不期其宏大而自然宏大，不待勉强而包涵之量自成。今人有所見，日流於卑污低下者，此無他，故亦是其識量不足，故只見及此，只安乎此耳。然則聖人自然合道，其與天地爲量者固不易言，而求知乎道以擴其所見，則拘迫之量亦未必不可化也已。

伊川曰：人纔有意於爲公，便是私心。公者，天地之道而生人之理也。人能爲公，豈不是好！然爲之者只本其自然，循其當然，便是公的道理。一着爲公之意，即有所爲而爲，便是私心矣。昔有人典選，其子弟係磨勘，皆不爲理，此乃是私心。典選，典主選舉之事也。磨勘，研磨勘驗其舛錯也。言昔有人典主選舉，其子弟應舉者，該磨勘其舛錯。典者以其爲己之子弟，理之恐是涉私，因避嫌而不爲理。伊川以爲此是着意爲公矣，此乃是私心也。夫朝廷選舉，公天下之事也。子弟可選，爲之較正，使無妨於舉，亦是爲公。若以我之典而避嫌不爲理，是以此事爲我得私爲去取也，是未能忘私心者也。人多言古時用直，不避嫌得，後世用此不得。自是無人，豈是無時？承上文避嫌即私心而言。人又多以古時淳樸，人皆用直道而行，故不避嫌疑，亦自行得。後世人心不直，每多疑忌，用此不避嫌之法恐行不得。程子因决之曰：自是人無秉公之心，故怕人疑而避嫌耳。非無可秉公之時，必避嫌而後爲公也。

君實嘗問先生云：「欲除一人給事中，誰可爲者？」先生曰：「初若泛論人材，却可。今既如此，頤雖有其人，何可言？」君實曰：「出於公口，入於光耳，又何害？」先生終不言。君實，司馬光之字也。除，升也。給事中，官名也。司馬温公嘗問伊川先生曰：刻有給事中缺，欲升除一人以補之，未知誰可爲者？先生應之曰：當初若不言要除補，只泛論人材，誰可爲此者，却好直言其人。今既需補缺，如此頤心中雖有其人，可勝此任，亦何可明言？言之即是私薦矣。君實尚未能豁然，復言曰：只出於公之口，而入於光之耳，别無人知，又何害於事？殊不知義有未安，雖無人知亦不當説，况出口入耳爾？我明有涉私之迹，何爲而故犯之也？故先生終不一言。此可見先生之一私不染也。

伊川云：韓持國服義，最不可得。一日，頤與持國、范夷叟泛舟於潁昌西湖。須臾，客將云：「有一官員上書，謁見大資。」頤將爲有甚急切公事，乃是求知己。頤云：「大資居位，却不求人，乃使人倒來求己，是甚道理？」此見執政當以求士得賢爲急，而聞過引咎，又以見持國之服義也。持國，名維，韓忠憲公之子，爲宋門下侍郎。伊川言：持國服義不自是，最不可及。曾一日與泛舟潁昌西湖之中，時范夷叟同在坐。須臾，傳事之人言，有一官員上書，欲參謁見大資。大資者，持國官職之尊稱也。程子疑其有緊急公務，後方知是來求薦知之書，因詰之云：大資居高位，當以求賢爲急，却不能求人，乃使人有才不見用，倒來求見知於己，是甚道理？」此乃伊川以薦賢爲國之公道責持國也。夷叟云：「只爲正叔太執。求薦章，常事也。」頤云：「不然。只爲曾有不求者不與，來求者與之，遂致人如此。」持國便服。伊川之責持國，正理也，亦公心也。夷叟乃欲爲持國解脱，云：只爲正叔太過於拘執，故爲此刻責耳。若論今世求薦舉之書章，亦平常所有事，何足深咎？程子更折之曰：吾所言者，不是謂薦書不可有也，只爲平日所薦不公，有當薦者，不求便不與之，而來求者，欲結私恩即與之，遂致人知求之爲得，故如此不憚求也。持國聞之即服其言。茍非慕義心誠，安肯聞規自屈若是也？故程子謂其「最不可得」也。

先生因言：今日供職，只第一件便做他底不得。吏人押申轉運司狀，頤不曾簽。國子監自係臺省，臺省係朝廷官。外司有事，合行申狀，豈有臺省倒申外司之理？只爲從前人只計較利害，不計較事體，直得恁地。此見内重外輕，朝廷體統所當然，不可不謹也。先生因言：今日在國子監供職，只第一件事體便做不得。監内吏人不識體統，便要押申詳轉運司狀。申者，自下奉上之義也。程子自言不曾簽押此申狀，蓋國子監自係京畿臺省衙門，臺省乃係朝廷内官，在外諸司有事，合行申詳之狀在内臺省，無倒申外邊有司之理。只爲從前之人，只計較利害，遂以外司爲關係，不計較事體有尊卑之别，直得不識輕重，恁地押申，其實不該如此也。須看聖人欲正名處，見得道名不正時，便至禮樂不興。是自然住不得。言我之所以强欲争此體統者，非無謂也。須看聖人爲政欲正名分處，是爲何？見得聖人道名分不正時，便至無序不和，而禮樂不興，思到是則名分之所關甚大，若不正如何住得！故程子之爭，重内輕外，亦所以正名分也，亦自然住不得也。奈何隨例簽押申狀而不顧朝廷之體乎？

伊川曰：學者不可不通世務。天下事譬如一家，非我爲則彼爲，非甲爲則乙爲。世務者，當世之事務，如兵農、禮樂、刑名、錢穀之類皆是。學者讀書窮理，是欲有用於天下，則世務安可不通？蓋天下事總是這些人辦之，譬如在一家之中，有多少人，便當爲多少事，非我即彼，原推託不得。若不通世務，不知其所學何事，從未有修、齊、治、平不自格、致、誠、正中來者也，亦從未有不能修、齊、治、平而可以言格、致、誠、正者也。

伊川曰：「人無遠慮，必有近憂。」思慮當在事外。引夫子之言而釋之，以見人凡事當思患而豫防也。夫子言：人無久遠之思慮，必有迫近之憂患。程子言：所以謂必有遠慮者，蓋以人之思慮當在所事之外，方能整暇而無輕忽之病。若事已迫則神不寧，亦不能善其思慮矣，近憂之必有不待言也。蘇氏謂：「慮不在千里之外，則患在几席之下。」饒氏謂：「慮不及千百年之遠，則患在旦夕之近。」同是此意。

伊川曰：聖人之責人也常緩，便見只欲事正，無顯人過惡之意。聖人之於人，無處不是忠厚之意，即以責人論之，其用意常多寬緩，便見得聖人只欲其事歸於正當而已，無欲顯暴人過惡之意也。能改即止，豈有責人無已之患乎？

伊川曰：今之守令，唯制民之産一事不得爲，其他在法度中甚有可爲者，患人不爲耳。此見居官者當盡其所可爲，不可以不得爲而一概諉之也。如今之守令，惟制民之産，如古井田之法者，阻於時勢而不得爲。然止此一事耳，其他在法律制度之中，儘有利於今、無阻於時，而皆甚可爲者。特患人無實心爲政，多諉之而不爲耳，可勝慨哉！

明道先生作縣，凡坐處皆書「視民如傷」四字，嘗曰：「顥常愧此四字。」「視民如傷」，孟子所稱文王者也。作縣者，若能存得此意，其愛民亦甚矣。故明道先生作縣時，凡所嘗坐之處，皆書此四字以自警省。嘗自言曰：顥每時常慚愧見此四字。蓋其心乎愛民，猶覺未能視之如傷也。推此心也，其即文王之心乎！

伊川每見人論前輩之短，則曰：「汝輩且取他長處。」人情多好言人短，即於論前輩亦然，不知屢言其短，不惟傷忠厚之意，在己亦未見有效法長進處矣。故伊川每見人論前輩之短者，則勸之曰：古人豈無長處？汝輩欲論前輩，不如且就其長處取之，較爲有益也。

劉安禮云：王荆公執政，議法改令，言者攻之甚力。明道先生嘗被旨赴中堂議事，荆公方怒言者，厲色待之。先生徐曰：「天下之事，非一家私議，願公平氣以聽。」荆公爲之媿屈。此見明道之誠能動物也。安禮，劉立之之字也，從幼爲程子所教養。安禮言王荆公參知政事時，議行新法，改舊時律令，天下言事者攻擊之甚力。明道先生嘗被内旨召赴中堂參議政事，荆公方怒言事者，以明道亦是言事之類，嚴厲其顔色以待先生，先生從容言曰：天下事乃天下公共道理，非一家自私之議論，願公和平其氣，以聽天下公言，勿先存怒氣使言者色阻也。荆公聞之，亦爲慚愧屈服。

劉安禮問臨民，明道曰：使民各得輸其情。爲官當以親民爲要。臨之以威，則民隱不得上聞。惟以寬臨之，使民有不得已之情，各得自輸陳於長上之前，而冤抑者鮮矣。民間之利害，亦靡不盡達，而可以行其興革之道。古人云：平易近民，民必歸之。此之謂也。問御吏，曰：「正己以格物。」爲上之道，固在親民，而吏或作弊爲奸，安可不有以御之？安禮故又問御吏，而明道曰：御吏亦不在於刑罰之嚴與訪察之密也，己能不貪不虐，而所以自持者正矣，則以此御吏，吏亦習見其上之正，未有不遷善遠罪以赴官長之意，以致政事之平者。是乃所以格物也，是御吏之善術也。

横渠曰：凡人爲上則易，爲下則難。然不能爲下，亦未能使下，不盡其情僞也。大抵使人，常在其前己嘗爲之，則能使人。此言使人之不易也。凡人之情，當其爲上，則發號施令，殊覺易爲，使之爲下，則奉命承旨，轉覺甚難。然究之事不親歷，人情何由體貼？不能爲下之人便不能使下，何也？以其所爲之情僞曲折，我不盡知之也。大抵欲使人者，常在其身前日已嘗爲之，則凡所以趨承效力之數，輕重緩急，無不了然心中。則能斟酌使之，無所往而不當也。

横渠曰：坎，「維心亨」，故「行有尚」。外雖積險，苟處之心亨不疑，則雖難必濟，而「往有功也」。此釋坎卦彖辭。坎卦上下皆坎，有積險之象，然二、五皆剛中爲心，全天德之剛，則不爲物欲所撓，有「心亨」之象，故「行有尚」。横渠言：雖積險之境，而處之止有一心。苟處之而此心亨通不疑，則素其位而行〔六〕，無非天理，雖極難事，亦必有濟。以是而往，自有功也。今水臨萬仞之山，要下即下，無復凝滯之在前。惟知有義理而已，則復何回避？所以心通。又以水之趨下，明「心亨」之理。今夫水，臨萬仞之山，遇瀉落處，要下即下，無復凝結滯礙之在其前而遲疑不往者。蓋以水原疏明洞達，可分可合，可止可行，不失其性故也。人之居心，惟知有義理而已，則此理無適而不然，復何有所遲疑迴避，所以無往而不通達也。

横渠曰：人所以不能行己者，於其所難者則惰，其異俗者雖易而羞縮。惟心弘，則不顧人之非笑，所趨義理耳，視天下莫能移其道。此見人之立心貴弘，弘則無怠惰羞縮之病。大凡人之所以不能自行其己之是者，於其事之所難爲者，則怠惰而不能爲。其有異於習俗之事者，雖屬易爲，而衆既莫爲，則自己亦羞愧畏縮而不樂爲。惟心中弘大者，則能不顧人之非議耻笑。我之所趨向，惟有義理之當爲耳。義理當爲時，視天下之紛紛，總莫能移其所行之道，尚何惰與羞縮之足云！然爲之，人亦未必怪。正以在己者義理不勝。惰與羞縮之病消則有長，不消則病常在。意思齷齪，無由作事。又言惰與羞縮之害事也。蓋所爲雖異於習俗，然苟道所當爲爲之，人亦未必非而怪之。正以在己者，義理未能實見得是，遂不足以自勝，則惰與羞縮終不能免，每至自棄耳。夫惰與羞縮之病，若能消去，則義理之心便有充長之勢。此天理、人欲不容並立者也。若不消，則病根常在，意思之間，齷齪猥淺，無由作得事體。在古氣節之士，冒死以有爲，於義未必中，然非有志概者莫能。況吾於義理已明，何爲不爲？又以氣節之士，明義理之當爲則爲也。在古氣節之士，如忠臣義士之勇烈，恒冒死以有所爲。其爲也，於義或未必中乎當然之則，然奮然而爲之，非有志氣節烈者，莫能如此也。況吾既於義理已明白自信，則心安事當，何所憚而不爲？欲行己者，尚其發憤而爲雄乎！

伊川曰：姤初六：「羸豕孚蹢躅。」豕方羸時，力未能動，然至誠在於蹢躅，得伸則伸矣。此釋姤初六爻義。姤之初六，一陰始生於下，其勢必盛，甚可畏也。象羸弱之豕，其誠意在於蹢躅前行，有不終止之勢。蓋豕方羸弱時，力未能動，然心未嘗忘所以動也。故至誠在於蹢躅，得伸則伸矣，可不戒乎？君子之於小人，其當防微杜漸亦如是耳。如李德裕處置閹官，徒知其帖息威伏〔七〕，而忽於志不忘逞，照察少不至，則失其幾也。按唐武宗時，李德裕爲相，君臣契合，莫能間隙，宦寺皆畏服。德裕不知預防，後來繼嗣之重〔八〕，遂定於宦者之手，而德裕逐矣。觀德裕之事，而陰柔之漸長，其當戒益明矣。蓋德裕當時處置宦者，徒知其帖息畏伏，無所能爲，至於小人屈於一時，志不忘逞，則此意德裕忽而不計。後來照管稍有不及處，則失其幾會而爲所中矣。豈不惜哉！可不懼哉！

橫渠曰：人教小童，亦可取益。絆己不出入，一益也；此言教小學之有益，猶書所謂「斆學半」是也。蓋人嘗以教小童爲有妨自己之功，不知教學之中，在己亦可取益。凡教小童，則必日與之同在學中，是有絆繫己身，使不得時常出入，不出入則少外物之誘，是自己得寧静之道，一益也。授人數數，己亦了此文義，二益也；數數，頻頻不一次也。言教小童者，又必授之以書，且授之也，亦不是一時便休，若授人以書而至數數然不已，則在己亦必了然於此書之文義矣。夫書貴習熟，以授小童之故，而使書理常在目前，在己又得時習之功，是二益也。對之必正衣冠，尊瞻視，三益也；常以因己而壞人之才爲憂，則不敢墮，四益也。且在我之威儀必謹，亦學問要緊工夫也。而教小童則必正其衣冠，使子弟之有所嚴憚；尊其瞻視，使子弟之有所取法。是得小童以攝自己之威儀也，非三益乎？抑凡人之志氣，最患其有頽墮委靡之病，教小童則受人教育之託，常恐因己而壞人之才質，以此爲憂，則必自求其有可教人之本，而不敢自墮其所學也，豈非四益乎？〇此條疑當在教學卷内。

## 校勘記

〔一〕當積誠意以感動之　「之」原作墨丁，據存心堂本及尹刻本改。

〔二〕恃專　「恃」原作「持」，據存心堂本及尹刻本改。

〔三〕恃權專制　「恃」原作「持」，據存心堂本及尹刻本改。

〔四〕以合於是非之公　「公」原作「功」，誤，據存心堂本及尹刻本改。

〔五〕則必巧爲智計以善其規避之術　「規」原作「窺」，當誤，據上下文義及尹刻本改。

〔六〕則素其位而行　句原作「則素位而而行」，脱一「其」字，衍一「而」字，據存心堂本及尹刻本改。

〔七〕徒知其帖息咸伏　「咸」，存心堂本及朱子全書整理本近思録卷一〇均作「威」。

〔八〕後來繼嗣之重　「繼嗣」，尹刻本作「國事」。

# 近思録集解卷十一

凡二十條

## 教學

此卷論教人之道。蓋君子進則推斯道以覺天下，退則明斯道以淑其徒。所謂「得英才而教育之」，即「新民」之事也。

濂溪曰：剛善，爲義，爲直，爲斷，爲嚴毅，爲幹固；惡，爲猛，爲隘，爲强梁。柔善，爲慈，爲順，爲巽；惡，爲懦弱，爲無斷，爲邪佞。惟中也者，和也，中節也，天下之達道也，聖人之事也。故聖人立教，俾人自易其惡，自至其中而止矣。此言聖人教人以變化氣質爲先也。人性皆善而所稟氣質之性不齊，稟陰爲柔，稟陽爲剛，剛柔之中又各有陰陽，以爲善惡之分。故析而言之，剛之善者，爲義而能裁，直而不曲，斷而明決，嚴峻而强毅，幹事而堅固也；其惡者，爲猛而暴躁，隘而褊狹，强梁而不順理也。柔之善者，爲慈而惠愛，順而温和，巽而謙遜也；其惡者，爲懦弱，不能自立，無斷而多疑，奸邪而諛佞也。然惡者固爲非正，而善者亦未必皆得乎中，唯有陰陽合德，兼得剛柔之善，而爲無過不及之中者，氣禀清明純粹，其發而爲喜怒哀樂，無所乖戾而和也，中乎天理自然之節也，天下所共由之達道也，是聖人之能事也。故聖人以己性之中，立修道之教，既以身作則，而又有詩、書、禮、樂以品節限制之。凡所以使人變化氣質，自易其剛柔之惡，自至于善之中而止。朱子曰：「易其惡，則有嚴毅慈順之德，而無彊梁懦弱之病矣。至其中，則其或爲嚴毅，或爲慈順，又皆中節，而無過、不及之偏矣。」此師道之立，所以繼天而有功者也。此章所謂「中」與「中庸」不同，而與書之言「允執厥中」者相合。「君子而時中」，亦是恁地看。蓋单就已發言之，故即以「和」爲中，若中庸之中，則兼「中」、「和」二字之義。

伊川曰：古人生子，能食能言而教之。此言教子貴豫，所以養其純心而爲聖功之基也。禮記曰：「子生，能食則教以右手；能言則教以男唯女俞。」是古人之於子，當其初生，而教固已行乎其間矣。大學之法，以豫爲先。人之幼也，知思未有所主，便當以格言至論日陳於前，雖未曉知，當薰聒，使盈耳充腹，久自安習，若固有之。雖以他説惑之，不能入也。人生十五始入大學，而大學之法，早已寓乎小學之中，蓋以「豫」爲先。學記曰「禁於未發之謂豫」是也。夫人之幼也，其天機全，知識未開，思慮未紛，胸無偏主之見，教者正易爲力。便當以義理之格言，聖賢之至論，日於其前講明而開導之，雖未盡能知曉，亦不必遽責之知曉，只當薰陶其心，噪聒其耳，使耳之所聽、腹之所充，皆無他説，久自安而習之。其於吾之所以教之，若素所固有，則亦必能曉而知之矣。所謂「少成若天性，習慣如自然」也，後雖有淫詞邪説欲以惑之，而心有主則不能入，此豫道也。若爲之不豫，及乎稍長，私意偏好生於内，衆口辨言鑠於外，欲其純完，不可得也。若父兄之教不先，子弟習與年長，内有聲色嗜好之私意，一發而偏；外有群居終日之邪僻，交口而鑠，此時雖以正道繩之，既悍而難制，亦格而不入，欲反其駁以歸於純，補其缺以底於完，難乎難矣！程子此言，爲父兄者各當敬書一通也。

觀之上九曰：「觀其生，君子无咎。」象曰：「觀其生，志未平也。」伊川易傳曰：君子雖不在位，然以人觀其德，用爲儀法，故當自慎省。觀其所生，常不失於君子，則人不失所望而化之矣。此釋觀上九爻象。觀者，有以示人而爲人所仰也，其亦我也。九五自我言之，謂之我生；上九自人言之，謂之其生，少有主賓之異。生，生平行事也。上九陽剛，居尊位之上，不當事任而亦爲人所觀，必合君子，乃得无咎。象曰「志未平」者，言不可忘戒懼也。程子又取而釋之，謂上九爲無位之地，是君子以道自高者。然天下之人，方將奉爲師表，觀我之德，矜而式之，用以爲儀法，則其道不可苟焉而已也。故當於一身之視聽言動應事接物處，自慎省其得失。果其所生，常不失爲君子之行，反觀無疚，則道德學術，可以儀表一世。而人向之所望於我者，不失其所望而群然化之矣。此君子所以孜孜矻矻無一息之或懈也。不可以不在於位，故安然放意，無所事也。若以不在位之故，輕意肆志，忘其戒懼，則大失人望，無足爲人矜式，豈君子之所以爲君子乎？人不可不觀其象而玩其占也。

伊川曰：聖人之道如天然，與衆人之識甚殊邈也。門人弟子既親炙，而後益知其高遠。既若不可及，則趨望之心怠矣。故聖人之教，常俯而就之。此取論語之言而明其意，見聖人循循善教也。聖人渾身天理，隨處發見，故其道如天然，與衆人滯於一隅之識，其相去蓋什伯也。門人弟子親近其德而熏炙之，入乎其中，益知其高且遠。故以「足發」如顔子，猶有仰、鑽、瞻、忽之歎；以「知來」如子貢，猶有不聞性天、不見美富之説。則若於聖人之道，無可幾及之理。夫聖人原欲使人終日孳孳，而勉爲企及也。既群知爲不可及，則趨望之心怠矣，豈聖人意乎？故聖人之教，雖不躐等，亦必俯而就之，不使之徒見高遠而自沮，有如下文所云也。事上臨喪，不敢不勉，君子之常行。不困於酒，尤其近也。而以己處之者，不獨使夫資之下者勉思企及，而才之高者亦不敢易乎近矣。蓋聖人之道雖大，而實不離人倫日用之間，固衆人所能知能行也。觀其言曰：「出則事公卿，入則事父兄，喪事不敢不勉。」此三者，君子常行也。又曰「不爲酒困」，此一事尤其近也。而兢兢以己處之，自歉爲「何有於我」。斯言也，不獨使學者天資之下者，見以爲常且近，則有勉焉企及之心；即才之高而易失之過者，亦當聞言思返，而不敢以爲近而忽之。此聖人之教所以善也。

明道曰：憂子弟之輕俊者，只教以經學念書，不得令作文字。此言教子弟者，當以求道爲志，而不可有以奪之也。蓋子弟愚蠢固可憂，其輕俊者亦可憂。輕俊之人，憚拘束而好馳騁，故心易放而離道愈遠，只當教以經學念書，使其心有所檢而不至於放，因以窮究義理，涵養德性，則其志道也專矣。若令作文字，好使才氣，長其浮華，恐易奪其求道之志，非所以爲訓也。子弟凡百玩好，皆奪志。至於書札，於儒者事最近，然一向好著，亦自喪志。如王、虞、顏、柳輩，誠爲好人則有之，曾見有善書者知道否？平生精力一用於此，非惟徒廢時日，於道便有妨處，足知喪志也。蓋子弟之志難專，凡百玩好，皆足以奪之。無論非儒者事也，即如習字作簡，此於儒者之事最近，然偶爲之則可，若專攻於此，亦喪志之一端。前世如王羲之、虞世南、顏真卿、柳公權，皆善書者也，風節稜稜，各有表見，以爲好人，則誠有之，然終不可以知道。夫以數君子者，天資識力，非尋常比，使其志專乎道，豈難曉悟？惟其志局乎此，不會長進。曾見有善書者知道否？是故志者，力之所由生也。平生精力，不可誤用，一用於此，便妨於彼，不但荒廢時日，而捨本逐末，才華日長，浮靡日生，於道必有妨害處。足知志爲之喪，不可以其爲儒者事，而專治欲精之也。然則教子弟者，急當植其根本，而以立志求道爲切務乎！

明道曰：胡安定在湖州置治道齋，學者有欲明治道者，講之於中，如治民、治兵、水利、筭數之類。嘗言劉彝善治水利，後累爲政，皆興水利有功。此言教人者當明治道以適於用也。學所以見之治，治所以行其學，故治道不可不豫爲講。胡安定爲湖州教授時，嘗設數科，分爲數齋，「治道」其一也。治民，如政教設施之方；治兵，如行陣止齊之法；水利，如江河渠堰之利；筭數，如律曆九章之類。各隨其聰明材質，預先講明，以爲臨事應變之用，此經濟實學也。劉彝，安定弟子，安定嘗言其善治水利，蓋其講明者素矣。後出爲政，累以興水利有功於世，則坐言起行之驗也。今人蠹守章句，懵於經濟，儒術迂疏，貽人口實。學者之責，亦教者之責也夫！

明道曰：凡立言，欲涵蓄意思，不使知德者厭，無德者惑。立言，謂立説垂世以教人也。涵蓄意思，則義理包藴於中，越咀嚼越有味，知德者玩其意而有得於心則不厭，無德者守其説而可以寡過則不惑。若索性説盡，不惟多枝葉，非有德之言，義理亦淺露單薄矣。知此可悟古今經傳之別。

明道曰：教人未見意趣，必不樂學，欲且教之歌舞。如古詩三百篇，皆古人作之，如關雎之類，正家之始，故用之鄉人，用之邦國，日使人聞之。此等詩，其言簡奧，今人未易曉。欲別作詩，略言教童子灑掃應對事長之節，令朝夕歌之，似當有助。教人者，必有以興起其好學之心，而後樂之不厭。若未見此中意趣，心多扞格，那肯好學？故古人教童子歌詩學樂，舞勺舞象，無非欲見意趣，使其性情手足之間，皆得其養，而欣欣樂學耳。古詩三百篇，詠歎淫佚，意味深長，故夫子云「興於詩」，又云「詩可以興」。如首篇關雎之類，尤爲正家之始，最極切要。當時鄉人、邦國皆遍用之，正欲使人日聞其詩，有以得哀樂之正，而想見不淫、不傷之風也。然此等詩，皆言簡約而意深奧，老師宿儒，猶待訓詁而後通，況童子耶！今欲別作易曉之詩，教之以灑掃、應對、事長之節，使習爲易能之事，朝夕唱歎，意趣躍如，似於小學不爲無助。朱子嘗作六經、四書中要義，約爲韻語，名曰性理吟，以訓其子，亦即明道先生「別欲作詩」之意也。

明道曰：子厚以禮教學者，最善，使學者先有所據守。孔子曰「立於禮」，禮以恭敬辭遜爲本，而有節文度數之詳，故張子以此立教，最爲得之。正欲學者於日用言動之間，得依據持守之地也。嘗曰「由至著入至簡，可使不得叛而去」，自後關中之學者，多尚氣節，蓋其驗歟？

明道曰：語學者以所見未到之理，不惟所聞不深徹，反將理低看了〔一〕。聖門教不躐等，苟學者見識未到而驟語之，不惟教無由入，學無由明，所聞不得深徹，反將妄意躐等，將理低看了。此所以性與天道，夫子罕言之也。

明道曰：舞、射便見人誠。古之教人，莫非使之成己。此言教人必以誠。誠者，徹始徹終。故舞、射雖細事，而舞所以導其和，射所以正其志，不誠則不能中。舞、射之節，便可見人誠，誠所以成己也。古聖人立教，合下即使之成己，豈沾沾技藝乎哉！自灑掃應對上，便可到聖人事。蓋道無精粗本末，自灑掃應對，至精義入神、地位貫通只一理。所以然者，誠而已矣。聖人亦只是誠，故教人以誠，便是教人做聖人。聖人可學而至，信然。

明道曰：自「幼子常視毋誑」以上，便是教人以聖人事。説見曲禮。「視」與「示」同。誑，欺妄也。聖人无妄，常示毋誑，便是教以聖人无妄之事。蓋幼子未有知識，不示以誠便教壞了。易曰：「蒙以養正，聖功也。」可勿豫乎？

明道曰：「先傳」、「後倦」，君子教人有序。先傳以小者近者，而後教以大者遠者。

非是先傳以近小，而後不教以遠大也。詳見論語本注。子游譏子夏，以其小者近者傳於門人小子，而其大者遠者却自倦教，則似先後之間，教者有所私吝。不知理無異致，教必以序。先後者，教人之序也。是教他從小者近者先理會起，漸漸至於大者遠者，非一傳之後，便不復傳，而有心倦教。程子取子夏之意而申明之，以爲序不可躐。君子教人本應如此。

伊川曰：說書必非古意，轉使人薄。學者須是潛心積慮，優游涵養，使之自得。今一日說盡，只是教得薄。至如漢時說「下帷講誦」，猶未必說書。今人授業解惑，動稱「說書」，不知學者未嘗體會其中，與之講說，只作一場空話，那能融貫？此非古意也，轉使聽之者看得義理單薄。凡教學者，須要他潛心勿放，積慮能通，優焉游焉，涵泳持養，以至義理浹洽於中，深造而自得之，則所得者厚。今一日說盡，無復言外之意，耐他咀味，只是教得薄了。至如漢書中稱董仲舒「下帷講誦」，可謂勤矣，然所云「講誦」者，乃是自家用功，非如今「說書」之謂也。下帷，猶言垂簾，說見漢、史。

伊川曰：古者八歲入小學，十五入大學，擇其才可教者聚之，不肖者復之農畝。蓋士、農不易業，既入學則不治農，然後士、農判。此言教養人材，使有定志，方能趨善以成德也。人材皆是自幼養成，但童稚時，才之可教與否，尚未知也。古者八歲皆使入小學，養其德性，收其放心，而試其可教與否。迨至十五，而其才見矣，於是擇其才之可教者，聚於大學之中而業爲士，其不肖者則使復田畝而業爲農。蓋才分則業分，士、農不能易業，治乎此不兼治乎彼，此士、農之所以判，而教人者當有以養成之也。在學之養，若士大夫之子，則不慮無養，雖庶人之子，既入學則亦必有養。古之士者，自十五入學，至四十方仕，中間自有二十五年，學又無利可趨，則所志可知。須去趨善，便自此成德。後之人，自童稚間已有汲汲趨利之意，何由得向善？故古人必使四十而仕，然後志定。只營衣食却無害，惟利禄之誘最害人。人有養，方定志於學，故在學之養。其爲士大夫之子，固不慮無養也，雖庶人之子，而既已別其爲秀，而使之入大學矣，則亦必一樣教養，使與天子之元子，卿大夫士之適子，相爲齒讓。蓋古者之制，四十始仕，自十五至四十，中間二十五年，春秋禮、樂，冬夏詩、書，凡所謂格致誠正、修齊治平之道，日日講究，行之久、習之熟，又別無利可趨，則其志定，不得不耑意趨善，卒於成德。後世小學不講，大學不養，又不待四十而仕，人爭囂競。童稚始知讀書，父兄便教他圖富貴，取功名。其志止此，是汲汲所趨者，利而已矣，何由向善？故古人必使四十始仕者，非特以其道明德立之候，亦所以先定其志，使專於爲己也。夫君子謀道不謀食，謀食皆害道。只是營衣食者，求於力分之内，未足奪志，猶却無害。若爲利禄所誘，汩沒紛華，根本先撥，爲害不細。今之人材所以不古若者，職是故耳。

伊川曰：天下有多少才！只爲道不明於天下，故不得有所成就。且古者「興於詩，立於禮，成於樂」，如今人怎生會得？古人於詩，如今人歌曲一般，雖閭巷童稚，皆習聞其說而曉其義，故能興起於詩。後世老師宿儒，尚不能曉其義，怎生責得學者？是不得「興於詩」

也。此言人才成就之難，因世變而分古今也。三代而上，人皆有所藉以成就其才，後世亦有多少才，只爲先王教人之法，蕩然盡廢，而道不明於天下，卒至成就者寡。即如論語所云「興詩」、「立禮」、「成樂」者言之，是皆學者得力次第，歷歷可按者也。今之人雖欲按其候而求之，其將能乎？蓋古之歌詩，如今之歌曲也，鄉人用之、邦國用之，雖比閭曲巷中，無知之童稚，莫不習熟其説，通曉其義，故吟諷之下，足以感發其善心而懲創其逸志。今之詩不復作矣，僅存古詩三百，其言簡奥難曉，即號老師舊儒，白首窮經，尚有疑義，如何責之後生小子？則學者之初所謂「興於詩」者安在也？材之不成，此其一也。古禮既廢，人倫不明，以至治家皆無法度，是不得「立於禮」也。禮，所以明序親疏貴賤，秩然詳明，自家而達之國、天下，學者守其法度，皆可以爲據依，故能有立也。周衰禮廢，制度文爲已非先王之制，是以人倫不明，即近而治家，且無法度，則學者之中，所謂「立於禮」者安在也？材之不成，此亦其一已。古人有歌詠以養其性情，聲音以養其耳目，舞蹈以養其血脉，今皆無之，是不得「成於樂」也。樂，所以導和，如歌詠聲詩，其唱歎淫佚之意，有柔婉樂易之風，是養其性情也。五聲成文，八音相比，高下疏數，節奏和平，入耳而不煩，辨色而不奸，是養其耳目也。至於手之舞、足之蹈，執羽籥干戚之器，習俯仰疾徐之文，容貌以莊，行列以正，進退以齊，心志條暢而血氣和平，是養其血脉也。故學之成必由之。今則古樂亡而妖聲作，徒以蕩人心、壞風俗而已，則學者之終所謂「成於樂」者安在也？材之不成，此又其一已。古之成材也易，今之成材也難。非材之難，所以成其材者實難。古有成之之方，其道明也；今無成之之具，其道不明也。難易之故，從可知矣。然學者不隨世變爲遷流，卓然欲自成立，則三百篇之可以興者固在也。禮樂雖缺，而恭敬者禮之本，和樂者樂之本，得乎其本，亦足以立身成德。此又程子言外之意也。

伊川曰：孔子教人，「不憤不啓，不悱不發」。蓋不待憤悱而發，則知之不固；待憤悱而後發，則沛然矣。學者須是深思之，思而不得，然後爲他説便好。説見論語本註。蓋憤是未知而不安於不知，有發憤求知之意；悱是將有知而知猶未徹，有欲言不達之貌。聖人教人，所以必待憤、悱而後啓發之者，蓋未嘗憤悱，則未嘗深思，遽與之言，其聽之也若存若亡，即有所知，安能堅固？若既憤悱，迎其機而導之，條然有得，則沛然流通矣。所以然者，通微之道生於思，思深力窮，然後爲他説，意之未開者開之，詞之未達者達之，如此便好。此聖人勉既學者爲受教之地，而非靳也。初學者須是且爲他説，不然，非獨他不曉，亦止人好問之心也。此推廣論語言外之意。言初學者文理意義全然未知，不先爲講解，何處思得起，須是且爲他説，所以引其疑而使之問也。若亦必待憤悱而後啓發，不獨他不曉得憤悱，並亦不能問，是止人好問之心矣。初學豈可以既學者律之乎？此又聖人誘進初學之道而非驟也。

橫渠曰：「恭敬、撙節、退讓以明禮」，仁之至也，愛道之極也。此張子以禮教人，欲人勉而明之也。「恭敬、撙節、退讓以明禮」，曲禮篇文。鄭氏曰：「撙，猶趨也。」撙節，謂趨就乎節約也。恭敬者，禮之本；撙節、退讓者，禮之文。禮儀三百，威儀三千，無一物而非仁。君子從事于恭敬、撙節、退讓，皆所以明禮也。而視聽言動之間，天理流行，則心德全，故曰「仁之至」也。仁主於愛，恭敬則無慢忽，撙節則無驕溢，退讓則無怨爭，是皆盡乎仁愛之道，故曰「愛道之極也」。禮可以不明乎哉？己不勉明，則人無從倡，道無從弘，教無從成矣。勉而明之，則存乎己。盡禮則盡仁，爲仁由己而不由人者也。蓋禮之爲用甚大，人非禮無以倡率，道非禮無以擴充，教非禮無以成就，故學者必以禮爲據守焉。

橫渠曰：學記曰：「進而不顧其安，使人不由其誠，教人不盡其材。」此發明學記之言，見教者不可妄施也。其安、其誠、其材，皆謂受教者。三患，實相因而然，故下文釋之。人未安之，又進之；未喻之，又告之，徒使人生此節目，不盡材。不顧安，不由誠，皆是施之妄也。蓋教人有其節，若學者心尚未安於此，又欲以他事進之，所謂不顧其安也。則是强其所未喻而又告之，便不由其誠矣。徒使人生此節目，猶言添這件數耳，安能盡其材乎？此句屬上文讀。不顧安，不由誠，乃轉下語，言不當可而施之，皆是妄也。教人至難，必盡人之材，乃不誤人。觀可及處，然後告之。聖人之明，直若庖丁之解牛，皆知其隙，刃投餘地，無全牛矣。承上文，言教不妄施，所以教人至難。必須各隨其材，有以盡之，方不誤人。觀其可及處，然後告之，所以顧其安、由其誠也。惟聖人爲能知之，其知人之明，洞見間隙，因而投之。教者學者，不相扞格，有如善解牛者，游刃有餘之能也。庖丁，治庖者，名丁。無全牛，甚言其易也。説見莊子。人之才足以有爲，但以其不由於誠，則不盡其材。若曰勉率而爲之，則豈有由誠哉！大凡人之才雖有大小，無不足以有爲者，但非其心之所欲爲而出於誠。然所以往往不盡，是欲盡其材必由其誠也。而欲使之由其誠，則必循序漸進，勿强以所未至，勿迫以所不堪，他自心安意肯，而爲之誠矣。若勉率而爲之，不顧其安，則豈有由誠哉？此章大意，言教人要盡其材，而材非可勉强使之盡。首引學記之言，三句意實一貫；次段正釋學記之意，言不顧其安，不由其誠，則不盡其材也；三段言唯聖人施教，爲能盡其材也；四段言盡其材必由其誠，由其誠必顧其安也。反覆言之，總欲使人隨材施教，各當其可耳。

横渠曰：古之小兒，便能敬事。長者與之提攜，則兩手奉長者之手；問之，掩口而對。此言教小兒者，必先去其驕惰之心，所以培忠信也。敬事長者，弟子之職，驕惰成性，久將難馴，故古之人豫有以教之。當其爲小兒時，便能知敬事之道，如曲禮所載：長者與之提攜，則少者必兩手捧長者之手，所以習扶持也；長者有所問，則少者必掩口而對，所以習其鄉尊者屏氣也。即此二端，可見言動之間，悉閑以禮，而驕惰之根除矣。蓋稍不敬事，便不忠信。故教小兒，且先安詳恭敬。蓋人以忠信爲主，忠信其本也。稍不敬事長者，便不忠信，故教之安詳恭敬，正所以敬事而存忠信耳。安，謂安静而不輕躁；詳，謂詳審而不麤率；恭，謂端莊見於外者；敬，謂畏懼存於中者。先以此教之，則漸有以收其放心，久自安習而德性純熟，必無有不盡其心而悖於理者。朱子曰：「古人小學只教之以事，便自養得他心，不知不覺自好了。如今全失了小學工夫，要補填實難。」

橫渠曰：孟子曰：「人不足與適也，政不足與間也，唯大人爲能格君心之非。」非唯君心，至於朋游學者之際，彼雖議論異同，未欲深較。惟整理其心，使歸之正，豈小補哉！此因孟子之言而推廣其義，朱註備矣。蓋格心者，正本清源之道也。朱子曰：「此是精神意氣自有感格處，然亦須有箇開導底道理，不但默默而已。伊川所云『至誠以感動之，盡力以扶持之，明理義以致其知，杜蔽惑以誠其意』是也。」道全德備之大人，固以此事君，學者於朋友交游之間，亦當準以此道。不必深爲辨較於立論之異同，但當探其本心而整頓調理之，使反其不正者而歸於正，此即所謂「格心之非」者也。蓋議論之所爭者小，格心之所補者大，至於非心既格，則議論亦終出於正矣。每見儕輩交游，拗見聚訟，瑣屑細故，終角門户，議論驚天，心術未必粹然一歸於正。惜無能有格其非而整理之者也。

## 校勘記

〔一〕反將理低看了　「反」原作「又」，據存心堂本、尹刻本及朱子全書整理本近思録卷一一改。

# 近思録集解卷十二

凡三十三條

## 戒警〔一〕

此卷論戒警之道〔二〕。修己治人，嘗存警省之意，不然則私欲易萌，善日消而惡日積矣。

濂溪曰：仲由喜聞過，令名無窮焉。今人有過，不喜人規，如護疾而忌醫，寧滅其身而無悟也。噫！此言知戒警者，必以改過爲先也。子路天資剛果，孟子稱其「聞過則喜」。喜者，喜其得聞而改之，是勇於自修，而非以博名也。然而令名垂於無窮，至與舜禹竝稱焉，若子路者，允爲百世之師矣。蓋人不幸而有過，猶身之有疾也。過必得人規，始知所以改之之方；疾必得人醫，始知所以藥之之劑。今人有過必諱，是自掩護其疾，忌醫下藥，勢必隕滅其身，彼寧甘之而不悔悟，豈不可哀之甚哉？夫子屬望改過，惓惓三致意，而周子又説到滅身，提醒聵聵。凡百君子，各宜猛省。

伊川曰：德善日積，則福禄日臻。德踰於禄，則雖盛而非滿。自古隆盛，未有不失道而喪敗者也。此言人當修德以爲受禄之地，爲禄過於德者警也。德非有心於禄，而禄有不期自至之理。蓋上天無親，惟德是親。修德所以積善，得禄便是有福。「德善日積，則福禄日臻」者，天理之公也。是故德勝其禄，雖所享者厚，不爲過侈，何患喪敗？無他，人事修於下，天道應於上，理有固然，非倖致耳。若夫德善未積，所享雖薄，猶懼不償，况隆盛乎？自古以隆盛而致喪敗，皆由失道而無德者之所致也，人可不汲汲修德乎哉！

伊川曰：人之於豫樂，心説之故遲遲，遂至於耽戀不能已也。豫之六二，以中正自守，其介如石，其去之速不俟終日，故貞正而吉也。此釋豫六二爻象也。豫，安樂也。處安樂之地而心説之，不肯決然捨去，故遲之又遲，至於耽着係戀而不能已，此常情也。獨六二一爻，居中得正，上又無應，特立自守，其德安静而不躁動，如石之堅，確有不可移奪者。介，堅確也。惟其德如是，是以去之之速，不俟終日，無遲遲耽戀之意，貞正而吉也。處豫之道，固當如是也。處豫不可安且久也，久則溺矣。如二，可謂見幾而作者也。蓋中正，故其守堅，而能辨之早，去之速也。大抵豫雖安境，然處安思危，不可自以爲安，而耽戀且至於久也，久則反以溺人，而憂至矣。如六二，可謂不溺於豫，而敏於見幾者也。幾者，動之微也；作，猶去也。蓋人只爲不中正，汩於利欲之私，狃於便安之境，外焉之物足以奪其内焉之守，所以心爲昏蔽，事至莫辨，又安能於吉凶禍福未來之先，早圖而速去之？二惟中正，淡然無欲，物不能奪，其守堅矣，是以能見幾而辨之早，不終日而去之速也。大學曰「安而後能慮」，周子曰「靜虛則明」，其是之謂乎！

伊川曰：人君致危亡之道非一，而以豫爲多。逸豫而不知儆，則多致危亡，故制治於未亂，保邦於未危。帝切疇咨，王陳無逸，誠戒之也。

伊川曰：聖人爲戒，必於方盛之時。方其盛而不知戒，故狃安富則驕侈生，樂舒肆則紀綱壞，忘禍亂則釁孽萌，是以浸淫不知亂之至也。此極言安樂之害，見常人之樂，君子所懼也。蓋方盛之時，乃將衰之漸，雖曰天道，實由人事。驕侈生於安富，綱紀廢於舒肆，禍釁發於不及覺，而亂孽起於不及防。如水之漸浸而至於淫溺，恬焉不知亂之將至。惟聖人爲能思患而豫防之，則可以久安長治。有天下國家者，其奈何不知所戒哉？

伊川曰：復之六三，以陰躁處動之極，復之頻數而不能固者也。此釋復六三爻傳也。震下坤上爲復。復之六三，以陰居陽，不中不正，是爲陰躁，又震動之終，則其於復善也，爲躁而動，屢失屢復，而不能固守其德者也。釋「頻復」二字之義。復貴安固，頻復頻失，不安於復也。復善而屢失，危之道也。復貴勿失，以安靜而固守，乃爲善耳。今乃屢復屢失，則是不安於復也，豈能固乎？苟安而固，何至頻復？言頻復則頻失可知，故曰復善而屢失，危之道也。厲，危也。此釋「厲」字之義。聖人開其遷善之道，與其復而危其屢失，故云「厲无咎」。不可以頻失而戒其復也，頻失則爲危，屢復何咎？過在失而不在復也。失可危，而復則可與。聖人欲人爲善，故開其遷善之道。「與之」之意及「危之」之意，並係於一爻，而云「厲无咎」。无咎者，善補過也，若曰不幸之中，猶有幸焉，非可以其頻失之故，雖復無益，而並戒其復也。蓋以其頻失則危之，使知所戒，以其屢復則何咎〔三〕，使知所勸。戒勸備至，總開人遷善之道，以其過在失而不在復，聖人惓惓之意也。兼釋「无咎」二字之義。劉質夫曰：「頻復不已，遂至迷復。」蓋久則玩溺而昏迷之極，終亦必不能復，有如上六之象，人欲肆而天理滅矣，可不警哉？

伊川曰：睽極則咈戾而難合，剛極則躁暴而不詳，明極則過察而多疑。睽之上九，有六三之正應，實不孤。而其才性如此，自睽孤也。此釋上九「睽孤」二字義也。離上兑下爲睽。上之爲位，處睽之終，則爲睽極；九爲陽剛，以剛在上，則爲剛極；離之爲言明也，以明在上，則爲明極。合而言之，值咈戾難合之地，而又以躁暴不詳、過察多疑之人處之，故雖上爻與六三本爲正應，實不患孤，但以三爲二陽所制，未能來合，而已以剛極、明極處睽極之位，其才性如此，自猜狠而乖離也。雖有正應，亦不合矣，何往而不「睽孤」哉？如人雖有親黨，而多自疑猜，妄生乖離，雖處骨肉親黨之間，而常孤獨也。蓋人不可過明，過明則多自疑猜；人又不可過剛，過剛則妄生乖離。如今之人，雖有親黨而不免於此，則不特與他人不合，即處骨肉親黨之間，人亦不敢依附而常見孤獨，豈非「自詒伊戚」乎？惟能以此爲戒，庶乎先睽後合，而睽者不至於終睽矣。

解之六三曰："負且乘，致寇至，貞吝。"伊川易傳曰：小人而竊盛位，雖勉爲正事，而氣質卑下，本非在上之物，終可吝也。此釋解六三爻義。負者，小人勞力之事；乘者，有德君子所御之器。寇至者，非有所指，借言無其德而居其位，必致見奪於人也。貞，正也。程子之意，以爲解之六三，以陰柔冒居内卦之上，是爲小人竊居盛位，有"負且乘"之象。據非其分，盜思奪之，雖使勉爲貞正之事，然而氣質陰柔，自是卑下，本非可在上位之物，才德不稱，終見羞吝也。世之盜得陰據者，可以戒矣。若能大正，則如何？曰：大正，非陰柔所能也。若能之，則是化爲君子矣。復設一辨，以爲小人勉之不已而爲大正，則可以免吝否？因言大正之事，斷非陰柔之質可勉而能，若能之，則有變化氣質之功，無才無德之小人，且化爲有才有德之君子，不得復以小人目之矣，何吝之有？然而必不能也。所云"勉爲正事"者，不過揜不善以著其善耳，奈何輒不自量，而爲盜之招哉？

益之上九曰："莫益之，或擊之。"伊川易傳曰：理者，天下之至公；利者，衆人所同欲。苟公其心，不失其正理，則與衆同利，無侵於人，人亦欲與之。若切於好利，蔽於自私，求自益以損於人，則人亦與之力爭。故莫肯益之，而有擊奪之者矣。此釋益上九爻義。震下巽上爲益。益之上九，以陽處極，非能行益於人，而欲自求益之甚，故莫益而若或擊之。擊，奪也。程子之意，以爲利必準乎理，私不可害公。天下之無私者理也，衆之公好者利也。苟以至公存心，推而準之，不失乎理之正，則天下之利與天下共之，己不侵奪於人，人亦欲與之同其利。若懷着私意，耑欲利己，必昏蔽而忘義理，雖損人之事，有所不顧。則人之好利，誰不如我，亦必與力爭，不但莫益，更有擊而奪之者矣。夫子曰「放於利而行，多怨」，孟子曰「不奪不饜」，聖賢均深戒也。

艮之九三曰：「艮其限，列其夤，厲薰心。」伊川易傳曰：夫止道貴乎得宜，行止不能以時，而定於一，其堅强如此，則處世乖戾，與物睽絶，其危甚矣。此釋艮九三爻義。限，身上下之際，即腰胯也；列，絶也；夤，膂肉也；薰，薰爍也。伊川釋之，以爲學固取乎能止，然止貴得宜。事之在天下，時行時止，不可執。猶限之在人，或屈或伸，不可艮也。三居内卦之上，實内外之分，而過剛不中，當限之處而艮其限，則一體之中，不得屈伸，上下判隔，如列其夤一般。是强止於所不當止，不能以時而膠於一定者。其堅忍强執如此，以之處世，必乖違悖戾，與物永不相合，甚危道也。人之固止一隅，而舉世莫與宜者，則艱蹇，忿畏焚撓其中，豈有安裕之理？「厲薰心」，謂不安之勢薰爍其中也。因取「厲薰心」之故而極言之。固，拘固也；一隅，猶言一處也。拘於一處以爲止，而舉世之大，至莫與之相宜者，則身之所處，艱而多阻，蹇而多難。有所不平則忿，有所不得則畏，如火之將焚，如木之見撓，交迫於中，豈有安舒寬裕之理？此其所以「厲薰心」也。本求静也，而動反隨之；本求安也，而危益甚焉。「厲薰心」，謂不安之勢薰而爍之，憂思内鬱也。夫心者，一身視以爲止而不得其宜，遂至於此。可見得理則安，失理則危，當止不當止之間，亦循乎理而已矣。

伊川曰：大率以説而動，安有不失正者？此釋歸妹次節彖辭。兑下震上爲歸妹。妹，少女也。

兑以少女，從震之長男。又兑，説；震，動。是其情以説而動。人情有所好樂，則不得其正，况從欲而忘返乎？故程子推廣言之，言大凡以説而動，皆未有不失其正性者，學者所當深戒也。

伊川曰：男女有尊卑之序，夫婦有倡隨之義〔四〕，此常理也。若徇情肆欲，惟説是動，男牽欲而失其剛，婦狃説而忘其順，則凶而無所利矣。此釋歸妹三節彖辭。男女交媾，本天尊地卑之序；夫婦配合，乃陽倡陰隨之義。此理之常，常即正也。然情不可徇，欲不可肆，動必以理，乃利有攸往。若徇情肆欲，如歸妹之三、五，以柔乘剛，惟説是動，則宜剛者失其剛，宜順者忘其順，傷身敗德，豈人理哉？此歸妹之所以凶而往，「无攸利」也。故君子重以爲戒，而發乎情必止乎禮義焉。

伊川曰：雖舜之聖，且畏巧言令色，説之惑人易入而可懼也如此。巧言者，巧佞之言；令色者，善柔之色。皆工爲媚説，務以惑人。人心喜順而惡逆，鮮有不爲所惑者。雖以大舜之聖，且猶以此爲畏，况其下焉者乎？凡説之道，易入而可畏，莫不如此。此不以其道不説者，斷必歸之君子。

伊川曰：治水，天下之大任也。非其至公之心，能捨己從人，盡天下之議，則不能成其功，豈「方命圮族」者所能乎？此言任天下之大事，成天下之大功者，非一人私智所能集也。如堯之時，洪水滔天，擇人而治。此非易任，必以至公之心，不矜不伐，用人由己，使天下有一得之議，皆得自盡於前，是以迄有成功。如四岳所薦之鯀，乃「方命圮族」之人，豈能勝此大任而愉快乎？方，不順也；命，天理也；圮，敗也；族，類也。上不順乎天理，下不依乎人情，自謂己賢，自謂己智，任意而行，烏能有濟？鯀雖九年而功弗成，然其所治固非他人所及也。惟其功有叙，故其自任益强，咈戾圮類益甚，公議隔而人心離矣。是其惡益顯，而其功卒不可成也。夫鯀所少者非才也。書稱「九載績用弗成」，然其所治，豈真無所短長者？固非尋常他人所可比也。大凡人而無才，猶不敢師心自用，惟少有才，其功略有尺寸可叙，謂人莫己若，故其自任益强，咈乎情、戾乎理，敗壞乎族類，日以益甚。於是公議隔而得失莫聞，人心離而事業莫共矣。是以當時殛之，後世譏之，其惡益顯，而功卒不可成也。觀書所云「莫與爭功」、「莫與爭能」，帝之所以贊禹者，其即鯀之所以敗事乎？

伊川曰：君子「敬以直內」。微生高所枉雖小，而害直則大。此發明論語所言之意。君子居敬以直其內，不容有一毫私曲者也。內直則己不自欺，安有欺人之事？微生高於或人乞醯之時，以無爲有，曲意徇物，多少周旋，自欺欺人。所枉者事雖小，而有害於直則甚大，故聖人因以立教。

伊川曰：人有慾則無剛，剛則不屈於慾。剛以理爲主，有以勝物，而常伸於萬物之上者也。人若有慾，則爲物壓得頭低，常屈於萬物之下。雖剛者不止無慾，而慾乃不剛病根，故程子謂「人有慾則無剛，剛則不屈於慾」。而謝上蔡又謂「剛與慾正相反」也，其於論語剛慾之辨，析之精矣。

伊川曰：人之過也，各於其類。君子常失於厚，小人常失於薄；君子過於愛，小人傷於忍。君子小人之分，分於仁不仁之間而已矣。故人不同，而其過亦異，當各以其類辨之。君子失於厚、過於愛，或爲無心之感觸不能自禁，或爲事勢之驅迫不敢自白。如此之類，雖亦爲過，如官街上錯路。

若小人則一於薄與忍，肆慾妄行，墜入荆棘中矣。過豈可例論乎哉？夫子所以有「觀過知仁」之論也。

明道曰：富貴驕人固不善，學問驕人害亦不細。人有驕心，無一而可。以富貴驕人者，此俗輩也，氣盈識淺，卑卑何足深論！學問驕人，亦極害事。蓋君子之學，爲己而已。義理無窮，勤學好問，長見不足，驕何從生？立心爲人起見，便是務外之學。一段浮氣矜張，更是長傲之端，招損啓釁，自家永無進益處，其爲害豈細故哉？甚矣，驕之不可也！

明道曰：人以料事爲明，便駸駸入逆、詐、億、不信去也。料事，揣料事機也。駸駸，如馬之驟。逆者，未至而迎之。億者，未見而意之。詐，欺匿也，匿行曰詐，謂事之無情。不信，疑誕也，易言曰誕，謂言之不實。蓋人能居敬窮理，則自然先覺，物不能遁。若耑以揣料時事爲明，固未必悉中乎事，即幸而偶中，我已自處於詐不信，以待事之來矣，豈非漸入逆億去耶？周子曰：「謂能疑爲明，何啻千里？」學者當以誠而明，勿學此等人也。

明道曰：人於外物奉身者，事事要好。只有自家一箇身與心，却不要好。苟得外面物好時，却不知道自家身與心，却已先不好了也。外物，聲色臭味以及一切貨利皆是也。既謂之外，何須要好？自家身心不好，便不可復償，怎生不要好？世人無識，要於外面討好者，謂其可以奉身耳，豈知役自家之身心，幹辦没緊要之外物，欲以奉身，身已先爲物屈。物縱好，身心却已不好矣。可笑之甚！可哀之甚！此即孟子所謂「以小害大、賤害貴」也。

明道曰：人於天理昏者，是只爲嗜欲亂著他。莊子言：「其嗜欲深者，其天機淺。」此言却最是。人心自有天理，故動静之間，皆理之流行，而天機於焉勃發，何至昏暗不明？只爲在外之嗜慾，入而亂之，便覺昏了。雖嗜慾亦人所不能無，而徇之則爲人欲、理欲二者，常相消長，故莊子有云「嗜慾深者，其天機淺」。莊子固異學，此言却最是。審乎此而寡之又寡，則天理自漸漸明矣。

伊川曰：閲機事之久，機心必生。蓋方其閲時，心必喜。既喜，則如種下種子。機事，謂機巧之事。機心，謂變詐之心。莊子曰：「有機械者，必有機事；有機事者，必有機心。」蓋當其閲機事之時，見爲巧秘，欣然有動於中，是喜之心也。既以此爲喜，便好行小慧，如種田者下一種子，久而自熟。行險徼倖，終爲小人之歸矣。所以君子平生所爲，無不可對人言者，洞開重門，故能常使其心光明正大，無陰險叵測之態也。

伊川曰：疑病者，未有事至時，先有疑端在心。周羅事者，先有周事之端在心。皆病也。周羅，猶俗云包攬也。心不可以廢事，只是明足灼理，物來順應，則於事之可信不可信、當爲不當爲，皆於其事之至而立決之，那有疑病與周羅之病？人之有二病者，其根皆伏於未有事之先。心本靈也，而有以障之，則疑端伏矣。心本虚也，而有以擾之，則周事之端生矣。是皆爲心之病，故事之至也，必有不當疑而疑，不當攬而攬者。欲治其病，先去其端，要惟居敬窮理而已。

伊川曰：較事大小，其弊爲「枉尺直尋」之病。事無大小，惟理是視。若計較於大小之間，則有苟成急就之心，便是利根，必至害道。其弊也，有托爲「所屈者小，所伸者大」，如陳代「枉尺直尋」之説，謂功利爲可徼，謂禮義爲可棄。其病不可勝言矣。原其初心，止爲計較大小，冒然爲之，遂至於此，最宜深省。

伊川曰：小人、小丈夫，不合小了，他本不是惡。均是人也。廓然與天地同其體，何以謂之「小人」、「小丈夫」？彼自小之耳，局於氣質，汩於利欲，所以堂堂七尺之身，自安於小而不之惜。夫豈其性惡哉？孟子曰：「從其大體爲大人，從其小體爲小人。」此之謂也。

伊川曰：雖公天下事，若用私意爲之，便是私。此辨公私於心術之微也。事雖是公，而所以爲之之意則私，這便是私。所謂有所爲而爲之者，皆利也。聖門於假仁假義者，辨而斥之。其論觀人，則曰「察其所安」，故學者當正心也。

伊川曰：做官奪人志。葉平巖曰：「仕而志於富貴者，固不必言。或馳騖乎是非予奪之境，而此志動於喜怒哀樂之私；或經營於建功立業之間〔五〕，而此志陷於計度區畫之巧。皆足以奪其志。」愚謂此爲德未成者言也。若理義素明，操持素定，學優而仕，當爲則爲，不爲利疚，不爲害沮，隨位尊卑，皆可行志，孰得而奪之？如可奪，則亦不得謂之志矣。

伊川曰：驕是氣盈，吝是氣歉。人若吝時，於財上亦不足，於事上亦不足，凡百事皆不足，必有歉歉之色。此言吝與驕同病，學者不可不儆也。蓋驕者矜夸，故爲氣盈；吝者鄙嗇，故爲氣歉。惟其氣歉，是以常見不足。於財如是，於事亦如是，終身有歉歉之色，而無至大至剛、心廣體胖氣象。故驕吝皆學問之累，而吝者驕之本根。人當善養浩然之氣，使其氣常充，則自無此病也。

伊川曰：未知道者如醉人，方其醉時，無所不至，及其醒也，莫不愧耻。人之未知學者，自視以爲無缺，及既知學，反思前日所爲，則駭且懼矣。人不學，不知道。道者，是是非非，一毫不容走作。世上胡行亂走，衹緣於道理上不明白。如人方醉，何事不爲？醒則自愧耻矣。人未曾學，昏昏瞶瞶，自以爲是，亦猶麯蘖之薰心也。既學之後，灼見義理，回思前日所爲，大是錯謬，豈不自爲駭懼？又何異醉夢中蘧然一覺乎？若終於不學，畢生沉湎，成悖而顛，己不自駭而人駭之，己不自懼而人懼之，則亦妄人也已矣。

邢七云：「一日三點檢。」明道曰：「可哀也哉！其餘時理會甚事？」蓋倣「三省」之説錯了，可見不曾用功。又多逐人面上説一般話。明道責之。邢曰：「無可説。」明道曰：「無可説，便不得不説。」邢七，邢恕也。曾子「三省」之學，非是一日只省三事，其餘都不點檢。正於「終日乾乾」之中，猛見得切身要務，尤無時無處不宜用其心也。今邢恕泥着著三字，倣其意而爲之説曰「一日三點檢」，又不言所點檢者何事。明道以爲可哀，哀其放肆之時多，修省之時少也，故曰「餘時理會甚事」。蓋襲古人之唾餘，實於古人之意看錯，可見自己不曾踏實用功。若曾用功過來，便知此身那一刻可放鬆，那一件不要理會，安得只云一日三次？又好向人面前説一般大話，真若勤學不倦者。明道責之之意，尚欲其返己體認，引伸其説也。乃含糊答應，謂「無可説」，徉不置辨，心還執拗。明道謂「無可説，便不得不説」者，猶言即此三字，便欠議論，不得不爲之辨正也。其裁抑之意深矣。

之樂耳。横渠曰：學者捨禮義，則飽食終日，無所猷爲，與下民一致，所事不踰衣食之間、燕遊之樂耳。禮義者，生人之根本，猷爲所從出也。民不知學，不得以猷爲之事責之，則亦姑置勿論可也。既爲學者，便當爲上等之人，乃亦捨禮義而不講，徒飽食以終日，所謀何猷？所爲何事？衣冠士類，竟與下民一般。其所事只是衣食，則志趣可厭；其所樂只是燕遊，則品地可知。未足與議也。

横渠曰：鄭、衛之音悲哀，令人意思留連，又生怠惰之意，從而致驕淫之心。雖珍玩奇貨，其始惑人也，亦不如是切，從而生無限嗜好。故孔子曰「必放之」，亦是聖人經歷過，但聖人能不爲物所移耳。鄭、衛之音，亂世之音也。其音悲哀，能摇蕩人之性情。故有聞古樂而思卧，聽新聲而忘倦者。蓋令人留連於其中，便於他事轉生怠惰，從而致其驕淫之心，有不能自禁者，雖極天下至移情之物，其惑人未有如此之甚也。既惑於此，則無限情欲皆自此生。凡百嗜好，紛然畢投，而天地生人之正性亡矣。故夫子告顔淵：爲邦必以放鄭聲爲兢兢。蓋聖人亦是經歷過來方知其害。如此只是聖人得情性之正，物不能移；在他人未有不喪所守者，故放之亟也。此即非禮勿聽之旨也。〔六〕

横渠曰：孟子言「反經」，特於「鄉原」之後者，以鄉原大者不先立，心中初無作，惟是左右看，順人情，不欲違，一生如此。反，復也。經，常也。謂古今不易之常道也。作，主也。孟子言君子反經，必繼於言鄉愿之後者，蓋天下只一箇常理，是非不容兩可，人若先立乎其大者，自家有箇主張，則惟理是視，從衆不爲苟同，違衆亦非立異。今鄉愿所以爲德之賊者，只緣義理不先立，心中無所作，惟思與世浮沉，左瞻右顧，要順人情，不敢違拂，以是終身，乃亂常之尤者。衆人無識，群以「愿人」稱之，而常道幾不明於天下矣！主持名教之君子，急須反復其常道，使大義炳如日星，則是非昭然，而鄉愿之僞言僞行，不得以惑之。此孟子意也。〔七〕

## 校勘記

〔一〕戒警　此二字，尹刻本作「警戒」。

〔二〕此卷論戒警之道　「戒警」，尹刻本作「戒謹」。

〔三〕以其屢復則何咎　「何」，尹刻本作「無」。

〔四〕夫婦有倡隨之義　「義」，朱子全書整理本近思録卷十二作「理」。

〔五〕或經營於建功立業之間　「功」原作「官」，據存心堂本及尹刻本改。

〔六〕「鄭、衛之音」至「此即非禮勿聽之旨也」　此段尹刻本以爲集解闕，另照原編補爲：「欲人戒溺音，以養聰而絶嗜也。蓋聲音之移人至易，而人心之不惑恒難。鄭、衛之音，靡曼淫泆，節調悲哀，人一聽之，心與音逐，則漸就懈弛，因之縱逸不檢。其受惑也，甚於珍玩奇貨。彼以目接，固足喪志：此以耳受，尤足移心。凡百嗜好，從此牽援矣。所以孔子必放而絶之，亦由入耳感心，深見其然。但聖人主宰定，自能不移耳，否則滅天理而窮人欲，其究有不勝言者。君子姦聲亂色不留聰明，良有以哉！」

〔七〕「反復也」至「此孟子意也」　此段尹刻本以爲集解闕，另照原編補爲：「經，常也，古今不易之常道也。天下是是非非，必有定理，而人心好善惡惡，自有定見。今鄉原浮沉俯仰，無所可否，蓋其義理不立，中無所主，惟務悦人，以是終身，乃亂常之尤者。君子反經復其常道，則是非昭然，而鄉原僞言僞行，不得以惑之矣！此孟子特揭以警世，而張子欲人知所自立也。」

# 近思録集解卷十三

凡十四條

## 辨别異端

此卷辨異端。蓋君子之學雖已至，然異端之辨尤不可以不明。苟於此有毫釐之未辨，則貽害於人心者甚矣。

明道曰：楊、墨之害，甚於申、韓。佛、老之害，甚於楊、墨。此言世變愈甚，邪説愈横，不得不辭而闢之也。楊，楊朱。墨，墨翟。申不害，鄭人，以刑名干韓昭侯，昭侯用以爲相。韓非，韓之諸公子，亦善刑名法術之學。佛，本西域之人，以寂滅爲宗，漢時其教始入中國。老子，名耼，周柱下史，其書論清淨無爲之道。周衰以來，聖學榛蕪，異端蠭起，皆足以誣世惑民，然論其害，則有甚不甚之殊。蓋至佛、老，而虚夸詭譎之情、險巧儇浮之態，雖服衣冠、通今古者，亦受其簧惑而莫之悟也已。楊氏爲我，疑於仁；墨氏兼愛，疑於義。申、韓則淺陋易見，故孟子只闢楊、墨，爲其惑世之甚也。

此申言楊、墨之害也。「爲我」，疑似於無欲之仁，其實是自私而不仁。「兼愛」，疑似於無私之義，其實是泛濫而不義。蓋非仁非義者易明，疑仁疑義者易惑，不有以闢之，恐爲人心之害而流入於禽獸，此孟子所以昌言排之也。若申不害、韓非之徒，不過藉刑名法術以弋爵禄，取功利耳，淺陋易見，不足闢也。一本作「爲我，疑於義」、「兼愛，疑於仁」。謂楊朱一身之外，截然弗恤，疑於義而不知有致身之義，則非義矣。墨翟無所不愛，疑於仁而愛無差等，視至親無異衆人，則非仁矣。語勢更順。佛、老其言近理，

又非楊、墨之比，此所以爲害尤甚。楊、墨之害，亦經孟子闢之，所以廓如也。此申言佛、老之害也。佛、老把人倫物理滅迹埽盡，言愈近理而愈亂真。蓋佛言心性，老談道德，若與吾儒相似。然佛氏只以空寂爲心性，而不知仁、義、禮、智、信爲心性之所固有；老氏只以虛無爲道德，而不從日用所當行處體察其所以然，則言心性適害心性，言道德適害道德。昔之惑人也，乘其迷暗；今之惑人也，因其高明。古者楊、墨塞路，孟子辭而闢之，廓如也。此楊子雲之所以贊孟子者。今獨無孟子其人乎？聖道不終息，斯民有先覺，辨析精微，崇正闢邪，非程子之責而誰責乎哉！

伊川曰：儒者潛心正道，不容有差。其始甚微，其終則不可救。如「師也過，商也不及」，於聖人中道，師只是過於厚些，商只是不及些，然而厚則漸至於兼愛，不及則便至於爲我。其過、不及，同出於儒者，其末遂至楊、墨。至於楊、墨，亦未至於無父無君。孟子推之便至於此，蓋其差必至於是也。此見正道不可有毫髮之差，儒者當慎之於始也。始之不慎，所差不過甚

微，而千里之繆，有不可救正於終者。如聖門子張、子夏，皆潛心正道之儒，即夫子評爲「過、不及」，亦以中道律之，略有些子差耳，無甚遠也。然由子張之才高意廣，泛愛兼容，則漸至兼愛；由子夏之篤信謹守，規模狹隘，則便至爲我。初爲儒者，末流異端，良可畏也。就是楊、墨之異端，尚竊疑仁疑義之説，豈敢蔑視君父大倫？而孟子窮「兼愛」之極致，必至以路人視其父；窮「爲我」之極致，必至自私其身而不知有其君，豈是苛論？善乎！胡敬齋之言曰：「入頭最怕差，將來無救處；下手又怕偏，將來偏到底。」故程子教人讀大學，曰：「學者必由是而學焉，則庶乎其不差矣。」其教人讀中庸，又曰：「子思恐其久而差也。」聖賢兢兢如此。

明道曰：道之外無物，物之外無道，是天地之間，無適而非道也。即父子而父子在所親，即君臣而君臣在所嚴，以至爲夫婦，爲長幼，爲朋友，無所爲而非道。此道所以不可須臾離也。然則毁人倫、去四大者，其外於道也遠矣。此見順理盡倫，所以爲儒；滅親去己，所以爲釋。儒、釋之分，邪正之懸也。蓋天下無性外之物，循其性而行之則爲道。故道即器，器即道。形上在於形下之中，形下無非形上之理，天地間無適不然也。如父子、君臣、夫婦、長幼、朋友，皆所謂物；親之、嚴之之類，皆所謂道。欲須臾離之而有不可者也。今釋氏以地、水、火、風爲四大，謂四大幻假而成人身，寂滅幻根，斷除一切，則是毁棄人倫而不知有親，屏去四大而不知有己。不知有親，身於何來？不知有己，心於何存？身心俱滅，道於何寄？其外於道也，不亦遠乎！故「君子之於天下也，無適也，無莫也，義之與比」。若有適有莫，則於道爲有間，非天地之全也。夫天下原不能遺物獨立，則自有知明處當的道理，而不可以一毫私意與乎其間。故君子無意於可而必欲爲之，無意於不可而必欲不爲。惟義之所可，從而可之；義之所不可，從而不可之耳。適，可也。莫，不可也。義即道也。比，從也。此君子無須臾之離道，而與道爲無間者也。今釋氏以寂滅爲可，而以處事應物爲不可，是以莫生適，心不比義，視道有空缺之處，而有所間斷矣。豈知道無往而不在，現有色相，何能斷除色相？現在世間，何能脱離世間？出家乃可求道，則必在家無道，亦覺其背天逆地之甚，而於天地全體之流行者未嘗窺見也。彼釋氏之學，於「敬以直内」則有之矣，「義以方外」則未之有也。就釋氏之學論之，習定此心，收斂虚静，亦若吾儒「常惺惺」之法，與所云「敬以直内」者相合。然天下事理，各有當然之義，一切掃滅，不求精察，則有體無用，吾儒所云「義以方外」者，未之有也。既無「方外」之義，則「敬」之云者，亦只是一箇靈覺，無所主宰，猶無寸之尺，無星之秤而已。其「直内」之本，亦不是矣。故滯固者入於枯槁，疏通者歸於恣肆，此佛之教所以爲隘也。吾道則不然，率性而已。斯理也，聖人於易備言之。惟其不知内外合一之道，故其爲説偏於空寂。今人爲其所惑而不之辨，一味拘滯、固執不化者，則勞筋苦骨，屠膚乞鉢，入於枯槁而無人道。其疏曠自恣、矯語通達者，則浮漚世故，超豁頓悟，歸於恣肆而侮天地。是皆外物以爲道之病。名爲「大自在」，而一物無所見，一步不可行，適以見佛教之隘也。若吾儒，則「率性之謂道」，動静各正，體用無間，既不病於拘，亦不失於肆，程子所謂「自天命以至於教，我無加損焉」者，而其理，聖人於易備言之。夫易，廣矣大矣！其言「精義入神」，言「知至至之，知終終之」，言「時止則止，時行則行」，言「有天地然後有萬物」，及「有君臣上下，然後禮義有所錯」之類，凡以見天地之間，無適非道，操存省察，勿離須臾。據此以斷釋氏之誣，判若河漢矣。

明道曰：釋氏本怖死生爲利，豈是公道？此言釋氏不知死生之説，不察學達之理，不識心性之原，不曉爲善之公，皆以利己私心成爲異學僞教者也。氣聚故生，氣散故死，死者無能復生，散者無能復聚，此陰陽晝夜之道，天理自然之公也。釋氏謂有生則有滅，以死生爲輪迴，以輪迴爲苦海，要尋一個真身真性，可以不生不滅者，超脱輪迴之苦。分明是貪生而不知所以盡生之道，分明是怖死而不知原始反終、死生之説，只成自私自利妄見，豈是公道？夫道之公者，當生則生，當死則死，全受全歸，朝聞夕可。天地無有始而不終之理，則無有生而不死之物，何貪何怖？何用私利爲哉？惟務上達而無下學，然則其上達處，豈有是也？元不相連屬，但有間斷，非道也。凡釋氏之説，豁然頓悟，立地成佛，若超出於道德性命之上者，恁地捷快。然道器不相離，滿眼都是實理，那能廢得下學循序工夫？既已不循其序，而於人倫日用工夫欠缺，然則其上達處，乃是注心於茫昧不可知之地，以爲潔淨快活。上者何物？達者何事？豈有是也！道本是徹上徹下，周流連屬，若離下以求上，則元不連屬，有間斷而非道矣，其尚可謂之上達乎哉？孟子曰：「盡其心者，知其性也。」彼所謂識心見性是也，若存心養性一段則無矣。夫道散於事物，具於心而原於性。孟子曰：「盡其心者，知其性也。」即大學所謂「物格知至」也。彼釋氏識心見性之説，亦若與孟子之言相近，固爲是矣，但只見得自家一箇精神知覺，在光明不昧中，遂指爲心性。是不過恍惚之間，略見心性影子，未曾見裏面許多道理，故不肯實用存養之功。若孟子所謂「存其心，養其性」一段説話，蓋無之矣。然則釋氏以精魂爲心，而非真識心也；以作用爲性，則非實見性也。不識心性，則其不識道也固宜。彼固曰「出家獨善」，便於道體自不足。使釋氏識所謂心性，則知道在人倫庶物，無一可遺，本非不足。在家庭中儘有許多可學可達者，豈肯蔑視君親，捐妻子，出家獨善以爲利耶？彼之言曰「出家獨善」，這四字便三綱廢，五常絶，道體自不足矣，其他更不消説。

或曰：釋氏地獄之類，皆是爲下根之人設此怖，令爲善。先生曰：至誠貫天地，人尚有不化，豈有立僞教而人可化乎？程子所以闢釋氏者，至矣。或人曲爲之解，以爲釋氏心欲勸人爲善，而人莫不貪生怖死，故設爲天堂地獄、輪迴因果之類，使他知有所懼而爲善，是爲下根人説法，何罪之深也！程子又闢之，以爲天下惟誠可以化人，蓋實心實理相感孚也。今誠之至者，往往可以貫天地，而不可以格愚頑，是人尚有不化於誠者。豈有心不如是而設教如是，僞莫大焉，而可以化人者乎？甚矣！欲上達而適見其怖死，欲愚人而適以自愚，抛自家之心性，覬無端之私利。以是觀之，釋氏之本末概可知矣。

明道曰：學者於釋氏之説，直須如淫聲美色以遠之。不爾，則駸駸然入於其中矣。顔淵問爲邦，孔子既告之以二帝、三王之事，而復戒以放鄭聲，遠佞人，曰：「鄭聲淫，佞人殆。」彼佞人者，是他一邊佞耳，然而於己則危，只是能使人移，故危也。至於禹之言曰：「何畏乎巧言令色？」直消言畏，只是須著如此戒慎，猶恐不免。釋氏之學，更不消言。常戒到自家自信後，便不能亂得。此言釋教亂人，非信道之篤，未有不爲所溺者。徒言常戒，不如實求自信也。釋氏之説，皆使於私意人欲之實，故論其棄情滅性，則與淫聲美色之增悲導欲者，迥不相同，而論其爲害則一。直須如此屏絶，否則有漸入其中而不自知者矣。蓋學者不知所戒，固無以堅所信，雖以顔子之賢，孔子既告以四代禮樂，而猶戒以「放鄭聲，遠佞人」，且明斥其弊。夫聲與心通，淫自内出，戒之宜也。彼佞人者，口給禦人，是他一邊佞，似非切己病痛，然己不能遠而聽之則危。所以然者，以能變亂是非，使人移其所守，故危也。不獨夫子之告顔淵，即禹亦嘗以「巧言令色」戒矣。然其言曰「何畏」，似不足畏者，何也？畏者，戒慎之謂。豈有巧令在側，不消言畏者？只是中無主宰，懷着戒慎，猶恐不免。況吾儒於身心性命道理，未能原始反終，實見人倫日用無適非道，則雖日以釋氏爲戒，而未嘗不駸駸入其中。故學者不消言常戒，只要反求自信，到自信後，便如冰炭之不相入，不能以彼之非亂我之是也。程子又嘗云：「知玉之爲寶，則人不能以石亂之；知醴之爲甘，則人不得以蘗亂之。」亦此意耳。

明道曰：所以謂萬物一體者，皆有此理，只爲從那裏來。「生生之謂易」，生則一時生，皆完此理。人則能推，物則氣昏，推不得，不可道他物不與有也。此言釋氏不知萬物一體之理，所以欲脱根塵，而不知皆私妄之見，決無是理也。人只渺然一身，乃謂萬物一體，而與天地無異，其説近誕，實非誕也。人與萬物同具此理，只爲從大源頭上，乾道變化，各正性命，那裏生來，生生不已而變易無窮，道即行乎其間，故易曰「生生之謂易」也。生則一時生，略無餘欠，渾然完具，而豈一人之所得私乎？但人爲萬物之靈，得氣之通，推擴得去；物得氣之塞，則昏而不能推耳。其實生之氣雖異，生之理無異，不可謂他物無與，而我可以私而利之也。萬物一體，又何疑焉！人只爲自私，將自家軀殼上頭起意，故看得道理小了他底。放這身來，都在萬物中一例看，大小大快活。知萬物一體之無疑，何至牿於形氣之私而不能相通？只爲將自家軀殼上妄起意念。蓋理是無私底，軀殼則有私矣。見識既拘，心胸自隘，道本大，也看小了。他所以處處窒礙，件件繫縛，欲求活潑潑地之樂，不可得也。須將這身放在萬物中，不從軀殼起見，思身與萬物之所以一，又思身與萬物之所以殊，一例看他，則日用間見得天理流行，有心性便須存養，有倫物便須明察，順受其正，各止於所，一切大小事極大快活。何苦何累，而私己之念可以去矣。釋氏以不知此，去他身上起意思，奈何那身不得，故却厭惡，要得去盡根塵。爲心源不定，故要得如枯木死灰。然没此理，要有此理，除是死也。釋氏以不知萬物之一體，其視身也徒爲軀殼，要尋自家快活，而不得所以快活之實，遂於此身苦難安置，自起厭惡之心。以耳、目、鼻、舌、身、意爲幻根，以色、聲、香、味、觸、法爲幻塵。謂幻塵滅則幻根滅，幻根滅則幻心亦滅。盡欲去其根塵，使心源硬定，如枯木死灰。殊不知人生在世，無一事可廢，無一物可少，那有枯木死灰之理？必欲如此，死而後可。死則氣散，氣散則身盡也。否則有身便有心，有心便有體有用，如何絶得？釋氏其實是愛身，放不得，故説許多。譬如負販之蟲，已載不起，猶自更取物在身。又如抱石投河，以其重愈沉，終不道放下石頭，惟嫌重也。此窮究釋氏之病源而言之。蓋他許多説話，名爲捨身，實是愛身。牿於有我之私，爲這軀殼無處放得，故設爲「盡去根塵」一切浮蕩之説。譬如蟲之爲物，至小者也，爲貪負販，不勝其重，更復取物在身，越多越重。又如抱石投河，不知放下石頭，只嫌其重，終自沉溺而已。厭惡煩難，愈增煩難；尋覓快活，愈欠快活。曷若克去有己之私，探此身所從來，則身一日生，即一日備萬物之理，而不敢寘其身於枯槁。身一日死，即一日完萬物之理，而何須苦其身於輪迴？程子始則推原其理，以究釋氏之病之所自起；終則勘驗其隱，以窮釋氏之病之所由成。反覆剖析，其爲吾道之干城也至矣！

人有語導氣者，問先生曰：「君亦有術乎？」明道曰：「吾嘗夏葛而冬裘，饑食而渴飲，節嗜慾，定心氣，如斯而已矣。」此程子知命之學也。壽夭生死，造化闔闢之大機。而以術自鳴者，謂有長生久視之訣，可以導氣延年，聰明之士爭慕效之，故人亦有以此問程子者。不知術非君子所貴，而理則日用不違。衣服飲食，所以養生也，一有不謹，則傷生之事亦出其中。是故寒暑因乎運，後天而奉天時，飢渴得其正，不以口腹之害爲心害。此無異術，只是順理節慾而已。然節嗜慾以定心氣，所謂心和則氣和，氣和則形和，不言養生而養生之理亦寓，順受其正，知命立命者，正如斯也。若竊造化之大機，謂天地間果有不死之物，是爲無造化矣，豈有是理乎？

明道曰：佛氏不識陰陽、晝夜、死生、古今，安得謂形而上者與聖人同乎？佛氏虚空之談，自以爲形而上者，似與聖人「形而上者謂之道」説若相同，而不知離形下，安有所謂形上？如聖人所云：形上，性也、命也、太極也。陰陽、晝夜、死生、古今，乃太極動而生陽，静而生陰，動極復静，静極復動，天命之流行，率性之自然，而不容已者，豈非形上所寓？釋氏乃指爲輪迴，爲幻化，則不識陰陽、晝夜、死生、古今之理，其所謂「形上」，亦異乎聖人矣。而猶謂見性成佛，上達頓悟，至奇至妙也，適見其妄而已矣。

伊川曰：釋氏之説，若欲窮其説而去取之，則其説未能窮，固已化而爲佛矣。只且於跡上考之，其設教如是，則其心果如何？固難爲取其心不取其迹。有是心則有是迹，王通言「心迹之判」，便是亂説。故不若且於迹上斷定不與聖人合。其言有合處，則吾道固已有；有不合者，固所不取。如是立定，却省易。此爲初學者定闢邪之要領，直截明快，無毫髮差者也。釋氏譎誕，説不勝窮，初學自信未熟，欲窮其説以爲去取，恐未能攻彼之短，却已被他降下，漸爲所化，駸入佛教而不自知矣。今爲學者計，只就迹上判定。迹者，心之著也。迹正則心必正，迹邪則心必邪。近世士大夫於佛學，每每言他設教雖差，心猶有可取。殊不知心迹合一，彼既以是設教矣，則其心果如何？不取其迹而取其心，固甚難也。王通亦嘗言「心迹之判」，此是析理未精，胡亂説話。天下未有迹非而心是者，爲穿窬自是有賊心，爲光棍自是有惡念，貪財賄自是無廉恥，貪功名自是無氣節。今釋氏滅倫斷種，背天逆地，其迹彰彰可考，故不若且於迹上斷定，與聖人不合，不待深辨而明也。徜其言有與聖人合處，則聖人已詳言之，求之吾道可矣，奚必佛？其不合者，粗鄙俗惡，固所不取。如是則彼無所遁其巧，是非可以立定。此辨佛學之要法，工夫却省易，學者所可依據也。愚按，心迹之判，如屈於時勢之類，固亦有之。究竟委曲真切之心，即從迹上想見。故夫子曰：「觀過斯知仁矣。」斷未有聲言聚黨，明欲如是，而可詭爲之説，曰心不如是者也。且佛學之言，那有與聖人合處，只如言心性、言主静、言快樂等話，習儒家唇吻以佐其浮誕。源頭既差，終無是處。但初學見識低，恐以其合於聖人之言不敢判定，故伊川曰「吾道固已有」也，且教他放下，蓋皆爲學者設處也。

問：「神仙之説，有諸？」明道曰：「若説白日飛昇之類，則無；若言居山林間，保形煉氣以延年益壽，則有之。譬如一爐火，置之風中則易過，置之密室則難過，有此理也。」又問：「『揚子言『聖人不師仙，厥術異也』，聖人能爲此等事否？」曰：「此是天地間一賊，若非竊造化之機，安能延年？使聖人肯爲，周、孔爲之矣。」此言神仙之説，非造化自然之理，聖人不爲也。蓋物有始終，人有生死，無非陰陽闔闢之自然者。衛生家乃倡爲神仙之説，欲超出陰陽造化之外以常存，自昔迄今，哆口爭談，故或問程子果有此理乎？程子謂：人無生而不死，如白日飛昇之類，決無此理。若僻處閒静，息囂止紛，講呼吸吐納之方，習用逆導順之法，保形煉氣，以求延年，此如置爐火於風中，火易洩則易過，置於密室無風之地，火難洩則難過，理亦有之，然總無久而不散，謂此形可以長存者也。或又問：揚子雲有言「聖人不師仙」，爲其擇術之異，彼行彼法，我行我法耳，疑聖人不爲，非不能也。程子以爲：聖人自是不爲，然不止是異術。此乃天地間一賊，豈有人而可以爲賊者？天地間聚散之正理，造化司其柄，人生其中，只好順受其正。今以延年之故，盜弄闔闢，翻騰道理，偷生全軀，僥倖喘息，如鼠竊之輩，播弄神通，時亦攘竊些須，總非有道得財，聖人豈肯作此等悖道徇利事耶？若使聖人肯爲，周公、孔子無不知，無不能，當亦爲之矣。勿説無是理，斷不可存是心也。

謝顯道舉佛説與吾儒同處，問伊川先生。伊川曰：「恁地同處雖多，只是本領不是，一齊差却。」學佛者往往掇吾儒之言，似是而非，以爲儒、佛一同。謝上蔡舉其同處爲問，正欲辨其真也。伊川以爲，本領差則一齊皆差，即明道所云「句句同、事事合，然而不同」者，朱子所云「佛學與吾儒貌同心異」者。惟其見得親切，故敢如此判斷。蓋以其同處言之：釋氏行住坐卧，無不在道，與吾儒「不可須臾離」相似也；廣大無邊、性周法界，與吾儒「萬物一體」相似也；直指人心、見性成佛，與吾儒「學問之道無他，求其放心而已」相似也；本來面目，與吾儒「喜怒哀樂未發之中」相似也；有物先天地，無形本寂寥，與吾儒「無極而太極」相似也；坐禪入定與吾儒「主静」相似也；主人翁惺惺，與吾儒「言敬」相似也。然儒學本天，佛學本心，以心爲性，不識心所從來，只云默坐澄寂，心自靈通，豈知那些靈通乃是自己精神意見，全不是道理。則他之心與理二，本領既不是矣。本領不是，凡所動作，任意爲之，不用檢察，壞此心之體，絶此心之用，遂至遺君親、滅種類，得罪名教，一齊都差了。若吾儒之本領，則以盡心由於知性，性即天命之與我者，須「敬以直内」，「義以方外」，内外交相爲養，修、齊、治、平，位天地，育萬物，都不外此而得之矣。學者但當研究儒學，使益光明，則彼之邪説見晛曰消，無一星子是處也。〔一〕

横渠曰：釋氏妄意天性，而不知範圍之用，反以六根之微因緣天地，明不能盡，則誣天地日月爲幻妄。此言釋氏不知窮理，故不知天性，而淪於虚無幻妄之説也。儒者穷理盡性以至於命，究道之大原出於天，而行於父子、君臣、夫婦、昆弟、朋友之間。所聞所見，無非實理。耳目手足，可舉而措。推之則其大無外，精之則其小無内者也。釋氏不然，本心法爲起滅，其言性、言天，只是妄意之而已，而不知範圍之用。範圍，猶言裁成也。一本作「範圍天用」。天用，即化育也。六根，眼、耳、鼻、舌、身、意也。因緣天地，因區區之見，窺測天地也。誣天地日月爲幻妄者，釋氏以人之六根根於天地，六根起滅，無有實相，天地一切皆空，是誣爲幻妄，而不知虚空之即氣，有無隱顯，通一無二者也，所謂明不能盡也。〔二〕蔽其用於一身之小，溺其志於虚空之大，此所以語大語小，流遁失中。夫六根爲一身之用，此身自乾道變化大源頭處來，而非小也。彼不知哲、謀、肅、乂，身之用甚弘，而小而視之，以爲無足重輕。至於捨身佈施，有割付鷹虎以廣慈仁者，是蔽其用於一身之小也。天地無虚空之處，即物即事而道在，不必别求所謂大也。彼則馳心於大，以物與虚不相資，不於日用上體究，要去想像虚空的道理，是溺其志於虚空之大也。所以語大則太高，語小則太卑，輾轉流遁，皆失其中。其於天性者，躐等妄意已也。〔三〕其過於大也，塵芥六合；其蔽於小也，夢幻人世。謂之窮理可乎？不知窮理而謂之盡性可乎？謂之無不知可乎？六合，上下四方也。言虛空之大，而失之於過，則謂上下四方在虛空中，特一微塵芥子耳。拘形體之小，而中有所蔽，則謂一切人世之爲如夢幻泡影耳。是不識天地萬物之理，無大非小，無小非大，大即小之統貫，小即大之散殊，謂之窮理可乎？不窮理則不知性之即理，謂之盡性可乎？不窮理以盡性，則心與事不相照，而徒執本心靈覺之妙，謂之無不知可乎？亦見其妄而已矣。〔四〕塵芥六合，謂天地爲有窮也；夢幻人世，明不能究其所從也。推「塵芥六合」之意，以爲天地有窮，虛空無窮，是不知天地之氣，坱然太虛也，豈非語大而流遁失中乎？究其夢幻人世之故，由於不究人世從來之理，是不知本天道爲用也，豈非語小而流遁失中乎？夫六合、人世皆天理之當然，所謂天性於是乎在。釋氏不知而塵芥焉，夢幻焉，其妄意天性如此，何怪其不能範圍天用也！然則釋氏之弊，一言以蔽之，曰：不能窮理而已。〔五〕

橫渠曰：大易不言有無。言有無，諸子之陋也。理與氣不相離。易曰：「一陰一陽之謂道。」陰陽，氣也，其所以然者，即道也。又曰：「形而上者謂之道，形而下者謂之器。」其論道器，特以一形上、下言之，道不溺於無，器不墮於有，有無混一而交易，變易之義行乎其中，此大易之所由作，原未嘗分有無而二之也。後世異端見道不明，老氏以萬物生於虛，是有生於無；佛氏以萬物總是空，有者亦是無，則皆分有無而二之，豈知體用相因，精粗罔間，不可以有無分。分言之者，皆諸子之陋見，而非聖賢之道也。〔六〕

橫渠曰：浮圖明鬼，謂有識之死，受生循環，遂厭苦求免，可謂知鬼乎？此言浮圖一無所知，非能悟道，而肆爲誕妄之辭，不得不爲較是非、計得失也。西域名塔曰浮圖，因取其字義以爲教門。明鬼爲有識之死者，言人雖死而神識不散，所以重復受生、輪迴循環，是墮苦海。厭苦求免，要尋一個真性常在。豈知鬼之爲言歸也，氣散爲鬼，所謂反而歸耳，那有死而不散之理？且鬼能復爲人，則天地間只是幾箇來來去去，更不由造化生生矣！是不知鬼也。以人生爲妄見，可謂知人乎？佛氏指四大爲假合，己身爲幻身，是以人生爲妄見也。豈知日用事物，莫非天理之當然，其中是非黑白，分別整齊。是者，便是順此理；非者，便是逆此理。真實現成，何謂妄見乎？是不知人也。天人一物，輒生取舍，可謂知天乎？佛氏棄人事而求天性，是輒生取舍也。豈知天性之在人，猶氷之凝釋於水，其爲物一而已矣。舍人取天，則其所謂天者，亦非聖賢所謂「維天之命，於穆不已」、「大哉乾元，萬物資始」者也。是不知天也。孔孟所謂天，彼所謂道，惑者指「遊魂爲變」爲輪迴，未之思也。大學當先知天德，知天德則知聖人，知鬼神。今浮圖劇論要歸，必謂死生流轉，非得道不免，謂之悟道可乎？嘗推原其故矣。夫由太虛有天之名，由氣化有道之名，孔孟以天謂道所從出，而以道爲日用事物當然之理，故窮理盡性，然後可以至命下學，然後可以上達也。佛氏直認太虛即道，謂萬象爲太虛中所見之物。是孔孟之所謂天，乃彼所謂道，一切人事，盡可墮落，下學工夫盡可遺棄，此其所以不知天與人也。其尤惑者，易曰：「精氣爲物，遊魂爲變。」精，魄也。氣，魂也。魂魄二者，自無而有，合而成物，神之狀也。精虛魄降則氣散魂游而無不之，自有而無，隱而爲變，鬼之狀也。變則堅者腐，存者亡。而佛氏乃以變爲輪迴，其亦不思之甚矣！此其所以不知鬼也。夫陰陽鬼神，天之實理，所謂天德也。能知天德，則知聖人所以範圍天地之化，必不舉天人而二之。且知鬼神所以屈伸之故，必不謂死者可以復生。浮圖惟不格物窮理以知天德，而據其煩劇之論，求其大要指歸之所在，總謂死生流轉得道可免，不知所謂道者何道，而豁然頓悟者何悟也，謂之悟道可乎？舊注云：「悟則有義有命，均死生，一天人，推知晝夜，通陰陽，體之無二。」蓋當生而生，當死而死，是則有義有命也。生死均安，何所厭苦？天人一致，何所取舍？知晝夜，通陰陽，則知死生之説，何所輪迴？註意深切著明矣。〔七〕自其説熾，傳中國，儒者未容窺聖學門墻，已爲引取，淪胥其間，指爲大道。乃其俗達之天下，致善惡、知愚、男女、臧獲，人人著信。使英才間氣，生則溺耳目恬習之事，長則師世儒崇尚之言。遂冥然被驅，因謂聖人可不修而至，大道可不學而知。故未識聖人心，已謂不必求其迹；未見君子志，已謂不必事其文。此人倫所以不察，庶物所以不明，治所以忽，德所以亂。佛本西竺之人。漢時始入中國，延至於今，其説遂熾。世儒未曾格物，未窺聖學門墻，厭吾道之積，漸喜禪説之捷快，已爲引取，如溺於水者，淪胥不返，指爲一聞千悟，神通自在之大道。轉相倣傚，成爲風俗，通天下之善惡男女，皆信而奉之。其間豈無聰明之英才，受山川間氣而生，可以任正學之寄者？然而習俗移人，幼既恬而安之，長復師而尚之，亦遂冥然爲其所驅。因謂不假修爲，立地成佛，是聖人可不修而至也。「不立文字，教外别傳」，是大道可不學而知也。不修而至，則不必求其迹，求其迹者，考其行也；不學而知，則不必事其文，事其文者，讀其書也。夫聖人之所以爲聖人，君子之所以爲君子，明庶物、察人倫而已。今釋氏未識聖人之心，未見君子之志，而厭棄倫物如此。此五品之人倫，所以不能察其理之所以然；日用之庶物，所以不能明其理之所當然。天下之常治者，所以易至於不治；心德之固有者，所以多拂亂其有也。佛之流毒，吁！可畏哉！異言滿耳，上無禮以防其僞，下無學以稽其弊。自古詖、淫、邪、遁之辭，翕然並興，一出於佛氏之門者，千五百年。向非獨立不懼，精一自信，有大過人之才，何以正立其間，與之較是非，計得失哉？當此異言滿耳之時，欲防其僞而稽其弊，在上者必修先王之禮，使詭服異行無以容；在下者必學聖人之學，使邪説異教無以淆。而禮之不修、學之不講，蓋已久矣！孟子昔日所謂「詖淫邪遁」之辭，一齊並興，而出於佛氏之門者，約略計之有千五百年之久，舉世皆狂，孰知其非？奔走若鶩，那知其失？間有稍知義理者，則群相詆毀，勢孤力屈，未免生懼，而見地未徹，操持未定，内亦難以自信。向非獨立不懼，察之精有以窮彼説之誣，持之一有以守本心之正，則何以正立其間而與之較道理之是非，計行事之得失哉？陳清瀾曰：「由來闢佛，韓子得其肉，至二程子而後得其骨，至朱子而後得其髓。」愚謂張子此篇，亦可謂得其腦者矣。〔八〕

## 校勘記

〔一〕「學佛者往往掇吾儒之言」至「無一星子是處也」 此段尹刻本以爲集解闕，另照原編補爲：

「此謝上蔡欲窮釋氏之說而去取之。不知大本既差，則其說似同而實異，程子固斷定其不與聖人合，而區區同異，亦無庸置辨矣。」

〔二〕「此言釋氏不知窮理」至「所謂明不能盡也」　此段尹刻本以爲集解闕，另照原編補爲：「言釋氏緣不知性，而淪於虛無幻妄也。範圍，猶裁成也。聖人盡性，故能裁成天地之道。釋氏欲識性而不知範圍之用，則是未嘗知性也。謂六根悉本天地，六根起滅，無有實相，天地日月等爲幻妄，其誣甚矣。」

〔三〕「夫六根爲一身之用」至「躐等妄意已也」　此段尹刻本以爲集解闕，另照原編補爲：「厭此身之小，則蔽其用而不能推；樂虛空之大，則溺其志而不能反轉，流遁而失其中也。」

〔四〕「六合」至「亦見其妄而已矣」　此段尹刻本以爲集解闕，另照原編補爲：「上下四方爲六合。謂六合在虛空中，特一微塵芥子耳，所以言虛空之大；一切有爲法，如夢幻泡影，所以言人世之微。此皆不能窮理盡性之過。」

〔五〕「推塵芥六合之意」至「不能窮理而已」　此段尹刻本以爲集解闕，另照原編補爲：「夫道雖無形，實不外於氣。朱子嘗云『須是有此氣方能承當得此理，若無此氣則此理如何安頓』。可見故道無窮，氣亦無窮，烏得謂天地爲有窮哉？釋氏塵芥六合，謂虛空無窮，天地有窮，則是離道於氣而溺其志於虛空之大矣。人身之在世，倫常日用聚散死生，其所從來皆道之所爲，本非小也。釋氏夢幻人世，則視身爲無，如夢寐，妄不能究其所從來，豈非蔽其用於一身之小乎？總緣不知所謂性，故其説之荒誕若此，而世有高明者且多惑溺其中，亦於理有未窮而已，苟非辟之，何以入道哉！」

〔六〕「理與氣不相離」至「而非聖賢之道也」　此段尹刻本以爲集解闕，另照原編補爲：「易曰：『一陰一陽之謂道。』蓋陰陽之運，其所以然者即道也。體用相因，精麤罔間，不可以『有無』分。後世異端見道不明，始則以道爲無，以器爲有。有者爲幻妄，爲土苴；無者爲元妙，爲真空。析『有無』而二之，皆諸子之陋見也。」

〔七〕「此言浮圖一無所知」至「註意深切著明矣」　以上四段註解，尹刻本以爲集解闕，另照原編補爲：「此張子歷舉佛説之誣，並其流弊言之，欲學者崇正辟邪而斷然不惑也。夫精氣聚則爲人，散則爲鬼，既散則澌滅就盡而已。釋氏謂神識不散，復寓形而受生，是不明鬼之理也。人生日用，無非天理之當然。釋氏指爲浮生幻化，豈爲知人乎？孔孟所謂天，溯道之所從來也；釋氏直以天爲道，而不復修人事。其惑之甚者，指『遊魂爲變』爲輪回受生之説，尤爲未之思也。大學當先知天德，知天德則因以知聖人、知鬼神，如此方謂之知道。今釋氏之極論，必謂死生流轉，非得道者不免。夫道以免輪回，非率性之道矣，謂之能悟道可乎？如能悟，則當生而生，當死而死，有義有命。死生均安，何所厭苦？天人一致，何所取捨？知晝夜，通陰陽，則知生死之説，何所謂輪迴？甚矣，釋氏之誣也！」

〔八〕「佛本西竺之人」至「亦可謂得其腦者矣」　以上兩段註解，尹刻本以爲集解闕，另照原編補爲：「佛教自漢明帝入中國，至梁武、唐憲則俗益熾盛，達之天下矣。儒者未得容其窺聖學之門墻，已爲佛説引取，淪胥其間，遂指其説爲大道，迷而不悟，致使天下從風，人人著信而不疑。縱有英才間出，生則溺於耳目恬習之事，長則惑於俗儒崇尚之言，冥冥昏昏，被其驅率。乃謂：『不假修爲，立地成佛；不立文字，教外别傳。』不修而至，故謂不必求其迹；不學而知，故謂不必事其文。此人倫庶物所以不明不察，而治所以滋忽，德所以日亂也。詭誕之言，洋溢人耳。上之司治者，不修先王之禮，則無以防其僞；下之爲士者，非通聖人之學，則無以稽其奸。使詖淫邪遁之辭，翕合興起，皆出佛氏之門，蓋千五百年於兹，文人名士，胸無主見，往往陷溺其中。即稍稍不惑者，亦不能辨析毫釐，正言顯斥佛説之害人久矣。自非獨立不懼，精一自信，而有大過人之才識者，何以卓然立於邪説横行之日，而與之較其是非，計其得失哉？辟異端而崇正學，乃吾儒之責，此張子所爲惓惓也夫！」

# 近思録集解卷十四

凡二十六條

## 總論聖賢

此卷論聖賢相傳之統，而諸子附焉。斷自唐、虞、堯、舜、禹、湯、文、武、周公，道統相傳，至於孔子。孔子傳之顔、曾，曾子傳之子思，子思傳之孟子，遂無傳焉。楚有荀卿，漢有毛萇、董仲舒、楊雄、諸葛亮，隋有王通，唐有韓愈，雖未能傳斯道之統，然其立言立事，有補於世教，皆所當攷也。迨於宋朝，人文再闢，則周子唱之，二程、張子推廣之，而聖學復明，道統復續，故備著之。

明道曰：堯與舜更無優劣，及至湯武便別。孟子言「性之」、「反之」，自古無人如此説，只孟子分別出來，便知得堯舜是生而知之，湯武是學而能之。文王之德則似堯舜，禹之德則似湯武。要之皆是聖人。此綜論堯、舜、禹、湯、文、武，以爲聖人之準，非品第其優劣也。堯曰「欽明」，舜曰「濬哲」，史稱「重華協於帝」，其無優劣明矣。及至湯武，不無稍別，然自古未有以定之者，直到孟子以堯舜爲「性之」，以湯武爲「反之」，分別出來，後人方知有「生」與「學」之別。蓋性之者，得全於天，無所污壞，不假修爲，「生知」安行之事也；反之者，修身體道，以復其性，「學知」利行之事也。堯舜不失其性，湯武善反其性，別而究未嘗別。文王之德之純，「不識不知，順帝之則」，則亦「生知」之性也，故曰「似堯舜」。夫子之贊禹曰「無間」，其明德遠矣。顧得精一、執中之傳，而爲堯舜之見知，且其克勤克儉，不矜不伐，則亦學而能之，以復其性者，故曰「似湯武」。要惟聖人爲能盡其性，性無不盡，則初雖有安勉之分，及其成功一也，故曰「皆是聖人」。然則盡「反之」之功，以全「性之」之理，其能無望於行法俟命之君子乎！

明道曰：仲尼，元氣也。顔子，春生也。孟子，並秋殺盡見。此反覆形容聖賢氣象，欲人潛心體認，反求諸己而學之也。夫子陰陽合德，不剛不柔，太和充滿，衆理淵涵，如一元之氣，渾淪溥博，自然而然，無二無間。此聖不可知者也。顔子則亞聖之資，盎若春陽，藹若春風，萬物發榮滋潤，到處皆有生意。如言而無所不説，進而未見其止，即其驗也。孟子亦亞聖之才，而有剛明果毅，整齊嚴肅之意。如諸侯不往見，管晏不肯爲，所謂「並秋殺盡見」者，亦於此驗也。仲尼無所不包。顔子示「不違如愚」之學於後世，有自然之和氣，不言而化者也。孟子則露其材，蓋亦時然而已。元氣貫通乎四時，則無所不包，此仲尼之道全德備，非一善可名者也。春意發生，則有自然之和氣，此顔子之

「不違如愚」，與聖人合德，令後世可以想見，默而成之，不言而信者也。秋爽氣清，高曠軒朗，此孟子之英氣發越，爲露其才。蓋亦戰國之時，異端滋熾，又無夫子主盟其上，故其衛道之嚴，距邪之力，不得不然者也。仲尼，天地也。顔子，和風慶云也。孟子，泰山巖巖之氣象也。觀其言，皆可見之矣。何以擬之？仲尼之「無所不包」，其天地之無不持載，無不覆幬者乎？顔子得天地自然之和，其和風慶雲之協氣祥光乎？孟子得天地清剛之氣，而發見呈露，其泰山巖巖氣象，峻極而不可踰越者乎？今語、孟之言具在也，學者讀其書，想見其爲人，可信其不誣已。仲尼無迹，顔子微有迹，孟子其迹著。然則天地無心而成化，雖日發育萬物，人莫得而窺其迹者也，仲尼之一理渾然，泛應曲當，如是焉已。風雲變化，雖不知其所以然，而微有迹可見，如顔子爲仁之問，喟然之歎，庶乎可以窺測其微也。泰山巖巖，壁立萬仞，其中景物，昭布森列，如孟子者，發揮透露，不留餘蘊，其迹著明也。孔子儘是明快人，顔子儘豈弟，孟子儘雄辯。大抵聖賢所造，非學者可及。「孔子儘是明快人」，明者，心無渣滓，人欲盡而天理見也；快者，心無係累，萬物一體而因物付物也。所謂氣質清明，義理昭著，廓然大公，物來順應是也。「顔子儘豈弟」，豈，和樂也；弟，謙遜也。有若無，實若虚，犯而不校，無伐善，無施勞，皆是也。「孟子儘雄辯」，息邪説，距詖行，放淫辭，以至陳賈、淳于髡之徒，排擊剖割，息其喙而後止，可謂雄矣。由是觀之，聖人全體太極，顔子得「仁」意思多，孟子得「義」意思多。學者苟能會觀而體認之，則士希賢，賢希聖，聖人洵可學而至也，豈徒深仰止之思已哉？

明道曰：曾子傳聖人學，其德後來不可測，安知其不至聖人？如言「吾得正而斃」，且休理會文字，只看他氣象極好，被他所見處大。後人雖有好言語，只被氣象卑，終不類道。此言曾子學聖人之學，心聖人之心，所見者大，氣象高明也。曾子立志誠篤，反身循理，悟「一貫」之旨，已傳聖人之學矣。後來之德日進而不可量，幾至聖人地位。如易簀之時所云「吾得正而斃，又何求焉」者，非其心聖人之心，所行不踰矩者，安能爲此言？學者且勿於言語文字上求之，看他一息尚存，樂善不倦，是何氣象！豈不極好！由其平日戰戰兢兢，臨深履薄，真見得天地間只有一理，造次顛沛，皆必於是，一或不正，無以中處坤乾而成其爲人。所見之大如此，故其氣象從容自得。後人雖能勉强説幾句好言語，亦若有得於道，只被氣象卑，終不類有道者。蓋循理則日進高明，篤實而後有輝光，氣象不從外得也。程子又曰：曾子易簀之際，與「行一不義、殺一不辜而得天下不爲」者同心，夫非以其所見之大，可以躋於聖人之域乎哉？

明道曰：傳經爲難。如聖人之後，纔百年，傳之已差。聖人之學，若非子思、孟子，則幾乎息矣。道何嘗息？只是人不由之。「道非亡也，幽厲不由也」。經，所以明道也。一字一句之差，則失明道之本指，而異端邪説得以間之。故傳經爲難。孔子删定六經，述往訓，示來者，如日中天，道統賴以不晦。夫何没纔百年便有傳之而差者？蓋由門人弟子各分支派，轉相師授，未免拘文牽義，墮於己見之偏。惟子思得曾子之傳，作爲中庸。孟子又得子思之傳，作爲七篇。理真脉正，如性道教，仁智勇，以及性善、養氣，崇仁義，黜霸顯之論，真可以昌明大道，而得聖人傳經之意者。若非此二人相繼纘述，提綱挈領，則幾乎息矣。夫道本於天，具於人，萬古長存，一刻無間，何嘗或息？只爲微言絶，大義乖，坦易道路，寘之荆棘，人自不由耳。不由故不得聖人之真傳，否則六經具在，即無子思、孟子，亦可講習涵泳而得之。而况嫡派相傳，昭然若揭，人其可不身體力行而自甘爲幽厲之續乎哉〔一〕？

明道曰：荀卿才高，其過多。楊雄才短，其過少。荀卿，名况，爲楚蘭陵令。楊雄，字子雲，爲漢光禄卿。荀卿敢爲放言高論，作書數萬言，而以性爲惡，以禮爲僞，以子思、孟子爲非，故曰「才高，其過多」。楊雄劇秦美新之談，過亦甚矣，然摹倣前聖之遺言，作太玄擬周易，作法言擬論語，故曰「才短，其過少」。聖學自孟子而外，幾失其傳。韓昌黎評荀、楊，以爲「擇焉不精，語焉不詳」。其實二子之過，非止不精不詳焉已也。

明道曰：荀子極偏駁，只一句「性惡」，大本已失。楊子雖少過，然已自不識性，更説甚道？此言荀、楊誣本然之性，本領差，則其餘皆差也。蓋性者，大本也。率性之謂道，禮義教化皆自性中出。聖人不過因而品節修明之。荀子以人性爲惡，則是誣天地耑生惡人，天下萬世之人盡宜爲惡，聖人之禮義教化，矯揉造作，皆屬僞爲。其悖理之甚，豈非極偏駁而本已失者乎？孟子言「性善」，在本原上見得是，故百事皆是；荀子在本原上見錯，故百事皆錯。楊子則見孟子説「性善」，荀子又説「性惡」，他無得可説，只説得箇「善惡混」，亦是才短模糊之見。然性者，道之所從出，要識得真「道」字，方體認親切。既不識性，又説甚道？均有悖於聖學者也。

明道曰：董仲舒曰：「正其誼〔二〕，不謀其利；明其道，不計其功。」此董子所以卓越諸子。董子天人三策，詳明剴切，而「正誼不謀利，明道不計功」二語，尤爲要領。世間只爲「功利」二字，壞却許多心術，敗却許多事業。蓋有計功、謀利之心，則雖事屬道義，究竟全是功利，不能正、不能明矣。故朱子曰：「仲舒所立甚高，後世不如古人者，以道義、功利關不透耳。」打透此關，踏實地做工夫，無些毫徇外爲人，存養自己心性，參贊天地位育，都算做義、道之當然，而非有所爲而爲之。則學是聖學，道是王道。諸子中，誰能見得到，説得出者？而惟董子能言之，程子謂其「度越諸子」，豈虚也哉？

明道曰：漢儒如毛萇、董仲舒，最得聖賢之意，然見道不甚分明。下此即至楊雄，規模又窄狹矣。此評次漢儒之短長，使後學知取舍也。毛公，名萇，得子夏之傳，爲河間獻王博士。善治詩。獻王悦之，取其詩傳加「毛」字以别齊、魯、韓三詩。齊謂轅固，魯謂申公，韓謂韓嬰也。董仲舒通春秋，漢武帝舉賢良方正之士，仲舒爲舉首，帝親策問以古今治道，疏對再三，語甚親切。程子謂其「最得聖賢之意」者。毛以「修身齊家」爲論治之要，董以「正誼明道」爲格君之本，是也。又云「見道不分明」者，或嘗問朱子，朱子曰：如董云「性者生之質」，性非教化不成，似不識本然之性。毛公詩傳緊要有數處，如關雎所謂「夫婦有别則父子親，父子親則君臣敬，君臣敬則朝廷正，朝廷正則王化成」，要之亦不多見，只是氣象大概好耳。楊雄法言、太玄似知遵聖論道者，故曰「下此即至楊雄」。然學老氏「將取固與」之術，卒爲莽大夫，非儒者規模，其窄狹又甚矣。使三子者得聖人爲之師，講明而實踐之，其所成就當益有進，而惜乎止於斯也。學者綜而觀之，其亦可知所折衷也夫！

明道曰：林希謂楊雄爲禄隱。楊雄，後人只爲見他著書，便須要做他是，怎生做得是？楊子雲失身事莽，大節已虧，而人猶以爲禄隱。禄隱者，道不行而浮沉下位也，子雲固如是乎哉？人但見其所著之書，奥衍深僻，詫爲有才，便要説他是，故爲遷就其説。豈知不識性、不識道，即其爲書，亦皆不知而作，徒以艱深之詞文淺易之説，怎有是處？人勿爲其所惑可也！

明道曰：孔明有王佐之心，道則未盡。王者如天地之無私心焉，行一不義而得天下，不爲。孔明必求有成而取劉璋。聖人寧無成耳，此不可爲也。諸葛亮，字孔明，東漢末輔劉先主，志欲攘除姦凶，興復漢室，鞠躬盡瘁，死而後已。義理見得極正，規模做得極大，故程子贊其「有王佐之心」。而謂於王道有未盡者，蓋王者之心，與天地同其無私，不計成敗，止論是非，如其非義，即行一事可得天下之大，亦必不爲。而孔明則急於致主有成，故先主入蜀取劉璋，孔明與有責焉。雖以璋之昏弱，先主不取，後亦將爲强有力者奪之，而時尚安堵，又以親親之道來，貪冒詐取，於義何居？若使聖人處此，寧漢業之無成，必不包藏禍心，蔑同姓之親，攘非分之利。此孔明所以於道有未盡也。若劉表子琮，將爲曹公所并，取而興劉氏，可也。蓋行而宜之之爲義。王道貴有權衡，當先主依劉表於荆州也，會操南侵，表卒，子琮欲降，孔明說先主取荆州，事與取璋意同，而曲直則有間矣。蓋琮出降曹，地爲曹并，漢室河山拱手奉賊，乘勢取之，推亡固存，無負於表，有裨於漢，揆之道義正合。雖先主不從其言，不得以此言爲孔明咎也。程子此論得春秋褒貶之意，所謂「聖人之律令，化工之肖物」也。

明道曰：諸葛武侯有儒者氣象。三代而下，尚權詐，急功利，雖有經濟幹辦之才，終少儒者氣象。獨諸葛武侯隆中抱膝，承昭烈三顧而後起，其出處之正與伊尹之「囂然」、「幡然」者同。至其以忠事主，以義討賊，以節制行師，以公誠接下，以信賞必罰治軍，以大德不以小惠治民。日在戰鬭雲擾中，胸若無事而思慮細密，神化不測。讀其將歿自表之辭，則知澹泊寧靜，天下物欲，舉不足以動之。此程子所以稱其有儒者氣象也。

明道曰：孔明庶幾禮樂。孔明以王道治蜀，雖軍旅數興，而蜀人歌思，至於久而不忘。有「以佚道使民，以生道殺民」之意，幾於「導之以禮樂，則民和睦」者。故文中子有言曰：「孔明而無死，禮樂其有興乎？」程子亦曰：「諸葛亮已近王佐，其治國政刑修治，而人心豫附，名正言順，禮樂其庶幾乎？」後有作者欲比擬前賢，難矣。

明道曰：文中子本是一隱君子，世人往往得其議論，附會成書。其間極有格言，荀、楊道不到處。文中子，即王通，隋末不仕，設教於河汾，著數萬言。其弟及其子收其議論，附會成書，名曰中說。雖其論治道不免碎細，稱佛爲西方聖人，則亦於大本大原未有所見，然有荀、楊所不能道及者。

荀、楊說性差，則所說皆差。文中子猶知所謂中，是以極有格言也。朱子亦曰：「其書多爲人添入，真僞難見，然好處甚多。就中論世變因革處，說得極好。」又曰：「文中子論治體處，高似仲舒，而本領不及；爽似仲舒，而純不及。」合程、朱之言觀之，可以知其爲人矣。

明道曰：韓愈亦近世豪傑之士，如原道中言語雖有病，然自孟子而後，能將許大見識尋求者，才見此人。至如斷曰：「孟氏醇乎醇。」又曰：「荀與楊，擇焉而不精，語焉而不詳。」若不是他見得，豈千餘年後，便能斷得如此分明！韓愈，字退之，仕唐，爲吏部侍郎。程子以爲「豪傑之士」者，蓋生於道壞學敝之時，無師友講明之助，卓然有見，扶正闢邪，真超乎凡民之上而爲豪傑者。所著原道諸篇，其中如言「博愛之謂仁」，但言其用而未及其體；言「道德爲虛位」，但辨其名而未究其實。語若未瑩，雖微有病，然自孟子以後，家自爲學，人自爲說，孰知堯、舜、禹、湯、文、武、周公、孔、孟爲相傳之正統？孰知仁義道德之必合而言之？孰知人性有五而情有七？孰知孟子之功不在禹下？又孰知排釋詆佛，敢於犯鱗觸霆瀕死而不顧？許大見識，可謂絕無僅見。至於推論孟子之與荀、楊，定其醇疵，判若黑白，若不是他於聖道正學見得真，安能如此斷得確？宜爲程子所推重。而朱子亦曰：「韓文公見得大意已分明也。」

明道曰：學本是修德，有德然後有言。退之却倒學了。因學文，日求所未至，遂有所得。德，其本也。文章，末也。古之學者務修德而已。德積於中，文自見於外，所謂「有德者必有言」。

退之學文章而後見道，是由末以及本，却倒學了。然不如今之學文者，荒忽其本意，或固滯而無所通達。蓋因學文，日求所未至，觀其論「得之於心，應之於手」、「先醇後肆」、「仁義之人，其言藹如」，皆優游涵泳之功，充積既久，遂有所得。如原道、原性、師説諸篇，皆度越諸子，而不同於無用之贅言。朱子曰：「只是不曾向裏面省察，不曾就身上細密做功夫耳。」如曰：「軻之死，不得其傳。」似此言語，非是蹈襲前人，又非鑿空撰得出，必有所見。若無所見，不知言所傳者何事。蓋其見識高卓，發前人所未發，如以孟子之後爲「無傳」，放膽説出，獨攄己見，既非附會，亦非穿鑿捏空，强爲杜撰之談。若必有上下千百年之見，勘破大聖賢之心，方知孟子以前如何是嫡派真脈，孟子以後如何是小醇大疵。若無所見，則彼言所傳者何事？豈意中漫不知所指，糊塗作此等説話耶？是知退之約六經之旨爲文章，即未可謂修德之士，亦可以爲行遠之文矣。故朱子曰：「韓退之却有些本領，非歐陽公比。」

周茂叔胸中灑落，如光風霽月。天理周流，本無滯礙，中有未淨，故多係累。周子心契太極，其胸中精瑩明徹，不疑所行，實有以得夫仲尼、顏子之樂，是以灑灑落落，如光風霽月、清曠高遠之象。若有一毫私吝心，何處得此耶！故李延平每誦此言，以爲善形容有道者氣象。而朱子作周子贊，亦曰：「風月無邊，庭草交翠。」向非真有得於道，而漫學洒落，則是逍遥閒適歸於放曠而已，豈洒落之謂乎？其爲政精密嚴恕，務盡道理。觀其爲政，而其氣象愈可思矣。精詳者難於縝密〔三〕，嚴毅者不能寬恕，周子則兼而有之。蓋其洞見道妙，隨物觀理，務期各盡而已。故孔經父祭文云「玉色金聲，從容和毅」，可謂得之矣。當時之人，見其政事精絶，則以爲宦業過人；見其有山林之志，則以爲襟懷飄灑，雅有高趣。莫有知其爲學知道者，惟程大中知之。宜二程先生之有以大斯道之傳也。竊謂「胸中洒落」者，無欲也，誠也；「爲政精密嚴恕」者，動正而用和也，誠精故明也。周子之學，其妙根於太極一圖而已。

伊川撰明道先生行狀曰：先生資稟既異，而充養有道。此篇形容明道廣大詳密、渾化純全。是大賢以上事，非伊川不能知之深、言之悉也。孟子以後，惟周子默契道體，明道先生義理本原，固受之周子，而通透灑落，發明理致，渾然天成，不犯人力，則有充然自得者，可直溯孔孟而上接道統之傳，是以伊川詳哉其言之。資稟，謂其所得於天者。充養，謂其所存於己者。此二句爲一篇之綱領，蓋質非中和，後來成就雖好，能造其極而不能合於中；養有未充，則雖天資高，而精微周折恐有所未盡。資與學齊到，所以非諸儒可及也。純粹如精金，温潤如良玉。以其天資之高，得天地清淑之氣，已如金玉，不比凡物，而又加以鍛煉琢磨之功，愈加精良。是故純一不雜，真粹無私，如金之精也。温而能理，潤而能澤，如玉之良也。金爲堅剛，玉爲柔順，其「剛柔合德」者乎！寛而有制，和而不流；惟其德之備，故其行之善。凡人褊急者不可以容物，則寛爲貴。寛易失之縱，乃於寛大之中，井井條理，各有節度，所以難也。亢戾者，不可以入道，則和爲貴。和易失之流，乃於和緩之中，恭敬樽節，不隨波靡，所以難也。寛和是資稟，有制不流是充養，其「發皆中節」者乎！忠誠貫於金石，孝悌通於神明。

是其積於躬也，無不盡之心，無不實之意，不自欺而自慊，忠誠可以貫金石；篤事親之愛，敦從兄之敬，能仁至而義盡，孝弟可以通神明。所謂誠正之學，修齊之本乎！視其色，其接物也，如春陽之温；及其發於外也，接物之色，盎然其和，如春陽發達，萬物受其鼓動而不知也。有道之氣象如此，所謂「温温恭人」者乎！聽其言，其入人也，如時雨之潤。入人之言，漸濡不迫，如萬物得時雨之潤。既優既渥，既霑既足者也。有德者必有言，如此所謂「仁義之人，其言藹如」者乎！胸懷洞然，徹視無間。測其藴，則浩乎若滄溟之無際；是其由内達外，皆盛德之符。人得而見之，無從而測之。蓋胸懷灑落，如洞開重門，徹底空明，表裏如一。而其學識之所藴蓄，則深博無涯涘，如滄溟之浩浩蕩蕩，不知所際。朱子所謂「賢愚皆獲其益」，而學者未至，則不可輕議之者乎！極其德，美言蓋不足以形容。夫德之可以一善名者，則可因其所近而形容之。若夫衆善悉涵，雖有美言，善爲擬議，正恐偏而不該，反失其實。故伊川於極其形容之下，又爲贊不啻口之辭。自此以上，皆言其資禀之粹、充養之厚也。先生行己，内主於敬，而行之以恕；綜先生之行己而論之。敬以持身，無妄思，無妄動；恕以及物，推心如心。敬其本也，恕其用也。本立而用有以行，故心存而理得也。見善若出諸己，不欲勿施於人。是以廓然大公，忘乎人己之見。見善若出諸己，不知其在人也；不欲勿施於人，視人猶乎己也。劉立之曰：「先生聞人一善，咨嗟獎勞，惟恐其不篤。」與伊川「善若出諸己」句合。居廣居而行大道，言有物而行有常。心之所居，以天地萬物爲一體，不處於狹陋；身之所行，以是非可否爲裁制，不由於邪僻。言必以實，不爲虚夸浮飾之言則有物；行必以度，不爲新奇詭異之行則有常。自此以上，皆言行己之本末也。先生爲學，自十五六時，聞汝南周茂叔論道，遂厭科舉之業，慨然有求道之志。未知其要，泛濫於諸家，出入於老、釋者幾十年，返求諸六經而後得之。綜先生之爲學而論之。世方習科舉之業，妨功奪志，未必切合於修己治人之大道。先生十五六時，濂溪爲南安軍司理參軍，先生奉父命受學焉。聞其論道，遂厭舉業，慨然以道爲志。自言：「再見茂叔後，吟風弄月以歸，有『吾與點也』之意。」蓋其所志者大，即夫子「十五而志於學也」。又不敢廢聞見擇識之功，博求於多以歸於一，故以諸家之同異，老、釋之虚無，亦嘗泛濫出入於其間，窮其説，究其蔽，如是者幾十年。知其不可以爲訓也，返而求諸六經，明道之書，内聖外王，精粗畢備，優游涵泳，至久而自得之。蓋學之博而擇之精，即夫子之所謂「不惑」也。明於庶物，察於人倫，由是準六經之旨以窮其理，而知道不外於庶物人倫之間也，明之而有以識其當然，察之而又加詳焉。則日用間見得天理流行，無少欠缺，而其中是非黑白，各有條理矣。知盡性至命，必本於孝弟；窮神知化，由通於禮樂。本六經之理以履其事，而知道不外於孝弟禮樂之要也。心所具爲性，性所從出爲命。人之不學而能，不慮而知，根於性命之自然者爲孝弟。孝弟爲仁義。知禮樂之實〔四〕，則知爲盡性至命之本矣。神，天德也。化，天道也。天高地下，萬物散殊，而禮行焉；流而不息，合同而化，而樂興焉。通乎禮，則知大化散殊之迹；通乎樂，則窮流行合一之神矣。此則知天知人，合而一之者也。辨異端似是之非，開百代未明之惑，秦漢而下，未有臻斯理也。謂孟子没而聖學不傳，以興起斯文爲己任。其言曰：「道之不明，異端害之也。昔之害，近而易知；今之害，深而難辨。昔之惑人也，乘其迷暗；今之入人也，因其高明。天人之理明，則是非之辨真。蓋非聖人之道而别爲一端者，往往以似亂真。自信不到，則無以爲辨之之本。而人心之惑既久，何由能開？先生識真守定，獨砥於淪胥波靡之會，秦漢以來，未有能及之者也。觀其自附孟子之後，身任斯文之統，發而爲言者，卓然可見矣。初言「異端」，泛言之也。繼言「昔之害」，指楊、墨、申、韓言之也。「今之害」，指佛、老言之也。楊、墨、申、韓之言淺近，但足以惑迷暗之人，而高明之士猶知其非。至佛、老則推而高之，鑿而深之，聰明才智，反爲附會，遍天下皆受其惑矣。此之不可不辨也。自爲之窮神知化〔五〕，而不足以開物成務；蓋彼之所謂高深者，是乃所以爲卑陋也。據其邪遁之説，自以爲通達奥妙，於天地神化之良能，無不窮而知之，而人事生理，顛倒錯亂，不足以有爲於天下。則與吾道之「明庶物」者異矣。言爲無不周偏，實則外於倫理；自以爲性周法界，一黍中呈現三千大千。其言無不周偏，而廢三綱五常，把父子君臣、天地上下之理殄滅盡了，是外於倫理也，則與吾道之「察人倫」者異矣。窮深極微，而不可以入堯舜之道。又以爲窮深極微，超出陰陽之外，爲不生不滅之説，而不知無淺非深，無微非顯，堯舜以來相傳之道，大中至正，其爲教易明而事易行也。索隱行怪，便不可入堯舜之道，則與吾道之「性命必本孝弟，神化由通禮樂」者異矣。天下之學，非淺陋固滯，則必入於此。自道之不明也，邪誕妖異之説競起，塗生民之耳目，溺天下於汙濁。雖高才明智，膠於見聞，醉生夢死，不自覺也。是皆正路之蓁蕪，聖門之蔽塞，闢之而後可以入道。」大抵天下之學者，不得六經旨要之所存，是以其迷暗者，既爲刑名功利之術，訓詁詞章之習，錮而蔽之，患其淺陋固滯，而不足以明道。而其非迷暗者，則好高喜捷，必入於此種虚無怪幻之談，而道將何自明乎？夫惟道之不明也，異端競爲邪説，使民有耳目而不聰明，如或塗之；使民有心思而多汙濁，如將溺焉。自負高明，不能善用才智，只爲習見習聞，膠黏不化。生則如醉，罔知與生俱來之理；死則大夢，莫識原始反終之義。是皆於光明正大之路，多寘蓁蕪，爲學入德之門，竟行蔽塞者。於此之時，欲使學者由斯路，出入斯門，以進乎道也，非毅然闢之不可。先生之言若此，其辨異端以正人心者，與孟子距楊、墨同功也。先生進將覺斯人，退將明之書。不幸早世，皆未及也。其辨析精微，稍見於世者，學者之所傳耳。蓋先生爲一時之人心計，則將以斯道覺斯民；爲萬世之人心計，則將明之書以示來者。乃進既不大用於時，退而著書未就，不幸享年僅五十四，力皆未及。今所存者，其辨剖明析，至精至微，令世人可以奉爲楷模，信守勿違，則皆其時從遊之學者彙輯叙述，循誦師傳云耳。使天假之年，其昌明正道，更當何如乎？自此以上，皆言其爲學闢邪之本末也。先生之門，學者多矣。先生之言，平易易知，賢愚皆獲其益，如群飲於河，各充其量。先生教人，自致知至於知止，誠意至於平天下，灑埽應對至於窮理盡性，循循有序。病世之學者，捨近而趨遠，處下而闚高，所以輕自大而卒無得也。綜先生之教人而論之。蓋先生之學，大而有本，故先生之教，進必以漸也。當時學者爭遊其門，可謂多矣。其言總不越於人情物理，平易易知。賢者神而明之，則日進無疆，而愚者亦有所循以寡過，是皆獲其益也。譬如河水，挹取不窮，各隨飲者之量。量有大小，皆虚而往，實而歸，不患其不充足。其教人不倦如此。然而教無躐等。如教人以求知也，則自學、問、思、辨，實盡致知之事，以至於真知所當止之地，中間理一分殊，不希頓悟。其教人以力行也，則自好惡慎獨，實盡誠意之事，以至於舉而措之平天下之大，中間功效次第，知所先後。凡以約之於下學之中，使人從灑掃應對工夫做起，自然漸向上去，至於窮理盡性而止。所云「遠必自邇，高必自卑」，其循循有序又如此。正爲近世之學者遊心空蕩，有捨近趨遠、處下闚高之病，輕於自大而已，終於義理茫然無得，所以開示親切，使學者有以識其門庭也。此一節，皆言其教人之道也。先生接物，辨而不間，感而能通。綜先生之接物而論之。是非必辨，不爲茍同之見，而物我無間，不以其人之異於我而遂生畛域也。感而能通，所謂心如洪鐘，「小叩則小鳴，大叩則大鳴」者乎！教人而人易從，怒人而人不怨。教人各因其資，不强以難知難能之事，使過者可俯而就，不及者可跂而及，故人易從。怒人則因其可怒而怒之，心平氣和，不念其舊，不阻其新，故人不怨。賢愚善惡，咸得其心。以萬物一體之懷，擴民胞物與之量，雖有賢愚善惡之異其姿，而仁者無不愛也，故咸有以得其心。狡僞者獻其誠，暴慢者致其恭。自盡其誠，誠能動物，故雖狡而好用其智，僞而好行其私者，亦莫不輸欵曲而獻其誠。自篤其恭，恭者不侮人，故雖暴而有狠戾之氣，慢而有怠肆之心者，亦莫不生謙遜而致其恭〔六〕。聞風者誠服，覿德者心醉。其盛德所孚，無間遠近。故遠者聞風，則切景行之私，而誠服而非飾情；近者覿德，則飲太和之醇，而心醉而無厭志。雖小人以趨向之異，顧於利害，時見排斥，退而省其私，未有不以先生爲君子也。懿德之好，人心同然。故雖共事之小人，薰蕕本不同器，且爲利害起見，恐君子之終軋己爲後患也，不得不排之使不見用，斥之使不見信。然退而察其私，居燕閒之地，評論及之，未有不以爲君子者。如王荆公與先生論事不合，而嘗謂先生忠信，是其驗也。自此以上，皆言其接物之道也。先生爲政，治惡以寬，處煩而裕。綜先生之爲政而論之，不尚嚴苛，雖治惡人，寬以待之，使得自新，未嘗絶人向善之路也，其「不惡而嚴」之義乎！不事綜核，雖處極煩，順理則裕，得其要領，自見優游暇豫之休也，其「居敬行簡」之義乎！當法令繁密之際，未嘗從衆爲應文逃責之事。人皆病於拘礙，而先生處之綽然。衆人憂以爲甚難，而先生爲之沛然。法令易以繩人。居下位者，不得自行己志，相率爲虚文逃責而已。先生揆之以理，爭之以義，雖當法令繁密，未嘗苟且從衆，總欲處得其當，而非以爲矯也。嘗自言曰「職事不可以巧免」，其是之謂乎？衆人惟爲法令所拘，是以動多窒礙，先生處之綽然，不拘於法，而亦未嘗戾於法，故其自言曰「人雖異之，不至指爲狂也」。人惟以法令爲憂，是以千難萬難，唯先生爲之沛然，擺脱得開，無事不從容，故其自言曰：「一命之士，苟存心愛物於人，必有所濟也。」是之謂「行所無事」者乎！雖當倉卒，不動聲色。志不足以帥氣，則倉卒急迫，不能自持，往往動於聲色之際。先生「理素明而志素定」，及乎事變之來，不失其常，所謂「震驚百里，不喪匕鬯」，先生有焉。所以然者，敬而已矣。方監司競爲嚴急之時，其待先生率皆寬厚，設施之際，有所賴焉。在下位不獲乎上，民不可得而治也。先生忠信懇惻，足以動人，故雖位乎其上者，如監司各憲，方且兢爲嚴切刻急，人皆望風震怖，獨爲先生所化，率以寬厚相待。不但無以撓先生之法，並且引以爲重，凡有設施，交相倚賴。所以然者，誠而已矣。先生所爲，綱條法度，人可效而爲也。至其道之而從，動之而和，不求物而物應，未施信而民信，則人不可及也。凡先生之居官涖民，所以著爲綱領條目，一切法度，次第井然，各有規矩，人人可傚而行之也。然法可得而師，德不可勉强而至。先生躬行道民而民自從，不待禁令之煩；至誠動人而人自和，如在鈞陶之中。盡其在我，不求物應，而應之者不疾而速；信在言前，未嘗施信，而信之者不言而喻。此其德盛化神，幾於聖人地位，非其所稟之粹，所養之厚，烏能若是？是豈人所可及哉？自此以上，皆言爲政之道也。

讀伊川此文，條分縷析，而反覆深思之，則知明道先生與道爲體，一團和氣，純是天理渾成。初無求異於人，而其不得不異者，則有時而獨異。雖不得高位以澤天下，而以斯道倡之於人，使人知佛、老之爲非，孔孟大道得先生而後傳，補助天地，厥功茂焉。他日，伊川謂張繹曰：「我昔狀明道之行，我之道與明道同，欲知我者，求之於此文可也。」明道、伊川造德各異，而不害其爲同者，夫道一而已矣。道認得真，各成其質，各就其學，終歸一致，無分彼此。若夫本領既差，一齊差却，則雖同而大不同。此孟子之後，所以必推河南兩先生也。

明道先生曰：周茂叔牕前草不除，問之，云「與自家意思一般」。天地之大德曰生，所以生生者，仁也。方當春時，生意發育，隨處呈現，即可於牕前之草驗之。周子胸中仁理完足，不覺有會於心，所以云「與自家意思一般」。本註云：「子厚觀驢鳴，亦謂如此。」按，明道書窗前草茂覆砌，或勸之芟，曰：「不可，常欲觀造物生意。」伊川諫折柳枝，曰：「方春發生，不可無故摧折。」合而觀之，可見「元者善之長」也。大哉乾元，萬物資始，自古聖賢，無時不默察其本心之仁，而唯恐傷之也。

張子厚聞生皇子，喜甚；見餓莩者，食便不美。仁者以天地之心爲心，故己之休戚與萬物之休戚相爲流通。張子作西銘，以大君爲吾父母宗子，又以凡天下之顛連無告者皆吾兄弟，則聞生皇子而喜，見飢莩者而不甘食，即作西銘之意也。蓋實見得性體分明，隨所感遇即躐然動於中而不可遏，非有所作意而爲之也。

伯淳嘗與子厚在興國寺講論終日，而曰：「不知舊日曾有甚人，於此處講此事？」千載上下，皆此心此理之同，則舊日合得有如此人，講論亦合得有如此事。當時二先生終日講論，今亦不知其何事，而乃於興國寺中作此疑語者，正以見到脉相續，必得朋友講習之益。但恐自有此寺以來，久爲念佛談禪之地，汩没異教，未審甚人體究此事。惓惓守先待後之意，無在不寓，亦可概見矣。

謝顯道曰：明道先生坐如泥塑人，接人則渾是一團和氣。坐如泥塑人，静而不偏不倚之中也。接人渾是和氣，動而中節之和也。總是主敬功深，故其動静之間，非勉强擬合，而人之親承其下者，自有「望之儼然，即之也温」氣象。非上蔡默識於心而有得焉，亦不能若是形容也。

侯師聖云：朱公掞見明道於汝，歸謂曰：「光庭在春風中坐了一箇月。」游、楊初見伊川，伊川瞑目而坐，二子侍立。既覺，顧謂曰：「賢輩尚在此乎？日既晚，且休矣。」及出門，門外之雪深一尺。此合言二先生之師範也。侯仲良，字師聖。朱光庭，字公掞。游酢，字定夫。楊時，字中立。皆程子門人。坐春風中者，接物如春温，有粹和之氣，無忿厲之容，即明道自云「接引後學，隨人材而成就之」者是也。侍立之久，至於雪深一尺，不命之去不敢去者，氣質剛方，持身嚴肅，故事之者，知所敬畏，即明道所云：「異日能使人尊嚴師道者，吾弟也。」明道似顔子，伊川或云似曾子，或云似孟子。竊謂，以其質慤言之，則似曾子，而曾子較謹守；以其勁特言之，則似孟子，而孟子較高闊。合觀之，可以想二先生氣象，而及門之好學不倦亦於中可見云。

劉安禮云：明道先生德性充完，粹和之氣，盎於面背。樂易多恕，終日怡悦。立之從先生三十年，未嘗見其忿厲之容。劉立之，幼從先生教養，知先生最詳，故迹其爲人如此。原其德性者，天資優也。言其充完者，學養到也。粹和之氣盎於面背者，根心而發，自大本上流出也。樂易多恕者，無欲故樂，明通故易，公溥故恕也。終日怡悦者，不憂惑懼，故怡悦也。相從三十年之久，而忿厲不形者，中心安仁，滿腔子都是惻隱之心也。先生其遂至於斯乎！

呂與叔撰明道哀詞云：先生負特立之才，知大學之要，博文强識，躬行力究。察倫明物，極其所止，涣然心釋，洞見道體。此以推尊稱美之詞，抒其哀慕迫切之誠，可補行狀所不及，而益信先生之優入聖域也。先生傑然於千百年之後，以興起斯文爲己任，可謂負特立之才。以格物致知爲孔門入德之要，開示學者，可謂知大學之要。文者，道之散見，「博聞强識」，所以盡學、問、思、辨之事，非以章句訓詁爲能窮遺經也。躬者，道之實體，「躬行力究」，所以盡篤行之事，非以儀章度數爲能盡儒術也。「察倫明物，極其所止」，則物格知至而知所止矣。「涣然心釋，洞見道體」，則自得之而資深逢原矣。其造於約也，雖事變之感不一，知應以是心而不窮；雖天下之理至衆，知反之吾身而自足應感〔七〕。先生之學，蓋由博以歸於約者也。心爲酬酢萬變之主，人心一太極，雖事感不一，貴隨時處中，要皆應以是心，不失本然之權度而變化無窮焉。身爲萬物皆備之原，人身一天地，雖物理散殊，必知明處當，要皆反之吾身，自有各足之定分，而感而遂通焉。則於天下之理一分殊，皆止於其所而無疑矣。其致於一也，異端並立而不能移，聖人復起而不與易。且由精以致於一者也。是非既辨，則如有所立卓爾，雖以異端爭衡，不能移我心之獨是；心理本同，則百世以俟而不惑，後有聖人復起，不能易此理之同。然則於吾學之守先待後，有以身任其責而無歉矣。其就之也〔八〕，和氣充浹，見於聲容，然望之崇深，不可慢也。遇事優爲，從容不迫，然誠心懇惻，弗之措也。先生有以自養其渾浩冲融，而令人想見於氣象事爲之際。蓋其就之也，外柔而内剛，發之乎聲，見之乎容，無非太和之氣，充溢流浹。然巍乎其崇，淵乎其深，可尊可親，而不可慢也。外方而内直，遇事當爲無不優爲，自覺從容之休，順應不迫。然誠以始之，誠以終之，不貳不息，而弗之措也。則陰陽合德，而敬義立而德不孤矣。其自任之重也，寧學聖人而未至，不欲以一善成名；寧以一物不被澤爲己病，不欲以一時之利爲己功。先生有以自懋其學問事功，而令人想見其修身見世之志。蓋其自任之重也，以聖人爲可學而至，志乎其大，不安於小成，沾沾一善成名，非所貴也。以萬物爲必各得其所，澤有不被，則引爲予辜，規規小利近功，非所尚也。則下學上達，而堯舜君民，皆欲於吾身親見之矣。其自信之篤也，吾志可行，不苟潔其去就；吾義所安，雖小官有所不屑。先生有以自決於用舍行藏，而令人想見其去就出處之宜。蓋其自信之篤也，出將以行吾志，志可行則道可行，故不潔其去以爲高；處將以安吾義，義當安則命當安，故不屑於就以自卑。則以道殉身，而非枉道以殉人者矣。呂與叔所言，與伊川相合，要皆論其道德、學業、身世、出處之大節，俾學者有所觀感而興起。然不用聖賢許多工夫，則亦看聖賢不出也。

呂與叔撰橫渠先生行狀云：康定用兵之時，先生年十八，慨然以功名自許，上書謁范文正公。公知其遠器，欲成就之，乃責之曰：「儒者自有名教，何事於兵！」因勸讀中庸。先生讀其書，雖愛之，猶以爲未足，於是又訪諸釋、老之書，累年盡究其說，知無所得，反而求之六經。嘉祐初，見程伯淳、正叔於京師，共語道學之要。先生渙然自信曰：「吾道自足，何事旁求！」於是盡棄異學，淳如也。此狀張子爲學始末，見其精思力踐，進道之勇，大約得氣之剛者爲多也。康定，宋年號。是時，國苦於用兵，豪傑可以見才之會。張子幼喜孫、吴，年十八，慨然功名自期許。雖其壯心浩氣不同凡夫，亦是學養未到，氣質未變。故上書謁范文正公，而公責之，勸使讀中庸也。中庸爲性、道、教之書，體會有得，則天地萬物皆吾度内，動静寂感，觸處洞然。若夫兵，凶器也，聖人不得已而用之，孫、吴豈聞道者乎？非文正公不能成張子遠大之器量，非張子不能受文正公名教之格言，而此時之氣質一變矣。既而讀中庸而愛之，猶以爲未足，又訪釋、老之書，至於累年之久，悟爲異端邪説，無有所得，然後反而求之六經，知與中庸相發明，守其説而勿失。蓋不析衆非，無以決一是，其後作正蒙諸書，闢釋、老最力，則此時之氣質又一變矣。嘉祐，亦宋年號。尹彦明云：横渠昔在京師，坐虎皮，説周易。一夕，二程至，相與論易。次日，横渠撤去虎皮，曰：「吾平日爲諸公説者，皆亂道。有二程近到，深明易道，吾所不及，汝輩可師之。」則與叔所云「共語道學之要」即在此時。而始焉不廢旁求之功，終焉方悟自足之妙，不特釋、老邪説不爲汩没，即泛涉百家，亦覺糟粕，盡棄異學，見道本原。無味之味，至味存焉，故曰「淳如也」。而此時之氣質又一變矣。按横渠受益於文正，明道得原於茂叔；横渠訪釋、老而後求六經，明道亦出入釋、老而返求六經。横渠見二程，涣然曰：「吾道自足，何事旁求？」明道再見茂叔，吟風弄月以歸，有「吾與點也」之意。次第得力，約略相近。但明道得氣質之中和，不用矯揉；横渠得氣質之剛毅，尚須變化，爲少異耳。晚自崇文移疾，西歸横渠，終日危坐一室，

左右簡編，俯而讀，仰而思，有得則識之。或中夜起坐，取燭以書。其志道精思，未始須臾

息，亦未嘗須臾忘也。學者有問，多告以知禮成性、變化氣質之道，學必如聖人而後已，聞者莫不動心有進。嘗謂門人曰：「吾道既得於心，則修其辭。命辭無差，然後斷事。斷事無失，吾乃沛然。精義入神者，豫而已矣。」此一節言張子之學，全是苦心得之，其用功恁地親切也。熙寧二年，被召入對，除崇文院校書。與執政不合，明年移疾西歸，居於橫渠故地，鄙陋不堪，而處之怡如。「終日危坐一室」者，即明道教人靜坐之學也。「左右簡編，俯讀仰思」者，即張子所云「琴瑟簡編，常使心在於此」也。「有得則識之，中夜取燭以書」，即子夏所云「知其所亡，無忘其所能」也。其志道精思，須臾不息不亡，如此即張子自云「比他人自是勇處多」也。蓋其爲學，深探遠賾，知日進乎高明，而又正容謹節，以禮爲據守。欲變化氣質以成其性，其苦心極力，多不外此。故學者有問，亦多告以知崇如天，禮卑如地，成性存存，道義之門，凡所以變化氣質之道。以聖人爲必可學，學不至於如聖人，而有不可已者。循循善誘，學者聞其言，莫不竦動其心，有所進益。又嘗謂門人：以爲義理難以頓悟，必優遊涵泳，求其有得於心。既得之矣，則或宣之口，或筆於書，而修之爲辭，必字斟句酌，不使有毫釐之差。命辭無差，然後以之應斷事物，知明理精，而妙用無方矣。此豫道也。若未能有得而無差，臨時斷事，那能無失？故能沛然精義入神以致用者，皆平日窮理致知之功素立，而非勉强擬議於應事之時也。按「氣質」二字，是張子立標以明道，「知禮」二字，是張子親切用功夫，「豫」字是張子謹嚴真精神，學者宜留心焉。先生氣質剛毅，德盛貌嚴，然與人居久而日親。其治家接物，大要正己以感人。人未之信，反躬自治，不以語人。雖有未諭，安行而無悔。故識與不識，聞風而畏，非其義也，不敢以一毫及之。此一節言張子之德性，威而不猛，躬自厚而薄責於人也。蓋其氣質剛毅，則不屈於物欲，而持終如始。其德盛，則充養有道，而氣質不足以限之。其貌嚴，則正大之氣所積而發，自有威之可畏也。然與人居久而日親者，誠心懇惻，恒愛恒敬也。凡其入而治家，出而接物，皆正己以爲感人之本。不責人之未信，反求諸其身。安意而行之，雖人之終有未喻，而已不以爲悔，所謂以責人之心責己，則盡道是也。故能得人心之畏服，而不敢以非義及之。伊川答張子書，嘗謂其無寬裕温厚之氣，「更望完養思慮，涵泳義理，他日當自條暢」。若以此節論之，何嘗不寬裕温厚？想有得於程子之言而益加進者乎？若張子者，真可謂天下之大勇矣！

横渠曰：二程從十四五時，便鋭然欲學聖人。志於學者希矣，况語及聖人，則群生退諉，孰敢以此爲學？不知同得五行之秀，人皆有聖人材料。聖人只是一箇完人，步步就人倫日用中，無越言，無越動，做到純熟便是了。故學聖人，不要從聖人身上起意，須從自家身上硬立根脚。十四五時，正當志學之年，而二程先生即鋭然以此爲學，真有得於周子「希聖」、「希天」之旨者。周子每令二先生尋仲尼、顔子樂處，所樂何事？蓋亦早以聖人期之，宜其後來優入聖域也。孟子云「人皆可以爲堯舜」，乃所願則學孔子也。古人不肯以第一等事讓第一等人，而今人只是目懾氣短，此道之所以不明不行也。

## 校勘記

〔一〕人其可不身體力行而自甘爲幽厲之續乎哉　此句，尹刻本作「可不身體力行而自勉爲由道之人哉」。

〔二〕正其誼　「誼」，朱子全書整理本近思録卷一四作「義」。

〔三〕精詳者難於縝密　「縝」原作「鎮」，據上下文意及尹刻本改。

〔四〕知禮樂之實　「禮樂」，尹刻本作「仁義」。

〔五〕自爲之窮神知化　「爲」，朱子全書整理本近思録卷一四作「謂」。

〔六〕亦莫不生謙遜而致其恭　「恭」原作「暴」，據存心堂本及尹刻本改。

〔七〕知反之吾身而自足應感　「應感」二字，朱子全書整理本近思録卷一四及尹刻本無，存心堂本删剜。

〔八〕其就之也　此句，朱子全書整理本近思録卷一四及尹刻本均作「其養之成也」。

# 附録

## 重刻近思録集解序

［清］尹會一

子朱子有言：「修身大法，小學書備矣；義理精微，近思録詳之。」誠以二書固聖道之階梯，學者所宜亟盡心也。自人鶩詞章，此二書或罕寓目，欲以入道難矣。余備官淮海，以商士請，因安定故祠闢書院，延余同年友王罕皆太史爲師。既進諸生，履申小學，尤欲以近思録與講明而切究焉。儀封張先生集解，致爲曉暢，惜版已漫滅，迺與太史商重鋟之。蓋太史故嘗講學於先生之門，而余亦獲交嗣君西銘憲副，竊聞庭訓，得藉手兹編，廣先生教澤，余二人實厚幸焉。按集解舊節四十餘條，先生當自有意。顧念後出晚進，未睹朱子原編，兹悉爲增列，採宋葉平巖先生輯注參補之，欲學者得盡見此書之全也。謹序。乾隆元年丙辰夏五，博陵後學尹會一書於維揚使院。（録自健餘先生文集卷二）

# 儀封先生傳

［清］藍鼎元

先生河南儀封人，姓張名伯行，字孝先，號敬菴，謚清恪。學者稱儀封先生，從所居邑名之也。先生七歲入小學，恂恂有儒者氣。年十四，丁母喪，二十五，補博士弟子員。康熙辛酉，舉于鄉，乙丑，成進士。讀有宋五子之書，以聖賢爲必可學。辨義利，闢異端，墜緒茫茫，有毅然搜紹之志，一時學者歸重焉。

壬申，官内閣撰文中書，甲戌，改中書科中書舍人。是冬，丁父喪。越三年，建請見書院于邑之西郊，與鄉人士講明正學，奮興者甚衆。己卯夏，大雨，北關堤決，水汎濫入邑中，居民憂之。先生募人夫囊沙土填築，得無患。總河張公鵬翮異之，題赴河工效力，以勞績懋著，遷山東濟寧道。值歲荒，傾家財運穀以賑，并載錢及綿衣數船，分給凍餒者。俄有旨賑濟，先生奉檄賑汶上、陽穀等縣。以擅動倉穀數萬石，將挂彈章。因申辯，其略曰：「賑濟乃奉恩旨，非本道敢于擅動也。動倉穀以推廣皇仁，非希圖名譽；救濟饑民，非私侵肥己也。使奉旨賑濟，不動倉穀，坐視各州縣之流離死亡而不救，倉有餘粟，野有餓殍，本道之罪，其可逭乎？昔漢汲黯過河内，以便宜持節發粟賑貧民，武帝賢而釋之。今本道以擅動倉穀題參，理應順受，第恐將來山東各官皆以本道爲戒，視倉穀重民命輕，害有不可言者矣。事得寢。在濟四年，多惠政，於河務尤所盡心。灉河每當秋溢，淹民田數十萬頃，先生疏濬弘深，又築五岔口，使鄆城等十五州縣皆安流，士民至今尸祝之。啓利運閘，注水南旺，糧艘得遄行。遷江寧司臬。聖祖南巡，以先生爲江南第一清官，遍問大學士督撫以下，皆推獎無異詞。天顔大悦，曰：「汝等何莫保舉，朕保之。將來居官好，天下以朕爲明君，若貪贓壞法，天下笑朕不識人。」至松江，授福建巡撫。

入閩，值旱荒，疏請動支庫帑貿米賑濟，民得不饑。而永安、漳平無賴陳首魁、吴海等煽誘愚甿，竄山谷爲孽。先生密諭漳守趙完璧撫平之，褒廉糾墨，訪猾吏奸胥之爲民害者，悉中以法。由是，訟庭一變，教化大行。崇奬孝弟，嘉惠農商，置社倉，興積貯。建鼇峰書院，延九郡一州才品卓越、行誼端方之士讀書談道其中，爲明體達用之學。設藏書樓，置古今經籍四百六十餘種。膏火之資，捐創獨厚，視山左時所建清源、夏鎮、濟陽數書院，又迥然不同矣。福州有所謂五帝者，瘟神也，廟祀遍城鄉，士人惴惴崇奉，先生悉毁之，或改爲義塾，祀朱子。核省城尼僧，令所親贖回匹配。其崇正闢邪，多此類云。在閩三載，風聲日上。

當宁以江南重地，移先生巡撫江蘇。庚寅春抵任，適維揚一帶荒歉，疏請海、高等十三州縣暨徐州乏食軍民，設法賑救。又以江蘇等屬帶徵災漕，一年完年半之租，民力有所不贍，請暫緩以紓其困。皆報可。上動帑平糶疏，與閩事後先一轍。但拜疏即日舉行，謂：「臣因災黎窮迫，恐俟命下部文往返，遲延時日。專擅之罪，伏望鑒原。」旨嘉納之。

是夏赴常州，會審欽件，多所平反，與總督不合。總督者，噶禮也，性奇貪，以先生扼吭未敢動。先生直己行道，興除舉劾，如恐不及，噶禮惡之，每掣肘，不得行所志。先生以疾辭，請解任，奉旨：「張伯行操守清潔，立志不移，朕所深悉。江蘇重地，不得以衰病辭。」因勉强復視事。辛卯秋，江南大比，物議沸騰，姑蘇士子迎財神入文廟。事聞，詔尚書張鵬翮出偕江南督、撫案驗。先生奉命如揚州，會鞫，弊端畢露，總督故驕，横張威勢，欲遏之，衆孰視莫敢攖。先生奮然上疏，劾督臣抗旨欺君，營私壞法，請正國典，以彰公論，其略曰：皇上臨御以來，内外臣工，罔不奉法。兩江督臣禮，受豢養不爲不久，蒙委任不爲不專，稍有人心，自當仰圖報效。不謂督臣自履任後，文武屬員，逢迎趨附者，雖穢跡昭彰亦可包荒藏垢，守正不阿者，雖廉聲素著難免吹毛索瘢。此在聖明睿照之中，無容臣再爲贅瀆。可異者，江南今科鄉試，盛傳總督通同監臨、提調攬賣舉人，臣以督、撫、藩司皆朝廷大吏，豈有喪心病狂至于如此之極。迨後榜揭不公，主考臣左必蕃疏内，有或發督臣嚴審之語，又聞總督要銀五十萬兩，保全無事。臣雖未敢遽信，固已心竊疑之。及奉旨會同察審，則舉人程光奎、吴泌供稱關節是實，藩司書辦李啓供與家人軒三買賣舉人是實。督臣大怒，不容直言。臣再三勸解，歷詢諸犯，皆有確據。及提訊軒三，語多曖昧，事涉督臣。夫國家設科取士，以供將來任使，必科目之中有正士，斯朝廷之上有正人。我皇上諄切訓戒，以期風清弊絶，不謂賄賂公行，自有制科以來，未有江南辛卯之甚者。奉命徹底詳察，而督臣必不肯詳察；奉命嚴加審明，而督臣必不欲審明。推其抗違聖旨，始終庇護之故，則以前通同監臨、提調攬賣舉人，以後要銀五十萬兩保全無事之説，情真事實，不爲無稽之浮論矣。其欺君壞法之罪，督臣雖百喙奚辭？若不請旨解任，一並發審，則通同作弊之人爲奉旨察審之人，真情何由得出，國法何由得伸哉！故自督臣震怒之後，至今要犯一名不能提，真供一句不可得，皆由督臣驕横之氣足以震懾人心。臣實有欲提不能，欲訊不得者，不得不大聲疾呼，煩瀆聖聽。我皇上明見萬里，無微不照，而督臣敢于欺皇上。皇上待督臣，高爵厚禄，何等隆重，而督臣竟忍負皇上，擅作威福，賣朝廷之官，賣朝廷之法，復賣朝廷之舉人。惡貫滿盈，兩江之人知之，在朝之人知之，天下之人無不知之。祇緣權勢赫奕，莫敢攖其鋒以賈禍。臣非不知此言一出，天下之人無不爲臣寒心，但臣自念一介豎儒，候補中書數年之間超遷巡撫，受恩之深，無過于臣；圖報之難，亦無過于臣。故在督臣敢于欺皇上，負皇上，臣則斷不敢顧慮身家，畏避權勢，同爲欺君負恩之人，貽譏天下後世，是雖言出禍隨，亦所不惜。況臣之功名予奪，出自朝廷；性命死生，亦有定數。督臣雖甚殘險，亦豈遂能加害無辜，臣又何憚而不言哉！仰祈皇上大奮乾斷，將兩江督臣禮解任發審，俾狐鼠之輩失所憑藉，而承審之官亦無瞻顧，庶真情得出，國法得伸，振千古之綱常，培一時之士氣，除兩江之民害，快四海之人心。將見天下後世，咸仰聖主除奸燭弊之神明，億萬斯年永享國家賢良喜起之福澤矣。疏入，噶禮亦誣先生他事，以互訐俱解任，詔遣張鵬翮、赫壽並案之。士民聞先生解任，罷市輟業，扶攜集公館，號泣失聲，環當道，籲保留，倉皇奔走數十日。山蔬野品，各持獻，不受則膝行前曰：「公在官止飲江南水，今將去，無却子民一點心。」固跪弗起，先生亦弗能遏也。五月審案上，以先生所劾全虛，例革職治罪，噶禮免議。部覆如之，詔尚書穆和倫、張廷樞再出確審，審如前。覆奏，部議又如之。聖祖以先生爲天下清官第一，此議是非顛倒，命九卿、臺諫矢公據實再議，九卿持平上。聖祖復諭曰：「治天下要于至公，朕御極五十年，諸事以公心處之。張伯行居官清廉，天下所共知。噶禮操守，朕不能信。微伯行在彼，江南朘削半矣。朕自幼讀書，研窮性理，如此清官不爲保全，則讀書數十年何益？而凡爲清官者，何所賴以自安乎？初次遣官往審，被噶禮制定，再遣往審，與前無異。汝等既係大臣，知張伯行清官，當會議時何無一言？及朕有諭旨始同聲贊其清，亦已晚矣！汝等體朕保全清官至公之意，使正人無所畏忌，則海宇享昇平之福。」翼日，命先生仍留原任，噶禮革去，科場作弊諸人，尋亦正法有差。方是時，噶禮聲勢蟠結浩大，舉朝莫不悚息，而先生孤忠獨立，自分無救，不意當宁撥曀霾而揚日月，得至于斯也。江左士民歡聲遍郊野，榜于門曰「天子聖明，還我天下第一清官」，焚香結綵，拜龍亭、呼萬歲者至數十萬人。復有數萬人赴京師暢春苑，跪疏謝恩，願各減一齡，益聖壽萬萬歲，以申真實感激之誠。而閩省士民亦不謀而合，若赤子之慶父母也。

先生念有宋五子發孔孟之藴于千載不傳之後，使聖道如日中天，其所論説，足配六經、語、孟，因輯粹精可誦者，爲訓詁詳釋，以示後學，號五子書集解。又作續近思録、廣近思録，皆獻之于朝。所建紫陽書院，集諸生講論正學，規模次第如在閩時，極江左人文之盛。

鎮江故濱海，承平水師戰艦多入主者囊，或察驗，以民船支吾，聽點無所别。先生條陳海洋舟楫，分營、哨、商、漁，編列號數。又奏免揚州落地税，民皆稱便。先是，奉旨出海搜捕逸賊鄭盡心等，與蘇、松提鎮查緝防範。先生慮海疆任重，勤慎有加，動輒奏聞，同事慍之。甲午、乙未間，以奏報張元隆、張令濤等海案，詔尚書張鵬翮之江南按驗，劾狂妄自矜，解組嚴訊，擬置極刑，羈候鎮江城隍廟中俟朝命。先生讀書著述，晝夜無間，纂脩四書、周易正宗，爲子姪講解經書，積有講義數十篇，置死生度外。俄奉命進京陛見，當事者以同知胡某監之行。仲冬二日渡江，自瓜州至維揚，父老數百人焚香拜岸上，士民夾兩岸，隨舟行四十里不絶，乞暫停一見，爲胡同知所格，弗得近。越日，過邵伯、高郵，亦如之。至淮安，總河來會。見先生所乘舟朽蠹將潰敗，大驚曰：「曷坐此？若渡河沈爾。」以己舟易之。

行暮，將泊清口，胡同知不許，督舟子乘夜渡黄河，急雨怒風，周天如墨，濤浪湍急。人對面不相見，皆曰「命畢矣」，然不得不行。俄而，雨霽浪静，星斗燦爛如晝，遂渡黄河。舟人皆大喜，相慶賀，先生亦不以爲意也。至京，召對乾清宫，明日召講「民可使由之」一章，復召講太極圖説。擢倉場總督，發倉平糶，貧民得沾實惠。奏請設立社倉，依朱子社倉法增益條例十六欵。奉旨赴永平，經畫社倉事宜。

丁酉，典順天鄉試，晉少司農。辛丑，主禮闈，所得士來謁，必告以聖賢之學，不可汩没勢利，實心報國，無負科名。河南馬營口決，條奏黄河水勢情形，旨嘉之。冬十月，以母病乞假，命于臘月旋京，便道閲河南武陟決口。壬寅春，召赴千叟宴，畢賜坐，諭群臣曰：「汝等皆大臣，大臣職分，當仰體君心，惠愛百姓，如張伯行爲巡撫，是真能以百姓爲心者也。」後召對澹寧居，論事久，暈眩色變，命大臣扶掖以出。皇帝嗣位，體恤舊臣，眷注逾格。外會議大政，保舉大員，皆命同親王大臣，在乾清門預議。晉秩一品，封三代，廕一子員外郎。未幾，遷禮部尚書。先生以濂、洛、關、閩五子書集解進呈，上親書「禮樂名臣」四大字賜焉。復進續近思録、廣近思録及宋儒文集數種，皆蒙嘉納。凡朝端衡文，如搜羅鄉會遺卷，考試官生翰林，咸命校閲。祭祀大禮，如郊壇視牲，辟廱祭告，向皆王公大學士之事，悉命先生行之。而闕里一役，追封先聖五代，命以便道旋省家鄉，尤異數云。錫賚便蕃，有加無已：緯冠蟒袍、錦綺珍玩、龍飛鳳舞之書、玉振金聲之文、松花之硯、泥金之扇、西洋之鏡、内造器皿、囊香之餙，繹絡頻頒，炫黄于道，以及南方鮮荔、西域異瓜、大内新棗、參苓茶膏、時果節物、鹿羊雞魚、天厨之饌，罔不充牣几席，滿車滿家。每召進乾清宫，以年老，諭旨免跪，嗣後請安諸事，多以不能久跪免勞頓，或奏事跪久，輒命内侍扶之起。

雍正三年春二月十有六日，以疾卒，年七十有五歲。遺疏請崇正學，勵直臣，爲千古第一首出之君，綿萬世無疆之福。無一語及私家事。天子悼之，遣王公大臣臨奠，加太子太保，全禮葬祭，謚清恪。於邺典常例外，加祭一壇，詔舉朝公卿、臺諫咸臨其喪，及殯亦如之。

所著有困學録、續困學録、五子書集解、近思録集解、續近思録、廣近思録、居濟一得、學規類編、家規類編、道南原委、伊洛淵源續録、性理正宗、正誼堂文集，凡若干卷，藏于家。

論曰：先生之於學，可謂醇矣。流俗滔滔，沈淵滅頂，科舉、訓詁、詞章，皆謂之學，彼其志不過取富貴利達而止，去聖人之道遠也。或稍自振拔，無賢師友之撤其障蔀，又不免陽儒陽墨，近似亂真，爲學術人心之害。悲夫！先生自幼毅然以聖賢爲必可學，志趣固已不侔。崇尚程朱，薪傳獨正。排異學之爲程朱難者，大聲疾呼，欲與天下共正之。即治水賑饑，刑兵錢穀，紛呶糾錯之會，以及坎陷交訌、死生危急之秋，罔不敬業樂群，守道自娱，所謂造次顛沛於是者乎！自古大儒罕竟其用，先生際兩朝明聖，極千載一時之盛，與伯夷、后夔争埒矣。（録自清代詩文集彙編影印雍正十年刻本鹿洲初集卷七）